2026 메가랜드 공인중개사 표준 이론서

1차 | 부동산학개론

공인중개사 자격시험은 1985년도에 첫 시행된 이후 올해까지 제36회 시험이 치러졌습니다.

이처럼 오랜 시간 공인중개사 수험현장에서 강의를 해 오면서, 어떻게 하면 더 많은 수험생들이 합격을 할 수 있을까에 대한 고민을 정말 많이 했습니다.

본 교재는 부동산학에 관한 완벽한 이론이나 심오한 학설을 서술한 것이 아니고, 공인중개사 시험의 합격수준에 맞도록 중요 핵심사항을 정리하고 이를 문제화하여 실제 시험에 잘 적응할 수 있도록 편재하였습니다. 최근 출제경향을 반영하기 위해 제25회~제36회까지의 기출문제의 중요 논점을 정리했으며, 사례연습과 계산문제를 많이 수록하여 수험생들로 하여금 더욱 경제학적이고 부동산학의 마인드가 형성되도록 서술했습니다.

아울러 본 교재로 공부하시는 분들에게 도움이 되는 학습방법을 권해 드리고자 합니다.

첫째 기본이론을 원리 위주로 철저하게 이해합니다. 기본이론을 이해하기 위해서는 용어와 개념 정리가 필요합니다. 용어의 정의에 중요내용이 포함되어 있으므로 이를 통해 기본이론의 체계를 잡아가야 합니다.

둘째 기본이론은 절대 한 번에 이해되지 않습니다. 수험 초반부에는 잘 이해되지 않는 내용을 당장 무리하게 암기하는 것보다 절반 정도만 이해하더라도 철저한 반복학습, 즉 다독을 통해 자연스럽게 이해해야 합니다.

셋째 난이도 '中'과 '下'의 문제를 집중 공략합니다. 해가 갈수록 난이도에 따른 문제 구별이 뚜렷하게 나타나고 있습니다. 따라서, 너무 어렵거나 시간이 많이 소요되는 문제, 계산문제에 집착하지 않아야 합니다. 특히, 계산문제는 시험장에서 풀 수 있는 문제와 풀 수 없는 문제로 철저히 구분하여 대비해야 합니다. 난이도 '中', '下'의 문제는 모두 실수 없이 정답을 맞히고, 난이도가 너무 높거나 시간이 많이 소요되는 계산문제, 수업시간에 배우지 않은 내용은 과감하게 스킵하는 학습전략이 필요합니다.

넷째 논점을 파악하고 본인의 스타일에 맞게 기억합니다. 표준 이론서는 말 그대로 가장 기본이 되는 이론서이므로 1권으로도 충분합니다. 표준 이론서 핵심내용의 논점을 먼저 파악한 후 자신의 스타일에 맞게 각색하여 기억하는 것이 필요합니다.

다섯째 목차의 체계를 스크린합니다. 대목차, 중목차, 소목차는 해당 장에서 가장 핵심이 되는 중요한 개념이므로 이를 통해 전체 내용을 연결한다면 부동산학개론의 체계가 잘 잡힐 것입니다.

여섯째 기출문제를 철저히 분석하고 이해합니다. 기출문제의 철저한 분석을 통해 출제경향의 큰 틀을 파악하고 출제가 예상되는 문제의 윤곽을 잡을 수 있습니다. 특히 제15회 이후의 기출문제 분석이 중요합니다.

일곱째 실전문제와 모의고사를 꼭 풀어보아야 합니다. 아무리 이론을 이해했다 하더라도 한정된 시간 내에 문제를 풀지 못하면 의미가 없습니다. 실전문제 및 모의고사를 통해 학습내용을 재점검하고 실제 시험에 대비해야 합니다.

여덟째 반복적으로 틀리는 문제에 집중하여야 합니다. 한 번 틀린 문제는 계속 틀리는 경우가 많습니다. 따라서 틀린 문제를 별도로 표시를 해가며 반복적으로 집중 학습을 해야 합니다.

위의 학습방법을 잘 숙지하여 효과적인 학습이 이루어지고 좋은 결과로 이어지길 바랍니다.

이 책으로 공부하시는 모든 수험생들에게 합격의 영광이 함께하기를 진심으로 소망합니다.

그리고, 출간을 허락해 주신 메가엠디 윤용국 대표님과 저보다 더 많이 고생하신 출판팀 모든 직원분들께도 감사의 말씀을 전합니다.

메가랜드 부동산교육연구소
편저자 일동

공인중개사 시험요강

공인중개사 자격시험 Licensed Real Estate Agent

국토교통부에서 소관하고 한국산업인력공단이 시행하는 공인중개사 자격시험은 부동산 중개업을 건전하게 지도·육성하고, 공정하고 투명한 부동산 거래질서를 확립함으로써 국민경제에 이바지함을 그 목적으로 합니다.

- 연 1회 10월 31일 (예정)
- 1·2차 동시 응시 가능
- 절대평가 평균 60점
- 객관식 5지 선택형

| 시험 일정

원서 접수	시험일	합격자 발표
2026년 8월 3일~ 8월 7일 (예정)	2026년 10월 31일 (예정)	2026년 11월 말 (예정)

* 2021년부터 원서 접수기간 및 방식이 변경되었습니다(정기 접수 5일 및 빈자리 접수 2일).
* 정확한 시험 일정은 한국산업인력공단(www.q-net.or.kr) 홈페이지에서 확인 가능합니다.
* 원서 접수기간 중에는 24시간 접수 가능하며(단, 마지막 날은 18시까지), 접수기간 종료 후에는 응시원서 접수가 불가합니다.

| 응시 자격   제한 없음

* 단, ①「공인중개사법」제4조의3에 따라 시험 부정행위로 처분받은 날로부터 시험시행일 전일까지 5년이 경과되지 않은 자, ② 제6조에 따라 공인중개사 자격이 취소된 후 3년이 경과하지 않은 자, ③ 시행규칙 제2조에 따른 기자격취득자는 응시할 수 없음

시험과목 및 방법

구분	시험과목	문항 수	시험시간	시험방법
제1차 1교시 2과목	1. 부동산학개론(부동산감정평가론 포함) 2. 민법 및 민사특별법 중 부동산 중개에 관련되는 규정	과목당 40문항 1번~80번	100분 (09:30~11:10)	객관식 5지 선택형
제2차 1교시 2과목	1. 공인중개사의 업무 및 부동산 거래신고 등에 관한 법령 및 중개실무 2. 부동산공법 중 부동산 중개에 관련되는 규정	과목당 40문항 1번~80번	100분 (13:00~14:40)	
제2차 2교시 1과목	부동산공시에 관한 법령(부동산등기법, 공간정보의 구축 및 관리 등에 관한 법률) 및 부동산 관련 세법	40문항 1번~40번	50분 (15:30~16:20)	

합격 기준 절대평가

- **1차 시험**: 매 과목 100점을 만점으로 하여 매 과목 40점 이상, 전 과목 평균 60점 이상 득점
- **2차 시험**: 매 과목 100점을 만점으로 하여 매 과목 40점 이상, 전 과목 평균 60점 이상 득점

* 당해 연도 1차 시험 합격자는 다음 연도 1차 시험이 면제되며, 1·2차 시험 응시자 중 1차 시험에 불합격한 자의 2차 시험은 무효로 함(「공인중개사법 시행령」 제5조 제3항)

원서 접수 PC Q-net(www.q-net.or.kr) 홈페이지 또는 모바일 Q-net(APP)을 통하여 접수

- 공단 지역본부 및 지사에서 인터넷접수 노우미서비스를 제공받을 수 있습니다.
- 내방시 준비물: 신분증, 사진(3.5*4.5) 1매, 전자결제 수단(신용카드, 계좌이체, 가상계좌)
- 수험자는 응시원서에 반드시 본인 사진을 첨부하여야 하며, 타인의 사진 첨부 등으로 인하여 신분 확인이 불가능할 경우 시험에 응시할 수 없습니다.
- 응시수수료(제36회 시험 기준)
  - 1·2차 시험 동시 응시자 28,000원
  - 1차 시험 응시자 13,700원
  - 2차 시험 응시자(전년도 1차 시험 합격자) 14,300원

자격증 교부는 응시원서 접수시 입력한 인터넷 회원정보 화면의 주민등록상 주소지의 시·도지사 명의로, 시·도지사가 교부합니다(회원가입시 등록한 최종 합격자의 사진 파일을 공단에서 시·도로 발송하여 자격증용 사진으로 활용).

* 시·도별로 준비물이 다를 수 있습니다.

출제경향 및 학습방법

편	장	제32회	제33회	제34회	제35회	제36회	합계	비율
부동산학 총론	부동산학의 체계	0	0	0	0	0	0	9.5%
	부동산의 개념과 분류	2	3	2	4	3	14	
	부동산의 특성과 속성	1	1	1	1	1	5	
	소계	3	4	3	5	4	19	
부동산경제론	부동산 수요·공급이론	5	4	4	5	6	24	13.5%
	부동산경기변동	1	1	1	0	0	3	
	소계	6	5	5	5	6	27	
부동산시장론	부동산시장	1	2	0	1	2	6	13.5%
	입지 및 공간구조론	4	5	6	3	3	21	
	소계	5	7	6	4	5	27	
부동산정책론	부동산문제	0	0	0	0	0	0	12.0%
	부동산정책	4	4	5	5	6	24	
	소계	4	4	5	5	6	24	
부동산투자론	부동산투자의 의의	0	1	0	0	1	2	14.0%
	부동산투자의 위험과 수익	2	1	4	1	2	10	
	부동산투자분석	4	3	4	2	3	16	
	소계	6	5	8	3	6	28	
부동산금융론	부동산금융	5	3	0	2	4	14	13.0%
	부동산증권론	1	3	3	3	2	11	
	소계	6	6	3	5	6	26	
부동산개발 및 관리론, 마케팅	부동산이용 및 개발론	2	0	1	3	0	6	8.5%
	부동산관리론과 부동산마케팅	2	2	3	3	1	11	
	소계	4	2	4	6	1	17	
부동산 감정평가론	감정평가의 기초이론	1	1	1	1	1	5	16.0%
	감정평가의 3방식	4	5	4	5	4	22	
	부동산 가격공시제도	1	1	1	1	1	5	
	소계	6	7	6	7	6	32	
총계		40	40	40	40	40	200	100.0%

제36회 총평

제36회 부동산학개론은 난이도 上(9문항), 中(11문항), 下(20문항)로 출제되어 난이도 下가 상대적으로 많았던 시험으로 평가됩니다. 제36회 역시 난이도의 구별이 뚜렷하게 출제되었습니다. 전반적인 난이도는 上이 상대적으로 줄고 下가 상대적으로 늘어 최근 출제경향의 평균보다 평이하게 출제되었다고 판단됩니다. 각 편의 출제 문항 수는 총론 4문항, 경제론 6문항, 시장론 5문항, 정책론 6문항, 투자론 6문항, 금융론 6문항, 개발론 1문항, 감정평가론 6문항입니다.

계산문제는 11문항, 공법 관련 문제 1문항이 출제되었습니다. 계산문제는 많이 출제되기는 하였지만 난이도 上으로 출제가 되거나 시간을 많이 소요하게 만드는 문제가 2~3문항 출제되었고, 나머지 문항의 경우 기출문제의 틀을 유지한 평이한 출제였다고 판단됩니다.

부동산개발론(1문항)의 비중이 많이 줄고 부동산정책론(6문항), 부동산금융론(6문항)의 비중이 다소 늘어난 측면이 특이할 만한 점으로 평가됩니다. 또한, 가성비가 좋은 파트인 부동산 감정평가론의 경우 6문항 모두가 다소 평이하게 출제되었습니다.

해가 갈수록 난이도에 따른 문제 구별이 뚜렷하게 나타나고 있습니다. 따라서, 난이도 中이나 下 문제에서 최대한의 점수를 확보하고 너무 어렵거나 시간이 많이 소요되는 문제, 계산문제에 너무 집착하지 않아야 합니다.

특히, 계산문제는 시간이 너무 많이 소요되는 문제가 많아서 철저하게 시험장에서 풀 수 있는 문제와 풀 수 없는 문제로 구분하여 대비하여야 합니다.

이번 부동산학개론 시험의 중요한 특징 중 하나는 기출문제의 형식이 크게 응용되지 않고 많이 출제되었다는 점입니다. 특히, 최근 10개년 기출문제의 반복 학습이 필요해 보입니다.

학습방법

수요공급, 투자론, 감정평가론은 수험 초기부터 정복하자!
난이도가 높으면서 많은 이해를 요하는 수요공급, 투자론, 감정평가론의 학습을 초반부에 정복하고, 난이도가 다소 낮고 단순암기를 요하는 나머지 부분은 수험 후반부에 집중하는 방법으로 학습전략을 짜는 것이 좋습니다.

난이도 '中'과 '下'를 집중공략하자!
해가 갈수록 난이도에 따른 문제 구별이 뚜렷하게 나타나고 있습니다. 공인중개사 시험의 모든 문제가 2.5점으로 점수배점이 동일하다는 점을 반드시 기억하여, 너무 어렵거나 시간이 많이 소요되는 문제, 복잡한 계산문제에 집착하지 않기를 바랍니다. 난이도 '中'이나 '下'의 문제에서 최대한의 점수를 확보하는 것에 집중하시기 바랍니다.

계산문제를 대비하자!
최근 들어 계산문제가 8문제 이상 정도 꾸준히 출제되고 있습니다. 계산문제는 특성상 3문제 정도는 상당히 난이도가 높게 출제되므로 실제 시험에서는 그중 4~5문항 정도만 정답을 확실하게 맞히겠다는 목표로 공부하는 것이 좋습니다. 계산문제는 수험 초반부에는 공식만을 파악해놓은 후, 이론이 어느 정도 정립되는 시점인 수험 후반부에 집중적으로 공부하는 것이 효율적입니다.

(기출)문제풀이를 소홀히 하지 말자!
자격시험은 이론을 학습하는 것만으로 합격이 결정되지 않습니다. 주어진 시간에 문제를 풀어 합격점수를 만들어야 합격할 수 있습니다. 따라서 수험 초반부터 문제풀이에 신경을 써야 합니다. 특히, 기출문제는 반드시 다시 출제되니 기출문제 확인은 선택이 아니라 필수라는 생각으로 수험 초반부터 병행해서 공부하는 것을 습관화하시기 바랍니다.

메타인지 학습법

메가랜드만의 메타인지 학습법을 완벽하게 실행할 수 있도록
❶ 계획 … ❷ 실행 … ❸ 피드백 과정을 미리보기 … 본문 … 메타인지 학습체크로 재구성하였습니다.

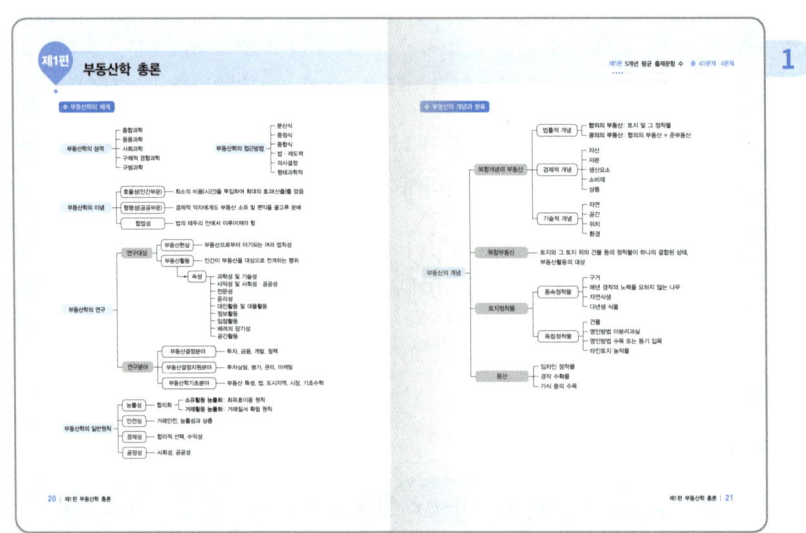

1 계획 - 미리보기

단원을 학습하기 전, 미리보기를 통해 전반적인 이론 체계와 핵심내용을 쉽고 빠르게 한눈에 파악하고, 학습 방향을 올바르게 설정할 수 있습니다.

2 실행 - 본문

높은 가독성과 짜임새 있는 구성으로 학습효과를 극대화하였으며, 다양한 학습요소를 통해 핵심내용을 전략적으로 학습할 수 있습니다.

3 피드백 - 메타인지 학습체크

학습이 끝나면 자신이 현재 무엇을 알고 무엇을 모르는지 '메타인지 학습체크'를 통해 점검하고, 자신의 학습 정도를 파악하여 아직 완벽하게 숙지되지 않은 부분을 집중 학습할 수 있습니다.

이 책의 구성 및 특징

단원열기

학습 시작 전, 단원열기를 통해 중점적으로 학습해야 할 내용을 확인할 수 있도록 함으로써 학습의 방향을 제시하였습니다.

효율적 구성

본문을 2단으로 구성함으로써 보조단에 배치된 풍부한 학습요소들을 통해 본문의 내용을 다시 한번 정리하고 반복학습할 수 있도록 하였습니다.

제1장 부동산학의 체계

회독 Check 1회 2회 3회

○ 부동산학개론의 전체적인 체계를 학습하는 단원으로 부동산학의 정의, 학문적 성격, 접근방법, 복합개념의 3대 측면과 2대 측면 등을 학습한다. 더불어 부동산학의 연구대상과 분야는 무엇인지, 그리고 지도이념에 관하여 설명하고 있다.
○ 본 단원을 학습한 후에는 부동산학에 관한 설명과 학문적 성격, 속성 등을 묻는 문제를 풀 수 있다.

참고 부동산학은 부동산의 가치증진과 관련된 의사결정을 연구하기 위하여 부동산에 대해 법적·경제적·기술적 측면에서 접근을 시도하는 종합응용사회과학이다(조주현 교수).

1 부동산학의 정의

(1) 부동산학은 부동산활동의 능률화의 원리 및 그 응용기술을 개척하는 종합응용과학이다(김영진 교수).

(2) 부동산학은 토지와 토지상에 부착되어 있거나 연결되어 있는 여러 가지 항구적인 토지개량물에 대해 그것과 관련된 직업적·물적·법적·금융적 제 측면을 기술하고 분석하는 학문이다(안정근 교수).

(3) '부동산'(부동산업, 부동산학)은 영어로 'real estate'로 표현하고, '부동산학'은 첫 글자를 대문자로 써서 'Real Estate'로 표현한다.

기출 부동산학은 토지 및 그 정착물에 관하여, 그것과 관련된 직업적·물적·법적·금융적 제 측면을 연구하는 학문이다.

2 부동산학의 학문적 성격

(1) 부동산학은 종합과학이다.

부동산학은 법학, 경제학, 경영학, 건축공학 등 여러 학문의 지원을 받아 성립된 종합학문의 성격을 띠고 있으므로 시스템적 사고방식이 요구된다. 즉, 부동산 법 분야에서는 법학, 행정학 이론이 지원하고, 부동산 경제이론에서는 경제학, 경영학이 지원하며, 부동산 기술론에서는 건축학, 공학이 지원하므로 부동산학은 이를 시스템화한 종합과학이다.

핵심 부동산학의 학문적 성격
1. 종합과학
2. 응용과학
3. 사회과학
4. 경험과학
5. 규범과학

24 | 제1편 부동산학 총론

(2) 부동산학은 응용과학이다.

부동산학은 순수과학 또는 기초과학이 아니라, 복잡한 부동산문제를 해결하기 위한 기술적 실천방법을 제시하고 유용성을 검증하므로 응용과학이며 실천과학이다.

(3) 부동산학은 사회과학이다.

부동산학은 자연현상을 연구하는 자연과학이 아니라 인간과 부동산의 상호작용을 연구하는 사회과학적 성격이 강하다.

기출
1. 부동산학은 다양한 학문과 연계되어 있다는 점에서 종합학문적 성격을 지닌다.
2. 부동산학은 순수과학과는 달리 복잡한 현실적 사회문제를 해결하고자 하는 응용과학이다.

심화 부동산의 복합개념(3대 측면, 2대 측면)

```
                  ┌─ 유형적 측면 ──→ 기술적 개념
                  │                    (물리적 개념)
         부동산 ──┤
                  │                    경제적 개념      ──→ 복합개념
                  └─ 무형적 측면 ──→
                                       법률적 개념
```

1. 부동산학에서 부동산의 개념을 정확하게 인식하기 위해서는 유형적 측면인 기술적(물리적) 측면과 무형적 측면인 법률적·경제적 측면으로 분류하여 3대 측면을 동시에 고려하는 복합개념의 부동산으로 파악하여야 하며, 이들은 상호불가분의 관계를 갖는다.
2. 법률적 측면에서 볼 때는 그 부동산소유권의 진정성, 등기 여부, 공법·사법상의 규제, 지역지구제에의 적합성을 판단해야 하며, 기술적 측면에서 볼 때는 그 건물이 몇 층인지, 석조건물인지 목조건물인지, 튼튼하게 설계되었는지, 지질·지반이 견고한지를 판단해야 하며, 경제적 측면에서 볼 때는 그 부동산의 수익성, 임대료수입, 가격 상승 가능성 등을 판단해야 한다.

➕ 내용이나 기능적 측면에서 본다면, 경제적 측면의 부동산이 법률적 측면의 부동산보다 광의의 개념으로 부동산을 해석하고 있다. 또한 부동산의 법률적 판단과 기술적 판단을 한 후에 경제적 판단을 하는 것이 일반적이다.

예제

소득이 10% 증가하자 어떤 부동산의 수요량이 8% 증가하였다. 이 사실을 통해 볼 때, 이 부동산은 다음 중 어디에 속하는가? (단, 다른 요인은 불변임) 제19회

① 정상재   ② 보완재   ③ 대체재
④ 열등재   ⑤ 독립재

해설 수요의 소득탄력성 = $\dfrac{\text{수요량의 변화율}}{\text{소득의 변화율}} = \dfrac{8\% \text{ 증가}}{10\% \text{ 증가}} = 0.8$, 정상재

정답 ①

1달 완성 학습플래너

기본학습이 어느 정도 진행된 수험생이라면, 학습의 방향을 정하고 학습능력과 상황에 맞게 '1달 완성' 계획표를 직접 작성하여 메가랜드 강의와 함께 학습해 보세요.

Sample Plan

Day 1	Day 2	Day 3	Day 4	Day 5	Day 6	Day 7
개론 제1편~ 제2편	민법 제1편 제1장 ~제4장	중개 제1편 제1장 ~제3장	공법 제1편 제1장 ~제3장	공시 제1편 제1장~ 제3장 세법 제1편~	복습	…

Self Plan

Day 1	Day 2	Day 3	Day 4	Day 5	Day 6	Day 7

Day 8	Day 9	Day 10	Day 11	Day 12	Day 13	Day 14

Day 15	Day 16	Day 17	Day 18	Day 19	Day 20	Day 21

Day 22	Day 23	Day 24	Day 25	Day 26	Day 27	Day 28

Day 29	Day 30	Day 31

합격 키워드 확인하기

편	장	합격 키워드
제1편	제1장	부동산학의 성격
	제2장	복합개념의 부동산, 복합부동산, 토지정착물, 독립정착물, 동산, 지목에 따른 토지분류, 택지와 부지, 후보지와 이행지, 나지와 건부지, 필지와 획지, 법지와 빈지, 포락지, 소지, 공지와 공한지, 부동산업, 다중주택과 다가구주택, 아파트·연립주택·다세대주택
	제3장	부동성, 영속성, 부증성, 개별성, 용도의 다양성, 토지공급, 부동산소유권의 공간적 범위, 개발권양도제도(TDR)
제2편	제1장	수요와 공급의 정의, 유량과 저량, 수요량의 변화와 수요의 변화, 수요의 변화요인, 공급의 변화요인, 대체재와 보완재, 균형가격과 균형량의 계산, 균형의 이동, 수요의 가격탄력성, 수요의 가격탄력성 결정요인, 임대료수입, 수요의 소득탄력성, 수요의 교차탄력성, 공급의 가격탄력성
	제2장	경기변동의 유형, 부동산경기변동의 특징, 부동산경기순환의 각 국면별 특성, 거미집이론
제3편	제1장	완전경쟁시장과 불완전경쟁시장, 부동산시장의 유형, 시장세분화, 부동산시장의 특성, 효율적 시장, 할당 효율적 시장, 정보의 현재가치, 여과현상과 주거분리, 불량주택
	제2장	경제지대, 준지대, 차액지대설, 절대지대설, 위치지대설, 입찰지대설, 마찰비용이론, 동심원이론, 선형이론, 다핵심이론, 입지계수(LQ), 크리스탈러 중심지이론, 레일리 소매인력법칙, 컨버스 분기점모형, 허프 확률모형, 공간마찰계수, 넬슨 소매입지론, 베버 최소비용이론, 뢰쉬 최대수요이론, 원료지향형 입지, 시장지향형 입지
제4편	제1장	PIR
	제2장	시장실패, 공공재, 외부효과, 토지정책수단, 우리나라에 실시되는 정책, 토지은행(비축)제도, 지역지구제, 토지선매, 개발부담금, 재건축부담금, 개발권양도제, 임대료규제정책, 임대료보조정책, 공공임대주택, 분양가 규제, 선분양제도, 후분양제도, 단계별 조세, 조세의 전가와 귀착, 헨리 조지의 토지단일세론, 양도세 중과 효과, 경제적 순손실
제5편	제1장	지렛대 효과, 자기자본수익률
	제2장	부동산투자의 위험, 체계적 위험과 비체계적 위험, 수익, 위험과 수익의 관계, 기대수익률, 요구수익률, 투자가치, 위험의 처리방법, 위험의 관리방법, 민감도분석, 평균-분산 지배원리, 포트폴리오 이론, 상관계수, 최적의 포트폴리오
	제3장	일시불의 내가계수와 연금의 내가계수, 감채기금계수, 일시불의 현가계수와 연금의 현가계수, 저당상수, 대출잔액, 잔금비율, 상환비율, 영업 현금흐름, 매각 현금흐름, 영업경비와 영업소득세, 순현가법, 내부수익률법, 수익성지수법, 승수법, 수익률법, 대부비율과 부채비율, 부채감당률, 채무불이행률, 총자산회전율, 영업경비율
제6편	제1장	지분금융, 부채금융, 메자닌금융, 고정금리, 조기상환, 변동금리, 담보인정비율(LTV), 총부채상환비율(DTI), 총부채원리금상환비율(DSR), 원금균등상환, 원리금균등상환, 체증식(점증식) 상환, 만기일시상환, 이자수입의 크기, 가중평균상환기간, 한국주택금융공사(HF), 주택연금
	제2장	저당의 유동화, 주택저당증권(MBS), 주택저당증권의 종류, MPTS, MBB, MPTB, CMO, 프로젝트 금융, 신디케이트, 자기관리 부동산투자회사, 위탁관리 부동산투자회사, 기업구조조정 부동산투자회사, 부동산투자회사법
제7편	제1장	부동산개발의 단계, 부동산개발의 위험, 흡수율분석, 부동산개발의 타당성분석, 재개발의 유형, 주거환경개선사업, 재개발사업, 재건축사업, 환지방식, 수용방식, 대물변제방식, 분양금 공사비 지급형, 사업위탁방식, 토지신탁방식, 민간자본유치사업, BTO, BTL
	제2장	시설관리, 자산관리, 재산관리, 복합적 관리, 자가관리, 위탁관리, 혼합관리, 비율임대차, 건물의 수명단계, 시장점유 마케팅, STP 전략, 4P MIX 전략, 고객점유 마케팅, AIDA 전략, 관계마케팅, 시가 전략, 신축가격 전략
제8편	제1장	시장가치, 시장가치 외의 가치, 현황평가, 조건부평가, 일괄평가, 구분평가, 부분평가, 감정평가의 절차, 기본적 사항의 확정, 가치와 가격, 기준시점, 부동산가치의 형성요인, 부동산가치의 제원칙, 지역분석 및 개별분석, 인근지역, 유사지역, 동일수급권
	제2장	평가 3방식과 7방법, 물건별 감정평가, 시산가액의 조정, 원가법, 재조달원가, 감가수정의 방법, 감가수정과 감가상각, 적산법, 거래사례비교법, 공시지가기준법, 사정보정, 시점수정, 수익가액, 환원이율의 구성, 환원이율의 계산
	제3장	표준지공시지가, 개별공시지가, 표준주택가격, 개별주택가격, 공동주택가격, 활용, 이의신청, 조사·산정, 심의, 공시사항, 공시기준일

제1편 부동산학 총론

◆ **제1장 부동산학의 체계** — 24

◆ **제2장 부동산의 개념과 분류**
 제1절 부동산의 개념 — 32
 제2절 부동산의 분류 — 39

◆ **제3장 부동산의 특성과 속성**
 제1절 부동산의 특성 — 49
 제2절 부동산의 속성(본질, 존재가치) — 56

제2편 부동산경제론

◆ **제1장 부동산 수요·공급이론**
 제1절 부동산 수요이론 — 72
 제2절 부동산 공급이론 — 82
 제3절 균형가격과 균형량의 변화 — 88
 제4절 수요와 공급의 탄력성 — 95

◆ **제2장 부동산경기변동**
 제1절 인플레이션과 일반경기변동 — 108
 제2절 부동산경기변동 — 111
 제3절 부동산경기의 순환국면별 특징 — 115
 제4절 거미집이론(Cob-web Theory) — 119

제3편 부동산시장론

◆ **제1장 부동산시장**
  제1절 부동산시장의 개념 및 유형   132
  제2절 부동산시장의 특성 및 기능   134
  제3절 효율적 시장이론   138
  제4절 주택시장   144

◆ **제2장 입지 및 공간구조론**
  제1절 지대이론   149
  제2절 도시공간구조론   155
  제3절 부동산입지선정   163

제4편 부동산정책론

◆ **제1장 부동산문제**   188

◆ **제2장 부동산정책**
  제1절 정부의 시장개입   194
  제2절 토지정책   200
  제3절 주택정책   208
  제4절 부동산조세정책   220

제 5 편　부동산투자론

◆ 제 1 장　부동산투자의 의의　　　　　　　　　　　　　236

◆ 제 2 장　부동산투자의 위험과 수익
　제 1 절　부동산투자의 위험　　　　　　　　　　　　　241
　제 2 절　수익률　　　　　　　　　　　　　　　　　　246
　제 3 절　포트폴리오(portfolio) 이론　　　　　　　　　254

◆ 제 3 장　부동산투자분석
　제 1 절　부동산투자분석을 위한 수학적 기초　　　　　261
　제 2 절　현금수지의 측정방법　　　　　　　　　　　　268
　제 3 절　부동산투자분석기법　　　　　　　　　　　　274

제 6 편　부동산금융론

◆ 제 1 장　부동산금융
　제 1 절　부동산금융의 개요　　　　　　　　　　　　　298
　제 2 절　주택금융　　　　　　　　　　　　　　　　　302
　제 3 절　부동산의 저당대출제도　　　　　　　　　　　304
　제 4 절　한국주택금융공사　　　　　　　　　　　　　318

◆ 제 2 장　부동산증권론
　제 1 절　저당의 유동화제도　　　　　　　　　　　　　324
　제 2 절　주택저당증권　　　　　　　　　　　　　　　328
　제 3 절　부동산금융의 동원방법　　　　　　　　　　　331

제 7 편　부동산개발 및 관리론, 마케팅

◆ **제 1 장**　부동산이용 및 개발론
　제 1 절　부동산이용　　　　　　　　　　　　　　352
　제 2 절　부동산개발　　　　　　　　　　　　　　359

◆ **제 2 장**　부동산관리론과 부동산마케팅
　제 1 절　부동산관리　　　　　　　　　　　　　　377
　제 2 절　부동산마케팅　　　　　　　　　　　　　386

제 8 편　부동산 감정평가론

◆ **제 1 장**　감정평가의 기초이론
　제 1 절　감정평가의 의의와 필요성 및 기능　　　404
　제 2 절　감정평가의 분류　　　　　　　　　　　　406
　제 3 절　부동산 가격의 일반이론　　　　　　　　413
　제 4 절　부동산가치형성요인과 가치발생요인　　416
　제 5 절　부동산가치의 제원칙　　　　　　　　　　419
　제 6 절　지역분석과 개별분석　　　　　　　　　　425

◆ **제 2 장**　감정평가의 3방식
　제 1 절　감정평가 3방식의 기본원리　　　　　　　431
　제 2 절　감정평가에 관한 규칙　　　　　　　　　　435
　제 3 절　원가방식(비용접근법, Cost Approach)　　442
　제 4 절　비교방식(시장접근법, Market Approach)　453
　제 5 절　수익방식(소득접근법, Income Approach)　459

◆ **제 3 장**　부동산 가격공시제도
　제 1 절　공시지가제도　　　　　　　　　　　　　　466
　제 2 절　주택가격공시제도　　　　　　　　　　　　473
　제 3 절　비주거용 부동산 가격공시제도　　　　　478

제 1 편
부동산학 총론

제1장 0.0% 제2장 73.7% 제3장 26.3%

◆ 최근 5개년 출제경향 분석

◆ 제1장 | 부동산학의 체계

◆ 제2장 | 부동산의 개념과 분류

◆ 제3장 | 부동산의 특성과 속성

제1편 부동산학 총론

❖ 부동산학의 체계

제1편 5개년 평균 출제문항 수   총 40문제 | 4문제

❖ 부동산의 개념과 분류

제1편 부동산학 총론

제1장 부동산학의 체계

회독 Check 1회 2회 3회

💬 부동산학개론의 전체적인 체계를 학습하는 단원으로 부동산학의 정의, 학문적 성격, 접근방법, 복합개념의 3대 측면과 2대 측면 등을 학습한다. 더불어 부동산학의 연구대상과 분야는 무엇인지, 그리고 지도이념에 관하여 설명하고 있다.

💬 본 단원을 학습한 후에는 부동산학에 관한 설명과 학문적 성격, 속성 등을 묻는 문제를 풀 수 있다.

1 부동산학의 정의

참고 부동산학은 부동산의 가치증진과 관련된 의사결정을 연구하기 위하여 부동산에 대해 법적·경제적·기술적 측면에서 접근을 시도하는 종합응용사회과학이다(조주현 교수).

(1) 부동산학은 부동산활동의 능률화의 원리 및 그 응용기술을 개척하는 종합응용과학이다(김영진 교수).

기출 부동산학은 토지 및 그 정착물에 관하여, 그것과 관련된 직업적·물적·법적·금융적 제 측면을 연구하는 학문이다.

(2) 부동산학은 토지와 토지상에 부착되어 있거나 연결되어 있는 여러 가지 항구적인 토지개량물에 대해 그것과 관련된 직업적·물적·법적·금융적 제 측면을 기술하고 분석하는 학문이다(안정근 교수).

(3) '부동산'(부동산업, 부동산학)은 영어로 'real estate'로 표현하고, '부동산학'은 첫 글자를 대문자로 써서 'Real Estate'로 표현한다.

2 부동산학의 학문적 성격

핵심 부동산학의 학문적 성격
1. 종합과학
2. 응용과학
3. 사회과학
4. 경험과학
5. 규범과학

(1) 부동산학은 종합과학이다.

부동산학은 법학, 경제학, 경영학, 건축공학 등 여러 학문의 지원을 받아 성립된 종합학문의 성격을 띠고 있으므로 시스템적 사고방식이 요구된다. 즉, 부동산 법 분야에서는 법학, 행정학 이론이 지원하고, 부동산 경제이론에서는 경제학, 경영학이 지원하며, 부동산 기술론에서는 건축학, 공학이 지원하므로 부동산학은 이를 시스템화한 종합과학이다.

(2) 부동산학은 응용과학이다.

부동산학은 순수과학 또는 기초과학이 아니라, 복잡한 부동산문제를 해결하기 위한 기술적 실천방법을 제시하고 유용성을 검증하므로 응용과학이며 실천과학이다.

(3) 부동산학은 사회과학이다.

부동산학은 자연현상을 연구하는 자연과학이 아니라 인간과 부동산의 상호작용을 연구하는 사회과학적 성격이 강하다.

(4) 부동산학은 구체적 경험과학이다.

부동산학은 추상적 학문 또는 가상과학이 아니라 현실의 다양한 부동산 현상이나 부동산활동을 연구대상으로 하는 구체적 경험과학이다.

(5) 부동산학은 규범과학이다.

부동산학은 가치판단의 기준을 제시함으로써 부동산활동의 주체를 바람직한 방향으로 유도하기 위한 규범적 성격을 띤다. 즉, 규범과학이란 어떤 현상을 보고 어떤 부동산행위가 사회에 바람직할 것인가를 판단하게 하는 성격을 말한다.

> **기출**
> 1. 부동산학은 다양한 학문과 연계되어 있다는 점에서 종합학문적 성격을 지닌다.
> 2. 부동산학은 순수과학과는 달리 복잡한 현실적 사회문제를 해결하고자 하는 응용과학이다.

심화 | 부동산의 복합개념(3대 측면, 2대 측면)✚

1. 부동산학에서 부동산의 개념을 정확하게 인식하기 위해서는 **유형적 측면인 기술적(물리적) 측면**과 **무형적 측면인 법률적·경제적 측면**으로 분류하여 3대 측면을 동시에 고려하는 복합개념의 부동산으로 파악하여야 하며, 이들은 상호불가분의 관계를 갖는다.
2. 법률적 측면에서 볼 때는 그 부동산소유권의 진정성, 등기 여부, 공법·사법상의 규제, 지역지구제에의 적합성을 판단해야 하며, 기술적 측면에서 볼 때는 그 건물이 몇 층인지, 석조건물인지 목조건물인지, 튼튼하게 설계되었는지, 지질·지반이 견고한지를 판단해야 하며, 경제적 측면에서 볼 때는 그 부동산의 수익성, 임대료수입, 가격 상승 가능성 등을 판단해야 한다.

✚ 내용이나 기능적 측면에서 본다면, 경제적 측면의 부동산이 법률적 측면의 부동산보다 광의의 개념으로 부동산을 해석하고 있다. 또한 부동산의 법률적 판단과 기술적 판단을 한 후에 경제적 판단을 하는 것이 일반적이다.

핵심 🎯 **부동산학의 지도이념**
1. 효율성의 원리: 이용 측면, 민간부문, 최유효이용
2. 형평성의 원리: 분배 측면, 공공부문, 공평한 분배
3. 합법성의 원리: 부동산활동의 범위, 전제

기출 📋 부동산학이 추구하는 가치를 민간부문에 한정하여 볼 때는 형평성보다는 효율성을 중시하게 된다.

❸ 부동산학의 지도이념(일반적 이념방향)

사회과학이 추구하는 일반적 이념은 효율성과 형평성이다. 물론 부동산학에서도 효율성과 형평성은 일반적 이념이 되며, 합법성이라는 범위 내에서 달성되어야 한다.

(1) 효율성의 원리

① 효율성의 원리는 경제적 원리로서 최소의 비용(시간)을 투입하여 최대의 효과(산출)를 얻고자 하는 원리이다. 그러므로 부동산에서도 한정된 부동산자원을 어떻게 효율적으로 이용해야 하는가 하는 최유효이용(최고최선)의 원칙이 중시된다.

② 개인, 기업, 조합 등 민간부문에서는 형평성보다는 효율성의 이념이 더 중시된다. 예컨대, 토지이용규제수단으로 활용되는 지역지구제, 용적률제도 등은 효율성 추구 이념으로 볼 수 있다.

(2) 형평성의 원리

① 형평성의 이념은 경제적 약자에게도 부동산의 소유 및 편익이 골고루 분배되어야 한다는 원리로 이는 평등성, 공정성, 사회적 형평성, 배분적 정의로 규정될 수 있다.

② 정부, 공공단체 등 공공부문에서는 효율성보다는 형평성의 이념이 더 중시된다. 예컨대, 임대주택정책, 누진세제도, 개발권양도제도(TDR) 등은 형평성 추구 이념으로 볼 수 있다.

③ 형평성은 수평적 형평성과 수직적 형평성으로 구분된다. 수평적 형평성은 동일가격의 주택이나 동일소득의 계층에 동일세율이나 동일세금을 부과하는 것을 말하며, 수직적 형평성은 다른 가격의 주택이나 다른 소득의 계층에 차등과세하는 것을 말한다.

(3) 합법성의 원리

① 합법성의 원리는 부동산현상과 부동산활동이 공익 또는 사익을 추구할 때 법의 테두리 안에서 이루어져야 한다는 이념을 말한다.

② 부동산활동이 효율성과 형평성을 조화롭게 구현하기 위해서는 법률적 적합성을 지녀야 하므로 법, 제도의 변화에 따라 부동산활동의 범위가 달라진다.

④ 부동산학의 접근방법(부동산학의 연구방법)

(1) 분산식 접근방법

부동산학의 여러 관련 학문(법학, 경제학, 공학 등)의 입장에서 개별 학문별로 개별적·부분적으로 부동산을 다루는 접근방법을 말한다.

(2) 중점식 접근방법

부동산 및 부동산활동의 법률적 측면이나 경제적 측면, 기술적 측면, 즉 3대 측면 중 특정 측면에만 중점을 두고 연구하는 과도기적 방법을 말한다.

(3) 종합식 접근방법

① 부동산활동과 관련성을 갖는 여러 관련 학문의 연구결과를 시스템적 사고방식에 입각하여 부동산학에 응용하는 접근방법을 말한다. 이는 부동산을 법률적·경제적·기술적 측면의 복합개념으로 이해한다.
② 부동산의 가치를 정확히 인식하고 종합기능을 발휘하며, 우리나라의 부동산학이론을 단기간에 통일적으로 정착시키는 데 기여했다.

기출 부동산학의 접근방법 중 종합식 접근방법은 부동산을 기술적·경제적·법률적 측면 등의 복합개념으로 이해하며, 이를 종합해서 이론을 구축하는 접근방법이다.

(4) 법·제도적 접근방법

부동산은 공법상 규제를 많이 받게 되는데, 여러 규제 법률을 중심으로 부동산학을 연구하는 방법으로 정부 등의 공적 주체의 개입을 전제로 연구되며 부동산학의 독립화에 기여했다.

(5) 의사결정적 접근방법

① 인간은 합리적인 존재이며, 자기이윤의 극대화를 목표로 행동한다는 기본가정에서 출발한다. 사적 주체의 의사결정을 중시하므로 부동산시장의 자율성을 전제로 하며, 특히 민간부문에서 규제완화와 더불어 국제화 및 개방화가 진전됨에 따라 이 접근방법이 호응을 얻어가고 있다.
② 부동산투자, 개발, 금융, 정책 분야에 응용된다.

기출 부동산학의 접근방법 중 의사결정 접근방법은 인간은 합리적인 존재이며, 자기이윤의 극대화를 목표로 행동한다는 기본가정에서 출발한다.

(6) 행태과학적 접근방법

① 부동산활동에 내재하는 인간적 요인에 착안하여 부동산행태를 중심으로 부동산활동의 본질을 규명하려는 방법을 말하며 부동산 결정을 하는 사람들의 욕구나 동기를 사회학적·심리학적으로 분석했다.
② 부동산경영, 부동산마케팅, 부동산중개 분야에 응용된다.

5 부동산학의 연구대상과 연구분야

1. 부동산학의 연구대상

(1) 부동산현상

① 인간의 삶의 터전으로서의 부동산으로부터 야기되는 여러 법칙성을 의미한다. 이러한 부동산현상은 인간의 부동산활동으로 생기기도 하고, 부동산 본질로부터 생기기도 한다. 부동산 현상은 인식의 대상이 되고, 인간이 부동산활동을 하는 데 방향을 제시해 준다.

② 부동산현상을 복합개념으로 분석할 수 있다. 즉, 법률적 현상에는 토지공개념, 부동산공법 현상이 있고, 경제적 현상에는 투기화 현상, 지가고 현상이 있으며, 기술적 현상에는 건물의 생애주기와 인근지역의 생애주기 현상이 있다.

> **기출** 부동산학의 연구대상은 부동산활동 및 부동산현상을 포함한다.

(2) 부동산활동

① 부동산활동이란 인간이 부동산을 대상으로 전개하는 관리적 측면에서의 여러 가지 행위로서 부동산 의사결정과 부동산 실행으로 구성되어 있으며 중개활동, 개발활동, 평가활동 등을 말한다.

② 인간의 부동산활동에는 인간의 의지, 목표, 주체가 있으며 부동산현상과 부동산활동은 상호 독립적 관계가 아니고, 상호 밀접한 관련성을 갖는다.

> **참고** 부동산활동의 주체
> 1. 공적 주체: 관리정책, 규제정책, 보조정책, 과세정책
> 2. 사적 주체 개발, 중개 관리, 평가업 ⇨ 가장 활발
> 3. 전문협회

2. 부동산학의 연구분야

부동산학의 연구분야에는 부동산결정분야·부동산결정의 지원분야(실무분야), 부동산학의 기초분야(이론분야)가 있다.

실무분야(기술성)		이론분야(과학성)
부동산결정분야 (의사결정)	부동산결정의 지원분야 (전문적 서비스 제공)	부동산학의 기초분야
• 부동산투자 • 부동산금융 • 부동산개발 • 부동산정책	• 부동산투자상담(컨설팅) • 부동산평가 • 부동산관리 • 부동산마케팅 • 부동산중개, 권리분석, 입지선정	• 부동산의 특성 • 부동산 관련 법률 • 도시지역 • 부동산시장 • 부동산세금, 기초금융수학

⑥ 부동산학(활동)의 일반원칙

(1) 능률성(합리화, 기계화)

부동산학은 부동산 **소유활동의 능률화**를 위해서는 **최유효이용의 원칙**을, 부동산 **거래활동의 능률화**를 위해서는 **거래질서 확립의 원칙**을 지도원리로 삼고 있다.

> **+ 보충** 능률성의 원칙에서 파생되는 원리
>
> 1. 이전의 원리: 인간이 할 수 있는 것을 기계에 이전
> 2. 보족의 원리: 인간이 할 수 없는 것을 기계로 보충
> 3. 분담의 원리: 업무과정의 **분업화**
> 4. 연결의 원리: 분업화된 각 업무의 유기적 **연결**(자료와 정보의 종합)
> 5. 표준의 원리: 서식 및 업무처리 과정의 **표준화 · 규격화**
> 6. 분발의 원리: 목표달성을 위한 적극성, 사기의 앙양, 동기부여

기출 부동산학의 일반원칙으로서 능률성의 원칙은 소유활동에 있어서 최유효이용을 지도원리로 삼고 있다.

심화 부동산활동의 특별원칙
1. 감정평가의 특별원칙
   - 능률성의 원칙
   - 안전성의 원칙
   - 전달성의 원칙
   - 합리성의 원칙
2. 권리분석의 특별원칙
   - 능률성의 원칙
   - 안전성의 원칙
   - 증거주의 원칙
   - 탐문주의 원칙

(2) 안전성(거래안전, 능률성과 상충)

부동산활동에 있어서는 거래사고와 관련하여 안전성을 강력하게 인식하여야 한다. 능률성과 안전성은 상호 견제(상충)의 관계에 있다. 안전성을 높이다 보면 능률성이, 능률성을 높이다 보면 안전성이 떨어지기 쉽다.

(3) 경제성(합리적 선택, 수익성)

최소의 희생으로 최대의 효과를 올리는 원칙으로 투입(비용, 희생)은 최소화하고, 산출(수익, 효용)은 최대화하고자 한다. 경제성의 원칙은 합리적 선택의 원칙이다.

(4) 공정성(사회성, 공공성)

사익부문에서는 의뢰인과 비의뢰인의 이익이 모두 보호되어야 한다. 한편, 부동산은 사회성과 공공성이 강한 재화이므로 공익부문에서는 적정한 공간의 분배가 이루어져야 한다.

❼ 부동산(활동)의 속성

(1) 과학성(이론 측면) 및 기술성(실무 측면)

부동산활동을 위한 체계화된 지식, 원리, 이론 측면에서는 과학성(science)이 필요하고, 이 지식을 응용하는 숙련, 기교(skill), 실무 측면에서는 기술성(art)이 필요하므로 산학(産學) 간의 협력이 필요하다.

> **기출** 부동산활동에서 체계화된 이론 측면에서는 과학성, 실무 측면에서는 기술성이 강조되어야 한다.

(2) 사익성 및 사회성·공공성

① 사익성의 필요근거: 자본주의 사회에서는 개인적 이익을 중시한다(공익을 해하지 않는 범위 내).

② 사회성·공공성의 필요근거: 토지는 부증성으로 희소한 재화이고 국토공간이며, 국가존립을 위해 필요불가결하다.

(3) 윤리성

> **심화** 부동산 윤리규제방법 자율적 규제와 법률적 규제가 있으나, 자율적 규제가 바람직하다(우리나라는 양자를 절충하는 절충적 규제에 해당된다).

① 의의: 부동산업은 전문성이 높고, 사회성·공공성이 요구되므로 높은 직업윤리가 필요하다. 부동산활동은 고가인 재산을 다루므로 거래당사자나 부동산서비스업에 종사하는 자 모두 윤리적으로 행동해야 한다.

② 부동산윤리의 유형

고용윤리	종업원과의 관계에서 발생하는 윤리로서 종업원을 지도·감독해야 하는 윤리(기업·회사 내부조직의 구성원 사이에서 지켜야 할 윤리)
조직윤리	부동산업자간 또는 부동산업자가 가입되어 있는 경우에는 단체의 조직원으로서 지켜야 하는 윤리(동업자와의 관계: 경쟁윤리)
서비스윤리	서비스를 의뢰한 의뢰인 및 비의뢰인과의 관계에서 발생하는 윤리
공중윤리	일반대중들과의 관계에서 공중의 복리증진을 도모해야 하는 윤리

(4) 전문성

> **참고** 전문성 분류의 실익
> 1. 이론수준 차이
> 2. 주의의무 차이
> 3. 신뢰도의 차이
> 4. 윤리수준의 차이

① 1차 수준의 전문성: 비전문가가 자신을 위해 스스로 행하는 부동산활동으로 가장 전문성이 낮다.

② 2차 수준의 전문성: 부동산을 일상업무와 관련하여 다루는 사람에 의한 활동이지만, 그 사람이 그 활동의 전문가는 아닌 경우를 말한다(예 공인중개사의 감정평가활동, 감정평가사의 권리분석활동).

③ 3차 수준의 전문성: 특정 부동산활동의 전문가에 의한 활동으로서 가장 전문성이 높다(예 공인중개사에 의한 중개활동, 감정평가사에 의한 감정평가활동).

(5) 대인(對人)활동 및 대물(對物)활동

① 부동산활동에는 직·간접적으로 많은 사람들이 관여한다. 즉, 부동산활동의 주체는 인간이므로 대인활동이다.

② 부동산활동의 객체는 부동산이므로 부동산활동은 대물활동이다.

기출 부동산활동은 대인활동인 동시에 대물활동이라 할 수 있다.

(6) 정보활동

부동산에는 부동성의 특성이 있고, 부동산 주변에는 통제불가능한 요인이 많기 때문에 사전에 정보수집, 분석, 판단이 중요하다.

(7) 임장활동(臨場活動)

① 임장활동이란 사람이 직접 현장에 가서 부동산을 조사·확인하는 것을 말한다.

② 부동산에는 부동성과 대물(對物)활동성이 있기 때문에 부동산결정을 위해서는 서면자료만으로는 불충분하므로 이에 필요한 사항을 현장에서 직접 확인·분석할 필요가 있다. 임장활동을 소홀히 하면 부동산결정의 합리성이 결여될 수 있고 중개업자의 책임문제가 발생할 수도 있다.

기출 부동산활동을 임장활동으로 규정하는 근거는 부동산의 부동성이라는 특성과 대물활동이라는 속성 때문이다.

(8) 배려의 장기성

부동산은 일반상품과 달리 영속성(내구성)이 있으므로 미래에 대한 장기적인 배려를 통해 결정·실행된다.

기출 부동산활동은 일반적으로 일반소비상품을 대상으로 하는 활동과는 달리 장기적 배려하에 결정되고 실행된다.

(9) 공간활동(3차원 공간활동)

최근 부동산활동은 수평공간뿐 아니라 공중공간, 지하공간인 입체공간에 대한 활동이 중시되고 있다.

기출 부동산활동은 공중, 지표, 지하를 포함하는 3차원 공간을 대상으로 전개한다.

제2장 부동산의 개념과 분류

- 제2장에서는 복합개념의 부동산과 복합부동산, 복합건물 등을 구분할 수 있으며, 부동산의 법률적 개념과 정착물 개념을 숙지할 수 있다.
- 지목에 따른 토지의 분류와 용어 정리를 숙지해야 한다.
- 공인중개사 시험에서 매년 1~2문제가 출제되는 부분이므로 집중하여 학습해야 한다.

제1절 | 부동산의 개념

제33회, 제34회, 제35회

❶ 부동산의 개념

부동산학상의 부동산은 복합개념의 부동산이며, 복합개념의 부동산이란 3대 측면의 법률적·경제적·기술적(물리적) 측면의 부동산을 의미한다. 부동산의 개념은 부동산활동의 범위를 확정시켜 준다.

(1) 복합개념의 부동산(부동산학의 관점)

복합개념의 부동산이란 3대 측면의 법률적·경제적·기술적(물리적) 측면의 부동산을 의미한다. 법률적 개념과 경제적 개념을 무형(無形)적 측면, 기술적(물리적)개념을 유형(有形)적 측면으로 구분하기도 한다.

무형(無形)적 측면		유형(有形)적 측면
법률적 개념	경제적 개념	기술적(물리적) 개념
• 협의의 부동산(「민법」상의 부동산): 토지 및 그 정착물 • 광의의 부동산(① + ②) ① 협의의 부동산: 토지 및 그 정착물 ② 준부동산(의제부동산): 자동차, 선박, 항공기, 건설기계, 공장재단, 광업재단, 입목, 어업권 등	• 자산 • 자본 • 생산요소 (생산재) • 소비재 • 상품	• 자연 • 공간 • 위치 • 환경

기출

1. 복합개념의 부동산이란 부동산을 법률적·경제적·기술적 측면 등의 복합개념으로 이해하는 것을 말한다.
2. 경제적 개념의 부동산은 자본, 소비재, 생산요소, 자산 등으로 분류할 수 있다.
3. 기술적 개념의 부동산은 위치, 공간, 자연, 환경 등을 의미한다.
4. 생산요소·자산은 경제적 측면의 부동산에 포함되고, 공간·자연은 물리적 측면의 부동산에 포함된다.
   제34회

(2) 복합부동산(부동산활동의 관점)

① **토지와 그 토지 위의 건물 등의 정착물**이 법률적으로는 각각 독립된 거래의 객체이면서도 마치 **하나의 결합된 상태**로 다루어져 **부동산활동의 대상**으로 삼는 경우를 말한다.

② 우리나라에서는 토지와 건물 등이 법률적으로 각각 독립된 객체로 취급되지만 부동산의 거래·평가·중개 등 부동산활동상에 있어서는 하나의 결합된 상태로 취급되므로 복합부동산은 법률적 개념이 아닌 **부동산활동상의 개념**이다.

> 🎯 **핵심** 복합개념의 부동산, 복합부동산, 복합건물
>
> 1. 복합개념의 부동산(부동산학의 관점): 부동산을 **법률적·경제적·기술적 측면** 등의 복합개념으로 이해하는 것
> 2. 복합부동산(부동산활동의 관점): **토지와 건물 등 각각 독립된 객체이면서도 부동산활동상에 있어서는 일체로 취급하는 경우의 부동산** ⇨ 감정평가시 일괄평가
> 3. 복합건물 ⇨ 감정평가시 구분평가: 복합건물이란 1개의 건물이 주거와 근린생활시설 등이 결합되어 있어 복합적 기능을 수행하는 건물(📌 주상복합건물)

2 기술적(물리적) 개념 – 유형(有形)적 측면

(1) **공간으로서의 부동산**

수평공간, 공중공간, 지중공간 등의 입체(3차원)공간을 의미한다.

(2) **자연으로서의 부동산**

인위적으로 생산할 수 없는 토지의 속성을 의미한다.

(3) **위치로서의 부동산**

주어진 위치를 인위적으로 이동시킬 수 없는 위치의 고정성을 의미한다.

(4) **환경으로서의 부동산**

환경의 구성분자로서 서로 영향을 주고받는 관계를 의미한다.

참고

1. 토지와 건물이 각각 독립된 거래의 객체이면서도 마치 하나의 결합된 상태로 다루어져 부동산활동의 대상으로 인식될 때 이를 복합부동산이라 한다.
2. 「집합건물의 소유 및 관리에 관한 법률」에 따른 구분소유권의 대상이 되는 건물부분과 그 대지사용권을 일괄하여 감정평가하는 경우 등 토지와 건물을 일괄하여 감정평가할 때에는 거래사례비교법을 적용해야 한다.

핵심 🎯 부동산의 기술적 개념
1. 공간
2. 자연
3. 위치
4. 환경

핵심 부동산의 경제적 개념
1. 자산
2. 자본
3. 생산요소(생산재)
4. 소비재
5. 상품

기출 토지는 생산요소, 자본, 소비재의 성격을 가지고 있다. 제33회

기출 토지는 일반적으로 생산요소(생산재)이지만, 위락용이나 공원용 토지처럼 소비재로서 사용될 수 있다.

❸ 경제적 개념 – 무형(無形)적 측면

부동산의 경제적 개념은 부동산을 생산·분배·소비·투자관점에서 보는 입장이며 부동산 가격·수익 등에 중점을 두므로 현대사회의 부동산활동에서 중시된다.

(1) 자산(asset)으로서의 부동산
경제적 활동수단, 이윤추구의 수단으로서의 부동산을 의미한다. 즉, 사용가치로서의 자산성과 교환가치로서의 자산성을 의미한다.

(2) 자본(capital)으로서의 부동산
생산자 입장에서 토지는 다른 자본재와 마찬가지로 임차하거나 매수해야 하는 재화이므로 기업 입장에서 토지는 자본재로서 성격을 지닌다. 그리고 주택은 소비자 자본이 되기도 한다.

(3) 생산요소(생산재)로서의 부동산(토지): 파생적(간접) 수요의 대상
노동, 자본과 더불어 생산요소 중의 하나이다. 토지는 물적 생산요소이며 부동성으로 인해 수동적인 생산요소이다.

(4) 소비재로서의 부동산: 본원적(직접) 수요의 대상
인간생활의 편의를 제공해 주는 최종 소비재로서의 성격을 말한다.

(5) 상품으로서의 부동산
시장에서 빈번하게 거래가 되는 상품이라는 의미이므로 부동산과 화폐의 교환 형태로 나타난다.

핵심 부동산의 법률적 개념
1. 협의의 부동산
2. 광의의 부동산

기출 「민법」상 부동산은 토지 및 그 정착물을 말한다.

❹ 법률적 개념 – 무형(無形)적 측면

1. 협의의 부동산 – 「민법」상의 부동산
「민법」 제99조 제1항에서 규정한 '토지 및 그 정착물'을 가리킨다. 토지 정착물은 토지의 일부인 종속정착물과 토지로부터 독립된 부동산으로 취급되는 독립정착물로 나뉘어진다.

2. 광의의 부동산
「민법」상의 부동산인 협의의 부동산(토지 및 그 정착물)에 준(의제)부동산을 포함시킨 개념을 광의의 부동산이라 한다.

> 📝 **참고** 준부동산(의제부동산)

1. 준부동산은 「민법」상 부동산은 등기·등록 등의 공시방법을 갖춤으로써 **부동산에 준하여 취급되는 특정의 동산 등을 말하며, 의제부동산**이라고도 한다.
   ① 등기로 공시하는 물건: 총톤수 20t 이상의 기선과 범선 및 총톤수 100t 이상의 부선, 광업재단, 공장재단, 토지에 부착된 수목의 집단(입목)
   ② 등록으로 공시하는 물건: 자동차, 항공기, 건설기계, 어업권
2. 준부동산은 법률적 효과로서 소유권·저당권·감정평가의 대상이 되며, **부동산중개의 대상(공장재단, 광업재단, 입목)이 되는 경우도 있다.**
3. 준부동산에는 자동차, 건설기계, 항공기, 선박(20t 이상), 공장재단, 광업재단, 어업권, 광업권, 입목 등이 있다.
   ① 동산
      ㉠ 선박: 20t 이상의 선박(**총톤수 20t 이상의 기선과 범선 및 총톤수 100t 이상의 부선에 대하여 적용**)으로 「선박법」 및 「선박등기법」에 따라 등기된 선박은 한 개의 부동산처럼 취급되어 소유권, 임차권, 저당권의 객체가 된다. 또한 20t 미만의 소형선박도 「자동차 등 특정동산 저당법」에 의해 선박등록원부에 등록시 저당권의 객체가 된다.
      ㉡ 자동차, 항공기, 건설기계: 자동차등록원부, 항공기등록원부, 건설기계등록원부에 등록된 것을 말하며, 각각 「자동차 등 특정동산 저당법」에 의해 저당권 설정이 가능하다.
   ② 동산과 일체로 된 부동산의 집단
      ㉠ 공장재단: 「공장 및 광업재단 저당법」에 의해 공장재단으로 구성된 토지와 공작물, 기계, 기구, 공업소유권 등은 하나의 부동산처럼 취급되며 소유권의 보존등기와 저당권의 설정등기 등이 가능하다.
      ㉡ 광업재단: 「공장 및 광업재단 저당법」에 의해 광업재단을 구성하는 광업권, 토지, 공작물, 기계 등은 하나의 부동산처럼 취급되며 저당권 설정이 가능하다.
   ③ 어업권 등의 준물권: 어업권은 「수산업법」의 규정에 의해 면허 또는 허가를 받아 어업을 경영할 수 있는 권리로, 공유수면에서 수산동식물을 독점적·배타적으로 채취·포획 및 양식할 수 있다. 어업권원부에 등록시 등기에 갈음하는 효과가 생긴다. 어업권은 준물권으로 「민법」의 토지에 관한 규정이 준용된다.
   ④ 입목: 토지에 부착된 수목의 집단으로서 그 소유자가 「입목에 관한 법률」에 따라 소유권보존의 등기를 받은 것을 말한다. 입목은 부동산으로 보며, 입목의 소유자는 토지와 분리하여 입목을 양도하거나 저당권의 목적으로 할 수 있다.

> 📖 **참고** 중개대상물(매수신청대리의 대상물)의 범위
> 1. 토지
> 2. 건축물 그 밖의 토지의 정착물
> 3. 「입목에 관한 법률」에 따른 입목
> 4. 「공장 및 광업재단 저당법」에 따른 공장재단 및 광업재단

> 📄 **기출**
> 1. 준부동산은 등기·등록의 공시방법을 갖춤으로써 부동산에 준하여 취급되는 특정의 동산을 말한다.
> 2. 법률상의 공장재단, 광업재단, 어업권, 항공기 등은 의제부동산으로서 광의의 부동산에 속한다.
> 3. 총톤수 20t 이상의 기선과 범선 및 총톤수 100t 이상의 부선, 광업재단, 공장재단, 토지에 부착된 수목의 집단(입목)은 법령에 의해 등기의 방법으로 소유권을 공시할 수 있는 물건이다. 제35회

3. 토지정착물 제33회

정착물이란 원래는 동산이었지만 토지 등에 설치·부착되어 항구적으로 결합 사용됨에 따라 부동산화된 토지개량물을 말한다. 즉, 정착물은 사회·경제적인 면에서 토지에 부착되어 계속적으로 이용된다고 인정되는 물건이다.

정착물 중에는 토지의 일부로 취급되는 종속정착물과 토지와 분리하여 독립된 부동산으로 취급되는 독립정착물이 있다. 한편 여기서 '독립'이란 물리적 측면이 아니라 법률적 측면에서의 독립을 의미한다.

(1) 종속정착물(토지의 일부인 정착물)

토지의 일부로 취급되는 것으로 토지와 별개의 부동산으로 취급되지 않으며, 토지와 분리하여 양도할 수 없다. 담장, 구거, 경작목적이 아닌 수목, 자연식생, 다년생식물 등이 있다.

(2) 독립정착물(토지로부터 독립된 부동산으로 취급)

토지로부터 독립된 부동산으로 간주되는 것으로 토지와 별개의 부동산으로 취급되며, 토지와 분리하여 양도할 수 있다.

① 건물: 우리나라에서 완성된 건물은 토지와는 독립된 부동산으로 취급된다. 신축 중인 건물이어도 기둥, 지붕 및 주벽이 완성되는 순간 사용승인이나 등기 없이도 토지와 분리된 독립된 부동산으로 취급된다는 것이 판례의 입장이다. 건물을 독립된 부동산으로 인정하는 우리나라와는 달리 서구에서는 건물을 토지의 구성부분으로 인식하고 있다.

② 미분리과실: 미분리과실은 수목의 일부에 불과하나 명인방법을 갖춘 때에는 토지와는 독립적인 부동산으로서 소유권의 객체가 될 수 있다.

③ 수목(집단): 명인방법을 갖춘 수목의 집단이나 「입목에 관한 법률」에 의하여 소유권보존등기를 받은 입목은 토지의 일부로 보지 않고 토지와는 독립된 거래의 객체로 인정된다. 하지만 명인방법은 완전한 공시방법이라 할 수 없으므로 명인방법을 갖춘 수목의 집단은 소유권표시가 가능하나 저당권표시는 인정되지 않는다.

핵심 ◎ 독립정착물
1. 건물
2. 명인방법을 갖춘 미분리과실
3. 명인방법을 갖춘 수목이나 등기된 입목
4. 타인토지에 경작된 농작물

기출
1. 건물, 명인방법을 갖춘 미분리과실, 명인방법을 갖춘 수목의 집단이나 등기된 입목, 타인의 토지에서 경작·재배된 농작물은 토지의 정착물 중 토지와 독립된 것으로 간주된다.
2. 구거·다년생 식물·교량·담장은 토지의 정착물에 해당되지만, 가식 중인 수목은 토지의 정착물에 해당되지 않는다. 제33회
3. 임차인 정착물은 동산으로 간주되는 것이 원칙이다.

④ 농작물: 농작물은 토지의 정착물로서 토지의 일부에 불과하여 독립된 부동산으로 취급되지 않는다. 따라서 토지에 정착되어 있고 매년 경작의 노력을 요하지 않는 나무, 자연식생, 다년생 식물 등은 부동산의 정착물로서 간주되어 부동산의 매매시에 함께 양도된다. 다만, 정당한 권원에 의해 타인토지에서 경작·재배한 농작물은 토지와 독립된 부동산으로 다루어져 경작자의 소유에 속한다. 하지만 정당한 권원 없이 타인의 토지에서 경작·재배된 성숙된 농작물도 토지와 독립된 부동산으로 다루어져 경작자의 소유에 속한다고 보는 것이 판례의 태도이다.

4. 동산

가식 중의 수목, 경작 수확물, 임차인이 설치한 임차인 정착물, 판잣집, 헐어버린 건축물, 공중전화박스, 신문가판대, 비닐하우스 등은 부동산정착물로 취급되지 않고 동산으로 취급하는 것이 일반적이다.

5. 부동산정착물(설비, fixture)

(1) 정착물의 구분

① 부동산정착물: 부동산의 일부로 취급·매매시 매수인에게 소유권이 이전된다.
② 동산: 부동산으로부터 독립적으로 취급·매매시 매수인에게 소유권이 이전되지 않는다.

(2) 정착물의 구분기준

구문기준	정착물 ○	정착물 ×
부착방법 (손상·효용)	제거시 건물에 손상을 주거나, 손상을 주지 않더라도 효용이 감소하는 것	건물에 손상을 주지 않고 제거할 수 있는 것
물건의 성격	처음부터 건물의 위치나 용도에 맞추어 제작된 것	처음부터 위치나 용도에 맞추어 제작된 것이 아닌 것
물건의 설치의도	임대인이 가치를 증진시킬 목적으로 영구적으로 설치한 것	일시적으로 설치한 것
당사자 관계	임대인 정착물	임차인 정착물 (거래·농업·가사 정착물)

참고
1. 당사자 간의 계약(합의·동의)도 정착물의 구분하는 기준이 될 수 있나.
2. 매매 관계에서 정착물인지 아닌지가 불분명할 때는 정착물로 간주되어 매수인의 것이 된다.
3. 임대차 관계에서 정착물 여부가 불분명한 때는 동산으로 간주되어 임차인의 것이 된다.

부동산과 동산의 구분

3대 측면	구분	부동산	동산
기술적 측면	위치	부동성(고정성)	이동성(유동성)
	용도	용도의 다양성(이질성)	용도의 한계성(동질성)
경제적 측면	가격	비교적 크다. (구매기간: 장기)	비교적 적다. (구매기간: 단기)
	시장구조	추상적 + 구체적 시장 (불완전시장)	구체적 시장
	일물일가의 법칙성	비적용(개별성)	적용 가능(동질성)
법률적 측면	공시방법	등기 · 등록	점유 · 인도
	공신력(선의취득)	불인정	인정(선의취득)
	취득시효	20년 (등기: 10년)	10년 (선의취득: 5년간 점유)
	무주물 귀속	국유	선점자
	제한물권 설정	가능(질권 ×)	용익물권 · 저당권(×), 유치권 · 질권(○)

5 우리나라 표준산업분류에 따른 부동산업의 분류 제36회

대(중)분류	소분류	세분류	세세분류
부동산업 (68)	부동산임대 및 공급업 (681)	부동산임대업 (6811)	• 주거용 건물임대업 • 비주거용 건물임대업 • 기타 부동산임대업
		부동산개발 및 공급업 (6812)	• 주거용 건물 개발 및 공급업 • 비주거용 건물 개발 및 공급업 • 기타 부동산 개발 및 공급업
	부동산 관련 서비스업 (682)	부동산관리업 (6821)	• 주거용 부동산관리업 • 비주거용 부동산관리업
		부동산중개, 자문 및 감정평가업 (6822)	• 부동산중개 및 대리업 • 부동산 투자자문업 • 부동산 감정평가업 • 부동산 분양대행업

참고
1. 부동산관리업은 주거용 · 비주거용 관리업으로 구분되고, 기타 부동산(사업시설)관리업은 존재하지 않는다.
2. 부동산건설업, 부동산투자업, 부동산금융업은 부동산업의 분류에 포함되지 않는다.

기출 부동산 관련 서비스업에는 부동산관리업과 부동산중개, 자문 및 감정평가업이 있다. 제36회

제2절 | 부동산의 분류

제33회, 제34회, 제35회, 제36회

❶ 토지의 분류(토지의 용어)

「공간정보의 구축 및 관리 등에 관한 법률 시행령」 제58조【지목의 구분】

✔ 지목: 토지의 주된 용도에 따라 토지의 종류를 구분하여 지적공부에 등록한 것

1. 전: 물을 상시적으로 이용하지 않고 곡물·원예작물·약초·뽕나무·닥나무·묘목·관상수 등의 식물을 주로 재배하는 토지와 식용으로 죽순을 재배하는 토지
2. 답: 물을 상시적으로 직접 이용하여 벼·연·미나리·왕골 등의 식물을 주로 재배하는 토지
3. 과수원: 사과·배·밤·호두·귤나무 등 과수류를 집단적으로 재배하는 토지와 이에 접속된 저장고 등 부속시설물의 부지. 다만, 주거용 건축물의 부지는 '대'로 한다.
4. 목장용지: 다음 각 목의 토지. 다만, 주거용 건축물의 부지는 '대'로 한다.
   가. 축산업 및 낙농업을 하기 위하여 초지를 조성한 토지
   나. 「축산법」 제2조 제1호에 따른 가축을 사육하는 축사 등의 부지
   다. 가목 및 나목의 토지와 접속된 부속시설물의 부지
5. 임야: 산림 및 원야를 이루고 있는 수림지·죽림지·암석지·자갈땅·모래땅·습지·황무지 등의 토지
6. 광천지: 지하에서 온수·약수·석유류 등이 용출되는 용출구와 그 유지에 사용되는 부지
7. 염전: 바닷물을 끌어들여 소금을 채취하기 위하여 조성된 토지와 이에 접속된 제염장 등 부속시설물의 부지
8. 대
   가. 영구적 건축물 중 주거·사무실·점포와 박물관·극장·미술관 등 문화시설과 이에 접속된 정원 및 부속시설물의 부지
   나. 「국토의 계획 및 이용에 관한 법률」에 따른 택지조성공사가 준공된 토지
9. 공장용지
   가. 제조업을 하고 있는 공장시설물의 부지
   나. 「산업집적활성화 및 공장설립에 관한 법률」 등 관계 법령에 따른 공장부지 조성공사가 준공된 토지
   다. 가목 및 나목의 토지와 같은 구역에 있는 의료시설 등 부속시설물의 부지
10. 학교용지: 학교의 교사와 이에 접속된 체육장 등 부속시설물의 부지
11. 주차장: 자동차 등의 주차에 필요한 독립적인 시설을 갖춘 부지와 주차전용 건축물 및 이에 접속된 부속시설물의 부지

기출 공간정보의 구축 및 관리 등에 관한 법령상 지목에 따른 토지의 분류로는 전, 답, 과수원, 목장용지, 임야, 광천지, 염전, 대, 공장용지, 학교용지, 주차장, 주유소용지, 창고용지, 도로, 철도용지, 하천, 제방, 구거, 유지, 양어장, 수도용지, 공원, 체육용지, 유원지, 종교용지, 사적지, 묘지, 잡종지가 있다.

비교 '대지(垈地)'란 「공간정보의 구축 및 관리 등에 관한 법률」에 따라 각 필지(筆地)로 나눈 토지를 말한다 (「건축법」 제2조).

12. 주유소용지: 다음 각 목의 토지
    가. 석유·석유제품, 액화석유가스, 전기 또는 수소 등의 판매를 위하여 일정한 설비를 갖춘 시설물의 부지
    나. 저유소 및 원유저장소의 부지와 이에 접속된 부속시설물의 부지
13. 창고용지: 물건 등을 보관하거나 저장하기 위하여 독립적으로 설치된 보관시설물의 부지와 이에 접속된 부속시설물의 부지
14. 도로: 다음 각 목의 토지
    가. 일반 공중의 교통 운수를 위하여 보행이나 차량운행에 필요한 일정한 설비 또는 형태를 갖추어 이용되는 토지
    나. 「도로법」 등 관계 법령에 따라 도로로 개설된 토지
    다. 고속도로의 휴게소 부지
    라. 2필지 이상에 진입하는 통로로 이용되는 토지
15. 철도용지: 교통 운수를 위하여 일정한 궤도 등의 설비와 형태를 갖추어 이용되는 토지와 이에 접속된 역사·차고·발전시설 및 공작창 등 부속시설물의 부지
16. 제방: 조수·자연유수·모래·바람 등을 막기 위하여 설치된 방조제·방수제·방사제·방파제 등의 부지
17. 하천: 자연의 유수가 있거나 있을 것으로 예상되는 토지
18. 구거: 용수 또는 배수를 위하여 일정한 형태를 갖춘 인공적인 수로·둑 및 그 부속시설물의 부지와 자연의 유수가 있거나 있을 것으로 예상되는 소규모 수로부지
19. 유지(溜池): 물이 고이거나 상시적으로 물을 저장하고 있는 댐·저수지·소류지·호수·연못 등의 토지와 연·왕골 등이 자생하는 배수가 잘 되지 아니하는 토지
20. 양어장: 육상에 인공으로 조성된 수산생물의 번식 또는 양식을 위한 시설을 갖춘 부지와 이에 접속된 부속시설물의 부지
21. 수도용지: 물을 정수하여 공급하기 위한 취수·저수·도수·정수·송수 및 배수 시설의 부지 및 이에 접속된 부속시설물의 부지
22. 공원: 일반 공중의 보건·휴양 및 정서생활에 이용하기 위한 시설을 갖춘 토지로서 「국토의 계획 및 이용에 관한 법률」에 따라 공원 또는 녹지로 결정·고시된 토지
23. 체육용지: 국민의 건강증진 등을 위한 체육활동에 적합한 시설과 형태를 갖춘 종합운동장·실내체육관·야구장·골프장·스키장·승마장·경륜장 등 체육시설의 토지와 이에 접속된 부속시설물의 부지
24. 유원지: 일반 공중의 위락·휴양 등에 적합한 시설물을 종합적으로 갖춘 수영장·유선장·낚시터·어린이놀이터·동물원·식물원·민속촌·경마장·야영장 등의 토지와 이에 접속된 부속시설물의 부지
25. 종교용지: 일반 공중의 종교의식을 위하여 예배·법요·설교·제사 등을 하기 위한 교회·사찰·향교 등 건축물의 부지와 이에 접속된 부속시설물의 부지

기출 공간정보의 구축 및 관리 등에 관한 법령상 용수를 위하여 일정한 형태를 갖춘 인공적인 수로, 둑 및 그 부속시설물의 부지의 지목을 구거라고 한다.

26. 사적지: 국가유산으로 지정된 역사적인 유적·고적·기념물 등을 보존하기 위하여 구획된 토지
27. 묘지: 사람의 시체나 유골이 매장된 토지, 묘지공원으로 결정·고시된 토지 및 봉안시설과 이에 접속된 부속시설물의 부지. 다만, 묘지의 관리를 위한 건축물의 부지는 '대'로 한다.
28. 잡종지: 다음 각 목의 토지. 다만, 원상회복을 조건으로 돌을 캐내는 곳 또는 흙을 파내는 곳으로 허가된 토지는 제외한다.
    가. 갈대밭, 실외에 물건을 쌓아두는 곳, 돌을 캐내는 곳, 흙을 파내는 곳, 야외시장 및 공동우물
    나. 변전소, 송신소, 수신소 및 송유시설 등의 부지
    다. 여객자동차터미널, 자동차운전학원 및 폐차장 등 자동차와 관련된 독립적인 시설물을 갖춘 부지
    라. 공항시설 및 항만시설 부지
    마. 도축장, 쓰레기처리장 및 오물처리장 등의 부지
    바. 그 밖에 다른 지목에 속하지 않는 토지

(1) 택지(宅地)

택지는 감정평가상의 용어로서 건축이 가능한 토지를 가리키며, 주거·상업·공업용지 등의 용도로 이용되고 있거나 해당 용도로 이용할 목적으로 조성된 토지를 말한다(표준지공시지가 조사·평가 기준 제2조). 대지(垈地)는 「건축법」상의 용어로 건축할 수 있는 토지를 의미하므로 택지와 유사하다.

기출 택지는 주거·상업·공업용지 등의 용도로 이용되고 있거나 해당 용도로 이용할 목적으로 조성된 토지를 말한다. 제36회

(2) 부지(敷地)

부지는 건축이 가능한 건축용지(택지) 외에도 건축이 불가능한 토지인 하천, 철도, 도로의 바닥토지로 포괄적 용어이며 택지보다 넓은 의미이다.

(3) 대(垈)

「공간정보의 구축 및 관리 등에 관한 법률」에서 지목이 '대(垈)'인 토지를 말한다. 다만, 공장용지는 '공장용지'라는 별도의 지목이 있으므로 지목이 '대(垈)'가 아니다. 지목이 '대(垈)'가 아닌 학교용지, 종교용지, 공장용지에도 「건축법」상 건축이 가능하므로 '대지(垈地)'가 될 수 있다.

참고 「공간정보의 구축 및 관리 등에 관한 법률」상의 지목인 '대(垈)'와 「건축법」상의 '대지(垈地)'는 반드시 일치하는 것은 아니다.

참고 택지는 부지에 포함되는 개념으로 택지는 반드시 부지가 되지만, 부지가 반드시 택지가 되는 것은 아니다.

감정평가상의 토지 용도별 분류

대분류	소분류		
택지지역	• 주거지역	• 상업지역	• 공업지역
농지지역	• 전지지역	• 답지지역	• 과수원지역
임지지역	• 용재림지역(목재용)	• 신탄림지역(연료용)	

심화 후보지는 반드시 지목의 변경을 초래하지만, 이행지는 지목변경을 초래하는 경우도 있고 그렇지 않은 경우도 있다.

기출
1. 택지지역·농지지역·산지(임지)지역 상호간에 다른 지역으로 전환하고 있는 지역의 토지는 후보지(候補地)에 해당한다. 제36회
2. 이행이란 부동산의 용도적 지역인 택지지역·농지역·임지지역 내에서 전환되고 있는 지역의 토지를 말한다.
3. 택지지역 내에서 공업지역이 상업지역으로 용도가 전환되고 있는 토지는 이행지이다. 제34회

기출 토지의 현황을 조사하고 측량해서 토지의 소재, 지목, 지번, 경계 또는 좌표를 지적공부에 등록하는 단위가 되는 일정한 토지를 필지(筆地)라 한다. 제36회

(4) 후보지(候補地)와 이행지(履行地): 용도전환 과정의 토지

후보지나 이행지는 용도전환 중에 사용되는 용어이므로 이미 용도가 전환되었거나 이행이 이루어진 토지는 후보지, 이행지라 하지 않는다. 예컨대, 농지가 택지로 전환된 토지는 택지이고, 주거지가 상업지로 전환된 토지는 상업지이다.

① 후보지(예정지, 가망지): 용도지역 중 대분류인 택지지역, 농지지역, 임지지역 상호간에 전환되고 있는 토지를 말한다. 후보지란 인근지역의 주위환경 등의 사정으로 보아 현재의 용도에서 장래 택지 등 다른 용도로의 전환이 객관적으로 예상되는 토지를 말한다(「표준지공시지가 조사·평가 기준」 제2조). 예컨대, 농지지역이 택지지역으로 전환되고 있으면 택지후보지이다.

② 이행지: 용도지역의 분류 중 세분된 지역인 택지지역, 농지지역, 임지지역 내에서 용도가 전환되고 있는 토지를 이행지라 한다. 예컨대, 주택지역이 상업지역으로 전환되고 있으면 상업이행지라 한다.

(5) 필지(筆地)와 획지(劃地)

① 필지: 하나의 지번이 붙는 토지의 법적 등록·등기단위를 말한다. 필지는 「부동산등기법」상의 개념으로서 토지소유자의 권리를 구분하기 위한 법률적 개념이다. 필지는 지번, 지역, 지목과 소유자가 같고, 등기여부와 지적도의 축척이 같으며, 지반이 연속되어야 한다.

② 획지: 획지란 인위적 조건, 자연적 조건, 행정적 조건에 따라 다른 토지와 구별되는 가격수준이 비슷한 일단의 토지로 경제적 개념이다.

③ 필지와 획지의 관계: 획지는 여러 개의 필지, 하나의 필지 중 일부, 하나의 필지 전부에 대해서 모두 성립할 수 있다.

  ㉠ 1필지 = 1획지(필지 = 획지, 필지와 획지가 같은 경우) ⇨ 개별평가
  ㉡ 1필지 = 多획지(필지 > 획지, 필지가 획지보다 큰 경우) ⇨ 구분평가
  ㉢ 多필지 = 1획지(필지 < 획지, 획지가 필지보다 큰 경우) ⇨ 일괄평가

기출🗐 획지는 인위적·자연적·행정적 조건에 따라 다른 토지와 구별되는 가격수준이 비슷한 일단의 토지를 말한다. 제32회

(6) 대지(袋地)와 맹지(盲地)

① 대지(袋地): 택지가 다른 택지에 의하여 둘러싸여 공도(公道)에 연접(連接)되어 있지 않지만 좁은 통로에 의해서 도로에 접하는 자루형 모양의 토지를 말한다. 「건축법」상 건축이 가능하다.

② 맹지(盲地): 타인의 토지에 둘러싸여 도로에 어떤 접속면도 가지지 못하는 토지를 말하며 원칙적으로 「건축법」상 건축이 불가능하다.

기출🗐 맹지는 도로에 직접 연결되지 않은 한 필지의 토지이다.

(7) 나지(裸地): 건물 ×, 공법상 제약 ○, 사법상 제약 ×

① 나지란 토지에 건물이나 그 밖의 정착물이 없고, 지상권 등 토지의 사용·수익을 제한하는 사법상의 권리가 설정되어 있지 아니한 토지를 말한다(표준지공시지가 조사·평가 기준 제2조). 나지 중에서 지목이 '대(垈)'인 토지는 나대지가 되지만, 나지가 반드시 지목이 '대(垈)'이어야 하는 것은 아니다.

② 나지는 건부지에 비해 용도가 다양하고 거래에 번거로움이 없어 시장성이 높아 토지가격에 대한 감정평가의 기준이 된다. 일본에서는 나지를 갱지(更地)와 저지(底地)로 구분한다. 갱지는 공법적 제약은 있으나 사법적 제약이 없는 완전한 권리를 가지는 토지이고, 저지는 공·사법상의 제약을 모두 받는 불완전한 권리를 가지는 토지를 말한다.

기출🗐 나지는 지가공시제도의 용어로서, 토지에 건물이나 그 밖의 정착물이 없고 지상권 등 토지의 사용·수익을 제한하는 사법상의 권리가 설정되어 있지 아니한 토지를 말한다. 제35회

참고📖

구분	건축물	사법상 제한	공법상 규제
갱지·나지	×	×	○
저지	×	○	○

(8) 건부지(建附地)

이미 건축물이 들어서 있는 토지로서 지상건물에 의해 사용·수익의 제한을 받는 토지를 말한다.

> **보충** 건부감가와 건부증가
>
> 1. 건부감가(원칙): 나지의 평가액 > 건부지의 평가액
>   건물이 토지의 용도를 제한하므로 일반적으로 건부감가를 한다. 따라서, 원칙적으로 건부지가격은 나지가격을 상한액으로 한다.
> 2. 건부증가(예외): 나지의 평가액 < 건부지의 평가액 ⇨ 정부개입, 규제강화
>   건폐율·용적률의 강화결정, 개발제한구역·재개발구역 지정 결정, 토지수용시 보상가 산정 등의 경우에는 건부증가가 발생할 수 있다.

(9) 공지(空地)와 공한지(空閑地)

① 공지:「건축법」에 의한 건폐율, 용적률 등의 공적 제한으로 인해 한 필지 내에서 건축하지 않고 비워둔 토지를 말한다.

② 공한지: 도시토지에서 지가 상승만을 기대하고 개발계획도 없이 투기목적으로 장기간 방치하고 있는 토지를 말한다.

(10) 휴한지(休閑地)와 유휴지(遊休地)

① 휴한지: 농지의 비옥도 등 지력의 회복이나 농지를 개량하기 위해 일정기간 정상적으로 쉬게 하는 토지를 말한다.

② 유휴지: 바람직하지 않게 놀리고 있는 토지를 말한다.

(11) 법지(法地)와 빈지(濱地)

① 법지: 법적 개념으로서 법적 소유권은 인정되나 경제적인 활용 실익이 없는 토지를 말한다. 즉, 측량면적에는 포함되나 실제로는 사용하지 못하는 토지를 말한다. 토지의 붕괴를 막기 위한 경사면의 토지는 법지이며 윗집 또는 상부의 토지면적에 포함된다.

기출 공지는 건부지 중 건폐율·용적률의 제한으로 건물을 짓지 않고 남겨둔 토지를 말한다. 제32회

참고 성격상 유휴지와 공한지의 성격이 유사(비정상적)하고, 휴한지와 공지의 성격이 유사(정상적)하다고 볼 수 있다.

핵심

구분	법지	빈지
법적 소유권	○	×
이용가치	×	○

기출
1. 법지는 소유권은 인정되지만 이용실익이 없거나 적은 토지를 말한다.
2. 소유권이 인정되지 않는 바다와 육지 사이의 해변토지를 빈지(濱地)라 한다. 제36회
3. 법지는 택지경계와 인접한 경사된 토지로 사실상 사용이 불가능한 토지이다. 제34회

용어 간석지(갯벌)
간석지는 만조수위선과 간조수위선 사이를 말한다.

② 빈지(바닷가): 경제적 개념으로서 법적 소유권은 인정되지 않으나 경제적 활용 실익이 있는 토지이다. 빈지는 바다와 육지 사이의 해변의 토지로「공유수면 관리 및 매립에 관한 법률」상 해안선으로부터 지적공부에 등록된 지역까지의 토지를 말한다.

(12) 포락지(浦落地)

포락지는「공유수면 관리 및 매립에 관한 법률」상 지적공부에 등록된 토지가 물에 침식되어 수면 밑으로 잠긴 토지를 말한다. 즉, 전·답이 강물에 침식되고 지반이 절토되어 무너져 내림으로써 하천으로 변한 토지이다.

(13) 선하지(線下地)

고압전선 아래의 토지를 말하며 선하지 감가가 일반적이다.

(14) 소지(素地) 또는 원지(原地)

택지 등으로 개발되기 이전의 자연상태 그대로의 미성숙지인 토지를 말한다.

(15) 일단지(一團地)와 공유지(共有地)

① 일단지: 용도상 불가분의 관계에 있는 2필지 이상의 일단의 토지를 말한다.
② 공유지: 1필지의 토지를 2인 이상이 공동으로 소유하는 토지를 말한다.

(16) 한계지(限界地)

① 택지의 한계지: 택지이용의 최원방권상의 토지로서, 행정구역상 타지역과 인접한 지역 내의 토지이다. 단, 농지의 한계지는 농지의 이용에 있어서 한계생산성이 '0'이 되는 최열등지를 말한다. 리카도의 차액지대설에서는 한계지에서는 지대가 발생하지 않지만, 마르크스의 절대지대설에서는 한계지에서도 지대가 발생한다.
② 한계지의 지가수준: 농경지의 지가수준과는 무관하게 형성되는 것이 일반적이다. 이 경우에 한계지와 주변 농지와의 지가의 차이가 심할 때, 이를 단절지가라 한다.

기출
1. 포락지는 과거에는 소유권이 인정되는 전·답 등이었으나, 지반이 절토되어 무너져 내린 토지로 바다나 하천으로 변한 토지를 말한다.
2. 선하지는 고압선 아래의 토지로 이용 및 거래의 제한을 받는 경우가 많다.
3. 고압송전선로 아래의 토지를 선하지라 한다. 제33회
4. 소지는 대지 등으로 개발되기 이전의 자연상태의 토지를 말한다.
5. 일단지는 용도상 불가분의 관계에 있는 2필지 이상의 일단의 토지를 말한다. 제36회

참고 한계지는 초기에 지가의 상승이 빠르며, 전철과 같은 대중교통수단의 발달 및 교통체계의 정비는 한계지의 연장을 가져온다.

(17) **표준지(標準地)와 표본지(標本地)**

① 표준지: 지가의 공시를 위해 가치형성요인이 같거나 유사하다고 인정되는 일단의 토지 중에서 선정한 토지이다.

② 표본지: 지가변동률 조사·산정대상 지역에서 행정구역별·용도지역별·이용상황별로 지가변동을 측정하기 위해 선정한 대표적인 필지이다.

(18) **환지(換地)와 체비지(替費地)**

① 환지: 도시개발사업에 소요된 비용과 공공용지를 제외한 후 도시개발사업 전 토지의 위치·지목·면적 등을 고려하여 토지소유자에게 재분배하는 토지이다.

② 체비지: 도시개발사업에 필요한 경비에 충당하기 위해 환지로 정하지 아니한 토지이다.

❷ 주택의 용어(건축법 시행령) 제32회, 제33회, 제35회, 제36회

단독주택	단독주택, 다중주택, 다가구주택, 공관
공동주택	아파트, 연립주택, 다세대주택, 기숙사

(1) **단독주택**

단독주택	
단독주택	
다중주택	• 학생 또는 직장인 등 여러 사람이 장기간 거주할 수 있는 구조로 되어 있는 것 • 독립된 주거의 형태를 갖추지 아니한 것(각 실별로 욕실은 설치할 수 있으나, 취사시설은 설치하지 아니한 것) • 1개 동의 주택으로 쓰이는 바닥면적의 합계가 660m² 이하이고 주택으로 쓰는 층수(지하층은 제외)가 3개 층 이하일 것 • 적정한 주거환경을 조성하기 위하여 건축조례로 정하는 실별 최소 면적, 창문의 설치 및 크기 등의 기준에 적합할 것
다가구주택	• 주택으로 쓰는 층수(지하층은 제외)가 3개 층 이하일 것 • 1개 동의 주택으로 쓰이는 바닥면적(부설주차장 면적은 제외)의 합계가 660m² 이하일 것 • 19세대 이하가 거주할 수 있을 것
공관	

기출

1. 다중주택은 학생 또는 직장인 등 다수인이 장기간 거주할 수 있는 구조로서, 독립된 주거형태가 아니며 바닥면적의 합계가 660m² 이하, 층수가 3개 층 이하인 주택이다.

2. 연립주택은 주택으로 쓰는 1개 동의 바닥면적 합계가 660m² 초과이고, 층수가 4개 층 이하인 주택이다.

3. 층수가 4층인 1개 동의 건축물로서 지하층과 필로티 구조는 없고, 전체 층을 주택으로 쓰며, 주택으로 쓰는 바닥면적의 합계가 600m², 세대 수 합계는 8세대로서 모든 세대에 취사시설이 설치되는 주택은 다세대주택에 해당된다. 제33회

4. 다세대주택은 주택으로 쓰는 1개 동의 바닥면적 합계가 660m² 이하이고, 층수가 4개 층 이하인 주택을 말한다. 제35회

5. 일반기숙사는 학교 또는 공장 등의 학생 또는 종업원 등을 위하여 쓰는 것으로서 1개 동의 공동취사시설 이용 세대 수가 전체의 50% 이상인 것을 말한다. 제32회

(2) 공동주택

아파트	주택으로 쓰이는 층수가 5개 층 이상인 주택
연립주택	주택으로 쓰는 1개 동의 바닥면적 합계가 660m²를 초과하고, 층수가 4개 층 이하인 주택
다세대주택	주택으로 쓰는 1개 동의 바닥면적 합계가 660m² 이하이고, 층수가 4개 층 이하인 주택
기숙사	일반기숙사: 학교 또는 공장 등의 학생 또는 종업원 등을 위하여 쓰는 것, 1개 동의 공동취사시설 이용 세대 수가 전체의 50% 이상인 것 임대형기숙사: 공공주택사업자 또는 임대사업자가 임대사업에 사용하는 것으로서 임대 목적으로 제공하는 실이 20실 이상이고 해당 기숙사의 공동취사시설 이용 세대 수가 전체 세대 수의 50% 이상인 것

참고 주택의 유형(「주택법」)

단독주택	단독주택, 다중주택, 다가구주택
공동주택	아파트, 연립주택, 다세대주택

구분	특징
도시형 생활주택	• 국민주택규모의 300세대 미만으로 구성 • 단지형 연립주택, 단지형 다세대주택, **아파트형 주택** • 분양가규제(상한제)의 적용 **배제**
준주택	• **주택 외의** 건축물과 그 부속토지로서 주거시설로 이용 가능한 시설 • 기숙사, 오피스텔, 다중생활시설, 노인복지주택
세대구분형 공동주택	공동주택에서 주택 내부 공간의 일부를 세대별로 구분하여 생활이 가능한 구조로 하되, 그 구분된 공간의 일부를 구분소유할 수 없는 주택
민영주택	국민주택을 제외한 주택
토지임대부 분양주택	토지의 소유권은 분양주택 건설사업을 시행하는 자가 가지고, 건축물 및 복리시설 등에 대한 소유권은 주택을 분양받은 자가 가지는 주택
장수명 주택	구조적으로 오랫동안 유지·관리될 수 있는 내구성을 갖추고, 입주자의 필요에 따라 내부 구조를 쉽게 변경할 수 있는 가변성과 수리 용이성 등이 우수한 주택

기출

1. 도시형 생활주택은 「국토의 계획 및 이용에 관한 법률」에 따른 도시지역에 건설하여야 한다. 제35회
2. 도시형 생활주택은 300세대 미만의 국민주택규모로 구성된다. 제35회
3. 토지임대부 분양주택의 경우, 토지의 소유권은 분양주택 건설사업을 시행하는 자가 가지고, 건축물 및 복리시설 등에 대한 소유권은 주택을 분양받은 자가 가진다. 제35회
4. 세대구분형 공동주택은 주택 내부 공간의 일부를 세대별로 구분하여 생활이 가능한 구조이어야 하며, 그 구분된 공간의 일부를 구분소유할 수 없다. 제35회
5. 장수명 주택은 구조적으로 오랫동안 유지·관리될 수 있는 내구성을 갖추고, 입주자의 필요에 따라 내부 구조를 쉽게 변경할 수 있는 가변성과 수리 용이성 등이 우수한 주택을 말한다. 제35회

에너지절약형 친환경주택	저에너지 건물 조성기술 등 대통령령으로 정하는 기술을 이용하여 에너지 사용량을 절감하거나 이산화탄소 배출량을 저감할 수 있도록 건설된 주택
건강친화형 주택	건강하고 쾌적한 실내환경의 조성을 위하여 실내공기의 오염물질 등을 최소화할 수 있도록 대통령령으로 정하는 기준에 따라 건설된 주택

제3장 부동산의 특성과 속성

회독 Check 1회 2회 3회

🔍 토지의 특성을 감정평가 등 부동산학개론의 전 분야와 연관지어서 학습한다. 특히 토지의 자연적 특성인 부동성, 부증성, 영속성, 개별성, 인접성 개념을 잘 구별해야 하고, 인문적 특성 중 용도의 다양성과 최유효이용원칙을 연계하여 학습해야 한다.

🔍 부동산의 위치와 공간개념을 이해한 후, 인근지역과 생애주기 현상 및 유역주의, 선용주의도 정리해두어야 한다.

제1절 │ 부동산의 특성

부동산의 특성이란 부동산이 일반 경제재와 구별되는 특수한 성격을 말하며, 토지의 특성과 건물의 특성으로 양분되는데, 부동산 특성의 중심은 토지의 특성이라 해도 과언이 아니다. 또한 토지의 특성을 자연적 특성과 인문적 특성으로 구분할 수 있다.

❶ 토지의 특성

구분	자연적 특성	인문적 특성
의의	토지 자체 물리적~불가능	토지 + 인간 경제적(용도적)~가능
성격	선천적, 불변적, 경직적, 물리적	후천적, 가변적, 신축적, 인위적
특성	• 부동성 • 영속성 • 부증성 • 개별성 • 인접성	• 용도의 다양성 • 병합 · 분할의 가능성 • 위치의 가변성

비교➡
1. 토지의 자연적 특성: 토지 그 자체와 관련되는 물리적 · 선천적 · 고정적 특성을 의미한다.
2. 토지의 인문적 특성: 토지와 인간의 상호 관계에서 나타나는 인위적 · 후천적 · 가변적 특성을 의미한다.

1. 토지의 자연적 특성 제32회, 제34회, 제35회, 제36회

토지 자체가 본원적으로 가지고 있는 고유의 물리적 특성으로 선천적 · 불변적이므로 인간의 힘으로 변경이 불가능한 특성이다.

(1) 부동성(不動性: 지리적 위치의 고정성, 비이동성)

토지의 지리적 위치는 인간의 힘을 가해 물리적으로 이동시킬 수 없다.

① 부동성은 부동산시장 및 부동산활동과 부동산현상을 국지화시킨다. 지역마다 거래관행, 임대료 등이 각각 다른 것은 이러한 특성 때문이다.

기출📖 토지는 물리적 위치가 고정되어 있어 부동산시장이 국지화된다. 제33회

비교➡
1. 절대적 위치: 이동 불가능, 부동성
2. 상대적 위치: 이동 가능, 인접성, 위치의 가변성(사회적 · 경제적 · 행정적 위치의 가변성)

기출
1. 부동성으로 인해 동산과 부동산이 구분되고, 일반재화와 부동산재화의 특성이 다르게 나타난다. 또한, 임장활동과 지역분석을 필요로 한다. 제32회
2. 부동성으로 인해 파생되는 특징에는 국지화, 외부효과, 지역분석, 임장활동 등이 있다.
3. 부동성으로 인해 외부효과가 발생한다. 제35회

참고 임장활동은 부동산의 현장답사활동이고, 정보활동은 부동산 관련 정보수집활동이다.

비교 ⇨ 토지 감가
1. 물리적 감가: 불가능, 영속성
2. 경제적 감가: 가능, 인접성

또한 부동산시장은 지역적으로 세분화되어 부분시장(하위시장, sub-market)으로 존재한다. 즉, 부동산은 지역 간 이동이나 수급조절을 곤란하게 하여 지역 간의 불균형을 야기한다.

② 인접성과 함께 외부효과 발생의 근거가 되며, 부동산 가격은 지역요인의 영향을 받으므로 지역분석의 필요한 근거가 된다. 부동산을 인근지역의 환경에 적합하게 이용해야 하며 그렇지 못할 경우에는 경제적 감가의 근거가 된다. 그러므로 감정평가시 주위 환경과 관련된 적합의 원칙의 근거가 된다.

③ 견본제시나 진열을 할 수 없으므로 현장에 가서 확인을 요하는 임장(臨場)활동, 정보활동을 필요로 한다. 그리고 지역 간 중개업의 분업이 필요하며, 중개활동을 필요로 한다.

④ 토지는 이동하지 않으므로 제도적으로 규제하기가 용이하고, 부동산시장이 지역적 시장으로 되므로 중앙정부나 지방자치단체의 상이한 규제와 통제를 받는다. 또한, 지방자치단체 운영을 위한 부동산조세수입의 근거가 될 수 있다.

⑤ 부동산과 동산의 구별기준이 되고, 권리의 공시방법이 동산과 다르게 되는 이론적 근거가 된다. 즉, 동산은 점유로서 권리를 공시하나 부동산은 등기로서 공시한다.

⑥ 부동성은 인근지역과 유사지역의 분류를 가능하게 한다.

⑦ 부동산은 그 위치에 따라 용도지역 지정 등이 달라지고, 또 그 이용상태도 달라질 수 있다. 토지의 이용방식 및 입지선정이 중시되는 근거가 되며 위치지대를 발생시킨다. 즉, 용도에 맞는 부지를 선정하는 입지론(용도 ⇨ 부지)의 근거가 된다.

> **참고** 임장활동, 외부효과, 입지론과 적지론
>
> 1. 임장활동: 탁상(이론)을 떠나 현장에서 직접 조사·확인하는 활동을 의미한다.
> 2. 외부효과: 경제활동 과정에서 시장기구를 통하지 않고 다른 주체(제3자)에게 의도하지 않게 미치는 손실이나 이익을 의미한다. 외부효과에는 정(+)의 외부효과(외부경제)와 부(−)의 외부효과(외부불경제)가 있다.
> 3. 입지론(立地論): 특정 용도에는 어떤 부지가 적합한가? (용도 ⇨ 부지), 부동성
> 4. 적지론(適地論): 특정 부지에는 어떤 용도가 적합한가? (부지 ⇨ 용도), 용도의 다양성

(2) 영속성(永續性: 비소멸성, 불괴성, 불변성, 내구성)

토지의 영속성은 물리적 측면에서 볼 때 사용이나 시간의 경과에 따라 물리적으로 소멸되지 않는 특성을 말한다. 토지의 영속성은 토지의 물리적 파괴나 물리적 감가가 없다는 의미이지 기능적 감가나 경제적 감가가 없다는 의미는 아니다.

① 토지에 물리적 감가상각의 적용을 배제시킨다. 따라서, 토지는 감가수정액의 산정과 원가법의 적용이 곤란하고 공시지가기준법을 적용하는 근거가 된다.

② 소모를 전제로 하는 재생산이론(再生産理論)이나 사고방식이 적용되지 않게 한다. 토지가격이 하락해도 공급의 감소는 비탄력적이고 소모되지 않기 때문에 차후에 가격 상승을 기대하여 매각을 미룰 수 있다.

③ 소유이익과 이용이익의 분리가 가능하며 타인에게 이를 이용하게 할 수 있다. 따라서 임대차시장이 발달하게 한다. 또한, 저량(貯量)분석과 관련한 재고시장 형성에 영향을 준다.

④ 토지의 가치보존력이 우수하므로 투자재로서 선호되며 환물, 투기심리의 요인이 된다.

⑤ 부동산가치(value)개념의 근거가 된다. 가치(value)는 장래 기대되는 편익을 현재가치로 환원한 값이다. 토지는 내용연수가 무한하므로 미래의 수익을 가정하고 가치를 평가하는 직접(수익)환원법의 적용을 가능하게 한다.

⑥ 부동산관리의 중요성을 크게 하며, 부동산활동은 장기적 배려가 요구된다.

⑦ 감정평가시 예측의 원칙의 근거가 된다. 또한 부동산투사는 장기투자를 통해 운영과정에서 소득(운용)이득(income gain)과 처분과정에서 자본이득(capital gain)을 모두 향유할 수 있다.

(3) 부증성(不增性: 비생산성, 면적의 유한성)

토지는 부증성 때문에 생산비를 투입하여도 물리적으로 토지의 절대량(절대면적)은 증가되지 않는다. 따라서 공유수면 매립이나 산지개간을 통해 택지를 조성하는 것은 토지의 물리적 공급을 의미하는 것이 아니라 토지이용의 용도전환을 통한 경제적 공급(용도적 공급)으로 파악해야 한다. 즉, 이러한 측면에서 본다면 매립지, 조성지의 경우에도 물리적인 부증성은 그대로 적용되고 부증성의 예외라 할 수는 없다.

용어 ▶ 재생산이론

1. 일반적인 재화는 소모되면 다시 생산해야 하며, 이러한 소모와 재생산의 과정이 반복된다는 이론이다.
2. 토지는 영속성으로 소모되지 않으므로 재생산할 필요가 없기 때문에 재생산이론이 적용되지 않는다.

기출

1. 영속성으로 인해 원칙적으로 감가상각이 적용되지 않는다. 따라서 영속성은 부동산활동에서 감가상각을 배제하는 근거가 된다.
2. 토지는 영속성으로 인해 물리적인 측면에서 감가상각을 적용하지 않게 한다. 제33회
3. 영속성은 ① 토지의 미래수익을 가정하고 가치를 평가하는 직접환원법의 적용을 가능하게 한다. ② 부동산관리의 의의를 높게 한다. ③ 장기투자를 통해 자본이득과 소득이득을 얻을 수 있다. ④ 소모를 전제로 하는 재생산이론과 감가상각(감가수징)이론이 적용되지 않는다.
4. 영속성으로 인해 부동산활동에서 토지는 감가상각을 배제하여야 한다. 제35회

비교 ▶ 토지의 공급

1. 물리적 공급: 불가능(예외 없음), 부증성, 수직(완전 비탄력)
2. 경제적 공급(용도적 공급): 가능, 용도의 다양성, 우상향(보다 탄력적), 용도전환(후보지, 이행지, 수면매립, 택지조성, 산지개간)

기출

1. 부증성으로 인해 부동산의 수급이 불균형하여 균형가격의 형성이 어렵다. 제32회
2. 토지의 부증성으로 인해 토지공급은 물리적 측면에서 단기적으로 완전비탄력적이다. 제33회
3. 부증성은 ① 지대 또는 지가를 발생시키며, 최유효이용의 근거가 된다. ② 토지이용을 집약화시킨다. ③ 토지의 공급조절을 곤란하게 한다. ④ 토지의 소유욕구를 증대시킨다.
4. 부증성으로 인해 토지의 물리적 공급은 단기적으로 완전비탄력적이다. 제35회

기출

1. 개별성으로 인해 일물일가 법칙의 적용이 배제되어 토지시장에서 물건 간 완전한 대체관계가 제약된다. 제32회
2. 개별성은 토지시장을 불완전경쟁시장으로 만드는 요인이다.
3. 개별성으로 인해 거래사례를 통한 지가 산정이 어렵다. 제35회

① 토지에는 물리적 공급을 증가시키는 생산비의 법칙이 적용되지 않게 한다. 따라서 토지는 다른 생산물과는 달리 노동이나 생산비를 투입하여 생산할 수 없다.
② 토지는 물리적 공급을 증가시킬 수 없으므로 토지의 물리적 공급곡선은 수직(완전비탄력)이 되며 수급조절에 의한 균형가격 형성이 곤란하다. 특히, 공급조절을 곤란하게 한다.
③ 토지 희소성의 근거가 되며 부족문제를 야기하고, 토지이용을 집약화시킨다. 또한, 토지의 소유욕구(독점소유욕)를 증대시킨다.
④ 수요자경쟁 또는 공간수요의 입지경쟁 발생의 원인이 된다. 따라서 지가 상승을 유발시키고 지대 또는 지가를 발생시킨다.
⑤ 토지부족은 토지의 사회성·공공성이 강조되고 정부의 부동산정책이 필요하며, 토지공개념 도입의 근거가 된다.
⑥ 용도의 다양성과 함께 최유효이용원칙의 필요근거가 된다.

(4) 개별성(個別性: 비대체성, 비동질성, 이질성)

토지는 물리적으로 동일한 토지는 있을 수 없다는 특성을 개별성이라 하며, 이는 물리적 측면에서 대체할 수 없다는 의미이다. 개별성은 토지뿐만 아니라 건물이나 기타 개량물에도 적용될 수 있다.

① 부동산 가격이 차별화되어 일물일가(一物一價)의 법칙이 적용되지 않게 하여 부동산시장을 불완전경쟁시장으로 만들고 토지시장에서 상품 간 완전한 대체관계가 제약된다. 따라서 일반인에 의한 가치추계가 곤란하므로 전문가에 의한 가치추계(감정평가)와 권리분석이 필요하다. 또한, 개별적 시장에서 형성된 가격은 개별적 사정에 의해 좌우되기 쉽고 시장가치 성립이 곤란해지므로 감정평가시 사정보정이 필요한 근거가 된다.
② 부동산활동과 현상이 개별화·구체화·독점화되므로 감정평가시 개별분석의 필요성이 제기된다.
③ 부동산마다 차이가 있으므로 표준지선정이 곤란하고, 부동산 간의 비교가 곤란하며, 공통의 원리나 이론 도출이 곤란하다. 또한, 개별성으로 인해 거래사례를 통한 지가 산정이 어렵다
④ 부동산시장에서 거래의 비공개성, 부동산상품의 비표준화성, 시장의 비조직화를 야기한다. 그러므로 특정 부동산에 대한 정보수집이 어렵고, 정보수집비용이나 거래비용이 많이 소요된다.

> **참고** 일물일가(一物一價)의 법칙
>
> 동일시점, 동일시장, 동일물건에 동일가격을 갖는다는 원칙을 일물일가의 법칙이라 하며, 완전경쟁시장에서는 일물일가의 법칙이 성립되지만, 부동산시장은 불완전경쟁시장이므로 일물일가의 법칙이 적용되지 않는다.

(5) 인접성(연결성, 연속성)

물리적으로 토지는 반드시 다른 토지와 연결되어 있다는 특성을 인접성이라 한다. 인접성의 특성은 지리적 위치의 고정성과 공간의 영속성에 의해 나타난다고 할 수 있다.

① 각각의 부동산은 인접지와의 협동적 이용과 소유와 관련한 경계문제를 야기한다.
② 부동성과 함께 작용하여 외부효과 및 지역분석의 근거가 된다.
③ 정(+)의 외부효과인 개발이익에 대한 사회적 환수제의 근거가 되며, 부(−)의 외부효과를 제거하여 지역기능을 개선시키기 위한 지역지구제의 근거가 된다.
④ 인근지역의 부동산은 용도상의 대체가능성을 존재케 하여, 감정평가시 비교방식의 적용이 가능해진다.

2. 토지의 인문적 특성 제33회, 제34회, 제35회

토지의 인문적 특성이란 인간이 토지를 이용하는 측면에서 토지와 인간과의 상호 관계에서 나타나는 특성이다. 즉, 인간이 인위적으로 부여한 특성을 말한다. 인문적 특성은 후천적 · 인위적 · 가변적 · 신축적 특성이므로 인간의 힘으로 변경시킬 수 있는 특성이다.

(1) 용도의 다양성(다용도성, 변용성)

토지는 택지, 농지, 임지 등 다양한 용도로 이용될 수 있는 특성을 용도의 다양성 또는 변용성이라 한다.

① 토지의 부증성과 함께 최유효이용의 판단에 대한 근거가 되며, 토지이용의 우선순위를 정하여 적합한 용도로 토지를 활용한다. 따라서 토지 이용시 둘 이상의 용도가 경합하는 경우에 용도의 전환을 고려하여 최유효이용원칙에 맞게 용도를 결정한다.
② 토지는 부증성으로 물리적 공급은 불가능하지만, 용도의 다양성으로 인해 이용(용도)전환을 통한 토지의 경제적(용도적) 공급은 가능하다.

> 참고
> 1. 적지론(광의의 입지론, 부지 ⇨ 용도)의 근거가 된다.
> 2. 동일한 토지일지라도 용도가 달라지면 가격이 달라지는 가격다원설의 근거가 된다.
> 3. 잘못된 용도결정은 원상태로 회복하는 데 시간과 비용이 많이 소요되는 어려움이 있다. 즉, 부동산 결정의 비가역성(非可逆性)의 근거가 된다.

기출

1. 용도의 다양성으로 인해 용도적 관점에서는 공급을 늘릴 수 있다. 제33회
2. 용도의 다양성으로 인해 토지의 경제적 공급은 증가할 수 있다. 제35회
3. 용도의 다양성으로 인해 두 개 이상의 용도가 동시에 경합할 수 있고 용도의 전환 및 합병·분할을 가능하게 한다. 제34회

용도전환을 통해 토지의 창조적 이용이 가능하고 후보지(전환)와 이행지(이행) 개념이 도출되며, 이것이 토지의 경제적(용도적) 공급에 해당한다. 따라서 부증성으로 인해 물리적 공급곡선은 수직이지만, 토지의 경제적 공급곡선은 우상향한다.

(2) 병합·분할의 가능성(분합성)

토지이용목적에 따라 토지면적을 인위적으로 적합한 규모로 합할 수도 있고 나눌 수도 있는 성질을 병합·분할의 가능성이라 한다.

① 용도의 다양성을 지원해 주는 기능과 최유효이용을 지원해 주는 기능을 갖는다.
② 합병에 의한 증가·감가나 분할에 의한 증가·감가를 야기한다.
③ 규모의 경제가 발생하면 합병이 유리하고(합병 증가), 규모의 불경제가 발생하면 분할이 유리하다(분할 증가). 이는 기여의 원칙, 균형의 원칙 등을 지원하는 기능을 한다.
④ 규모의 경제효과를 위해 인접한 토지를 병합하여 택지 등을 조성하는 현상을 플롯테이지(plottage) 현상이라 하며 또는 어셈블리지(assemblage)라고도 한다.

용어 ◁》 위치의 가변성

1. 사회적 위치의 가변성: 공장·공원·학교·인구변화, 공공시설·도시형성, 거래·사용수익 관행 등
2. 경제적 위치의 가변성: 교통체계, 경제성장, 소득변화, 물가, 임금, 기술혁신·세부담의 상태변화 등
3. 행정적 위치의 가변성: 정책·제도·계획의 변화, 세제 변화, 가격 및 임대료 규제·통제 등

(3) 위치의 가변성(위치성)

토지의 자연적 위치, 물리적(절대적) 위치는 불변이지만, 인문적 환경인 사회적·경제적·행정적 요인이 변함에 따라 위치의 가치가 변화한다. 이와 같이 주위의 인문적 환경 변화에 따라 토지의 사회적·경제적·행정적 위치의 가치가 변화하는 것을 위치성이라 하며 상대적 위치의 가변성이라고 하기도 한다.

(4) 기타 특성

① 국토성: 토지는 개인소유이기 이전에 국토라는 점을 강조하는 특성이다. 이로 인해 토지의 사회성, 공공성 및 토지공개념, 부동산에 대한 법률적 규제의 근거가 된다.
② 투자의 고정성(투자의 내구성, 자본회수기간의 장기성): 부동산에 투자된 자본을 회수하는 데 소요되는 기간이 장기간이라는 특성을 말한다. 이로 인해 신중하고 장기적인 투자 전략이 필요하며 투자사업기간 내에 계속 수익이 발생하는 특징이 있지만, 토지이용규제에 대해 즉각적으로 대처하기가 곤란하며 낮은 유동성, 낮은 환금성 때문에 위험부담이 크다.

③ 고가성: 부동산의 고가성 때문에 자금능력이 없는 사람은 수요자·공급자가 될 수 없으므로 부동산시장 참여자가 소수로 한정된다. 즉, 부동산시장에의 진·출입을 어렵게 하여 불완전경쟁을 야기한다. 그리고 구매자금 축적기간이 길어지는 현상이 나타나며, 부동산 구입시 금융부채를 필요로 하게 한다.

❷ 건물의 특성

(1) 비영속성(반영속성, 내구성)

건물은 토지와 달리 시간의 경과에 따라 소모·마멸되는 비영속성의 성격이 있으나 일반소비재에 비해 내용연수가 긴 반영속성의 특성을 띤다. 이러한 내구성 때문에 오랜 기간 효용(유용성)이 유지된다.

(2) 생산가능성(건축생산성)

건물은 토지와 달리 언제라도 생산 및 재생산이 가능하므로 공급을 증가시킬 수 있다. 다만, 토지 위에 건물을 짓기 때문에 무한정으로 생산할 수 있는 것은 아니고 토지이용이 가능한 공간에서만 유한적으로 건물의 축조가 가능하다.

(3) 동질가능성

건물은 인위적 축조물이므로 동일한 자재와 동일한 공법을 이용하면 동일한 건물을 여러 개 축조할 수 있다. 이를 동질가능성이라 한다. 그러나 건물의 위치나 설비 등을 고려하여 부동산상품으로 본다면 비동질성(개별성)을 띤다고 볼 수 있다.

(4) 이동가능성(부동성의 완화)

건물은 정착물이므로 원칙적으로 부동성이라는 특성을 갖는다. 최근에는 건축기술의 발달로 모빌하우스처럼 이동이 가능한 경우도 있다.

(5) 종속성(토지의 개별적 요인의 지배성과 종속성)

건물은 토지를 지배하기도 하고 토지에 의해 지배받기도 하는 특성을 의미한다. 건물이 토지의 개별적 요인을 지배한다는 것은 토지 위에 어떤 건물이 축조되는가에 따라 토지의 효용가치가 달라진다는 의미이고, 토지가 건물의 개별적 요인을 지배한다는 것은 건물은 토지 위에 축조된 것이므로 토지의 위치·특성·용도에 따라 건물의 효용가치가 달라진다는 의미이다.

> ### 제2절 | 부동산의 속성(본질, 존재가치)

부동산 중 특히 토지의 본질 또는 속성이란 부동산을 자연적·인공적 총화라는 개념 및 복합적 개념으로 파악할 때 부동산이 갖는 본질·속성을 의미한다. 일반적으로는 부동산의 본질을 자연, 위치, 공간, 환경, 자산 등으로 분류하고 있다.

본질적 가치	속성	관련 토지 특성	논점
자연으로서의 부동산	자연	부증성	보전, 토지공개념
위치로서의 부동산	위치	부동성	위치와 접근성
공간으로서의 부동산	공간	영속성	3차원 공간, 소유권의 범위
환경으로서의 부동산	환경	인접성	부동산과 환경과의 상호 관계
자산으로서의 부동산	자산	영속성, 부증성	사용가치, 교환가치

❶ 자연으로서의 부동산

부동산 중 토지는 인간이 생산하지 않고 저절로 생산된 자연이다. 인간 생존에 필수적인 자연으로서의 토지에서 파생되는 논점은 다음과 같다.

(1) 토지는 부증성으로 인해 토지의 부족문제를 발생시키고, 토지의 효율적 이용을 통한 최유효이용 개념이 중시된다. 그러므로 토지이용의 공공복리에 적합하게 사회성·공공성 및 토지공개념이 필요하게 되어 토지시장에 정부개입의 명분을 강화시킨다.

(2) 자연으로서의 토지를 고려한다면 개발보다는 보전에 더 많은 노력이 필요하다. 이때, 보전될 토지를 현장자원의 토지라 하고, 개발될 토지를 상품자원이라 한다. 한번 상품자원으로 개발된 토지는 현장자원으로 환원하기가 어려우므로(비가역성), 현장자원으로서의 토지는 보전의 필요성이 더욱 중시된다.

❷ 위치로서의 부동산

1. 위치의 개념

위치란 어떤 사물이 자리 잡고 있는 곳을 의미한다. 절대적 위치는 고정되어 있지만(부동성), 상대적 위치는 주변 토지이용상황에 따라 유용성이 변화하므로, 부동산 간에는 상대적 위치에 따라 효용성의 차이가 생긴다. 따라서 효용성(유용성)이 유사한 부동산 간에는 상호 대체관계가 성립한다.

구분	근거	변화 가능성	공법상 규제
절대적(물리적) 위치	부동성	불변성	○
상대적(경제적) 위치	인접성(위치성)	가변성	○

2. 부동산의 위치와 용도 및 접근성

(1) 접근성의 개념

① 마샬(A. Marshall)은 '위치의 가치'라는 표현을 사용하여 택지의 가치는 '농업지대 + 위치의 가치'라 했고, 허드(M. Hurd)는 "지가는 경제지대에 바탕을 두고 지대는 위치에, 위치는 편리함에, 편리함은 가까움에 의존한다."라고 하여 지가는 '접근성'에 의존함을 강조하였다.

② 접근성이란 대상부동산이 위치한 장소에서 어떤 목적물에 도달하는 데 시간적·경제적·거리적 부담이 작은 것을 말하며 이는 상대적 거리를 의미한다. 이러한 접근성 개념을 실제 물리적·절대적 거리개념인 근접성과 구별해야 한다.

③ 일반적으로 접근성이 좋으면 부동산가치는 증가하나 반드시 그러한 것은 아니다.

(2) 위치와 접근성의 관계

① 접근의 대상물: 접근성이 좋더라도 그 대상물이 위험시설이나 혐오시설이라면 오히려 감가요인이 된다(예 LPG저장소, 화장터, 쓰레기소각장 등).

② 접근의 정도: 대상물이 위험·혐오시설이 아니고, 편익시설이나 꼭 필요한 시설일지라도 접근성이 너무 지나치면 불리하다(예 시장 안의 주택, 고속도로 앞의 주택, 유원지나 학교 앞의 주택 등).

③ 거리와 접근성: 거리가 가까워도 접근성이 나쁜 경우도 있다(예 거리가 가까워도 주차장이 먼 경우, 가로 횡단문제로 실거리보다 우회해야 하는 경우, 근거리지만 일방통행이어서 우회해야 하는 경우, 동일건물이라도 출입구의 위치에 따라 접근성이 다른 경우).

(3) 부동산의 용도와 접근성(위치의 평가)

부동산은 용도에 따라 위치의 유용성이 달라지기 때문에 위치를 평가할 때는 먼저 용도를 파악해야 한다. 일반적으로 위치 평가시 주거용은 쾌적성, 상업용은 수익성, 공업용은 생산성을 중요한 요소로 본다.

비교
1. 근접성(proximity): 물리적·절대적 실제의 거리
2. 접근성(accessibility): 근접성에 시간, 비용, 노력 등이 포함된 상대적 거리

참고
1. 접근성이 중시되는 부동산: 사람이 찾는 빈도가 높은 부동산, 용도상 대체·경쟁관계가 커서 독점력이나 흡인력이 약한 부동산(예 편의품점 등 소매점포), 근접성에 시간, 비용, 노력 등이 포함된 상대적 거리
2. 접근성이 중시되지 않는 부동산: 흡인력이 강하거나 독점력이 있는 부동산(예 관광명소, 전문품점, 역 등)이나, 사람이 찾는 빈도가 낮은 부동산(예 요양원 등)

③ 공간으로서의 부동산

1. 부동산의 공간개념(3차원 공간)

(1) 부동산은 수평공간뿐 아니라 공중공간, 지중공간 등의 입체공간을 포함한 3차원 공간으로 구성된다.

(2) 공간으로서의 부동산은 토지의 영속성과 밀접한 관련이 있다.

(3) 부동산 가격은 수평공간, 공중공간, 지중공간이 갖는 3차원 공간 가격의 총합이다.

(4) 부동산의 3차원 공간은 부동산소유권 및 재산권 보장의 이론적 근거가 된다.

(5) 부동산의 3차원 공간개념은 건물의 고층화와 지하화 및 집합건물의 등장, 구분지상권, 지하철공사, 고가도로, 터널공사 등으로 현대사회에서 중요성이 커지고 있다.

(6) 수평공간의 확대는 직주분리를 야기하므로 입체공간의 활용이 요구된다.

2. 부동산소유권의 공간적 범위

핵심 부동산소유권의 범위
1. 공간적 범위: 지표권, 공중권, 지하권
2. 내용적 범위: 점유권, 사용권, 처분권

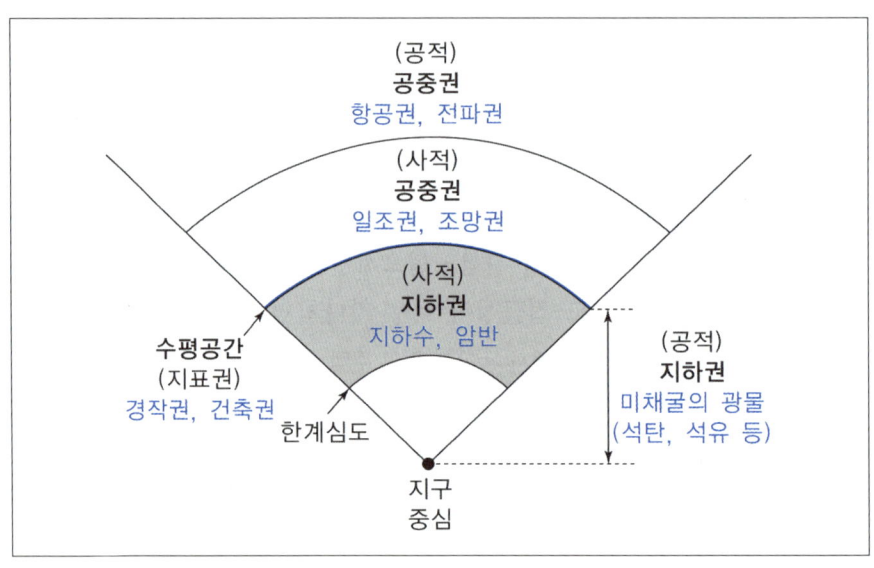

(1) 의의

① 「민법」 제212조에 의하면 "토지의 소유권은 정당한 이익 있는 범위 내에서 토지의 상하에 미친다."라고 규정되어 있다.

② 「민법」으로 토지소유권의 범위를 입체적으로 규정하고 있으나 몇 m까지 미친다는 구체적 범위가 규정되어 있는 것은 아니다. 따라서 토지소유권이 인정되는 정당한 이익의 범위는 사회적 통념으로 결정하며, 구체적 범위의 해석에 관하여는 법원의 판단에 의존하는 것이 일반적이다.

③ 토지소유권을 3차원 공간개념으로 파악하지만 무제한으로 지중공간과 공중공간에 미치는 것이 아니라 일정한 범위로 제한하고 있다.

소유권이 미치는 범위	소유권이 미치지 않는 범위
토지에 독립성이 없는 부착물 (종속정착물)	토지에 독립성이 있는 부착물 (독립정착물)
• 사적 공중권: 일조·조망권, 용적률, TDR • 사적 지하권: 지하수 • 한계심도 이내: 보상 ○	• 공적 공중권: 항공권, 전파권 • 공적 지하권: 미채굴광물 • 한계심도 아래: 보상 ×

기출

1. 지하공간의 이용이 증대되고 초고층건물이 늘어남에 따라, 토지소유권의 구체적 범위의 해석에 대해서는 법원의 판단에 의존하기도 한다.
2. 공중공간을 활용하는 방안으로 구분지상권, 개발권 이전제도, 용적률 인센티브제도 등이 있다.
3. 토지의 지하에 관한 권리의 하나인 광업권은 토지소유자의 권리로 인정되지 않는다.

(2) 지표권(地表權)

① 개념: 지표권이란 지표상의 수평공간을 배타적으로 이용할 수 있는 권리를 말하며, 물을 이용할 수 있는 권리가 지표권에 포함된다. 즉, 지표상에 건축을 하거나 작물을 경작하거나 지표수 등을 이용하는 권리를 말한다. 농업권, 하천권 등으로 구성되어 있다.

② 토지(육지)와 해면과의 분계는 최고만조시의 분계점을 기준으로 하며, 물에 관한 권리는 '물을 이용할 권리'인 용수권과 물밑 토지에 대한 소유권으로 구분해서 볼 수 있다.

> **보충** 물에 관한 권리
>
> 1. 물을 이용할 권리(용수권)
>   ① 유역주의: 물을 골고루 사용, 습윤지역, 우리나라, 유역지 소유권자만 동등한 용수권 허용
>   ② 선용주의: 먼저 온 사람에게 독점권 부여, 건조지역
> 2. 물밑 토지에 대한 소유권자의 권리
>   ① 항해 가능: 수로의 가장자리(수로는 공공도로처럼 공공소유)
>   ② 항해 불가능: 수로의 중앙선

(3) 지하권(地下權)

① 개념: 지하권(지중권)은 토지소유자가 토지구역의 지하공간을 정당한 범위 내에서 이용할 권리를 말한다.

② 범위
　㉠ 지하수, 암반 등은 토지의 구성부분으로서 사적 소유권의 범위에 속한다.
　㉡ 우리나라에서 광업권의 객체가 되는 미채굴광물(석탄, 석유 등)은 토지소유권의 범위에 포함되지 않는다.
　㉢ 정부의 공익사업인 경우에도 한계심도 이내의 토지를 침해하면 입체이용저해율에 따라 보상해야 한다.

(4) 공중권(空中權)

① 개념
　㉠ 공중권이란 토지구역상의 상층공간을 타인에게 방해받지 않고 일정한 고도까지 포괄적으로 이용·관리할 수 있는 권리를 말한다.
　㉡ 공중권의 범위가 구체적으로 정해진 것은 없고 토지를 이용할 수 있는 합리적인 높이라고 할 수 있으므로 법원의 판결 등에 의해 판단해야 할 것이다.
　㉢ 공중권의 가치는 도심토지의 경우에 토지가격의 70% 내지 80% 정도가 일반적이다.

② 구분

사적 공중권	토지소유자가 일정 범위까지 개인적으로 이용·관리할 수 있는 권리로, 인접토지 토지소유자의 권리를 방해해서는 안 된다. 예 일조권, 조망권, 용적률, TDR
공적 공중권	공공기관이 사적 공중권 이상의 공중공간에 대해 공익을 목적으로 이용할 수 있는 권리를 말한다. 예 항공권, 전파권

③ 공중권의 필요성: 수평공간의 부족 또는 토지의 부증성, 지가고 문제는 토지의 효율적·입체적·집약적 이용을 필요로 하므로 공중권의 활용이 더욱 요구된다.

④ 공간활동 관련 제도 및 문제점
　㉠ 지상권, 구분소유권, 구분지상권은 입체공간 개념과 관련된다.
　㉡ 공중공간의 활용제도에는 개발권양도제도(TDR)와 용적률 인센티브제도 등이 있다.
　㉢ 외곽으로 수평공간이 확대되면 직주분리 현상을 야기하며, 입체공간이 확대되면 직주접근을 야기한다.

참고 한계심도(대심도)
1. 토지소유자의 통상적인 이용이 예상되지 않는 깊이로, 사적 지하권의 최대범위를 말한다.
2. 서울시의 경우 최대범위를 40m로 규정하고 있는데 한계심도의 깊이는 개별토지에 따라 달라진다.
3. 한계심도 이내의 토지 사용은 입체이용저해율에 따라 보상해야 하고, 한계심도 아래의 개발일 경우에는 별도의 보상 없이 개발사업이 가능하다.

용어 공중권 관련 용어

공중획지
공중권의 일부를 횡적·종적으로 분할한 경우의 공간단위를 말한다.

공중지역권
공중공간을 이용할 수 있는 지역권을 말하며, 이는 주로 사람의 통행 목적이나 전신, 전주 등 통신시설 설치 목적으로 설정한다.

공중임대차
공중획지에 대한 임대차를 말하며, 여기에는 기둥을 세울 수 있는 지지권도 포함된다.

파인애플기법(제켄도르프기법, 하와이기법)
부동산소유권은 여러 개의 권리로 분할할 수 있다. 즉, 경제적 가치가 인정되는 한 여러 개의 세부적 권리로 분할하는 기법을 말한다.

㉣ 현행 지적제도는 수평지적이므로 입체공간의 활용방법이 연구되어야 한다.
⑤ 공중공간도 지표나 지하와 같이 획지로 분할할 수 있고, 임대차나 지역권을 설정할 수도 있다.

3. 개발권양도제도(TDR; Transferable Development Rights) 제32회, 제35회

(1) 연혁

개발권양도제도(TDR)는 미국에서 널리 활용되고 있는 제도이다. 미국의 몽고메리군은 워싱턴 D.C에 인접하고 있는 인구 약 60만의 도시이다. 그 지역은 워싱턴 교외지로서 워싱턴으로부터 개발압력을 받자 농지를 보존할 필요가 있어서 1973년에 전원지역을 새로이 설정하여 1980년에 개발권양도제도를 도입한 것이다. 또한 농지로서 특히 보전할 필요가 있는 지역은 전원밀도 이전지를 지정하여 제한을 가하게 되었다.

(2) 활용

개발권양도제도(TDR)는 토지 상부의 미이용공간을 그 밑의 토지나 지표와 관계없이 토지소유권과 별개의 독립된 객체로 함으로써 그 상부공간에 건축물을 건축하거나 또는 상부공간에 상당하는 용적률 등의 개발허용한도를 인근의 토지로 이전시켜 본래 정해진 한도를 상회하는 규모의 건축물을 건축할 수 있는 권리로 활용되고 있다. 우리나라에서는 아직 구체적으로 시행되고 있지 않다.

(3) 내용 및 특징

① 보전지역의 소유권으로부터 개발권을 분리하여 개발시역으로 개발권을 양도하는 것이지 개발지역에 소유권을 부여하는 제도가 아니다. 또한, 사적 공중권의 활용방안이며 공중권 임대차는 아니다.
② 정부의 직접보상이 아니라 시장기구를 통해 TDR 매매가 이루어지므로 정부의 재정적 부담이 거의 수반되지 않는다.
③ 개발지역이 고지가이고, 공적 규제가 강화되어야만 TDR 수요가 증가한다(개발지역의 입체이용의 상한선을 정한 후 이 상한선 이상의 이용을 위해서는 TDR 증서를 매입한 만큼 추가적으로 공중공간 이용 가능). 개발지역에서 개발단위당 취득해야 할 개발권의 수를 많게 해야 개발권수요가 증가한다.

참고 현재 우리나라에서 실시되고 있지 않은 정책
1. 개발권양도제도(TDR): 미실시
2. 택지소유상한제: 폐지
3. 토지초과이득세: 폐지
4. 종합토지세: 폐지
5. 공한지세: 폐지

기출 개발권양도제(TDR)는 토지이용규제로 인해 개발행위의 제약을 받는 토지소유자의 재산적 손실을 보전해 주는 수단으로 활용될 수 있으며, 법령상 우리나라에서는 시행되고 있지 않다. 제35회

참고
1. TDR제도는 원래 역사적 기념물 보존, 자연환경보존을 위해 실시했으나, 오늘날은 개발제한구역의 지정 등 토지이용규제에 대한 손실완화제도로 활용되고 있다.
2. 이용규제가 심한 지역에서 보전지역과 개발지역을 분리하여, 상부의 미이용공간에 직접 시설물을 건축하는 것이 부당당한 보전지역과 TDR을 매입한 만큼 법적 한도 이상 공중공간을 이용할 수 있는 개발지역으로 분리한다.

④ 보전지역의 우발적 손실과 개발지역의 우발적 이익을 상쇄시켜 형평성을 추구하기 위한 제도이다.
⑤ 개발지역의 과잉개발로 교통체증, 공해 등이 발생할 수 있으며, 용도지역지구제의 취지에 벗어날 우려가 있으며 효율성이 저해되는 것이 단점이다.
⑥ 개발권선매제는 토지소유자에게 개발권의 행사를 인정해 주지 않지만, 개발권양도제는 토지소유자에게 개발권의 행사를 인정하되 정부가 지정하는 특정지역에만 행사하거나 개발권을 양도할 수 있다.
⑦ 따라서 개발권허가제, 개발권선매제와도 다르며 이의 문제점을 완화시키기 위해서 TDR제도가 도입되었다.
⑧ 개발권의 총발급량을 과잉공급하면 TDR 가격이 하락하여 보전지역의 토지소유자에게 과소보상의 결과를 야기하고, 과소공급하면 TDR 가격이 상승하여 과잉보상의 우려가 있다. 개발권증서소지자는 개발지역에서 개발권을 판매할 수 있고 개발가능지역에서 직접 행사할 수도 있다.

기출
1. TDR은 규제지역 토지소유자의 손실을 개발지역 토지에 대한 개발권 부여를 통해 보전하는 제도이다.
2. 공공이 부담해야 하는 비용을 절감하면서 규제에 따른 손실의 보전이 시장을 통해서 이루어진다는 점에 의의가 있다.

④ 환경으로서의 부동산

(1) 부동산환경이란 부동산에 직·간접적으로 영향을 주는 자연적·인문적 환경을 말한다. 부동산은 환경의 구성분자이다. 환경과 부동산의 관계는 전체와 부분의 관계이므로 서로 독립적 관계가 아니며 서로 영향을 주고받는 유기적 관계이다. 부동산환경은 부동산활동을 지배하며 부동산현상에 영향을 미친다.

(2) 인간의 부동산활동은 부동산환경의 경계에 의해 무한히 확대되는 것이 아니고 경계작용에 의해 차단되기도 한다. 최근에는 주거지에서 생태학적 환경요소가 중시되고 있다.

⑤ 자산으로서의 부동산

부동산은 인간의 경제활동과 직결되고 이윤추구의 수단이 되므로 현대의 시장경제에서 중요시된다. 그러므로 부동산은 생산요소(생산재), 소비재, 투자재의 역할을 한다. 부동산은 화폐자산이 아닌 실물자산이므로 인플레이션 발생 시 구매력 방어수단(인플레헤지)이 된다. 부동산은 이용시에 사용가치를 통한 소득이득이 발생하며 처분시에 교환가치를 통한 자본이득이 발생할 수 있다.

제1편 메타인지 학습체크

01 부동산의 [① 물리적 / ② 경제적] 개념에는 자산, 자본, 생산요소, 소비재, 상품 등이 있고, [③ 물리적 / ④ 경제적] 개념에는 위치, 공간, 자연, 환경 등이 있다.

02 토지와 건물 등이 하나의 결합된 상태로 다루어져 부동산활동의 대상으로 삼을 때 이를 [① 복합 / ② 복합개념의] 부동산이라 한다.

03 건물, 명인방법을 구비한 미분리과실, 명인방법을 구비한 수목, 소유권보존등기된 입목, 권원에 의하여 타인의 토지에서 재배되고 있는 농작물은 토지에 [① 독립된 / ② 종속된] 정착물이다.

04 [① 후보지 / ② 이행지]는 택지지역·농지지역·임지지역 상호간에 다른 지역으로 전환되고 있는 일단의 토지를 말한다.

05 건부지 가격은 건부감가에 의해 나지 가격보다 [① 높게 / ② 낮게] 평가된다.

06 [① 휴한지 / ② 유휴지]는 지력 회복을 위해 정상적으로 쉬게 하는 토지를 말한다.

07 [① 표본지 / ② 표준지]는 지가의 공시를 위해 가치형성요인이 같거나 유사하다고 인정되는 일단의 토지 중에서 선정한 토지를 말한다.

08 [① 필지 / ② 획지]는 하나의 지번을 가진 토지 등기의 한 단위를 말한다.

09 가격수준이 비슷한 일단의 토지는 [① 일단지 / ② 획지]이다.

10 [① 부지 / ② 택지]는 주거·상업·공업용지 등의 용도로 이용되고 있거나 해당 용도로 이용할 목적으로 조성된 토지를 말한다.

정답

01 ②, ③   02 ①   03 ①   04 ①   05 ②   06 ①   07 ②   08 ①   09 ②   10 ②

제1편 메타인지 학습체크

11 [① 빈지 / ② 포락지]는 물에 의한 침식으로 인해 수면 아래로 잠기거나 하천으로 변한 토지를 말한다.

12 도시토지에서 지가 상승을 기대하고 장기간 방치한 토지를 [① 공지 / ② 공한지]라 한다.

13 경제적인 활용실익은 없으나 법적 측량면적에는 포함되는 토지를 [① 법지 / ② 빈지]라 한다.

14 학생 또는 직장인 등 여러 사람이 장기간 거주할 수 있는 구조로 되어 있으며, 독립된 주거의 형태를 갖추지 아니하고, 1개 동의 주택으로 쓰이는 바닥면적의 합계가 660m² 이하이고 주택으로 쓰는 층수가 3개 층 이하인 주택은 [① 다가구주택 / ② 다중주택]이다.

15 연립주택은 주택으로 쓰는 1개 동의 바닥면적 합계가 660m² [① 이하이고 / ② 초과하고], 층수가 4개 층 이하인 주택을 말한다.

16 도시형 생활주택은 [① 300 / ② 350]세대 미만의 국민주택규모로 대통령령으로 정하는 주택으로 단지형 연립주택, 단지형 다세대주택, 아파트형 주택 등이 있다.

17 [① 준주택 / ② 도시형 생활주택]은 주택 외의 건축물과 그 부속토지로서 주거시설로 이용가능한 시설 등을 말하며, 기숙사, 오피스텔, 다중생활시설, 노인복지주택 등이 있다.

18 [① 부동성 / ② 영속성]은 부동산활동을 국지화시켜 지역적으로 특화하게 하며, 지방자치단체 운영을 위한 부동산조세수입의 근거가 될 수 있다.

19 [① 용도의 다양성 / ② 병합·분할의 가능성]은 최유효이용의 성립 근거가 되며, 이용전환을 통한 토지의 용도적 공급을 늘릴 수 있다.

20 [① 부동성 / ② 개별성]은 대상부동산과 다른 부동산의 비교를 어렵게 하고 시장에서 상품 간 대체관계를 제약할 수 있다.

정답

11 ② **12** ② **13** ① **14** ② **15** ② **16** ① **17** ① **18** ① **19** ① **20** ②

21 토지의 부증성으로 인해 토지의 [① 물리적 / ② 용도적] 공급을 더 이상 늘릴 수 없다.

22 [① 부동성 / ② 개별성] 또는 인접성으로 인해 부(−)의 외부효과가 발생한다.

23 [① 부동성 / ② 개별성]은 토지에 일물일가법칙을 적용시킬 수 없게 하고, 특정 부동산에 대한 시장정보의 수집이 어렵고 거래비용이 높아질 수 있으며, 부동산가치 추계의 어려움을 유발한다.

24 토지의 [① 부증성 / ② 영속성]은 부동산의 가치(value)개념을 성립시키고, 부동산활동에서 장기적 배려가 요구되며, 미래의 수익을 가정하고 가치를 평가하는 직접환원법의 적용을 가능하게 한다.

25 [① 부증성 / ② 영속성]은 최유효이용의 근거, 지대 또는 지가를 발생, 토지이용을 집약화, 물리적 생산 불가능과 관련이 있다.

정답

21 ① **22** ① **23** ② **24** ② **25** ①

제 2 편
부동산경제론

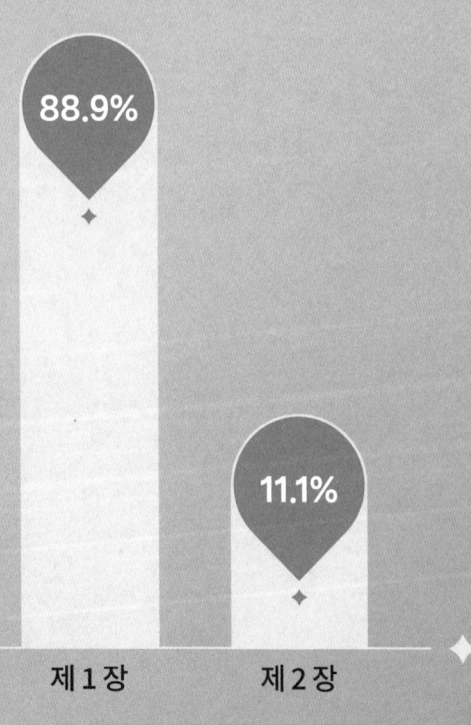

제 1 장 88.9%
제 2 장 11.1%

◆ 최근 5개년 **출제경향 분석**

◆ 제 1 장 | 부동산 수요 · 공급이론
◆ 제 2 장 | 부동산경기변동

제2편 부동산경제론

❖ **부동산 수요·공급이론**

부동산 수요이론
- 개념 ─ 유량의 개념, 사전적 개념, 유효수요
- 법칙 ─ 가격과 수요량의 반비례(역, −)관계
- 곡선 ─ 우하향 곡선
- 수요량의 변화 ─ 해당 재화 가격의 변화, 곡선상 점의 이동(증가: 하향이동, 감소: 상향이동)
- 수요의 변화 ─ 해당 재화 가격 이외의 변화, 곡선 자체 이동(증가: 우상향이동, 감소: 좌하향이동)
- 증가요인
  - 소득·선호·인구 증가
  - 가격 상승 예상
  - 대체재가격 상승, 보완재가격 하락
  - 금리 인하, 거래세 인하
- 감소요인
  - 소득·선호·인구 감소
  - 가격 하락 예상
  - 대체재가격 하락, 보완재가격 상승
  - 금리 인상, 거래세 인상
- 분류
  - 개별수요와 시장수요
  - 실질적 수요와 잠재적 수요
  - 본원적 수요와 파생적 수요

부동산 공급이론
- 개념 ─ 유량의 개념, 사전적 개념, 유효공급
- 법칙 ─ 가격과 공급량의 비례(정, +)관계
- 곡선 ─ 우상향 곡선
- 공급량의 변화 ─ 해당 재화 가격의 변화, 곡선상 점의 이동(증가: 상향이동, 감소: 하향이동)
- 공급의 변화 ─ 해당 재화 가격 이외의 변화, 곡선 자체 이동(증가: 우하향이동, 좌상향이동)
- 증가요인
  - 생산요소가격의 하락, 생산기술의 발달
  - 건설업체 수 증가
  - 가격 하락 예상
  - 대체재가격 하락, 보완재가격 상승
  - 금리 인하, 규제 완화(용적률·건폐율 증가)
- 감소요인
  - 생산요소가격의 상승, 생산기술의 퇴보
  - 건설업체 수 감소
  - 가격 상승 예상
  - 대체재가격 상승, 보완재가격 하락
  - 금리 인상, 규제 강화(용적률·건폐율 감소)
- 분류
  - 개별공급과 시장공급
  - 물리적 공급과 경제적 공급
  - 단기공급과 장기공급

❖ 균형가격과 균형량의 변화

균형				

수요 \ 공급	증가	감소	불변
증가	P 알 수 없음 Q 증가	P 상승 Q 알 수 없음	P 상승 Q 증가
감소	P 하락 Q 알 수 없음	P 알 수 없음 Q 감소	P 하락 Q 감소
불변	P 하락 Q 증가	P 상승 Q 감소	–

수요 \ 공급	증가	감소
완전탄력적	P 불변, Q 증가	P 불변, Q 감소
완전비탄력적	P 하락, Q 불변	P 상승, Q 불변

공급 \ 수요	증가	감소
완전탄력적	P 불변, Q 증가	P 불변, Q 감소
완전비탄력적	P 상승, Q 불변	P 하락, Q 불변

균형의 이동

제2편 부동산경제론

❖ **수요 · 공급의 탄력성**

분류	공식	특징	
수요의 가격탄력성	$\dfrac{수요량의 변화율}{가격(임대료)의 변화율}$	**탄력적인 경우** • 대체재가 많을수록, 장기일수록 • 사치재(투기재, 대형주택, 고가주택) • 용도가 다양하고 용도전환이 용이할수록 • 부분시장으로 세분화할수록	
수요의 소득탄력성	$\dfrac{수요량의 변화율}{소득의 변화율}$	정상재	소득 증가 ⇨ 수요 증가
		열등재	소득 증가 ⇨ 수요 감소
		중간재	소득 증감 ⇨ 수요 불변
수요의 교차탄력성	$\dfrac{Y재의 수요량 변화율}{X재의 가격 변화율}$	대체재	수요의 교차탄력성 > 0
		보완재	수요의 교차탄력성 < 0
		독립재	수요의 교차탄력성 = 0
공급의 가격탄력성	$\dfrac{공급량의 변화율}{가격(임대료)의 변화율}$	**탄력적인 경우** • 장기일수록 • 생산에 소요되는(건축하여 공급하는) 기간이 짧을수록 • 용도전환이 용이하고 규제가 완화될수록 • 생산비가 상승하지 않고 부패하지 않는 재화일수록 • 기술이 향상될수록	

❖ 부동산경기변동

제1장 부동산 수요·공급이론

- 수요와 공급의 기본원리를 이해하는 것에 가장 큰 목표를 두고 있다.
- 유량과 저량, 수요량의 변화와 수요의 변화, 수요·공급곡선, 수요와 공급의 증가·감소요인을 숙지하고, 정상재·열등재, 대체재·보완재의 구별, 토지의 물리적 공급과 경제적 공급의 개념도 학습한다.
- 매년 3~5문제가 출제되며 점차 비중이 높아지고 있는 단원이다.

제1절 | 부동산 수요이론

1 수요의 개념(수요량의 개념) 제34회, 제35회, 제36회

수요란 구매력을 갖춘 소비자가 일정 기간 동안에 재화나 용역(서비스)을 구매(임차)하고자 하는 욕구를 말한다. 즉, 부동산 수요는 구매력을 갖춘 경제주체가 일정 기간 동안에 부동산을 구매 또는 임차하고자 하는 욕구를 말한다. 수요량은 일정한 가격에서 구입·임차하고자 하는 최대수량을 의미하며, 수요가격은 그 수량을 구입하기 위해 지불하고자 하는 최고가격을 의미한다.

핵심 수요의 개념
1. 유량의 개념
2. 사전적 개념
3. 유효수요

기출 수요곡선상의 수요량은 주어진 가격에서 수요자들이 구입하고자 하는 부동산의 최대수량이다. 제36회

(1) 유량의 개념

수요량은 일반적으로 일정 기간을 명시해야 의미의 전달이 명확해지는 유량(flow)이지만, 부동산시장에서는 일정 시점 개념인 저량(stock)도 중시된다.

핵심 저량의 변동(분)은 곧 유량이 된다.
- 주택재고 ⇨ 저량
- 주택재고의 변동 ⇨ 유량

기출
1. 주택재고, 가계 자산, 도시인구 규모 등은 저량의 개념에 해당되고, 임대료 수입, 가계 소득, 근로자의 임금, 주택거래량, 신규주택공급량은 유량의 개념에 해당된다. 제35회
2. 노동자 소득, 가계 소비, 신규주택 공급량은 유량에, 가계자산, 통화량, 자본총량은 저량에 해당한다.

> **심화 유량과 저량**
>
> 1. 유량(flow, 流量, 일정 기간): 임대료(지대), 소득(급여·임금), 소비(지출), 주택거래량, 신규주택공급량(생산량), 장기공급, 저량변동분, 영업현금흐름
> 2. 저량(stock, 貯量, 일정 시점): 주택재고량, 자산(자본, 부채), 가치(가격, 지가), 주택보급률, 통화량, 단기공급, 인구, 감정평가액, 재조달원가
>
> | 유량(flow: 일정 기간 개념) | 저량(stock: 일정 시점 개념) |
> |---|---|
> | 임대료, 지대, 소득(수익), 신규주택 공급량(생산량), 주택거래량, 국민총생산량(GNP), 국내총생산량(GDP), 장기공급곡선, 철거된 주택량, 이윤, 수출과 수입, 주택서비스량, 현금수지(현금흐름), 흡수율, 건축허가량, 영업경비, 이자비용 | 가격, 가치, 지가, 인구, 자산(재산, 국부), 주택재고량, 외채, 외환보유액, 주택보급률, 자본, 부채, 통화량(화폐량), 단기공급곡선, 주택 수, 미상환 저당잔금(부채잔금), 기초, 기말, 유량의 합 |

(2) 사전적 개념

수요량은 실제로 구입한 구매량(사후적 개념)이 아니라 구입하고자 의도하는 양을 의미하므로 사전적 개념이다.

기출 수요량은 일정 기간에 실제로 구매한 수량이 아니라 구매하고자 의도하는 수량이다.

(3) 유효수요

① 수요량은 반드시 구매력을 수반한 유효수요를 의미한다(구매의사 ○ + 구매력 ○). 즉, 부동산 가격은 비싸므로 재화를 구입(구매, 임차)할 능력이 있는 사람만이 수요자가 된다.

② 구매력에는 구매자의 가처분소득뿐 아니라 금융대출금(차입금)이나 정부의 보조금도 포함된다. 따라서 구입의사는 있으나 구입능력이 없는 잠재수요(예비수요)는 현실시장에서 수요(demand)라 할 수 없고, 소요(need)로 이해하여야 한다.

기출 주택의 수요(demand)와 소요(need)의 개념은 서로 다르다.

> **심화** 주택유량과 주택저량
>
> 1. 주택유량
>   ① 주택유량의 공급량: 일정 기간 동안 시장에 공급되는 주택의 양 ⇨ 신규공급
>   ② 주택유량의 수요량: 일정 기간 동안 사람들이 보유하고자 하는 주택의 양
>   예 지난 1년 동안 50만 호의 주택이 신규로 건설되었다. 이 중 10만 호가 미분양되었다.
>   - 주택유량의 공급량: 50만 호
>   - 주택유량의 수요량: 40만 호
>
> 2. 주택저량
>   ① 주택저량의 공급량: 일정 시점에 시장에 존재하는 주택의 양 ⇨ 재고공급
>   ② 주택저량의 수요량: 일정 시점에 사람들이 보유하고자 하는 주택의 양
>   예 현재 우리나라에 1,500만 호의 주택이 존재한다. 이 중 100만 호는 공가로 남아있다.
>   - 주택저량의 공급량: 1,500만 호
>   - 주택저량의 수요량: 1,400만 호

기출 만약 현재 우리나라에 총 1,500만 채의 주택이 존재하고 그중 100만 채가 공가로 남아 있다면, 현재 주택저량의 수요량은 1,400만 채이다.

② 수요함수와 수요법칙 제36회

(1) 수요함수와 수요결정요인

수요함수란 어떤 재화의 수요와 그 재화의 수요에 영향을 미치는 모든 요인들의 관계를 말한다. 수요량에 영향을 미치는 요인들은 독립변수(원인)가 되고 수요량은 종속변수(결과)가 된다.

수요량(Q_D) = f {① 해당 재화의 가격(임대료) ② 소득 ③ 인구 ④ 다른 관련 재화(대체재, 보완재)의 가격 ⑤ 기호도(선호도) ⑥ 광고 ⑦ 금리 ⑧ 정책 ⑨ 학교의 질 ⑩ 매수자의 수 ⑪ 소비자의 미래의 예상(가격변화의 예상) 등의 변화 …}

(2) 수요법칙과 수요곡선

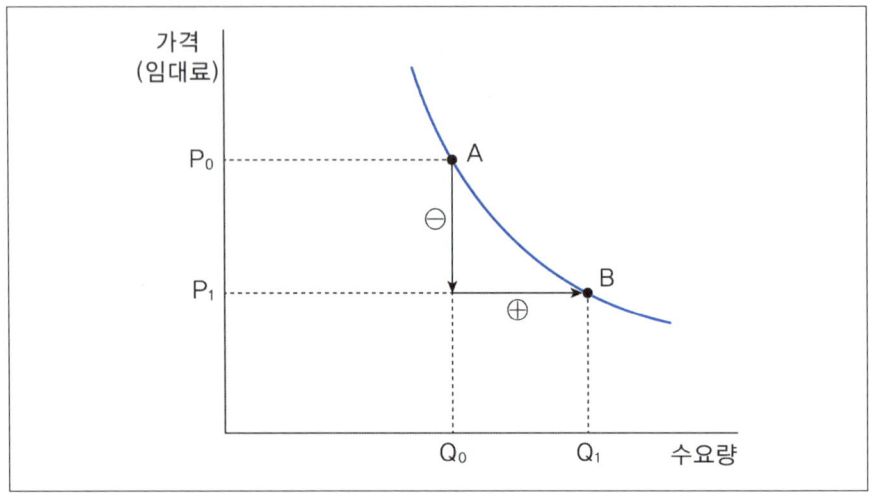

① 수요법칙($P - Q_D$): 해당 재화의 가격(임대료)이 상승하면 해당 재화의 수요량은 감소하고, 해당 재화의 가격이 하락하면 해당 재화의 수요량은 증가하게 된다. 즉, 해당 재화의 가격(임대료)과 수요량은 반비례(역, −)관계가 성립한다는 법칙을 말한다. 이를 곡선으로 나타낸 것이 수요곡선이다(수요량의 변화).

② 수요곡선: 수요법칙은 수요곡선이 우하향 곡선형태임을 설명해 준다. 그리고 수요곡선은 소비자의 한계효용(편익)곡선에서 도출된다.

③ 수요법칙 성립이유: 수요법칙이 성립하는 이유는 가격효과 및 기회비용으로 설명된다.
 ㉠ 소득효과: 한 재화의 가격 하락은 그 재화를 소비하는 소비자의 실질소득을 증가시켜 그 재화의 소비를 증가시키는 효과가 나타난다. 반대로, 한 재화의 가격 상승은 그 재화를 소비하는 소비자의 실질소득을 감소시켜 그 재화의 소비를 감소시키는 효과가 나타난다.

기출 수요곡선은 한계편익 곡선이다. 제36회

핵심 수요법칙 성립이유
가격효과(소득효과와 대체효과의 합성효과)

심화 수요법칙의 예외
1. 기펜재(Giffen's goods): 열등재 중에서 재화의 가격이 하락하면 오히려 그 재화의 수요가 감소하는 재화
2. 베블렌효과(veblen effect): 재화의 가격이 비쌀수록 과시 목적으로 그 재화를 더 많이 소비하게 되는 비기능적 소비효과

ⓒ 대체효과: 한 재화의 가격이 하락하면 그와 대체관계에 있는 다른 재화의 가격이 상대적으로 비싸지므로 다른 재화의 소비가 감소하고, 해당 재화의 수요가 증가하는 효과이다. 반대로, 한 재화의 가격이 상승하면 그와 대체관계에 있는 다른 재화의 가격이 상대적으로 싸지므로 다른 재화의 소비가 증가하고, 해당 재화의 수요가 감소하는 효과이다.

> **참고** 기회비용(opportunity cost)
> 어떤 것의 기회비용이란 그것을 선택함으로써 포기한 다른 대안들 중 최선의 대안으로부터의 혜택을 말한다. 따라서 기회비용은 차선책의 의미를 지니기도 한다. 기회비용은 요구수익률을 측정하는 중요한 기준이 되며, 실제로 지불한 비용이 아니라 계산된(인식된) 비용이 된다.

③ 수요량의 변화와 수요의 변화 제36회

해당 재화의 가격(임대료)변동이 원인이 되어 그 재화의 수요량이 변화하는 경우를 '수요량의 변화'라 하며 '수요곡선상의 점의 이동'으로 나타난다. 해당 재화의 가격(임대료) 이외의 다른 조건(소득, 인구 등)의 변동이 원인이 되어 그 재화의 수요량이 변화하는 경우를 '수요의 변화'라 하며 '수요곡선 자체의 이동'으로 나타난다.

(1) 수요량의 변화

① 해당 재화의 가격(임대료)이 변화할 때 수요량이 변화하는 것을 말한다.
② 동일한 수요곡선상에서의 점의 이동을 의미한다.
③ 수요량의 증가는 수요곡선상에서 하향으로 이동되고, 수요량의 감소는 수요곡선상에서 상향으로 이동된다.

(2) 수요의 변화

① 해당 재화의 가격(임대료) 이외의 요인이 변화할 때 수요량이 변화하는 것을 말한다.
② 수요곡선 자체가 이동하는 것을 의미한다.
③ 수요의 증가는 수요곡선 자체가 우상향(우측)으로 이동되고, 수요의 감소는 수요곡선 자체가 좌하향(좌측)으로 이동된다.

기출

1. 해당 주택가격 변화에 의한 수요량의 변화는 동일한 수요곡선상의 이동으로 나타난다.
2. 해당 재화의 가격 이외의 다른 요인이 수요량을 변화시키면 수요곡선이 좌측 또는 우측으로 이동한다.
3. 부동산 수요자의 소득이 변하여 동일 가격수준에서 부동산의 수요곡선이 이동하였다면 이를 부동산 수요의 변화라 한다.
4. 수요의 변화는 수요 자체의 변화를 말하며, 수요곡선 자체를 이동시킨다. 제36회

핵심 수요량의 변화와 수요의 변화

구분	수요량의 변화	수요의 변화
그래프	(P-Q 그래프: A(30,500) → B(40,400), 곡선 D)	(P-Q 그래프: C(20,500), A(30,500), B(40,500), 곡선 D_0, D_1, D_2)
변화요인	해당 재화의 가격(임대료)	해당 재화 가격(임대료) 이외의 요인
이동	동일 곡선상에서 점의 이동 (증가 - 하향 이동, 감소 - 상향 이동)	곡선 자체의 이동 (증가 - 우상향 이동, 감소 - 좌하향 이동)

핵심 수요의 증가요인
1. 소득 증가
2. 선호 증가
3. 인구 증가
4. 가격 상승 예상
5. 대체재 가격 상승
6. 보완재 가격 하락
7. 금리 인하, 거래세 인하
8. 대체투자시장 불황
9. 기회비용(요구수익률) 감소
10. LTV, DTI, DSR 확대
11. 상환기간 장기

기출 소득이 10% 증가하자 어떤 부동산의 수요량이 8% 증가하였다면 정상재이다.

심화
1. 정상재
   - 소득 증가 - 수요 증가
   - 소득 감소 - 수요 감소
2. 열등재
   - 소득 증가 - 수요 감소
   - 소득 감소 - 수요 증가

(3) 수요의 변화요인(수요곡선 자체의 이동요인) 제32회, 제34회, 제35회, 제36회

수요의 증가요인	수요의 감소요인
1. 소득의 증가	1. 소득의 감소
2. 선호의 증가	2. 선호의 감소
3. 인구의 증가	3. 인구의 감소
4. 소비자의 가격 상승 예상	4. 소비자의 가격 하락 예상
5. 대체재의 가격 상승(대체재의 수요 감소)	5. 대체재의 가격 하락(대체재의 수요 증가)
6. 보완재의 가격 하락(보완재의 수요 증가)	6. 보완재의 가격 상승(보완재의 수요 감소)
7. 거래세의 인하	7. 거래세의 인상
8. 금리의 인하	8. 금리의 인상

① 소득의 변화: 일반적으로 정상재인 경우 <u>소득의 증가</u>는 수요를 증가시키고, 소득의 감소는 수요를 감소시킨다.

  ㉠ 정상재(우등재): <u>수요의 소득탄력성(+)</u> (예) 고급·대형아파트, 대형차)
  <u>소득이 증가할 때 수요가 증가하고 소득이 감소하면 수요가 감소</u>하는 재화를 말한다. 즉, 정상재는 소득변화방향과 수요변화방향이 동일하다. 정상재는 사치재와 필수재로 나뉘어진다.

ⓐ 사치재: 수요의 소득탄력성 > 1인 경우(탄력적)
   소득이 10% 증가, 수요량이 20% 증가(+2)
ⓑ 필수재: 수요의 소득탄력성 < 1인 경우(비탄력적)
   소득이 10% 증가, 수요량이 5% 증가(+0.5)
ⓒ 열등재(하급재): **수요의 소득탄력성(-)**(예 저급 · 소형아파트, 경차)
   소득이 증가할 때 수요가 감소하고 소득이 감소할 때 수요가 증가하는 재화를 말한다. 즉, 열등재는 소득변화방향과 수요변화방향이 반대이다. 소득이 10% 증가할 때 수요가 20% 감소한 경우, 소득이 10% 감소할 때 수요가 5% 증가한 경우를 예로 들 수 있다.
ⓒ 중간재(중립재): **수요의 소득탄력성(0)**(예 소금, 간장)
   소득이 증가 또는 감소해도 수요가 변하지 않는 재화를 말한다.
② 관련 재화의 가격변화(대체재나 보완재의 가격변화) 제32회, 제34회
   ㉠ 대체재 관계: **수요의 교차탄력성(+)**(예 아파트와 단독주택, 맥주와 소주, 커피와 녹차)
      ⓐ 대체재란 재화의 용도나 효용이 비슷하여 용도상 경쟁관계에 있는 재화를 말한다. 즉, 수요 측면에서 대체재는 한 재화 대신 다른 재화를 소비하더라도 효용에는 별 차이가 없다.
      ⓑ 빌라와 아파트가 대체재 관계에 있을 때 **빌라(대체재)가격이 상승**하면 빌라의 수요량이 감소하고 대신 **아파트(해당 재화)의 수요가 증가**한다.
      ⓒ **빌라(대체재)가격이 하락**하면 빌라의 수요량이 증가하고 **아파트의 수요는 감소**한다.

      • 대체재 가격 상승 ⇨ (대체재 수요 감소) ⇨ 해당 재화 수요 증가(해당 재화 가격 상승)
      • 대체재 가격 하락 ⇨ (대체재 수요 증가) ⇨ 해당 재화 수요 감소(해당 재화 가격 하락)

      ⓓ **대체재는 수요의 교차탄력성이 (+)**이다. 즉, 대체재의 가격변화와 해당 재화의 수요변화는 같은 방향으로 움직인다(비례관계). 그러나 대체재의 수요량변화와 해당 재화의 수요변화는 반대방향으로 움직인다(반비례관계).
   ㉡ 보완재 관계: **수요의 교차탄력성(-)**(예 주택과 토지, 커피와 설탕, 샤프와 샤프심, 바늘과 실)

핵심 대체재
1. A수요 증가 - B수요 감소
2. A수요 감소 - B수요 증가
3. A가격 상승 - B수요 증가
4. A가격 하락 - B수요 감소

심화 아파트의 가격이 상승하는 경우 대체재인 오피스텔의 가격은 상승한다(아파트 가격 상승 ⇨ 대체재인 오피스텔의 수요 증가 ⇨ 오피스텔 가격 상승).

기출
1. 대체재 가격의 상승은 해당 부동산의 수요곡선을 우측(우상향)으로 이동하게 한나. 제36회
2. A부동산의 가격이 5% 상승할 때, B부동산의 수요는 10% 증가하고 C부동산의 수요는 5% 감소한다면, A와 B는 대체재이고, A와 C는 보완재이다.
3. 대체주택에 대한 수요 감소는 수요 증가요인이다. 제32회

핵심 보완재
1. A수요 증가 - B수요 증가
2. A수요 감소 - B수요 감소
3. A가격 상승 - B수요 감소
4. A가격 하락 - B수요 증가

ⓐ 보완재란 용도상 일체로 결합되어 이용되고 있는 재화를 의미한다. 즉, 수요 측면에서 보완재란 한 재화씩 따로 소비하는 것보다 두 재화를 함께 소비할 때 효용이 더 커지는 재화를 말한다.

ⓑ 토지와 건물이 보완재 관계에 있다면 토지가격(보완재 가격)이 하락하면 토지의 수요량이 증가하며 더불어 건물(해당 재화)의 수요도 증가한다.

ⓒ 토지가격(보완재 가격)이 상승하면 토지의 수요량이 감소하며 더불어 건물(해당 재화)의 수요도 감소한다.

> • 보완재 가격 상승 ⇨ (보완재 수요 감소) ⇨ 해당 재화 수요 감소(해당 재화 가격 하락)
> • 보완재 가격 하락 ⇨ (보완재 수요 증가) ⇨ 해당 재화 수요 증가(해당 재화 가격 상승)

기출 보완재 가격의 하락은 해당 부동산시장의 수요곡선을 우측(우상향)으로 이동하게 한다. 제34회, 제36회

참고 A의 가격이 상승하는 경우 보완재인 B의 가격은 하락한다(A가격 상승 ⇨ 보완재인 B의 수요 감소 ⇨ B가격 하락).

ⓓ 보완재는 수요의 교차탄력성이 (−)이다. 즉, 보완재의 가격변화와 해당 재화의 수요변화는 반대방향으로 움직인다(반비례관계). 그러나 보완재의 수요량변화와 해당 재화의 수요변화는 동일방향으로 움직인다(비례관계).

ⓒ 독립재 관계: 수요의 교차탄력성(0)

X재 가격이 변해도 Y재 수요의 변화가 없다면 이를 독립재라 한다.

> **핵심** 대체재, 보완재의 가격변화와 수요의 변화
> 1. 대체재 가격 상승 ⇨ 해당 재화 수요 증가 ⇨ 수요의 교차탄력성 (+)
> 2. 대체재 가격 하락 ⇨ 해당 재화 수요 감소 ⇨ 수요의 교차탄력성 (+)
> 3. 보완재 가격 상승 ⇨ 해당 재화 수요 감소 ⇨ 수요의 교차탄력성 (−)
> 4. 보완재 가격 하락 ⇨ 해당 재화 수요 증가 ⇨ 수요의 교차탄력성 (−)

③ 인구의 변화: 인구나 매수자의 수가 증가하면 수요는 증가하고, 인구나 매수자 수가 감소하면 수요는 감소한다. 또한, 핵가족화로 인한 가구의 증가는 주택수요를 증가시키나, 대가족화는 주택수요를 감소시킨다.

④ 소비자의 선호도의 변화: 아파트 등의 선호도 증가는 아파트의 수요를 증가시키나, 기호도(선호도) 감소는 아파트의 수요를 감소시킨다.

⑤ 미래에 대한 가격변화 예상(기대감): 만일 장차 가격 상승이 예상된다면 현재시점에서 재화의 수요는 증가한다. 장차 가격 하락이 예상된다면 현재시점에서 재화의 수요는 감소한다.

⑥ 금리(이자율)의 변화: 주택구입자금의 <u>대출금리(이자율)가 하락</u>하면 주택구입자의 이자부담이 작아져서 주택수요가 증가한다. 대출금리(이자율)가 상승하면 주택수요가 감소한다.

⑦ 공적 규제의 변화: 부동산 관련 <u>공적 규제가 완화</u>되면 부동산 수요가 증가하고 공적 규제가 강화되면 부동산 수요가 감소한다. 예컨대, 주택청약조건이 완화되면 주택수요가 증가하고, 주택청약조건이 강화되면 주택수요가 감소한다.

⑧ 대체투자시장(주식, 채권)의 수익률 변화: 부동산의 <u>대체투자시장이 불황</u>(불경기)인 경우에는 대체투자시장의 수익률이 작아지므로 대체투자시장에 투자하는 것을 줄이고 부동산에 대한 투자수요를 증가시킨다. 부동산의 대체투자시장이 호황인 경우에는 부동산에 대한 투자수요를 감소시킨다.

⑨ 기회비용(요구수익률)의 변화: 부동산투자에 대한 기회비용이란 부동산투자가 아닌 다른 곳(예금, 주식, 채권)의 수익률을 의미한다. 그러므로 부동산투자에 대한 <u>기회비용(요구수익률)이 감소</u>했다면 은행이자나 주식, 채권수익률이 감소했다는 의미이므로 부동산투자 수요가 증가한다. 기회비용(요구수익률)이 증가했다면 부동산투자 수요는 감소한다.

⑩ 대부비율(LTV), 총부채상환비율(DTI)의 변화: <u>대부비율이나 총부채상환비율이 확대</u>되면, 은행대출이 많아지므로 주택수요가 증가한다. 반대로 대부비율이나 총부채상환비율이 축소되면 주택수요는 감소한다.

⑪ 주택대출자금 상환기간의 변화: <u>상환기간이 연장</u>되면 대출조건이 개선되므로 주택수요가 증가하며, 상환기간이 단축되면 주택수요가 감소한다.

🎯 핵심 대체재와 보완재

1. 대체재 수요 증가 – 해당 재화 수요 감소 ⇨ A수요 증가 – B수요 감소
2. 대체재 수요 감소 – 해당 재화 수요 증가 ⇨ A수요 감소 – B수요 증가
3. 보완재 수요 증가 – 해당 재화 수요 증가 ⇨ A수요 증가 – B수요 증가
4. 보완재 수요 감소 – 해당 재화 수요 감소 ⇨ A수요 감소 – B수요 감소
5. 대체재 가격 상승 – 해당 재화 수요 증가 ⇨ A가격 상승 – B수요 증가
6. 대체재 가격 하락 – 해당 재화 수요 감소 ⇨ A가격 하락 – B수요 감소
7. 보완재 가격 상승 – 해당 재화 수요 감소 ⇨ A가격 상승 – B수요 감소
8. 보완재 가격 하락 – 해당 재화 수요 증가 ⇨ A가격 하락 – B수요 증가

기출

1. 아파트가격 하락이 예상되면 수요의 변화로 수요곡선 자체가 좌하향으로 이동하게 된다.
2. 아파트 담보대출금리가 하락하면 수요곡선은 우상향으로 이동하게 된다. 제36회
3. 아파트 거래세가 인상되면 수요곡선은 좌하향으로 이동하게 된다.
4. 인구 감소, 부동산 거래세율 인상이 수요 감소요인이고, 시장금리 하락, 수요자의 실질소득 증가, 부동산 가격상승 기대는 수요 증가요인이다.

4 부동산 수요의 분류 제32회, 제34회, 제36회

(1) 개별수요와 시장수요

① 개별수요: 소비자 한 사람, 한 사람의 수요를 말한다. 일반적으로 어떤 재화의 개별수요곡선은 시장수요곡선보다 더 가파르므로 개별수요곡선은 시장수요곡선보다 더 비탄력적이다.

② 시장수요: 시장 전체의 수요를 말하는 것으로, 개별수요의 **수평적 합계**이다. 일반적으로 어떤 재화의 시장수요곡선은 개별수요곡선보다 더 완만하므로 시장수요곡선은 개별수요곡선보다 더 탄력적이다.

> 기출 📎 부동산 시장수요곡선은 개별수요곡선을 수평으로 합하여 도출한다. 제34회

📌 개별수요곡선과 시장수요곡선

위의 그림을 보면, 가격이 200원일 때 개인 A의 수요량은 20개이고 개인 B의 수요량은 30개이다. 이때 시장수요량은 50개(20+30)가 된다. 가격이 100원일 때는 개인 A의 수요량은 50개이고 개인 B의 수요량은 70개이다. 이때 시장수요량은 120개(50+70)가 된다. 이런 식으로 어떤 재화의 시장수요량은 개별수요량을 합하면 된다. 개별수요곡선인 A와 B보다 시장수요곡선 C가 더 완만함을 알 수 있다.

예제

1. C지역의 부동산시장에서 시장수요는 개인 A의 수요와 개인 B의 수요로만 구성되어 있고, 개인 A의 수요함수는 $P = 100 - Qd_A$, 개인 B의 수요함수는 $P = 100 - 2Qd_B$일 때, 시장수요함수는? (단, X축은 수량, Y축은 가격, Qd_M은 시장수요량, Qd_A와 Qd_B는 각각 개인 A와 B의 개별수요량, P는 가격, C지역의 부동산시장은 완전경쟁시장이며, 다른 조건은 동일함) 제36회

① $P = 100 - \dfrac{2}{3} Qd_M$ ② $P = 100 - \dfrac{3}{2} Qd_M$

③ $P = 200 - \dfrac{1}{2} Qd_M$ ④ $P = 200 - \dfrac{2}{3} Qd_M$

⑤ $P = 200 - \dfrac{3}{2} Qd_M$

해설 시장수요함수$(Qd_M) = Qd_A + Qd_B = (100 - P) + (50 - \frac{1}{2}P) = 150 - \frac{3}{2}P$

⇨ $\frac{3}{2}P = 150 - Qd_M$, $P = 100 - \frac{2}{3}Qd_M$

개인 A의 수요함수	개인 B의 수요함수
$P = 100 - Qd_A$ $Qd_A = 100 - P$	$P = 100 - 2Qd_B$ $2Qd_B = 100 - P$ $Qd_B = 50 - \frac{1}{2}P$

정답 ①

2. 어떤 부동산에 대한 시장수요함수는 $P = 100 - 4Q_D$[여기서 P는 가격(단위: 만원), Q_D는 수요량(단위: m²)]이며, 이 시장의 수요자는 모두 동일한 개별수요함수를 갖는다. 이 시장의 수요자 수가 2배로 된다면 새로운 시장수요함수는? [단, 새로운 시장수요량은 Q_M으로 표기하며 다른 조건은 일정하다고 가정함. 또한 이 부동산은 민간재(private goods)이며 새로운 수요자들도 원래의 수요자들과 동일한 개별수요함수를 갖는다고 가정함]   제19회

① $P = 100 - 2Q_M$ ② $P = 100 - 4Q_M$ ③ $P = 100 - 8Q_M$
④ $P = 200 - 4Q_M$ ⑤ $P = 200 - 8Q_M$

해설 $P = 100 - 4Q_D$ ⇨ $4Q_D = 100 - P$ ⇨ $Q_D = 25 - \frac{1}{4}P$

새로운 시장수요함수는 수요자 수가 2배로 늘어났으므로 $2 \times (25 - \frac{1}{4}P)$

$Q_M = 50 - \frac{1}{2}P$ ⇨ $\frac{1}{2}P = 50 - Q_M$ ⇨ $P = 100 - 2Q_M$ 정답 ①

3. A부동산에 대한 기존 시장의 균형상태에서 수요함수는 $P = 200 - 2Q_d$, 공급함수는 $2P = 40 + Q_s$이다. 시장의 수요자 수가 2배로 증가되는 경우, 새로운 시장의 균형가격과 기존 시장의 균형가격 간의 차액은?   제32회

① 24만원   ② 48만원   ③ 56만원
④ 72만원   ⑤ 80만원

해설 균형가격 80만원과 56만원의 차액은 24만원이 된다.

기존 균형($Q_d = Q_s$)	새로운 균형($Q_d = Q_s$)
$100 - 0.5P = 2P - 40$ $140 = 2.5P$ $56 = P$	$200 - P = 2P - 40$ $240 = 3P$ $80 = P$

• 기존시장의 균형: $Q_d = 100 - 0.5P$, $Q_s = 2P - 40$

$P = 200 - 2Q_d$ ⇨ $2Q_d = 200 - P$ ⇨ $Q_d = 100 - \frac{1}{2}P$ ⇨ $Q_d = 100 - 0.5P$

$2P = 40 + Q_s$ ⇨ $Q_s = 2P - 40$

• 새로운 시장의 균형: $Q_d = 200 - P$, $Q_s = 2P - 40$

$Q_d = (100 - 0.5P) \times 2$ ⇨ $Q_d = 200 - P$ 정답 ①

(2) 실질적 수요와 잠재적 수요

실질적 수요(유효수요)	잠재적 수요(예비수요)
• 구매의사 ○ + 구매력 ○ • 주택수요(housing demand)	• 구매의사 ○ + 구매력 × • 주택소요(housing needs)

(3) 본원적 수요(직접수요)와 파생적 수요(간접수요)

본원적 수요(직접수요)	파생적 수요(간접수요)
• 최종 소비재에 대한 수요 • 농산물, 주택에 대한 수요 • 주택서비스(효용)에 대한 수요 • 관광지에 대한 수요(토지)	• 생산요소에 대한 수요 • 농지, 택지에 대한 수요(토지) • 물리적 주택에 대한 수요

> **참고** 토지에 대한 수요는 일반적으로 파생적 수요이나 본원적 수요가 되는 경우도 있다. 즉, 농지, 택지처럼 토지에 대한 수요는 일반적으로 파생적 수요의 성격에 해당된다. 하지만 설악산, 지리산 등 관광지, 공원 등의 토지는 그 자체가 본원적 수요의 성격을 띠는 경우도 있다.

제2절 | 부동산 공급이론

제36회

1 공급의 개념(공급량의 개념)

공급이란 공급능력을 갖춘 공급자가 일정 기간 동안에 재화나 용역(서비스)을 판매(임대)하고자 하는 욕구를 말한다. 부동산 공급량은 공급자가 일정한 가격에서 매도(임대)하고자 하는 최대수량이며, 공급가격은 그 양을 공급하기 위해 공급자가 받고자 하는 최소가격(생산비) 개념이다.

> **핵심** 공급의 개념
> 1. 유량의 개념
> 2. 사전적 개념
> 3. 유효공급

> **기출**
> 1. 공급량은 주어진 가격수준에서 공급자가 공급하고자 하는 최대수량이다.
> 2. 공급량은 주어진 가격수준에서 실제로 매도한 수량이 아니라 매도하고자 하는 수량이다.

(1) 유량의 개념

부동산 공급량은 일정 기간 동안 파악되는 유량(flow)개념이다. 부동산시장에서는 일정 시점 개념인 저량(stock)개념도 중시된다.

(2) 사전적 개념

공급량은 실제로 매도된 양이 아니라 매도하고자 하는 양이므로 사전적 개념이다.

(3) 유효공급

일정 기간 동안에 공급능력을 갖추고 판매(임대)하고자 하는 유효공급을 말한다.

(4) 부동산 공급자

부동산 공급자에는 신규생산자뿐 아니라 기존 건물의 소유자도 포함된다. 즉, 건설업자뿐 아니라 소유자가 그 부동산을 매각(임대)목적으로 시장에 출품하는 것도 공급에 해당된다.

❷ 공급함수와 공급법칙

(1) 공급함수의 의의

공급함수란 어떤 재화의 공급과 그 재화의 공급에 영향을 미치는 요인들과의 관계를 함수로 나타낸 것을 말한다.

기출 ▸ 공급함수는 부동산의 공급량에 영향을 미치는 요인들과 공급량의 관계를 나타내는 함수이다. 제36회

> 공급량(QS) = f { ① 해당 재화의 가격 ② 생산요소의 가격(생산비) ③ 생산기술 수준 ④ 기업의 목표 ⑤ 건설업체 수 ⑥ 자연조건 ⑦ 공급자들의 가격변화 예상 ⑧ 이자율(금리) ⑨ 세금 ⑩ 정부보조금 ⑪ 공적 규제 ⑫ 재해방지수준 ⑬ 공급면의 대체재와 보완재 가격변화 등 …}

여기서 공급량은 종속변수(결과)가 되고, 공급요인들은 독립변수(원인)가 된다.

(2) 공급법칙과 공급곡선

① **공급법칙(P – Q_S)**: 해당 재화의 가격(임대료)이 상승하면 공급량은 증가하고, 해당 재화의 가격(임대료)이 하락하면 해당 재화의 공급량은 감소하게 된다. 즉, 해당 재화의 가격(임대료)과 공급량의 비례(정, +) 관계를 공급법칙이라 한다.

기출 ▸ 가격이 상승하면 공급량이 증가한다.

기출 공급곡선은 한계비용곡선이다. 제36회

② 공급곡선: 공급곡선은 우상향 곡선 형태이다. 완전경쟁시장에서 공급곡선은 한계비용곡선을 나타낸다.

③ 공급량의 변화와 공급의 변화

(1) 공급량의 변화
① 해당 재화의 가격(임대료)이 변화할 때 해당 재화의 공급량이 변화하는 것을 말한다.
② 동일 공급곡선상에서의 점의 이동으로 나타난다.
③ 공급량의 증가는 공급곡선상에서 상향으로 이동되고, 공급량의 감소는 공급곡선상에서 하향으로 이동된다.

기출 해당 부동산 가격변화에 의한 공급량의 변화는 다른 조건이 불변일 때 동일한 공급곡선상에서 점의 이동으로 나타난다.

(2) 공급의 변화 제34회
① 해당 재화의 가격(임대료) 이외의 요인이 변화할 때 해당 재화의 공급량이 변화하는 것을 말한다.
② 공급곡선 자체가 이동하는 것으로 나타난다.
③ 공급의 증가는 공급곡선 자체가 우하향(우측)으로 이동되고, 공급의 감소는 공급곡선 자체가 좌상향(좌측)으로 이동된다.

핵심 공급량의 변화와 공급의 변화

구분	공급량의 변화	공급의 변화
그래프	(그래프: 동일 공급곡선 S 위에서 P_0, A점에서 P_1(Q_1) 상향 및 P_2(Q_2) 하향 이동)	(그래프: 공급곡선 자체가 우하향(증가) 및 좌상향(감소)으로 이동)
변화 요인	해당 재화의 가격(임대료)	해당 재화 가격(임대료) 이외의 요인
이동	동일 곡선상에서 점의 이동 (증가 - 상향 이동, 감소 - 하향 이동)	곡선 자체의 이동 (증가 - 우하향 이동, 감소 - 좌상향 이동)

(3) 공급의 변화요인(공급곡선 자체의 이동) 제32회, 제33회, 제34회, 제35회, 제36회

> **참고** 수요와 공급의 증가요인 비교
>
> | 수요의 증가요인 | 공급의 증가요인 |
> |---|---|
> | 1. 소득의 증가 | 1. 생산비(생산요소가격)의 하락 |
> | 2. 선호의 증가 | 2. 건축비(건축자재가격)의 하락 |
> | 3. 인구의 증가 | 3. 건설노동자의 임금 하락 |
> | 4. 소비자 가격 상승 예상 | 4. 토지가격의 하락 |
> | 5. 대체재 가격 상승(대체재 수요 감소) | 5. 생산기술의 발달 |
> | 6. 보완재 가격 하락(보완재 수요 증가) | 6. 주택건설업체 수의 증가 |
> | 7. 금리의 인하 | 7. 금리의 인하 |
> | 8. 거래세의 인하 | 8. 공적 규제 완화(건폐율·용적률 증가) |

① 생산요소의 가격(생산비)의 변화: 주택생산에 필요한 토지가격, 건축비, 노동자임금, 원자재가격 등 생산요소가격이 하락하면 주택공급이 증가하고, 생산요소가격이 상승하면 주택공급이 감소한다.

② 생산기술수준의 변화: 생산기술의 향상은 주택공급이 증가하고 생산기술의 퇴보는 주택공급을 감소시킨다.

③ 건설업체 수 변화: 건설업체 수가 증가하면 부동산 공급이 증가하고, 건설업체 수가 감소하면 부동산 공급이 감소한다.

④ 금리(이자율)의 변화: 이자율이 하락하면 부동산 건설업자의 생산비용이 낮아져서 부동산 공급이 증가하고 이자율이 상승하면 부동산 건설업자의 생산비용이 높아져서 부동산 공급이 감소한다.

⑤ 공적 규제의 변화: 정부의 공적 규제가 종전보다 완화되면 부동산 공급이 증가하고, 규제가 종전보다 강화되면 부동산 공급이 감소한다.

⑥ 공급자들이 가격변화 예상
  ㉠ 가격 상승 예상: 신규주택 공급 증가, 기존(중고)주택 공급 감소
  ㉡ 가격 하락 예상: 신규주택 공급 감소, 기존(중고)주택 공급 증가

⑦ 관련 재화의 가격변화(대체재나 보완재의 가격변화): 예컨대 단독주택과 아파트는 공급면에서 대체재 관계에 있다. 만일 ㉠에서처럼 아파트의 대체재인 단독주택가격이 종전보다 상승한다면 건설업자는 가격이 비싼 단독주택 공급량을 증가시킬 것이고 반대로 가격이 싼 아파트 공급을 감소시킬 것이다.

심화 주택시장에서 수요는 단기에 변동이 되나, 공급은 단기에는 변동이 없고, 장기에 변동이 된다.

기출
1. 주택건설용 토지의 가격 하락, 주택건설기술 개발에 따른 원가절감은 신규주택시장에서 공급을 증가시키는 요인이다. 제33회
2. 주택건설업체 수의 감소, 주택건설에 대한 정부 보조금 축소는 신규주택시장에서 공급을 감소시키는 요인이다. 제33회

기출
1. 노동자임금이나 시멘트가격과 같은 생산요소가격의 하락은 부동산 공급을 증가시키는 요인이 된다.
2. 토지가격의 상승은 주택공급을 감소시키는 요인이 된다.
3. 주택의 공급곡선을 우측으로 이동시키는 요인에는 주택건설업체 수의 증가, 주택건설용 원자재 가격의 하락, 주택담보대출 이자율의 하락, 새로운 건설기술의 개발에 따른 원가절감, 주택건설용 토지가격의 하락 등이 있다.
4. 건설노동자 임금 상승은 공급을 감소시키고, 아파트 건설업체 수의 증가는 공급을 증가시킨다. 제32회
5. 건축원자재의 가격 상승은 부동산의 공급을 축소시켜 공급곡선을 좌측(좌상향)으로 이동하게 한다. 제34회
6. 공급자에 대한 보조금 지급은 부동산의 공급곡선을 우측(우하향)으로 이동하게 한다. 제36회

㉠ 대체재(단독주택) 가격 상승 ⇨ 대체재(단독주택) 공급량 증가 ⇨ 해당 재화(아파트)의 공급을 감소시킨다.
　　㉡ 대체재(단독주택) 가격 하락 ⇨ 대체재(단독주택) 공급량 감소 ⇨ 해당 재화(아파트)의 공급을 증가시킨다.
　　㉢ 보완재 가격 상승 ⇨ 보완재 공급량 증가 ⇨ 해당 재화의 공급을 증가시킨다.
　　㉣ 보완재 가격 하락 ⇨ 보완재 공급량 감소 ⇨ 해당 재화의 공급을 감소시킨다.

④ 부동산 공급의 분류 – 토지의 공급

(1) 물리적 공급

① 부증성, 불가능, 완전비탄력적, 수직
② 토지의 물리적 공급은 불가능하며, 따라서 물리적 공급은 완전비탄력적이고 물리적 공급곡선은 수직이다.

(2) 경제적(용도적) 공급

① 용도의 다양성, 가능, 보다 탄력적, 우상향
② 물리적으로 한정된 토지의 범위 내에서 용도의 전환을 통한 유용성의 증가를 말한다. 예컨대, 공유수면을 매립하여 택지를 조성하여 공급하는 경우 등이다.

토지의 물리적 공급곡선	토지의 경제적 공급곡선
부증성, 불가능, 불변, 완전비탄력적, 수직	용도의 다양성, 가능, 보다 탄력적, 우상향
가격 / 토지의 물리적 공급곡선(수직): 완전비탄력 / Q_0 공급량	가격 / 토지의 경제적 공급곡선 (우상향 곡선) / 공급량

(3) 단기공급과 장기공급
   ① 단기공급곡선(기존의 생산시설을 확장시킬 수 없을 정도의 짧은 기간)
      ㉠ 비탄력적, 급경사
      ㉡ 단기에는 신규(신축)공급이 불가능하나 중고공급은 가능하다. 따라서 신축주택의 단기공급곡선은 수직이므로 완전비탄력적이나 중고주택의 단기공급곡선은 수직에 가까운 비탄력적 곡선이다. 부동산의 내구성 때문에 기존의 중고주택은 단기에도 출품하여 공급할 수 있으나 비탄력적이다.
   ② 장기공급곡선(생산시설을 확장 또는 신규 기업이 진입할 수 있는 충분한 기간)
      ㉠ 탄력적, 완경사
      ㉡ 장기에는 공적 규제가 완화되거나 생산요소의 제약이 완화되는 것이 일반적이므로 가격 상승시에 공급을 더 많이 증가시킬 수 있다.

토지의 공급곡선	탄력성	공급곡선의 형태
물리적 공급	완전비탄력적 (수직)	
단기공급	비탄력적 (가파름)	
장기공급	탄력적 (완만함)	

기출
1. 물리적 토지공급량이 불변이라면 토지의 물리적 공급은 토지가격 변화에 대해 완전비탄력적이다.
2. 주택공급의 가격탄력성은 단기에 비해 장기에 더 크게 나타난다.

제3절 | 균형가격과 균형량의 변화 제32회, 제33회, 제34회, 제35회, 제36회

❶ 수요·공급의 균형(시장의 균형)

(1) 균형가격과 균형량의 개념

① 시장균형이란 일정한 가격에서 사고자 하는 양과 팔고자 하는 양이 일치하는 점으로서 일단 정지된 상태에 도달한 후 외부의 충격이 가해지지 않는 한 더이상 다른 상태로 변화하지 않으려는 상태를 말한다.

② 수요곡선과 공급곡선이 만나는 균형($Q_D = Q_S$)상태에서 형성되는 가격을 균형가격 또는 시장가격이라 하고, 이때의 수요공급량을 균형량, 균형수급량 또는 균형교환량, 균형거래량이라 한다.

핵심 ◎ 균형의 계산
수요함수 $Q_D = 1,400 - 2P$
공급함수 $Q_S = 200 + 4P$
$1,400 - 2P = 200 + 4P$
$6P = 1,200$
$P = 200$, $Q = 1,000$, 즉 균형가격 200, 균형량 1,000이다.

핵심 ◎ 초과수요와 초과공급
1. 초과수요: 수요 증가 또는 공급 감소는 초과수요를 만드는 요인이 되며, 초과수요는 가격을 상승시킨다.
2. 초과공급: 수요 감소 또는 공급 증가는 초과공급을 만드는 요인이 되며, 초과공급은 가격을 하락시킨다.

(2) 균형가격의 형성과정

① 균형가격 P_0보다 낮은 수준인 P_2에서는 공급량보다 수요량이 많아 초과수요($Q_2 = Q_1$)가 존재하므로 가격을 상승시키는 압력이 존재하여 균형가격을 형성한다.

② 균형가격 P_0보다 높은 수준인 P_1에서는 수요량보다 공급량이 많아 초과공급($Q_4 = Q_3$)이 존재하므로 가격을 하락시키는 압력이 존재하여 균형가격을 형성한다.

③ 균형가격에서는 초과수요와 초과공급이 소멸되므로 수요자의 사고자 하는 양과 공급자의 팔고자 하는 양이 일치한다.

④ 균형점에서 수요자가 제시한 최고가격과 공급자가 제시한 최소가격이 일치한다.

기출 균형가격 상승요인에는 가구의 실질소득 증가(수요 증가), 아파트 건축자재 가격의 상승(공급 감소) 등이 있고, 균형가격 하락요인에는 아파트에 대한 선호도 감소, 아파트 담보대출 이자율의 상승(수요 감소) 등이 있다. 제35회

예제

1. 다음의 (   )에 들어갈 내용으로 옳은 것은? (단, P는 가격, Q_d는 수요량이며, 다른 조건은 동일함)   제30회

> 어떤 도시의 이동식 임대주택시장의 수요함수는 $Q_d = 800 - 2P$, 공급함수는 $P_1 = 200$이다. 공급함수가 $P_2 = 300$으로 변할 경우 균형거래량의 변화량은 (㉠)이고, 공급곡선은 가격에 대하여 (㉡)이다.

① ㉠ 100 증가, ㉡ 완전탄력적   ② ㉠ 100 증가, ㉡ 완전비탄력적
③ ㉠ 100 증가, ㉡ 단위탄력적   ④ ㉠ 200 감소, ㉡ 완전비탄력적
⑤ ㉠ 200 감소, ㉡ 완전탄력적

해설 최초의 균형은 $Q_d = 800 - 2P$에 $P_1 = 200$을 대입하면 Q = 400이 된다. 변동된 균형은 $Q_d = 800 - 2P$에 $P_2 = 300$을 대입하면 Q = 200이 된다. 따라서 균형량은 200 감소, 공급곡선은 수평이므로 공급은 완전탄력적이다.   **정답** ⑤

핵심 완전탄력적 · 완전비탄력적
1. P = 200
 • 탄력성: ∞, 완전탄력적
 • 기울기: 수평
2. Q = 200
 • 탄력성: 0, 완전비탄력적
 • 기울기: 수직

2. A지역 아파트시장에서 수요함수는 일정한데, 공급함수는 다음 조건과 같이 변화하였다. 이 경우 균형가격(㉠)과 공급곡선의 기울기(㉡)는 어떻게 변화하였는가? (단, 가격과 수량의 단위는 무시하며, 주어진 조건에 한함)   제31회

> • 공급함수: $Q_{s1} = 30 + P$(이전) ⇨ $Q_{s2} = 30 + 2P$(이후)
> • 수요함수: $Q_d = 150 - 2P$
> • P는 가격, Q_s는 공급량, Q_d는 수요량, X축은 수량, Y축은 가격을 나타냄

① ㉠ 10 감소, ㉡ $\frac{1}{2}$ 감소   ② ㉠ 10 감소, ㉡ 1 감소
③ ㉠ 10 증가, ㉡ 1 증가   ④ ㉠ 20 감소, ㉡ $\frac{1}{2}$ 감소
⑤ ㉠ 20 증가, ㉡ $\frac{1}{2}$ 증가

해설 균형가격은 40에서 30으로 10 감소, 기울기는 1에서 $\frac{1}{2}$로 $\frac{1}{2}$ 감소된다.

최초의 균형($Q_d = Q_{s1}$)	변화된 균형($Q_d = Q_{s2}$)
$150 - 2P = 30 + P$	$150 - 2P = 30 + 2P$
$120 = 3P$	$120 = 4P$
$40 = P$(균형가격)	$30 = P$(균형가격)
기울기$\left(\left\|\frac{\Delta Q}{\Delta P}\right\|\right) = \left\|\frac{1Q}{1P}\right\| = 1$	기울기$\left(\left\|\frac{\Delta Q}{\Delta P}\right\|\right) = \left\|\frac{1Q}{2P}\right\| = \frac{1}{2}$

정답 ①

핵심 수요 · 공급함수에서 수요곡선 또는 공급곡선의 기울기 $= \left|\frac{\Delta Q}{\Delta P}\right|$

기출 공급함수는 $Q_s = 2P - 20$, 수요함수는 $Q_{D1} = 120 - 2P$ ⇨ $Q_{D2} = 120 - \frac{3}{2}P$인 경우 균형가격은 5 상승(35 ⇨ 40), 균형거래량은 10 증가(50 ⇨ 60)하게 된다.
제33회

3. A지역 아파트시장에서 공급은 변화하지 않고 수요는 다음 조건과 같이 변화하였다. 이 경우 균형가격(㉠)과 균형거래량(㉡)의 변화는? (단, P는 가격, Q_{D1}, Q_{D2}는 수요량, Q_s는 공급량, X축은 수량, Y축은 가격을 나타내고, 가격과 수량의 단위는 무시하며, 주어진 조건에 한함) 제33회

- 수요함수: $Q_{D1} = 120 - 2P$ (변화 전) ⇨ $Q_{D2} = 120 - \frac{3}{2}P$ (변화 후)
- 공급함수: $Q_s = 2P - 20$

① ㉠ 5 상승, ㉡ 5 증가 ② ㉠ 5 상승, ㉡ 10 증가
③ ㉠ 10 상승, ㉡ 10 증가 ④ ㉠ 10 상승, ㉡ 15 증가
⑤ ㉠ 15 상승, ㉡ 15 증가

해설 균형가격은 5 상승(35 ⇨ 40), 균형거래량은 10 증가(50 ⇨ 60)하게 된다.

최초의 균형($Q_{D1} = Q_s$)	변화된 균형($Q_{D2} = Q_s$)
$120 - 2P = 2P - 20$	$120 - 1.5P = 2P - 20$
$140 = 4P$	$140 = 3.5P$
$35 = P$(균형가격)	$40 = P$(균형가격)
$50 = Q$(균형거래량)	$60 = Q$(균형거래량)

정답 ②

핵심

수요	공급	균형가격·균형량
증가	불변	P상승·Q증가
감소	불변	P하락·Q감소
불변	증가	P하락·Q증가
불변	감소	P상승·Q감소

기출

1. 공급이 불변이고 수요가 증가하는 경우, 균형가격은 상승하고 균형거래량은 증가한다. 제33회
2. 공급이 불변이고 수요가 감소하는 경우, 새로운 균형가격은 하락하고 균형거래량도 감소한다.
3. 수요가 불변이고 공급이 증가하는 경우, 새로운 균형가격은 하락하고 균형거래량은 증가한다.
4. 수요가 불변이고 공급이 감소하는 경우, 균형가격은 상승하고 균형거래량은 감소한다. 제33회

❷ 균형점의 이동(균형가격과 균형량의 이동) 제32회, 제33회

균형상태에서 인구변화, 소득변화, 기술변화, 생산비변화 등 어떤 외부적 충격이 가해지면 수요곡선이나 공급곡선이 좌·우로 이동한다. 이를 균형점의 이동이라 한다. 균형점의 이동에서는 균형가격과 균형량이 어떻게 변화되는가를 분석해야 한다(단, 수요곡선은 우하향곡선이고, 공급곡선은 우상향곡선이라고 전제한다).

(1) 수요와 공급 중 어느 한쪽만 이동하는 경우

① 수요 증가(공급 불변): 균형가격 상승, 균형량 증가
② 수요 감소(공급 불변): 균형가격 하락, 균형량 감소
③ 공급 증가(수요 불변): 균형가격 하락, 균형량 증가
④ 공급 감소(수요 불변): 균형가격 상승, 균형량 감소

수요	공급	균형가격·균형량
증가	증가	P? · Q 증가
감소	감소	P? · Q 감소
증가	감소	P 상승 · Q?
감소	증가	P 하락 · Q?

기출

1. 수요의 증가폭이 공급의 증가폭보다 크다면 균형가격은 상승하고 균형량은 증가한다. 제32회
2. 수요의 감소폭이 공급의 감소폭보다 작다면 균형가격은 상승하고 균형량은 감소한다. 제32회
3. 수요의 감소폭과 공급의 감소폭이 같다면 균형가격은 불변이고 균형량은 감소한다. 제32회
4. 수요의 증가폭이 공급의 감소폭보다 작다면 균형가격은 상승하고 균형량은 감소한다. 제32회
5. 수요의 감소폭이 공급의 증가폭보다 작다면 균형가격은 하락하고 균형량은 증가한다. 제32회
6. 공급의 증가폭이 수요의 증가폭보다 큰 경우, 균형가격은 하락하고 균형거래량은 증가한다. 제33회
7. 수요의 감소폭이 공급의 감소폭보다 큰 경우, 균형가격은 하락하고 균형거래량은 감소한다. 제33회
8. 수요의 증가폭이 공급의 감소폭보다 큰 경우, 균형가격은 상승하고 균형거래량은 증가한다. 제33회

(2) 수요와 공급이 둘 다 이동하는 경우

① 수요 증가, 공급 증가: 균형가격 알 수 없음, 균형량 증가
② 수요 감소, 공급 감소: 균형가격 알 수 없음, 균형량 감소
③ 수요 증가, 공급 감소: 균형가격 상승, 균형량 알 수 없음
④ 수요 감소, 공급 증가: 균형가격 하락, 균형량 알 수 없음

① 수요 증가, 공급 증가	균형가격 알 수 없고, 균형량 증가
㉠ 수요 증가 > 공급 증가	균형가격 상승, 균형량 증가
㉡ 수요 증가 < 공급 증가	균형가격 하락, 균형량 증가
㉢ 수요 증가 = 공급 증가	균형가격 불변, 균형량 증가

② 수요 감소, 공급 감소	균형가격 알 수 없고, 균형량 감소
㉠ 수요 감소 > 공급 감소	균형가격 하락, 균형량 감소
㉡ 수요 감소 < 공급 감소	균형가격 상승, 균형량 감소
㉢ 수요 감소 = 공급 감소	균형가격 불변, 균형량 감소

기출

1. 수요와 공급이 모두 증가하는 경우, 균형가격의 상승 여부는 수요와 공급의 증가폭에 의해 결정되고 균형량은 증가한다.
2. 주택의 수요와 공급이 모두 증가하게 되면 균형거래량은 증가한다.
3. 수요의 증가가 공급의 증가보다 큰 경우, 새로운 균형가격은 상승하고 균형거래량도 증가한다.
4. 공급의 감소가 수요의 감소보다 큰 경우, 새로운 균형가격은 상승하고 균형거래량은 감소한다.
5. 수요의 감소가 공급의 감소보다 큰 경우, 새로운 균형가격은 하락하고 균형거래량도 감소한다.
6. 수요의 증가폭 < 공급의 감소폭: 균형가격 상승, 균형거래량 감소
   제35회, 제36회
7. 수요의 감소폭 > 공급의 증가폭: 균형가격 하락, 균형거래량 감소 제35회
8. 수요의 증가폭 = 공급의 증가폭: 균형가격 불변, 균형거래량 증가 제35회
9. 수요의 증가폭 = 공급의 감소폭: 균형가격 상승, 균형거래량 불변 제35회

③ 수요 증가, 공급 감소	균형가격 상승, 균형량 알 수 없다.
㉠ 수요 증가 > 공급 감소	균형가격 상승, 균형량 증가
㉡ 수요 증가 < 공급 감소	균형가격 상승, 균형량 감소
㉢ 수요 증가 = 공급 감소	균형가격 상승, 균형량 불변

④ 수요 감소, 공급 증가	균형가격 하락, 균형량 알 수 없다.
㉠ 수요 감소 > 공급 증가	균형가격 하락, 균형량 감소
㉡ 수요 감소 < 공급 증가	균형가격 하락, 균형량 증가
㉢ 수요 감소 = 공급 증가	균형가격 하락, 균형량 불변

핵심 수요와 공급의 변화에 따른 균형의 이동

구분	균형가격	균형량
① 수요 증가, 공급 증가	알 수 없음	증가
㉠ 수요 증가 > 공급 증가	상승	증가
㉡ 수요 증가 < 공급 증가	하락	증가
㉢ 수요 증가 = 공급 증가	불변	증가
② 수요 감소, 공급 감소	알 수 없음	감소
㉠ 수요 감소 > 공급 감소	하락	감소
㉡ 수요 감소 < 공급 감소	상승	감소
㉢ 수요 감소 = 공급 감소	불변	감소
③ 수요 증가, 공급 감소	상승	알 수 없음
㉠ 수요 증가 > 공급 감소	상승	증가
㉡ 수요 증가 < 공급 감소	상승	감소
㉢ 수요 증가 = 공급 감소	상승	불변

④ 수요 감소, 공급 증가	하락	알 수 없음
㉠ 수요 감소 > 공급 증가	하락	감소
㉡ 수요 감소 < 공급 증가	하락	증가
㉢ 수요 감소 = 공급 증가	하락	불변

(3) 수요와 공급 중 어느 한쪽이 완전탄력적(수평)이거나 완전비탄력적(수직)인 경우

① 수요의 가격탄력성이 완전탄력적일 때(수요곡선이 수평)
　㉠ 수요 완전탄력적, 공급이 증가한 경우: 균형가격 불변, 균형거래량 증가
　㉡ 수요 완전탄력적, 공급이 감소한 경우: 균형가격 불변, 균형거래량 감소
② 수요의 가격탄력성이 완전비탄력적일 때(수요곡선이 수직)
　㉠ 수요 완전비탄력적, 공급이 증가한 경우: 균형가격 하락, 균형거래량 불변
　㉡ 수요 완전비탄력적, 공급이 감소한 경우: 균형가격 상승, 균형거래량 불변

기출

1. 주택수요의 가격탄력성이 완전탄력적인 경우에 공급이 증가하면 균형가격은 변하지 않고 균형거래량은 증가한다.
2. 주택공급의 가격탄력성이 완전비탄력적인 경우에 수요가 증가하면 균형가격은 상승하고 균형거래량은 불변한다.

핵심

1. 수요가 완전탄력적인 경우에는 언제나 균형가격이 불변이고, 균형량만 변화한다.
2. 수요가 완전비탄력적인 경우에는 언제나 균형량이 불변이고, 균형가격만 변화한다.

핵심 🎯
1. 공급이 완전탄력적인 경우에는 언제나 균형가격이 불변이고, 균형량만 변화한다.
2. 공급이 완전비탄력적인 경우에는 언제나 균형량이 불변이고, 균형가격만 변화한다.

③ 공급의 가격탄력성이 완전탄력적일 때(공급곡선이 수평)
  ㉠ 공급 완전탄력적, 수요가 증가한 경우: 균형가격 불변, 균형거래량 증가
  ㉡ 공급 완전탄력적, 수요가 감소한 경우: 균형가격 불변, 균형거래량 감소
④ 공급의 가격탄력성이 완전비탄력적일 때(공급곡선이 수직)
  ㉠ 공급 완전비탄력적, 수요가 증가한 경우: 균형가격 상승, 균형거래량 불변
  ㉡ 공급 완전비탄력적, 수요가 감소한 경우: 균형가격 하락, 균형거래량 불변

🎯 **핵심** 수요·공급 어느 한쪽이 완전탄력적이거나 완전비탄력적인 경우

구분	균형가격	균형거래량
수요 완전탄력적, 공급 증가	불변	증가
수요 완전비탄력적, 공급 증가	하락	불변
공급 완전탄력적, 수요 증가	불변	증가
공급 완전비탄력적, 수요 증가	상승	불변

핵심 🎯
1. 수요가 변화할 때, 공급이 탄력적(완만): 가격은 덜 변화, 가격은 더 작게 변화, 가격 변동폭 小
2. 수요가 변화할 때, 공급이 비탄력적(가파름): 가격은 더 변화, 가격은 더 크게 변화, 가격 변동폭 大
3. 공급이 변화할 때, 수요가 탄력적(완만): 가격은 덜 변화, 가격은 더 작게 변화, 가격 변동폭 小
4. 공급이 변화할 때, 수요가 비탄력적(가파름): 가격은 더 변화, 가격은 더 크게 변화, 가격 변동폭 大

기출 📋
1. 주택수요가 증가하면 주택공급이 탄력적일수록 균형가격이 더 작게 상승한다.
2. 부동산 수요가 증가하면, 부동산 공급이 비탄력적일수록 시장균형가격이 더 크게 상승한다.
3. 주택공급이 증가하면 주택수요가 비탄력적일수록 균형가격이 더 하락한다.

(4) 수요가 변화할 때 공급의 탄력성에 따른 균형의 변화

① 수요가 증가하는 경우
  ㉠ 공급이 탄력적인 경우: 균형가격은 '덜' 상승, 균형거래량은 '더' 증가
  ㉡ 공급이 비탄력적인 경우: 균형가격은 '더' 상승, 균형거래량은 '덜' 증가
② 공급이 증가하는 경우
  ㉠ 수요가 탄력적인 경우: 균형가격은 '덜' 하락, 균형거래량은 '더' 증가
  ㉡ 수요가 비탄력적인 경우: 균형가격은 '더' 하락, 균형거래량은 '덜' 증가

제4절 수요와 공급의 탄력성
제32회, 제33회, 제34회, 제35회, 제36회

1 탄력성

(1) 의의

탄력성이란 어떤 대상에 자극을 주었을 때 반응이 얼마나 나타나는가를 표시한 크기를 말한다.

(2) 공식

$$가격탄력성 = \frac{양(Q, 반응)의 변화율}{가격(P, 자극)의 변화율}$$

① 자극 1%당 반응의 변화율을 탄력성이라 한다. 자극에는 가격, 소득 등이 있으며 반응에는 수요량, 공급량이 있다. 즉, 수요의 가격탄력성, 수요의 소득탄력성, 수요의 교차탄력성 및 공급의 가격탄력성 등으로 분류된다.

② 탄력성이 1보다 크면 탄력적이고, 1보다 작으면 비탄력적이며, 1이면 단위탄력적, 0이면 완전비탄력적, 무한대(∞)이면 완전탄력적이다.

기출 수요의 가격탄력성이 비탄력적이라는 것은 가격의 변화율에 비해 수요량의 변화율이 작다는 것을 의미한다.

2 수요의 가격탄력성 제32회

1. 개념

$$수요의 가격탄력성 = \left| \frac{수요량의 변화율}{가격(임대료)의 변화율} \right|$$

(1) 수요의 가격(임대료)탄력성이란 가격(임대료)변화율에 대한 수요량의 변화율 또는 수요량의 변화율을 가격(임대료)의 변화율로 나눈 값이다.

(2) 수요의 가격탄력성은 가격변화에 따른 수요량의 변화를 나타내기 때문에 질적 지표인 정성적(qualitative) 지표가 아니라 양적 지표인 정량적(quantitative) 지표이다.

> **참고** 정량적 지표와 정성적 지표
>
> 1. 정량적(quantitative) 지표: 양적 지표, 자료를 양이나 숫자로 수치화하는 것
> 2. 정성적(qualitative) 지표: 질적 지표, 자료의 성질·특징을 자세히 풀어 쓰는 것

(3) 수요의 가격탄력성은 변수 간의 반응도를 나타내기 때문에 부(-)의 부호를 없애고 절댓값으로 표시한다.

2. 수요의 가격탄력성 공식

(1) 최초점 기준시(원래의 가격과 원래의 수요량 기준, 최초값 기준)

$$\text{수요의 가격탄력성} = \left| \frac{\text{수요량의 변화율}}{\text{가격(임대료)의 변화율}} \right| = \frac{\frac{\text{수요량변동분}}{\text{원래 수요량}}}{\frac{\text{가격변동분}}{\text{원래 가격}}}$$

(2) 중간점 기준시(평균가격과 평균수요량 기준, 중간값 기준)

$$\text{수요의 가격탄력성} = \left| \frac{\text{수요량의 변화율}}{\text{가격(임대료)의 변화율}} \right| = \frac{\frac{\text{수요량변동분}}{\frac{\text{원래 수요량} + \text{변동된 수요량}}{2}}}{\frac{\text{가격변동분}}{\frac{\text{원래 가격} + \text{변동된 가격}}{2}}}$$

심화 우하향하는 선분으로 주어진 수요곡선의 경우, 동일 수요곡선상이라도 수요곡선상의 측정지점에 따라 수요의 가격탄력성은 다르다.

> **예제**
>
> 1. 수요와 공급의 가격탄력성에 관한 설명으로 옳은 것은?   제32회
>   ① 수요의 가격탄력성은 수요량의 변화율에 대한 가격의 변화비율을 측정한 것이다.
>   ② 수요의 가격탄력성이 완전비탄력적이면 가격이 변화할 때 수요량이 무한대로 변화한다.
>   ③ 수요의 가격탄력성이 비탄력적이면 수요량의 변화율이 가격의 변화율보다 더 크다.
>   ④ 공급의 가격탄력성이 탄력적이면 가격변화율보다 공급량변화율이 더 크다.
>   ⑤ 공급곡선이 수직선이면 공급의 가격탄력성은 완전탄력적이다.
>
>   **해설** ① 수요량의 변화율에 대한 가격의 변화비율 ⇨ 가격의 변화율에 대한 수요량의 변화비율
>   ② 완전비탄력적 ⇨ 완전탄력적
>   ③ 더 크다. ⇨ 더 작다.
>   ⑤ 완전탄력적 ⇨ 완전비탄력적
>   **정답 ④**

2. 어느 부동산의 가격이 5% 하락하였는데 수요량이 7% 증가했다면, 이 부동산 수요의 가격탄력성은? (다만, 다른 조건은 동일함) 제21회

① 0.35
② 0.714
③ 1.04
④ 1.4
⑤ 1.714

해설 수요의 가격탄력성 = $\left|\dfrac{\text{수요량의 변화율}}{\text{가격의 변화율}}\right| = \left|\dfrac{+7\%}{-5\%}\right| = 1.4$

정답 ④

3. 어느 지역의 오피스텔 가격이 4% 인상되었다. 오피스텔 수요의 가격탄력성이 2.0이라면, 오피스텔 수요량의 변화는? (단, 오피스텔은 정상재이고, 가격탄력성은 절댓값으로 나타내며, 다른 조건은 동일함) 제25회

① 4% 증가
② 4% 감소
③ 8% 증가
④ 8% 감소
⑤ 변화 없음

해설 수요의 가격탄력성 = $\left|\dfrac{\text{수요량의 변화율}}{\text{가격의 변화율}}\right| = \left|\dfrac{8\% \text{ 감소}}{4\% \text{ 인상}}\right| = 2.0$

따라서 수요량은 8%가 감소되어야 한다.

정답 ④

기출 수요의 가격탄력성이 1.6이고, 아파트가격이 5% 하락할 때 수요량은 8% 증가한다. 제36회

4. 다음 중 ( ) 안이 올바르게 묶인 것은? (단, 소수점 둘째 자리에서 반올림함) 제20회 변형

사무실의 월임대료가 9만원에서 11만원으로 상승할 때 사무실의 수요량이 108m²에서 92m²로 감소했다. 이때 최초점을 이용한 수요의 가격탄력성은 (A)이며, 중간점을 이용한 수요의 가격탄력성은 (B)이다.

	(A)	(B)		(A)	(B)
①	0.5	1.0	②	0.6	0.9
③	0.7	0.8	④	0.8	0.7
⑤	0.9	0.6			

해설 (A) 최초점 기준 = $\left|\dfrac{\dfrac{\text{수요량의 변동분}}{\text{원래의 수요량}}}{\dfrac{\text{가격의 변동분}}{\text{원래의 가격}}}\right| = \left|\dfrac{\dfrac{-16}{108}}{\dfrac{2만원}{9만원}}\right| = 0.7(0.66)$

(B) 중간점 기준 = $\left|\dfrac{\dfrac{수요량의\ 변동분}{원래의\ 수요량\ +\ 변동된\ 수요량}}{\dfrac{가격의\ 변동분}{원래의\ 가격\ +\ 변동된\ 가격}}\right|$ = $\left|\dfrac{\dfrac{-16}{108+92}}{\dfrac{2만원}{9만원+11만원}}\right|$

= $\left|\dfrac{\dfrac{-16}{200}}{\dfrac{2만원}{20만원}}\right|$ = 0.8

정답 ③

3. 수요의 가격탄력성 크기와 특성

핵심 수요의 가격탄력성
1. 탄력
   - 가격 10% 상승, 수요량 20% 감소, 탄력성 2
   - 가격 변화율 < 수요량의 변화율, 수요곡선 완만
2. 비탄력
   - 가격 10% 상승, 수요량 5% 감소, 탄력성 0.5
   - 가격 변화율 > 수요량의 변화율, 수요곡선 급함

기출
1. 가격이 변화하여도 수요량이 전혀 변화하지 않는다면, 수요의 가격탄력성은 완전비탄력적이다. 제34회
2. 수요의 가격탄력성이 1보다 작은 값을 가진다면, 수요의 가격탄력성은 비탄력적이다. 제34회

구분	탄력성 크기	변화율 크기	수요곡선의 특징
완전탄력적	탄력성 = ∞	수요량변화율 = ∞	수평(가격 일정, 수요량 무한대)
탄력적	탄력성 > 1	수요량변화율 > 가격변화율	완경사
단위탄력적	탄력성 = 1	수요량변화율 = 가격변화율	직각쌍곡선
비탄력적	탄력성 < 1	수요량변화율 < 가격변화율	급경사
완전비탄력적	탄력성 = 0	수요량변화율 = 0	수직(가격이 변해도 수요량 불변)

4. 수요의 가격탄력성 결정요인

(1) 대체재가 많을수록 수요가 탄력적이고, 대체재가 적을수록 수요가 비탄력적이 된다. (관찰·측정)기간이 장기일수록 대체재가 많이 유입되므로 수요가 탄력적이다. 대체재의 유무가 수요의 가격탄력성에 가장 중요하게 영향을 미친다.

(2) 재화의 용도가 다양할수록, 용도전환이 용이할수록 수요가 탄력적이다. 따라서, 대체로 용도전환이 상대적으로 용이한 주거용 부동산은 상업용·공업용 부동산보다 수요가 더 탄력적이다.

(3) 가계 소득 중에서 차지하는 비중이 큰 재화일수록 수요가 탄력적이고, 소득 수준이 높을수록 수요가 탄력적이다. 고가품일수록 수요가 탄력적이다. 즉, 고소득층의 수요는 탄력적이고, 저소득층의 수요는 더 비탄력적이다.

(4) 일반적으로 사치재(투기재, 신규주택)는 수요가 탄력적이고, 필수재(투자재, 중고주택)는 수요가 비탄력적이다.

(5) 공법, 세법 등 공적 규제가 완화될수록 수요가 탄력적이다.

(6) 시장수요곡선은 개별수요곡선보다 탄력적이다. 시장수요곡선은 개별수요곡선의 수평적 합계이므로 더 완만해지기 때문이다.

(7) 전체시장에 대해서 수요가 비탄력적인 경우라도 부동산을 용도별 또는 종류별로 나눈 부분시장은 수요가 보다 탄력적이 된다(세분화될수록 동질적이므로 대체성이 커져서 탄력성이 커진다).

기출

1. 대체재가 있는 경우 수요의 가격탄력성은 대체재가 없는 경우보다 탄력적이 된다.
2. 오피스텔에 대한 대체재가 감소함에 따라 오피스텔 수요의 가격탄력성이 작아진다.
3. 재화의 용도가 다양할수록, 용도전환이 용이할수록 수요의 가격탄력성은 커진다.
4. 부동산 수요의 가격탄력성은 단기에서 장기로 갈수록 더 탄력적이 된다.
5. 관찰기간이 길어질수록 수요의 가격탄력성은 커진다.

핵심 수요의 가격탄력성 결정요인

탄력적(수요의 가격탄력성 > 1)	비탄력적(수요의 가격탄력성 < 1)
• 대체재 多, (관찰기간, 측정기간)장기	• 대체재 少, (관찰기간, 측정기간)단기
• 용도 다양, 용도전환 용이, 주거용	• 용도 특수, 용도전환 곤란, 상·공업용
• 사치재(투기재, 대형주택, 고가주택)	• 필수재(투자재, 소형주택, 저가주택)
• 부분시장으로 세분(동질성)	• 전체시장(이질성)
• 시장수요곡선	• 개별수요곡선

핵심 **탄력성과 임대료수입**

1. 수요 탄력적
   - 임대료 인하: 수입 증가
   - 임대료 인상: 수입 감소
2. 수요 비탄력적
   - 임대료 인상: 수입 증가
   - 임대료 인하: 수입 감소
3. 수요 단위탄력적
   - 임대료 인상: 수입 불변
   - 임대료 인하: 수입 불변
     (수요량 변화)
4. 수요 완전비탄력적
   - 임대료 인상: 수입 증가
   - 임대료 인하: 수입 감소
     (수요량 불변)

5. 수요의 가격탄력성과 기업의 총수입(임대료수입, 전체수입)

총수입 = 가격(P) × 수요량(Q)

탄력성 크기	가격변화율과 수요량변화율 크기	가격(임대료) 하락시	가격(임대료) 상승시
탄력적 (탄력성 > 1)	수요량변화율 > 가격변화율	총수입 증가	총수입 감소
단위탄력적 (탄력성 = 1)	수요량변화율 = 가격변화율	총수입 불변	총수입 불변
비탄력적 (탄력성 < 1)	수요량변화율 < 가격변화율	총수입 감소	총수입 증가

(1) 수요의 가격탄력성이 탄력적인 경우(탄력성 > 1)

수요가 탄력적인 경우

① 수요가 탄력적일 때는 가격변화율보다 수요량변화율이 더 크므로 가격을 약간만 인하시켜도 수요량이 그 이상으로 증가하므로 공급자의 총판매수입은 종전보다 증가한다.

② 반면에, 가격을 약간만 인상시켜도 그 이상으로 수요량이 감소하므로 공급자의 총수입은 종전보다 감소한다.

③ 따라서 **수요가 탄력적**일 때는 공급자(임대인)는 **가격**(임대료)을 **인하**시키는 것이 **총수입 증대**에 유리하다(저가전략 유리).

④ 그림에서 원래의 A에서 B로 가는 것이 총수입이 증가한다. 현재 m²당 임대료가 1만원일 때 수요량이 100m²이므로 총임대수입은 100만원(1만원 × 100)이다. 이후 임대료를 m²당 8,000원으로 20% 인하했다면 수요량은 140m²로 40%나 증가하여 총임대수입은 112만원(8,000원 × 140)이 된다. 즉, 수요의 가격탄력성이 2(40% / 20%)가 되어 탄력적이므로 공급자(임대인)는 가격(임대료)을 인하시키는 전략이 유리하다.

기출 수요의 가격탄력성이 1보다 큰 경우 임대료가 상승하면, 임대업자의 임대료 수입은 감소한다.

⇨ ⓐ의 면적보다 ⓑ의 면적이 더 크므로 가격을 인하시키는 전략이 유리하다.

(2) 수요의 가격탄력성이 비탄력적인 경우(탄력성 < 1)

① 수요가 비탄력적일 때는 가격변화율보다 수요량변화율이 더 작으므로 가격을 많이 인상시켜도 수요량은 약간만 감소하므로 공급자의 총판매수입은 증가한다.
② 반면에, 가격을 많이 인하해도 수요량은 약간만 증가하므로 공급자의 총판매수입은 감소한다.
③ 따라서 수요가 비탄력적일 때는 공급자(임대인)는 가격(임대료)을 인상시키는 것이 총수입 증대에 유리하다(고가전략 유리).
④ 그림에서 원래의 A에서 B로 가는 것이 유리하다. 현재 m²당 임대료가 1만원일 때 수요량이 100m²이므로 총임대료수입은 100만원(1만원 × 100)이다. 이후에 임대료를 m²당 1만 4,000원으로 40% 인상시켰다면 수요량은 80m²로 20%만 감소하여 총임대료수입은 112만원(1만4,000원 × 80)이 된다.

즉, 수요의 가격탄력성이 0.5(20% / 40%)가 되어 비탄력적이므로 공급자(임대인)는 가격(임대료)을 인상시키는 전략이 유리하다.
⇨ ⓐ의 면적이 ⓑ의 면적보다 크므로 가격을 인상시키는 전략이 유리하다.

기출 수요의 가격탄력성이 1보다 작을 경우 전체 수입은 임료가 상승함에 따라 증가한다.

(3) 수요의 가격탄력성이 단위탄력적인 경우(탄력성 = 1)

수요가 단위탄력적인 경우

기출 임대주택 수요의 가격탄력성이 1인 경우, 임대주택의 임대료가 하락하더라도 전체 임대료 수입은 변하지 않는다.

수요가 단위탄력적일 때는 가격변화율과 수요량변화율이 동일하므로 가격을 하락시키면 그만큼 수요량이 증가하고, 가격을 상승시키면 그만큼 수요량이 감소한다. 결국, **총수입은 불변**한다.

⇨ ⓐ의 면적과 ⓑ의 면적이 동일하므로 가격을 인하시키나 가격을 인상시키나 **총수입은 불변**이다. ⇨ **수요량은 변화**

❸ 수요의 소득탄력성 제33회

(1) 개념

수요의 소득탄력성이란 소비자의 <u>소득이 변화할 때 수요량이 얼마나 변화하는가</u>를 나타내는 비율이다. 소득변화율에 대한 수요량의 변화율의 크기로 표시한다.

(2) 공식

$$수요의\ 소득탄력성 = \frac{수요량의\ 변화율}{소득의\ 변화율}$$

핵심
1. 정상재인 경우에는 소득 증가시 이 재화의 수요를 증가시켜 균형가격은 상승, 균형량은 증가된다.
2. 열등재인 경우에는 소득 증가시 이 재화의 수요를 감소시켜 균형가격은 하락, 균형량은 감소된다.

(3) 정상재와 열등재의 비교

① 정상재(우등재): 소득 증가시에 수요가 증가하는 재화를 정상재(우등재)라 한다.
⇨ **수요의 소득탄력성 > 0**(+, 비례관계)

㉠ 수요의 소득탄력성 > 1인 경우(탄력적): 사치재
  예 소득이 10% 증가할 때 수요량이 20% 증가하는 경우(+2)
㉡ 0 < 수요의 소득탄력성 < 1(비탄력적): 필수재
  예 소득이 10% 증가할 때 수요량이 5% 증가하는 경우(+0.5)

② 열등재: 소득 증가시에 수요가 감소하는 재화를 열등재(하급재)라 한다.
⇨ 수요의 소득탄력성 < 0(−, 반비례관계)
> 예 소득이 10% 증가할 때 수요량이 5% 감소하는 경우(−0.5)

③ 중간재(중립재): 소득이 증가하든 감소하든 수요가 변화하지 않는 경우를 중립재라 한다.
⇨ 수요의 소득탄력성 = 0

> **예제**
>
> 소득이 10% 증가하자 어떤 부동산의 수요량이 8% 증가하였다. 이 사실을 통해 볼 때, 이 부동산은 다음 중 어디에 속하는가? (단, 다른 요인은 불변임) 제19회
> ① 정상재 ② 보완재 ③ 대체재
> ④ 열등재 ⑤ 독립재
>
> **해설** 수요의 소득탄력성 = $\frac{수요량의 변화율}{소득의 변화율}$ = $\frac{8\% 증가}{10\% 증가}$ = 0.8, 정상재 **정답** ①

❹ 수요의 교차탄력성 제32회, 제33회

(1) 개념

수요의 교차탄력성이란 X재의 가격변화율에 Y재의 수요량이 얼마나 변화하는가의 비율을 의미한다. 즉, 다른 재화의 가격변화율에 대한 해당 재화의 수요량의 변화율을 의미한다.

(2) 공식

$$수요의 교차탄력성 = \frac{Y재의 수요량변화율}{X재의 가격변화율}$$

① X재와 Y재가 **대체재**인 경우
  ㉠ 수요의 교차탄력성 > 0(+, 비례관계)
  ㉡ 대체재인 X재 가격 상승시에 Y재의 수요는 증가한다(Y재의 균형가격을 상승시킨다).
  ㉢ 대체재인 X재 가격 하락시에 Y재의 수요는 감소한다(Y재의 균형가격을 하락시킨다).

② X재와 Y재가 **보완재**인 경우
  ㉠ 수요의 교차탄력성 < 0(−, 반비례관계)

기출

1. 아파트 매매가격이 16% 상승함에 따라 다세대주택의 매매수요량이 8% 증가하고 아파트 매매수요량이 4% 감소한 경우, 아파트 매매수요의 가격탄력성은 0.25, 다세대주택 매매수요의 교차탄력성은 0.5이다.
따라서 아파트에 대한 다세대주택은 대체재 관계이다.

2. 아파트 매매가격이 10% 상승할 때, 아파트 매매수요량이 5% 감소하고 오피스텔 매매수요량이 8% 증가하였다. 이때 아파트 매매수요의 가격탄력성은 0.5이고 비탄력적이며, 오피스텔 매매수요의 교차탄력성은 0.8이며, 아파트에 대한 오피스텔의 관계는 대체재이다. 제32회

ⓒ 보완재인 X재 가격 하락시에 Y재의 수요는 증가한다(Y재의 균형가격을 상승시킨다).
　　ⓒ 보완재인 X재 가격 상승시에 Y재의 수요는 감소한다(Y재의 균형가격을 하락시킨다).
③ X재와 Y재가 독립재인 경우
　　㉠ 수요의 교차탄력성 = 0
　　ⓒ 독립재인 X재의 가격이 하락하거나 상승해도 Y재 수요는 불변이다.

수요의 소득탄력성과 수요의 교차탄력성

수요의 소득탄력성	수요의 교차탄력성
$\dfrac{\text{수요량의 변화율}}{\text{소득의 변화율}}$	$\dfrac{\text{Y재의 수요량변화율}}{\text{X재의 가격변화율}}$
• 수요의 소득탄력성 > 0 (+) ⇨ 정상재	• 수요의 교차탄력성 > 0 (+) ⇨ 대체재
• 수요의 소득탄력성 < 0 (−) ⇨ 열등재	• 수요의 교차탄력성 < 0 (−) ⇨ 보완재
• 수요의 소득탄력성 = 0　　　⇨ 중간재	• 수요의 교차탄력성 = 0　　　⇨ 독립재

> **예제**
>
> 1. A부동산의 가격이 5% 상승할 때, B부동산의 수요는 10% 증가하고 C부동산의 수요는 5% 감소한다. A와 B, A와 C 간의 관계는? (단, 다른 조건은 동일함)
> 　　　　　　　　　　　　　　　　　　　　　　　　　　　　　　　　제24회
>
> 　　　　A와 B의 관계　　A와 C의 관계
> 　① 　　　대체재　　　　　보완재
> 　② 　　　대체재　　　　　열등재
> 　③ 　　　보완재　　　　　대체재
> 　④ 　　　열등재　　　　　정상재
> 　⑤ 　　　정상재　　　　　열등재
>
> **해설** 수요의 교차탄력성이 (+)인 경우 대체재, 수요의 교차탄력성이 (−)인 경우 보완재가 된다.
> **정답** ①
>
> 2. A지역 소형아파트 수요의 가격탄력성은 0.9이고, 오피스텔 가격에 대한 소형아파트 수요의 교차탄력성은 0.5이다. A지역 소형아파트 가격이 2% 상승하고 동시에 A지역 오피스텔 가격이 5% 상승할 때, A지역 소형아파트 수요량의 전체 변화율은?
> 　　　　　　　　　　　　　　　　　　　　　　　　　　　　　　　　제35회
>
> 　① 0.7%　　　　　② 1.8%　　　　　③ 2.5%
> 　④ 3.5%　　　　　⑤ 4.3%

> **해설** • 전체수요량 변화율은 −1.8% + 2.5% = +0.7%, 따라서, 소형아파트 수요량의 전체 변화율은 +0.7%가 된다.
> • 수요의 가격탄력성 = $\left|\dfrac{\text{소형아파트 수요량의 변화율(1.8\% 감소)}}{\text{소형아파트 가격의 변화율(2\% 상승)}}\right|$ = 0.9
> • 수요의 교차탄력성 = $\left|\dfrac{\text{소형아파트의 수요량변화율(2.5\% 증가)}}{\text{오피스텔의 가격변화율(5\% 상승)}}\right|$ = 0.5
>
> **정답 ①**

3. 아파트에 대한 수요의 가격탄력성은 0.6, 소득탄력성은 0.4이고, 오피스텔 가격에 대한 아파트 수요량의 교차탄력성은 0.2이다. 아파트 가격, 아파트 수요자의 소득, 오피스텔 가격이 각각 3%씩 상승할 때, 아파트 전체 수요량의 변화율은? (단, 두 부동산은 모두 정상재이고 서로 대체재이며, 아파트에 대한 수요의 가격탄력성은 절댓값으로 나타내며, 다른 조건은 동일함) 제30회

① 1.2% 감소 ② 1.8% 증가
③ 2.4% 감소 ④ 3.6% 증가
⑤ 변화 없음

> **해설** 전체 수요량 변화율은 −1.8% + 1.2% + 0.6% = 0이 되므로 '변화 없음'이 정답이 된다.
> • 수요의 가격탄력성 = $\left|\dfrac{\text{수요량의 변화율(1.8\% 감소)}}{\text{가격의 변화율(3\% 상승)}}\right|$ = 0.6
> • 수요의 소득탄력성 = $\dfrac{\text{수요량의 변화율(1.2\% 증가)}}{\text{소득의 변화율(3\% 상승)}}$ = 0.4
> • 수요의 교차탄력성 = $\dfrac{Y\text{재의 수요량변화율(0.6\% 증가)}}{X\text{재의 가격변화율(3\% 상승)}}$ = 0.2
>
> **정답 ⑤**

4. 어느 지역의 오피스텔에 대한 수요의 가격탄력성은 0.6이고 소득탄력성은 0.5이다. 오피스텔 가격이 5% 상승함과 동시에 소득이 변하여 전체 수요량이 1% 감소하였다면, 이때 소득의 변화율은? 제29회

① 1% 증가 ② 2% 증가
③ 3% 증가 ④ 4% 증가
⑤ 5% 증가

> **해설** 수요의 가격탄력성 = $\left|\dfrac{\text{수요량의 변화율(3\% 감소)}}{\text{가격의 변화율(5\% 상승)}}\right|$ = 0.6, 가격이 5% 상승하면 수요량은 3% 감소한다. 그런데 전체 수요량이 1% 감소했다는 것은 소득 증가에 따른 수요량 증가가 2%라는 의미이다. 따라서 수요의 소득탄력성 = $\dfrac{\text{수요량의 변화율(2\% 증가)}}{\text{소득변화율}(x)}$ = 0.5이므로 소득의 증가율(x)은 4%이다. 소득탄력성이 0.5이므로 수요량이 2% 증가하기 위해서는 소득이 4% 증가해야 한다.
>
> **정답 ④**

기출 오피스텔 시장에서 수요의 가격탄력성은 0.5이고, 오피스텔의 대체재인 아파트 가격에 대한 오피스텔 수요의 교차탄력성은 0.3이다. 오피스텔 가격, 오피스텔 수요자의 소득, 아파트 가격이 각각 5%씩 상승함에 따른 오피스텔 전체 수요량의 변화율이 1%라고 하면, 오피스텔 수요의 소득탄력성은 0.4이다. 제33회

5. 오피스텔 시장에서 수요의 가격탄력성은 0.5이고, 오피스텔의 대체재인 아파트 가격에 대한 오피스텔 수요의 교차탄력성은 0.3이다. 오피스텔 가격, 오피스텔 수요자의 소득, 아파트 가격이 각각 5%씩 상승함에 따른 오피스텔 전체 수요량의 변화율이 1%라고 하면, 오피스텔 수요의 소득탄력성은? (단, 오피스텔과 아파트 모두 정상재이고, 수요의 가격탄력성은 절댓값으로 나타내며, 다른 조건은 동일함)

제33회

① 0.2 ② 0.4
③ 0.6 ④ 0.8
⑤ 1.0

해설 수요의 소득탄력성 = $\dfrac{\text{수요량의 변화율(2\% 증가)}}{\text{소득의 변화율(5\% 증가)}}$ = 0.4

구분	오피스텔 가격 5% 상승	소득 5% 증가	아파트 가격 5% 상승	전체
수요량	−2.5%	x	+1.5%	+1%

$x = +2\%$, 소득의 증가로 수요량은 2% 증가되어야 한다.

정답 ②

5 공급의 가격탄력성 제32회, 제34회

(1) 개념

① 공급의 가격탄력성은 가격이 변화할 때 공급량이 얼마나 변화하는가를 나타내는 비율이다. 즉, 가격변화율에 대한 공급량의 변화율을 의미한다.
② 가격 상승시에 공급량을 그 이상으로 많이 증가시킬 수 있으면 탄력적이고, 공급량을 증가시키기가 곤란하면 비탄력적이다.

(2) 공식

$$\text{공급의 가격탄력성} = \dfrac{\text{공급량의 변화율}}{\text{가격(임대료)변화율}}$$

(3) 공급의 가격탄력성 크기와 특성

구분	탄력성 크기	변화율 크기	공급곡선의 특징
완전탄력적	탄력성 = ∞	공급량변화율 = ∞	수평
탄력적	탄력성 > 1	공급량변화율 > 가격변화율	완경사
단위탄력적	탄력성 = 1	공급량변화율 = 가격변화율	중간형태
비탄력적	탄력성 < 1	공급량변화율 < 가격변화율	급경사
완전비탄력적	탄력성 = 0	공급량변화율 = 0	수직

기출

1. 공급의 가격탄력성이 '0'이면 완전비탄력적이다.
2. 공급의 가격탄력성이 탄력적이면 가격의 변화율보다 공급량의 변화율이 더 크다.
3. 가격변화율보다 공급량의 변화율이 커서 1보다 큰 값을 가진다면, 공급의 가격탄력성은 탄력적이다.

제34회

4. 공급의 가격탄력성이 0이라면, 공급곡선이 수직선이고 공급의 가격탄력성은 완전비탄력적이다.

제34회

(4) 공급의 가격탄력성 결정요인

① 단기공급곡선은 비탄력적이고 급경사이며, 장기공급곡선은 탄력적이고 완경사이다.
② 생산하는 데 시간이 많이 소요되는 제품일수록 공급이 비탄력적이고, 생산하는 데 시간이 적게 소요되는 제품일수록 공급은 탄력적이다. 신규주택 공급곡선은 비탄력적, 기존주택 공급곡선은 탄력적인 경향이 있다.
③ 기술수준의 향상이 빠를수록, 대체가능성이나 용도변경에 대한 공적 규제가 완화될수록 공급이 탄력적이다.
④ 부패하기 쉽거나, 신선도가 중요한 생산물은 많이 생산하기 곤란하므로 비탄력적이다. 생산물 가격 상승이 원인이 되어 생산량이 증가할 때 생산비가 급격히 상승하는 생산물은 공급이 제한적이어서 비탄력적이다.

기출

1. 주택공급의 가격탄력성은 단기에 비해 장기에 더 크게 나타난다.
2. 생산(공급)에 소요되는 기간이 길수록 공급의 임대료탄력성은 더 비탄력적이다.
3. 일반적으로 임대주택을 건축하여 공급하는 기간이 짧을수록 공급의 가격탄력성은 커진다.
4. 용도변경을 제한하는 법규가 강화될수록 공급곡선은 이전에 비해 비탄력적이 된다.

핵심 공급의 가격탄력성 결정요인

탄력적(완경사)	비탄력적(급경사)
• (관찰기간, 측정기간) 장기	• (관찰기간, 측정기간) 단기
• 생산에 소요되는(건축하여 공급하는) 기간이 짧은 경우(중고주택 공급)	• 생산에 소요되는(건축하여 공급하는) 기간이 긴 경우(신규주택 공급)
• 용도전환 용이, 규제 완화	• 용도전환 곤란, 규제 강화

제2장 부동산경기변동

회독 Check 1회 2회 3회

◎ 부동산경기에 대한 이해를 목표로 한다. 특히 출제비중이 높은 부동산경기의 순환국면별 특징과 거미집이론에 대해서는 완벽하게 학습해야 한다.
◎ 부동산경기 측정지표의 분류, 특징을 익히고 거미집이론의 수렴형 모형과 발산형 모형을 구별하여 이해할 수 있다.

제1절 | 인플레이션과 일반경기변동

❶ 인플레이션

여러 가지 상품의 평균가격을 물가라 한다. 이때, 물가와 화폐가치는 반비례관계이다. 물가가 상승하면 화폐가치가 하락하여 실물자산 소유자는 유리하나 화폐자산 소유자는 불리하다.

(1) 인플레이션(inflation)

물가가 상승하고, 화폐가치가 하락하는 현상을 말한다.

(2) 디플레이션(deflation)

물가가 하락하고, 화폐가치가 상승하는 현상을 말한다.

> **심화** 스태그플레이션과 복합불황
>
> 1. **스태그플레이션(stagflation)**: 스태그네이션(stagnation)과 인플레이션(inflation)의 합성어로서, 경기는 **불황(침체)**인데도 불구하고 물가 상승이 지속되는 현상을 말한다. 이 경우 원유가 등의 상승으로 총공급이 감소하여 물가가 오르고 국내총생산량(GDP)이 후퇴하며 소비자의 소비 감소로 기업의 투자도 감소하며 실업률이 증가한다. 1970년대 석유파동으로 인한 스태그플레이션이 대표적이다.
> 2. **복합불황 - 자산 디플레이션(deflation)**: 복합불황이란 1990년대 일본의 부동산 거품이 빠지면서 찾아온 불황으로서 주가 폭락, 수출 감소, 실업률 증가, 부도기업 증가, 부실채권 급증 등이 나타났다. 즉, 복합불황이란 일반경기의 침체에 따라 부동산을 담보로 금융기관으로부터 돈을 대거 끌어다 쓴 대기업이 잇따라 도산하고 부동산 가격이 폭락하면서 눈덩이처럼 늘어난 담보채권의 부실화를 견디지 못한 금융기관마저 연쇄적으로 파산하는 등 경제체제가 장기적으로 불황 국면에 들어가는 것을 뜻한다.

용어 애그플레이션(agflation)
1. 농업(agriculture)과 인플레이션(inflation)의 합성어이다.
2. 곡물가격이 상승하는 영향으로 일반 물가가 상승하는 현상을 말한다.

기출 부동산시장에 영향을 미치는 요인 중 하나로, 불황과 물가 상승이 동시에 나타나는 현상을 스태그플레이션이라 한다.

❷ 일반경기변동

1. 경기변동의 의의

(1) 개념 및 특징

① 경기변동이란 전반적인 경제활동의 상태를 의미한다. 경기순환에서는 경제활동의 장기적 추세로부터의 이탈에서 나타나는 특징을 말한다. 경제 현상은 시간적으로 연속되는 것이며 이것은 규칙적으로 변동하기도 하고, 천재지변·전쟁 등 불규칙적으로 일어나기도 한다.

② 이와 같은 변동은 일정한 주기를 갖고서 경제활동의 상승과 하강이 주기적으로 반복되는 것이 일반적이다. 그리고 변동주기가 항상 일치하는 것은 아니다.

(2) 경기변동의 주기와 진폭

① 경기변동의 주기: 주기는 저점에서부터 시작하여 다음 저점까지 걸리는 기간을 말한다.

② 경기변동의 진폭: 진폭은 저점에서 정점까지의 폭을 말한다.

(3) 경기파동의 유형

① 단기파동
   ㉠ 키친(Kitchin)파동을 가리키며 소순환(minor cycle)이라 한다.
   ㉡ 주기: 3~4년(약 36~40개월)
   ㉢ 원인: 이자율의 변동이나 기업의 재고변동 등에 기인한다.

② 중기파동
   ㉠ 주글라(Juglar)파동을 가리키며 주순환(major cycle)이라 한다.
   ㉡ 주기: 8~10년
   ㉢ 원인: 투자재의 수명과 관련되므로 기업의 설비투자가 원인이 된다.

③ 건축순환(building cycle)
   ㉠ 학자: 한센(A.H. Hansen)
   ㉡ 주기: 17~18년
   ㉢ 원인: 주택수급의 시차, 건축경기에 기인한다.

④ 쿠즈네츠(Kuznets)파동
  ㉠ 주기: 약 20년
  ㉡ 원인: 쿠즈네츠는 대체로 주택투자경기가 20년이며, 자녀의 결혼에 의한 경우, 경제성장률의 변동, 인구의 일시적이고 폭발적인 증가·감소, 인구에 비하여 주택·건축물의 과부족에 기인한 건축투자의 순환 현상을 원인으로 볼 수 있다.
⑤ 장기파동 – 콘드라티에프(Kondratiev)파동
  ㉠ 주기: 50~60년
  ㉡ 원인: 기술의 혁신이나 신자원의 개발을 원인으로 한다.

2. 경기변동의 국면

일반적으로 경기변동국면은 호황(prosperity), 후퇴(recession), 불황(depression), 회복(recovery)의 4국면으로 구분한다.

(1) 부동산경기는 일반경기와 마찬가지로 회복국면, 상향국면, 후퇴국면, 하향국면 등의 순환적 경기변동을 나타낸다.

(2) 다만, 부동산경기는 4개국면 외에 일반시장과는 달리 부동산시장에서만 나타나는 안정시장이 존재한다.
  ① 안정시장은 부동산 고유의 시장으로서 불황에 강한 유형의 시장이라 할 수 있다.
  ② 안정시장의 부동산은 경기순환에 의해 분류한 것은 아니다. 그러나 일반경기와 전혀 무관한 것도 아니다.

제2절 | 부동산경기변동

❶ 개념

(1) 일반적으로 부동산경기는 건축경기를 의미하는데, 그중에서도 주거용 부동산의 건축경기를 지칭하며, 이를 협의의 부동산경기라 한다.

(2) 광의의 부동산경기는 공업용·상업용 부동산경기를 포함하며 최광의의 부동산경기는 토지경기를 포함한다. 부동산경기는 여러 가지 부문별 또는 지역별 경기를 가중평균한 것이다.

❷ 경기변동의 유형

부동산경기는 일반경기처럼 순환적(cyclical) 변동, 추세적(trend) 변동, 계절적(seasonal) 변동, 불규칙적(random) 변동으로 구성되어 있다. 이 중 순환적(cyclical) 변동은 경기의 순환, 나머지 추세적 변동, 계절적 변동, 불규칙적 변동은 비순환적 변동으로 구분할 수 있다.

(1) 순환적(cyclical) 변동

경기의 회복, 호황, 정점, 후퇴, 불황, 저점 등이 상당한 규칙성을 보이면서 변화되는 경우의 경기변동을 말한다.

(2) 계절적(seasonal) 변동

계절적 변동이란 1년을 단위로 적어도 1년에 한 번씩 정기적으로 나타나는 변화를 말한다. 예컨대 봄·가을의 이사철에 집값이 변화하는 현상, 방학 동안 대학교 근처의 원룸 공가율이 높아지는 현상, 겨울 동안의 부동산경기 둔화 등을 말한다.

(3) 추세적(trend) 변동(장기적 변동)

장기적 변동(추세적 변동)은 50년 또는 그 이상의 기간으로 측정되는 것으로 부동산부문에서는 어떤 지역이 새로 개발된다거나 기존 지역이 재개발되었을 때 나타난다. 부동산경기의 장기변동은 일반경제의 장기적 변동(콘드라티에프)보다 기간이 짧고 지역적으로 불규칙하게 나타나는 경향이 있다. 즉, 신도시개발이나 도심의 재개발은 정부나 지방자치단체의 정책에 영향을 받는다.

심화 부동산경기에도 단기순환과 장기순환이 있을 수 있다. 이때 단기순환은 약 3년, 장기순환은 약 15~22년 주기로 순환한다.

기출
1. 건축허가량이 전년 동기 대비 증가율이 지난 5월을 정점으로 하여 후퇴기로 접어들게 되는 것은 경기순환에 속한다.
2. 매년 12월에 건축허가량이 다른 달에 비해 줄어드는 현상이 반복적으로 나타나고 있는 것은 계절적 변동에 속한다.
3. 방학 동안 대학가 원룸의 공실이 늘어나는 것은 계절적 변동에 속한다.

기출 총부채상환비율(DTI) 규제 완화 후 주택거래 증가는 경기변동요인 중 무작위적(불규칙적) 변동에 해당한다.

(4) 무작위적(random) 변동(불규칙적 변동, 비주기적 변동)

무작위적 변동이란 홍수, 지진, 혁명, 정부정책 등 예기치 못한 사태로 인해 초래되는 비주기적 또는 일시적 경기변동을 의미한다. 총부채상환비율(DTI) 규제 완화 후에 주택거래가 증가하는 것은 무작위적 변동요인에 해당한다.

핵심 경기변동의 유형

순환적 변동	경기순환(cyclical): 경제활동의 상승과 하강의 주기적 반복 현상이 규칙적인 변동
비순환적 변동	• 계절적 변동(seasonal): 1년에 한 번씩 계절적 특성에 따라 반복되는 경기변동 • 추세적(장기적) 변동(trend): 신개발·재개발 등의 원인, 50년 이상의 장기적 변동 • 무작위적(불규칙적) 변동(random): 예기치 못한 사태, 일시적, 자연재해, 정부정책

③ 부동산경기의 측정지표

(1) 부동산경기의 측정

① 부동산경기는 지역시장 성격을 띠므로 부분시장, 국지적 시장에서 시작하여 광역적으로 확산되는 경향이 있으므로 부동산경기를 분석할 때에는 인근지역뿐 아니라 유사지역을 포함한 동일수급권까지 분석의 대상으로 하여야 바람직하다.

② 부동산경기 측정에 하나의 단순지표만을 고려하는 것은 잘못된 예측을 할 수 있으므로, 공급지표인 건축의 양과 수요지표인 부동산 거래량을 주된 지표로 하고 가격변동을 보조지표로 고려하는 등 여러 가지 측정지표들을 동시에 고려하는 종합측정이 바람직하다.

③ 부동산경기의 측정지표를 선행(先行)지표, 동행(同行)지표, 후행(後行)지표로 분석하면 다음과 같다.

구분	내용
선행지표	미래의 경제활동을 예측할 수 있는 지표, 즉 **예고지표**이다. 이는 경기선도 현상이므로 정부의 부동산경기조절정책시에 반영된다. 例 건축허가량(건축허가 신청 수, 허가면적), 택지분양실적, 건설수주동향, 공실률 및 공가율 동향, 건축자재 수요동향
동행지표	측정시점 **현재의 경제활동**을 나타내는 지표이다. 例 건축착공량, 거래량 등
후행지표	측정시점 이전인 **과거의 경제활동**을 재확인하는 지표이다. 例 건축완공량

심화 부동산경기 측정지표를 미시지표와 거시지표로 분석하면 다음과 같다.

미시지표	용도별·지역별·유형별 건축의 양, 거래의 양, 가격변동
거시지표	해당 지역의 인구, 소득, 고용, 금융 등 거시적 환경, 정책 방향

(2) 부동산경기의 측정지표

① 건축의 양(공급지표)
   ㉠ 건축량은 부동산경기 측정의 적절한 공급지표가 될 수 있으며, 건축의 양 중 건축허가량은 선행지표이고, 건축착공량은 동행지표이며, 건축완공량은 후행지표이다. 특히 건축착공량이나 건축허가량은 부동산경기의 측정지표로서 매우 빈번하게 사용되고 있다. 왜냐하면 건축허가량이나 착공량에 관한 자료는 다른 자료들보다 상대적으로 용이하게 구할 수 있기 때문이다.
   ㉡ 건축허가량을 알면 경기순환국면을 예측할 수 있고 건축허가량은 자재별·용도별·연면적별로 나눌 수 있다.

② 거래량(수요지표): 부동산의 거래량은 부동산경기를 측정하는 적절한 수요지표가 될 수 있으며, 특히 건물의 공실·공가 등의 동향은 부동산경기의 선행지표가 될 수 있다. 부동산의 거래량을 통한 부동산경기의 측정은 정부가 수납한 취득세액, 부동산 등기실적 및 국세의 수입실적 등으로 파악할 수 있다.

③ 가격변동(보조지표): 부동산 가격의 상승을 통해서 부동산경기를 측정하려는 일반적인 경향이 있다. 그러나 부동산 가격이 상승한다고 해서 반드시 부동산경기가 좋아지는 것은 아니다. 왜냐하면 부동산 가격은 명목변수일 뿐 실물변수가 아니므로, 부동산 가격이 상승해도 실물경기가 나쁠 수 있고 부동산 가격이 안정되어도 실물경기가 좋을 수 있다. 그러므로 부동산 가격변동은 부동산경기 측정의 보조지표가 된다. 부동산의 가격변동을 유일한 지표로 삼는 데에는 다음과 같은 문제점이 있다.

기출 부동산경기변동국면은 공실률, 건축허가건수, 거래량 등으로 확인할 수 있다.

심화 기타 측정지표
미분양 재고량, 공가율, 임대료수준, 주택금융상태 등도 지표가 될 수 있다. 미분양 재고량이 적을수록, 공가율이 낮을수록, 임대료수준이 높을수록, 주택금융지원이 클수록 부동산경기는 호황이 될 가능성이 크다.

⊙ 건축비는 자재비, 인건비 등의 영향을 받으므로 건축비의 상승으로 건축물 가격이 상승한 경우 부동산거래도 활발하다고 단정 짓기는 어렵다.
ⓒ 투기로 인해 지가의 상승은 활발하더라도 건축활동은 저하될 수 있어 부동산경기가 호황이라고 단정 짓기는 어렵다.
ⓒ 부동산 가격이 비교적 안정된 상태인데도 주택의 건축이 활발한 경우를 불경기라고 할 수는 없다.
② 스태그플레이션(stagflation)처럼 불황인데 물가만 상승하는 경우를 경기호황이라 할 수 없다.

④ 택지의 분양실적(선행지표): 택지는 건축활동의 기초가 되기 때문에 택지분양이 활발하다 하여 반드시 부동산경기가 호황이라 할 수 없으므로 택지분양실적은 보편적 지표로서는 주의해야 한다. 즉, 택지분양실적은 부동산경기의 선행 현상의 하나로 볼 필요가 있다.

④ 부동산경기변동의 특징

(1) 부동산경기는 일반경기보다 변동주기가 더 길다. 부동산경기의 순환주기는 보통 17~18년(건축순환)이 되므로 일반경기의 주순환인 주글라파동보다 주기가 2배 정도 길다.

(2) 부동산경기는 일반경기에 비해 저점이 깊고, 정점이 높아 진폭이 크다. 이는 후퇴시와 회복시에도 나타나므로 투기 조장이나 침체의 늪에 빠지기도 한다.

(3) 부동산경기는 주기의 순환국면이 명백하거나 일정치 않다. 즉, 부동산경기는 그 순환국면이 불분명·불명확·불규칙적이므로 일반경기에 선행·동행·후행·역행·독립적일 수 있다. 따라서 부동산경기는 일반경기에 선행할 수도 또는 후행할 수도 있다. 그러나 일반적으로 주식시장의 경기는 일반경기에 비해 전순환적이며, 부동산경기는 일반경기에 비해 후순환적이다.

(4) 부동산경기는 경기회복은 느리고 경기후퇴는 빠르다. 즉, 정점에 도달하는 기간은 길고, 저점에 도달하는 데 걸리는 기간은 짧은 우경사 비대칭형의 모습을 나타내는 경향이 있다.

(5) 부동산경기는 지역적·개별적·국지적으로 시작하여 광역적으로 확산되는 경향이 있다. 즉, 부동산경기는 각 부동산의 유형에 따라 국지적·개별적으로 이루어지는 경향이 있고, 지역적으로 다르게 움직이는 경향이 있다. 그리고 나중에 전국적으로 확산된다.

기출
1. 부동산경기는 부동산의 특성에 의해 일반경기보다 주기가 더 길 수 있다.
2. 부동산경기는 일반경기변동에 비해 정점과 저점 간의 진폭이 크다.
3. 부동산경기는 일반경기에 비해 진폭이 크고, 그 순환국면 역시 불규칙·불분명·불명확하다.

(6) 부동산경기는 타성기간이 길다. 타성기간이 장기인 이유는 부동산경기는 주거용·상업용·공업용의 부문별 경기의 가중평균치 성격을 띠고 있고, 부동산의 경우에는 착공에서 완공까지 상당한 시간이 소요되기 때문이다.

(7) 부동산경기의 부문별 특성을 비교해 보면, 상업용·공업용 부동산경기는 일반경기와 일치하지만, 주거용 부동산경기는 일반경기와 서로 역순환을 보인다. 즉, 일반경기가 호황이면 상업용·공업용으로 자본이 할당유입되어 상업용·공업용은 호황이 되나, 상대적으로 주거용에 자본할당유입이 낮아서 주거용 부동산은 불황이 된다.

> **참고** 일반경기와 부문별 경기순환의 시간적 관계
> 1. 전순환적: 일반경기보다 앞서 진행되는 시장(주식시장)
> 2. 동시순환적: 일반경기와 동시에 진행되는 시장(상업용·공업용 부동산)
> 3. 후순환적: 일반경기보다 뒤에서 진행되는 시장(부동산시장)
> 4. 역순환적: 일반경기와 반대로 진행되는 시장(주거용 부동산)

용어 타성기간
부동산경기가 일반경기보다 시간적으로 뒤지는 경향으로 인해 부동산경기가 일반경기의 변동에 민감하게 대응하지 못하는 현상이다.

제3절 | 부동산경기의 순환국면별 특징   제33회

부동산경기는 일반경기와 마찬가지로 회복국면, 상향국면, 후퇴국면, 하향국면 등의 순환적 경기변동을 나타낸다. 즉, 부동산경기는 순환국면에 따라 4개의 국면은 순차적으로 나타난다. 안정시장은 순환에 따른 국면이 아닌 별도의 특유시장이다.

① 회복시장

(1) 의의

회복시장은 일반경기의 확장기에 해당하는 부동산시장의 국면으로서 저점에서 성장추세선까지 상승하는 국면을 말한다. 회복시장은 경기의 하향을 멈추고 저점을 지나 상향으로의 변동을 보이는 시장으로, 회복시장이 계속하여 상향하게 되면 호황국면에 접어들게 된다.

기출
1. 부동산경기는 일반경기와 마찬가지로 회복국면, 상향국면, 후퇴국면, 하향국면 등의 순환적 경기변동을 나타낸다.
2. 부동산시장은 일반경기변동과 같은 회복·상향·후퇴·하향의 4가지 국면 외에 안정시장이라는 국면이 있다.

(2) 특징

① 개별적·지역적으로 회복이 시작되며 부동산의 가격 하락이 멈추고 부동산의 가격 상승으로 거래가 활발해지고, 낮은 금리와 자금의 여유로 투기의 징후가 나타나기도 한다.
② 건축허가 신청건수가 증가되는 시장이다.
③ 계속해서 감소하던 고객의 출입이 서서히 증가하며 전반적으로 공실률·공가율이 감소되기 시작한다.
④ 과거의 사례가격은 새로운 거래의 기준가격이 되거나 하한선이 된다.
⑤ 매도자 수는 감소하고 매수자 수가 증가하기 시작하여 매도자가 중시되기 시작한다. 중개시 매수자 중시시장에서 매도자 중시시장으로 전환되는 국면이다.
⑥ 이 국면에서 각종 시장 중 가장 빠른 반응을 보이는 순서는 증권시장, 금융시장, 부동산시장 순이다.
⑦ 전체적인 건축허가 신청건수가 증가하는 편이지만, 큰 호황과 긴 불황을 경험해 온 경우에는 시장에 참여하는 사람들의 심리적인 작용 등에 기인하여 타성 현상이 존재할 수 있으므로 회복의 동향과 비례하여 건축허가 신청건수가 즉각 증가하지는 않는다.
⑧ 후퇴국면이 급속한 것에 비해 회복국면은 일반적으로 시간이 오래 걸리는 경향이 있다.

❷ 상향시장

(1) 의의

상향시장은 일반경기의 확장기에 해당하는 부동산시장의 국면으로서 성장추세선부터 정점까지 상승하는 국면을 말한다. 회복시장의 상황이 지속됨으로써 호황에 이르러 경기상승국면을 지속해가는 시장을 말한다.

(2) 특징

① 지역에 관계없이 모든 부동산의 거래가 활발하며 지가 상승이 계속되나, 후퇴시장 전(前) 국면의 시장으로 경기의 후퇴가능성이 내포되어 있다.
② 매도자측은 가격상승률이 점차 높아지므로 거래성립을 미루려는 반면, 매수자측은 거래성립을 앞당기려 하므로 중개시 매도자가 중시되는 시장이다. 즉, 매도자 중시시장의 성격을 띤다.
③ 과거의 사례가격은 새로운 거래의 하한선이 된다.

기출
1. 회복시장에서 직전 국면 저점의 거래사례가격은 현재 시점에서 새로운 거래가격의 하한이 되는 경향이 있다.
2. 회복시장 국면에서는 매수자가 주도하는 시장에서 매도자가 주도하는 시장으로 바뀌는 경향이 있다. 제33회

기출
1. 상향시장 국면에서는 경기상승이 지속적으로 진행되어 경기의 정점에 도달한다. 제33회
2. 상향국면은 매도자가 중시되고, 과거의 거래사례가격은 새로운 거래가격의 하한이 되는 경향이 있다.

④ 타성 현상이 나타나면 급격한 건축허가신청이 나타나기도 한다.
⑤ 투자, 투기가 과열되는 현상이 나타난다.

> **기출** 상향시장 국면에서는 건축허가신청이 지속적으로 증가한다. 제33회

③ 후퇴시장

(1) 의의

후퇴시장은 일반경기의 수축기에 해당되는 부동산시장의 국면으로서 정점에서 하강을 시작하는 국면을 말한다. 경기의 상승국면이 정점에 이르러 상승세가 하강세로 바뀌어 하강세가 중심을 이루지만, 아직은 불황의 상황에까지는 하강하지 않은 국면이다.

(2) 특징

① 정점을 지났으므로 거래가 한산하고 가격 상승이 멈춰 부동산의 가격 하락이 시작되는 시장이다.
② 여유자금이 없어 금리가 상승하기 시작한다.
③ 과거의 사례가격은 새로운 거래의 기준가격이 되거나 상한선이 된다.
④ 매도자 수가 늘어나고 매수자 수가 감소하여 매수자가 중시되기 시작한다. 따라서 중개시 매도자 중시시장에서 매수자 중시시장으로 전환되는 시장이다.
⑤ 후퇴시장이 일반경기와 병행하여 장기화되면 점차 공실률이 증가하며, 경우에 따라서는 하강이 급격히 진행되어 부동산거래활동이 중단되기도 한다.
⑥ 최근 우리나라의 경우 경기과열에 따른 투기억제조치로 후퇴시장의 양상이 짧은 시간에 진행되거나 거의 인식되지 아니한 채 곧바로 불황의 시장으로 하강해버리는 현상이 나타나고 있다.

④ 하향시장

(1) 의의

하향시장은 일반경기의 수축기에 해당하는 부동산시장의 국면으로서 성장추세선에서 저점으로 하강하는 국면을 말한다. 하향시장은 불황 속에서 지속적으로 부동산경기 하강이 진행되는 시장이므로 부동산 보유가 부담이 되는 시장이다.

기출
1. 하향시장 국면에서는 부동산가격이 지속적으로 하락하고 거래량은 감소한다. 제33회
2. 하향국면은 매수자가 중시되고, 과거의 거래사례가격은 새로운 거래가격의 상한이 되는 경향이 있다.

(2) 특징

① 부동산 가격 하락, 공가율·공실률 증가, 금리 상승, 거래가 한산한 시장이다.
② 매도자는 거래성립시기를 앞당기려 하나 매수자는 그 시기를 미루려고 하므로, 매도자 수는 증가하나 매수자 수는 감소한다. 따라서 중개시 매수자가 중시되는 시장이다.
③ 과거의 사례가격은 새로운 거래의 상한선이 된다.
④ 건축허가 신청건수는 상당히 저하된다.
⑤ 하향시장에서는 대규모 호화주택이나 교외의 신개발택지 등 불황에 약한 유형의 부동산은 가격이 급락하여 타격이 클 수 있다.
⑥ 과열투기 후 곧바로 하향시장으로 이어질 경우 경기의 흐름에 따라 상대적 불평등이 발생할 수 있어 사회문제화될 수 있다.

5 안정시장

(1) 의의

일반시장과는 달리 부동산시장에서만 나타나는 부동산 고유의 시장으로서 불황에 강한 유형의 시장이라 한다(호황에는 약한 유형의 시장).

(2) 특징

① 불황에 강한 유형의 부동산으로 위치가 좋은 소규모주택, 도심·부심·역세권 부동산이 대표적인데, 불황시에도 부동산 가격이 안정적이거나 완만한 상승을 나타낸다.
② 과거의 사례가격은 신뢰할 만한 기준가격이 된다.
③ 안정시장의 부동산은 경기순환에 의해 분류한 것은 아니지만, 일반경기와 전혀 무관한 것은 아니다.

기출 안정시장 국면에서는 과거의 거래가격을 새로운 거래가격의 신뢰할 수 있는 기준으로 활용한다. 제33회

핵심 부동산경기의 순환국면별 특징

구분		특징
확장국면	회복시장	• 매수인 중시에서 매도인 중시로 변화 • 금리·공가율이 낮아짐, 사례가격은 새로운 거래의 기준이 되거나 하한선
	상향시장	• 매도인 중시 • 금리·공가율이 낮음, 사례가격은 새로운 거래의 하한선

수축 국면	후퇴 시장	• 매도인 중시에서 매수인 중시로 **변화** • 금리·공가율이 높아짐, 사례가격은 새로운 거래의 기준이 되거나 **상한선**
	하향 시장	• **매수인 중시** • 금리·공가율이 높음, 사례가격은 새로운 거래의 **상한선**
안정시장		• 부동산시장에만 존재하는 고유의 시장(불황에 강한 시장) • 위치가 좋고 규모가 작은 주택·도심지 점포 • 가격은 완만한 상승이나 안정, 사례가격은 신뢰할 수 있는 기준 • **경기순환에 의해 분류되는 것은 아니지만**, 경기와 전혀 무관하다고 할 수 없음

제4절 │ 거미집이론(Cob-web Theory) 제32회, 제34회

1 의의

(1) 일반경기이론에서는 시장균형의 안정조건을 논할 때에 가격의 변동에 대하여 수요와 공급이 즉각적으로 적응한다는 가정하에서 이론을 전개하여 왔다. 그러나 이러한 가정은 일반적으로 잘 적용되지 않는다. 특히 생산기간이 오래 걸리는 농산물이나 건설업에서는 더욱 적용이 곤란하다.

(2) 수요량은 대체적으로 가격의 변화에 즉각 호응할 수 있다고 생각할 수 있지만, 공급량의 경우에는 이러한 즉각적인 반응을 생각하기가 어려우며, 가격의 변화에 대하여 공급량이 적응하자면 다소간의 시차를 요할 수 있다. 예컨대, 토지를 수용하여 아파트를 건설한다든지 농산물 가격의 변동이 1년 후 내지 수년 후의 공급량에 영향을 미치게 되는 것이다.

(3) 애치켈(M. Ezekiel)은 이러한 점을 고려하여 시장균형의 안정조건을 '거미집이론'을 통해 설명하고 있다. 이는 균형가격이 이동하는 모양이 거미집처럼 생겼다고 하여 붙여진 명칭이다.

기출
1. 가격이 변동하면 수요는 즉각적으로 반응하지만, 공급은 시차가 존재한다는 가정을 전제하고 있다. 제34회
2. 공급자는 현재의 가격을 고려해 미래의 공급을 결정한다는 가정을 전제하고 있다. 제34회

참고 만일 농산물이 완전개방시장이라면 거미집이론이 적용되지 않을 가능성이 더 커진다.

❷ 거미집이론의 전개

(1) 거미집이론의 기본가정

① 금기의 수요량은 금기가격의 함수이다. 즉, 수요량은 가격 변화에 즉각 반응한다.
② 금기의 공급량은 전기가격의 함수이다. 즉, 공급량은 가격 변화에 일정한 시차를 두고 반응되어 공급된다.
③ 생산기간의 장기성에 해당하는 재화라고 전제한다.
④ 공급자는 미래가격과 양에 대한 정보부족으로 합리성이 결여되어 있음을 전제한다. 즉, 공급자는 현재의 시장가격이나 임대료만을 고려하므로 미래의 가격이나 양을 합리적으로 예측하지 못함을 전제한다. ⇨ 만일 공급자가 미래를 합리적으로 예측하거나, 저장 또는 수출입이 가능하다고 하면 가격파동이 심하지 않아 거미집이론이 잘 적용되지 않을 것이다.
⑤ 폐쇄경제를 가정하므로 수출과 수입이 없다고 가정한다.
⑥ 해당 생산량은 저장하지 않고 당해에 모두 판매한다고 가정한다.

(2) 요약

① 수요·공급의 시차를 고려하여 가격이 어떻게 균형에 접근해 가는가 하는 과정을 규명하는 동태적 분석법이다. 기본적으로 수요변화에 따른 공급이 비탄력적이기 때문에 거미집이론이 발생한다.
② 농산물가격의 순환적 변동을 이론화한 것이며 건축업 등 부동산에도 적용된다.
③ 생산기간의 장기성을 요하는 농산물이나 건설업에 적용할 수 있다.

(3) 부동산경기에 있어서의 거미집이론

① 부동산시장은 주기적으로 수요초과와 공급초과를 반복하는 경향이 있다.
   ⇨ 부동산 가격이 변동하면 수요는 즉각 영향을 받지만, 공급은 시차가 존재하기 때문이다.
② 단기적으로 가격이 급등하면 건물착공량이 증가하는데 공급물량이 막상 시장에 출하하게 되면 오히려 공급초과가 되어 부동산 가격이 하락하는 침체국면에 빠진다.
③ 이러한 주기적 현상은 주거용보다는 상업용이나 공업용 부동산에 더 잘 적용된다.

⇨ 이러한 현상은 생필품적 성격을 띠는 주거용 부동산보다는 대규모의 임대공간을 동시에 창출하는 상업용이나 공업용 부동산에 더욱 빈번히 나타난다.

❸ 거미집모형의 종류

(1) 수렴형(안정형)
시간의 경과에 의해 가격이 점차로 균형에 접근하는 경우
① 수요의 가격탄력성 > 공급의 가격탄력성
② |수요곡선의 기울기| < |공급곡선의 기울기|

(2) 발산형(불안정형)
시간의 경과에 따라 가격이 점차로 균형에서 이탈하는 경우
① 수요의 가격탄력성 < 공급의 가격탄력성
② |수요곡선의 기울기| > |공급곡선의 기울기|

(3) 순환형(중립형)
시간의 경과에 따라 가격이 수렴이나 발산도 하지 않고 순환만 계속하는 경우
① 수요의 가격탄력성 = 공급의 가격탄력성
② |수요곡선의 기울기| = |공급곡선의 기울기|

수렴형(안정형)	발산형(불안정형)	순환형(중립형)
• 수요의 가격탄력성 > 공급의 가격탄력성 • |수요곡선의 기울기| < |공급곡선의 기울기|	• 수요의 가격탄력성 < 공급의 가격탄력성 • |수요곡선의 기울기| > |공급곡선의 기울기|	• 수요의 가격탄력성 = 공급의 가격탄력성 • |수요곡선의 기울기| = |공급곡선의 기울기|

기출
1. 수요의 가격탄력성의 절댓값이 공급의 가격탄력성의 절댓값보다 크면 수렴형이다.
2. 수요곡선의 기울기 절댓값이 공급곡선의 기울기 절댓값보다 작으면 수렴형이다. 제34회
3. 수요의 가격탄력성이 1.1, 공급의 가격탄력성이 0.9이면 수렴형, 수요의 가격탄력성이 0.9, 공급의 가격탄력성이 1.3이면 발산형이 된다.
4. 수요곡선 기울기가 −0.3, 공급곡선 기울기가 0.7이면 수렴형, 수요곡선 기울기가 −0.5, 공급곡선 기울기가 0.5이면 순환형이 된다.
5. $2P = 500 - Q_d$, $3P = 300 + 4Q_s$이면 수렴형, $P = 400 - 2Q_d$, $2P = 100 + 4Q_s$이면 순환형이 된다.
6. $Q_d = 100 - P$, $2Q_s = -10 + P$이면 수렴형, $Q_d = 500 - 2P$, $3Q_s = -20 + 6P$이면 순환형이 된다.

Tip
1. 수요 ⇨ 탄력적 ⇨ 수렴형 (수·탄·수)
2. 공급 ⇨ 탄력적 ⇨ 발산형 (공·탄·발)

기출 A주택시장: $Q_d = 200 - P$, $Q_s = 100 + 4P$이고, B주택시장: $Q_d = 500 - 2P$, $Q_s = 200 + \frac{1}{2}P$인 경우 A는 발산형, B는 수렴형의 거미집이론에 의한 모형이 나타난다.
제32회

> **예제**
>
> 1. A와 B부동산시장의 함수조건하에서 가격변화에 따른 동태적 장기 조정과정을 설명한 거미집이론(Cob-web theory)에 의한 모형형태는? (단, P는 가격, Q_d는 수요량, Q_s는 공급량이고, 가격변화에 수요는 즉각적인 반응을 보이지만 공급은 시간적인 차이를 두고 반응하며, 다른 조건은 동일함)
> 제25회
>
> - A부동산시장: $2P = 500 - Q_d$, $3P = 300 + 4Q_s$
> - B부동산시장: $P = 400 - 2Q_d$, $2P = 100 + 4Q_s$
>
> ① A: 수렴형, B: 발산형　② A: 발산형, B: 순환형
> ③ A: 순환형, B: 발산형　④ A: 수렴형, B: 순환형
> ⑤ A: 발산형, B: 수렴형
>
> **해설** A: 수렴형, B: 순환형이 된다.
> - A부동산시장: 수렴형
>   수요곡선의 기울기($\frac{1}{2}$) < 공급곡선의 기울기($\frac{4}{3}$) ⇨ 수요 탄력적, 수렴형
> - B부동산시장: 순환형
>   수요곡선의 기울기($\frac{2}{1}$) = 공급곡선의 기울기($\frac{4}{2}$) ⇨ 순환형
> **정답 ④**
>
> 2. 어느 지역의 수요와 공급함수가 각각 A부동산상품시장에서는 $Q_d = 100 - P$, $2Q_s = -10 + P$, B부동산상품시장에서는 $Q_d = 500 - 2P$, $3Q_s = -20 + 6P$이며, A부동산상품의 가격이 5% 상승하였을 때 B부동산상품의 수요가 4% 하락하였다. 거미집이론에 의한 A와 B 각각의 모형 형태와 A부동산상품과 B부동산상품의 관계는?
> 제29회
>
> | | A | B | A와 B의 관계 |
> |---|---|---|---|
> | ① | 수렴형 | 순환형 | 보완재 |
> | ② | 수렴형 | 발산형 | 보완재 |
> | ③ | 발산형 | 순환형 | 대체재 |
> | ④ | 발산형 | 수렴형 | 대체재 |
> | ⑤ | 순환형 | 발산형 | 대체재 |
>
> **해설**
> - A부동산상품: 수요곡선의 기울기($\frac{1}{1}$) < 공급곡선의 기울기($\frac{2}{1}$) ⇨ 수요 탄력적, 수렴형
> - B부동산상품: 수요곡선의 기울기($\frac{1}{2}$) = 공급곡선의 기울기($\frac{3}{6}$) ⇨ 순환형
>
> A의 가격이 상승하였을 때, B의 수요가 감소하였으므로 두 재화의 관계는 보완재 관계이다.
> **정답 ①**

제2편 메타인지 학습체크

01 [① 유량(flow) / ② 저량(stock)] 개념에는 주택재고, 자산가치, 실물자산, 순자산가치, 가계자산, 단기공급, 도시인구규모 등이 있다.

02 아파트 매매시장에서 수요 변화를 가져와 수요곡선 자체를 이동시키는 요인으로는 인구, 소득, 선호도, [① 아파트 가격 상승 / ② 아파트 가격 상승 예상] 등이 있다.

03 대체재인 단독주택의 가격이 상승하면 아파트의 수요곡선은 [① 우상향 / ② 좌하향]으로 이동하게 된다.

04 아파트 거래세가 인상되면 수요곡선은 [① 우상향 / ② 좌하향]으로 이동하게 된다.

05 소득이 10% 증가하자 수요량이 8% 증가하였다면, 이 부동산은 [① 정상재 / ② 열등재]에 해당한다.

06 A부동산의 가격이 5% 상승할 때, B부동산의 수요는 10% 증가하고 C부동산의 수요는 5% 감소한다. 이때 A와 B는 [① 대체재 / ② 보완재], A와 C는 [③ 대체재 / ④ 보완재] 관계이다.

07 생산요소가격의 하락이나 생산기술의 발달은 부동산 [① 수요곡선 / ② 공급곡선]을 우측으로 이동시키는 요인이 된다.

08 건설노동자의 임금이 상승하면 주택공급이 [① 증가 / ② 감소]한다.

09 단기공급곡선보다 장기공급곡선의 기울기가 더 [① 크다. / ② 작다.]

10 공급곡선이 불변이고 수요의 감소요인이 발생하면 균형가격은 하락하고 균형거래량은 [① 증가 / ② 감소]한다.

정답

01 ②   02 ②   03 ①   04 ②   05 ①   06 ①, ④   07 ②   08 ②   09 ②   10 ②

제2편 메타인지 학습체크

11 수요의 감소가 공급의 감소보다 큰 경우, 새로운 균형가격은 [① 상승 / ② 하락]하고 균형거래량은 감소한다.

12 수요 증가와 공급 증가가 발생한 경우, 수요 증가폭과 공급 증가폭이 같다면 균형가격은 [① 알 수 없고 / ② 불변하고] 균형량은 증가한다.

13 수요의 가격탄력성이 완전탄력적인 경우에 공급이 증가하면 균형임대료는 [① 상승하고 / ② 불변하고] 균형거래량은 증가한다.

14 부동산 수요가 증가하면, 부동산 공급곡선이 비탄력적일수록 시장균형가격이 더 [① 크게 / ② 작게] 상승한다.

15 수요의 가격탄력성이 [① 완전탄력적 / ② 완전비탄력적]이면 가격의 변화와는 상관없이 수요량이 고정된다.

16 공급의 가격탄력성이 '0'이면 [① 완전탄력적 / ② 완전비탄력적]이다.

17 수요의 가격탄력성이 비탄력적이면 가격의 변화율보다 수요량의 변화율이 더 [① 크다. / ② 작다.]

18 공급의 가격탄력성이 탄력적이면 가격의 변화율보다 공급량의 변화율이 더 [① 크다. / ② 작다.]

19 수요의 가격탄력성이 1보다 큰 경우, 임대료가 상승하면 임대업자의 임대료 수입은 [① 증가 / ② 감소]한다.

20 수요의 가격탄력성이 1인 경우 전체 수입은 임대료가 상승함에 따라 [① 증가 / ② 불변]한다.

정답

11 ②　12 ②　13 ②　14 ①　15 ②　16 ②　17 ②　18 ①　19 ②　20 ②

21 어느 부동산과 밀접한 대체재가 시장에 출현한다면, 그 부동산에 대한 수요의 탄력성은 이전보다 더 [① 커진다. / ② 작아진다.]

22 단기공급곡선이 장기공급곡선보다 기울기가 더 [① 크고 / ② 작고], [③ 탄력적 / ④ 비탄력적]이다.

23 생산(공급)에 소요되는 기간이 길수록 공급의 임대료탄력성은 더 [① 탄력적 / ② 비탄력적]이다.

24 부동산경기의 순환국면 중 매도자 중시에서 매수자 중시로 전환되는 국면은 [① 회복 / ② 후퇴]시장이다.

25 안정시장은 [① 호황 / ② 불황]에 강한 유형의 시장으로서 부동산경기순환에 따라 분류[③ 된다. / ④ 되는 것은 아니다.]

26 A부동산시장: $2P = 500 - Q_d$, $3P = 300 + 4Q_s$, B부동산시장: $P = 400 - 2Q_d$, $2P = 100 + 4Q_s$인 경우 A: [① 수렴형 / ② 발산형 / ③ 순환형], B: [④ 수렴형 / ⑤ 발산형 / ⑥ 순환형]이 된다.

정답

21 ①   **22** ①, ④   **23** ②   **24** ②   **25** ②, ④   **26** ①, ⑥

제 3 편
부동산시장론

제 1 장   제 2 장

◆ 최근 5개년 출제경향 분석

◆ 제1장 | 부동산시장

◆ 제2장 | 입지 및 공간구조론

제3편 부동산시장론

❖ 부동산시장의 개념

제3편 5개년 평균 출제문항 수   총 40문제 | 5문제

❖ 효율적 시장

정보의 현재가치 $\dfrac{(실현가치 - 미실현가치) \times 미실현확률}{(1 + r)^n}$

❖ 주택시장

제3편 부동산시장론 | 129

제3편 부동산시장론

❖ 입지 및 공간구조론

경제지대	준지대
• 파레토지대 • 토지에서 발생하는 초과이윤 • 영구적 · 장기적	• 마샬지대 • 인간이 만든 기계, 설비에서 발생하는 초과이윤 • 일시적 · 단기적

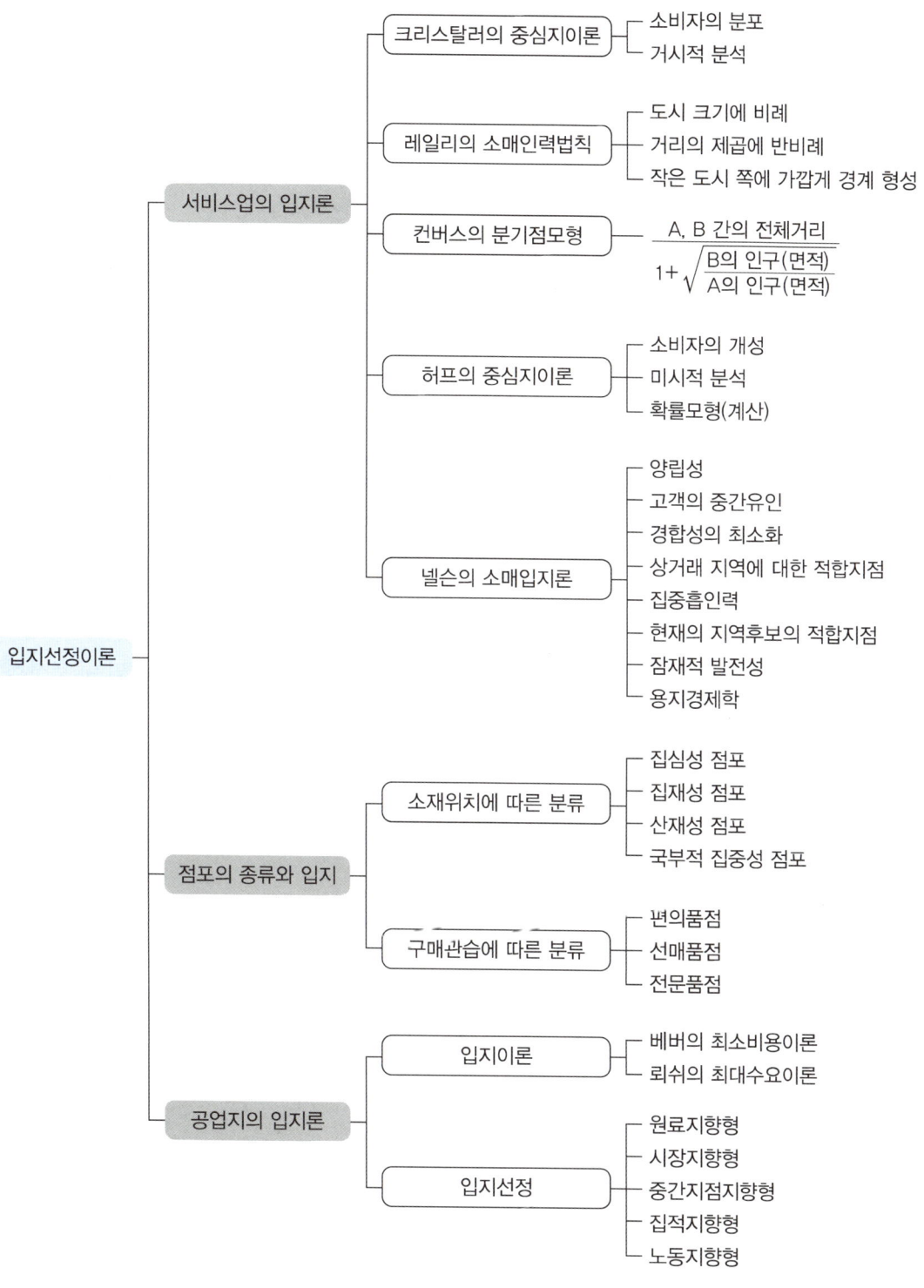

제1장 부동산시장

부동산시장의 특성과 기능, 완전경쟁시장과 불완전경쟁시장의 차이, 효율적 시장과 할당 효율적 시장에 대하여 학습하는 단원이다.

정보의 현재가치에 대한 이해와 계산이 가능해야 하며, 주택시장의 여과과정과 주거분리, 불량주택문제에 대하여 숙지해야 한다.

핵심 부동산시장
1. 추상적 시장, 구체적 시장
2. 불완전경쟁시장
3. 준강성 효율적 시장

용어
추상적 시장
화폐시장, 금융시장 등의 자본시장처럼 장소적 제한을 받지 않는 시장을 말한다.

구체적 시장
남대문시장처럼 장소적 제한을 받는 시장을 말한다.

참고 부동산시장은 불완전경쟁시장으로 분류되지만, 학문적으로 분석시에는 완전경쟁시장이라는 이상적 상황을 가정한 후 분석하는 것이 바람직하다.

심화 완전경쟁시장의 특징
1. 완전경쟁시장에서는 일물일가의 법칙이 적용된다.
2. 개별기업은 시장가격을 그대로 수용하는 가격순응자이므로 개별기업의 수요곡선은 수평(완전탄력적)이다.
3. 완전경쟁시장에서는 정보가 완전하므로 정보비용과 초과이윤이 존재하지 않으며, 정상이윤만 존재한다. 따라서 완전경쟁시장은 반드시 할당 효율적 시장이 된다.

제1절 | 부동산시장의 개념 및 유형

❶ 부동산시장의 개념

(1) 시장의 개념

시장이란 수요와 공급이 계속적으로 나타나서 가격과 양이 정해지고 매매가 규칙적으로 일어나는 곳이다. 즉, 시장이란 수요와 공급이 만나서 유사한 부동산에 대해 유사한 가격이 형성되는 지리적 구역이다.

(2) 부동산시장

부동산시장은 자본시장의 일종으로 정의한다면 권리가 이전되는 추상적 시장이며, 일정한 지리적 공간을 수반하는 공간시장으로 정의한다면 구체적 시장이라 볼 수도 있다. 또한 부동산시장은 불완전경쟁시장이며, 그중에서 독점적 경쟁시장으로 보는 것이 일반적이다. 부동산시장은 효율적 시장의 유형 중 준강성 효율적 시장으로 존재한다고 볼 수 있다.

❷ 완전경쟁시장과 불완전경쟁시장

(1) 완전경쟁시장

① 다수의 수요자와 공급자: 완전경쟁시장에서는 한 산업 내에 기업의 수가 많아서 개별기업의 생산량 증가나 감소가 시장가격에 어떠한 영향도 미치지 못한다.

② 상품의 동질성: 완전경쟁시장에서 상품의 질은 동일하므로 수요자는 어떤 공급자로부터 상품을 구입해도 동질적 상품을 구매하게 된다.

③ 시장진입과 탈퇴의 자유: 완전경쟁시장에서는 누구든지 수요·공급의 시장에 진입과 탈퇴가 자유로워야 하며, 생산요소의 이동도 자유로워야 한다.

④ 완전한 정보(모든 정보): 완전경쟁시장에서는 모든 시장참여자들이 의사결정에 필요한 정보를 정확하고 완전하게 알 수 있어야 한다. 즉, 정보비용과 초과이윤이 존재할 수 없는 시장이다.

(2) 불완전경쟁시장

불완전경쟁시장이란 완전경쟁시장의 요건을 갖추지 못한 시장으로 **독점시장, 과점시장, 독점적 경쟁시장**으로 분류된다. **부동산시장**은 판매자와 구매자가 **소수**이며, 판매되는 상품의 **이질성**, 자유로운 진입과 퇴거의 **곤란, 불완전한 정보**로 인해 완전경쟁시장의 성립요건을 만족하지 못하므로 불완전경쟁시장이라 할 수 있다.

① 독점시장: 한 재화나 서비스공급이 **하나의 기업**에 의해 이루어지는 시장을 말한다(예 전력시장, 담배시장).

② 과점시장: 동질적 또는 이질적 상품을 생산하는 공급자가 **둘 이상의 소수**의 기업인 경우의 시장을 말한다(예 자동차시장, 휴대폰시장).

③ 독점적 경쟁시장: **동종의 이질적 상품을 생산하는 공급자가 다수**인 시장으로서 완전경쟁시장과 독점시장의 성격을 모두 가지고 있다(예 약국, 음식점, 미용실, 부동산시장).

완전경쟁시장과 불완전경쟁시장

완전경쟁시장	불완전경쟁시장
• 다수의 수요자와 공급자	• 소수의 수요자와 공급자
• 동질적 상품을 거래	• 이질적 상품을 거래(개별성)
• 시장진입·탈퇴의 자유	• 시장진입·탈퇴의 곤란
• 완전한(모든) 정보 ⇨ 정보비용 = 0	• 불완전한 정보 ⇨ 정보비용 발생

③ 부동산시장의 유형 제33회

(1) 용도에 따른 구분

① 주거용 부동산시장: 도시주택, 교외주택, 농촌주택이 있다.
② 상업용 부동산시장: 업무용 빌딩, 상가부동산, 영화관, 백화점, 숙박업소가 있다.
③ 공업용 부동산시장: 공장, 광산, 창고가 있다.

> **기출** 부동산시장은 규모, 유형, 품질 등에 따라 세분화되고, 지역별로 구분되는 특성이 있다. 제33회

④ 농업용 부동산시장: 임야, 초지, 목장, 과수원, 농작물재배농지가 있다.
⑤ 특수목적용 부동산시장: 묘지, 골프장, 공원 기타 공공용 부동산이 있다.

(2) 시장범위에 따른 분류

① 개별시장: 지역 내 개개의 부동산은 각각 다른 위치, 면적, 형태를 가지므로 개별부동산마다 형성되는 시장을 말한다.
② 부분시장(하위시장, sub-market): 개별시장과 전체시장의 중간 규모의 시장으로서 지역별 부분시장, 용도별 부분시장, 점유형태별 부분시장, 가격수준별 부분시장 등이 형성되어 시장세분화가 이루어지는 시장을 말한다.
③ 전체시장: 개별시장의 총합으로서 일반재화에 비교해 볼 때 공통점이 있으며 전체로서의 부동산시장의 특성도 있다.

> **참고 부동산시장의 구분**
>
> 1. 시장의 세분화와 시장의 차별화
>   ① 시장세분화(segmentation): 수요자 특성에 따라 시장을 구분하는 것, 주택 수요자를 보다 동질적인 소집단으로 구분하는 것, 시장을 세분화할수록 **동질화, 대체성 大, 대체재 多, 수요는 보다 탄력적**
>   ② 시장차별화(positioning): 공급제품의 특성에 따라 시장을 구분하는 것, 동일한 표적시장을 갖는 다양한 공급경쟁자 사이에서 자신의 상품을 어디에 **위치**시킬 것인가 하는 전략, 분양성공을 위해 아파트 브랜드를 고급스러운 이미지로 고객의 인식에 **각인**시키도록 하는 노력
> 2. 부동산시장의 유형
>   ① 용도에 따른 분류: 주거용 · 상업용 · 공업용 · 농업용 · 특수목적용 부동산시장
>   ② 시장범위에 따른 분류: 개별시장, **부분시장**, 전체시장

제2절 부동산시장의 특성 및 기능   제33회, 제36회

❶ 부동산시장의 특성

부동산의 부동성, 부증성, 개별성, 영속성, 고가성, 법률적 복잡성 등 부동산의 자연적 · 인문적 특성에 의해 부동산시장은 다음과 같은 특성을 갖는다.

심화 부분시장을 세분화할수록 부동산 상품의 동질성과 대체성이 커지므로 수요의 탄력성은 보다 탄력적이 된다. 따라서 전체시장은 수요가 비탄력적이지만 부분시장은 수요가 보다 탄력적이 된다.

핵심
1. 시장세분화(market segmentation)란 일정한 기준에 의해 주택 수요자를 보다 동질적인 소집단으로 구분하는 것이다.
2. 부동산시장은 부동산의 유형, 규모, 품질 등에 따라 구별되는 하위시장이 존재한다.

핵심 부동산시장의 특성
1. 추상적 시장, 구체적 시장, 불완전경쟁시장, 준강성 효율적 시장
2. 시장의 국지성
3. 거래의 비공개성, 상품의 비표준화성, 시장의 비조직성
4. 수급조절의 곤란성
5. 매매기간의 장기성
6. 법적 규제의 과다
7. 자금의 유용성과 밀접

(1) **시장의 국지성(지역성)** ⇨ 부동성

부동산의 부동성에 기인해 부동산시장은 공간적으로 일정 지역에 한정되는 경향이 있으며 지역별로 세분화된다. 부동산은 이동할 수 없으므로 수요초과지역과 공급초과지역으로 분리되어 부분시장이 형성되며 부분시장별로 불균형이 초래된다. 부동성 때문에 임장활동, 정보활동이 필요하며, 지역 간의 수급조절도 곤란해진다.

(2) **거래의 비공개성(거래의 은밀성)** ⇨ 개별성

부동산의 개별성과 사회적 관행에 의해 부동산의 거래사실이나 내용을 외부에 공개하기를 꺼리는 관행이 있다. 즉, 부동산 거래시에 고도의 사적이고, 은밀하며, 비공개적으로 거래되는 경향이 있다. 거래와 관련된 매매가격 등을 개별 당사자만 정확히 알 수 있어, 외부에서 정보탐색하기가 곤란하고 정보탐색비용이 많이 소요된다.

(3) **상품의 비표준화성(비규격화, 개별화)** ⇨ 개별성

부동산의 개별성으로 인해 부동산은 표준화와 규격화가 곤란하다. 건물 자체만을 표준화시킨다고 해도 토지와 결합한 부동산상품은 비표준화의 성격을 띤다. 그러므로 부동산시장은 일물일가의 법칙이 성립되지 않는다. 즉, 이러한 상품의 비표준화는 수요와 공급의 분석을 어렵게 하고 건물의 대량생산을 어렵게 한다.

(4) **시장의 비조직성(집중통제의 곤란)** ⇨ 개별성

부동산시장은 국지성, 개별성, 비공개성으로 인해 유통구조가 조직적이지 못하다. 최근 정보화, 탈지역화를 위한 시도가 이루어지고 있어 조직화가 불완진한 토지시장에 대한 부분적인 조직화를 통해 어느 정도 완화시킬 수는 있다.

(5) **수급조절의 곤란성** ⇨ 부증성, 영속성, 부동성, 개별성

① 토지에는 부증성의 특성이 있고 건물의 경우에는 생산하는 데 시간이 많이 소요되기 때문에 공급이 비탄력적이므로 수급조절이 곤란하다. 그러므로 단기에 가격이 왜곡될 가능성이 크다.

기출

1. 부동산시장의 특징 중 하나는 특정 지역에 소수의 판매자와 소수의 구매자가 존재한다는 것이다.
2. 부동산시장은 거래의 비공개성으로 불합리적인 가격이 형성되며, 이는 개별성과 관련이 깊다.
3. 부동산은 개별성으로 인해 대체가 불가능한 재화이기에 부동산시장에서 공매(short selling)가 발생하기 곤란하다.
4. 개별성은 토지시장을 불완전경쟁시장으로 만드는 요인이다.
5. 부동산시장은 수급조절이 곤란하고, 법·제도적 규제가 많다. 제36회
6. 부동산시장은 재화의 이질성을 및 정보의 불완전성 및 비대칭성을 보인다. 제36회
7. 부동산시장은 부분시장으로 나뉠 수 있는 국지성을 보인다. 제36회

참고

1. 부증성: 공급 증가의 비탄력성을 야기하여 수급조절을 곤란하게 한다.
2. 영속성: 공급 감소의 비탄력성을 야기하여 수급조절을 곤란하게 한다.
3. 부동성: 지역 간 이동이 불가능하고 지역 간 초과수요, 초과공급을 지속하게 한다.
4. 개별성: 일물일가의 법칙이 배제되고, 물건 간의 대체가 어렵게 된다.

기출
1. 부동산시장은 수요와 공급의 조절이 쉽지 않아 단기적으로 가격의 왜곡이 발생할 가능성이 높다.
2. 부동산시장에서는 정보의 비대칭성으로 인해 부동산가격의 왜곡현상이 나타나기도 한다. 제33회
3. 부동산시장은 장기보다 단기에서 공급의 가격탄력성이 작으므로 단기 수급조절이 곤란하다. 제33회

심화 고가성
1. 수요자와 공급자 수가 상대적으로 한정된다.
2. 수요자와 공급자의 시장진입이 자유롭지 못하다.
3. 금융부채를 필요로 하게 하며, 구매자금을 축적하는 데 오랜 기간이 소요된다.

② 부동산의 영속성(내구성) 때문에 지금 당장 수요가 감소하여도 기존 공급량이 쉽게 줄어들지 않아서 공가로 남는다. 그리고 부동성 때문에 지역 간의 수급조절이 곤란해진다. 시장의 수요분석을 오판하여 과잉공급하게 되면 대상부동산을 다른 곳으로 이동할 수 없다. 또 공급을 초과하는 수요가 있으면 가격은 상승하나 반대로 수요가 공급을 따라가지 못하면 가격이 하락하는 등의 위험부담이 있기 때문에 시장에서의 공급은 자연히 제약을 받게 마련이다.

(6) 매매의 장기성(단기적 거래의 곤란)

부동산은 환금성이 낮아서 처분하는 데 시간이 오래 걸리고, 단기적 거래가 곤란하며 부동산 공급에 있어 계획수립, 부지확보, 건물완공까지의 시간이 많이 소요된다. 그러므로 단기적으로 가격이 왜곡될 가능성이 크다.

(7) 법적 규제의 과다(부증성, 부동성)

부동산시장에는 정부의 법적 규제가 많아서 불완전경쟁이 되고 특히 단기적으로 가격이 왜곡되고 시장기능을 약화시킨다.

(8) 자금의 유용성과 밀접

부동산은 고가품이므로 구매력이 수반되지 않는 사람은 수요자가 될 수 없고 공급능력이 없으면 공급자가 될 수 없어 불완전경쟁시장이 된다. 그러므로 금융조건이 완화(금리 인하, 융자비율 확대, 대출기간 연장)되면 자금의 유용성이 증대되어 수요와 공급을 증가시킨다.

❷ 부동산시장의 기능(시장의 역할)

(1) 자원배분기능

부동산시장은 경쟁과정에서 수요자와 공급자 간의 공간분배의 역할을 한다. 즉, 기존의 부동산공간을 수요자에게 배분하는 기능과 개량물에 대한 자원배분기능을 갖는다. 시장의 자원배분이 효율적이지 못한 경우를 시장실패(market failure)라 한다.

(2) 교환기능

부동산시장은 자금능력을 가진 부동산이용자의 기호에 따라 부동산 또는 공간을 재분배하게 되는데, 여기에는 부동산과 현금, 부동산과 부동산, 소유와 임대 등의 교환이 이루어지게 된다.

(3) 가격창조기능(가격형성기능)

부동산상품의 가격은 매도인과 매수인의 가격조정과정을 거쳐서 매도인이 더 이상 양보할 수 없는 하한가격과 매수인이 더 이상 양보할 수 없는 상한가격이 교차하는 점에서 거래가격이 창조되는 것이다. 즉, 상호 주관적 제시가격인 매도인의 제안가격은 시간이 지날수록 하락하며 매수인의 제안가격은 시간이 지날수록 상승하여 교차하는 점에서 객관적 가격이 형성된다.

기출 부동산시장에서는 일반적으로 매수인의 제안가격과 매도인의 요구가격 사이에서 가격이 형성된다. 제33회

(4) 정보제공기능

부동산시장은 부동산활동주체의 의사결정에 필요한 정보를 제공해 준다. 즉, 투자자, 건축업자, 평가주체, 임대업자, 과세평가원, 중개업자 등은 모두 그들의 업무상 또는 가격결정이나 판단을 위해 부동산거래에 관한 정보를 이용하고 또 수집한다.

(5) 양과 질의 조절기능

부동산 용도가 다양하므로 토지이용의 전환을 통해 그 양과 질이 조정된다. 즉, 부동산시장에 관한 정보는 부동산소유자, 관리자, 개발업자, 건설업자들에게 부동산상품의 유용성이 최대가 되도록 만들어서 부동산상품의 양과 질을 조절하게 한다.

(6) 계속적인 부지경쟁기능

부지경쟁을 통해 최유효이용원리에 맞는 방향으로 이용결정이 되는 경향이 있다.

| 핵심 | 부동산시장의 특성과 기능 및 조세의 기능 |

부동산시장의 특성	부동산시장의 기능	조세의 기능

• 국지성(지역성)
• 거래의 비공개성
• 상품의 비표준화
• 시장의 비조직성
• 수급조절의 곤란성
• 매매의 장기성
• 법적 제한의 과다
  (공적 간섭)
• 자금 · 신용의 유용성
  (고가성)
	• 자원배분기능(공간배분)
	• 교환기능(매매)
	• 가격창조기능
	  (가격형성기능)
	• 정보제공기능
	• 양과 질의 조정기능
	• 부지경쟁기능
		• 소득재분배기능
		• 자원배분기능
		• 지가안정기능
		• 주택문제 해결, 주거안정
		  기능
		• 부동산투기억제기능
		• 재정조달기능

제3절 | 효율적 시장이론   제32회, 제33회, 제35회, 제36회

1 효율적 시장이론(efficient market hypothesis)의 의의

기출 효율적 시장은 어떤 정보를 지체 없이 가치에 반영하는가에 따라 구분될 수 있다.

(1) 부동산시장에서 효율적 시장의 의미란 새로운 정보가 지체 없이(즉시) 부동산가치에 반영되는 시장을 말한다. 효율적 시장이론은 원래 주식시장에서 주식시장에 대한 정보가 주식가격에 미치는 영향을 분석하는 과정에서 출발하였고 이를 부동산시장에 응용하고 있다.

(2) 장래 수익이 변동될 것이 현재 예상된다고 하면, 장래의 변동시점에서 가치가 변하는 것이 아니라 현재의 시점에서 즉시 변동한다. 즉, 어느 지역에 장차 개발이 된다는 정보가 있을 경우 미래에 개발되었을 때 부동산가치가 변하는 것이 아니고 현재 즉시 부동산가치가 변한다는 사실은 부동산시장이 효율적 시장임을 설명해 준다.

> **+ 보충** 효율성의 의미
>
> 1. 운영효율성: 자금을 이전하는 데 드는 거래비용을 최소화하는 것을 말한다. 즉, 매매시 가장 저렴하게 거래서비스를 받을 수 있는 상태를 말한다.
> 2. 배분효율성: 수요자와 공급자의 위험조정 후 한계수익률이 같도록 자원배분이 이루어지는 것을 말한다. 자금이 모든 사람들에게 이익이 되는 방향으로 생산적 투자에 최적으로 배분될 수 있는 상태를 말한다.
> 3. 정보효율성: 모든 정보가 신속·공평·저렴하게 부동산 가격에 반영되는 것을 말한다.

❷ 효율적 시장(efficient market hypothesis)의 유형

효율적 시장이론에서는 특정 부동산에 대한 투자자의 이용 가능한 정보의 유형을 과거에 공개된 정보, 현재 공개되어 있는 정보, 아직 공개되지 않은 비공개정보로 분류한 후에 부동산가치가 어떤 유형의 정보를 신속하게 반영하는가에 따라 약성, 준강성, 강성 효율적 시장 등으로 구분한다.

기출
1. 약성 효율적 시장은 과거의 정보를 분석해도 초과이윤을 얻을 수 없다. 제32회
2. 준강성 효율적 시장은 과거의 정보 및 현재시점에 바로 공표된 정보를 분석해도 초과이윤을 얻을 수 없다. 제32회
3. 강성 효율적 시장은 과거의 정보 및 현재시점에 바로 공표된 정보 및 아직 공표되지 않은 정보를 분석해도 초과이윤을 얻을 수 없다. 제32회

참고 부동산시장은 준강성 효율적 시장에 부합되며, 완전경쟁시장은 강성 효율적 시장에 부합된다.

용어
기술적 분석 (technical analysis)
지나간 역사적 사실인 과거의 정보를 분석하여 시장가치 변동을 예측하는 방법을 기술적 분석이라 한다.

기본적 분석 (fundamental analysis)
과거의 지나간 정보와 현재 공표된 정보를 분석하여 시장가치 변동을 예측하는 방법을 기본적 분석이라 한다.

📌 효율적 시장의 유형

유형	반영되는 정보	정보분석 방법	정상 이윤	초과이윤 획득 여부		
				과거정보 분석 (기술적 분석)	현재정보 분석 (기본적 분석)	미래정보 분석
약성	과거의 정보	기술적 분석	○	×	○	○
준강성	과거 + 현재(공표)	기본적 분석	○	×	×	○
강성	과거 + 현재 + 미래 (모든 정보)	분석 불필요	○	×	×	×

제1장 부동산시장 | 139

기출
1. 약성 효율적 시장에서는 과거의 자료를 토대로 시장가치의 변동을 분석하는 기술적 분석으로 초과이윤을 얻을 수 없다. 제36회
2. 약성 효율적 시장에서는 현재가치에 대한 과거의 역사적 자료를 분석하여 정상이윤을 초과하는 이윤을 획득할 수 없다.

기출
1. 부동산시장이 준강성 효율적 시장일 때 새로운 정보는 공개되는 즉시 시장에 반영된다.
2. 준강성 효율적 시장은 과거의 추세적 정보뿐만 아니라 현재 새로 공표되는 정보가 지체 없이 시장가치에 반영되므로 공식적으로 이용가능한 정보를 기초로 기본적 분석을 하여 투자하면 초과이윤을 얻을 수 없다.
3. 준강성 효율적 시장에서는 공표된 사실을 토대로 시장가치의 변동을 분석하는 기본적 분석으로 초과이윤을 얻을 수 없다. 제36회

기출
1. 강성 효율적 시장은 공표된 정보는 물론이고 아직 공표되지 않은 정보까지도 시장가치에 반영되어 있는 시장이므로 이를 통해 초과이윤을 얻을 수 없다.
2. 부동산시장이 강성 효율적 시장일 때 초과이윤을 얻는 것은 불가능하다.
3. 강성 효율적 시장은 완전경쟁시장의 가정에 가장 근접하게 부합되는 시장이다.

(1) 약성 효율적 시장(weak efficient market)

① 약성 효율적 시장은 과거의 역사적 정보가 이미 현재의 시장가치에 반영되어 있는 시장을 의미한다. 이와 같이 과거의 자료를 토대로 시장가치의 변동을 분석하는 것을 기술적 분석이라고 한다.

② 약성 효율적 시장에서는 시장참여자들이 모두 기술적 분석을 하고 있다고 가정하므로, 기술적 분석에 의하여 밝혀진 과거의 역사적 정보를 바탕으로 한 지표로써는 결코 초과이윤(정상 이상의 이윤)을 얻을 수 없으며 정상이윤만 얻을 수 있다.

③ 따라서 약성 효율적 시장에서는 현재의 정보 또는 미래정보를 얻을 수 있다면 초과이윤(정상 이상의 이윤)의 획득이 가능하다.

(2) 준강성 효율적 시장(semi-strong efficient market)

① 준강성 효율적 시장은 새롭게 공표되는 정보가 즉시 시장가치에 반영되는 시장이다. 일반에게 공표되는 정보에는 과거의 정보뿐만 아니라, 일반투자자들에게 이미 알려진 모든 정보를 의미하며, 이와 같이 사업계획, 재무제표 등과 같은 공표된 사실을 토대로 시장가치의 변동을 분석하는 것을 기본적 분석이라고 한다.

② 준강성 효율적 시장의 시장참여자들은 모두 과거 정보와 현재의 기본적 분석을 하고 있다고 전제되므로, 약성 효율적 시장 성격도 내포하고 있으며, 기본적 분석을 하여 투자를 한다고 하더라도 초과이윤(정상 이상의 이윤)을 획득할 수 없으나 정상이윤은 획득이 가능하다.

③ 따라서 준강성 효율적 시장에서는 미래정보(공표되지 않은 비공식정보)를 얻을 수 있다면 초과이윤(정상 이상의 이윤)의 획득이 가능하다.

④ 현실의 주식시장이나 부동산시장은 준강성 효율적 시장에 가깝다고 볼 수 있다.

(3) 강성 효율적 시장(strong efficient market)

① 강성 효율적 시장은 공표된 정보든 공표되지 않은 정보든 모든 정보가 이미 시장가치에 반영되어 있는 시장이다.

② 강성 효율적 시장의 시장참여자들은 모든 정보가 이미 시장가치에 다 반영되어 있기 때문에 어떠한 정보를 분석한다고 하더라도 초과이윤(정상 이상의 이윤)을 획득할 수 없고, 정상이윤의 획득만 가능하다.

③ 강성 효율적 시장은 진정한 의미의 효율적 시장이며, 완전경쟁시장의 가정에 가장 부합되는 시장이다. 따라서 강성 효율적 시장도 완전경쟁

시장과 마찬가지로 정보비용과 초과이윤이 존재하지 않으며, 정상이윤만 존재한다.

④ 강성 효율적 시장은 약성 효율적 시장과 준강성 효율적 시장을 포함한다. 따라서 강성 효율적 시장이 성립된다는 것은 당연히 약성 효율적 시장과 준강성 효율적 시장이 성립된다는 의미이다.

기출 강성 효율적 시장에서는 어떠한 정보를 이용하더라도 초과이윤을 얻을 수 없다. 제36회

❸ 할당 효율적 시장(allocation efficient market)

(1) 할당 효율적 시장의 의의

① 할당 효율적 시장에서는 정보가치와 정보비용이 일치하는 시장(정보가치 = 정보비용)으로, 초과이윤이 존재할 수 없는 시장을 말한다.
② 자원의 할당(배분)이 효율적으로 이루어지는 시장으로, 정보가 모든 시장참여자에게 똑같이 배분된 시장을 의미한다.
③ 어느 누구도 기회비용보다 싼 값으로 정보를 획득할 수 없는 시장으로, 특정 정보를 얻기 위해 모든 시장참여자에게 정보비용이 동일하다.
④ 부동산투자와 다른 투자대안에 따른 위험을 감안하였을 때, 부동산투자의 수익률과 다른 수익률이 서로 동일하게 할당되었다는 의미이다. 즉, 가격에 의해 매도자와 매수자 간에 자원이 효율적으로 할당된다.

핵심
1. 할당 효율적 시장은 초과이윤이 존재하지 않는 시장으로 정보비용은 존재하지 않을(완전경쟁시장) 수도 있고, 존재할(불완전경쟁시장) 수도 있다.
2. 할당 효율적 시장에서는 과대평가나 과소평가된 부동산이 존재할 수 없다.

(2) 불완전경쟁시장과 할당 효율적 시장

① 완전경쟁시장은 항상 할당 효율적 시장이지만, 할당 효율적 시장이 항상 완전경쟁시장을 의미하는 것은 아니다.
② 불완전경쟁시장도 정보가치와 정보비용이 일치하여 초과이윤이 존재하지 않는다면, 할당 효율적 시장이 될 수 있다.
③ 독점시장이나 부동산시장도 독점을 획득하기 위한 기회비용이 모든 투자자들에게 동일하여 초과이윤이 존재하지 않는다면 할당 효율적 시장이 될 수 있다.
④ 부동산 거래에 정보비용이 수반되는 것은 시장이 불완전하기 때문이다.
⑤ 소수의 사람들이 부동산을 매수하여 초과이윤을 획득할 수 있는 것은 할당 효율적이지 못하기 때문이다. 즉, 정보시장이 공개적이지 못하기 때문이다.
⑥ 부동산 투기가 성립하는 것은 시장이 불완전해서라기보다는 할당 효율적이지 못하기 때문이다. 또한 소수의 투자자가 다른 사람보다 값싸게 정보를 획득할 수 있는 이유도 할당 효율적이지 못하기 때문이다.

기출
1. 부동산시장은 불완전하더라도 할당 효율적일 수 있다. 제33회
2. 불완전경쟁시장에서는 초과이윤이 발생할 수 있다. 제36회
3. 불완전경쟁시장은 할당 효율적 시장이 될 수 있다. 제36회

⑦ 부동산시장은 정보의 비대칭성으로 초과이윤이나 투기 현상이 나타날 수 있는데, 부동산시장도 할당 효율적 시장이라면 초과이윤이나 투기를 막을 수 있다.

> **핵심** 시장의 완전성과 할당 효율적 시장의 관계
>
> 1. 완전경쟁시장 ⇨ 정보비용 없음, 초과이윤 없음, 정상이윤 존재
> 2. 불완전경쟁시장 ⇨ 정보비용 존재
>   ① 할당 효율적 시장이면 ⇨ 투기 없음, 초과이윤 없음(정보비용 = 정보가치)
>   ② 할당 효율적 시장이 아니면 ⇨ 투기 존재, 초과이윤 있음(정보비용 < 정보가치), 시장을 패배시킴

핵심
1. 정보비용
   - 없음: 완전경쟁시장
   - 있음: 불완전경쟁시장
2. 초과이윤
   - 없음: 할당 효율적 시장
   - 있음: 할당 효율적 시장

(3) 정보의 현재가치(정보가치) 제33회, 제35회

🔍 사례

투자자 甲은 1년 후에 신도시가 들어설 가능성이 있는 주변지역에 토지를 소유하고 있다. 투자결정 현재의 시점에 신도시가 들어설 가능성은 50%에 해당한다고 가정한다. 만약 신도시가 들어선다면 1년 후의 토지가격은 8,800만원이 되고, 신도시가 들어서지 않는다면 토지가격은 6,600만원이다(단, 투자자의 요구수익률은 10%이다).

---

① 불확실성하의 현재가치: 토지의 현재가치

$$\frac{(8,800만원 \times 50\%) + (6,600만원 \times 50\%)}{(1+0.1)^1} = 7,000만원$$

② 확실성하의 현재가치: 신도시가 확실히 들어설 경우의 현재가치

$$\frac{(8,800만원 \times 100\%) + (6,600만원 \times 0\%)}{(1+0.1)^1} = 8,000만원$$

③ 정보의 현재가치: 신도시가 확실히 들어선다는 정보의 현재가치

확실성하의 현재가치(8,000만원) − 불확실성하의 현재가치(7,000만원) = 1,000만원

$$정보의\ 현재가치 = \frac{(실현가치 - 미실현가치) \times 미실현확률}{(1+r)^n}$$
$$= \frac{(8,800만원 - 6,600만원) \times 50\%}{(1+0.1)^1} = 1,000만원$$

㉠ 신도시가 확실히 들어서는 것에 대한 **정보의 현재가치는 1,000만원**이 된다.

㉡ 만일 투자자 甲이 300만원에 신도시가 확실히 들어선다는 정보를 획득하게 된다면 **정보비용은 300만원**이 되고, 1,000만원의 가치가 있는 정보를 300만원의 정보비용을 지불하고 정보를 획득하였으므로 **700만원의 초과이윤**을 얻게 될 것이다. 이때 투자자 甲이 '**시장을 패배시킨다**'(beat the market)라고 할 수 있다. 또한, 이 시장은 **할당 효율적 시장이 되지 못한다.**

㉢ 이 시장이 **할당 효율적 시장**인 경우에는 **정보의 현재가치는 1,000만원**이 되고, 모든 투자자들은 **정보비용으로 1,000만원**을 지불하여야 한다. 따라서 **초과이윤은 0**(zero)이 된다.

> **예제**

1. 복합쇼핑몰 개발사업이 진행된다는 정보가 있다. 다음과 같이 주어진 조건하에서 합리적인 투자자가 최대한 지불할 수 있는 이 정보의 현재가치는? (단, 주어진 조건에 한함)   제29회

   - 복합쇼핑몰 개발예정지 인근에 일단의 A토지가 있다.
   - 2년 후 도심에 복합쇼핑몰이 개발될 가능성은 50%로 알려져 있다.
   - 2년 후 도심에 복합쇼핑몰이 개발되면 A토지의 가격은 6억 500만원, 개발되지 않으면 3억 250만원으로 예상된다.
   - 투자자의 요구수익률(할인율)은 연 10%이다.

   ① 1억 500만원   ② 1억 1,000만원   ③ 1억 1,500만원
   ④ 1억 2,000만원   ⑤ 1억 2,500만원

   해설 • 확실성하의 토지가치 $= \dfrac{(6억\ 500만원 \times 100\%) + (3억\ 250만원 \times 0\%)}{(1+0.1)^2} = 5억원$

   • 불확실성하의 토지가치(거래가격)
   $= \dfrac{(6억\ 500만원 \times 50\%) + (3억\ 250만원 \times 50\%)}{(1+0.1)^2}$
   $= 3억\ 7,500만원$
   ⇨ 정보가치 = 확실성하의 현재가치(5억원) − 불확실성하의 현재가치(3억 7,500만원)
   = 1억 2,500만원

   정보의 현재가치 $= \dfrac{(실현가치 - 미실현가치) \times 미실현확률}{(1+r)^n}$
   $= \dfrac{(6억\ 500만원 - 3억\ 250만원) \times 50\%}{(1+0.1)^2}$
   = 1억 2,500만원

   정답 ⑤

2. 대형마트가 개발된다는 다음과 같은 정보가 있을 때 합리적인 투자자가 최대한 지불할 수 있는 이 정보의 현재가치는? (단, 주어진 조건에 한함) 제33회

> - 대형마트 개발예정지 인근에 일단의 A토지가 있다.
> - 2년 후 대형마트가 개발될 가능성은 45%로 알려져 있다.
> - 2년 후 대형마트가 개발되면 A토지의 가격은 12억 1,000만원, 개발되지 않으면 4억 8,400만원으로 예상된다.
> - 투자자의 요구수익률(할인율)은 연 10%이다.

① 3억 1,000만원 ② 3억 2,000만원 ③ 3억 3,000만원
④ 3억 4,000만원 ⑤ 3억 5,000만원

해설 정보의 현재가치 = $\dfrac{(\text{실현가치} - \text{미실현가치}) \times \text{미실현확률}}{(1+r)^n}$

= $\dfrac{(12억\ 1,000만원 - 4억\ 8,400만원) \times 55\%}{(1+0.1)^2}$ = 3억 3,000만원

정답 ③

제4절 | 주택시장

핵심 🎯 주택시장 분석
1. 물리적 주택: 이질적, 비교곤란
2. 주택서비스: 동질적, 비교용이, 주택시장 분석, 완전경쟁시장 가정 분석
3. 주택(소비재, 본원적 수요)과 토지(생산요소, 파생적 수요)
4. 주택(생산요소, 파생적 수요)과 주택서비스(소비재, 본원적 수요)

❶ 주택시장 분석

(1) 주택서비스(housing service)

① 주택서비스란 주택이 주택소유자나 이용자에게 제공하는 효용(만족도)을 의미하는 추상적 개념이다.
② 주택시장을 물리적 주택으로 본다면 이질적이고 비교가 곤란해진다.
③ 주택시장을 주택서비스 측면에서 본다면, 동질성을 가지므로 비교가 용이해진다.
④ 따라서 불완전경쟁시장인 주택시장도 분석할 때는 완전경쟁시장을 가정해서 분석하게 되므로 주택시장분석에서 분석의 대상이 되는 주택은 물리적 주택이 아니라 주택서비스이다.

⑤ 완전경쟁시장의 중요한 가정 중의 하나는 분석대상이 되는 상품이 동질적이어야 하는데, 물리적인 주택은 이질적인 재화이므로 비교가 곤란하다. 즉, 주택시장은 불완전경쟁시장이다. 따라서 물리적인 주택은 완전경쟁시장을 전제로 하는 이론이나 모형으로 분석한다는 것은 상당한 무리가 있다. 이 문제를 해결하기 위해서 고안된 것이 바로 주택서비스라는 개념이다.

⑥ 주택을 구입하고자 하는 것은 물리적 주택 자체라기보다 양질의 주택서비스를 얻는 것이 목적이다. 즉, 주택수요는 주택서비스 수요로부터 파생된 수요이고, 주택서비스에 대한 수요가 본원적 수요가 된다.

⑦ 저소득층의 주택서비스량은 고소득층의 주택서비스량보다 적으므로 저소득층의 주택서비스 수요곡선은 고소득층의 주택서비스 수요곡선보다 좌측에 그려진다.

(2) 주택수요(housing demands)와 주택소요(housing needs)

구분	주택수요(Demands)	주택소요(Needs)
의의	시장경제상의 개념, 시장경제원리에 방임된 구매력을 갖춘 유효수요를 말함	사회적 주택정책상의 개념, 정부가 시장경제원리에 개입함으로써 유도된 것을 말함
적용원리	정부 방임(경제적 기능)	정부 개입: 최저주거수준 설정(정치적 기능)
적용대상	중산층 이상(유효수요층): 효율성 중시	무주택 서민(잠재수요층): 형평성 중시

❷ 주택시장의 여과과정(필터링 현상)

여과 현상(filtering, 순환작용)이란 주택이 소득계층을 따라 상하로 이동되는 현상을 말한다. 주택의 질적 변화와 가구의 이동관계를 설명하는 이론이며, 침입과 천이현상, 공가(空家)의 발생은 주택여과과정의 중요한 구성요소이다.

1. 주택의 여과 현상

(1) 하향여과(filtering-down)
① 고소득계층이 사용하던 주택이 저소득계층의 사용으로 전환되는 현상을 말한다.

기출 상위계층에서 사용되는 기존주택이 하위계층에서 사용되는 것을 하향여과라 한다.

② 하향여과는 저소득층의 인구 증가, 임대료보조금 지급 등의 이유로 인해 저가주택의 수요가 증가되었을 때 발생한다.

(2) 상향여과(filtering-up)

① 저소득계층이 사용하던 주택이 수선되거나 재개발되어 고소득계층의 사용으로 전환되는 현상을 말한다.
② 상향여과는 소득 증가 등의 이유로 인해 저가주택의 수요가 감소하고, 고가주택의 수요가 증가되었을 때 발생한다.

2. 주택의 하향여과과정

(1) 가정

① 주택시장은 고가주택시장과 저가주택시장으로 나뉘어진다고 가정한다.
② 고소득층은 신규주택을, 저소득층은 기존주택을 수요한다고 가정한다.

(2) 저가주택시장

① 정부가 저가주택의 신축을 금지한 상황에서 저가주택의 수요가 증가한다.
② 단기에 저가주택의 임대료가 상승하게 되고, 기존공급자는 초과이윤을 얻게 되며, 기존의 고가주택이 저가주택시장으로 하향여과되어 저소득층에게 제공됨으로써 주택시장 전체에서 저가주택의 공급이 증가한다.
③ 장기에 건축비용이 불변하는 산업: 주택가격은 종전 수준에서, 저가주택량은 증가하게 된다.
④ 장기에 건축비용이 증가하는 산업: 주택가격은 종전보다 높은 수준에서, 저가주택량은 증가하게 된다.

(3) 고가주택시장

① 고가주택시장에서 단기적으로 하향여과된 만큼 기존의 고가주택의 공급량이 감소되므로 장기에는 신축을 통해 신규주택을 공급하게 된다.
② 건축비용이 불변하는 산업: 하향여과를 통한 부족량만큼 신축이 되므로 주택가격은 종전 수준에서, 고가주택량은 종전과 불변하게 된다.
③ 건축비용이 증가하는 산업: 하향여과를 통한 부족량만큼 신축이 되지 못하므로 주택가격은 종전보다 높은 수준에서 고가주택량은 종전보다 감소하게 된다.

기출 저급주택이 수선되거나 재개발되어 상위계층에서 사용되는 것을 상향여과라 한다.

기출
1. 주택의 하향여과는 저가주택의 수요가 증가되었을 때 나타난다.
2. 주택의 하향여과과정이 원활하게 작동하면 저급주택의 공급량이 증가한다.

핵심 저가주택시장

구분	비용불변 산업	비용증가 산업
가격	종전 수준	종전보다 높은 수준
공급	증가	증가

핵심 고가주택시장

구분	비용불변 산업	비용증가 산업
가격	종전 수준	종전보다 높은 수준
공급	불변	감소

3. 주거분리와 여과작용

(1) 주거분리의 의의

주거분리란 고소득층의 주거지역과 저소득층의 주거지역이 서로 분리되고 있는 현상으로서 지리적으로 인접한 인근지역뿐만 아니라 도시 전체에서도 발생한다. 이러한 주거분리 현상은 주택소비자가 부(−)의 외부효과의 피해는 피하고, 정(+)의 외부효과의 편익을 추구하려는 과정에서 발생한다.

(2) 고급주택지역에서의 주거분리 현상과 하향여과

① 가치상승분이 개조수선비용보다 높은 경우: 투자를 받아 고소득층이 더 많이 이용하게 된다. 따라서 주거분리가 이루어지며, 고급주택지역은 더욱 고급화가 된다.

② 가치상승분이 개조수선비용보다 낮은 경우: 투자를 받지 못하며 저소득층이 이용하게 되어 하향여과가 발생한다.

- 가치상승분 > 개조수선비용: 투자 ○, 고소득층 이용, 주거분리(더욱 고급화)
- 가치상승분 < 개조수선비용: 투자 ×, 저소득층 이용, 하향여과

(3) 저급주택지역에서의 주거분리 현상과 상향여과

① 가치상승분이 개조수선비용보다 높은 경우: 투자를 받아 고소득층이 많이 이용하게 된다. 따라서 상향여과가 발생한다.

② 가치상승분이 개조수선비용보다 낮은 경우: 투자를 받지 못하며 고소득층의 이용이 발생하지 않고 저소득층만 이용하게 된다. 따라서 주거분리 현상이 일어난다. 이때 저소득층은 저급주택을 개량하지 않은 채로 이용하게 되고, 이를 불량주택화라고 말하기도 한다.

- 가치상승분 > 개조수선비용: 투자 ○, 고소득층 이용, 상향여과
- 가치상승분 < 개조수선비용: 투자 ×, 저소득층 이용, 주거분리(불량주택화)

기출

1. 주거분리란 고소득층 주거지와 저소득층 주거지가 서로 분리되는 현상을 의미한다.
2. 주거분리는 도시 전체에서뿐만 아니라 지리적으로 인접한 근린지역에서도 발생할 수 있다.
3. 여과과정에서 주거분리를 주도하는 것은 고소득가구로 정(+)의 외부효과를 추구하고 부(−)의 외부효과를 회피하려는 동기에서 비롯된다.

기출

1. 주택의 개량비용이 개량 후 주택가치의 상승분보다 크다면 하향여과과정이 발생하기 쉽다.
2. 저소득층 주거지역에서 주택의 보수를 통한 가치상승분이 보수비용보다 크다면 상향여과가 발생할 수 있다.

기출
1. 고소득층 주거지와 저소득층 주거지가 인접한 경우 경계지역 부근의 저소득층 주택은 할증되어 거래되고 고소득층 주택은 할인되어 거래된다.
2. 고소득층 주거지와 저소득층 주거지가 인접한 지역에서는 침입과 천이 현상이 발생할 수 있다.

(4) 경계지역에서의 여과 현상

고소득층 주거지역과 인접한 저소득층 주택은 할증되어 거래되며, 저소득층 주거지역과 인접한 고소득층 주택은 할인되어 거래될 것이다.

① 고소득층 주거지역 중 오른쪽(경계지역의 왼쪽)은 저소득층 주거지역에 가까우므로 선호도가 낮고 부(-)의 외부효과가 발생하므로 할인거래가 된다. 만일 저소득층 지역에 인접한 고소득층 주거지역에서 주택의 수선·개량비용이 수선·개량 후 주택의 가치상승분보다 클 때는 고소득층 지역의 주택 소유자는 주택을 수선·개량하지 않을 것이다(하향여과 발생). 침입에 의해 하향여과의 과정이 반복됨에 따라 고소득층 주거지역이 점차 저소득층 주거지역으로 변화되어 간다. 이처럼, 어떤 토지의 이용이 이질적 요소의 침입으로 인해 하향여과과정이 계속되면 고소득층 주거지역은 점차 저소득층 주거지역으로 변화되어 천이(계승) 현상이 나타난다.

② 저소득층 주거지역 중 왼쪽(경계지역의 오른쪽)은 고소득층 주거지역에 가까우므로 선호도가 높고 정(+)의 외부효과가 발생하므로 할증거래가 된다. 만일 저소득층 주거지역의 수선·개량비용이 주택가치상승분보다 작으면 저소득층 지역이 개발되어 고소득층 지역으로 변할 수 있다(상향여과).

핵심 불량주택
1. 소득의 문제(주택문제 ×)
2. 효율적 자원배분의 과정 (시장실패 ×)
3. 대책: 실질소득의 향상 (철거 ×)

4. 불량주택

(1) 사적 시장에 불량주택이 존재하는 것은 낡고 노후화된 주택 그 자체의 문제라기보다는 실제로는 저소득의 문제(소득의 문제)이다. 즉, 불량주택은 주택의 문제가 아니라 소득이 낮아서 그것을 원하는 사람이 있기 때문이다.

(2) 불량주택은 시장실패가 아니며, 오히려 시장이 하향여과과정을 통한 효율적 자원배분의 과정에서 발생하는 현상이다.

(3) 따라서 철거와 같은 정부의 시장개입은 문제를 근본적으로 해결하는 방법이 되기 어렵고 저소득층의 실질소득 향상이 효과적인 대책이다.

제2장 입지 및 공간구조론

회독 Check   1회   2회   3회

- 지대이론, 입지론, 도시공간구조론, 도시경제분석 분야에서는 매년 2~4문제 정도 출제된다.
- 차액지대설, 절대지대설, 위치지대설, 입찰지대설의 차이를 잘 비교해 두어야 한다.
- 상업지이론과 공업지이론은 입지론의 중추적 내용이므로 철저히 숙지하여야 한다.
- 경제기반분석과 도시공간구조론의 출제비중이 차츰 높아지고 있는 점에 유의해야 한다.

제1절 | 지대이론   제32회, 제33회, 제34회, 제35회, 제36회

1 지대와 지가

(1) 지대와 지가

① 지대(地代: land rent): 일정 기간 동안 토지를 사용한 대가로 지불되는 임대료를 말하며, 기간개념인 유량(flow)개념이다.

② 지가(地價: land value): 일정 시점에서의 토지의 교환대가로 지불되는 매매가격을 의미하고, 시점개념인 저량(stock)개념이다.

$$지가(토지가치) = \frac{지대}{이자율}$$

> **참고** 지가는 장래 발생하는 지대를 이자율로 할인한 값이 된다. 따라서 지가와 지대는 비례하고, 지가와 이자율은 반비례한다.

(2) 전용수입과 경제지대(준지대)

① 전용수입(transfer earnings, 이전수입, 기회비용, 정상이윤): 토지 등과 같은 어떤 생산요소가 다른 용도로 전용되지 않고 현재의 용도로 그대로 사용되도록 하기 위하여 지급되어야 하는 최소한 지급액을 말한다.

② 경제지대(공급자잉여, 초과이윤) - 파레토(V. Pareto)
  ㉠ 토지에서 영구적으로 발생하는 초과이윤을 말한다.
  ㉡ 토지 등과 같은 어떤 생산요소가 실제로 얻고 있는 총수입과 전용수입의 차액을 말한다.
  ㉢ 경제지대는 공급의 탄력성이 비탄력적이기 때문에 발생한다. 따라서 공급곡선이 비탄력적일수록(수직에 가까울수록) 전용수입이 감소하고, 경제지대가 커진다.

> **기출** 전용수입은 어떤 생산요소가 다른 용도로 전용되지 않고 현재의 용도에 그대로 사용되도록 지급하는 최소한의 지급액이다.

㉣ 공급곡선의 형태에 따라 전용수입과 경제지대의 양이 결정되며, 수요곡선의 형태와는 관계가 없다.

$$경제지대 = 총수입 - 전용수입(기회비용)$$

> **참고** 공급의 가격탄력성과 경제지대
>
> 1. 공급이 완전비탄력적(수직): 경제지대 ⇨ 최대(전용수입 = 0, 총수입 = 경제지대)
> 2. 공급이 완전탄력적(수평): 경제지대 ⇨ 최소(경제지대 = 0, 총수입 = 전용수입)

경제지대만 존재 / 전용수입만 존재

비교 ⇨ 경제지대와 준지대
1. 경제지대: 파레토, 토지, 영구적·장기적
2. 준지대: 마샬, 인간(토지 이외), 일시적·단기적

기출
1. 마샬은 일시적으로 토지의 성격을 가지는 기계, 기구 등의 생산요소에 대한 대가를 준지대로 정의하였다.
2. 준지대는 토지사용에 있어서 지대의 성질에 준하는 잉여로 단기적 성격을 가지고 있다.
3. 마샬의 준지대설에 따르면, 생산을 위하여 사람이 만든 기계나 기구들로부터 얻은 일시적인 소득은 준지대에 속한다. 제34회

③ 준지대 – 마샬(A. Marshall)
  ㉠ 인간이 만든 기계와 기타 자본설비(토지 이외)에서 일시적으로 발생하는 초과이윤을 말한다.
  ㉡ 인간이 만든 기계와 기타 자본설비에서 생기는 소득으로, 장기적으로는 가변적이지만 단기적으로는 공급이 고정되어 있는 생산요소에 귀속되는 보수를 말한다.
  ㉢ 준지대는 단기에 자본설비에서 발생하는 초과이윤으로 장기에는 소멸한다.

용어 한계지(최열등지, 조방적 한계의 토지)
1. 생산물가격과 생산비가 일치하는 토지로, 경작되는 토지 중 생산성이 가장 낮은 토지이다.
2. 차액지대설에서는 한계지에서 지대가 발생하지 않지만, 절대지대설에서는 한계지에서도 지대가 발생한다.

❷ 지대결정이론 제32회, 제33회, 제34회, 제35회

지대의 성격에 대하여 학자들 간에 의견이 나뉘는데, 지대를 잉여(불로소득)로 보는 고전학파와, 지대를 비용(생산비)으로 보는 신고전학파로 대립되고 있다.

> **참고** 지대논쟁(지대가 생산비인가 아닌가의 논쟁)

고전학파	신고전학파
• 리카도, 튀넨 등의 견해	• 마르크스, 밀 등의 견해
• 지대는 잉여(불로소득)	• 지대는 생산비용(비용)
• 토지, 노동, 자본 구분 ○	• 토지, 노동, 자본 구분 ×
• 자연적 특성 강조, 토지는 특별한 재화	• 인문적 특성 강조, 토지는 생산요소 중 하나
• 생산물의 가격이 지대를 결정	• 지대가 생산물의 가격을 결정
• 사회전체 입장, 소득분배 및 형평성 강조	• 개별주체 입장, 효율적 이용 및 효율성 강조

(1) 차액지대설 - 리카도(D. Ricardo)

① 리카도는 비옥한 토지공급은 제한되어 있고 비옥도와 위치에 따른 생산성의 차이가 있으며 수확체감의 법칙을 전제하여 차액지대설을 정립했다.

② 차액지대란 해당 토지의 생산성과 한계지의 생산성 차이에 의해 결정된다. 따라서 한계지(최열등지)의 생산성보다 수확이 많을 때 그 수확의 초과분이 지주에게 지대로 지급되므로, 한계지(최열등지)에서는 지대가 발생하지 않는다고 주장한다.

③ 지대는 매상고에서 생산비를 차감하고 남은 불로소득(잉여)의 일종이며, 곡물가격(비옥도)이 지대를 결정한다고 보았다. 따라서 지대는 토지생산물 가격의 구성요인(비용)이 되지 않으며 또한 될 수도 없다.

④ 차액지대설은 위치문제를 경시했고, 비옥도 차이에만 중점을 두었으며, 한계지에서도 지대가 발생한다는 사실을 설명하지 못하는 한계가 있다.

(2) 절대지대설 - 마르크스(K. Marx)

① 마르크스는 지대는 토지의 소유 자체, 토지소유자가 토지를 소유하고 있다는 독점적 지위, 즉 소유권을 가진 토지소유자들의 요구 때문에 받는 수입이므로 한계지(최열등지)에서도 지대가 발생한다는 입장이다.

② 수요가 공급을 초과하는 희소성과 자본주의하에서의 토지의 사유화로 지대가 발생한다.

③ 토지의 비옥도나 생산력에 관계없이 지대가 발생한다. 따라서 한계지에서도 토지소유자의 요구로 지대가 발생한다.

기출
1. 리카도의 차액지대설에서는 지대발생 원인을 농토의 비옥도에 따른 농작물 수확량의 차이로 파악한다.
2. 차액지대설에서는 한계지에서는 지대가 발생하지 않는다.
3. 차액지대론에 따르면 조방적 한계의 토지에는 지대가 발생하지 않으므로 무지대(無地代) 토지가 되고, 지대는 잉여이기에 토지생산물의 가격이 높아지면 지대가 높아지고 토지생산물의 가격이 낮아지면 지대도 낮아진다.
4. 리카도는 지대 발생의 원인으로 비옥한 토지의 부족과 수확체감의 법칙을 제시하면서, 지대는 잉여이기 때문에 생산물의 가격에 영향을 주지 않는다고 보았다. 제36회

기출
1. 절대지대설에 따르면 토지의 소유 자체가 지대의 발생요인이다.
2. 마르크스의 절대지대론에 따르면 토지소유자는 토지 소유라는 독점적 지위를 이용하여 최열등지에도 지대를 요구한다.
3. 절대지대설에 따르면 지대는 경제적 잉여가 아니고 생산비이다.
4. 마르크스는 토지를 소유하고 있는 독점적 지위 때문에 토지소유자가 받는 수입이 지대이며, 이 지대는 토지의 비옥도나 생산력에 관계없이 발생한다고 보았다. 제36회

④ 지대가 곡물가격을 결정한다. 즉, 지대는 생산비(비용)의 일종이다. 따라서 지대는 토지생산물 가격의 구성요인(비용)이다.

(3) 위치지대설(고립국이론, 농업입지론) - 튀넨(J.H. von Thünen)

> 지대 = 매상고(생산물가격) - 생산비 - 수송비

① 튀넨은 리카도의 차액지대론에 위치개념을 추가시켜 입지지대이론으로 발전시켰다. 즉, 지대는 토지의 비옥도만이 아닌 위치에 따라 달라지는 위치지대의 개념을 통해 현대적인 입지이론의 기초를 마련하였다. 완전히 단절된 고립국을 가정하여 이곳의 작물재배활동은 생산비와 수송비를 반영하여 공간적으로 분화된다고 보았다.

② 토지의 비옥도가 동일하더라도 중심도시와의 접근성 차이에 의해 지대가 차별적으로 나타나며, 중심지와의 접근성을 고려하여 거리에 따른 수송비의 개념을 도입하여 지대를 설명하였다. 지대는 중심지에 가까울수록 수송비가 감소하므로 지대는 높아지며, 외곽으로 갈수록 수송비가 증가하므로 지대는 낮아진다. 즉, 수송비 절약분이 지대이며 지대와 수송비는 반비례한다.

③ 한계지대곡선은 우하향하는 형태로 조방한계점에 이르면 지대는 0이 된다. 즉, 한계지에서는 지대가 발생하지 않는다.

④ 집약농업일수록 중심지에 가깝게 입지하므로 한계지대곡선의 기울기는 급경사이고, 조방농업일수록 중심지에서 멀리 입지하므로 한계지대곡선의 기울기가 완경사이다.

⑤ 서로 다른 지대곡선을 가진 농산물들이 입지경쟁을 벌이면서 각 지점에 따라 가장 높은 지대를 지불하는 농업적 토지이용에 토지가 할당된다.

기출

1. 튀넨은 완전히 단절된 고립국을 가정하여 이곳의 작물재배활동은 생산비와 수송비를 반영하여 공간적으로 분화된다고 보았다.
2. 위치지대설에 따르면 다른 조건이 동일한 경우, 지대는 중심지에서 거리가 멀어질수록 하락한다.
3. 튀넨의 위치지대설에 따르면, 서로 다른 지대곡선을 가진 농산물들이 입지경쟁을 벌이면서 각 지점에 따라 가장 높은 지대를 지불하는 농업적 토지이용에 토지가 할당된다. 제33회
4. 튀넨의 위치지대설에 따르면, 농산물 생산활동의 입지경쟁 과정에서 토지이용이 할당되어 지대가 결정되는데 이를 입찰지대라 한다. 제33회
5. 중심지에 가까울수록 집약농업이 입지하고, 교외로 갈수록 조방농업이 입지한다. 제33회
6. 튀넨의 위치지대설에 따르면, 토지의 비옥도가 동일하더라도 중심도시와의 접근성 차이에 의해 지대가 차별적으로 나타난다. 제35회
7. 튀넨의 위치지대설에 따르면, 한계지대곡선은 작물의 종류나 농업의 유형에 따라 그 기울기가 달라질 수 있으며, 이 곡선의 기울기에 따라 집약적 농업과 조방적 농업으로 구분된다. 제35회
8. 튀넨의 위치지대설에 따르면, 가장 높은 지대를 지불하는 농업적 토지이용에 토지가 할당된다. 제35회

⑥ 농산물 생산활동의 입지경쟁 과정에서 토지이용이 할당되어 지대가 결정되는데, 이를 입찰지대라 한다.
⑦ 튀넨은 '고립국'이라는 논문에서 델로농장을 직접 경영하면서 6개의 동심원을 순서로 농업이 행해진다고 설명으며, 도시공간구조이론 중 버제스의 동심원이론 및 알론소의 입찰지대이론에 영향을 미쳤다.

9. 튀넨은 운송비의 차이에 따라 한계지대곡선의 기울기가 달라지며, 이 곡선의 기울기에 따라 집약적 농업과 조방적 농업으로 구분된다고 보았다. 제36회

(4) 입찰지대설 – 알론소(W. Alonso)

[입찰지대곡선(경쟁지대곡선)]

① 입찰지대(경쟁지대)란 단위면적의 토지에 대해 토지이용자가 지불하고자 하는 최대금액을 말하며, 해당 토지이용을 통해 초과이윤이 0이 되는 수준의 지대를 의미한다. 이 경우 입찰지대곡선은 원점을 향해 볼록한 우하향의 곡선 모양을 나타낸다.
② 어떤 토지든지 입지경쟁의 결과 최대의 지불능력(의사)을 가지고 있는 입지주체가 이용한다. 즉, 지대는 기업주의 정상이윤과 투입생산비를 지불하고 남은 잉여에 해당하며, 토지이용자에게는 최대지불용의액이라 할 수 있다.
③ 도심으로부터의 거리에 따라 가장 높은 지대를 지불할 수 있는 각 산업의 지대곡선들을 연결한 곡선이 입찰지대곡선이다.
④ 특정 토지는 입지경쟁이 발생하는 경우에 최대의 순현재가치를 올릴 수 있는 이용에 할당된다. 이때 최대의 순현재가치를 올릴 수 있는 원인은 무엇이든 상관이 없다. 이는 한정된 토지자원이 최유효이용으로 효율적 배분이 이루어진다는 것이다.

기출

1. 알론소(W. Alonso)는 단일도심도시의 토지이용형태를 설명함에 있어 입찰지대의 개념을 적용하였다.
2. 입찰지대란 단위면적의 토지에 대해 토지이용자가 지불하고자 하는 최대금액으로, 초과이윤이 0이 되는 수준의 지대를 말한다.
3. 생산요소 간의 대체가 일어날 경우, 일반적으로 입찰지대곡선은 우하향하면서 원점을 향해 볼록한 형태를 지니게 된다.
4. 알론소의 입찰지대곡선은 여러 개의 지대곡선 중 가장 높은 부분을 연결한 포락선이다.
5. 알론소(W. Alonso)의 입찰지대곡선은 도심에서 외곽으로 나감에 따라 가장 높은 지대를 지불할 수 있는 각 산업의 지대곡선들을 연결한 것이다. 제32회
6. 입찰지대곡선의 기울기는 생산물의 단위당 한계운송비를 토지이용자의 토지이용량으로 나눈 값이다.

⑤ **입찰지대곡선의 기울기**는 생산물의 단위당 한계운송비(한계교통비, 한계수송비)를 토지이용자의 토지이용량(토지사용량)으로 나눈 값이다.

$$\text{입찰지대곡선의 기울기} = \frac{\text{한계운송비(한계교통비)}}{\text{토지이용량(토지사용량)}}$$

⑥ 따라서 **지대지불능력이 커서 입찰지대곡선의 기울기가 가파른 업종일수록 중심지에 가까이 입지하는 경향**이 있다. 또한 **토지 단위면적당 생산성이 높거나 생산물의 한계운송비가 큰 업종(상업용)은 도심에 입지한다**. 다른 조건이 일정하다면 도심에서 외곽으로 갈수록 상업지역, 주거지역, 공업지역 등으로 토지이용이 변해가는 계층구조를 나타낸다.
⑦ 튀넨의 고립국이론을 도시공간에 적용하여 확장·발전시킨 것이다.
⑧ 도심지역의 이용가능한 토지는 외곽지역에 비해 한정되어 있어 토지이용자들 사이에 경쟁이 치열해질 수 있다.
⑨ 교통비 부담이 너무 커서 도시민이 거주하려고 하지 않는 한계지점이 도시의 주거한계점이다.

심화 독점지대설
토지수요에 비해 공급이 제한되어 있기 때문에 발생하는 지대를 독점지대라 한다. 즉, 토지의 양적·질적 부족에 의해 지대가 발생한다는 이론을 말한다.

핵심 지대이론의 주요 특징

차액지대설 (리카도)	절대지대설 (마르크스)	위치지대설 (튀넨)	입찰지대설 (알론소)
• 비옥도, 수확체감법칙 • 한계지에서 지대 0 • 곡물가격 ⇨ 지대 결정 • 지대는 불로소득(잉여)	• 소유권(요구) • 한계지에서 지대 존재 • 지대 ⇨ 곡물가격 결정 • 지대는 생산비(비용)	• 수송비 • 한계지대곡선은 우하향 • 지대와 수송비 반비례	• 지대지불능력 최대 • 초과이윤 0 • 원점 향해 볼록한 우하향 • 기울기 = $\frac{\text{한계교통비}}{\text{토지사용량}}$

기출
1. 헤이그(R. Haig)의 마찰비용이론에 따르면 마찰비용은 교통비와 지대로 구성된다. 제32회
2. 헤이그의 마찰비용이론은 중심지로부터 멀어질수록 수송비는 증가하고 지대는 감소한다고 보고 교통비의 중요성을 강조했다.

참고 (최소)마찰비용이론 – 헤이그(R. M. Haig) 제32회, 제34회

지가는 공간마찰비용에 따라 달라진다. 공간의 마찰비용은 지대와 교통비의 합이며, 교통비의 절약액이 지대라고 하였다. 즉, 어떤 위치의 토지를 이용하고자 하는 자는 공간마찰을 극복하기 위한 비용으로 교통비와 지대를 지불하게 된다. 이때 중심지에서 멀어질수록 마찰비용의 요소 중 지대의 비중은 작아지고 교통비의 비중은 커진다. 그리고 교통이 발달할수록 공간마찰이 적어진다.

마찰비용 = 지대 + 교통비

지대 = 마찰비용 − 교통비

제2절 | 도시공간구조론

제32회, 제33회, 제34회, 제35회

1 도시공간(내부)구조이론

1. 버제스(E. Burgess)의 동심원이론(1925년) – 단핵도시이론

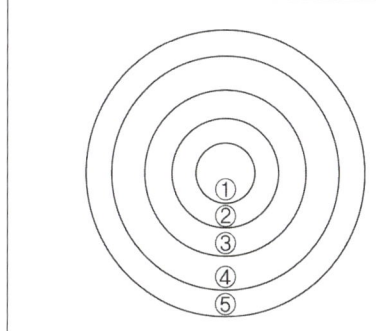

① 중심업무지구(CBD, 도심)
② 점이(전이, 천이)지대
③ 저급(근로자)주거지대
④ 고급(중산층)주거지대
⑤ 통근자지대

(1) 의의

도시는 그 중심지에서 동심원상으로 확대되어 5개 지구로 분화되면서 성장한다는 이론이다. 도시 내의 각종 활동기능이 지대지불능력에 따라 5가지의 토지이용 패턴으로 이루어진다.

(2) 내용

① 도시의 내부구조를 설명하는 이론으로서 미국의 시카고를 모델로 한 가장 오래된 실증적 모형이며, 도시는 단핵구조이다.
② 이는 튀넨의 농업입지이론인 고립국론을 도시 내부에 응용한 모형이다.
③ 도시의 공간구조를 도시생태학적 관점에서 도시의 공간구조 형성을 침입, 경쟁, 천이 등의 과정으로 설명하였다.
④ 동심원이론에 따르면 저소득층일수록 고용기회가 많은 도심과 접근성이 양호한 지역에 주거지를 선정하는 경향이 있다.

기출

1. 버제스의 동심원이론은 토지이용이 도시를 중심으로 지대지불능력에 따라 달라진다는 튀넨의 이론을 도시 내부에 적용하였다.
2. 버제스(E. Burgess)의 동심원이론에 따르면 중심업무지구와 저소득층 주거지대 사이에 점이지대가 위치한다. 제32회
3. 동심원이론에 따르면 저소득층일수록 고용기회가 많은 도심과 접근성이 양호한 지역에 주거를 선정하는 경향이 있다.
4. 동심원이론에 의하면 고급주택지구는 점이지대보다 도심으로부터 원거리에 위치한다.
5. 버제스의 동심원이론에서 통근자지대는 가장 외곽에 위치한다. 제34회

⑤ 도시는 중심지에서 멀어질수록 접근성·지대·인구밀도 등이 낮아지고, 범죄·인구이동·빈곤 등의 도시문제가 감소한다. 중심지와 가까워질수록(저소득층 입지) 범죄, 빈곤 및 질병이 많아지는 경향을 보인다.

⑥ 도시 내의 각종 활동의 기능이 5가지 토지이용의 패턴에 따라 이루어진다고 보고 있다.

(3) 비판

① 토지이용 패턴을 지나치게 단순화한 이론이며, 시카고만을 대상으로 한 연구이므로 도시공간구조에 대한 일반화가 결여되었다.

② 도로 및 교통수단의 발달이 동심원형을 변형시킬 수 있다는 점을 고려하지 않았다.

③ 중심지로부터 각 방향으로의 수송비가 동일할 수 없으므로 현실의 토지이용은 동심원구조가 될 수 없다.

④ 실질적으로 도시는 주요 도로망에 따라 토지이용모형과 지가가 달라진다. 즉, 도시는 교통망에 따라 원이 아니라 별모양으로 성장한다.

⑤ 중심업무지구는 불규칙적인 크기를 가지며, 원형이라기보다는 정방형 또는 장방형의 형태를 지닌다.

> **심화** 5개의 동심원지대
>
> 1. 제1지대: 중심업무지대(CBD; Central Business District)
>   도심지역으로서 도시의 중추관리기능, 산업·사회·문화·교통의 중심핵을 이루는 지역이다.
>
> 2. 제2지대: 전이지대(zone in transition) - 점이(천이)지대
>   도심지역을 둘러싸고 있으며, 주거지가 쇠퇴하여 제1지대로부터 상업과 소기업의 진입이 시작되어 주거지로서의 매력이 감소하고 도시의 주요 빈민지대로 전락할 소지가 있는 지역이다. 내측지대에는 경공업지구가 해당하고, 외측지대에 거주하는 주민들은 소득수준이 향상되면 근로자 주택지대로 주거를 옮겨가는 경향이 있다.
>
> 3. 제3지대: 근로자 주택지대(zone of low income housing) - 저소득층지역, 일반서민 주택지대
>   주로 공장노동자·단순기능인과 같은 근로자의 주거지대로서 주민 가운데에는 제2지대로부터 직장 가까이에 살려는 동기로 옮겨진 층이 많다.
>
> 4. 제4지대: 중산층 주택지대(zone of middle income housing) - 고소득층지역
>   대다수의 중산층 백인들이 사는 지대이다. 주민의 구성은 소규모 자영업자, 전문직종인, 판매인, 사무원 등이다. 이 지역은 또한 단독주택이 아파트 등 집단주택으로 변하고 있는 지역이기도 하다.

5. 제5지대: 통근자지대(commuter's zone)
   도시경계 외곽에 형성된 작은 교외도시들로 구성되어 있으며, 거주자의 대부분이 시내에 직장을 가지고 있어 주거 중심의 위성도시로 볼 수 있는 지대이다.

2. 호이트(H. Hoyt)의 선형(부채꼴·축)이론(1939년) – 단핵도시이론

① 중심업무지구(CBD)
② 도매 및 경공업지구
③ 저급주거지구
④ 중급주거지구
⑤ 고급주거지구

➕ 선형이론은 원을 변형한 모양(별모양)으로 도시가 확장한다는 이론이며 헤이그의 최소마찰비용이론과 일맥상통한다.

기출

1. 호이트는 도시의 성장과 분화가 주요 교통망에 따라 확대되면서 나타난다고 보았다.
2. 호이트(H. Hoyt)의 선형이론에 따르면 도시공간구조의 성장과 분화는 주요 교통축을 따라 부채꼴 모양으로 확대되면서 나타난다. 제32회
3. 호이트에 의하면 도시는 전체적으로 원을 반영한 부채꼴 모양의 형상으로 그 핵심의 도심도 하나이나 교통의 선이 도심에서 방사되는 것을 전제로 하였다.
4. 버제스의 동심원이론에 교통축을 적용하여 개선한 이론이 호이트의 선형이론이다. 제32회
5. 호이트는 고소득층의 주거지가 형성되는 요인으로 주요 간선도로의 근접성을 제시하였다.
6. 호이트의 선형이론은 단핵의 중심지를 가진 동심원 도시구조를 기본으로 하고 있다는 점에서 동심원이론을 발전시킨 것이라 할 수 있다. 제35회

(1) 의의

토지이용은 도심에서 시작되어 점차 교통망(교통축, 교통노선)을 따라 확장되어 부채꼴 모양으로 성장하고, 교통축과의 접근성이 지가에 영향을 주며 형성된다는 이론이다.

(2) 내용

① 선형이론은 도심에서 교통망을 따라 동질적으로 확장된다는 이론이다. 그러나 도시가 확장하는 모양이 버제스의 동심원 모양처럼 확장되는 것이 아니라 산·하천 등 장애물이 적은 방향으로 도시가 부정형 모양을 띠면서 확장된다는 이론이다.➕

② 고급주택은 교통망의 축에 가까이 입지하고, 중급주택은 고급주택의 인근에 입지하며, 하급주택은 반대편에 입지하는 경향이 있다. 즉, 선형이론에 따르면 주택구입능력이 높은 고소득층의 주거지는 주요 간선도로 인근(주요 교통노선을 축으로 하여 접근성이 양호한 지역)에 입지하는 경향이 있다.

③ 도시중심지에서 고소득층이 교외로 이동하면, 중·하위소득층이 그곳을 점유하여 새로운 주거군을 형성한다.

④ 주택가격의 지불능력이 도시주거공간의 유형을 결정하는 중요한 요인이다.

⑤ 도시공간구조의 성장과 지역분화에 있어 중심업무지구로부터 도매·경공업지구, 저급주택지구, 중급주택지구, 고급주택지구들이 주요 교통노선에 따라 쐐기형(wedge) 지대모형으로 확대·배치된다.

(3) 비판
① 단순히 과거의 경향을 말하는 것일 뿐, 도시성장의 추세분석을 유도하기에는 미흡하다.
② 동일수준의 주택이 집적하는 것에 대한 설명은 있으나, 그 원인에 대한 설명이 없다.
③ 주택입지의 이동을 설명 또는 예측하기 위해 고급주택의 역할을 강조한 것에 불과하다.

3. 해리스(C. Harris)와 울만(E. Ullman)의 다핵심이론(1945년) – 다핵도시이론

① 중심업무지구(CBD) – 도심
② 도매 및 경공업지구
③ 저급 주거지구
④ 중급 주거지구
⑤ 고급 주거지구
⑥ 중공업지구
⑦ 외부업무지구 – 부도심
⑧ 교외주거지구
⑨ 교외공업지구

(1) 의의
도시성장에 있어서 도시의 핵심은 하나가 아니다. 즉, 도시가 성장하면 핵심의 수가 증가하고 도시는 복수의 핵심 주변에서 발달한다는 이론으로서, 맥켄지(R. Mckenzie)가 처음 주장하고, 해리스(C. Harris)와 울만(E. Ullman)에 의해 발전된 이론이다.

(2) 내용
① 도시 토지이용의 패턴이 하나의 핵으로 된 것이 아니라, 몇 개의 이산되는 핵으로 구성되어 있다는 이론이다. 현대도시나 대도시는 기능이 분화되어 도심뿐 아니라 부도심 및 위성도시의 기능이 높아진다.

기출
1. 해리스와 울만의 다핵심이론은 단일의 중심업무지구를 핵으로 하여 발달하는 것이 아니라, 몇 개의 분리된 핵이 점진적으로 통합됨에 따라 전체적인 도시구조가 형성된다는 것이다. 제33회
2. 해리스와 울만은 도시 내부의 토지이용이 단일한 중심의 주위에 형성되는 것이 아니라 몇 개의 핵심지역 주위에 형성된다는 점을 강조하면서, 도시 공간구조가 다핵심구조를 가질 수 있다고 보았다. 제35회

② 도시성장은 분산된 핵을 따라 이루어졌으며, 핵의 형성은 입지조건에 따라 다르다.
③ 하나의 핵을 이루는 곳에 교통망이 모이고 주거지역과 산업지역 등 토지이용군이 형성된다. 런던의 도시구조가 대표적이고 동종활동의 집적이익의 추구를 위해 집적지향성을 강조하였다.

> **심화** 다핵심이 생기는 원인
>
> 1. **동종의 활동은 집적이익 추구를 위해 모여서(집적, 양립, 집중) 입지한다.**
>   ⇨ **동종활동 간의 집적이익** 예 소매업지구, 금융지구, 도매업지구
> 2. **이종의 활동은 서로 간의 이해가 상반되어 분산(분리, 비양립) 입지한다.**
>   ⇨ **이종활동 간의 비양립성** 예 고급주택지구와 공업지구
> 3. **어떤 활동은 특정한 위치나 특수한 시설을 요구한다.**
>   ⇨ **특정시설의 필요성** 예 공업지구는 지역 간 교통과 수자원 확보가 용이한 곳
> 4. **지대지불능력이 낮은 업종은 외곽에 입지한다.**
>   ⇨ **지대지불능력 차이** 예 교외공업지구, 창고업

기출
다핵심이론에서는 다핵의 발생요인으로 유사활동 간 집적지향성, 이질활동 간 입지적 비양립성 등을 들고 있다.

4. 시몬스(J.W. Simmons)의 다차원이론

시몬스는 동심원이론, 선형이론, 다핵심이론을 종합하여 미국의 현실에 맞게 적용하였다.

(1) 도시화차원

도시화차원은 가족구성, 세대의 유형, 노동력 등을 반영한다. 이는 도시주민의 생활양식과 관련해서는 버제스(E. W. Burgess)의 동심원구조처럼 근로자주거지대에서 교외의 통근자지대에 이르는 도시구조를 갖는다.

(2) 사회계층차원(소득)

사회계층차원은 소득수준, 교육수준, 직업수준을 반영한다. 이는 호이트(H. Hoyt)의 선형구조처럼 일정한 교통축을 따라 고급주택지역에서 저급주택지역에 이르는 도시구조를 갖는다.

(3) 인종별 분포차원

인종별 분포차원은 주거지의 인종별 분리를 반영하는 것으로 해리스(C. Harris), 울만(E. Ullman)의 다핵심구조처럼 인종이나 민족의 구성은 다핵을 형성하며 무질서하게 분포한다는 구조이다.

5. 베리(B.J. Berry)의 유상도시이론

(1) 의의

교통기관의 발달로 종래 도시 내부에 집약되어 있던 업무시설과 주택이 간선도로를 따라 리본모양으로 확산·입지하는 경향이 있다는 이론이다.

(2) 내용

① 도시의 성장이 마치 리본모양과 같다는 의미에서 유상(紐狀)도시이론(ribbon pattern theory)이라 한다.
② 현대는 자동차시대라 할 수 있으므로 간선도로를 따라 토지이용의 효용이 날로 증대되고 있다.

❷ 도시경제기반이론 제32회, 제34회

(1) 도시경제기반이론의 의의

① 경제기반이론에서는 한 지역의 산업활동을 기반산업과 비기반산업으로 나눈다. 기반산업이란 도시의 주된 산업으로서 도시 외부로 재화나 용역을 수출(제공)하여 외부로부터 화폐의 유입을 가져오는 산업을 말한다. 비기반산업이란 도시 내부에서 소비되는 재화와 용역을 생산·판매하는 산업으로서 도시 내부의 화폐유통을 가져오는 산업을 말하며, 비기반산업을 지역서비스산업이라고도 한다.
② 경제기반이론에 의하면 지역사회나 도시의 성장은 기반산업의 활동에 달려 있다. 즉, 기반산업의 성장이 비기반산업의 성장을 유도하며 도시 전체의 성장을 주도한다는 이론이다.

(2) 입지계수(LQ; Location Quotient, 입지상)

입지계수(LQ, 입지상)란 특정지역의 특정산업이 전국의 평균에 비해 얼마나 강하게 입지·분포하고 있는가를 나타내는 지수이다. 즉, 어떤 지역의 산업이 전국의 동일산업에 대해 갖는 상대적 중요도를 나타내거나 그 산업의 상대적 특화 정도, 전문화 정도를 나타내는 지수이다.

$$\text{입지계수(LQ)} = \frac{\text{A지역의 특정산업 구성비}}{\text{전국의 특정산업 구성비}} = \frac{\dfrac{\text{A지역의 특정산업에 대한 고용자 수}}{\text{A지역의 전체산업에 대한 고용자 수}}}{\dfrac{\text{전국의 특정산업에 대한 고용자 수}}{\text{전국의 전체산업에 대한 고용자 수}}}$$

✔ 고용자 수 대신 인구나 소득, 생산액 등을 사용할 수도 있다.

① LQ > 1 ⇨ 그 지역의 (수출)기반산업
② LQ < 1 ⇨ 그 지역의 비(수출)기반산업 또는 지역서비스산업
③ LQ = 1 ⇨ 자급자족산업(전국평균과 동일하게 분포)

예제

각 지역과 산업별 고용자 수가 다음과 같을 때, A지역과 B지역에서 입지계수(LQ)에 따른 기반산업의 개수는? (단, 주어진 조건에 한하며, 결과값은 소수점 셋째 자리에서 반올림함)

제32회

구분		A지역	B지역	전지역 고용자 수
X산업	고용자 수	30	50	80
	입지계수	0.79	?	
Y산업	고용자 수	30	30	60
	입지계수	?	?	
Z산업	고용자 수	30	20	50
	입지계수	?	0.76	
고용자 수 합계		90	100	190

① A지역: 0개, B지역: 1개
② A지역: 1개, B지역: 0개
③ A지역: 1개, B지역: 1개
④ A지역: 1개, B지역: 2개
⑤ A지역: 2개, B지역: 1개

해설 A지역은 Y산업, Z산업이 기반산업(2개)이고, B지역은 X산업만 기반산업(1개)이 된다.

- A지역 Y산업 입지계수 = $\dfrac{\frac{30}{90}}{\frac{60}{190}}$ ≒ 1.06(기반산업),

  A지역 Z산업 입지계수 = $\dfrac{\frac{30}{90}}{\frac{50}{190}}$ ≒ 1.27(기반산업)

- B지역 X산업 입지계수 = $\dfrac{\frac{50}{100}}{\frac{80}{190}}$ ≒ 1.19(기반산업),

  B지역 Y산업 입지계수 = $\dfrac{\frac{30}{100}}{\frac{60}{190}}$ ≒ 0.95(비기반산업)

정답 ⑤

(3) 경제기반승수

① **의의**: 경제기반승수는 수출기반산업의 고용(생산) 증가 등이 지역전체의 고용(생산)인구 증가에 미치는 영향을 나타내는 승수이다. 이는 고용인구변화가 부동산 수요에 미치는 영향을 예측하는 데 사용된다.

> ㉠ 경제기반승수 = $\dfrac{1}{1-비기반산업비율} = \dfrac{1}{기반사업비율} = \dfrac{1}{기반사업인구수}$
>
> ㉡ 지역전체의 인구 증가 = 경제기반승수 × 기반산업의 인구 증가

> **참고** 📖
> 1. 지역의 총고용인구 = 기반산업인구 + 비기반산업인구
> 2. 1 = 기반산업비율 + 비기반산업비율

② **내용**: 기반산업의 고용인구비율이 적거나, 비기반산업의 고용인구비율이 클수록 지역의 경제기반승수는 커진다. 특정지역의 기반산업비율의 역수가 경제기반승수이다. 이는 기반산업에 의해 수출이 커져서 소득이 증가하면 지역 내의 비기반산업(서비스업)에 대한 소비가 증가한다는 사실을 전제로 한다. 즉, 기반산업활동이 비기반산업활동의 성장을 유도한다. 경제기반승수가 클수록 지역전체의 인구(소득) 증가폭은 더 커진다.

🔍 **사례**

1. A도시의 인구가 10만명, 기반산업인구가 2만명, 비기반산업인구가 8만명이라면 기반산업비율은 20%이고, 비기반산업비율은 80%인 경우이다.

   경제기반승수는 $\dfrac{10만}{2만} = \dfrac{1}{0.2} = \dfrac{1}{1-0.8} = 5$가 되므로 기반산업의 고용인구 증가가 1만명이라면 A도시의 고용인구 증가는 5만명이 된다(비기반산업의 인구는 4만명이 증가된다).

2. B도시의 인구가 20만명, 기반산업인구가 2만명, 비기반산업인구가 18만명이라면 기반산업비율은 10%이고, 비기반산업비율은 90%가 된다.

   경제기반승수는 $\dfrac{20만}{2만} = \dfrac{1}{0.1} = \dfrac{1}{1-0.9} = 10$이 되므로 기반산업의 고용인구 증가가 1만명이라면 B도시의 고용인구 증가는 10만명이 된다(비기반산업의 인구는 9만명이 증가한다).

제3절 | 부동산입지선정 제32회, 제33회, 제34회, 제35회, 제36회

① 부동산입지선정의 의의

(1) 입지와 입지선정

① 입지: 입지주체(경제활동주체)가 점하고 있는 장소이고, 입지주체가 원하는 조건이 입지조건이다. 부동산입지는 부동산이용 활동의 한 분야이다. 즉, 입지주체가 필요한 활동을 위해 어떤 장소를 정해야 하는가를 연구한다.

② 입지선정: 입지주체가 요구하는 자연적·사회적 여러 조건(입지조건)을 갖춘 토지를 찾는 것을 말하며, 입지선정자가 점유하기 위한 위치를 선정하는 과정이다.

③ 입지는 정적이고 공간적인 개념인 데 반해 입지선정은 동적이고 공간적·시간적 개념이다.

> **참고** 입지론과 적지론
>
> 1. 입지론: 공장, 상점 등 토지를 이용하는 입장에서 더 유리한 위치를 결정하는 것을 말한다.
> 2. 적지론: 그 토지가 존재하는 경우 그것을 어떻게 사용하는 것이 최적인지를 논의하는 것이다.

(2) 입지선정이 중요한 이유

① 입지선정이 잘못되면 경영상의 낭비를 가져오며, 사업의 실패를 초래할 수 있다.

② 입지선정시에는 주위환경과의 조화를 고려해야 한다. 즉, 적합의 원칙에 합치되어야 하며 이 원칙에 위배되면 경제적 감가가 된다.

③ 입지선정에는 지역변화에 대한 예측이 중요하며 부동산은 비가역성으로 인해 일단 한번 사용되면 그 용도를 마음대로 환원하기 어렵다.

④ 부동산은 용도에 따른 유용성의 기준이 다르다(쾌적성, 편리성, 수익성 등).

(3) 입지선정과 입지경쟁

① 입지선정 과정에서 입지경쟁이 발생한다. 입지잉여(입지조건 양호시 더 많은 이익)가 높은 곳은 한정되어 있는데, 이를 원하는 업체는 많기 때문에 입지경쟁이 발생한다.

② 입지경쟁에서는 토지를 집약적으로 이용할 수 있는 업체가 승리하게 된다. 입지경쟁에서 이길 수 있는 업체는 지대의 지불능력이 가장 우수한 토지집약적인 입지주체가 된다.

> **참고** 입지론의 체계
>
> 1. 농업입지론: 튀넨의 입지교차지대설(위치지대설, 고립국론)
> 2. 공업입지론
>   ① 베버의 최소비용이론
>   ② 뢰쉬의 최대수요이론
>   ③ 그린헛, 아이샤드의 통합이론
> 3. 서비스업(상업)입지론
>   ① 크리스탈러의 중심지이론: 소비자의 분포, 거시적 분석법
>   ② 레일리의 소매인력법칙, 컨버스의 분기점모형
>   ③ 허프의 중심지이론(소매지역이론, 확률모형): 소비자의 개성, 미시적 분석법
>   ④ 넬슨의 소매입지론: 점포입지의 8가지 원칙(양립성)
> ✔ 동양은 주거입지, 서양은 산업입지를 중심으로 입지론이 발달하여 왔다.

② 서비스업(상업) 입지론

1. 상권(배후지)

(1) 상권의 개념

① 상권이란 상업활동을 하는 곳, 즉 상업활동을 성립시키는 지역적인 조건을 가진 공간적 넓이라고 할 수 있다. 즉, 고객이 존재하는 곳을 말한다.

② 배후지는 소비자의 생활권과 기업의 활동권이 직·간접적으로 겹치는 지역공간이라 할 수 있다.

③ 배후지는 인구밀도뿐만 아니라 고객밀도가 높고 소득수준이 높을수록 유리하다.

④ 취급상품의 판매액에 따라 제1차 상권, 제2차 상권, 제3차 상권으로 분류할 수 있다.

기출

1. 배후지는 중심지에 의해 재화와 서비스를 제공받는 주변지역을 말한다. 제34회
2. 일반적으로 상품이나 서비스의 구입 빈도가 낮을수록 상권의 규모는 크다.

(2) 상권획정의 기법

시장침투법	대부분의 상권분석에서 사용되며 상권의 중첩부분, 경쟁부분을 인정하는 업종에 적합한 확률 상권 모형이다(백화점, 슈퍼마켓에 적용되고, 선매품점, 경쟁점포에 응용 가능).
공간독점법	거리제한을 두는 업종이나 면허가 필요한 업종 등 지역독점력이 강한 업종에 적용된다(주류판매점, 우체국에 적용되고, 편의품, 체인점에 응용 가능).
분산시장접근법	매우 전문화된 상품을 취급하는 업종, 특정 소득계층을 대상으로 하는 업종에 적합한 기법이며, 시장이 분화되고 상권은 불연속 상권이다(고급가구점에 적용).

2. 상권에 관한 이론

(1) 크리스탈러(W. Christaller)의 중심지이론

크리스탈러는 인간정주체계의 분포원리와 상업입지의 계층체계를 설명하는 이론으로 재화와 서비스에 따라 중심지가 계층화되며 서로 다른 크기의 도달범위와 최소요구범위를 가진다고 보았다. 또한, 공간적 중심지 규모의 크기에 따라 상권의 규모가 달라진다는 것을 실증하였다.

① 중심지: 재화와 서비스 기능이 집중되어 배후지에 이를 제공하는 중심지역을 말한다.
② 배후지(상권): 중심지에 의해 재화와 서비스를 제공받는 주변지역을 말한다.
③ 중심지 재화 및 서비스: 중심지에서 배후지로 제공되는 재화 및 서비스를 말한다.
④ (재화의) 도달범위: 중심지가 재화나 서비스를 제공하는 최대한의 범위로서 수요가 '0'이 되는 곳까지의 거리를 말한다.
⑤ 최소요구치: 중심지 기능이 유지되기 위한 최소한의 수요요구 규모를 말한다.
⑥ 최소요구범위: 판매자가 정상이윤을 얻는 만큼의 충분한 소비자를 포함하는 경계까지의 거리를 말한다.
⑦ 중심지의 성립: 중심지가 성립·유지되기 위해서는 재화의 도달범위가 최소요구치보다 커야 한다(도달범위 > 최소요구치).

> ㉠ 중심지가 성립되는 경우 : 재화의 도달범위 > 최소요구치
> ㉡ 중심지가 불성립되는 경우: 재화의 도달범위 < 최소요구치

기출

1. 크리스탈러의 중심지이론에 따르면 인간정주체계의 분포원리와 상업입지의 계층체계를 설명하고 있다. 제33회
2. 크리스탈러는 재화와 서비스에 따라 중심지가 계층화되며 서로 다른 크기의 도달범위와 최소요구범위를 가진다고 보았다.
3. 크리스탈러는 중심성의 크기를 기초로 중심지가 고차중심지와 저차중심지로 구분되는 중심지이론을 설명했다. 제35회
4. 크리스탈러의 중심지이론은 공간적 중심지 규모의 크기에 따라 상권의 규모가 달라진다는 것을 실증하였다.

기출

1. 크리스탈러의 중심지이론에 따르면 재화의 도달거리와 최소요구치와의 관계를 설명하는 것으로 최소요구치가 재화의 도달범위 내에 있을 때 판매자의 존속을 위한 최소한의 상권범위가 된다. 제33회
2. 크리스탈러의 중심지이론에 따르면 고객의 다목적 구매행동, 고객의 지역 간 문화적 차이를 반영하지 않았다는 비판이 있다. 제33회

⑧ 시장 지역의 형태(중심지 배후지의 형태): 하나의 중심지일 경우 원형의 형태를 갖고, 다수의 중심지가 있을 때에는 정육각형(벌집구조)이 합리적이다.

외접형은 서비스를 제공받지 못하는 공간이 남게 된다(서비스 미도달지 발생). 중첩형은 서비스가 중복되어 불안정한 경쟁을 하게 된다(과잉경쟁). 결과적으로 배후지는 모든 중심지로부터 서비스를 제공받을 수 있고 중복지역이 없는 정육각형이 이상적이다.

⑨ 크리스탈러의 중심지이론 요약

㉠ 고차중심지일수록 거리(체적)가 더 멀고, 규모가 더 커지고 다양한 중심지 기능을 갖는다. 소비자의 이용빈도는 고차중심지가 낮다.
㉡ 저차중심지에서 고차중심지로 갈수록 중심지의 수는 피라미드형을 이룬다. 즉 저차중심지에서 고차중심지로 갈수록 중심지의 수는 줄어든다(저차중심지수 > 고차중심지수).
㉢ 중차중심지가 포용하는 저차중심지의 수는 고차중심지로 갈수록 그 분포도가 줄어든다.
㉣ 인구밀도증가와 소득증가 등 경제활성화는 중심지 간의 간격을 좁게 하며, 자동차 교통의 발달은 저차중심지를 쇠퇴시키고 고차중심지를 발달시킨다.
㉤ 시장원리, 교통원리, 행정원리 등에 따라 중심지의 수와 모형은 많은 영향을 받는다.

⑩ 크리스탈러 이론의 한계점: 크리스탈러의 중심지이론은 점포들 간의 공간분포에 관한 이론이지만 유사상품을 취급하는 점포들이 도심에 함께 입지하는 현상(집적이익)을 설명하지 못하고, 고객의 다목적 구매행동, 고객의 지역 간 문화적 차이를 반영하지 않았다는 비판이 있다.

(2) 레일리(W. Reilly)의 소매인력(중력)법칙

레일리의 소매인력법칙은 뉴턴의 만유인력의 법칙을 이용하여 상권의 범위를 측정하는 모형으로서 2개 도시 사이에 위치한 지역의 소비자들에게 미치는 2개 도시의 상거래의 영향력의 크기(흡인력)는 두 도시의 중심의 크기(인구, 상점 수)에 비례하고 두 도시 사이의 소비지역으로부터 거리의 제곱에 반비례하여 형성된다는 것이다.

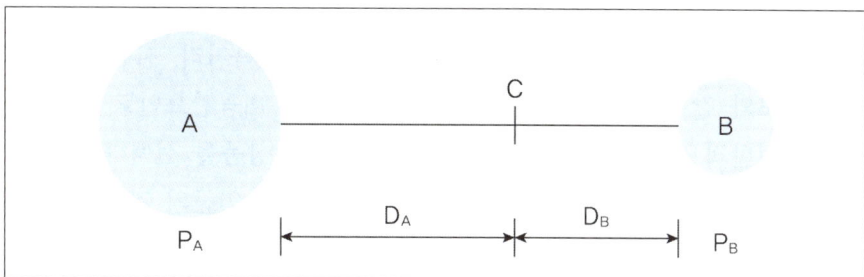

> 기출
> 1. 레일리는 두 중심지가 소비자에게 미치는 영향력의 크기는 두 중심지의 크기에 비례하고 거리의 제곱에 반비례한다고 보았다.
> 2. 소매중력법칙에 따르면 소비자에 대한 유인력은 도시(상점)의 규모가 클수록, 거리가 가까울수록 커진다.

B도시에 대한 A도시의 구매지향비율 $\left(\dfrac{B_A}{B_B}\right)$은 다음과 같다.

$$\dfrac{B_A}{B_B} = \dfrac{P_A}{P_B} \times \left(\dfrac{D_B}{D_A}\right)^2 = \dfrac{\text{A도시의 인구}}{\text{B도시의 인구}} \times \left(\dfrac{\text{B도시까지의 거리}}{\text{A도시까지의 거리}}\right)^2$$

$$\text{A도시 유인력} = \dfrac{\dfrac{\text{A도시면적}}{\text{A도시까지의 거리}^2}}{\dfrac{\text{A도시면적}}{\text{A도시까지의 거리}^2} + \dfrac{\text{B도시면적}}{\text{B도시까지의 거리}^2}}$$

① 위의 그림에서 A도시와 B도시 사이에 작은 마을 C가 있다고 가정할 경우, C마을에 살고 있는 소비자들의 A·B도시에서의 구매지향비율은 A·B도시의 인구에 비례하고, A·B까지의 거리의 제곱에 반비례한다.
② A도시와 B도시의 크기가 같다면 두 도시 간의 상권의 경계(분기점)는 중간지점이 될 것이고, A도시가 B도시보다 크다면 상권의 경계는 작은 도시(B도시) 쪽에 가깝게 형성된다.

(3) 컨버스(P. Converse)의 분기점(경계지점)모형

컨버스는 경쟁관계에 있는 두 소매시장 간 상권의 경계지점을 확인할 수 있도록 레일리의 소매중력모형을 수정하였다. 다음의 공식으로 두 도시 간의 상권의 분기점 위치를 구한다.

> 심화 바움(Baums)의 법칙
> 레일리나 컨버스 공식에서 인구를 소매점 매장면적으로 수정했고, 거리를 자동차 주행시간으로 수정하여 계산했다.

> 기출 컨버스는 경쟁관계에 있는 두 소매시장 간 상권의 경계지점을 확인할 수 있도록 소매중력모형을 수정하였다.

$$\text{A도시에서 분기점까지의 거리} = \frac{\text{A, B 간의 전체거리}}{1+\sqrt{\frac{\text{B의 인구(면적)}}{\text{A의 인구(면적)}}}}, \quad \text{즉 } D_A = \frac{D_{AB}}{1+\sqrt{\frac{P_B}{P_A}}}$$

(4) 허프(D. Huff)의 중심지이론(소매지역이론, 확률모형: 미시적 분석)

① 허프모형은 어떤 매장이 고객에게 주는 효용이 클수록 그 매장이 고객들에게 선택될 확률이 더 높아진다는 공리에 바탕을 두고 있다. 허프는 소비자들의 특정 상점의 구매를 설명할 때 실측거리, 시간거리, 매장규모와 같은 공간요인뿐만 아니라 효용이라는 비공간요인도 고려하였다. 일반적으로 소비자는 가장 가까운 곳에서 상품을 선택하려는 경향이 있으나, 적당한 거리에 고차중심지가 있으면 인근의 저차중심지를 지나칠 가능성이 크다. 고밀도 시가지(대도시)에 거주하는 소비자는 특정 지역에서만 상품을 구입하지 않으므로 상가는 소비자의 기호나 소득관계, 교통편의 등을 참작하여 선택된 상품(전문품) 등을 판매하여야 한다. 그리고 저밀도시가지에서는 일상용품을 취급해야 한다.

② 소비자가 A점포로 쇼핑갈 확률은 A점포의 매장면적에 비례하고, 거리에 반비례한다(단, 거리는 공간마찰계수에 따른다).

$$\text{A매장으로 구매하러 갈 확률(시장점유율)} = \frac{\frac{\text{A매장면적}}{\text{A매장까지의 거리}^2}}{\frac{\text{A매장면적}}{\text{A매장까지의 거리}^2} + \frac{\text{B매장면적}}{\text{B매장까지의 거리}^2}}$$

단, 공간(거리)마찰계수는 2로 가정한다.

③ 공간마찰계수는 교통조건과 쇼핑물건의 특성(점포유형)에 따라 달라진다. 공간마찰계수는 교통조건이 좋을수록 작아지는 경향이 있고, 전문품점이 일상용품점보다 거리마찰계수 값은 작아진다. 즉, 교통이 발달할수록 거리저항(마찰)이 적으며, 전문품점은 일상용품점보다 거리의 영향을 적게 받기 때문에 공간마찰계수가 더 작다. 그러므로 일상용품점은 거리의 영향을 더 많이 받기 때문에 공간마찰계수가 더 크다.

㉠ 공간(거리)마찰계수 ⇩: 교통조건 양호, 전문품점
㉡ 공간(거리)마찰계수 ⇧: 교통조건 불량, 일상용품점

기출

1. 허프모형은 어떤 매장이 고객에게 주는 효용이 클수록 그 매장이 고객들에게 선택될 확률이 더 높아진다는 공리에 바탕을 두고 있다. 제33회
2. 허프모형에 따르면 일반적으로 소비자는 가장 가까운 곳에서 상품을 선택하려는 경향이 있다. 제33회
3. 허프는 소비자들의 특정 상점의 구매를 설명할 때 실측거리, 시간거리, 매장규모와 같은 공간요인뿐만 아니라 효용이라는 비공간요인도 고려하였다.
4. 허프의 상권분석모형에 따르면, 소비자가 특정 점포를 이용할 확률은 경쟁점포의 수, 점포와의 거리, 점포의 면적에 의해 결정된다.
5. 허프모형의 공간(거리)마찰계수는 도로환경, 지형, 주행수단 등 다양한 요인에 영향을 받을 수 있는 값이며, 이 모형을 적용하려면 공간(거리)마찰계수가 정해져야 한다. 제35회
6. 허프모형에 따르면 해당 매장을 방문하는 고객의 행동력은 방문하고자 하는 매장의 크기에 비례하고, 매장까지의 거리에 반비례한다. 제33회

④ 레일리나 컨버스는 '도시단위'를 기준으로 소매인력론을 전개했는데, 허프는 도시 내에서 '매장단위'를 기준으로 시장점유율을 계산한 소매상권론이다. 또한, 크리스탈러의 이론은 중심지 형성과정에 중점을 둔 이론이며, 레일리와 허프의 중력모형이론은 중심지 간의 상호작용에 중점을 둔 이론이다.

⑤ 레일리의 소매인력법칙이 선택가능한 점포 수가 한정되어 있는 농촌의 경우에는 타당할지 모르나 선택가능한 점포 수가 많은 도시지역에서는 타당하지 않다고 비판하고, 도시지역에서는 선택가능한 점포 중 어느 점포에서 구매하느냐 하는 것을 확률적으로 파악할 수밖에 없다고 했다. 즉, 허프의 확률모형은 어떤 지역에서 다수의 경쟁업체(점포 수가 많은 도시지역)가 입지할 경우 각 점포의 이론적인 소비자의 유인흡인력 및 매상고를 추산하는 데 유용하다. 고차원 계층일수록 수송가능성은 더 확대된다.

레일리의 소매인력법칙 (결정론적 접근)	허프의 확률모형 (확률적 접근)
거시적 분석, 물리적 거리 두 도시 비교 거리^2 반비례	미시적 분석, 시간적 거리 두 매장 이상 비교 거리^{공간마찰계수} 반비례

⑥ 한 지역에서 각 상점의 시장점유율을 쉽고 간편하게 계산할 수 있으면서 융통성이 많아서 상점이나 소비자 혹은 거리의 모든 특성을 포함해서 추정할 수 있으나, 고정된 상권을 놓고 경쟁함으로써 제로섬(Zero-Sum)게임이 된다는 점이다. 즉, 이 모형에서는 점포가 많아질수록 기존 점포의 고객은 감소한다고 본다. 그러나 실제로는 일정해지는데 이를 잘 설명하지 못한 한계가 있다.

(5) 넬슨(R. Nelson)의 소매입지이론

점포의 경영주체가 최대의 이윤의 매출고를 확보하기 위하여 어떤 장소에 입지해야 하는가에 대해 8가지의 원칙(점포입지의 원칙)을 제시하였다.

① 양립성: 구매자의 유동을 방해하지 않고 고객이 충분히 이동할 수 있도록 배려하여야 한다. 양립성이란 서로 다른 인접점포가 고객을 주고받는 현상을 의미한다(보완적 상품 취급). 넬슨은 특히 이 원칙을 강조하고 있다.

기출
1. 교통조건이 나쁠 경우 공간(거리)마찰계수가 커지게 된다.
2. 전문품점의 경우는 일상용품점보다 공간(거리)마찰계수가 작다.
3. 공간(거리)마찰계수는 시장의 교통조건과 매장 물건의 특성에 따라 달라지는 값이며, 교통조건이 나빠지면 더 커진다. 제33회

기출 허프모형에 따르면 고정된 상권을 놓고 경쟁함으로써 제로섬(zero-sum)게임이 된다는 한계가 있다. 제33회

기출 넬슨의 소매입지이론은 특정 점포가 최대 이익을 얻을 수 있는 매출액을 확보하기 위해서는 어떤 장소에 입지하여야 하는가에 대한 원칙을 제시한 것이다. 제33회

② **고객의 중간유인**: 상업지역에 가는 도중의 고객을 중간에 유인하기 위하여 그들의 주거지와 전에 다니던 장소의 중간에 점포를 개점하는 것이 유리하다.

③ **경합성의 최소화**: 상업용지는 경합이 가장 적은 장소를 택하여야 한다.

④ **상거래 지역에 대한 적합지점**: 자발적 판매, 공유적 판매, 충동적 판매를 고려하여 현실적으로 그 점포가 충분한 고객을 확보할 수 있는가를 판단하여야 한다.

⑤ **집중흡인력**: 점포가 떨어져서 독립적으로 존재하는 것보다 동종의 점포가 서로 집중되어 있는 것이 업종에 따라 유익한 경우가 많다. 동류의 점포나 보조적인 점포 간에 적용된다.

⑥ **현재 지역후보의 적합지점**: 입지하려고 하는 지역의 상권을 결정하고 인구·소득·소비지출내역 등을 조사하여 그 지역에서 개점하는 것이 소매입지로서 어느 정도로 적당한가를 판단하여야 한다.

⑦ **잠재적 발전성**: 입지는 가급적 인구나 수입이 증대하고 있는 상업지역 내이어야 한다.

⑧ **용지경제학**: 투자하는 자본에 대해 생산성과 장래의 성장을 가장 확실하게 보장해 주는 용지를 택한다.

> **참고** 입지효과의 시간법칙 (후버)
> 좋은 상업입지는 투자한 자본과 노력에 대하여 충분한 이익을 주지만, 이러한 이익은 개점과 동시에 즉각적으로 나타나는 것은 아니고 충분한 시간적 여유를 가진 장기적인 것이라는 원칙이다. 이를 특히 후버(Hoover)의 상업입지의 시간법칙이라고 한다.

> **기출** A도시 인구: 50,000명, B도시 인구: 32,000명, A도시와 C신도시 간의 거리: 5km, B도시와 C신도시 간의 거리: 2km, C신도시 소비자의 잠재 월 추정소비액: 10억원, A도시에서 소비하는 월 추정소비액은 2억원이 된다. 제33회

예제

1. 도시 A와 도시 B 간에 도시 C가 있다. 레일리의 소매인력법칙(Reilly's Law of Retail Gravitation)을 이용하여 도시 C로부터 도시 A와 도시 B로의 인구유인비율을 구하시오.
   제17회

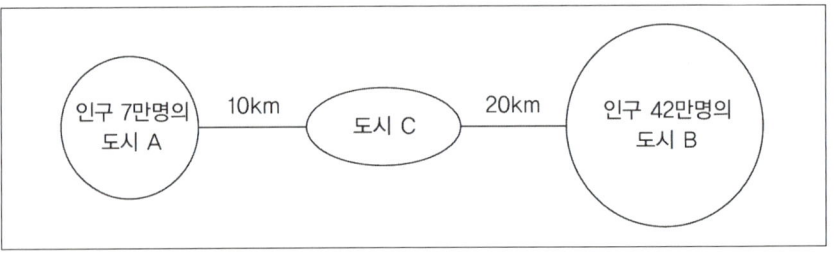

① 도시 A: 33.3%, 도시 B: 66.7%
② 도시 A: 40.0%, 도시 B: 60.0%
③ 도시 A: 50.0%, 도시 B: 50.0%
④ 도시 A: 60.0%, 도시 B: 40.0%
⑤ 도시 A: 66.7%, 도시 B: 33.3%

해설 A도시: 40%, B도시: 60%

- A도시 점유율 = $\dfrac{\dfrac{A도시인구}{A도시까지의\ 거리^2}}{\dfrac{A도시인구}{A도시까지의\ 거리^2} + \dfrac{B도시인구}{B도시까지의\ 거리^2}} = \dfrac{\dfrac{7만명}{10^2}}{\dfrac{7만명}{10^2} + \dfrac{42만명}{20^2}}$

  $= 40\%$

- B도시 점유율 = $\dfrac{\dfrac{B도시인구}{B도시까지의\ 거리^2}}{\dfrac{A도시인구}{A도시까지의\ 거리^2} + \dfrac{B도시인구}{B도시까지의\ 거리^2}} = \dfrac{\dfrac{42만명}{20^2}}{\dfrac{7만명}{10^2} + \dfrac{42만명}{20^2}}$

  $= 60\%$

정답 ②

2. 허프(D. Huff) 모형을 활용하여, X지역의 주민이 할인점 A를 방문할 확률과 할인점 A의 월 추정매출액을 순서대로 나열한 것은? (단, 주어진 조건에 한함)

제28회

- X지역의 현재 주민: 4,000명
- 1인당 월 할인점 소비액: 35만원
- 공간마찰계수: 2
- X지역의 주민은 모두 구매자이고, A, B, C할인점에서만 구매한다고 가정

구분	할인점 A	할인점 B	할인점 C
면적	500m²	300m²	450m²
X지역 거주지로부터의 거리	5km	10km	15km

① 80%, 10억 9,200만원
② 80%, 11억 2,000만원
③ 82%, 11억 4,800만원
④ 82%, 11억 7,600만원
⑤ 82%, 12억 400만원

해설
- 전체 매출액(14억원) = 1인당 할인점 소비액(35만원) × 주민(4,000명)
- A할인점 매출액(11억 2,000만원) = 전체 매출액(14억원) × A할인점 방문 확률(80%)

- A할인점 방문할 확률 = $\dfrac{\dfrac{A매장면적}{A까지의\ 거리^2}}{\dfrac{A매장면적}{A까지의\ 거리^2} + \dfrac{B매장면적}{B까지의\ 거리^2} + \dfrac{C매장면적}{C까지의\ 거리^2}}$

  $= \dfrac{\dfrac{500}{5^2}}{\dfrac{500}{5^2} + \dfrac{300}{10^2} + \dfrac{450}{15^2}} = \dfrac{20}{20 + 3 + 2} = 80\%$

정답 ②

3. 컨버스(P.D. Converse)의 분기점모형에 기초할 때, A시와 B시의 상권 경계지점은 A시로부터 얼마만큼 떨어진 지점인가? (단, 주어진 조건에 한함) 제32회

> - A시와 B시는 동일 직선상에 위치하고 있다.
> - A시 인구: 64만명
> - B시 인구: 16만명
> - A시와 B시 사이의 직선거리: 30km

① 5km ② 10km
③ 15km ④ 20km
⑤ 25km

해설 계산의 편의를 위해 B시로부터의 분기점을 먼저 구하면,

$$\frac{쇼핑센터\ A와\ B\ 간의\ 거리}{1+\sqrt{\frac{A의\ 인구}{B의\ 인구}}} = \frac{30km}{1+\sqrt{\frac{64만명}{16만명}}} = \frac{30km}{1+\sqrt{4}} = 10km$$ 이다.

B시에서 분기점까지의 거리가 10km이므로 A시로부터의 분기점은 20km가 된다.

정답 ④

4. 컨버스(P. Converse)의 분기점 모형에 기초할 때, A시와 B시의 상권 경계지점은 A시로부터 얼마만큼 벌어진 지점인가? 제35회

> - A시와 B시는 동일 직선상에 위치
> - A시와 B시 사이의 직선거리: 45km
> - A시 인구: 84만명
> - B시 인구: 21만명

① 15km ② 20km
③ 25km ④ 30km
⑤ 35km

해설 B로부터의 분기점이 15km이므로 A시로부터의 분기점은 30km가 된다.

- 컨버스(P.D. Converse)의 분기점모형에서 쇼핑센터 B로부터의 분기점은

$$\frac{쇼핑센터\ A와\ B간의\ 거리}{1+\sqrt{\frac{A의\ 인구}{B의\ 인구}}} = \frac{45km}{1+\sqrt{\frac{84만명}{21만명}}} = \frac{45km}{1+\sqrt{4}} = 15km$$

- 계산의 편의를 위해 B시로부터의 분기점을 먼저 구한 후, 전체거리에서 B시로부터의 분기점을 차감하면 A시로부터의 분기점을 구할 수 있다.

정답 ④

3. 점포의 종류와 입지

(1) 소재위치에 따른 점포의 분류(점포의 유형별 분류) ⇐ 공간균배원리에 기초

① 집심성 점포: 배후지의 중심부(CBD)에 입지하는 것이 유리한 점포의 유형이다(예 고급음식점, 도매점, 백화점, 보석점, 미술품점, 피복점, 의류점, 장식품점, 화장품점, 시계점, 약국, 대형서점, 극장 등).

② 집재성 점포: 동일한 업종의 점포가 한곳에 모여 입지하는 것이 유리한 점포의 유형이다(예 금융기관, 보험회사, 사무실, 서점, 관공서, 기계점, 공구점, 가구점 등).

③ 산재성 점포: 상권의 크기는 한정되어 있기 때문에 서로 분산 입지하여야 하며, 동업종의 점포가 산재해야 유리한 점포의 유형이다(예 잡화점, 어물점, 과자점, 조미료점, 양화점, 주방용품점, 이발소, 공중목욕탕, 세탁소 등).

④ 국부적 집중성 점포(이심적 집재성 점포): 동업종의 점포끼리 국부적 중심지에 모여 입지하여야 유리한 점포의 유형이다(예 농기구점, 어구점, 석재점, 철공소, 비료상점, 종묘점 등).

(2) 구매관습에 의한 점포의 분류(상품의 유형별 분류)

① 편의품점: 주변의 가게에서 생활필수품을 판매하는 상점으로, 상권은 도보로 10~20분 정도의 거리이며, 상점의 접근성은 거리보다 중요하다. 주로 저차중심지에 입지하며 거래빈도가 높고, 이윤율이 낮다.

② 선매품점: 고객이 상품의 가격, 모양, 품질 등을 여러 상점을 통해서 비교하여 상품을 구매하는 상점이다. 상품의 성격상 고객의 취미 등이 잘 반영되어야 하므로 상품의 표준화가 어렵다. 집심성 · 집재성 점포가 많다. 주로 중차중심지나 고차중심지에 입지한다(예 가구 · 부인용 의상 · 보석류 등).

③ 전문품점: 고객은 상품의 특수한 매력을 찾아 구매를 위한 노력을 아끼지 않는다. 전문품점은 가격수준이 높고, 유명상품을 갖춘 상점을 말한다. 주로 고차중심지에 입지한다. 거래빈도가 낮고, 이윤율이 높다. 이 경우 상품의 도달거리 크기가 큰 순서로는 '전문품점 > 선매품점 > 편의품점'의 순이다(예 고급양복 · 고급향수 · 고급카메라 · 고급자동차 등).

참고 공간균배의 원리
경쟁관계에 있는 점포 사이에 공간을 서로 균등하게 배분한다는 이론이다.
1. 시장이 넓고 수요의 탄력성이 큰 경우: 분산 입지
2. 시장이 좁고 수요의 탄력성이 작은 경우: 집심적 입지

기출
1. 선매품점은 여러 상점들을 상호 비교한 후에 구매하는 상품을 취급하는 점포이다.
2. 전문품점은 구매의 노력과 비용에 크게 구애받지 않는다.

4. 상업용 부동산의 부지선정 분석

(1) 매장용(상업용) 부동산의 부지선정 5단계

> ① 기존부지의 분석 ⇨ ② 도시분석 ⇨ ③ 근린분석 ⇨ ④ 대상근린지역의 선정 ⇨ ⑤ 대상부지의 선정

(2) 가능매상고의 추계방법

부지선정팀은 부지별 가능매상고를 비교하여 입지가능한 대안부지를 선택하는데, 가능매상고를 추계하는 방법으로는 비율법, 유추법, 중력모형법, 회귀모형법 등이 있다.

① 비율법: 비율법은 가장 주관성이 많이 개입되는 방법으로, 거래지역 내 주민들의 가계소득 중에서 해당 점포에 지출하는 비율을 구하고 이 비율을 지역 내 인구(소득)에 곱하여 가능매상고를 구하는 방법이다.

> ㉠ 가능거래지역 획정 ⇨ ㉡ 거래지역의 지출가능액 추계 ⇨ ㉢ 주민소득 추계 ⇨ ㉣ 대상점포의 취급품목들에 대한 지출가능액이 가구당 가처분소득에서 차지하는 비율 산출 ⇨ ㉤ 다른 점포가 있는 경우 면적에 따른 상권 분할

② 유추법: 같은 회사 내의 다른 지역의 유사점포를 대상으로 거래지역과 고객에 대한 분석을 하고, 이를 토대로 대상점포의 가능매상고를 추계하는 방법이다.

③ 중력모형법: 중력모형이란 두 물체 간의 인력은 거리의 제곱에 반비례하고, 질량의 크기에 비례한다는 만유인력의 법칙을 원용하여 대상점포의 가능매상고를 추계하는 방법이다. 중력모형은 같은 지역사회에 다수의 경쟁업체가 입지하고 있을 때 각 점포에 대한 이론적인 매상고를 결정해 준다.

④ 회귀모형법: 회귀모형은 매상고에 영향을 주는 여러 가지 변수들(독립변수)을 설정하고, 이 변수들로 대상점포의 매상고(종속변수)를 추계하는 방법이다. 즉, 점포의 매상고는 종속변수가 되고, 매상고에 영향을 주는 다른 변수들은 독립변수가 된다. 인구 수, 소득, 선호도, 편리성 등은 매상고에 증가(+)요인이 되나 경쟁업체의 규모나 경쟁업체의 수는 매상고에 감소(-)요인이 된다. 회귀모형은 다른 어떤 방법보다도 많은 변수를 사용하여 예상매상고를 추계한다는 장점이 있으나, 적절한 회귀모형을 개발하는 데 시간과 비용이 많이 든다는 단점이 있다.

심화 도시분석에서 새로운 점포의 추가입지를 판단하게 되는데, 새로운 점포가 추가적으로 입지했을 때 순현가가 (-)인 도시는 기존 시장이 포화상태이며 점포의 추가입지 여력이 없으나, 순현가가 (+)인 도시는 점포의 추가입지 여력이 있는 도시이다.

심화 지역사회의 전체 매상고가 이론적인 매상고와 차이가 날 수 있는데 이것은 지역사회 경계 밖으로 매상고가 유출된다는 것을 의미한다. 개별점포의 실제매상고와 이론적 매상고의 차이는 수정이미지계수로써 조정한다.

기출 회귀모형은 특정 부지의 소매점포의 성과에 영향을 미치는 인자들을 결정하기 위해 사용될 수 있는 접근법 중 하나이다.

③ 공업지 입지론 제32회, 제33회, 제34회, 제35회, 제36회

1. 공업지의 입지이론

공업지의 유용성은 생산성인데, 이 생산성에 가장 큰 영향을 미치는 근본적 요인은 비용최소화 조건이며 오늘날 이윤극대화 조건도 중요시되고 있다. 즉, 공급측면의 입지결정이론인 베버의 최소비용이론에서 수요 측면의 입지결정이론인 뢰쉬의 최대수요이론으로 발전하였고, 근래에는 수요와 공급을 모두 고려하는 통합이론도 있다.

(1) 베버(A. Weber)의 최소비용이론

① 다른 생산조건이 동일하다면 생산과 판매에 있어 최소수송비가 드는 지점에서 공업입지가 결정된다는 이론이다.
② 여기서 수송비는 원료와 제품의 무게, 원료와 제품이 수송되는 거리에 의해 결정된다.
③ 산업입지에서 중요한 것은 수송비, 임금, 집적력 등인데 그중에서 수송비가 가장 중요한 요소이다. 따라서 공업입지는 운송거리, 단위수송비, 단위중량에 대한 수송비가 최소, 임금이 최소, 집적이익이 최대가 되는 지점에 입지해야 한다.
④ 최소운송비 지점, 최소노동비 지점, 집적이익이 발생하는 구역을 종합적으로 고려해서 최소비용지점을 결정한다.
⑤ 운송비의 관점에서 특정 공장이 원료지향적인지 또는 시장지향적인지를 판단하기 위해 '원료지수(MI; Material Index)' 개념을 사용한다.
⑥ 등비용곡선(isodapane)은 최소수송비 지점으로부터 기업이 입지를 바꿀 경우, 이에 따른 추가적인 수송비의 부담액이 동일한 지점을 연결한 곡선이다.

(2) 뢰쉬(A. Lösch)의 최대수요이론(공간원추모형)

① 뢰쉬의 최대수요이론은 장소에 따라 수요가 차별적이라는 전제하에 수요측면에서 경제활동의 공간조직과 상권조직을 파악한 것이다. 수요 측면의 입장에서 기업은 시장확대가능성이 가장 높은 지점에 위치해야 한다고 보았다.
② 수송비는 소비자가 부담하여 소비자의 지불가격은 시장가격 + 수송비이므로 중심지에서는 수요량은 극대가 되나 중심지로부터 멀수록 수요량이 적어 기업의 총수입이 감소한다. 따라서 거리와 수요량의 반비례 관계인 함수관계로 공간원추곡선을 나타낸다(공간원추모형).

기출

1. 베버의 최소비용이론은 산업입지의 영향요소를 운송비, 노동비, 집적이익으로 구분하고, 비용이 최소화되는 지점이 공장의 최적입지가 된다는 것이다. 제33회
2. 임계등비용선(critical isodapane)은 최소운송비지점을 중심으로 추가적인 운송비 증가분과 노동비 감소분(또는 집적이익분)이 일치하는 지점들을 연결한 선을 말한다. 제36회
3. 베버의 최소비용이론에서 운송비는 원료와 제품의 무게, 원료와 제품이 수송되는 거리에 의해 결정된다. 제34회
4. 베버의 최소비용이론에서 등비용선(isodapane)은 최소운송비 지점으로부터 기업이 입지를 바꿀 경우, 운송비가 동일한 지점을 연결한 곡선을 의미한다. 제34회
5. 베버는 운송비의 관점에서 특정 공장이 원료지향적인지 또는 시장지향적인지를 판단하기 위해 원료지수개념을 사용했다. 제35회

기출

1. 뢰쉬는 수요 측면의 입장에서 기업은 시장확대가능성이 가장 높은 지점에 위치해야 한다고 보았다.
2. 뢰쉬의 최대수요이론은 장소에 따라 수요가 차별적이라는 전제하에 수요측면에서 경제활동의 공간조직과 상권조직을 파악한 것이다. 제33회

2. 공업지의 입지선정

(1) 원료지향형 산업와 시장지향형 산업

원료지향형 산업	시장(소비지)지향형 산업
원료중량 > 제품중량	원료중량 < 제품중량
중량감소산업인 경우(시멘트, 제련공업)	중량증가산업인 경우(청량음료, 맥주)
원료가 부패하기 쉬운 산업(통조림 공장)	제품이 부패하기 쉬운 산업(두부, 유리)
편재원료(국지원료)를 많이 사용하는 공장	보편원료를 많이 사용하는 공장
원료지수 > 1, 입지중량 > 2	원료지수 < 1, 입지중량 < 2
시멘트공업, 제련공업, 통조림, 냉동산업, 석탄업, 목재가공업, 식품가공업	두부공장, 음료·맥주공장, 제빵공장, 중간재나 완제품을 생산하는 기업

> **심화** 원료지수와 입지중량
>
> 1. 원료지수
>
> $$원료지수 = \frac{국지원료의\ 중량}{제품의\ 중량}$$
>
> ① 원료지수 > 1: 원료지향형 입지
> ② 원료지수 < 1: 시장지향형 입지
>
> 2. 입지중량
>
> $$입지중량 = \frac{국지원료의\ 중량 + 제품의\ 중량}{제품의\ 중량} = 원료지수 + 1$$
>
> ① 입지중량 > 2: 원료지향형 입지
> ② 입지중량 < 2: 시장지향형 입지

(2) 집적지향형 산업

선박, 철강산업, 석유화학산업 등 수송비의 비중이 적고 기술연관성이 큰 계열화된 산업은 함께 입지하여야 비용절감이 되는 산업이다(기술·정보·시설·원료 등의 공동이용).

(3) 노동지향형 산업

노동의 양과 질이 지역 간에 편재되어 있고 생산비 가운데 임금의 비중이 큰 산업을 말하며, 이러한 산업은 노동력이 풍부하고 임금이 저렴한 지역에 입지한다. 의류, 신발 등 섬유산업과 전자인쇄산업이 노동지향형 산업이다.

기출

1. 편재원료를 많이 사용하는 공장과 중량감소산업은 원료지향형 입지를 선호한다.
2. 원료지수가 1보다 큰 공장은 원료지향적 입지를 선호한다. 제34회
3. 제품중량이 국지원료중량보다 큰 제품을 생산하는 공장은 시장지향적 입지를 선호한다. 제34회
4. 중간재나 완제품을 생산하는 공장은 시장지향형 입지를, 노동집약적이고 미숙련공을 많이 사용하는 공장은 노동지향형 입지를 선호한다.

용어

편재원료(국지원료)
특정의 지역에서만 취득할 수 있는 원료를 말한다.

보편원료
어느 지역에서나 동일조건으로 쉽게 취득할 수 있는 원료를 말한다.

심화

1. 자유지향형 산업: 원료지수가 1인 산업 또는 입지중량이 2인 산업은 특정 입지를 가리지 않는다.
2. 탈족(脫足) 산업: 교통비나 노동비 등 전통적 입지결정요인에 별로 구애받지 않는 산업을 말한다.

(4) 중간지점지향적 산업

수송비가 급격히 증가하거나 감소하는 경우에는 이적지점(적환지점)에서 수송수단을 바꾸어 운송비를 절감할 수 있는 산업이다. 예컨대, 제주도에서 목포까지 밀감을 선박으로 운반해 온 후 목포에 주스 공장을 세워 여기에서 주스를 만든 후 서울로 운송하는 형태의 산업을 말한다.

제3편 메타인지 학습체크

01 완전경쟁시장에서는 정보가 완전하므로 정보비용, 초과이윤이 존재하지 않고, 정상이윤은 존재[① 한다. / ② 하지 않는다.]

02 시장세분화는 [① 수요자 특성 / ② 공급상품의 특성]에 따라 시장을 구분하는 것이다.

03 완전경쟁시장에 가장 부합하는 시장은 [① 준강성 / ② 강성] 효율적 시장이다.

04 강성 효율적 시장에서는 정보를 이용하여 초과이윤을 얻을 수 [① 있다. / ② 없다.]

05 [① 준강성 / ② 강성] 효율적 시장은 공표된 것이든 그렇지 않은 것이든 어떠한 정보도 이미 가치에 반영되어 있는 시장이다.

06 할당 효율적 시장은 [① 정보비용 / ② 초과이윤]이 존재하지 않는 시장이다.

07 할당 효율적 시장은 항상 완전경쟁시장[① 이다. / ② 이 되는 것은 아니다.]

08 부동산시장이나 독점시장, 불완전경쟁시장은 할당 효율적 시장이 될 수 [① 있다. / ② 없다.]

09 주택의 하향여과는 저가주택의 수요가 [① 증가 / ② 감소]되었을 때 나타난다.

10 저소득층 주거지역에서 주택의 보수를 통한 가치상승분이 보수비용보다 [① 크다면 / ② 적다면] 상향여과가 발생할 수 있다.

정답

01 ① 02 ① 03 ② 04 ② 05 ② 06 ② 07 ② 08 ① 09 ① 10 ①

11 불량주택문제는 [① 주택 / ② 소득]의 문제이며, [③ 효율적 자원배분의 과정 / ④ 시장실패](으)로 인해 발생하는 것이다.

12 [① 전용수입 / ② 경제지대]은(는) 어떤 생산요소가 다른 용도로 전용되지 않고 현재의 용도에 그대로 사용되도록 지급하는 최소한의 지급액이다.

13 준지대는 토지 이외의 고정생산요소에 귀속되는 소득으로, 다른 조건이 동일하다면 [① 일시적 / ② 영구적]으로 지대의 성격을 가지는 소득이다.

14 [① 차액 / ② 절대 / ③ 위치 / ④ 입찰]지대설에서는 토지 비옥도가 지대를 결정하게 되며, 수확체감의 법칙을 전제하고, 한계지에서는 지대가 발생하지 않는다고 보았다.

15 [① 절대 / ② 차액]지대는 토지의 생산성과 무관하게 토지가 개인에 의해 배타적으로 소유되는 것으로부터 발생한다.

16 튀넨은 지대의 결정이 토지의 비옥도만이 아닌 위치에 따라 달라지는 위치지대의 개념을 통해 현대적인 입지이론의 기초를 제공하였으며, [① 생산비 / ② 수송비]의 절약액이 지대라고 보았다.

17 [① 차액 / ② 절대 / ③ 위치 / ④ 입찰]지대는 단위면적의 토지에 대해 토지이용자가 지불하고자 하는 최대금액을 말하며 해당 토지이용을 통해 초과이윤이 0이 되는 수준의 지대를 의미한다.

18 동심원이론에 따르면 [① 고소득층 / ② 저소득층]일수록 고용기회가 많은 도심과 접근성이 양호한 지역에 주거를 선정하는 경향이 있다.

19 [① 버제스 / ② 호이트]는 도시의 공간구조 형성을 침입, 경쟁, 천이 등의 과정으로 나타난다고 보았다.

정답

11 ②, ③ 12 ① 13 ① 14 ① 15 ① 16 ② 17 ④ 18 ② 19 ①

제3편 메타인지 학습체크

20 선형이론에 의하면 주택구입능력이 [① 높은 고소득층 / ② 낮은 저소득층]의 주거지는 주요 간선도로 인근에 입지하는 경향이 있다.

21 도시공간구조의 변화를 야기하는 요인으로는 교통의 발달, 소득의 증가와 관계가 [① 있다. / ② 없다.]

22 [① 버제스 / ② 호이트]는 도시의 성장과 분화가 주요 교통망에 따라 확대되면서 나타난다고 보았다.

23 [① 동심원이론 / ② 다핵심이론]의 핵심요소에는 공업, 소매, 고급주택 등이 있으며, 도시성장에 맞춰 핵심의 수가 증가하고 특화될 수 있다.

24 중심지가 재화나 서비스를 제공하는 최대한의 범위로서 수요가 '0'이 되는 곳까지의 거리는 [① 도달범위 / ② 최소요구범위]이다.

25 판매자가 정상이윤을 얻는 만큼의 충분한 소비자를 포함하는 경계까지의 거리는 [① 최소요구치 / ② 최소요구범위]이다.

26 레일리의 소매인력법칙에서 인력의 크기는 두 도시 인구에 [① 비례 / ② 반비례]하고, 거리의 제곱에 [③ 비례 / ④ 반비례]한다.

27 레일리의 소매인력법칙에서 A도시가 B도시보다 크다면 상권의 경계는 [① A / ② B]도시 쪽에 가깝게, [③ A / ④ B]도시 쪽에서 멀리 떨어진 곳에 형성될 것이다.

28 [① 뢰쉬 / ② 컨버스]의 분기점모형은 경쟁관계에 있는 두 소매시장 간 상권의 경계지점을 확인할 수 있도록 소매중력모형을 수정하였다.

29 [① 허프 / ② 크리스탈러]의 확률모형에서 특정 점포 이용 확률은 경쟁점포의 수, 점포와의 거리, 점포의 면적에 의해 결정된다.

정답
20 ① **21** ① **22** ② **23** ② **24** ① **25** ② **26** ①, ④ **27** ②, ③ **28** ② **29** ①

30 공간마찰계수는 교통조건이 양호할수록 [① 커지고 / ② 작아지고], 일상용품점이 전문품점에서 비해서 [③ 커진다 / ④ 작아진다].

31 [① 레일리 / ② 넬슨]의 소매입지론에는 특정 점포가 최대 이익을 얻을 수 있는 매출액을 확보하기 위해서는 어떤 장소에 입지하여야 하는지를 제시하였다.

32 베버는 운송비·노동비·집적이익을 고려하여 [① 비용 / ② 각 요인]이 최소화되는 지점이 공장의 최적입지가 된다고 보았다.

33 등비용선은 최소운송비 지점으로부터 기업이 입지를 바꿀 경우, [① 운송비 / ② 운송비와 노동비]가 동일한 지점을 연결한 곡선을 의미한다.

34 [① 베버 / ② 뢰쉬]는 수요 측면의 입장에서 기업은 시장확대 가능성이 가장 높은 지점에 위치해야 한다고 보았다.

35 [① 등비용선 / ② 임계등비용선]은 최소운송비지점을 중심으로 추가적인 운송비 증가분과 노동비 감소분(또는 집적이익분)이 일치하는 지점들을 연결한 선을 말한다.

정답

30 ②, ③   **31** ②   **32** ①   **33** ①   **34** ②   **35** ②

제 4 편
부동산정책론

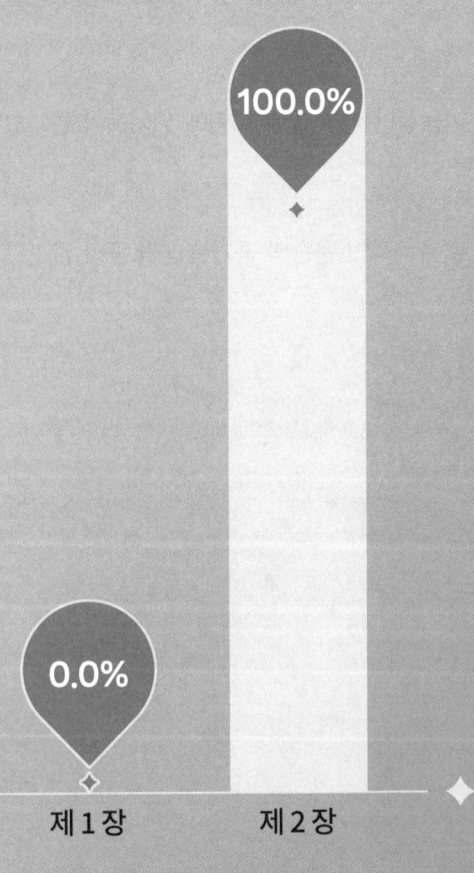

제 1 장   제 2 장

◆ 최근 5개년 출제경향 분석

◆ 제1장 | 부동산문제

◆ 제2장 | 부동산정책

제4편 부동산정책론

❖ 토지정책

시장실패의 원인
- 불완전경쟁시장, 독과점기업, 규모의 경제, 비용체감
- 외부효과
- 공공재, 무임승차
- 정보의 불확실성, 비대칭성

공공재
- 비경합성(공동소비), 비배제성(무임승차)
- 내구재, 소비에 있어서 규모의 경제
- 과소생산, 정부가 도시계획을 통해 공급

토지정책의 수단
- 토지이용규제
  - 지역지구제
  - 개발권양도제도(TDR)
  - 토지거래허가제
- 직접개입
  - 공영개발
  - 토지은행
  - 수용 · 선매 · 초과매수
  - 도시개발 · 재개발
  - 공공주택정책
  - 임대료규제, 분양가규제(상한제)
- 간접개입
  - 조세
  - 보조금
  - 부담금
  - 금융 담보대출규제(LTV, DTI, DSR)
  - 행정지원 부동산 가격공시제도

토지은행제도	
의의	① 한국토지주택공사에서 토지를 매입, ② 보유(비축), ③ 매각·임대
장점	① 계획적 토지이용, ② 개발이익의 사회적 환수, ③ 값싸게 토지 공급
단점	① 매입비 부담, ② 관리의 문제, ③ 지가 상승(투기)

외부효과	
의의	① 제3자(타인), ② 의도하지 않은 이익이나 손해, ③ 시장기구를 통하지 않음
정(+)의 외부효과	① 사적 비용, 사회적 편익 ⇧, ② 과소생산, ③ PIMFY 현상, ④ 수요 증가, 가격 상승, 양 증가
부(−)의 외부효과	① 사회적 비용, 사적 편익 ⇧, ② 과대생산, ③ NIMBY 현상, ④ 공급 감소, 가격 상승, 양 감소

지역지구제			
용도지역	토지를 경제적·효율적으로 이용하고 공공복리의 증진을 도모하기 위하여 서로 중복되지 아니하게 도시·군관리계획으로 결정하는 지역 ① 도시지역, ② 관리지역, ③ 농림지역, ④ 자연환경보전지역		
도시지역	주거지역	① 전용주거[양호한]: 1종 − 단독, 2종 − 공동 ② 일반주거[편리한]: 1종 − 저층, 2종 − 중층, 3종 − 중고층 ③ 준주거: 주거 + 상업, 업무기능 보완	
	상업지역	① 중심상업, ② 일반상업, ③ 유통상업, ④ 근린상업	
	공업지역	① 전용공업, ② 일반공업, ③ 준공업	
	녹지지역	① 보전녹지, ② 생산녹지, ③ 자연녹지	
의의	① 어울리지 않는 이용을 어울리는 이용으로 토지이용을 규제, ② 부(−)의 외부효과 제거		
장점	① 효율적 토지이용, ② 세대 간 형평성 유지		
단점	① 지역 간 형평성 문제, ② 토지이용의 경직성문제		
효과	장기	수요 증가, 공급 불변, 가격 상승, 초과이윤, 사전적 독점	
	단기	공급 증가, 가격 하락, 정상이윤, 사후적 독점	

제4편 부동산정책론

❖ 주택정책

❖ 조세정책

조세의 전가와 귀착	수요와 공급의 상대적 탄력성에 따라 달라짐. 탄력성이 큰 쪽이 세금을 덜 부담하고, 탄력성이 작은 쪽이 세금을 더 부담함
동일비율의 재산세	고소득층 혜택, 저소득층 손해, 역진세적인 성격
차등비율의 누진세	수직적 형평을 달성하는 데 효과적
거래세 인상	① 소비자 지불가격 상승, 소비자잉여 감소 ② 공급자 받는 가격 하락, 생산자잉여 감소 ③ 수요 불변: 공급 탄력적 – 경제적 순손실⇧, 공급 비탄력적 – 경제적 순손실⇩ ④ 공급 불변: 수요 탄력적 – 경제적 순손실⇧, 수요 비탄력적 – 경제적 순손실⇩
양도세 중과	주택공급의 동결효과, 주택공급 감소, 주택가격 상승
보유세 중과	투기억제, 이용촉진, 효율적 과세 cf. 보유세 중과시 용도에 따라 차등과세, 토지공급이 완전비탄력적인 경우 토지소유세가 부과되더라도 자원배분의 왜곡이 초래되지 않음
토지단일세론	헨리 조지는 토지에서 나오는 지대수입을 100% 징세할 경우, 토지세 수입만으로도 재정을 충당할 수 있다고 주장함

제1장 부동산문제

회독 Check 1회 2회 3회

💬 이 장은 부동산문제의 특성과 소득분배 측정수단, 주거비부담 측정지표를 학습하는 것을 목표로 한다.
💬 토지문제 중 지가고의 폐단, 주택문제와 공가 현상에 관한 부분은 다음 장을 위해서라도 반드시 이해해야 한다.

❶ 부동산문제

(1) 의의

부동산문제란 인간과 부동산과의 관계 악화의 제문제를 말한다. 즉, 토지의 부증성과 인구 증가에 따른 토지부족문제, 지가고문제, 투기, 환경문제 등의 토지와 주택문제를 말한다. 부동산문제는 다시 ① 토지문제, ② 주택문제, ③ 국토이용의 비효율화, ④ 거래질서의 문란문제 등으로 나누어진다.

(2) 특성

① 악화성향: 부동산문제가 한번 발생하면 문제를 방치함으로써 시간이 흐름에 따라 더욱 악화되는 성향을 나타낸다.
  ㉠ 부동산거래를 자유방임에 맡기게 되면 거래사고가 빈번해지고 거래질서가 문란해진다.
  ㉡ 지가대책을 소홀히 하면 지가가 계속 상승한다.
  ㉢ 주택공급을 중단하면 주택의 양적 부족문제·질적 문제가 악화된다.
  ㉣ 토지의 계획적 이용 및 규제가 없으면 무질서한 국토이용을 초래한다.
② 비가역성(非可逆性): 부동산문제는 일단 악화가 되면 이를 악화 이전의 원래 상태로 회복하기가 사회적·경제적으로 어렵다는 것이다.
  ㉠ 일단 파괴된 토양은 인위적으로 환원하기가 어렵다.
  ㉡ 지가가 폭등하면 폭등한 지가수준에서 경제상태가 형성되므로 과거의 가격으로 내리기 힘들다.
  ㉢ 도시계획, 도시개발 등은 한번 잘못되면 예전으로 환원하기가 어렵다.

③ 지속성: 동일한 차원의 부동산문제는 시간이 흘러도 계속되는 현상을 말한다.
   ㉠ 양적 주택문제를 해결한 후에는 주거의 질적 수준 향상을 위한 지속성이 있다.
   ㉡ 도시성장 및 도시기능의 진부화 등으로 인한 도시문제에서 파생되는 여러 가지의 부동산문제는 그 원인이 되는 문제가 지속되는 것처럼 지속성을 가진다.
   ㉢ 부증성의 특성을 가지는 토지에 대한 수요 증대는 수급불균형의 현상을 지속시킨다.
④ 해결수단의 다양성: 하나의 부동산문제를 해결하기 위해 사용될 수 있는 수단은 세제, 금융, 재정, 토지수용 등 다양하다. 그러므로 부동산정책은 종합정책으로서의 성격을 지닌다.
⑤ 복합성: 부동산문제는 법률적·경제적·기술적인 면 등이 서로 영향을 미치면서 하나의 문제처럼 나타난다. 즉, 부동산문제의 발생요인은 복합적 요인에 의해 발생할 뿐만 아니라, 각 요인들은 서로 영향을 받기도 하고, 그로 인해 다시 영향을 주는 상호 의존적 관계를 가지고 있다.

2 토지문제

(1) 토지부족문제(물리적 토지문제)

물리적 토지문제는 부증성이라는 토지의 자연적 특성 때문에 토지가 부족한 상태를 말한다.

(2) 지가고문제(경제적 토지문제)

지가고란 인구 증가와 도시화, 핵가족화, 투기적 수요 등으로 합리적인 지가수준보다 훨씬 높게 형성되어 있는 지가의 상태를 말한다. 즉, 지가고문제는 경제적 토지문제이다.

① 투기심리 만연: 지가가 계속 상승하면 투기심리를 유발시켜 지가 상승을 가속화시킨다.
② 사회불평등 심화: 지가가 계속 상승하면 부익부 빈익빈 현상을 심화시켜 계층 간의 소득격차를 크게 만든다.
③ 공공용지 확보 곤란: 지가고는 국가 등의 공공용지 확보를 곤란하게 하고 정부의 재정적 부담이 커진다.

④ 기업경영의 악화: 지가고는 기업의 생산비를 증가시켜 기업경영이 악화된다.
⑤ 주택문제에 악영향: 지가고는 택지가격 상승으로 주택의 질을 저하시키고 주택의 지나친 고층화(집약화)와 과도한 직주분리 및 도시스프롤 현상을 야기한다.
⑥ 토지이용의 비효율성 초래: 지가고는 토지의 분할과 과밀화 요인이 되고 도시스프롤 현상이나 공한지처럼 토지이용의 효율성이 저해될 수 있다.
⑦ 토지소유의 편중: 상위 1%에 해당되는 고소득층이 전국의 사유지 중 60% 정도를 가지고 있으므로 토지소유의 편중문제가 심각하다. 이에 따른 지니계수는 0.85 정도로서 1에 가까우므로 토지소유의 편중문제가 심각한 것을 알 수 있다.

> **핵심** 누진세제도, 임대주택제도는 저소득층을 지원하는 제도이므로 소득분배의 불평등을 완화시켜 로렌츠면적과 지니계수가 작아지며, 10분위 분배율은 커진다. 또한 인플레심화는 소득분배 불균형을 야기한다.

참고 | 소득분배 측정수단

1. 10분위 분배율: 10분위 분배율은 상위 20% 계층의 소득의 합계에 대한 하위 40% 계층의 소득합계의 비율을 의미한다.

$$10분위\ 분배율 = \frac{하위\ 40\%\ 계층의\ 소득\ 합계}{상위\ 20\%\ 계층의\ 소득\ 합계}$$

① 10분위 분배율이 0이면 완전불균등, 2이면 완전균등이다.
② 10분위 분배율이 클수록 분배가 개선됨을 의미한다.

2. 로렌츠곡선(Lorenz Curve)

로렌츠곡선상에서 점 R은 인구의 40%가 소득의 20%를 차지하고 있음을 뜻한다.

로렌츠곡선은 계층별 소득분포 자료에서 인구의 누적점유율과 소득점유율 사이의 관계를 나타내는 곡선이다.
① 대각선 OB는 소득분배가 완전균등함을 의미한다.
② OAB는 소득분배가 완전불균등함을 의미한다.
③ 로렌츠곡선이 대각선에 가까울수록 소득분배가 균등하다(로렌츠면적이 작을수록 소득분배가 균등).

3. 지니계수(Gini Coefficient): 지니계수는 로렌츠곡선의 소득분배상태를 수치로 나타낸 지수이다.

$$지니계수 = \frac{로렌츠면적}{\triangle OAB면적}$$

① 지니계수가 0이면 완전균등, 지니계수가 1이면 완전불균등을 의미한다.
② 지니계수가 작을수록(0에 가까울수록) 소득분배가 균등(개선)해진다.

③ 주택문제

주택문제는 주택의 절대적 부족문제인 양적 주택문제와 주거수준 문제인 질적 주택문제로 나눌 수 있다.

(1) 양적 주택문제 – 주택의 절대적 부족문제

① 의의
  ㉠ 양적인 주택문제는 주택의 절대량이 부족한 현상을 말하며, 필요 주택 수에 비해 실제 주택 수가 적은 것을 의미한다.
  ㉡ 주택부족량은 가구 총수에 필요 공가율(3~5%)에 의한 필요 공가 수를 합친 필요 주택 수에 미달하는 주택 수를 말한다. 양적 주택문제는 질적 주택문제보다 우선 해결되어야 할 사항이다.

  필요 주택 수 = 가구 총수 + 필요 공가 수 = 가구 총수(1 + 적정 공가율)

② 적정 공가율(합리적 공가율, 필요 공가율): 주택의 유통을 원활히 하기 위해서 실거주 이외에 필요로 하는 주택의 수가 가구 총수에서 차지하는 비율이다(약 3~5%).

③ 양적 주택문제의 원인(양적 주택수요의 증가 원인)
  ㉠ 인구의 증가
  ㉡ 핵가족화에 따른 가구 수 증가

ⓒ 결혼·이혼의 증가

ⓔ 기존주택의 노후화

ⓜ 공공사업 등에 주택의 철거 및 전용 필요 공가율의 증가

> **심화** 공가율과 공가 현상
>
> 1. 공가율과 주택보급률
>   ① 공가율 = $\dfrac{\text{빈집의 수}}{\text{총주택 수}} \times 100$
>   ② 주택보급률 = $\dfrac{\text{(전국)주택 수}}{\text{(전국)가구 수}} \times 100$
>
> 2. 공가 현상
>   ① 마찰적 공가 현상: 다른 주택으로 **이사하는 과정**에서 일시적으로 생기는 공가 현상을 말한다.
>   ② 의도적 공가 현상: 자택을 보유한 상태에서 별장과 같이 **여가주택 또는 투기목적으로 여러 개의 주택을 보유**하는 현상을 말한다(예 별장, 개인용 콘도, 주말농장 등).
>   ③ 통계적 공가 현상: 주택의 3분의 2 이상 건설되면 **통계상 주택으로 취급**하므로 실제로는 공가일 수밖에 없는 경우를 말한다.
>   ④ 주택의 방기(放棄) 현상: 사회적·경제적으로 쓸모가 적거나 세금 등으로 수익성이 맞지 않아 기존주택을 방기하는 현상이다(예 시골의 빈집).

(2) 질적 주택문제(경제적 주택문제) – 주택의 질적 수준 문제

① 의의: 질적 주택문제는 저소득 수준으로 인하여 주거비의 부담능력이 떨어지고 주택의 질적 수준이 낮아서 생기는 문제를 말한다(저소득이 주원인).

② 질적 주택문제의 원인(질적 주택수요의 증가 원인)

ⓐ 소득 및 생활수준의 향상

ⓑ 주택금융의 확대

ⓒ 주택구조 변화에 따른 방수 변화

ⓔ 생활태도의 변화

ⓜ 부대시설의 확충 등에 따른 주택수요의 증가

ⓗ 신건축자재의 개발

ⓢ 환경문제에 관한 새로운 인식

심화 주거비부담 측정지표

1. **슈바베지수(Schwabe Index)**: 가구의 생계비 중에서 주거비가 차지하는 비율

$$\text{슈바베지수} = \frac{\text{주거비}}{\text{생계비}} \times 100$$

① 가계소득이 증대할수록 주거비지출액은 증가하나 생계비(가계총지출액) 중에서 주거비 지출비율인 슈바베지수는 감소한다는 것이 슈바베 법칙이다.
② 고소득층은 슈바베지수가 낮고, 생계비 중 주거비의 **부담이 작으며 주택부담능력은 높아진다**.
③ 저소득층은 슈바베지수가 높고, 생계비 중 주거비의 **부담이 크며 주택부담능력은 낮아진다**.
④ 주거비의 상승률이 소비자물가지수의 상승률을 초과하더라도, 소득증가율이 주거비상승률을 상회한다면 심각한 문제가 되지 않는다. 그러나 주거비의 **상승률이 소득증가율을 초과하게 되면, 가구의 주택부담능력은 낮아진다**.
⑤ 주택가격이 높은 대도시나 소득이 적은 저소득층일수록 슈바베지수나 P/Y비율이 높아져 생계비 중 주거비 부담비율이 증가하며 주택구입능력은 떨어진다.
⑥ 보통 슈바베지수가 20% 정도일 때 적정한 것으로 본다.

2. **PIR(소득 대비 주택가격비율; Price-Income-Ratio): P/Y비율** 제33회
① PIR은 주택시장에서 **가구의 지불능력을 측정하는 지표**로 주택가격이 가구 연소득의 몇 배가 되는가를 나타내는 비율을 의미한다. 예컨대, PIR값이 10이면 연수입으로 주택을 구매하는 데 10년이 소요된다는 의미이다.

$$\text{PIR} = \frac{\text{주택가격(P)}}{\text{연소득(I)}}$$

② **PIR값이 클수록** 주택가격에 대한 부담이 커지므로 주택구입능력 또는 주택부담능력은 작아지며, **주택구매가 곤란해진다**.
③ **PIR값이 작을수록** 주택가격에 대한 부담이 작으므로 주택구입능력 또는 주택부담능력은 높아지며, **주택구매가 용이해진다**.
④ 일반적으로 도시의 PIR값이 농촌의 PIR값보다 더 크다.

3. **RIR(소득 대비 주택임대료비율; Rent-Income-Ratio)**
① RIR 역시 주택시장에서 **가구의 지불능력을 측정하는 지표**로 소득에 대한 임대료의 비율을 의미한다.

$$\text{RIR} = \frac{\text{월임대료(R)}}{\text{월소득(I)}}$$

② RIR값이 클수록 임대료(월세)부담이 커진다.

기출
1. 소득 대비 주택가격비율(PIR)과 소득 대비 임대료비율(RIR)은 주택시장에서 가구의 지불능력을 측정하는 지표이다.
2. 주택시장의 지표로서 PIR은 가구의 주택지불능력을 나타내며, 그 값이 작을수록 주택구매가 더 쉽다는 의미이다. 제33회

제2장 부동산정책

- 정부의 시장개입의 원인과 방법에 대한 내용을 이해하는 것을 목표로 한다.
- 시장실패의 원인(특히 외부효과와 공공재의 개념)은 매우 중요하고 자주 출제되는 부분이기 때문에 완벽하게 숙지해야 하며 다양한 부동산정책에 대한 내용을 철저하게 학습해야 한다.
- 매년 4~5문제가 출제되는 단원으로 집중적인 학습이 필요하다.

제1절 | 정부의 시장개입

1 부동산정책의 개념과 과정

(1) 부동산정책의 의의

부동산정책은 **부동산문제를 해결 또는 개선**함으로써 **인간과 부동산과의 관계를 개선하려는 공적 노력**으로서, 종합정책적 성격을 띤다. 부동산정책은 부동산시장에 대한 **정부의 개입**을 의미하며 주안점은 공익의 추구에 있다.

(2) 부동산정책의 과정(6단계)

> ① 문제인지(정의) ⇨ ② 정보수집 및 분석 ⇨ ③ 대안작성 및 평가 ⇨
> ④ 대안선택 ⇨ ⑤ 정책집행 ⇨ ⑥ 정책평가

정책과정은 크게 보아 정책결정, 정책집행, 정책평가로 나눌 수 있고, 정책결정은 문제의 인지, 정보의 수집 및 분석, 대안의 작성 및 평가, 대안의 선택이라는 4단계로 세분화할 수 있다. 여기에서는 정책과정을 문제의 인지, 정보의 수집 및 분석, 대안의 작성 및 평가, 대안의 선택, 정책의 집행, 정책의 평가의 6단계로 나누어 설명하기로 한다.

① 문제의 인지단계(문제의 정의단계): 부동산과 관련된 문제를 인지하여 문제의 성격과 내용을 파악한 후에 정책의제로 채택하는 단계이다.
② 정보의 수집 및 분석단계(정보활동단계): 부동산문제에 대한 정보를 종합적이고 과학적으로 수집, 분석, 처리하는 단계이다.

③ 대안의 작성 및 평가단계: 정보활동 후에 문제해결을 위한 대안을 작성한 후에 각 대안의 장·단점 및 실현가능성, 효율성을 고려하여 그 대안을 평가하는 단계이다.

④ 대안의 선택단계: 여러 대안 중에서 가장 합리적이고 이상적이라고 판단되는 대안을 선택하는 단계이다.

⑤ 정책의 집행단계: 관계 집행기관과의 유기적 협조를 통해 선택된 대안을 집행하는 단계이다.

⑥ 정책의 평가단계: 정책과정에 있어서 최종단계는 정책을 평가하는 단계이다. 부동산정책 평가기준에는 목표달성도, 능률성(효율성), 시민의 만족도, 정치적 지지도 등이 있다.

② 정부의 시장개입 이유

정부가 부동산시장에 개입하는 이유는 크게 두 가지로 나누어 볼 수 있다. 하나는 정치적 기능으로서 사회적 목표를 달성하기 위해서이고, 다른 하나는 경제적 기능으로서 시장실패를 수정하기 위해서이다.

(1) 정치적 기능

정치적 기능이란 형평성 등 국가가 추구하고자 하는 사회적 목표를 달성하기 위해 정부가 개입하는 경우를 말한다. 정치적 기능 측면의 정책으로는 저소득층을 위한 임대주택정책, 불량주택개선 등 주거복지증진, 누진세제도, 소득재분배정책 등이 있다.

(2) 경제적 기능

① 경제적 기능이란 수요·공급조절의 실패 등 가격기구에 의한 시장기능이 제대로 작동하지 못하여 자원배분이 왜곡되는 시장실패를 수정하기 위해 정부가 개입하는 것을 말한다.

② 시장실패의 원인에는 불완전경쟁시장(독과점, 규모의 경제), 외부효과, 공공재 존재, 정보의 비대칭성 및 불확실성 등이 있다. 따라서 경제적 기능 측면의 정책으로는 외부효과를 제거하기 위한 지역지구제의 실시 등을 들 수 있다.

핵심 🎯

정치적 기능	경제적 기능
사회적 목표 달성	시장실패 수정
• 저소득층을 위한 정책 • 임대주택정책	• 외부효과 제거 • 지역지구제

> 참고 정부실패(government failure)
> 정부실패란 시장실패를 수정하기 위한 정부의 개입이 오히려 시장실패를 수정하지 못하고 자원배분이 더 비효율적으로 되는 경우를 말한다. 정부실패의 원인은 다음과 같다.
> 1. 정부의 불완전한 지식과 정보
> 2. 규제방법의 불완전성과 규제의 경직성
> 3. 근시안적 규제
> 4. 관료주의 병폐(관료조직의 비효율성)
> 5. 이권개입과 정치적 판단에 따른 결정
> 6. 지역지구제나 임대료규제 정책의 부작용
>
> 기출 부동산시장에서 시장실패의 원인에는 공공재, 정보의 비대칭성, 외부효과, 불완전경쟁시장 등이 있다.

> 핵심 시장실패의 원인
> 1. 불완전경쟁: 독과점기업(공급독점), 규모의 경제(비용체감산업)
> 2. 외부효과: 정(+)의 외부효과와 부(−)의 외부효과
> 3. 공공재(비경합성, 비배제성, 수익자부담의 원칙 적용 안 됨, 과소생산), 무임승차
> 4. 정보의 비대칭성, 정보의 불확실성: 역선택, 도덕적 해이

3 시장실패(market failure)

1. 의의

시장실패란 시장이 자원배분을 효율적으로 하지 못하는 상황을 말한다. 즉, 어떠한 이유로 인하여 시장이 가격기구에 의한 자동조절기능이 원활하지 못하게 된 상황으로, 수급조절의 실패 등 자원배분이 불균형 상태임을 의미한다.

2. 시장실패의 원인

(1) 불완전경쟁

① 독과점시장: 독과점 공급자가 자신의 이익을 위해 생산을 줄여 가격을 높게 책정한다면, 과소생산에 따른 유휴설비가 존재하게 되고, 이에 따라 자원이 비효율적으로 배분되어 시장실패를 야기한다.

② 규모의 경제(비용체감산업): 어느 특정 기업에서는 규모의 경제로 생산비가 절감된다면, 그 기업만 가격을 인하하여 다른 기업은 가격경쟁력이 상실되어 시장에서 사라진다. 즉, 규모의 경제를 누리는 기업이 독점기업이 되어 시장실패를 야기한다(자연독점).

③ 대책으로는 공정거래법이나 독과점규제법의 제정을 통해 자유시장경제를 유도하는 방법 등이 있다.

(2) 외부효과

정(+)의 외부효과(외부경제)와 부(−)의 외부효과(외부불경제) 모두 시장실패를 야기한다.

① 정(+)의 외부효과(외부경제)
  ㉠ 제3자에게 의도하지 않은 이익을 주면서 대가를 받지 못하여(예 과수원 경영) 자원배분이 적정치 않아 시장실패를 야기한다.
  ㉡ 대책: 보조금지급으로 지원하는 방법 등이 있다.

② 부(−)의 외부효과(외부불경제)
  ㉠ 거래당사자가 아닌 제3자에게 의도하지 않은 손해를 주면서 시장기구를 통하지 않고 이에 대한 대가를 지불하지 않음으로써 자원배분이 적정치 않아 시장실패를 야기한다.
  ㉡ 대책: 환경보전법 제정, 환경오염유발부담금 부과, 공해방지시설 의무화, 세금 부과로 규제한다.

(3) 공공재(公共財)

① 공공재란 대가의 지불 없이 재화를 사용하고자 하는 성격으로서 소비의 비경합성(공동소비), 비배제성(무임승차)의 재화를 가리키며, 주로 내구재로 소비에 있어서 규모의 경제가 발생하는 재화이다.

② 국방, 치안, 소방, 도로, 공원, 가로등처럼 사적인 이윤원리에 잘 맞지 않는 재화를 말한다.

③ 공공재는 반드시 필요하나 공공재를 시장원리에 맡기면 사회적 적정량보다 과소생산되어 자원배분이 적정치 않게 되고, 수익자부담의 원칙이 적용되지 않아 시장실패를 야기한다.

④ 정부는 공공재의 직접공급(사회간접자본 확충)을 통해 생산량을 증가시켜야 한다.

> **참고** 공공재
>
> 1. 비경합성(공동소비): 한 개인이 어떤 재화를 소비해도 다른 사람의 소비를 줄일 수 없는 성질을 말한다.
> 2. 비배제성(무임승차): 어떤 사람이 대가를 지불하지 않고 사용해도 그 사용을 배제시킬 수 없는 성질을 말한다.
> 3. 무임승차자: 공공재의 생산비를 지불하지 않고 무료로 이를 이용하는 자를 말한다.
> 4. 과소생산, 수익자부담의 원칙 적용 배제, 정부가 도시계획을 통해 공급

기출 공공재는 소비의 비경합성, 비배제성에 의해 비용을 부담하지 않은 사람도 소비할 수 있다.

(4) 거래당사자의 정보의 비대칭성과 정보의 불확실성

① 불완전경쟁시장에서 정보의 불확실성에 의한 불완전정보 또는 생산자에 비해 수요자의 정보가 부족한 정보의 비대칭성은 합리적 선택을 저해한다.

② 정보의 비대칭성이란 시장에서 정보가 불공평하게 배분되는 것을 말한다. 즉, 시장에서 어느 한쪽이 다른 한쪽보다 더 많은 정보를 가지고 있는 경우를 말한다. 이로 인해 정보가 부족한 쪽은 합리적 선택을 하지 못하므로 역선택을 하게 되고 정보가 많은 쪽은 도덕적 해이에 빠질 수 있다. 역선택과 도덕적 해이는 자원배분을 왜곡시켜 시장실패를 야기한다.

③ 대책으로는 국가의 정보보급, 소비자보호원 등에 의한 정보제공을 통해 합리적 선택을 유도할 수 있다.

기출📖 외부효과란 어떤 경제활동과 관련하여 거래당사자가 아닌 제3자에게 의도하지 않은 혜택이나 손해를 가져다주면서도 이에 대한 대가를 받지도 지불하지도 않는 상태를 말한다.

기출📖
1. 인근지역에 쇼핑몰이 개발됨에 따라 주변 아파트 가격이 상승하는 경우, 정(+)의 외부효과가 나타난 것으로 볼 수 있다.
2. 부(-)의 외부효과가 발생하면 님비(NIMBY) 현상이 발생한다.
3. 새로 조성된 공원이 쾌적성이라는 정(+)의 외부효과를 발생시키면, 공원 주변 주택에 대한 수요곡선이 우상향으로 이동하게 된다.
4. 부(-)의 외부효과를 발생시키는 시설의 경우, 발생된 외부효과를 제거 또는 감소시키기 위한 사회적 비용이 발생할 수 있다.
5. 부(-)의 외부효과를 발생시키는 공장에 대해서 부담금을 부과하면, 생산비가 증가하여 이 공장에서 생산되는 제품의 공급이 감소하게 된다.

4 외부효과

(1) 외부효과의 의의(부동성, 인접성)

외부효과란 생산, 소비 등 교환과정에 직접 참여하지 않고 제3자(타인)에게 의도하지 않게 혜택이나 손해를 가져다주면서, 시장기구를 통하지 않으므로 이에 대한 대가를 받지도 대가를 지불하지도 않는 경우를 말한다. 외부효과는 소비 측면의 외부효과와 생산 측면의 외부효과로 구분할 수 있다.

(2) 외부효과의 종류

① 정(+)의 외부효과(외부경제)
  ㉠ 시장기구를 통하지 않고 제3자에게 의도하지 않게 이익을 주면서도 이에 대한 대가를 받지 못한 경우를 정(+)의 외부효과라고 한다.
  ㉡ 주택보유자(소비자) 입장에서 정(+)의 외부효과가 존재하면, 공급곡선은 변함이 없고 주택수요곡선이 우상향으로 이동하여 수요가 증가하므로 주택의 균형임대료가 상승하고 균형량은 증가한다.
  예를 들어, 소유한 주택 주위에 호수, 공원이 있으면 공급곡선에는 변함이 없으나 그 주택의 가치가 높아져 주택의 임대료가 상승하고 균형량이 증가하는 현상이 발생한다.

② 부(-)의 외부효과(외부불경제)
  ㉠ 시장기구를 통하지 않고 제3자에게 의도하지 않게 손해를 입히면서도 이에 대한 대가를 지불하지 않는 경우를 말한다.
  ㉡ 부(-)의 외부효과를 유발하는, 즉 외부불경제 기업인 공해방출 시멘트 공장의 경우, 생산할 때 발생하는 폐수나 공해를 스스로 제거하지 않고 인근주민에게 내보냄으로써 공해, 폐수 제거비용을 인근주민 등(제3자)이 부담한다. 결과적으로 기업의 사적 비용은 작아지고, 사회적 비용은 커진다. 또한 기업의 사적 편익은 커지나, 사회적 편익은 작아진다. 그렇기 때문에 기업은 사회적 적정량보다 과대생산한다.
  ㉢ 이 기업에 대해 환경오염유발부담금의 부과 등 정부의 규제가 있으면 수요곡선은 변함이 없고 공급곡선이 좌상향 이동하여 공급이 감소하므로 주택의 균형임대료는 상승하고 균형량은 감소한다.

핵심 외부효과

정(+)의 외부효과(외부경제)	부(-)의 외부효과(외부불경제)
• 대가를 받지 않고 의도하지 않은 이익을 줌 ⇨ PIMFY 현상	• 대가를 지불하지 않고 의도하지 않은 손해를 미침 ⇨ NIMBY 현상
• 생산 측면: 사적 비용 > 사회적 비용	• 생산 측면: 사적 비용 < 사회적 비용
• 소비 측면: 사적 편익 < 사회적 편익	• 소비 측면: 사적 편익 > 사회적 편익
• 과소생산(사적 비용 초과 발생)	• 과대생산(사회적 비용 초과 발생)
• 규제완화: 보조금·조세 경감, 인근 토지와의 합병적·협동적 이용을 유도하는 정책	• 규제강화: 벌과금을 부과하거나 중과세를 부과, 진입을 규제하는 정책
• 존재: 수요의 증가, 균형가격 상승, 균형량 증가	• 규제: 공급의 감소, 균형가격 상승, 균형량 감소

심화 핌피·님비·바나나 현상

1. 핌피(PIMFY; Please In My Front Yard) 현상 – 정(正)의 외부효과: '나의 앞마당에 제발 들어오라'는 의미로서 자신의 거주지역에 이익을 주는 시설인 행정기관, 편익시설을 유치하려는 지역이기주의를 가리킨다.
2. 님비(NIMBY; Not In My Back Yard) 현상 – 부(負)의 외부효과: '나의 뒷마당에는 안 된다'는 의미로서 자신의 거주지역에 해로운 시설인 쓰레기 소각장 등 혐오시설을 짓지 못하게 하는 지역이기주의를 가리킨다.
3. 바나나(BANANA; Build Absolutely Nothing Anywhere Near Anybody) 현상 – 부(負)의 외부효과: '어디에든 아무것도 짓지 말라'는 의미로 어디든 유해시설 설치를 반대한다는 의미이다.

(3) 외부효과의 해결
① 사적인 해결방안: 정부의 시장개입 없이 시장기구 스스로 외부효과 문제를 해결할 수 있도록 하는 방법(코즈정리)과 협상 또는 합병의 방법이 있다.
② 간접적 규제: 조세부과와 보조금의 지급 등이 있다.
③ 직접적 규제: 오염물질 배출금지, 공해방지시설 의무화, 허용기준의 설정, 용도지정(지역지구제) 등이 있다.

기출 지역지구제나 토지이용계획은 외부효과 문제의 해결수단이 될 수 있다.

> **참고** 코즈정리(Coase Theorem)
>
> 환경오염의 부(-)의 외부효과(외부불경제)가 존재하는 이유는 오염행위자가 발생시키는 환경공해가 제3자에게 피해를 주고 있는데도 그에 대한 보상이 이루어지지 않기 때문이다. 미국의 경제학자 코즈(Ronald H. Coase)는 환경재산권을 분명하게 해 준다면 정부의 개입이 없이 시장기구 스스로 외부효과 문제를 효율적으로 해결할 수 있다는 것을 보여주었는데, 이를 코즈정리라고 한다.

제2절 | 토지정책

1 토지정책의 목표

(1) 택지의 수급불균형에 따른 투기억제 및 지가안정
(2) 택지의 안정적이고 지속적인 공급 및 확대
(3) 개발이익 사유화 방지 및 개발이익의 사회적 환수
(4) 토지의 오용방지 및 무용토지의 활용과 토지자원의 보존과 지속가능한 개발
(5) 국토의 균형개발과 효율적인 토지정책과 계속성 확보
(6) 토지이용의 능률화의 제고 및 토지자원의 공평한 분배

2 토지정책의 방향

(1) 토지제도는 소유권 중심에서 이용권 중심으로 전환
(2) 국·공유지는 처분 중심에서 보전 중심으로 전환
(3) 규제의 완화와 적절한 제도의 운영과 규제제도의 일원화 필요
(4) 개발이익의 환수를 통한 소유의 불평등 완화
(5) 민간토지 개발주체를 육성하여 수요·공급조절
(6) 토지거래 전문인 육성을 통해 거래질서 확립

➕ 보충 토지공개념

1. 토지공개념의 의의와 기능
   ① 토지공개념은 토지의 **부증성** 때문에 나타나는 문제점 때문에 토지의 **사회성·공공성**을 강조하는 개념이다.
   ② **토지공개념**은 공익성 원리를 강조하므로 정부의 개입·규제가 강화되는 방향으로 나타난다.
   ③ 토지공개념은 자본주의 국가에서 토지소유권을 인정하되 토지의 취득·사용수익·처분권은 제한하는 개념이라 할 수 있다.
   ④ 토지공개념은 토지소유권이 절대적 권리가 아니고 **상대적 권리**라는 개념으로 나타난다.
   ⑤ 재산권 행사의 공공복리 적합의무, 토지소유권의 법률적 제한, 개인의 소유권이 인정될지라도 남용하지 못한다는 것은 토지공개념의 이념을 구현하는 표현이라 할 수 있다.
   ⑥ 토지의 사적 소유는 인정하되, 그 이용을 **공공복리에 적합하게 규제**한다는 것이다. 토지시장의 안정, 토지소유권의 형평적 분배, 개발이익환수 등의 목적으로 도입되었다.
   ⑦ 토지시장의 안정, 토지 관련 세수의 증대라는 순기능이 있으나, 수요억제에 치중하여 토지거래 및 이용의 위축, 토지시장의 자율성 훼손이라는 역기능이 있다.

2. 토지공개념 정책수단
   ① 토지소유와 관련된 제도: 농지소유상한제, 기업의 비업무용 토지에 대한 중과세
   ② 토지거래와 관련된 제도: 부동산실명제, 부동산실거래가 신고제, 검인계약서제, 농지취득자격증명제, 분양권전매제한제도
   ③ 토지이용과 관련된 제도: 지역지구제
   ④ 개발이익환수와 관련된 제도: 개발부담금제, 양도소득세, 지가공시제도

🎯 핵심 현재 우리나라에서 시행되지 않는 토지제도 제32회, 제33회, 제34회

1. 공한지세
2. 개발권양도제(TDR)
3. 택지소유상한제
4. 토지초과이득세
5. 종합토지세

기출
1. 택지소유상한제, 토지초과이득세제, 개발권양도제도(TDR), 공한지세, 종합토지세는 현재 우리나라에서 시행되고 있는 제도가 아니다.
2. 토지초과이득세, 개발권양도제도는 현재 우리나라에서 시행되고 있는 주택정책수단이 아니다. 제32회
3. 분양가상한제는 현재 시행되고 있지만, 택지소유상한제는 현재 시행되고 있지 않다. 제33회

기출

1. 토지비축제도(토지은행)는 정부가 직접적으로 개입, 부동산가격공시제도는 정부가 간접적으로 부동산시장에 개입하는 수단이다. 제33회
2. 토지은행, 공영개발사업, 공공투자사업은 직접개입에 속한다.
3. 부동산에 대한 부담금제도나 보조금제도는 정부의 부동산시장에 대한 간접개입방식이다.
4. 총부채상환비율(DTI), 종합부동산세, 개발부담금, 금융지원정책은 간접개입에 속한다.
5. 담보인정비율(LTV) 강화는 부동산정책 중 금융규제에 해당한다.
6. 총부채원리금상환비율(DSR)의 강화는 담보대출을 규제하는 것으로 부동산정책 중 금융규제에 해당한다. 제35회
7. 임대료 보조, 재산세 부과, 개발부담금제도는 간접개입이다. 제36회

❸ 토지정책의 수단 제33회, 제34회, 제35회, 제36회

정부가 부동산시장에 개입하는 방법·수단은 토지이용의 규제, 직접개입, 간접개입으로 구분할 수 있다.

(1) 토지이용의 규제(법률적 강제수단)

사적 주체의 토지이용행위를 바람직한 방향으로 유도하기 위해 법적·행정적 조치에 의해 구속하고 제한하는 것이다. 물론 토지소유자의 소유권변동이 초래되지 않는다[예 지역지구제, 개발권양도제(TDR), 토지거래허가제, 건축규제 등의 각종 규제, 도시계획, 정부의 각종 인·허가제].

(2) 직접적 개입(시장에 대한 불신)

정부가 직접 개입하여 수요·공급량을 통제하거나, 가격통제를 하거나 토지의 수요자와 공급자의 역할을 담당하는 경우로 적극적 개입방법이다[예 토지은행제도(토지비축제도), 공영개발, 토지수용, 선매, 초과매수, 도시개발사업, 도시재개발사업, 공공소유제도, 공공투자사업, 공공임대주택 공급정책, 임대료규제, 분양가규제(상한제) 등].

(3) 간접적 개입(시장기능 보조)

시장기구의 틀을 유지하면서 그 기능을 통해서 소기의 성과를 거두려는 방법으로 소극적 개입방법이다[예 토지 관련 세금부과(개발부담금 부과, 보조금 지급)와 세금감면, 각종 금융규제(담보대출규제: LTV, DTI, DSR), 토지행정상의 지원(지적, 등기제도와 토지정보 제공, 지리정보시스템인 GIS 구축, 부동산 가격공시제도)].

🎯 핵심 부동산시장의 정부개입

토지이용의 규제	직접적 개입	간접적 개입

• 지역지구제
• 개발권양도제(TDR)
• 토지거래허가제
• 정부의 각종 인·허가제
• 도시계획
• 건축규제 등의 각종 규제
	• 토지은행제도
	  (토지비축제도)
	• 공영개발
	• 토지수용, 선매, 초과매수
	• 도시개발사업, 도시재개발사업
	• 공공임대주택 공급
	• 임대료규제, 분양가규제
		• 토지 관련 세금부과 등 조세정책
		• 보조금, 부담금
		• 각종 금융규제
		  (LTV, DTI, DSR)
		• 토지행정상의 지원
		  (지적, 등기제도, 부동산 가격공시제도)

④ 토지은행제도(토지비축제도) – 공공토지의 비축에 관한 법률

제33회, 제35회

(1) 의의 및 종류
① 정부가 한국토지주택공사(LH)를 통해 미리 저렴한 가격으로 미개발 토지를 매입한 후 보유(비축)하고 있다가 적절한 때에 이를 매각하거나 공공용으로 사용하는 제도이다.
② 사전에 토지를 비축하여 토지시장의 안정과 공공사업 등을 원활하게 추진하기 위한 정부의 직접개입 수단이다.
③ 공익사업용지의 원활한 공급과 토지시장의 안정에 기여하는 것을 목적으로 한다. 토지비축의 목적에 따라 공공개발용과 수급조절용으로 나뉜다.

(2) 장점
① 소유자의 토지양도 의사가 전제되므로 토지수용제도보다 사유재산권을 침해하는 정도가 작다.
② 개인의 무질서한 난개발을 막을 수 있고 계획적 개발이 가능하다.
③ 개발이익을 사회적으로 환수할 수 있다.
④ 비축지역의 공공용지를 저렴하게 확보하여 값싸게 공급할 수 있다.

(3) 단점
① 토지 매입비용 등 정부의 재정적 부담이 수반된다.
② 토지 매입 후부터 매도시까지 정부가 관리해야 하는데, 관리의 효율성이 떨어져 관리상의 문제가 발생한다.
③ 적절한 투기방지책 없이 토지를 매입하면 매입 주변지역의 지가 상승을 유발하여 정부가 투기를 조장할 수 있다.

> **심화** 부동산정책의 다양한 수단 제33회
>
> 1. 환지방식 – 신개발방식
>   ① 도시개발사업에서 많이 활용되는 방식으로 택지가 개발되기 전 토지의 위치·지목·면적·등급·이용도 및 기타 사항을 고려하여, 택지가 개발된 후 개발된 토지를 토지소유자에게 재분배하는 방식이다.
>   ② 사업 후 개발토지 중 사업에 소요된 비용과 공공용지를 제외한 토지를 당초의 토지소유자에게 재분배하는 것이다.
>   ③ 미개발토지를 토지이용규제에 따라 구획정리하고 기반시설을 갖춘 도시형 토지로 전환시키는 방식을 말한다.

기출

1. 토지비축제도는 정부가 직접적으로 부동산시장에 개입하는 정책수단이다.
2. 토지비축제도의 필요성은 토지의 공적 기능이 확대됨에 따라 커질 수 있다.
3. 토지비축사업은 토지를 사전에 비축하여 장래 공익사업의 원활한 시행과 토지시장의 안정에 기여할 수 있다.
4. 토지비축제도는 사적 토지 소유의 편중현상으로 인해 발생 가능한 토지보상비 등의 고비용 문제를 완화시킬 수 있다.
5. 토지비축제도는 한국토지주택공사(LH)에서 관리하기 때문에 관리의 문제가 발생하여 관리의 효율성은 떨어지게 된다.
6. 정부는 한국토지주택공사(LH)를 통하여 토지비축업무를 수행할 수 있다.
7. 토지비축제는 정부가 토지를 매입한 후 보유하고 있다가 적절한 때에 이를 매각하거나 공공용으로 사용하는 제도를 말한다.

제35회

기출 토지선매란 토지거래허가구역에서 토지거래계약의 허가신청이 있을 때 공익목적을 위하여 사적 거래에 우선하여 국가, 지방자치단체, 한국토지주택공사 등이 그 토지를 협의매수할 수 있는 제도이다.

2. **토지선매제도**(「부동산 거래신고 등에 관한 법률」 제15조): 시장·군수 또는 구청장은 공익사업용 토지나 토지거래계약허가를 받아 취득한 토지를 그 이용목적대로 이용하고 있지 아니한 토지에 대하여 국가, 지방자치단체, 한국토지주택공사 등의 공공기관 또는 공공단체가 그 매수를 원하는 경우에는 이들 중에서 선매자를 지정하여 그 토지를 협의매수하게 할 수 있다.

3. **토지거래허가구역**(「부동산 거래신고 등에 관한 법률」 제10조): 국토교통부장관 또는 시·도지사는 국토의 이용 및 관리에 관한 계획의 원활한 수립과 집행, 합리적인 토지이용 등을 위하여 토지의 투기적인 거래가 성행하거나 지가가 급격히 상승하는 지역과 그러한 우려가 있는 지역으로서 5년 이내의 기간을 정하여 토지거래계약에 관한 허가구역으로 지정할 수 있다.

4. **개발제한구역**(「개발제한구역의 지정 및 관리에 관한 특별조치법」 제3조): 국토교통부장관은 도시의 무질서한 확산을 방지하고 도시 주변의 **자연환경을 보전**하여 도시민의 **건전한 생활환경**을 확보하기 위하여 도시의 개발을 제한할 필요가 있거나 국방부장관의 요청으로 보안상 도시의 개발을 제한할 필요가 있다고 인정되면 개발제한구역의 지정 및 해제를 도시·군관리계획으로 결정할 수 있다.

5. **토지적성평가제도**
   ① 토지적성평가제도는 토지에 대한 **개발과 보전의 경합**이 발생했을 때 이를 **합리적으로 조정**하는 수단으로 도시계획의 기초조사단계에서 수행하는 평가제도이다. 토지의 **토양**, **입지**, **활용가능성** 등 토지의 적성에 대한 내용이 포함된다.
   ② 보전할 토지와 개발가능한 토지를 체계적으로 판단할 수 있도록 계획을 입안하는 단계에서 실시하는 기초조사이다.

6. **개발이익환수제도**(「개발이익 환수에 관한 법률」 제2조)
   ① **개발이익**이란 개발사업의 시행, 토지이용계획의 변경, 그 밖에 사회적·경제적 요인에 따라 **정상지가상승분**을 초과하여 개발사업을 시행하는 자나 토지소유자에게 귀속되는 **토지가액의 증가분**이다.
   ② **개발부담금**이란 개발이익 중 「개발이익 환수에 관한 법률」에 따라 특별자치시장·특별자치도지사·시장·군수 또는 구청장이 부과·징수하는 금액을 말한다.

기출 개발이익이란 개발사업의 시행이나 토지이용계획의 변경, 그 밖에 사회적·경제적 요인에 따라 정상지가상승분을 초과하여 사업시행자나 토지소유자에게 귀속되는 토지가액의 증가분을 말한다.

7. **재건축부담금**(「재건축초과이익 환수에 관한 법률」 제2조: **재건축초과이익**이라 함은 「도시 및 주거환경정비법」에 따른 **재건축사업** 및 「빈집 및 소규모주택 정비에 관한 특례법」에 따른 소규모재건축사업으로 인하여 **정상주택가격상승분**을 초과하여 귀속되는 **주택가액의 증가분**으로서 산정된 금액을 말한다. 재건축부담금이라 함은 재건축초과이익 중 「재건축초과이익 환수에 관한 법률」에 따라 국토교통부장관이 부과·징수하는 금액을 말한다.

8. 부동산 거래의 신고제(「부동산 거래신고 등에 관한 법률」 제3조, 제3조의2)
   ① 거래당사자는 부동산의 매매계약을 체결한 경우 그 실제 거래가격 등 대통령령으로 정하는 사항을 **거래계약의 체결일부터 30일 이내**에 그 권리의 대상인 부동산 등의 소재지를 관할하는 **시장·군수 또는 구청장**에게 공동으로 **신고하여야 한다**. 다만, 거래당사자 중 일방이 국가 등인 경우에는 국가 등이 신고를 하여야 한다.
   ② 거래당사자는 신고한 후 해당 거래계약이 해제, 무효 또는 취소된 경우 해제등이 **확정된 날부터 30일 이내**에 해당 신고관청에 공동으로 신고하여야 한다. 다만, 거래당사자 중 일방이 신고를 거부하는 경우에는 국토교통부령으로 정하는 바에 따라 단독으로 신고할 수 있다.
9. 투기과열지구(「주택법」 제63조): **국토교통부장관 또는 시·도지사**는 주택가격의 안정을 위하여 필요한 경우에는 주거정책심의위원회의 심의를 거쳐 일정한 지역을 투기과열지구로 지정하거나 이를 해제할 수 있다.
10. 조정대상지역(「주택법」 제63조의2): **국토교통부장관**은 다음의 어느 하나에 해당하는 지역으로서 대통령령으로 정하는 기준을 충족하는 지역을 주거정책심의위원회의 심의를 거쳐 조정대상지역으로 지정할 수 있다.
    ① 주택가격, 청약경쟁률, 분양권 전매량 및 주택보급률 등을 고려하였을 때 **주택분양 등이 과열**되어 있거나 **과열될 우려**가 있는 지역
    ② 주택가격, 주택거래량, 미분양주택의 수 및 주택보급률 등을 고려하여 **주택의 분양·매매 등 거래가 위축**되어 있거나 **위축될 우려**가 있는 지역
11. 지정지역(「소득세법」 제104조의2): 재정경제부장관은 해당 지역의 부동산가격상승률이 전국 소비자물가상승률보다 높은 지역으로서 전국 부동산가격상승률 등을 고려할 때 그 지역의 부동산가격이 급등하였거나 급등할 우려가 있는 경우에는 대통령령으로 정하는 기준 및 방법에 따라 그 지역을 지정지역으로 지정할 수 있다.
12. 주택조합(「주택법」 제2조): 주택 마련 또는 리모델링을 하기 위해 결성하는 주택조합에는 주택법령상 지역주택조합, 직장주택조합, 리모델링주택조합이 있다.

5 지역지구제(토지이용의 규제방법) 제35회, 제36회

1. 의의 및 내용

(1) 의의
   ① 지역지구제는 서로 양립하기 어려운 토지 용도를 공간적으로 분리하고, 각 위치의 특성에 맞는 용도를 법적으로 지정함으로써 도시 및 도시 외곽지역을 공간적으로 기획하는 제도이다.

② 도시계획법상의 지역·지구·구역제란 도시계획에 따라 도시계획구역 내의 토지를 특정한 용도에 따라 구분하여 획정하고, 획정된 지역마다 각각 별도의 토지이용의 특성을 부여하여 그 특성에 따라 토지의 이용에 일정한 공법상의 제한을 가하는 제도이다.

(2) 목적

① 지역지구제의 목적은 전국토를 일정한 용도지역·지구·구역 등으로 구분하여, 어울리지 않는 토지의 이용을 어울리는 토지의 이용으로 토지이용을 규제함으로써 토지이용에 수반되는 부(負)의 외부효과를 제거하거나 감소시키는 데에 그 목적이 있다.

② 현대에는 토지이용규제 수단으로 많이 활용되며, 양립하기 어려운 토지이용을 분리하여 국토이용질서의 확립과 토지의 효율적 이용을 도모하는 데 목적이 있다.

③ 용도지역은 토지를 경제적·효율적으로 이용하고 공공복리의 증진을 도모하기 위하여 지정한다. 토지활용 측면에서는 세대 간 형평성을 유지한다(우리 세대뿐만 아니라 다음 세대까지 고려하여 지속가능한 개발 고려). 즉, 토지의 개발과 보전의 조화 목적으로 활용된다.

기출 지역지구제는 토지이용에 수반되는 부(−)의 외부효과를 제거하거나 완화시킬 목적으로 활용된다. 제35회

(3) 내용

① 토지이용의 효율성 추구
② 동업종 간의 집적이익의 증대
③ 공공서비스를 위한 토지의 원활한 공급
④ 위생 및 안전상 필요한 최저기준 설정

2. 지역지구제의 단점(문제점)

(1) 지역 간 형평성 문제
(2) 토지이용의 경직성 문제

3. 국토의 계획 및 이용에 관한 법령상 용어의 정의 제33회, 제35회, 제36회

도시·군 기본계획	특별시·광역시·특별자치시·특별자치도·시 또는 군의 관할구역 및 생활권에 대하여 기본적인 공간구조와 **장기발전방향**을 제시하는 **종합계획**으로서 도시·군관리계획 수립의 지침이 되는 계획
도시·군 관리계획	특별시·광역시·특별자치시·특별자치도·시 또는 군의 개발·정비 및 보전을 위하여 수립하는 토지이용, 교통, 환경, 경관, 안전, 산업, 정보통신, 보건, 복지, 안보, 문화 등에 관한 계획
지구단위 계획	도시·군계획 수립 대상지역의 일부에 대하여 **토지이용을 합리화**하고 그 기능을 증진시키며 미관을 개선하고 **양호한 환경을 확보**하며, 그 지역을 체계적·계획적으로 관리하기 위하여 수립하는 도시·군관리계획
용도지역	토지의 이용 및 건축물의 용도, 건폐율, 용적률, 높이 등을 제한함으로써 **토지를 경제적·효율적으로 이용**하고 공공복리의 증진을 도모하기 위하여 서로 **중복되지 아니하게** 도시·군관리계획으로 결정하는 지역 ① 도시지역: 주거지역, 상업지역, 공업지역, 녹지지역 ② 관리지역 ③ 농림지역 ④ 자연환경보전지역
도시지역	① 주거지역 　㉠ 전용주거[양호한] ⇨ 1종 - 단독, 2종 - 공동 　㉡ 일반주거[편리한] ⇨ 1종 - 저층, 2종 - 중층, 3종 - 중고층 　㉢ 준주거 ⇨ 주거 + 상업, 업무기능 보완 ② 상업지역: ㉠ 중심상업, ㉡ 일반상업, ㉢ 유통상업, ㉣ 근린상업 ③ 공업지역: ㉠ 전용공업, ㉡ 일반공업, ㉢ 준공업 ④ 녹지지역: ㉠ 보전녹지, ㉡ 생산녹지, ㉢ 자연녹지
용도지구	토지의 이용 및 건축물의 용도, 건폐율, 용적률, 높이 등에 대한 용도지역의 제한을 강화하거나 완화하여 적용함으로써 **용도지역의 기능**을 증진시키고 **경관·안전** 등을 도모하기 위하여 도시·군관리계획으로 결정하는 지역
용도구역	토지의 이용 및 건축물의 용도, 건폐율, 용적률, 높이 등에 대한 용도지역 및 용도지구의 제한을 강화하거나 완화하여 따로 정함으로써 시가지의 무질서한 확산 방지, 계획적이고 단계적인 토지이용의 도모, 혁신적이고 복합적인 토지활용의 촉진, 토지이용의 종합적 조정·관리 등을 위하여 도시·군관리계획으로 결정하는 지역

기출

1. 국토의 계획 및 이용에 관한 법령상 지구단위계획은 도시·군계획 수립 대상지역의 일부에 대하여 토지 이용을 합리화하고 그 기능을 증진시키며 미관을 개선하고 양호한 환경을 확보하며, 그 지역을 체계적·계획적으로 관리하기 위하여 수립하는 도시·군관리계획을 말한다. 제35회

2. 용도지역은 토지를 경제적·효율적으로 이용하고 공공복리의 증진을 도모하기 위하여 지정한다.

3. 국토의 계획 및 이용에 관한 법령상 용도지역으로서 도시지역에는 주거지역, 상업지역, 공업지역, 녹지지역이 있다. 제33회

4. 준주거지역, 근린상업지역, 자연녹지지역은 용도지역 중 도시지역에 해당한다. 제36회

> **핵심** 부동산정책의 시간적 순서
> 1. 공인중개사제도(1983년)
> 2. 개발부담금제(1990년)
> 3. 부동산실명제(1995년)
> 4. 자산유동화제도(1998년)
> 5. 재건축부담금제·부동산거래신고제(2006년)

> **기출**
> 1. 부동산 관련 제도 중 법령상 도입이 빠른 순서는 공인중개사제도 ⇨ 부동산실명제(1995년) ⇨ 자산유동화제도(1998년) ⇨ 부동산거래신고제(2006년)의 순이다.
> 2. 개발부담금제(1990년)가 재건축부담금제(2006년)보다 먼저 도입되었다.
> 제33회

> **핵심** 부동산정책의 근거 법률
> 1. 「주택법」: 투기과열지구, 조정대상지역, 분양가상한제, 주택조합
> 2. 「부동산 거래신고 등에 관한 법률」: 부동산거래신고, 토지거래허가제, 선매
> 3. 「개발이익 환수에 관한 법률」: 개발부담금
> 4. 「재건축초과이익 환수에 관한 법률」: 재건축부담금
> 5. 「도시 및 주거환경정비법」: 주거환경개선사업, 재개발사업, 재건축사업
> 6. 「부동산등기 특별조치법」: 검인계약서제
> 7. 「부동산 실권리자명의 등기에 관한 법률」: 부동산실명제
> 8. 「공공토지의 비축에 관한 법률」: 토지은행제
> 9. 「부동산 가격공시에 관한 법률」: 표준지공시지가의 공시, 표준주택가격의 공시
> 10. 「소득세법」: 지정지역(투기지역)

제3절 주택정책

❶ 주택정책의 목표

주택정책은 다양한 목표달성을 위해 계획되고 실행된다. 또한 지역에 따라서는 목표의 우선순위가 달라지기도 한다. 일반적으로 거론되는 주택정책의 목표는 다음과 같다.

(1) 양적으로 충분한 주택 확보

대부분의 개발도상국가의 급속한 도시화로 가장 먼저 당면하는 것이 주택의 절대적 부족 현상이다. 이러한 경우 주택정책의 목표는 우선 주택의 양적 문제 해결에 있다.

(2) 질적으로 양호한 주택 확보

주택의 양을 해결한 국가들이 다음에 직면하는 문제가 주택의 질적 문제이다. 이것은 경제발전에 따른 소득 증가로 인한 주택의 교체수요에 따른 현상에서 나타난다.

(3) 쾌적한 주거환경

환경적으로 쾌적한 주택의 확보는 인근지역의 환경개선을 통해 달성된다.

❷ 주택정책의 내용

(1) 공급확대정책

① 신규주택 건설 촉진 – 유량정책

　㉠ 싼 택지의 공급: 택지가 싸야 많은 양을 공급할 수 있으며, 이윤도 보장된다.

　㉡ 주택생산성의 증대: 주택생산성은 기업의 경영합리화에 의존하는데, 토지 이외에 건설노동비·자재·기술 등의 공급에 따라 생산성이 좌우된다. 기술혁신은 주택생산성을 증대시키는 요인이 된다.

　㉢ 건설주체의 역할: 공급을 민간이 주도하면 정부의 재정은 압박을 덜 받고, 정부가 주도하면 압박을 받는다.

② 재고주택의 보전과 개량 – 저량정책: 중고주택은 가격이 저렴하여 구매가 용이하고, 도심에 위치하여 접근성이 양호하며, 개축 등을 하여 투자효과를 얻을 수 있다. 그렇기 때문에 이 활용방안은 공급에 지대한 영향을 미칠 수 있는 요인이 된다.

(2) 구매력 강화정책

① 일반소득분포의 개선: 소득분포의 개선을 통하여 저소득층의 주택구입능력을 조장할 수 있다.

② 주택규모분포 개선: 대규모 주택건설을 가급적 지양하고 최대한 중소규모의 주택을 대량 공급하는 것이 규모분포의 적정화를 위해 바람직하다.

③ 서민을 위한 저당금융제의 증대: 주택공급을 위해 가장 바람직한 제도이다.

④ 사회임대주택의 활성화

⑤ 수택비 지원·보조: 주택구입능력이 낮은 저소득층에 주택비를 지원한다.

⑥ 세제상의 혜택: 주택 관련 세제의 경감·면제 등은 주택의 공급을 증대시키고 수요를 유발하는 요인이 된다.

> **참고** **주택공급의 원칙**
>
> 1. 적량성의 원칙: 수요에 맞는 양의 주택이 공급되어야 한다.
> 2. 적시성의 원칙: 수요의 발생시점에 맞게 공급하여야 한다.
> 3. 적지성의 원칙: 주택은 쾌적성과 편리성·접근성이 양호한 위치에 공급되어야 한다.
> 4. 적법성의 원칙: 법규에 맞게 공급되어야 한다.
> 5. 간소성의 원칙: 주택의 편리한 방법으로, 간단한 절차로 취득할 수 있어야 한다.

참고 주택보급률이 100%를 초과하더라도 주거수준의 개선과 삶의 질을 높이기 위해 지속적으로 신규주택(유량주택)공급이 이루어져야 한다. 더불어 재고주택(저량주택)의 보전과 개량도 요구된다. 재고주택의 증·개축, 내용연수 연장도 주택공급개념에 포함된다.

핵심 주택정책의 주요 수단
1. 임대주택정책: 임대료규제정책, 임대료보조정책, 공공임대주택정책
2. 분양가규제(상한제) 및 분양가자율화정책
3. 선분양제도 및 후분양제도
4. 조세정책

기출
1. 정부가 규제하는 임대료의 상한이 시장균형임대료보다 높다면, 임대료규제는 시장에서 임대주택 공급량에 영향을 미치지 않는다.
2. 임대료상한을 균형가격 이하로 규제하면 임대주택의 수요과잉 현상을 초래한다.
3. 정부가 임대료 상승을 균형가격 이하로 규제하면 장기적으로 임대주택의 공급량이 줄어들기 때문에 임대료규제의 효과가 충분히 발휘되지 못한다.
4. 주택임대료를 시장가격 미만으로 규제하면 주택임대시장에서는 이중가격이 형성될 수 있다. 제36회

비교 최저가격제도
최저로 받아야 하는 가격을 책정하여 공급자를 보호하기 위해 시장가격보다 높게 규제하는 제도이다.

3 임대주택정책 제33회, 제34회, 제35회, 제36회

1. 임대료규제정책(임대료상한제, 최고가격제)

(1) 의의

① 임대료규제정책은 정부가 시장에 개입하여 임대료를 특정 수준 이상으로 받을 수 없도록 하는 임대료상한선 제도이다.

② 규제임대료가 시장임대료보다 낮은 수준으로 설정되는 경우로 소비자(임차인) 보호를 목적으로 한다.

③ 만일 규제임대료가 시장임대료보다 높은 수준으로 설정되는 경우에는 주택시장에 어떤 영향도 미치지 못한다.

참고 최고가격제도

1. 최고가격제도
   ① 최고로 받을 수 있는 가격을 책정하여(= 상한선을 설정하여) 저소득층(임차인, 수요자)을 보호하기 위한 제도이다.
   ② 시장가격보다 낮게 규제하는 제도이다.

2. 시장임대료와 규제임대료
   ① 시장임대료 < 규제임대료(높게 규제): 아무런 변화가 발생하지 않는다.
   ② 시장임대료 > 규제임대료(낮게 규제): 임대료가 하락하고 초과수요가 발생한다(수요 증가, 공급 감소).

(2) 효과

① 단기적 효과: 수요 증가(초과수요), 투자기피, 질적 수준 저하
② 장기적 효과: 공급 감소(용도전환, 초과수요 더 발생), 이동 저하, 암시장 (이중가격)

> **핵심** 임대료규제의 효과
>
> 1. 기존 임대주택의 공급이 감소하고, 주택의 질이 저하된다.
> 2. 기존 임차인은 단기에 혜택이 있어, 주거이동이 저하된다. 새로운 임차인은 높은 암시장 임대료 지급으로 불리해진다(암시장, 이중가격).
> 3. 주택공급의 가격탄력성이 비탄력적일수록 시행의 효과가 있다(공급이 비탄력적일수록 가격, 임대료 하락시에 공급량 감소가 적어서 임차인에게 혜택이 더 커지며 자원배분의 효율성이 저해되지 않는다). 임대주택의 공급이 완전비탄력적이면 임대인의 소득 일부가 임차인에게 귀속되어 소득재분배 효과가 나타난다.
> 4. 임대료규제정책은 장기적으로 임대주택의 공급이 감소하므로 자원배분이 왜곡되어 비효율성이 초래될 수 있다. 즉, 정부실패가 발생할 수 있다.
> 5. 임대료를 규제하면 외곽보다 도심에서 하향여과가 초래될 수 있고 외곽지역이 집약적으로 이용되는 비효율성이 초래될 수 있으며 직주분리가 야기된다.

예제

임대아파트의 수요함수는 $Q_D = 1,400 - 2P$, 공급함수는 $Q_S = 200 + 4P$라고 하자. 이때 정부가 최고가격제를 실시한 경우에 (1) 아파트 임대료를 100만원/m^2으로 규제한 경우와 (2) 아파트 임대료를 300만원/m^2으로 규제한 경우가 있다. 이 규제하에 시장에서는 어떤 일이 발생하는가? [여기서 P는 가격(단위: 만원), Q_D, Q_S는 각각 수요량과 공급량(단위: m^2), 다른 조건은 불변이라고 가정함]

	(1) 최고 100만원 규제시	(2) 최고 300만원 규제시
①	초과수요 600m^2	초과수요 300m^2
②	초과수요 300m^2	균형(아무런 변화가 없다)
③	초과수요 600m^2	균형(아무런 변화가 없다)
④	초과공급 300m^2	균형(아무런 변화가 없다)
⑤	균형(아무런 변화가 없다)	초과수요 300m^2

심화 임대료규제의 기능

1. 단기적으로 순기능이 있으나 장기적으로 역기능이 나타난다.
2. 단기공급곡선보다 장기공급곡선이 더 탄력적이므로 초과수요는 장기에 더 크게 나타난다. 즉, 단기보다 장기에 초과수요가 더 발생한다.
3. 수요의 가격탄력성이 클수록 또한 공급의 가격탄력성이 클수록 초과수요분(공급부족분)이 커진다. 즉, 수요가 탄력적일수록 수요량 증가폭이 커지고 공급이 탄력적일수록 공급량 감소폭이 커져서 초과수요가 더 발생한다.

기출

1. 임대료규제는 장기적으로 민간임대주택 공급을 위축시킬 우려가 있다.
2. 임대료규제는 임대부동산을 질적으로 저하시키고 기존 세입자의 주거 이동을 저하시킨다.
3. 임대료규제가 지속되면 장기적으로는 음성적 거래가 발생할 수 있다.
4. 임대료규제시 단기에 비해 장기에 초과수요가 더 발생할 수 있다.
5. 임대료를 균형가격 이하로 통제하면 민간임대주택의 공급량은 감소하고 질적 수준은 저하된다. 제34회

> **해설** 균형가격을 구하면, Q = 1,400 − 2P = 200 + 4P, 6P = 1,200, P(균형가격) = 200(만원)
> (1) 최고가격을 균형가격 200만원보다 낮게 100만원으로 설정하면, 초과수요 600m²가 발생한다. P 대신 100을 대입하면,
> 수요량(Q_D) = 1,400 − (2×100) = 1,200, 공급량(Q_S) = 200 + (4 × 100) = 600이다.
> (2) 최고가격을 균형가격 200만원보다 높게 300만원으로 설정하면, 수요와 공급에 어떤 변화도 나타나지 않는다. 즉, 균형상태 그대로 유지된다. **정답 ③**

기출
1. 임대료보조정책은 장기적으로 임대주택의 공급을 증가시킬 수 있다.
2. 정부가 임차인에게 임대료를 직접 보조해 주면 단기적으로 시장임대료는 상승하지만, 장기적으로 시장임대료를 낮추게 된다.
3. 임차인에게 보조금을 지급하는 방식이 임대주택 공급자에게 보조금을 지급하는 방식보다 임차인의 주거지 선택의 자유를 보장하는 장점이 있다.
4. 소비자효용 측면에서는 소득보조방식이 가격보조보다 우월하다.
5. 주택수요증대를 통한 주거안정이라는 정책목표달성 측면에서는 가격보조방식이 더 우월하다.
6. 임대료보조정책은 민간임대주택의 공급을 장기적으로 증가시키고 시장임대료를 낮춘다. 제34회
7. 임대료보조정책은 저소득층의 실질소득을 증가시킬 수 있다. 제36회

2. 임대료보조정책(주택바우처, 주거급여)

(1) 의의

① 저소득층의 주택문제를 해결하기 위한 간접적 시장개입정책이다.
② 일정 소득수준 이하의 임차인을 지원하기 위해 임대료를 보조하는 것으로, 수요측 보조금과 공급측 보조금이 있다. 수요측 보조금(주택바우처)이 공급측 보조금이나 공공임대주택정책보다 임차인 주거선택의 폭을 넓혀준다.
③ 임대료보조는 임차인 입장에서는 실질소득이 상승하는 효과(소득효과)를 가져오고, 임대주택의 임대료가 그만큼 하락하는 결과(대체효과)를 가져와 더 많은 임대주택을 소비할 수 있게 된다. 즉, 임대료보조를 받는 저소득층의 주택소비가 증가하는 이유는 소득효과와 대체효과 때문이다.
④ 임차인에게 현금으로 보조하는 방식은 보조금을 주택재화 구입에만 사용하게 하더라도 소득효과로 인해 일반적으로 주택이 아닌 다른 재화의 소비량도 이전보다 증가한다.

(2) 효과

① 단기적 효과: 임대주택 수요 증가 ⇨ 임대료 상승 ⇨ 기존 임대인 초과이윤 획득 ⇨ 임대인 혜택
② 장기적 효과: 임대주택 공급 증가 ⇨ 임대료 하락 ⇨ 기존 임대인 정상이윤 획득 ⇨ 임차인 혜택

(3) 수요측 보조금

주택임차가구의 임대료부담능력을 높이기 위해 제공되는 것으로 가격보조와 소득보조의 두 가지 유형이 있다.

① 가격(임대료: 집세)보조: 주택을 임차할 경우에만 보조금을 지급하는 방식으로 보조받은 만큼 주택의 상대가격이 낮아져 주택소비를 증가시킨다.

② **소득(현금)보조**: 임대료보조 대신 동일한 금액을 현금으로 지급하는 방식이다. 현금보조가 이루어지면 보조받는 저소득임차가구의 실질소득이 현금보조액만큼 증가한 것과 동일하므로 주택임차가구의 임대료부담능력이 높아진다. 소득보조는 소비자의 소득을 높여주어 스스로 주택소비를 결정하게 하여 주거수준을 향상시키려는 제도이다.

(4) 공급측 보조금

① 주택공급자에게 저리의 건설자금을 지원해 주는 등의 방법을 통해 공급자의 생산비용 부담을 덜어주어 민간부문의 주택공급을 확대하려는 정책이다.

② 공급 측면의 보조금은 단기적으로는 공급곡선이 수직에 가까워 효과가 없으나, 장기적으로는 주택공급이 증가하고 이에 따라 주택임대료가 하락하므로 임차인이 혜택을 누린다.

> **심화** 주택바우처제도(housing voucher)
>
> **1. 의의**
> ① 'voucher'의 사전적 의미는 증서 또는 **상품권** 등을 뜻한다. 원래는 마케팅에서 특정 상품의 판매를 촉진하고 고객의 충성도를 확보하기 위해 사용되는 기법 중의 하나였으나, 현재는 사회보장제도에서도 널리 사용되고 있다.
> ② 마케팅 측면에서 바우처는 구입할 수 있는 상품에 제한이 있는 일종의 **상품권**이라고 할 수 있는데 예를 들어 도서상품권, 문화상품권 등이 해당된다.
> ③ 주택바우처제도는 일정 수준 이하의 저소득 임차인에게 임대료 중 일부를 정부가 **쿠폰형식**으로 지급하는 제도이다. 예컨대 현재 이 제도를 시행하고 있는 미국의 경우 임차인의 가구 소득이 월 100만원이고, 월 임대료가 50만원일 때 임차인이 월 소득의 30%(30만원)만큼 임대료를 내면 정부가 부족한 20만원을 집주인에게 쿠폰으로 제공하고 집주인은 정부에 쿠폰을 제시하고 이를 현금화한다.
>
> **2. 특징**
> ① 주택공급자에 대한 직접적인 규제보다는 주택서비스의 질과 임대료 수준의 적정성 유지 위주의 관리를 통해 소비자의 선택권을 최대한 보장해 준다.
> ② 도심에서 멀리 떨어진 공공임대주택 위주의 공급확대정책보다는 거주자들에게 직접 임대료의 일부를 지원해 줌으로써 그들로 하여금 직접 거주지를 선택하게 하는 수요자 위주의 시장친화적 정책이다. 즉, 수요자가 원하는 지역에서 원하는 주택을 선택할 수 있도록 도와준다.
> ③ 현금이 아닌 쿠폰형태로 제공되므로 법적으로 타용도로 사용할 수 없으므로 지원금이 타목적으로 사용되는 것을 막을 수 있다.

기출
1. 주택바우처(housing voucher)는 임대료보조정책의 하나이다.
2. 주거복지정책상 주거급여제도는 소비자보조방식의 일종이다.
3. 주택바우처는 저소득임차가구에 주택임대료를 일부 지원해주는 소비자보조방식의 일종으로 임차인의 주거지 선택을 용이하게 할 수 있다. 제34회

3. 우리나라에의 적용: 서울형 주택바우처제도 도입을 추진하고 있다. 2002년부터 주거비를 지원하는 '임대료보조정책'이 소득기준만으로 대상자를 선정했다면, 이 제도에서는 주거안정 위기에 놓인 가구까지도 대상에 포함된다는 데 그 의미가 있다.

3. 공공(임대)주택정책 제33회, 제34회, 제35회, 제36회

(1) 의의

① 공공주택은 공공주택사업자가 국가·지방자치단체의 재정이나 주택도시기금을 지원받아 「공공주택 특별법」 또는 다른 법률에 따라 건설, 매입 또는 임차하여 공급하는 공공임대주택과 공공분양주택을 말한다.

② 정부가 주택소요를 해결하기 위해 생산자보조방식을 통해 저소득층에게 시장임대료보다 낮은 임대료로 공공임대주택을 공급하는 정책을 말한다.

③ 저소득층의 주택문제를 해결하기 위한 직접적 시장개입정책이다.

④ 공공임대주택 정책은 임대주택시장이 사적 시장과 공공시장으로 양분되어 있음을 전제한다.

> **기출** 공공임대주택 공급정책은 입주자가 주거지를 자유롭게 선택할 수 없는 것이 단점이다.
>
> **참고** 공공주택의 공급은 임대료에 대한 이중가격을 형성하여 공공주택에 거주하는 저소득층에게만 혜택을 준다. 즉, 공공주택 거주자들은 임대료 차액만큼 정부로부터 보조받는 것과 같은 효과를 얻는다.

(2) 단기적 효과 – 수요변화

① 사적 시장 임대료보다 공적 시장 임대료가 낮아지므로 공공주택 공급은 사적 시장의 임대주택 수요를 감소시키고 공적 시장의 공공주택 수요를 증가시켜, 공공주택이 공급되는 지역으로 저소득층 가구가 주거를 이동하게 된다. 즉, 임대주택수요의 탄력성을 크게 하고 사적 시장에서 공실률이 증가하므로 사적 시장의 임대료는 하락한다.

② 공공주택의 공급은 공공주택으로 이주해 오는 사람이나 사적 시장에 머무는 사람이나 모두 임대료가 낮아지므로 단기에는 모든 임차인에게 혜택이 있다.

(3) 장기적 효과 – 공급변화

① 사적 시장의 임대료 하락은 사적 시장의 임대주택 공급을 감소시켜, 사적 시장의 임대료는 원래의 수준까지 다시 상승한다.

② 사적 시장의 공급 감소분만큼 공적 시장의 공급이 증가하여, 사회전체의 임대주택 양은 불변한다(사적 시장 공급 감소분 = 공적 시장 공급 증가분).

핵심 공공주택 제33회, 제34회, 제35회

1. **공공주택**(「공공주택 특별법」 제2조): 공공주택이란 공공주택사업자가 국가 또는 지방자치단체의 재정이나 주택도시기금을 지원받아 이 법 또는 다른 법률에 따라 건설, 매입 또는 임차하여 공급하는 **공공임대주택**과 **공공분양주택**을 말한다.
   ① 공공임대주택: 임대 또는 임대한 후 분양전환을 할 목적으로 공급하는 주택
      ㉠ 공공건설임대주택: 공공주택사업자가 직접 건설하여 공급하는 공공임대주택
      ㉡ 공공매입임대주택: 공공주택사업자가 직접 건설하지 아니하고 매매 등으로 취득하여 공급하는 공공임대주택
   ② 공공분양주택: 분양을 목적으로 공급하는 주택으로서 국민주택규모 이하의 주택

2. **공공임대주택**(「공공주택 특별법 시행령」 제2조)
   ① 영구임대주택: 국가나 지방자치단체의 재정을 지원받아 **최저소득 계층**의 주거안정을 위하여 50년 이상 또는 영구적인 임대를 목적으로 공급하는 공공임대주택
   ② 국민임대주택: 국가나 지방자치단체의 재정이나 주택도시기금의 자금을 지원받아 저소득 서민의 주거안정을 위하여 30년 이상 장기간 임대를 목적으로 공급하는 공공임대주택
   ③ 행복주택: 국가나 지방자치단체의 재정이나 주택도시기금의 자금을 지원받아 **대학생, 사회초년생, 신혼부부** 등 **젊은층**의 주거안정을 목적으로 공급하는 공공임대주택
   ④ 통합공공임대주택: 국가나 지방자치단체의 재정이나 주택도시기금의 자금을 지원받아 **최저소득계층, 저소득 서민, 젊은 층 및 장애인 · 국가유공자 등 사회 취약계층** 등의 주거안정을 목적으로 공급하는 공공임대주택
   ⑤ 장기전세주택: 국가나 지방자치단체의 재정이나 주택도시기금의 자금을 지원받아 **전세계약의 방시**으로 공급하는 공공임대주택
   ⑥ 분양전환공공임대주택: **일정 기간 임대 후 분양전환**할 목적으로 공급하는 공공임대주택
   ⑦ 기존주택등매입임대주택: 국가나 지방자치단체의 재정이나 주택도시기금의 자금을 지원받아 기존주택 등을 **매입**하여 수급자 등 저소득층과 청년 및 신혼부부 등에게 공급하는 공공임대주택
   ⑧ 기존주택전세임대주택: 국가나 지방자치단체의 재정이나 주택도시기금의 자금을 지원받아 기존주택을 **임차**하여 수급자 등 저소득층과 청년 및 신혼부부 등에게 **전대**하는 공공임대주택

기출

1. 공공주택 특별법령상 공공임대주택에는 영구임대주택, 국민임대주택, 분양전환공공임대주택, 기존주택등매입임대주택 등이 있다. 제33회
2. 통합공공임대주택: 국가나 지방자치단체의 재정이나 주택도시기금의 자금을 지원받아 최저 소득 계층, 저소득 서민, 젊은층 및 장애인, 국가유공자 등 사회 취약계층 등의 주거안정을 목적으로 공급하는 공공임대주택 제35회, 제36회
3. 행복주택: 국가나 지방자치단체의 재정이나 주택도시기금의 자금을 지원받아 대학생, 사회초년생, 신혼부부 등 젊은 층의 주거안정을 목적으로 공급하는 공공임대주택 제35회
4. 장기전세주택: 국가나 지방자지단체의 재정이나 주택도시기금의 자금을 지원받아 전세계약의 방식으로 공급하는 공공임대주택 제35회
5. 분양전환공공임대주택: 일정 기간 임대 후 분양전환할 목적으로 공급하는 공공임대주택 제35회

> 📌 **참고** 「민간임대주택에 관한 특별법」상 임대주택 등의 용어의 정의 제33회
>
> 1. 민간임대주택: 임대 목적으로 제공하는 주택으로서 임대사업자가 등록한 주택을 말하며, 민간건설임대주택과 민간매입임대주택으로 구분한다.
> 2. 공공지원민간임대주택: 임대사업자가 다음의 어느 하나에 해당하는 민간임대주택을 10년 이상 임대할 목적으로 취득하여 이 법에 따른 임대료 및 임차인의 자격제한 등을 받아 임대하는 민간임대주택을 말한다.
>   ① 주택도시기금의 출자를 받아 건설 또는 매입하는 민간임대주택
>   ② 공공택지 또는 수의계약 등으로 공급되는 토지 및 종전 부동산을 매입 또는 임차하여 건설하는 민간임대주택
>   ③ 용적률을 완화받거나 용도지역 변경을 통하여 용적률을 완화받아 건설하는 민간임대주택
>   ④ 공공지원민간임대주택 공급촉진지구에서 건설하는 민간임대주택
> 3. 장기일반민간임대주택: 임대사업자가 공공지원민간임대주택이 아닌 주택을 10년 이상 임대할 목적으로 취득하여 임대하는 민간임대주택(아파트를 임대하는 민간매입임대주택은 제외한다)을 말한다.
> 4. 임대사업자: 공공주택사업자가 아닌 자로서 1호 이상의 민간임대주택을 취득하여 임대하는 사업을 할 목적으로 임대사업자에 등록한 자를 말한다.

④ 분양가규제와 분양가자율화 제32회

아파트 분양가규제의 효과	아파트 분양가자율화의 효과
• 분양가 인하	• 분양가 인상(신규주택가격 상승)
• 투기 증가, 가수요	• 투기 감소, 실수요
• 생산성 악화, 질적 수준 저하	• 생산성 향상, 질적 수준 향상
• 신규공급 감소, 중고주택가격 상승	• 신규공급 증가, 대형주택 위주의 공급
• 저소득층의 주택난 심화	• 저소득층의 주택난 심화

1. 분양가규제 – 분양가상한제(최고가격제)

(1) 의의

분양가규제정책은 정부가 무주택 서민에게 저렴하게 주택을 구입하도록 시장가격 이하에서 최고가격을 설정하는 제도이며, 주택경기가 과열될 때 사용된다.

(2) 특징

① 시장가격보다 분양가를 낮게 설정해야 한다.✚

② 수요량 증가와 공급량 감소로 초과수요가 발생한다.

③ 주택구입난 심화, 신규 주택공급의 위축(생산성 악화)으로 주택의 질적 저하를 초래할 수 있다.

④ 장기적으로 주택공급이 감소하고 중고(재고)주택가격이 상승한다.

⑤ 분양가와 시장가격 차이로 전매차익에 의한 투기적 수요가 증가한다.

(3) 주택법령상 분양가규제(「주택법」제57조 분양가격의 제한 등)

① 사업주체가 일반인에게 공급하는 공동주택 중 다음의 어느 하나에 해당하는 지역에서 공급하는 주택의 경우에는 「주택법」 제57조에서 정하는 기준에 따라 산정되는 분양가격 이하로 공급하여야 한다.
  ㉠ 공공택지
  ㉡ 공공택지 외의 택지에서 주택가격 상승 우려가 있어 국토교통부장관이 주거정책심의위원회 심의를 거쳐 지정하는 지역

② 다음의 어느 하나에 해당하는 경우에는 분양가규제를 적용하지 아니한다.
  ㉠ 도시형 생활주택
  ㉡ 경제자유구역에서 건설·공급하는 공동주택
  ㉢ 관광특구에서 건설·공급하는 공동주택으로서 해당 건축물의 층수가 50층 이상이거나 높이가 150m 이상인 경우

③ 분양가격은 택지비와 건축비로 구성된다(토지임대부 분양주택의 경우에는 건축비만 해당한다).

2. 분양가자율화

(1) 의의

분양가규제를 풀고 자율화하여 시장기능에 따라 가격이 결정되도록 하는 제도로서, 주택경기가 침체된 경우에 주택시장 활성화를 위해 사용될 수 있다.

(2) 특징

① 분양가규제시에 비해 건설업자의 생산성이 향상되므로 주택의 질이 향상되고 공급이 증가한다.

② 분양가가 상승하므로 저소득층의 부담이 커질 수 있고, 신규주택가격 상승에 편승하여 중고주택가격도 상승할 수 있다.

✚ 만일 분양가를 시장균형가격보다 높게 설정하면 수요·공급에 어떠한 영향도 미치지 않는다.

기출

1. 주택법령상 국민주택건설사업을 추진하는 공공사업에 의하여 개발·조성되는 공동주택이 건설되는 용지에는 주택의 분양가격을 제한할 수 있다.
2. 투기지역으로 지정되어도 그 지역에서 건설·공급하는 도시형 생활주택에 대해 분양가상한제가 적용되지 아니한다. 제32회
3. 주택법령상 사업주체가 일반인에게 공급하는 공동주택 중 공공택지에서 공급하는 도시형 생활주택은 분양가상한제를 적용하지 아니한다.

③ 분양가규제시에 비해 전매차익을 노린 투기적 수요 또는 가수요가 감소할 것이다.
④ 대형주택 위주의 공급이 증가하고 도심지에 대형주택이 많이 건설되어 도심의 상향여과나 도시회춘화(도심의 재활성화)가 발생할 수 있어 직주접근이 발생할 수 있다.

5 선분양제도와 후분양제도

선분양제도(공급자 중심)	후분양제도(수요자 중심)
• 분양 후 주택 건설(견본주택 필요)	• 주택 건설 후 분양(견본주택 불필요)
• 품질저하, 투기발생(가수요 ○)	• 품질향상, 투기억제(가수요 ×)
• 소비자 이자부담, 사업자 부담 감소	• 공급자 이자부담, 사업자 부담 증가
• 소비자 목돈 부담 ×	• 소비자 목돈 부담 ○
• 공급자 자금조달 용이, 공급 증가	• 공급자 자금조달 곤란, 공급 감소
• 대형건설사 독과점 견제	• 대형건설사 독과점 발생

1. 선분양제도(공급자 중심 – 공급 증가)

(1) 의의

① 선분양제도는 주택건설업체가 주택을 완성하기 전에 입주자를 모집하여 계약금, 중도금을 미리 수령하여 주택건설자금으로 사용할 수 있게 하는 제도이다.
② 선분양제도는 주택건설업체가 자금을 빨리 확보할 수 있게 한 공급자 지원제도이다. 기본적으로 만성적 초과수요가 있는 나라나 지역에서는 매도자시장(공급자 위주)이 형성되어 선분양제도가 지배적이다.

(2) 장점

① 자금조달이 용이하여 건설사의 주택공급이 활성화된다.
② 시장위험이 수요자에게 전가되므로 건설사의 위험관리가 용이하고 주택공급이 증가된다.
③ 건설사의 시장위험이 작아지고 분양가는 낮아진다.
④ 수요자는 건축기간 중 분양대금을 분할납부할 수 있다면 금융부담이 줄어든다.
⑤ 건설업자가 분양대금을 미리 분할하여 수령하므로 자금융통의 수단이 되기 때문에 금융의 수단이 된다(공급자 금융).

기출
1. 선분양제도는 초기 주택건설자금의 대부분을 주택구매자로부터 조달하므로 건설자금에 대한 이자의 일부를 주택구매자가 부담하게 된다.
2. 후분양제도는 선분양제도에 비해 주택공급을 감소시켜 조달해야 하는 자금이 더 많음으로써 사업부담도 증가될 수 있다.

(3) 단점

① 견본주택과 달리 부실시공으로 주택의 품질이 저하될 위험이 있다.

② 양도차익을 기대한 투기위험이 있으며 가수요와 투기수요가 증가한다. 따라서 주택분양을 받기 위해 주택청약저축제도가 활성화된다.

③ 건설업체 부도시 소비자의 피해속출 위험이 있다.➕

④ 견본주택만 보고 선택하므로 소비자의 선택폭이 축소된다.

⑤ 건설자금이자는 소비자가 부담한다.

> ➕ 소비자 피해를 줄이기 위해 건물 완성을 보증하는 주택도시보증공사(HUG)가 있다.

2. 후분양제도(수요자 중심 – 공급 감소)

(1) 의의

주택 후분양제도는 주택을 완공한 후에 분양하는 제도로서 주택건설자금을 건설업자가 직접 조달한다.

(2) 장점

① 주택의 품질개선 효과가 있다.

② 청약가수요 감소로 투기억제 효과가 있다.

③ 건설사의 부도로 인한 소비자 불안심리가 해소된다.

④ 소비자가 주택완제품을 비교한 후 계약하므로 소비자의 선택의 폭이 커진다.

(3) 단점

① 건설업사의 시장위험부담이 증가하므로, 분양가가 높아지는 경향이 있다.

② 시장위험을 공급자가 부담하므로 주택공급이 감소된다.

③ 분양대금의 일시납부로 인한 목돈 마련의 어려움이 있다. 저소득층이 주택구입의 부담이 되므로 MBS(Mortgage Backed Securities, 주택저당증권)제도를 정착시켜야 하고 주택건설업자의 자금난을 해결하기 위한 프로젝트 파이낸싱이 활성화되어야 한다.

④ 자금여력이 없는 건설업체의 부도 위험이 크고 건설자금 조달이 곤란할 수 있다.

⑤ 건설자금의 이자는 형식상 공급자가 부담하나 실질적으로 소비자에게 전가시키고 있다.

> **참고 📖 조세부과의 원칙**
> 1. 응익의 원칙: 세금은 이익을 받는 사람에게 부과되어야 한다는 원칙이다.
> 2. 응능의 원칙: 세금은 납세자의 부담능력에 맞게 부과되어야 한다는 원칙이다(형평성의 원칙).

> **기출 📖**
> 1. 종합부동산세는 국세, 보유과세, 누진세에 해당된다.
> 2. 재산세는 지방세로서 보유단계에 부과하는 조세이다.
> 3. 증여세는 국세로서 취득단계에 부과하는 조세이다.
> 4. 취득세 감면은 부동산 거래의 활성화에 기여할 수 있다.
> 5. 재산세와 종합부동산세는 모두 보유세이지만 재산세는 지방세이고 종합부동산세는 국세이다. 제32회
> 6. 양도소득세와 부가가치세는 국세에 속하고, 취득세와 등록면허세는 지방세에 속한다. 제33회
> 7. 상속세와 증여세는 부동산의 취득단계에, 재산세와 종합부동산세는 부동산의 보유단계에 부과한다. 제33회
> 8. 취득세와 상속세는 취득단계에서 부과하는 세금으로 취득세는 지방세이고 상속세는 국세이다. 제35회
> 9. 양도소득세는 처분단계에서 부과하는 국세이고, 증여세는 취득단계에서 부과하는 국세이다. 제35회
> 10. 재산세와 종합부동산세의 과세기준일은 매년 6월 1일로 동일하다. 제35회
> 11. 국세와 보유세에 모두 해당하는 것은 종합부동산세이다. 제36회
> 12. 취득세는 지방자치단체의 재정수요를 충족시키는 기능이 있다. 제36회

제4절 │ 부동산조세정책

제32회, 제33회, 제34회, 제35회, 제36회

1 부동산조세의 개요

(1) 부동산조세의 의의

조세란 국가 또는 지방자치단체 등 공공단체가 그의 업무를 수행하는 데 소요되는 경비를 조달하기 위하여 국민경제에 참여하여 강제적·권력적으로 획득하는 물적 수단 또는 화폐라고 할 수 있다. 부동산조세는 국가나 지방자치단체가 그 목적을 달성하기 위하여 국민으로부터 징수하는 비보상 강제분담이라 할 수 있다.

(2) 부동산조세 부과의 목적

① 정부의 재원조달
② 분배의 공평성, 소득의 재분배
③ 경기조절

(3) 부동산조세의 기능

재정조달기능	중앙정부·지방정부의 재원 조달
사회정책기능	① 부동산자원 배분 ② 소득재분배 ③ 지가안정 ④ 주거안정 ⑤ 부동산 투기억제

① 부동산자원 배분: 조세를 통하여 토지이용을 규제하거나 조장시켜 민간과 공공부문에서 활용할 수 있도록 함으로써 자원의 배분기능이 있다.
② 소득재분재: 상속세·증여세·재산세 등은 소득을 재분배하는 중요한 조세이다.
③ 지가안정: 부동산조세는 지가가 급등하는 지역이나 투기발생지역에 조세를 강화함으로써 지가안정 및 투기를 억제시키는 기능을 한다. 매매차익에 대한 조세수단인 양도소득세나, 토지과다보유세 등이 있다.
④ 주택문제 해결에 기여: 부동산조세는 주거안정의 역할을 한다. 예를 들어 주택공급업자에 대한 세제상의 혜택, 1세대 1주택의 비과세 등을 통해 주거안정을 달성하고자 한다.

(4) 국세와 지방세 제32회, 제33회, 제34회, 제35회, 제36회

① 국세: 국가인 중앙정부가 부과·징수하는 조세
- 예 (양도)소득세, 상속세·증여세, 종합부동산세, 부가가치세, 농어촌특별세 등

② 지방세: 지방자치단체가 부과·징수하는 조세
- 예 (취득세, 등록면허세, 재산세, 지역자원시설세, 지방교육세, 지방소득세 등

구분	취득시	보유시	처분시
국세	인지세, 상속세, 증여세	종합부동산세	양도소득세
지방세	취득세, 등록면허세	재산세	지방소득세

✔ 보유세인 재산세와 종합부동산세의 과세기준일은 6월 1일이다.

(5) 납부방식

신고납부방식	취득세, 등록면허세, 소득세, 법인세, 부가가치세, 종합부동산세 (예외)
보통징수방식	재산세, 상속세, 증여세, 종합부동산세(원칙)

② 부동산조세의 전가와 귀착

(1) 조세의 전가와 귀착

① 조세의 전가: 조세를 처음 부과시 각 경제주체들이 자신의 경제활동에서 부과된 조세의 실질적인 부담의 일부 또는 전부를 다른 경제주체에게 이전하는 것을 말한다.

② 조세의 귀착: 각 경제주체들이 조세를 최종적으로 누가 부담하느냐의 문제를 말한다. 즉, 수요와 공급의 탄력성에 따라 부담액이 달라진다.

③ 세금의 부과는 수요와 공급이 완전탄력·완전비탄력이 아닌 경우, 즉 우하향의 수요곡선, 우상향의 공급곡선인 경우에는 어느 일방만의 부담으로 귀착되지는 않으며 부담액의 차이는 있으나 쌍방 모두에게 귀착된다.

④ 탄력성이 큰(탄력적) 쪽은 가격에 예민하므로 적게 부담하고, 탄력성이 작은(비탄력적) 쪽은 가격에 둔감하므로 많이 부담한다.

⑤ 일반적으로 주택 부족률이 심한 국가에서는 대체주택이 적어서 임대주택시장의 수요곡선이 상대적으로 비탄력적이 된다. 그러므로 비탄력적인 수요자(임차인)부담이 더 커서 역진세 효과가 있으므로 이를 해결하기 위해 임대주택을 많이 건설하는 등 대체재가 많아지면 수요의 탄력성이 커져서 수요자인 임차인의 부담을 완화시킬 수 있다.

참고 토지의 공급은 비탄력적이므로 토지에 대한 조세부과시에도 토지의 양을 줄이지 못하므로 자원배분의 왜곡이 일반재화보다 적다.

기출
1. 토지공급의 가격탄력성이 '0'인 경우, 부동산조세 부과시 토지소유자가 전부 부담하게 된다.
2. 수요가 완전탄력적일 경우 재산세 상승분은 전부 임대인에게 귀착된다.
3. 공급의 가격탄력성이 수요의 가격탄력성보다 작은 경우 공급자가 수요자보다 조세부담이 더 크다. 제36회

(2) 탄력성의 크기와 조세의 귀착

① 수요가 완전비탄력적일 때(공급이 완전탄력적일 때): 소비자(임차인)가 전부 부담한다.
② 공급이 완전비탄력적일 때(수요가 완전탄력적일 때): 생산자(임대인)가 전부 부담한다.
③ 공급이 비탄력적일 때(수요가 탄력적일 때): 소비자(임차인) 부담이 작아지고 생산자(임대인)의 부담이 커진다.
④ 수요가 비탄력적일 때(공급이 탄력적일 때): 생산자(임대인)의 부담이 작아지고 소비자(임차인)의 부담이 커진다.

수요자 측면	공급자 측면
• 수요 비탄력 ⇨ 수요자 많이 부담 • 수요 탄력 ⇨ 공급자 많이 부담 • 수요 완전비탄력 ⇨ 수요자 전부 부담 • 수요 완전탄력 ⇨ 공급자 전부 부담	• 공급 비탄력 ⇨ 공급자 많이 부담 • 공급 탄력 ⇨ 수요자 많이 부담 • 공급 완전비탄력 ⇨ 공급자 전부 부담 • 공급 완전탄력 ⇨ 수요자 전부 부담

> **심화** 수요공급의 탄력성과 조세부담의 크기
>
> 1. 수요와 공급의 가격탄력성에 따른 소비자와 생산자의 부담 정도
>   ① $\dfrac{\text{수요의 가격탄력성}}{\text{공급의 가격탄력성}} = \dfrac{\text{생산자부담}}{\text{소비자부담}}$
>   ② 수요자 부담몫 = 과세액 $\times \dfrac{\text{공급의 탄력성}}{\text{수요의 탄력성} + \text{공급의 탄력성}}$
>   ③ 공급자 부담몫 = 과세액 $\times \dfrac{\text{수요의 탄력성}}{\text{수요의 탄력성} + \text{공급의 탄력성}}$
> 2. 수요의 가격탄력성이 4이고 공급의 가격탄력성이 1이면, 공급자가 소비자보다 4배 더 부담한다.

(3) 비례세와 누진세

① 신규주택과 중고주택에 조세를 부과하면 신규주택의 소비자인 고소득층이 중고주택의 소비자인 저소득층에 비해 오히려 조세를 적게 부담하는 결과를 야기한다. 따라서 정부가 일률적으로 동일비율로 주택가격에 적용는 재산세는 임차인(수요자)이 더 많이 부담하는 역진세적인 효과를 나타낸다.
② 이에 대한 해결방안으로는 차등비율의 누진세를 부과하는 것이 수직적 형평을 달성하고 소득계층 간의 조세부담의 형평성에 대한 왜곡 현상을 방지하는 데 효과적이다. 또한 공공임대주택 공급정책 등을 통해 대체주택을 많이 만들어 수요의 탄력성을 더 크게 하든지 또는 임대료규제 정책을 실시한다면 수요자 부담을 완화시킬 수 있다.

기출
1. 주택가격에 일률적으로 같은 세율을 적용하는 재산세는 역진세적인 효과를 나타낸다.
2. 공공임대주택의 공급확대 정책은 임대주택의 재산세가 임차인에게 전가되는 현상을 완화시킬 수 있다.

비교
1. 수평적 형평: 동일 가격의 주택에 동일 세율 적용, 동일 소득계층에 동일한 세금을 부과하는 원칙이다.
2. 수직적 형평: 다른 가격의 주택에 다른 세율 적용(차등과세), 소득격차에 따라 차등과세하는 원칙(고소득층에 높은 세율, 저소득층에 낮은 세율 부과)이다.

구분	신규주택(고가주택)	중고주택(저가주택)
수요자	고소득층	저소득층
공급자	건설업자	고소득층
수요의 가격탄력성	탄력적	비탄력적
공급의 가격탄력성	비탄력적	탄력적
조세귀착	고소득층 적게 부담	고소득층 적게 부담

(4) 조세의 귀착 관련 그래프 이해

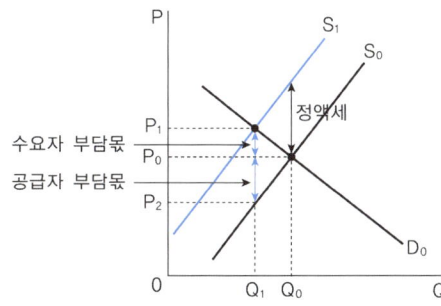

수요자부담 小, 공급자부담 大
〈수요가 탄력적인 경우〉

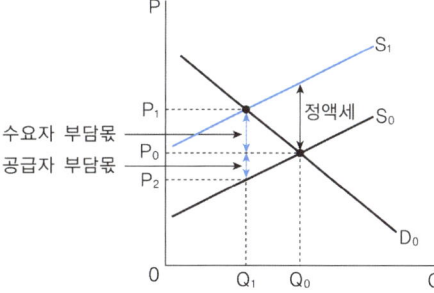

수요자부담 大, 공급자부담 小
〈공급이 탄력적인 경우〉

수요자부담 ×, 공급자가 전부부담
〈수요가 완전탄력적인 경우〉

수요자가 전부부담, 공급자부담 ×
〈수요가 완전비탄력적인 경우〉

수요자 전부부담, 공급자부담 ×
〈공급이 완전탄력적인 경우〉

수요자부담 ×, 공급자 전부부담
〈공급이 완전비탄력적인 경우〉

> **심화** 헨리 조지(H. George, 1839~1897)의 토지단일세론 제35회, 제36회
>
> 1. 헨리 조지는 그의 저서 '진보와 빈곤(Progress and Poverty)'에서 토지단일세(Single Tax: 토지가치세)를 주장하였다.
> 2. 지대는 자연적 기회를 이용하는 반대급부로 토지소유자에게 지불하는 **대가**로 보았다. 토지지대는 토지 이용으로부터 얻는 순소득을 의미하며, 이 순소득을 잉여라고 하였다.
> 3. 토지단일세는 토지소유자의 노력에 의한 개량이나 개발에 관계없이 인구증가나 사회발전 등 외부효과에 의해 증식된 토지가치에 대해 부과되는 세금을 말한다. 토지의 몰수가 아닌 지대의 몰수라고 주장하면서 **토지가치에 대한 조세 이외의 모든 조세를 철폐**하자고 하였다.
> 4. 헨리 조지는 **토지에서 나오는 지대수입을 100% 징세할 경우, 토지세 수입만으로도 재정을 충당할 수 있다**고 주장하였다.
> 5. 따라서 토지 공유의 필요성을 설파하고, 토지에서 발생하는 불로소득적 성격의 지대를 100% 조세로 징수하여 사회복지 등의 지출에 충당해야 한다고 역설하였다. 이 세수(稅收)는 전체 재정지출을 충당하고도 남음이 있다고 전제하였다.
> 6. 그는 리카도적인 지대론(地代論)에 입각하여 인구의 증가나 기계 사용에 의한 이익은 토지의 독점적 소유자에게 거의 흡수되어 버리는 결과 빈부의 격차가 커지고, 지대는 상승하여 이자, 임금은 하락한다고 주장하였다.
> 7. 그는 **토지는 공급이 완전비탄력적**이므로 물리적(토지의 공급곡선이 수직) 토지가치에 대한 과세는 토지의 공급에 전혀 영향이 없다고 보아, 토지단일세의 부담은 공급자인 지주에게만 귀착되고 **수요자인 임차인에게는 전혀 전가되지 않는다**고 보았다.
> 8. 또한 토지의 수급량은 종전과 동일하므로 자원의 배분이 왜곡되지 않는다고 주장하였다.

기출

1. 헨리 조지는 토지에서 나오는 지대수입을 100% 징세할 경우, 토지세 수입만으로 재정을 충당할 수 있다고 주장했다.
2. 헨리 조지는 토지세를 제외한 다른 모든 조세를 없애고 정부의 재정은 토지세만으로 충당하는 토지단일세를 주장했다. 제35회
3. 헨리 조지는 토지세가 임차인에게 전가되지 않는 것을 근거로 토지단일세 도입을 주장하였다. 제36회

(5) 거래세 인상과 경제적 순손실

① 거래세 인상시 소비자가 지불하는 가격이 상승하므로, 소비자 잉여가 감소한다.
② 거래세 인상시 공급자가 받는 가격이 하락하므로, 생산자 잉여가 감소한다.
③ 수요가 불변인 경우 공급이 탄력적일수록 경제적 순손실은 커지고, 공급이 비탄력적일수록 경제적 순손실은 작아진다.
④ 공급이 불변인 경우 수요가 탄력적일수록 경제적 순손실은 커지고, 수요가 비탄력적일수록 경제적 순손실은 작아진다.

기출

1. 부동산 거래세를 부과하면 경제적 순손실이 발생할 수 있다. 제36회
2. 수요곡선이 변하지 않을 때, 세금부과에 의한 경제적 순손실은 공급이 탄력적일수록 커지고, 비탄력적일수록 작아진다.
3. 공급곡선이 변하지 않을 때, 세금부과에 의한 경제적 순손실은 수요가 탄력적일수록 커지고, 비탄력적일수록 작아진다.

(6) 양도소득세 중과세와 주택공급동결효과

① 양도소득세가 중과되면 주택의 소유자가 양도소득세를 납부하지 않기 위해 주택의 처분을 기피하게 되고, 매각을 미루는 효과 및 보유기간이 늘어나는 현상 발생한다.

② 주택의 공급이 감소되어 주택가격이 상승할 수도 있다(주택공급의 동결효과).

(7) 토지보유세의 경제적 효과

① 부동산에 대한 보유세를 중과할 경우 부동산 가격이 안정되고, 투기를 방지하며 부동산 이용을 촉진하는 효율적 과세가 된다.

② 토지이용을 특정 방향으로 유도하기 위해 정부가 토지보유세를 부과할 때에는 토지의 용도에 따라 차등과세하여야 한다.

③ 토지의 공급곡선이 완전비탄력적인 경우 토지보유세가 부과되더라도 자원배분의 왜곡이 초래되지 않는다.

④ 궁극적으로 보유과세를 강화하고, 거래·이전과세를 낮추는 방향으로 세제를 개편하여 거래를 활성화하고 분배의 형평성을 달성하여야 할 것이다.

기출

1. 양도소득세가 중과되면, 주택공급의 동결효과(lock in effect)로 인해 주택가격이 상승할 수 있다.
2. 양도소득세의 중과는 부동산 보유자로 하여금 매각을 미루게 하는 동결효과 발생시킬 수 있다. 제35회
3. 양도소득세가 강화되어 동결효과(lock-in effect)가 발생하면 부동산가격이 상승한다. 제36회

제4편 메타인지 학습체크

01 시장실패의 원인은 외부효과, 공공재, 규모의 경제, 비용체감산업, 정보의 비대칭성, [① 완전 / ② 불완전] 경쟁, 재화의 [③ 동질성 / ④ 이질성] 등이 있다.

02 정부의 시장개입방법 중 [① 직접적 / ② 간접적] 시장개입수단에는 토지은행제도, 공영개발, 공공임대주택, 선매제도 등이 있다.

03 공공토지의 비축에 관한 법령상 비축토지는 [① 한국토지주택공사 / ② 지방자치단체]에서 직접 관리하고, 관리의 효율성은 [③ 높아 / ④ 낮아]진다고 할 수 있다.

04 공공재는 소비에 있어서 규모의 경제가 있으며, 공급을 사적 시장에 맡기게 되면 사회에서 필요한 양보다 [① 충분히 / ② 과소] 생산된다.

05 외부효과는 어떤 경제주체의 [① 의도적인 / ② 의도하지 않은] 결과가 시장을 [③ 통하여 / ④ 통하지 않고] 다른 경제주체의 후생에 영향을 주는 것을 말한다.

06 정(+)의 외부효과는 [① 과소 / ② 과대]생산, 부(−)의 외부효과는 [③ 과소 / ④ 과대]생산된다.

07 부(−)의 외부효과는 사회가 부담하는 비용을 [① 증가 / ② 감소]시킨다.

08 [① 용도지역 / ② 용도지구]은(는) 토지를 경제적·효율적으로 이용하고 공공복리의 증진을 도모하기 위하여 지정한다.

09 토지선매제도는 시장·군수·구청장이 공익사업용 토지나 토지거래계약허가를 받아 취득한 토지를 그 목적대로 이용하고 있지 아니한 토지에 대해서 선매자에게 [① 협의매수 / ② 강제로 수용]하게 하는 제도이다.

정답

01 ②, ④ **02** ① **03** ①, ④ **04** ② **05** ②, ④ **06** ①, ④ **07** ① **08** ① **09** ①

10   부동산 거래신고 등에 관한 법령에 따라 거래당사자가 매매계약을 체결한 경우 [① 계약체결일 / ② 잔금 지급일]로부터 [③ 30 / ④ 60]일 이내에 시장·군수·구청장에게 공동으로 신고하여야한다.

11   환지방식은 [① 신개발 / ② 재개발]방식, 도시개발사업에서 택지가 개발되기 전 토지의 위치·지목·면적·등급·이용도 및 기타 사항을 고려하여, 택지가 개발된 후 개발된 토지를 토지소유자에게 [③ 재매각 / ④ 재분배]하는 방식이다.

12   개발이익환수제도는 개발사업의 시행이나 토지이용계획의 변경, 그 밖에 사회적·경제적 요인에 따라 [① 물가상승분 / ② 정상지가상승분]을 초과하여 사업시행자나 토지소유자에게 귀속되는 토지가액의 증가분을 말한다.

13   다른 조건이 일정할 때 정부가 임대료 한도를 시장균형임대료보다 [① 높게 / ② 낮게] 설정하면 초과수요가 발생하여 임대부동산의 부족 현상이 초래된다.

14   임대료상한을 균형가격 이하로 규제하면 임대주택의 [① 수요과잉 / ② 공급과잉] 현상을 초래한다.

15   임대료보조정책과 선분양제도는 주택공급을 [① 증가 / ② 감소]시키는 효과가 있다.

16   임대료보조는 실질소득을 증가시키는 효과를 가져와 임대주택의 수요를 증가시키고, 임대주택의 공급을 [① 증가 / ② 감소]시킨다.

17   정부의 임대료보조정책은 단기적으로 시장임대료는 [① 상승 / ② 하락]하지만, 장기적으로 시장임대료는 [③ 상승 / ④ 하락]하게 된다.

18   임대주택의 [① 임차인 / ② 임대인]에게 보조금을 지급하는 것은 임차인의 주거지 선택의 자유를 보장하는 장점이 있다.

정답

10 ①, ③   11 ①, ④   12 ②   13 ②   14 ①   15 ①   16 ①   17 ①, ④   18 ①

메타인지 학습체크

19 [① 통합공공임대 / ② 행복]주택은 국가나 지방자치단체의 재정이나 주택도시기금의 자금을 지원받아 대학생, 사회초년생, 신혼부부 등 젊은층의 주거안정을 목적으로 공급하는 공공임대주택을 말한다.

20 [① 장기전세주택 / ② 기존주택전세임대주택]은 국가나 지방자치단체의 재정이나 주택도시기금의 자금을 지원받아 전세계약의 방식으로 공급하는 공공임대주택을 말한다.

21 토지공급의 가격탄력성이 [① 0 / ② 무한대]인 경우, 부동산조세 부과시 토지소유자가 전부 부담하게 된다.

22 지가 상승에 대한 기대가 퍼져 있는 상황에서 양도소득세가 중과되어 동결효과가 발생하면, 지가가 [① 상승 / ② 하락]한다.

23 헨리 조지(Henry George)는 토지에서 발생하는 지대수입을 100% 징세할 경우, 토지세 수입만으로 재정을 충당할 수 [① 있기 / ② 없기] 때문에 토지세 이외의 모든 조세는 철폐하자고 주장했다.

24 수요곡선이 변하지 않을 때, 세금부과에 의한 경제적 순손실은 공급이 [① 탄력적 / ② 비탄력적]일수록 커진다.

25 [① 재산세 / ② 종합부동산세]는 국세, 보유과세, 누진세에 해당한다.

26 헨리 조지(H. George)는 토지세가 임차인에게 모두 전가 [① 되는 / ② 되지 않는] 것을 근거로 토지단일세 도입을 주장하였다.

정답

19 ②   20 ①   21 ①   22 ①   23 ①   24 ①   25 ②   26 ②

MEMO

제 5 편
부동산투자론

✦ **최근 5개년 출제경향 분석**

◆ 제1장 | 부동산투자의 의의
◆ 제2장 | 부동산투자의 위험과 수익
◆ 제3장 | 부동산투자분석

제5편 부동산투자론

❖ 위험과 수익

❖ 지렛대 효과

구분	내용
정의 지렛대 효과	지분수익률 > 총자본수익률 > 저당수익률
부의 지렛대 효과	지분수익률 < 총자본수익률 < 저당수익률
중립적 지렛대 효과	지분수익률 = 총자본수익률 = 저당수익률
지분수익률	지분수익률(자기자본수익률) = $\dfrac{\text{순영업소득} + \text{가치상승분} - \text{이자지급분}}{\text{지분투자액}}$

❖ 포트폴리오이론

구분	내용
의의	① 분산투자 ② 비체계적 위험 제거 ③ 안정된 결합편익을 획득하려는 자산배합
기대수익률	(A투자비중 × A기대수익률) + (B투자비중 × B기대수익률) + …
상관계수	① **상관계수 (+1)**: 포트폴리오 효과 없음 ② **상관계수 (+)**: 포트폴리오 효과 작음 ③ **상관계수 (−)**: 포트폴리오 효과 큼 ④ **상관계수 (−1)**: 비체계적 위험 완전히 제거
효율적 전선(프론티어)	① 효율적 포트폴리오의 집합 ② 우상향 ③ 위험과 수익은 상쇄(비례)관계
무차별곡선	① 투자자의 위험에 대한 태도 ② 아래로 볼록한 우상향, 투자자는 위험혐오적 ③ **보수적 투자자**: 기울기 가파름 / **공격적 투자자**: 기울기 완만함
최적의 포트폴리오	효율적 전선과 무차별곡선이 접하는 점

제5편 부동산투자론

❖ **부동산투자분석**

화폐의 시간가치계산

미래가치			현재가치		
일시불의 내가계수 (복리종가율)	개념	현재의 1원이 n년 후에 얼마인가?	**일시불의 현가계수 (복리현가율)**	개념	n년 후에 1원은 현재가치로 얼마인가?
	공식	$(1+r)^n$		공식	$\dfrac{1}{(1+r)^n} = (1+r)^{-n}$
	활용	일시불의 미래가치 계산 = 일시불 × 일시불의 내가계수		활용	일시불의 현재가치 계산 = 일시불 × 일시불의 현가계수
연금의 내가계수 (복리연금 종가율)	개념	매년 1원씩 적금을 계속 불입하면 n년 후에 얼마가 되는가?	**연금의 현가계수 (복리연금 현가율)**	개념	n년 동안 매년 1원씩 받게 될 연금을 현재가치로 환원하면?
	공식	$\dfrac{(1+r)^n - 1}{r}$		공식	$\dfrac{1-(1+r)^{-n}}{r}$
	활용	연금의 미래가치 계산 = 연금 × 연금의 내가계수		활용	연금의 현재가치 계산 = 연금 × 연금의 현가계수
감채기금 계수 (상환기금률)	개념	n년 후에 1원을 만들기 위해서는 매년 얼마씩 적금을 불입(적립)해야 하는가?	**저당상수 (연부상환율)**	개념	1원을 차입했을 때 상환해야 할 원리금(부채서비스액, 저당지불액)은 얼마인가?
	공식	$\dfrac{r}{(1+r)^n - 1}$		공식	$\dfrac{r}{1-(1+r)^{-n}}$
	활용	미래가치를 알 때 매기의 연금액 계산(적금액) = 미래가치 × 감채기금계수		활용	일정액을 빌린 경우 상환액 계산(원리금상환액) = 융자원금 × 저당상수

현금수지의 측정

영업현금흐름

  가능총소득
− 공실 및 불량부채
+ 기타소득

  유효총소득
− 영업경비

  순영업소득
− 부채서비스액

  세전현금수지
− 영업소득세

= 세후현금수지

매각현금흐름

  매도가격
− 매도경비

  순매도액
− 미상환저당잔금

  세전지분복귀액
− 자본이득세

= 세후지분복귀액

영업소득세

  순영업소득
+ **대**체충당금
− **이**자지급분
− **감**가상각액

  과세소득
× **세율**

= **영업소득세**

  세전현금수지
+ **대**체충당금
+ **원**금상환분
− **감**가상각액

  과세소득
× **세율**

= **영업소득세**

제1장 부동산투자의 의의

- 부동산투자에 대한 전체적인 이론을 학습하는 단원으로 부동산투자의 장점과 단점을 비교하며 학습해야 한다.
- 특히 지렛대 효과의 지분수익률 부분은 계산문제까지 반드시 숙지해야 한다.

❶ 부동산투자의 성격

1. 부동산투자의 개념

(1) 투자란 현재의 지출과 미래의 수익을 교환하는 행위이다. 즉, 현재의 확실한 지출을 희생하여 미래의 불확실한 수익을 목적으로 합리적 안전성과 원금의 궁극적인 회수를 전제로 부동산에 자본을 투입하는 행위이다.

(2) 투자의 궁극적 목적은 부의 극대화이며, 투자의 대상이 되는 부동산을 투자성 부동산 또는 수익성 부동산이라 한다.

> **+ 보충** 부동산투자와 부동산투기
>
> 1. 부동산투자(3단계)
>   ① 구성: 취득 ⇨ 운영 ⇨ 처분
>   ② 운영과정에서 소득이득을 향유하며 처분과정에서 자본이득을 향유할 수 있다.
> 2. 부동산투기(2단계)
>   ① 구성: 취득 ⇨ × ⇨ 처분
>   ② 운영과정이 없으므로 생산활동은 아니나 경제활동에는 해당되며, 자본이득만을 향유할 뿐이다.
> 3. 소득이득과 자본이득
>
> | 소득이득(income gains) | 자본이득(capital gains) |
> |---|---|
> | • 보유기간, 운영(영업)을 통해 발생 | • 기간 말, 처분시 발생 |
> | • 매 기간 발생 | • 한 번만 발생 |
> | • 지대, 임대료 | • 매매차익, 양도차익, 시세차익 |
> | • 영업현금흐름(영업의 현금수지) | • 매각현금흐름(지분복귀액) |

2. 부동산투자의 장·단점

(1) 장점

① 지렛대 효과(leverage effect)의 향유: 부채를 이용하여 지분수익률을 증대시킬 수 있다.

② 절세 효과(세액공제): 건물의 감가상각비와 대출금액 중 이자지급분에 대해 세액공제 효과가 있다.

③ 구매력 보호(인플레이션 헤지): 부동산투자는 실물투자에 해당하므로 화폐가치가 하락하고 자원의 희소성이 커지는 인플레이션 발생시에 부동산에 투자하는 것이 유리하다.

④ 안전성과 수익성에서 유리한 편이다.

⑤ 운영을 통한 소득이득과 처분을 통한 자본이득을 향유할 수 있다.

⑥ 저당가치 활용: 저당권을 설정하여 자금융통이 가능하다.

⑦ 소유의 긍지와 인적 통제의 기회를 부여한다.

용어 인플레이션 헤지(inflation hedge)
인플레이션이 발생하면 화폐가치가 하락한다. 인플레이션 헤지란 화폐가치 하락에 대처(방어)하는 수단으로서 부동산, 주식 등 실물자산에 투자하는 것을 말한다.

(2) 단점

① 낮은 환금성(유동성 위험, 비유동성)
  ㉠ 부동산은 현금화하는 데 시간이 많이 소요되고 어려워서 환금성이 낮다.
  ㉡ 특히, 불황국면(하향국면)에서는 처분하는 데 시간이 더욱 오래 걸리면서 가치손실이 크다.

② 사업상 위험이 있으며 타인 부채에 따른 금융상 위험이 있다.

③ 소유자의 시간·노력 등이 많이 필요하다.

④ 중개수수료 부담 등 거래비용 부담이 크다.

⑤ 행정적 통제와 법률의 복잡성 때문에 공적 규제에 따른 위험이 따른다.

⑥ 불가역성(不可逆性)과 불가분성(不可分性) 때문에 한번 잘못 투자하면 환원하기가 어렵고(불가역성), 쪼개기가 곤란하다(불가분성).

기출 부동산은 주식 등 금융상품에 비해서 단기간에 현금화할 수 있는 가능성이 낮다.

🎯 핵심 부동산투자의 장점과 단점

투자의 장점	투자의 단점
• 지렛대 효과 • 절세 효과(세액공제 – 감가상각비, 이자지급분) • 구매력 보호(인플레이션 헤지) • 자본이득과 소득이득의 향유 • 안전성과 수익성에서 유리	• 낮은 환금성 • 금융위험 부담 • 사업위험 부담 • 인플레 위험

심화 부동산투자활동의 3대 위험 부담(투자배분의 3요소)
1. 원금의 위험 부담: 안전성
2. 경제적 가치의 위험 부담: 수익성
3. 환금의 위험 부담: 환금성

3. 부동산투자 결정시 고려사항

(1) 투자의 안전성

원금의 회수가능성을 고려한다.

(2) 투자의 환금성

부동산을 원하는 시기에 신속히 처분할 수 있는지를 고려한다.

(3) 투자의 수익성

경제적 가치의 위험부담을 고려한다.

기출 타인자본의 이용으로 레버리지를 활용하면 위험이 증가된다.

② 지렛대 효과(leverage effect) 제33회, 제34회, 제36회

(1) 의의

① 타인으로부터 빌린 차입금(부채, 타인자본)을 지렛대로 삼아 자기자본수익률(지분수익률)의 진폭을 크게 하는 것을 말한다.

② 투자금액 대비 차입비율이 클수록 지렛대 효과도 크게 나타나지만, 지분투자자가 부담하는 금융상 위험도 커진다. 즉, 정(+)의 지렛대 효과를 예상하고 투자했을 때에도 부채비율이 커질수록 경기변동이나 금리변동에 따른 투자위험이 증가한다.

③ 전세를 안고 주택을 구입할 경우 집값 상승률이 이자율 상승률보다 크다면 정(+)의 지렛대 효과가 나타난다. ⇨ 수익금의 지렛대 효과

기출
1. 정(+)의 레버리지 효과는 총자본수익률이 저당수익률보다 높을 때 발생한다.
2. 부(-)의 레버리지 효과란 부채비율이 커질수록 자기자본수익률이 하락하는 것을 말한다. 제36회
3. 저당수익률이 총자본수익률보다 클 때, 부채비율을 높이는 자본구조조정은 자기자본수익률을 하락시킨다.
4. 부(-)의 레버리지 효과가 발생할 경우 부채비율을 낮추어서 정(+)의 레버리지 효과로 전환할 수 없다.
5. 총자본수익률과 저당수익률이 동일한 경우 부채비율의 변화는 자기자본수익률에 영향을 미치지 못한다.

(2) 수익률

① 자기자본수익률(지분수익률)

$$\text{㉠ 자기자본수익률(지분수익률)} = \frac{\text{순영업소득} - \text{이자지급분}}{\text{지분투자액}}$$

$$\text{㉡ 자기자본수익률(지분수익률)} = \frac{\text{순영업소득} + \text{상승분} - \text{이자지급분}}{\text{지분투자액}}$$

㉢ 자기자본수익률(지분수익률) = 총자본수익률 + (총자본수익률 − 저당수익률) × 부채비율

② 총자본수익률(전체투자에 대한 수익률)

$$\text{총자본수익률(전체투자에 대한 수익률)} = \frac{\text{순영업소득}}{\text{총투자액}}$$

③ 저당수익률

$$\text{저당수익률} = \text{금리, 이자율}$$

(3) 지렛대 효과의 유형

유형	효과
정(+)의 지렛대 효과	지분수익률 > 총자본수익률 > 저당수익률(이자율) ⇨ 부채비율이 커질수록 자기자본수익률은 더 상승한다.
부(−)의 지렛대 효과	지분수익률 < 총자본수익률 < 저당수익률(이자율) ⇨ 부채비율이 커질수록 자기자본수익률은 더 하락한다.
중립적(0) 지렛대 효과	지분수익률 = 총자본수익률 = 저당수익률(이자율) ⇨ 부채비율이 변해도 자기자본수익률은 변하지 않는다.

(4) 지렛대 효과의 특징

① 이자율이 낮을수록, 대부비율이 클수록 지렛대 효과가 커진다.
② 전액 자기자본으로 투자를 하는 경우 금융적 위험을 완전히 제거할 수 있다.
③ 부(−)의 지렛대 효과가 발생할 경우에는 부채비율을 낮추어도 정(+)의 지렛대 효과로 전환할 수 없다.
④ 부(−)의 지렛대 효과가 발생할 경우에는 이자율(저당이자율)을 낮추면 정(+)의 지렛대 효과로 전환할 수 있다.
⑤ 총자본수익률과 저당수익률이 동일한 경우 부채비율의 변화는 자기자본수익률에 영향을 미치지 못한다.

예제

1. 부동산투자시 타인자본을 활용하지 않는 경우(㉠)와 타인자본을 50% 활용하는 경우(㉡), 각각의 1년간 자기자본수익률은? (단, 주어진 조건에 한함) 제29회

   • 기간 초 부동산 가격: 10억원
   • 1년간 순영업소득(NOI): 연 3천만원(기간 말 발생)
   • 1년간 부동산 가격 상승률: 연 2%
   • 1년 후 부동산을 처분함
   • 대출조건: 이자율 연 4%, 대출기간 1년, 원리금은 만기시 일시상환함

	㉠	㉡		㉠	㉡
①	3%	6%	②	3%	8%
③	5%	6%	④	5%	8%
⑤	7%	8%			

기출 부동산의 매입가격: 20,000만원, 순영업소득: 연 700만원, 부동산 가격 상승률: 연 3%, 대출조건: 이자율 연 5%, 대출기간 1년, 원리금은 만기일시상환, 타인자본을 활용하지 않는 경우 1년간 자기자본수익률은 6.5%이고, 타인자본을 40% 활용하는 경우 자기자본수익률은 7.5%이다. 제33회

해설 ㉠ 자기자본수익률 = $\frac{3천만원 + 2천만원}{10억원}$ = 5%

㉡ 자기자본수익률 = $\frac{3천만원 + 2천만원 - 2천만원}{5억원}$ = 6%

정답 ③

2. 甲은 차입자금을 활용하여 A부동산에 투자한다. A부동산의 투자수익률은 15%이며, 대출금리는 10%이다. 현재 甲이 활용하고 있는 대부비율(loan-to-vale ratio)은 50%이다. 만약 甲의 대부비율이 80%로 높아진다면, 甲의 자기자본수익률은 몇 %P 상승하는가? 제15회

① 전혀 상승하지 않는다.   ② 5%P
③ 10%P   ④ 15%P
⑤ 20%P

해설
- 대부비율 50%의 경우: $\frac{15-5}{50}$ = 20%
- 대부비율 80%의 경우: $\frac{15-8}{20}$ = 35%

따라서 甲의 자기자본수익률은 20% ⇨ 35%, 15%P 상승한다.

정답 ④

3. 총자본수익률(또는 종합수익률)이 10%, 저당수익률이 8%인 경우 부채비율이 50%에서 200%로 높아진다면 자기자본수익률은 몇 %P 상승하는가?

① 2%P   ② 3%P
③ 4%P   ④ 5%P
⑤ 6%P

해설 자기자본수익률 = 총자본수익률 + (총자본수익률 - 저당수익률) × 부채비율
- 부채비율이 50%인 경우: 10% + (10% - 8%) × 50% = 11%
- 부채비율이 200%인 경우: 10% + (10% - 8%) × 200% = 14%

따라서 자기자본수익률은 11% ⇨ 14%, 3%P 상승한다.

정답 ②

제2장 부동산투자의 위험과 수익

회독 Check 1회 2회 3회

- 부동산투자 위험의 종류 및 기대수익률, 요구수익률의 개념을 정리하며 학습해야 한다.
- 매년 2~3문제가 출제되는 부분으로 투자선택조건, 위험과 수익의 비례관계, 위험에 대한 투자자의 태도, 위험관리기법에 대한 이해를 목표로 하며, 나아가 평균분산의 지배원리와 변이계수 개념, 효율적 투자선과 무차별곡선 원리까지 함께 학습한다.
- 투자가치와 시장가치, 체계적 위험과 비체계적 위험 부분은 비교하며 학습하는 것이 효율적이다.

제1절 | 부동산투자의 위험

❶ 위험의 개념

위험(risk)이란 어떤 투자안으로부터 얻어지게 될 결과에 대해 불확실성이 존재함으로써 발생하는 변동성, 투자수익이 기대치를 벗어날 변동가능성을 말한다. 다시 말해 위험이란 부동산투자에서 예상된 결과와 실현된 결과가 달라질 가능성을 말한다.

❷ 위험과 수익의 측정 제33회, 제34회, 제35회, 제36회

부동산투자는 불확실성으로 인해 기대한 수익과 실현된 수익이 달라지는 경우가 많다. 달라지는 정도가 클수록 불확실성이 커지고, 달라지는 정도가 적을수록 불확실성은 작아진다. 이처럼 부동산에서는 통계적 기법으로 기대수익에 대한 변동가능성을 위험으로 정의한다. 따라서 기대수익에 대한 측정이 먼저 이루어진 후에 위험도를 측정할 수 있다.

핵심

1. 위험: 분산, 표준편차, 변이계수 = $\dfrac{\text{표준편차}}{\text{기대수익률}}$
2. 수익: 기대수익률(확률 고려), 평균

기출 기대수익률의 분산 또는 표준편차는 투자안의 위험을 측정하는 전통적인 방법이다. 제36회

(1) 수익의 기대치(기대수익률)

① 미래의 기대수익은 확률적으로 계산한다.
② 기대수익률은 각 상황별 수익률에 각 상황이 발생할 확률을 곱한 후에 이를 합산하여 계산한다.

> 기대수익률 = (각 상황 발생 확률 × 각 상황 수익률) + (각 상황 발생 확률 × 각 상황 수익률) + ⋯

> 예제

1. 가상적인 아파트 투자사업에 대해 미래의 경제환경 조건에 따라 추정된 수익률의 예상치가 아래와 같다고 가정할 때 기대수익률은? (단, 다른 조건은 동일함)

제19회

경제환경변수	발생확률(%)	수익률(%)
비관적	20	4.0
정상적	60	8.0
낙관적	20	13.0

① 4.8% ② 6.8%
③ 7.4% ④ 8.2%
⑤ 9.6%

해설 기대수익률 = (4% × 20%) + (8% × 60%) + (13% × 20%) = 8.2% 정답 ④

2. 상가 경제상황별 예측된 확률이 다음과 같을 때 상가의 기대수익률이 8%라고 한다. 정상적 경제상황의 경우 ( )에 들어갈 예상수익률은? (단, 주어진 조건에 한함)

제30회

상가의 경제상황		경제상황별 예상수익률(%)	상가의 기대수익률(%)
상황별	확률(%)		
비관적	20	4	8
정상적	40	( )	
낙관적	40	10	

① 4 ② 6
③ 8 ④ 10
⑤ 12

해설 기대수익률 = (20% × 4%) + (40% × x%) + (40% × 10%) = 8%, x = 8%
따라서 정상적인 경제상황에서 예상수익률은 8%가 된다. 정답 ③

(2) 위험의 측정

기대수익의 평균이 계산되고 나면 각각의 사상(event)이 기대치를 벗어나는 정도를 측정하여 이를 위험으로 계산한다. 위험의 측정은 통계학적인 **분산이나 표준편차로 측정**된다. 즉, 분산이나 표준편차가 클수록 위험은 커지며, 분산이나 표준편차가 작을수록 위험은 작아진다. 만일 표준편차가 0이면 위험이 없다는 의미이다.

> 기출
> 1. 평균-분산 지배원리로 투자 선택을 할 수 없을 때 변동계수를 활용하여 투자안의 우위를 판단할 수 있다.
> 2. 표준편차가 작을수록 투자에 수반되는 위험은 작아진다. 제34회
> 3. 위험회피형 투자자는 변이계수(변동계수)가 작은 투자안을 더 선호한다.
> 제34회

① 분산 또는 표준편차 계산 순서

> ㉠ 각 사상(event)의 개별소득과 기대치(평균)의 차이를 구한다.
> ㉡ 그 차이를 제곱한다.
> ㉢ 여기에 각 사상별 발생확률을 곱한다.
> ㉣ 각 사상별로 계산된 값을 모두 합하면 분산(σ^2)이 된다.
> ㉤ 분산값(σ^2)은 표준편차(σ)의 제곱이므로 분산값에 제곱근($\sqrt{\ }$)을 취하면 표준편차가 된다.

② 변이계수(변동계수)

㉠ 변이계수란 표준편차(위험)를 기대수익률(수익)로 나눈 값이다.

$$\text{변이계수} = \frac{\text{위험}}{\text{수익}} = \frac{\text{표준편차}}{\text{평균}} = \frac{\text{표준편차}}{\text{기대수익률}}$$

㉡ 변이계수는 수익률 단위당 위험도이므로, 평균수익 1단위를 얻을 때 부담하는 위험의 크기를 의미하며, 측정 단위가 다른 집단의 상대적 위험도를 비교할 때 이용한다.

㉢ 변이계수가 작을수록 수익률의 변동폭이 작으므로 상대적으로 유리하다.

㉣ 평균-분산 지배원리로 투자 선택을 할 수 없을 때, 변이(변동)계수를 활용하여 투자안의 우위를 판단할 수 있다.

🔍 사례 위험의 측정

구분	표준편차 (%, 위험)	기대수익률 (%, 수익)	변이계수 $\left(\dfrac{\text{표준편차}}{\text{기대수익률}}\right)$
A	20	100	0.20
B	30	200	0.15

1. 표준편차는 A보다 B가 더 크므로, 절대적으로는 B가 더 위험한 투자대상이 된다.
2. 변이계수는 B보다 A가 더 크므로, 상대적으로는 A가 더 위험한 투자대상이 된다.

❸ 부동산투자의 위험 제34회, 제36회

(1) 사업상의 위험(경영 위험)

부동산사업 자체로부터 연유하여 수익성이 나빠지는 위험을 말한다. 사업상 위험에는 시장위험, 운영위험, 위치적 위험이 있다.

① 시장위험: 경기침체로 인해 부동산의 수익성이 악화되면서 야기되는 위험을 말한다.

② 운영위험: 사무실의 관리, 근로자의 파업, 영업경비의 변동 등으로 인해 야기될 수 있는 수익성의 불확실성을 말한다.

③ 위치적 위험: 부동산의 주변 환경의 변화로 대상부동산의 상대적 위치가 변화하는 위험을 말한다.

(2) 금융적 위험(재무적 위험)

부채가 많으면 많을수록 지렛대 효과가 크게 나타날 수 있으나 원금과 이자에 대한 채무불이행의 가능성이 높아지며, 파산할 위험도 그만큼 더 커진다. 이를 금융적 위험이라 한다. 따라서 부채가 없이 전부 자기자본만으로 투자한다면 지렛대 효과가 없지만 금융상 위험도 없다.

(3) 법률적 위험(행정적 위험)

정부의 정책 등 법률적 환경, 토지이용규제 등이 변하여 발생하는 위험을 말한다.

① 부동산세제 · 감가상각방법 · 임대료에 관한 법령의 변경, 지역지구제, 토지이용규제 변경 등에 의해 발생한다.

② 화폐정책이나 재정정책의 변화에 따른 이자율 변화 등이 있다.

(4) 인플레 위험(구매력 위험)

인플레 위험은 인플레이션이 발생하면 물가가 상승하고 화폐의 실질적 가치가 하락함에 따라 발생하는 위험을 말한다. 인플레이션이 악화되면 원금의 실질적인 가치가 하락하므로 대출자(금융기관)는 이를 피하기 위해 고정이자율이 아닌 인플레율이 반영된 변동이자율로 대출하고자 하고, 차입자들은 고정이자율로 대출하고자 한다. 이에 따라 차입자들의 원리금상환 부담이 가중되면, 투자자들의 요구수익률도 인플레율만큼 상승하게 된다(피셔효과).

기출

1. 경기침체로 인해 부동산의 수익성이 악화되면서 야기되는 위험은 사업위험에 해당한다.
2. 투자재원의 일부인 부채가 증가함에 따라 원금과 이자에 대한 채무불이행의 가능성이 높아지며, 금리 상승기에 추가적인 비용 부담이 발생하는 경우는 금융적 위험에 해당한다.
3. 부동산 관련 세제 등 정부정책이나 각종 토지의 이용규제의 변화로 야기되는 불확실성은 법률적 위험이다. 제36회
4. 장래에 인플레이션이 예상되는 경우 대출자는 고정이자율 대신 변동이자율로 대출하기를 선호한다.
5. 투자자가 대상부동산을 원하는 시기에 현금화하지 못할 가능성은 유동성 위험에 해당한다.

(5) 유동성 위험(환금성 위험)

대상부동산을 원하는 시기에 처분하여 현금화할 때 생기는 시장가치의 손실가능성을 말한다. 즉, 부동산의 낮은 환금성으로 인한 위험을 말한다. 특히, 불황(하향시장)이나 디플레이션 시기에는 부동산을 매각 처분하여 현금화하기가 더욱 어렵고 시장가격보다 싸게 팔아서 손해가 되므로 유동성 위험이 더 커진다.

핵심 위험의 유형

사업상의 위험 (경영 위험)	부동산사업 자체에서 연유하는 수익성에 관한 위험 • 시장위험: 경기침체로 인해 부동산의 수익성이 악화되면서 야기 • 운영위험: 사무실의 관리, 근로자의 파업, 영업경비의 변동 등 • 위치적 위험: 환경이 변하면 대상부동산의 상대적 위치가 변화
금융적 위험	부채의 사용으로 채무불이행, 파산의 위험이 커지는 것
법률적 위험	정부의 정책이나 규제의 변화, 화폐(통화·재정)정책의 변화로 인한 이자율 변화
인플레 위험 (구매력 위험)	• 화폐가치의 하락(차입자: 고정이자율 선호, 대출자: 변동이자율 선호) • 투자자의 요구수익률 상승(피셔효과)
유동성 위험	대상부동산을 원하는 시기에 현금화하지 못할 가능성, 낮은 환금성

❹ 총위험 제32회, 제34회, 제36회

(1) 체계적 위험(제거할 수 없는 위험, 분산 불가능한 위험)

① 체계적 위험이란 경기변동(경기침체), 인플레 심화, 이자율 변동(이자율 상승) 등 시장의 전반적인 힘에 의해 야기되는 위험을 말한다.
② 체계적 위험은 모든 자산에 영향을 주므로 포트폴리오를 구성해도 피할 수 없는 위험이다.

(2) 비체계적 위험(불필요한 위험, 분산 가능한 위험)

① 비체계적 위험이란 개별 투자안의 특성으로부터 야기되는 위험을 말한다.
② 비체계적 위험은 투자대상을 다양하게 구성한다면 개별부동산(개별투자안)에서 야기되는 위험을 제거할 수 있다.
③ 비체계적 위험은 포트폴리오 구성을 다양화함으로써 피할 수 있는 위험이다.

기출
1. 인플레이션, 경기변동 등의 체계적 위험은 분산투자를 통해 세서할 수 없다. 제36회
2. 개별부동산의 특성으로 인한 비체계적인 위험은 포트폴리오를 통해 제거할 수 있다.
3. 분산투자효과는 포트폴리오를 구성하는 투자자산 비중을 늘릴수록 비체계적 위험이 감소되어 포트폴리오 전체의 위험이 감소되는 것이다. 제32회
4. 포트폴리오 분산투자를 통해 체계적 위험은 감소시킬 수 없으며 비체계적 위험만 감소시킬 수 있다. 제32회

④ 만일 상관계수가 -1이면 수익률의 변동방향이 완전 반대이므로 위험 분산효과가 가장 커서 비체계적 위험을 완전히 제거(zero)할 수 있다. 이때도 체계적 위험까지 줄일 수 있는 것은 아니다. 즉, 분산투자하여 포트폴리오를 구성한다면 총위험을 줄일 수는 있으나 총위험을 0으로 만들 수는 없다.

> **핵심 총위험**
>
> 총위험은 체계적 위험과 비체계적 위험을 모두 합한 것을 말한다.
>
> | 체계적 위험 (systematic risk) | 비체계적 위험 (unsystematic risk) |
> |---|---|
> | • 피할 수 없는 위험
• 모든 부동산(모든 투자자에게 동일)
• 포트폴리오를 통해 제거 불가능한 위험
• 인플레, 이자율 변화, 경기변동 | • 피할 수 있는 위험
• 개별 부동산만(투자자별로 차이)
• 포트폴리오를 통해 제거 가능한 위험
• 파업, 법적 문제, 영업경비 변동 |

제2절 | 수익률

제32회, 제33회, 제34회, 제36회

❶ 수익률의 개념과 종류

1. 수익률의 개념

수익률이란 투하된 자본에 대한 산출의 비율을 말하며, 부동산투자에 대한 의사결정의 중요한 변수 중 하나이다.

$$수익률 = \frac{순수익}{투자액} \times 100$$

2. 수익률의 종류

수익률은 기대수익률, 요구수익률, 실현수익률로 나누어 설명할 수 있다.

(1) 기대수익률 - 객관적 수익률

① 의의: 투자대상으로부터 기대되는 예상수입과 예상지출을 기초로 계산되는 수익률이며, 사전적·예상수익률 개념이고 수익성 개념으로 내부수익률이라고도 한다.

핵심
1. 기대수익률(객관적): 투자로 인해 기대되는 예상수익률(내부·예상·사전적 수익률)
2. 요구수익률(주관적): 부동산에 자금을 투자하기 위한 최소한의 수익률(외부·필수수익률, 기회비용)

② 계산: 기대수익률은 각 상황별 발생 가능한 순수익(순영업소득)에 그 상황이 발생할 확률을 곱한 후에 이를 합하여 계산한다. 즉, 가중평균치로 계산하여 객관화한다.

(2) 요구수익률 – 주관적 수익률

① 의의: 투자에 대한 위험이 주어졌을 때 투자자가 대상부동산에 투자를 결정하기 위해 보장되어야 할 최소한의 수익률로서 필수수익률, 외부수익률, 투자의 기회비용이라고도 하며 비용성 개념이다.

② 계산: 요구수익률은 무위험률(시간에 대한 비용)과 위험할증률(위험에 대한 비용)의 합으로 구성이 된다.

```
요구수익률        무위험률     위험할증률    ┌ + 예상 인플레이션율
(위험조정률)  =   (시간)   +   (위험)    ┤ - 예상 디플레이션율
                                        │ - 투자부동산 가치상승분
                                        └ + 투자부동산 가치하락분
```

㉠ 무위험률(시간의 대가)
ⓐ 무위험률은 순수 시간에 대한 대가로서 예금이자율이나 국공채 이자율처럼 안전하고 확실한 수익률을 말한다.
ⓑ 무위험률은 일정 시점에서는 일정하나 시간경과에 따라 변화하며, 화폐수요와 공급, 저축률, 투자율, 신용의 제한과 같은 일반 경제 상황에 따라 영향을 받는다.
ⓒ 무위험률을 상승시키는 요인에는 화폐공급 감소, 화폐수요 증가, 유동성선호 증가, 투자율 증가, 저축률 감소, 중앙은행의 지급준비율 인상, 신용의 제한 등이 있다.
ⓓ 무위험률은 부동산투자의 위험이나 투자자의 위험혐오도와는 상관이 없다.

㉡ 위험할증률(위험의 대가)
ⓐ 위험할증률이란 투자에 수반되는 위험에 대한 대가이다.
ⓑ 위험할증률은 시장위험과 개별투자안의 위험을 반영하여 결정되므로 위험혐오도가 클수록(보수적 투자자) 위험할증률이 커진다.
ⓒ 투자자마다 위험혐오도의 차이가 있으므로 위험할증률과 요구수익률이 달라지게 되고, 따라서 요구수익률은 주관적 차이가 있다.
ⓓ 무위험률에 위험할증률을 가산한 요구수익률을 위험조정률이라 한다.

참고 투자 결정시 기대수익률이 요구수익률보다 클 때 투자가 이루어지므로, 요구수익률이 기회비용이 된다.

기출
1. 요구수익률은 해당 부동산에 투자해서 획득할 수 있는 최소한의 수익률이다.
2. 요구수익률은 투자에 대한 위험이 주어졌을 때, 투자자가 투자부동산에 대하여 자금을 투자하기 위해 충족되어야 할 최소한의 수익률을 말하며 다른 투자의 기회를 포기한다는 점에서 기회비용이라고도 한다. 제32회
3. 무위험률의 상승은 투자자의 요구수익률을 상승시키는 요인이다.
4. 요구수익률은 투자에 수반되는 위험이 클수록 커진다. 제32회
5. 시중금리 상승은 부동산 투자자의 요구수익률을 상승시키는 요인이다. 제34회
6. 위험회피형 투자는 기대수익률이 요구수익률보다 높을 경우 투자가치가 있다고 판단한다. 제36회

ⓒ 피셔효과: 피셔(I. Fisher)는 예상되는 인플레이션율까지 요구수익률에 포함시켰으며 이를 피셔효과라 한다.

> 요구수익률 (피셔효과) = 무위험률 + 위험할증률 + 예상된 인플레이션 할증률

예제

다음 자료를 활용하여 투자자의 요구수익률을 구하면 얼마이겠는가?

- 무위험률: 5%
- 위험할증률: 5%
- 예상인플레율: 2%
- 가치상승예상률: 3%

해설 요구수익률 = 무위험률(5%) + 위험할증률(5%) + 예상인플레율(2%) − 가치상승분(3%)

정답 9%

(3) 실현수익률(realized rate of return)

① 실현수익률이란 투자가 이루어지고 난 후에 실제로 달성된 수익률을 말한다. 이는 사후적 수익률, 역사적 수익률 개념이다.
② 실현수익률은 부동산투자분석시에는 알 수 없으므로 부동산에 대한 투자 선택시 직접 관련이 없는 수익률이며 투자 이후 투자 결과 검증에 영향을 줄 뿐이다.

기출 실현수익률은 투자가 이루어진 후 현실적으로 달성된 수익률을 말한다. 제32회

2 투자균형과 투자가치

1. 수익률과 투자균형

> **핵심** 수익률과 투자균형
>
> 1. 기대수익률 > 요구수익률 ⇨ 투자 증가(투자 선택)
> 2. 기대수익률 = 요구수익률 ⇨ 투자 균형
> 3. 기대수익률 < 요구수익률 ⇨ 투자 감소(투자 기각)

(1) 기대수익률 > 요구수익률인 경우

기대수익률이 요구수익률보다 높은 경우, 많은 투자자들이 부동산투자를 선택할 것이다. 따라서 부동산 수요가 증가되어 시장가치가 상승하고, 기대수익률이 점차 하락하게 된다. 결과적으로 기대수익률이 점차 낮아짐에 따라 요구수익률과의 균형을 이루게 된다.

기출
1. 부동산 투자안이 채택되기 위해서는 기대수익률이 요구수익률보다 커야 한다.
2. 기대수익률이 요구수익률보다 높을 경우 투자자는 투자가치가 있는 것으로 판단한다. 제32회
3. 어떤 부동산에 대한 투자자의 요구수익률이 기대수익률보다 큰 경우 대상 부동산에 대한 기대수익률도 점차 상승하게 된다.

> 수요 증가 ⇨ 시장가치 상승 ⇨ 기대수익률 점차 하락
> ⇨ 기대수익률 = 요구수익률(투자균형)

(2) 기대수익률 < 요구수익률인 경우

기대수익률이 요구수익률보다 낮은 경우, 많은 투자자들이 부동산투자를 선택하지 않을 것(투자 기각)이다. 따라서 부동산 수요가 감소하여 시장가치가 하락하게 된다. 시장가치가 하락하므로 기대수익률은 점차 상승하게 되어 기대수익률과 요구수익률은 균형을 이루게 된다.

> 수요 감소 ⇨ 시장가치 하락 ⇨ 기대수익률 점차 상승
> ⇨ 기대수익률 = 요구수익률(투자균형)

2. 투자가치와 시장가치 제34회

(1) 투자가치 – 사용가치, 주관적 가치

$$부동산의\ 투자가치 = \frac{순수익}{요구수익률(할인율)}$$

① 투자가치란 투자 대상부동산이 투자자에게 부여하는 주관적 가치를 말한다.
② 위험이 클수록 요구수익률(할인율)이 커져서 요구수익률이 상향조정되고, 높은 할인율이 적용되므로 투자가치는 작아진다(위험 ⇧ ⇨ 요구수익률 ⇧ ⇨ 투자가치 ⇩).

(2) 시장가치 – 교환가치, 객관적 가치

① 시장가치란 대상부동산이 시장에서 형성되는 객관적 가치를 말한다.
② 시장가치는 통상적인 시장에서 충분한 기간 거래를 위하여 공개된 후 그 대상물건의 내용에 정통한 당사자 사이에 신중하고 자발적인 거래가 있을 경우 성립될 가능성이 가장 높다고 인정되는 대상물건의 가액을 말한다.

(3) 투자선택 여부

① 투자가치 > 시장가치 ⇨ 투자 선택
② 투자가치 < 시장가치 ⇨ 투자 기각

> 📋 **참고** 위험에 대한 투자자들의 태도

1. 투자자들의 위험에 대한 태도
   ① 기대수익률이 동일한 두 개의 투자대안이 있을 경우에 투자자들은 대부분 덜 위험한 쪽을 선택하려고 할 것이다. 투자자들의 이러한 행동을 **위험혐오적(회피적)**이라 한다. ⇨ 가장 합리적 태도
   ② 위험혐오적이란 말은 사람들이 전혀 위험을 감수하려고 하지 않는다는 것을 의미하는 것은 아니다. 위험을 전혀 감수하지 않고 얻을 수 있는 수익률은 무위험률 밖에 없다. 따라서 위험을 전혀 수반하지 않는 투자자는 진정한 의미의 투자라 할 수 없다.
   ③ 위험혐오적인 투자자라 할지라도 감수할 만한 유인책이 있는 위험이거나 피할 수 없는 위험(체계적 위험)일 경우에는 기꺼이 그 위험을 감수한다.
   ④ 위험혐오도(위험회피도)가 큰 투자자일수록 위험할증률을 증가시켜 요구수익률을 더 크게 하므로 요구수익률선은 더 급경사가 된다. 즉, **동일한 위험 증가에 대해 보수적 투자자는 공격적 투자자보다 더 높은 수익률을 요구**하게 된다.

기출 📋 동일 투자자산이라도 개별투자자가 위험을 기피할수록 요구수익률이 높아진다.
제33회

2. 유형
   ① 위험회피형(risk-averse): 위험혐오형
      ㉠ 투자자들은 일반적으로 위험을 싫어하는 이성적 투자자이므로 투자이론에서 특별한 언급이 없으면 위험회피형임을 전제한다.
      ㉡ 위험회피형 투자자는 또 다시 공격적 투자자와 보수적인 투자자로 분류되며, 위험회피형 투자자 중에서 공격적인 투자자는 보수적인 투자자에 비해 위험이 높더라도 기대수익률이 높은 투자안을 선호한다.
      ㉢ 위험회피형의 무차별곡선은 아래로 볼록한 우상향 형태이다.

보수적 투자자	공격적 투자자
• 위험회피도 ⇧ • 낮은 위험, 낮은 수익에 투자 • 동일한 위험 증가: 높은 수익 요구 • 무차별곡선의 기울기: **가파름**	• 위험회피도 ⇩ • 높은 위험, 높은 수익에 투자 • 동일한 위험 증가: 낮은 수익 요구 • 무차별곡선의 기울기: **완만함**

   ✔ 보수적 예측방법: 수익은 낮게 예측, 비용은 높게 예측하여 투자결정하는 방법
   ② 위험추구형(risk-seeker): 위험선호형(risk-lover)
      ㉠ 높은 수익률을 획득할 기회를 얻기 위해 위험을 기꺼이 감수하는 투자자를 말한다.
      ㉡ 위험추구형의 무차별곡선은 위로 볼록한 우하향 형태이다.
   ③ 위험중립형(risk-neutral)
      ㉠ 위험중립형은 위험의 크기에 관계없이 기대수익률에 따라서만 행동하는 유형을 말한다.
      ㉡ 위험중립형의 무차별곡선은 수평형태이다.

❸ 위험 · 수익의 상쇄관계(risk-return trade-off) 제33회, 제36회

※ A가 B보다 위험 혐오도가 크므로 요구수익률선이 더 급경사가 된다.

참고 A가 B보다 위험혐오도가 크므로 A의 요구수익률선이 더 급경사가 된다.

(1) 부담하는 위험이 크면 투자자의 요구수익률이 커진다. 이와 같은 위험과 수익의 비례관계를 위험과 수익의 상쇄관계라고도 한다.

(2) 시장의 무위험률은 임의의 투자자의 개별적 위험혐오도와 관계없이 요구수익률에 일정 크기로 반영된다.

(3) 동일한 위험 증가에 대해 보수적 투자자는 공격적 투자자보다 더 높은 수익률을 요구하게 되며, 요구수익률선의 기울기도 가파르게 된다(A의 요구수익률선).

(4) 동일한 위험 증가에 대해 공격적 투자자는 보수적 투자자보다 더 낮은 수익률을 요구하게 되며, 요구수익률선의 기울기도 완만하게 된다(B의 요구수익률선).

(5) 위험혐오도가 큰 투자자일수록 요구수익률은 더 커지며, 동일한 위험에서도 투자자마다 요구수익률이 다르므로 요구수익률은 주관적 수익률이다.

기출
1. 투자 위험(표준편차)과 기대수익률은 정(+)의 상관관계를 가진다.
2. 동일한 위험 증가에 대해 보수적 투자자는 공격적 투자자보다 더 높은 수익률을 요구하게 된다.
3. 투자위험과 요구수익률은 정(+)의 관계를 가진다.
제36회

❹ 위험의 처리방법과 관리방법 제32회, 제33회, 제34회, 제36회

1. 위험의 처리방법

(1) 위험한 투자를 제외시키는 방법(위험회피)

① 위험한 투자는 투자대상에서 제외하고 안전한 데에만 투자하는 방법을 말한다.

② 여기서 얻는 수익률은 무위험률이며 시간의 대가인 국공채, 정기예금에 투자하는 방법으로 진정한 의미에서 투자는 아니다.

기출 위험을 회피하는 방법으로 투자의 부적격 자산을 투자안에서 제외시킨다.

(2) 기대치의 보수적 예측방법

① 투자수익(기대수익)을 최대, 중간, 최소치로 산정하여, 이 중 수익의 최소치로 예측하는 방법이다. 즉, 수익은 낮게 예측하고 비용은 높게 추정하여 수익과 비용을 기준으로 투자결정을 하는 방법을 말한다.

② 낙관적 상황의 확률을 낮추고, 비관적 상황의 확률을 높여서 기대수익률을 하향조정하고 투자비용은 상향조정하여 결정하는 방법이다.

③ 기대치를 보수적으로 예측하면 좋은 투자대안이 기각될 가능성이 커서 부의 극대화가 곤란하다.

기출 보수적 예측방법은 투자수익의 추계치를 하향조정함으로써 미래에 발생할 수 있는 위험을 상당 부분 제거할 수 있다는 가정에 근거를 두고 있다.

(3) 위험조정할인률(요구수익률)의 조정법

$$투자가치(⇓) = \frac{순수익}{요구수익률(할인율)(⇑)}$$

① 장래 기대되는 소득을 현재가치로 환원할 때 위험한 투자일수록 요구수익률을 상향조정하여, 높은 할인율을 적용하는 방법을 말한다.

② 요구수익률을 결정하는 데에 있어서 감수해야 하는 위험의 정도에 따라 그만큼 위험할증률을 더해가는 것이다. 즉, 이 방법에서는 위험이 높은 투자대안일수록 보다 높은 요구수익률로 할인되기 때문에 부동산의 투자가치는 하락한다.

③ 이 방법이 많이 선호되는 이유는 미래의 현금흐름의 변동성을 계량화하기 쉽고, 측정결과를 비교하기 쉽기 때문이다.

④ 그러나 위험조정치 결정시 주관이 개입될 여지가 많고 시간경과에 따라 일정비율로 위험이 증가한다는 가정은 단점이 될 수 있다.

기출 위험조정할인율을 적용하는 방법으로 장래 기대되는 소득을 현재가치로 환산하는 경우, 위험한 투자일수록 높은 할인율을 적용한다.

2. 위험의 관리방법

(1) 위험의 회피(risk avoid)

무위험자산에 투자하는 방법으로, 수익이 확실한 투자대상에만 투자하며 위험한 투자안을 제외시키는 투자 전략이다(예 정기예금이나 국채 등에 투자).

(2) 위험의 보유(risk retention)

손실을 자체적으로 해결하는 방법으로, 위험에 대비해 준비금이나 충당금을 설정해 두고 실제로 위험이 발생할 경우 위험을 처리한다(예 준비금, 충당금의 설정 등).

핵심 위험의 관리방법
1. 위험회피: 위험한 투자 제외, 정기예금이나 국채 등에 투자
2. 위험보유: 준비금 또는 충당금의 설정
3. 위험전가: 임대료 인상, 보험계약, 이자율 스왑, 하청계약, 리스계약, 선분양제도, 변동금리계약 등
4. 위험통제: 민감도분석

(3) 위험의 전가(risk transfer)

위험으로 인한 경제적 부담이나 책임을 제3자에게 위험을 떠넘기는 방법이다(예 임대료 인상, 보험계약, 이자율 스왑, 하청계약, 리스계약, 선분양제도, 변동금리계약 등).

기출 물가상승률만큼 임대료가 인상되도록 임대계약을 하는 것은 위험의 전가에 속한다.

(4) 위험의 통제(risk control)

위험으로 인한 손실의 발생 횟수나 규모를 줄이려는 방법을 말한다(예 민감도분석).

> **참고** 민감도분석(감응도분석, sensitivity analysis) 제32회, 제33회
>
> 1. 투자수익에 영향을 줄 수 있는 **투입요소**(영업비용, 공실률 등)를 변동할 때 그 투자안의 **결과치**(순현가, 내부수익률)가 어떠한 영향을 받는가를 파악하는 방법을 말한다.
> 2. 민감도분석은 재무적 사업타당성분석에 사용했던 주요 변수들의 투입 값을 낙관적·비관적 상황으로 적용하여 수익성을 예측하는 것을 말한다.
> 3. 민감도분석은 투자수익에 가장 민감하게 영향을 주는 요소가 무엇인지를 파악하여 이를 집중 관리·통제하면 투자위험을 줄일 수 있다.
> 4. 일반적으로 민감도가 큰 투자안일수록 더 위험한 투자안으로 평가되며 이는 투자분석뿐만 아니라 감정평가 및 부동산개발에도 사용된다.
> 5. 민감도분석과 흡수율분석 비교
>
> | | |
> |---|---|
> | 민감도분석 | 투자효과를 분석하는 모형의 **투입요소**(위험요소, 변수, 투입값)가 변화함에 따라, 그 **결과치**(수익성, 순현가, 내부수익률)에 어떠한 영향을 주는가를 분석하는 기법이다. ⇨ **위험 통제** |
> | 흡수율분석 | **시장에 공급된 부동산이 시장에서 일정 기간 동안 소비되는 비율**을 조사하여 해당 부동산시장의 추세를 파악하는 것이다. ⇨ **미래 시장성 예측 목적** |

기출

1. 민감도분석은 투자효과를 분석하는 모형의 투입요소가 변화함에 따라 순현재가치와 내부수익률에 어떠한 영향을 주는가를 분석하는 기법이다. 제36회
2. 민감도분석은 타당성분석에 활용된 투입요소의 변화가 그 결과치에 어떠한 영향을 주는가를 분석하는 기법이다.
3. 민감도분석을 통해 미래의 투자환경 변화에 따른 투자가치의 영향을 검토할 수 있다. 제33회
4. 민감도분석을 통해 투입요소의 변화가 그 투자안의 내부수익률에 미치는 영향을 분석할 수 있다. 제34회

제2장 부동산투자의 위험과 수익 | **253**

제3절 | 포트폴리오(portfolio) 이론 제32회, 제33회, 제34회, 제35회, 제36회

1 의의

(1) 포트폴리오 이론이란 자산이 하나에 집중되어 있는 경우 발생할 수 있는 불확실성을 제거하기 위해 여러 종류의 자산에 분산투자하여 (비체계적) 위험을 제거하고 안정된 결합편익을 획득하도록 하는 자산관리의 방법 및 원리를 말한다.

(2) 포트폴리오는 단순히 분산투자하는 것이 아니라 투자대안이 갖고 있는 위험과 수익을 분석하여 불필요한 위험(비체계적 위험)을 줄이고 최선의 결과를 얻을 수 있는 방법을 구성해야 한다.

(3) 포트폴리오 기법에 의하면 평균 – 분산법으로 판단하기 어려운 투자대안의 위험과 수익관계를 용이하게 분석할 수 있다. 즉, 두 개의 투자대안 중 하나가 위험이 높고 수익률도 높을 때 포트폴리오 이론에 의해서 수익과 위험의 관계를 전체적으로 파악하여 자산을 잘 배합한다면, 불필요한 위험인 비체계적 위험을 줄일 수 있다.

> 기출 ▷ 포트폴리오에 편입되는 투자자산 수를 늘림으로써 비체계적 위험을 줄여나갈 수 있으며, 그 결과로 총위험은 줄어들게 된다.

> 기출 ▷
> 1. 포트폴리오의 기대수익률은 개별자산의 기대수익률을 가중평균하여 구한다. 제33회
> 2. 동일한 자산들로 포트폴리오를 구성하여도 개별자산의 투자비중에 따라 포트폴리오의 기대수익률과 분산은 다를 수 있다. 제33회

2 포트폴리오 기대수익률

포트폴리오 기대수익률은 포트폴리오를 구성하는 각 자산에 대한 상대적 투자비중과 각 개별자산의 기대수익률에 의해 결정되며, 총투자금액의 크기와는 아무런 관계가 없다.

포트폴리오 기대수익률 = (자산 A의 기대수익률 × 자산 A의 구성비율) + (자산 B의 기대수익률 × 자산 B의 구성비율) + (자산 C의 기대수익률 × 자산 C의 구성비율) + ……

예제

1. A, B, C 3개의 부동산자산으로 이루어진 포트폴리오가 있다. 이 포트폴리오의 자산비중 및 경제상황별 예상 수익률 분포가 다음 표와 같을 때 전체 포트폴리오의 기대수익률은? (다만, 호황과 불황의 확률은 각각 50%임) 제21회

구분	포트폴리오 비중(%)	경제상황별 수익률(%)	
		호황	불황
A부동산	20	6	4
B부동산	30	8	4
C부동산	50	10	2

① 5.0% ② 5.2% ③ 5.4%
④ 5.6% ⑤ 5.8%

해설 포트폴리오의 기대수익률은 5.8%이다. 1% + 1.8% + 3% = 5.8%
A: [(6% × 50%) + (4% × 50%)] × 20% = 1%
B: [(8% × 50%) + (4% × 50%)] × 30% = 1.8%
C: [(10% × 50%) + (2% × 50%)] × 50% = 3%   **정답 ⑤**

2. 자산비중 및 경제상황별 예상수익률이 다음과 같을 때, 전체 구성자산의 기대수익률은? (단, 확률은 호황 40%, 불황 60%임)   제25회

구분	자산비중	경제상황별 예상수익률	
		호황	불황
상가	20%	20%	10%
오피스텔	30%	25%	10%
아파트	50%	10%	8%

① 11.5% ② 12.0% ③ 12.5%
④ 13.0% ⑤ 13.5%

해설 포트폴리오의 기대수익률은 각 자산의 상대적 투자비중에 각각의 수익률을 곱하여 산정하므로, 상가 기대수익률(2.8%) + 오피스텔 기대수익률(4.8%) + 아파트 기대수익률(4.4%) = 12.0%가 된다.
• 상가 기대수익률: 비중(20%) × [(20% × 40%) + (10% × 60%)] = 2.8%
• 오피스텔 기대수익률: 비중(30%) × [(25% × 40%) + (10% × 60%)] = 4.8%
• 아파트 기대수익률: 비중(50%) × [(10% × 40%) + (8% × 60%)] = 4.4% **정답 ②**

참고 부동산의 부동성과 용도의 다양성 때문에 지역별·유형별 분산투자가 가능하여 다양한 포트폴리오를 구성할 수 있다.

③ 포트폴리오 효과

(1) 의의

① 포트폴리오 효과란 투자대상을 다양화하여 기대수익률 하락 없이 위험을 감소시키는 효과를 말한다.

② 포트폴리오를 구성하는 자산의 수가 많을수록 포트폴리오의 효과가 커진다. 또한, 투자대안별 수익률 변동이 서로 다른(반대) 방향으로 움직이는 투자자산들을 결합하여 투자하는 것이 위험도를 줄이는 데 효과적이다.

(2) 상관계수와 포트폴리오 효과

① 상관계수는 한 자산의 수익률의 변동에 따른 다른 자산의 수익률의 변동 정도를 의미한다. 즉, 상관계수는 자산 간의 수익률 변동의 유사성 정도를 의미한다.

② 상관계수는 −1과 +1 사이의 값을 갖는다.

　㉠ 상관계수가 양(+)인 경우: 자산 간의 수익률 변동방향이 서로 유사하므로 위험분산 효과가 적다.

　㉡ 상관계수가 음(−)인 경우: 자산 간의 수익률의 변동방향이 서로 다르므로 위험분산 효과가 커진다.

　㉢ 상관계수가 +1인 경우: 수익률의 변동방향이 완전 동일하므로 위험분산 효과가 없어서, 비체계적 위험은 전혀 감소되지 않는다.

　㉣ 상관계수가 −1인 경우: 수익률의 변동방향이 완전 반대이므로 위험분산효과가 가장 커서, 비체계적 위험을 완전히 제거할 수 있다. 즉, 상관계수가 −1인 경우 비체계적 위험을 0(zero)으로 만들 수 있다. 이때, 체계적 위험까지 줄일 수 있는 것은 아니다.

　㉤ 상관계수가 +1인 경우 제외: 자산구성비율을 조정하여 포트폴리오를 구성한다면 상관계수가 (+)값을 갖는 경우에도 포트폴리오 효과는 있다.

> **참고** 포트폴리오의 위험분산 효과
>
> 분산투자로 인한 포트폴리오의 위험분산 효과는 상관계수가 작을수록 크게 나타난다. 즉, 상관계수가 작을수록 비체계적 위험이 작아진다. 포트폴리오를 구성하는 자산의 수가 많을수록 비체계적 위험이 감소하는 이유는 각 자산의 예상수익률의 분포 양상이 서로 다르기 때문이다.

기출
1. 투자자산의 수익률이 서로 유사한 방향으로 움직일 경우, 상관계수는 양(+)의 값을 가지므로 위험분산 효과가 작아진다.
2. 포트폴리오 전략에서 구성자산 간에 수익률이 반대방향으로 움직일 경우 위험감소의 효과가 크다.
3. 투자자산 간의 상관계수가 1일 경우, 포트폴리오 구성을 통한 위험절감 효과가 나타나지 않는다.
4. 개별자산의 기대수익률 간 상관계수가 '−1'인 두 개의 자산으로 포트폴리오를 구성할 때 포트폴리오의 위험감소 효과가 최대로 나타난다. 제33회

핵심 포트폴리오 효과와 상관계수

1. 포트폴리오 효과
   ① 자산 수가 **많을수록** 포트폴리오의 효과는 커진다.
   ② 포트폴리오를 구성하는 개별자산들 간의 수익률의 움직임이 **다른(반대) 방향**으로 움직이는 자산들로 포트폴리오를 구성할 때, 포트폴리오의 효과는 커진다.
   ③ 상관계수가 **낮을수록** 또는 −1에 가까울수록, 포트폴리오의 효과는 커진다.
2. 상관계수
   ① 상관계수 1인 경우: 포트폴리오 효과가 **없다**.
   ② 상관계수 1보다 작은 경우: 포트폴리오 효과가 **있다**.

+1	위험 전혀 제거되지 않음	포트폴리오 효과 없음
+	유사(동일) 방향	포트폴리오 효과 ⇩
−	다른(반대) 방향	포트폴리오 효과 ⇧
−1	비체계적 위험 완전히 제거	포트폴리오 효과 최대

상관계수가 (−1)인 경우에는 비체계적 위험이 완전히 제거되나, 상관계수가 (+1)인 경우에는 비체계적 위험이 전혀 제거되지 않는다.

> **기출**
> 1. 포트폴리오 구성자산의 수익률이 반대 방향으로 움직일 경우 위험감소의 효과가 크다. 제36회
> 2. 2개 투자자산의 수익률이 서로 아무런 관계없이 움직인다면 상관계수는 0이다. 제36회

❹ 평균 – 분산의 지배원리

평균 – 분산의 지배원리란 투자안의 기대수익률과 위험의 상관관계에 따라 투자안을 선택하는 기준으로 위험과 수익을 평가하는 방법으로서 다음과 같이 구분된다.

(1) 위험(분산)이 동일한 경우

가장 큰 평균기대수익률을 갖는 투자안이 다른 투자안을 지배한다. 따라서 위험(분산)이 동일한 경우에는 가장 큰 평균기대수익률을 갖는 투자안을 선택한다.

(2) 평균기대수익률이 동일한 경우

가장 작은 위험(분산)을 갖는 투자안이 다른 투자안을 지배한다. 따라서 평균수익률이 동일할 경우에는 가장 작은 위험(분산)을 갖는 투자안을 선택한다. 이 경우 평균 – 분산의 지배원리를 만족하는 동일한 수익에서 낮은 위험의 자산과 동일한 위험에서 높은 수익의 자산을 효율적 포트폴리오(efficient portfolio)라 한다.

> **핵심** 평균 – 분산의 지배원리와 그 한계

1. 평균 – 분산의 지배원리(결정법)
   ① 투자안 A와 B의 기대수익률이 같은 경우, A보다 B의 기대수익률의 표준편차가 더 크다면 표준편차가 상대적으로 작은 A투자안이 선호된다.
   ② 투자안 A와 B의 기대수익률의 표준편차가 같은 경우, A보다 B의 기대수익률이 더 크다면 B투자안이 선호된다.
2. 평균 – 분산법과 한계: 대안 A가 대안 B보다 기대치(수익)도 크고 표준편차(위험)도 큰 경우에는 평균 – 분산법의 지배원리로 A를 선택할지 또는 B를 선택할지 의사결정을 할 수가 없다. 이때는 다음과 같은 해결방법이 있다.
   ① 변이계수법(기대수익률 단위당 위험도)에 의하면, 변이계수가 작을수록 안정적이므로 유리하다.
   ② 위험 1단위당 수익률(= 변이계수의 역수)은 클수록 유리하다.
   ③ 이때는 투자자의 행태(위험에 대한 태도)에 따라 A 또는 B를 선택할 수 있다 (더 보수적인 사람은 B 선택, 더 공격적인 사람은 A 선택).
   ④ 포트폴리오이론에 따라 분산투자가 가능하다.

기출 평균 – 분산 지배원리에 따르면, A투자안과 B투자안의 기대수익률이 같은 경우, A투자안보다 B투자안의 기대수익률의 표준편차가 더 크다면 A투자안이 선호된다.

5 효율적 프론티어와 지배원리

(1) 효율적 전선[효율적 프론티어(efficient frontier), 효율적 투자선]

① 평균 – 분산 지배원리에 의해 선택된 포트폴리오를 효율적 포트폴리오라 하고, 효율적 포트폴리오의 집합을 효율적 전선(프론티어)라 한다.
② 효율적 전선(프론티어)는 동일한 위험에서 최고의 수익을 나타내는 포트폴리오 또는 동일한 기대수익률에서 위험을 최소화할 수 있는 포트폴리오의 집합이다.

기출 효율적 프론티어(효율적 전선)의 우상향론에 대한 의미는 투자자가 높은 수익률을 얻기 위해 많은 위험을 감수하는 것이다.

효율적 전선(곡선 AB)이 우상향한다는 것은 투자자는 주어진 위험에서 그 이상의 수익률을 얻을 수 없기 때문에 더 높은 수익을 얻기 위해서는 더 많은 위험을 감수해야 한다는 것을 의미한다. ⇨ 위험과 수익의 비례관계

> ㉠ 지배원리는 같은 위험에서는 기대수익률이 가장 큰 것을 택하고, 같은 수익률에서는 위험이 적은 것을 택하는 것이다. 이러한 관점에서 볼 때 C는 D와 E보다 우위에 있고 이들을 지배하게 된다.
> ㉡ 효율적 전선상의 투자안은 동일한 위험도에서 그 아래의 다른 투자안을 지배한다.
> ㉢ 효율적 전선상의 투자안들은 상호간에는 평균 – 분산의 지배원리가 적용되지 않는다. 즉, 지배원리로는 A와 B 중에서는 어느 것이 더 우월한 투자안이라 판단하기 곤란하다. 다만, 공격적인 투자자의 경우에는 A투자안에, 보수적 투자자인 경우에는 B투자안에 투자하려고 할 것이다.

(2) 무차별곡선과 최적 포트폴리오

① 무차별곡선은 투자자에게 동일한 효용을 주는 수익과 위험의 조합을 나타낸 곡선이다.

② 불확실성하에서 위험에 대한 투자자의 합리적인 행태는 위험혐오적 태도이며, 위험혐오적 투자자들의 합리적 목적은 기대효용의 극대화에 있다. 투자자들의 위험에 대한 태도는 무차별곡선으로 표시되는데, 무차별곡선이 아래로 볼록한 우상향의 형태를 갖는 것은 투자자가 위험혐오적이라는 것을 의미한다. 이때 투자자의 위험회피도가 클수록 더욱 가파르게 된다.

> ㉠ 위험혐오도가 큰 투자자(보수적 투자자)의 무차별곡선은 급경사이고 위험혐오도가 작은 투자자(공격적 투자자)의 무차별곡선은 완경사이다.
> ㉡ '甲'의 무차별곡선의 기울기가 더 가파른 것은 '乙'보다 더욱 위험혐오적이라는 것을 의미한다.

③ 최적의 포트폴리오는 효율적 프론티어(전선)와 투자자의 무차별곡선이 접하는 점에서 결정된다.

> ㉠ 어떤 투자자의 최적점은 다른 투자자에게 최적점이 아닐 수 있다.
> ㉡ 甲의 최적의 포트폴리오는 'X'점이 되고, 乙의 최적의 포트폴리오는 'Y'점이 된다.

기출

1. 무차별곡선은 투자자에게 동일한 효용을 주는 수익과 위험의 조합을 나타낸 곡선이다. 제33회
2. 투자자가 위험을 회피할수록 위험(표준편차, X축)과 기대수익률(Y축)의 관계를 나타낸 투자자의 무차별곡선의 기울기는 가파르게 된다.
3. 투자자가 효용이 동일하다고 느끼는 조합을 연결한 선을 무차별곡선이라 한다. 제36회

기출

1. 최적의 포트폴리오는 투자자의 무차별곡선과 효율적 프론티어의 접점에서 선택된다. 제32회
2. 최적 포트폴리오의 선정은 투자자의 위험에 대한 태도에 따라 달라질 수 있다. 제33회

(3) 부동산 포트폴리오의 한계
① 부동산시장은 부동산의 특성으로 인해 불완전시장이므로 포트폴리오 수익률을 정기적으로 계량화하기 곤란하다. 또한, 투자자의 능력에 따라 수익률이 다르게 산출되므로 평균적 수익률 산정이 곤란하다.
② 포트폴리오 모형은 단기간 모형이나, 부동산투자는 장기간 모형이다. 즉, 단기시장인 주식시장에서 발달한 포트폴리오이론을 장기시장인 부동산시장에 적용하는 데는 한계가 있다.
③ 부동산은 분할이 어려운 한계를 갖는다.
④ 토지종합소득세 등 투자자별로 다른 세율이 산출되어 절세효과 등에 따른 수익률 산정이 어렵다.

> **참고** 재산3분법
>
> 자산 선택에 있어서 수익성, 안정성, 환금성을 고려하여 부동산, 주식, 예금 3분야에 분산시킴으로써 경기변동에서 오는 위험부담으로부터 벗어나고 수익을 취하자는 데 목적을 둔 자산관리이다. 이는 단지 포트폴리오의 일종일 뿐 최선의 배합은 아니다.
>
> | 구분 | 부동산 | 주식 | 예금 |
> |---|---|---|---|
> | 안정성 | ○ | × | ○ |
> | 수익성 | ○ | ○ | × |
> | 환금성 | × | ○ | ○ |
>
> (○: 유리, ×: 불리)

제3장 부동산투자분석

- 본 장은 계산문제가 자주 출제되기 때문에 수학적 기초이론과 계산법을 익혀야 한다.
- 화폐의 시간가치계산법은 수학적 기초가 되므로 반드시 원리까지 이해해야 한다.
- 현금수지의 측정을 영업의 현금수지와 지분복귀액 계산으로 나누어 그 계산과정, 영업경비와 영업소득세를 숙지하여야 한다. 부동산투자분석기법을 할인현금수지분석법, 어림셈법, 비율분석법으로 구분하고 공식까지 충분히 이해해야 한다.

제1절 | 부동산투자분석을 위한 수학적 기초 제32회, 제33회

1 화폐의 시간가치의 개념

(1) 부동산투자 시점은 현재이며, 수익발생 시점은 미래이다.

(2) 화폐의 가치는 시간에 따라 다르므로 투자 여부를 결정할 때는 화폐의 시간가치를 동일시점으로 일치시켜야 한다.

(3) 원금에 대한 이자뿐만 아니라 이자에 대한 이자도 함께 계산하는 것은 **복리** 방식이며, 화폐의 시간가치를 계산할 때 이자율로 할인하거나 할증하는 데 **복리**를 사용한다.

(4) 현재의 1원이 미래의 1원보다 크다는 인식이다.

(5) **이자율(수익률, 할인율)이 상승**할수록 미래가치(계수)는 **커지고**, 현재가치(계수)는 **작아진다**.

> **기출** 원금에 대한 이자뿐만 아니라 이자에 대한 이자도 함께 계산하는 것은 복리방식이다.

화폐의 시간가치
현재의 1원이 내일(미래)의 1원보다 크다는 인식

❷ 화폐의 시간가치계수 제32회

(1) 일시불의 미래가치

① 개념: 이자율(할증률)이 r%일 때 현재의 1원(일시불)이 n년 후에 얼마가 되는지 알고자 할 때 사용한다.

② 일시불의 미래가치 계산: 현재의 일시불에서 일시불의 내가계수를 곱한 값을 일시불의 미래가치라고 한다.

$$\text{일시불의 미래가치} = (\text{현재의}) \text{ 일시불} \times \text{일시불의 내가계수}$$

③ 일시불의 미래가치계수(일시불의 내가계수)

$$\text{일시불의 내가계수} = (1 + r)^n$$

> **예제**
>
> 이자율이 연 5%(복리계산), 현재 5억원인 아파트는 3년 후에 얼마인가?
>
> **해설** 5억원 × $(1 + 0.05)^3$ = 5억원 × 1.157625 = 578,812,500원   **정답** 578,812,500원

(2) 일시불의 현재가치

① 개념: 이자율(할인율)이 r%일 때, n년 후의 1원(일시불)이 현재 일시불로 환원하면 얼마가 되는지 알고자 할 때 사용한다.

② 일시불의 현재가치 계산: 미래의 일시불에서 일시불의 현가계수를 곱한 값을 일시불의 현재가치라고 한다.

$$\text{일시불의 현재가치} = (\text{미래의}) \text{ 일시불} \times \text{일시불의 현가계수}$$

③ 일시불의 현재가치계수(일시불의 현가계수): 일시불의 현가계수는 일시불의 내가계수의 역수이다.

$$\text{일시불의 현가계수} = \frac{1}{(1+r)^n} = (1+r)^{-n}$$

> **예제**
>
> 할인율이 연 7%(복리계산), 5년 후 1억원의 현재가치는? (단, 최종 현재가치 금액은 십만원 자리에서 반올림함)   제28회
>
> **해설** 1억원 × $\frac{1}{(1+0.07)^5}$ = $\frac{1억원}{(1+0.07)^5}$ = 71,298,617원   **정답** 71,000,000원

기출

1. 현재 10억원인 아파트가 매년 2%씩 가격이 상승한다고 가정할 때, 5년 후의 아파트가격을 산정하는 경우 일시불의 미래가치계수를 사용한다. 제32회
2. 현재 5억원인 주택가격이 매년 전년 대비 5%씩 상승한다고 가정할 때, 5년 후의 주택가격은 일시불의 미래가치계수를 사용하여 계산할 수 있다.

기출

1. 10년 후에 1억원이 될 것으로 예상되는 토지의 현재가치를 계산할 경우 일시불의 현재가치계수를 사용한다.
2. 나대지에 투자하여 5년 후 8억원에 매각하고 싶은 투자자는 현재 이 나대지의 구입금액을 산정하는 경우, 일시불의 현재가치계수를 사용한다. 제32회
3. 일시불의 현재가치계수는 할인율이 상승할수록 작아진다.

(3) 연금의 미래가치

① 개념: 매 기간의 일정액인 연금을, 즉 매년 1원씩(연금)을 이자율 r로 계속해서 적립했을 때 n년 후에 얼마가 되는지 알고자 할 때 사용한다.

② 연금의 미래가치 계산: 연금의 미래가치는 연금액에서 연금의 내가계수를 곱한 값으로 계산한다.

$$\text{연금의 미래가치} = \text{연금액} \times \text{연금의 내가계수}$$

③ 연금의 미래가치계수(연금의 내가계수): 연금의 미래가치계수는 감채기금계수의 역수이다.

$$\text{연금의 내가계수} = \frac{(1+r)^n - 1}{r}$$

기출 매월 말에 50만원씩 5년 동안 적립하는 적금의 명목금리는 연 3%이며, 월복리 조건인 경우 이 적금의 미래가치를 계산하기 위한 식은 $500{,}000 \times \left\{ \dfrac{\left(1+\dfrac{0.03}{12}\right)^{5 \times 12} - 1}{\dfrac{0.03}{12}} \right\}$ 이다.

예제 연금의 미래가치

투자자 甲은 부동산 구입자금을 마련하기 위하여 3년 동안 매년 연말 3,000만원씩을 불입하는 정기적금에 가입하였다. 이 적금의 이자율이 복리로 연 10%라면, 3년 후 이 적금의 미래가치는? 제24회

해설 3,000만원 × $\dfrac{(1+0.1)^3 - 1}{0.1}$ = 3,000만원 × $\dfrac{(1.331)-1}{0.1}$ = 99,300,000원

정답 99,300,000원

(4) 감채기금계수

① 개념: n년 후에 1원(일정액)을 만들기 위해서 매 기간 불입해야 할 일정액을 알고자 할 때 사용한다.

② (매 기간)적금액은 (기말)적금총액(연금의 미래가치)과 감채기금계수를 곱한 값으로 계산한다.

$$(\text{매 기간})\text{적금액} = (\text{기말})\text{적금총액(연금의 미래가치)} \times \text{감채기금계수}$$

③ 감채기금계수(상환기금계수): 연금의 내가계수의 역수이다.

$$\text{감채기금계수} = \frac{r}{(1+r)^n - 1}$$

기출
1. 5년 후 주택구입에 필요한 지금 3억원을 모으기 위해 매월 말 불입해야 하는 적금액을 계산하려면, 3억원에 감채기금계수(월 기준)를 곱하여 구한다.
2. 연금의 현재가치계수에 감채기금계수를 곱하면 일시불의 현재가치계수이다.

제32회

(5) 연금의 현재가치

① 개념: 이자율(할인율)이 r이고 기간이 n일 때, 매년 1원씩(연금) n년 동안 받게 될 연금을 현재 일시불로 환원한 금액을 알고자 할 때 사용한다.

② 연금의 현재가치 계산: 연금의 현재가치는 연금액에서 연금의 현가계수를 곱한 값으로 계산한다.

$$\text{연금의 현재가치} = \text{연금액} \times \text{연금의 현가계수}$$

③ 연금의 현재가치계수(연금의 현가계수): 연금의 현재가치계수는 저당상수의 역수이다.

$$\text{연금의 현가계수} = \frac{1-(1+r)^{-n}}{r} = \frac{(1+r)^n - 1}{r \cdot (1+r)^n}$$

④ 연금의 현가계수 적용의 예
  ㉠ 미래에 수령할 연금의 현재가치를 구하는 경우
  ㉡ 융자 상환 중간에 융자잔금(부채잔금)을 구하는 경우 또는 잔금비율을 구하는 경우

(6) 저당상수

① 개념: 원리금균등상환방식으로 일정액(1원)을 빌렸을 때 매 기간마다 갚아나가야 할 원리금균등상환액(부채서비스액, 저당지불액)을 구할 때 사용한다.

✔ 저당상수는 자본수익(이자분)과 자본회수(원금회수)가 포함되어 있다.

② 저당상수는 연금의 현가계수의 역수이다.

$$\text{저당상수} = \frac{r}{1-(1+r)^{-n}} = \frac{r \cdot (1+r)^n}{(1+r)^n - 1}$$

③ 원리금균등상환액(부채서비스액, 월부금, 저당지불액)

$$\text{원리금상환액} = \text{대출원금} \times \text{저당상수(전체 저당기간)}$$

참고 A는 부동산자금을 마련하기 위해 2024년 1월 1일 현재 2년 동안 매년 연말 2,000원씩을 불입하는 투자상품에 가입했다. 이 투자상품의 이자율이 연 10%라면 이 상품의 현재가치는? (2년의 연금의 현가계수는 1.73이다. 단, 10원 단위 이하는 절사함)
⇨ 2,000원 × 연금의 현가계수(1.73) = 3,460원
∴ 10원 이하를 없애면 3,400원이 된다.

기출 임대기간 동안 월임대료를 모두 적립할 경우, 이 금액의 현재시점 가치를 산정한다면 연금의 현재가치계수를 사용한다. 제32회

기출 원리금균등상환방식으로 담보대출을 받은 가구가 매월 상환할 금액을 산정하는 경우, 저당상수를 사용한다. 제32회

참고 저당상수
$$\text{저당상수} = \frac{\text{원리금균등상환액}}{\text{대출원금}}$$

핵심 화폐의 시간가치 계수 정리

		미래가치			현재가치
일시불의 내가계수 (복리 종가율)	개념	현재의 1원이 n년 후에 얼마인가?	일시불의 현가계수 (복리 현가율)	개념	n년 후에 1원은 현재가치로 얼마인가?
	공식	$(1+r)^n$		공식	$\dfrac{1}{(1+r)^n} = (1+r)^{-n}$
	활용	일시불의 미래가치 계산 = 일시불 × 일시불의 내가계수		활용	일시불의 현재가치 계산 = 일시불 × 일시불의 현가계수
연금의 내가계수 (복리 연금 종가율)	개념	매년 1원씩 적금을 계속 불입하면 n년 후에 얼마가 되는가?	연금의 현가계수 (복리 연금 현가율)	개념	n년 동안 매년 1원씩 받게 될 연금을 현재가치로 환원하면?
	공식	$\dfrac{(1+r)^n - 1}{r}$		공식	$\dfrac{1-(1+r)^{-n}}{r}$ $= \dfrac{(1+r)^n - 1}{r \cdot (1+r)^n}$
	활용	연금의 미래가치 계산 = 연금 × 연금의 내가계수		활용	연금의 현재가치 계산 = 연금 × 연금의 현가계수
감채기금 계수 (상환 기금률)	개념	n년 후에 1원을 만들(모으)기 위해서는 매년 얼마씩 적금을 불입(적립)해야 하는가?	저당상수 (연부 상환율)	개념	원리금균등상환으로 1원을 차입했을 때 상환해야 할 원리금(부채서비스액, 저당지불액)은?
	공식	$\dfrac{r}{(1+r)^n - 1}$		공식	$\dfrac{r}{1-(1+r)^{-n}}$ $= \dfrac{r \cdot (1+r)^n}{(1+r)^n - 1}$
	활용	미래가치를 알 때 매기의 연금액 계산(적금액) = 미래가치 × 감채기금계수		활용	일정액을 빌린 경우 상환액 계산(원리금상환액) = 융자원금 × 저당상수

기출

1. 연금의 미래가치란 매 기간마다 일정 금액을 불입해 나갈 때, 미래의 일정 시점에서의 원금과 이자의 총액을 말한다.
2. 연금의 미래가치계수와 감채기금계수는 역수관계에 있다.
3. 매월 말 50만원씩 5년간 들어올 것으로 예상되는 임대료 수입의 현재가치를 계산하려면, 저당상수(월 기준)의 역수를 활용할 수 있다.
4. 연금의 현재가치계수와 저당상수는 역수관계이다.

> **핵심** 역수관계

1. 일시불의 내가계수 ⇔ 일시불의 현가계수
   5억 × 일시불의 내가계수 = 5억 ÷ 일시불의 현가계수
2. 연금의 내가계수 ⇔ 감채기금계수
   5억 × 감채기금계수 = 5억 ÷ 연금의 내가계수
3. 연금의 현가계수 ⇔ 저당상수
   5억 × 저당상수 = 5억 ÷ 연금의 현가계수

> **보충** 자본환원계수의 비교

1. 이자율(수익률, 할인율)이 상승할수록 일시불 미래가치(계수) 및 연금의 미래가치(계수)는 커진다.
2. 이자율(수익률, 할인율)이 상승할수록 일시불 미래가치(계수) 및 연금의 미래가치(계수)는 작아진다.
3. 감채기금계수는 기간이 길어질수록, 이자율(수익률, 할인율)이 클수록 작아진다.
4. 저당상수는 기간이 길어질수록 작아지고, 이자율(수익률, 할인율)이 클수록 커진다.
5. 이자율(수익률, 할인율)이 높을수록 감채기금계수는 작아지고, 저당상수는 커진다.
6. 기간과 이자율이 동일한 조건인 경우 계수의 크기 순서는 아래와 같다.

> 연금의 내가계수 > 연금의 현가계수 > 일시불의 내가계수 > 일시불의 현가계수 > 저당상수 > 감채기금계수

> **심화** 원리금균등상환방법과 관련된 주요 공식

1. 원리금상환액(부채서비스액, 월부금, 저당지불액, 원금 + 이자)
   ① 부채서비스액 = 부채 × 저당상수
   ② 부채(융자액) = $\dfrac{\text{부채서비스액}}{\text{저당상수}}$
   ③ 저당상수 = $\dfrac{\text{원리금균등상환액}}{\text{대출금}}$
   ⇨ 총부채상환비율(DTI)을 통해 대출가능액을 산정할 경우, DTI를 통해 산정된 부채서비스액을 저당상수로 나누어 대출가능액을 계산한다.

2. 융자원금, 잔금, 잔금비율 제33회
   ① 융자원금 = 상환된 원금 + 잔금(미상환원금)
   ② 잔금 = 부채서비스액(원리금상환액) × 연금의 현가계수(잔여기간)
       = 대출금(부채) × 저당상수(전기간) × 연금의 현가계수(잔여기간)
       = 부채(대출금) × 잔금비율
   ③ 잔금비율 = $\dfrac{\text{연금의 현가계수(잔여기간)}}{\text{연금의 현가계수(전기간)}}$ = $\dfrac{\text{잔금}}{\text{융자 원금}}$
       = $\dfrac{\text{원리금} \times \text{연금의 현가계수(잔여기간)}}{\text{원리금} \times \text{연금의 현가계수(전기간)}}$
   ④ 잔금비율 + 상환비율 = 1 (100%)
       ㉠ 상환비율 = 1 - 잔금비율
       ㉡ 잔금비율 = 1 - 상환비율

3. 화폐의 시간가치 계수 응용
   ① 연금 현가계수 × 일시불 내가계수 = 연금의 내가계수
   ② 연금 현가계수 × 감채기금계수 = 일시불의 현가계수
   ③ 연금 현가계수 × 저당상수 = 1 (역수관계)
   ④ 연금 내가계수 × 일시불 현가계수 = 연금의 현가계수
   ⑤ 연금 내가계수 × 저당상수 = 일시불의 내가계수
   ⑥ 연금 내가계수 × 감채기금계수 = 1 (역수관계)
   ⑦ 일시불 내가계수 × 일시불 현가계수 = 1 (역수관계)

기출 부채서비스액은 매월 또는 매년 지불하는 이자지급액을 포함한 원금상환액을 말한다.

기출
1. 연금의 현재가치계수는 미상환 대출잔액을 계산하는 데 사용한다.
2. 상환비율과 잔금비율을 합하면 1이 된다.

> **예제**
>
> A씨는 원리금균등분할상환조건으로 1억원을 대출받았다. 은행의 대출조건이 다음과 같을 때, 대출 후 5년이 지난 시점에 남아있는 대출잔액은? (단, 만원 단위 미만은 절사하며, 주어진 조건에 한함)
> 제33회
>
> - 대출금리: 고정금리, 연 5%
> - 총 대출기간과 상환주기: 30년, 월말 분할상환
> - 월별 원리금지급액: 54만원
> - 기간이 30년인 저당상수: 0.0054
> - 기간이 25년인 연금의 현가계수: 171.06
>
> ① 8,333만원 ② 8,500만원
> ③ 8,750만원 ④ 9,237만원
> ⑤ 9,310만원
>
> **해설** 대출잔액(잔금) = 원리금(54만원) × 연금의 현가계수 잔여기간(25년, 171.6) = 92,372,400원, 만원 단위 미만은 절사하므로 대출잔액(잔금)은 9,237만원이 된다. **정답 ④**

제2절 | 현금수지의 측정방법   제34회, 제35회, 제36회

❶ 부동산투자결정 단계

① 투자목적파악 ⇨ ② 투자환경분석 ⇨ ③ 예상 현금수지분석 ⇨ ④ 투자의사결정기준 적용 ⇨ ⑤ 투자결정

❷ 현금수지의 측정방법

부동산투자 분석시에 대상부동산의 과거자료나 시장자료를 분석하여 예상수입과 지출을 추계해야 한다. 이런 현금수지분석 측정방법은 크게 영업 현금흐름(영업수지) 계산과 매각현금흐름(지분복귀액) 계산으로 나누어 설명할 수 있다.

> **⊕ 보충** 소득이득과 자본이득

소득이득(income gains)	자본이득(capital gains)
• 보유기간, 운영(영업)을 통해 발생 • 매 기간 발생 • 지대, 임대료 • 영업현금흐름(영업의 현금수지)	• 기간 말, 처분시 발생 • 한 번만 발생 • 매매차익, 양도차익, 시세차익 • 매각현금흐름(지분복귀액)

1. 영업 현금흐름(영업수지)의 계산

영업수지의 계산이란 부동산투자의 운영(영업)으로 발생하는 현금수입과 현금지출을 측정하는 것을 말한다. 이로 인한 이득을 소득이득이라 한다.

```
    단위당 예상 임대료
  × 임대 단위수
    ─────────────────
    가능총소득(가능조소득, 잠재총소득, PGI; Potential Gross Income)
  - 공실 및 불량부채(공실 및 대손충당금)
  + 기타소득(영업 외 수입: 주차장 수입, 자판기 수입 등)
    ─────────────────
    유효총소득(유효조소득, EGI; Effective Gross Income)
  - 영업경비(OE; Operating Expenses)(유지수선비, 재산세, 화재보험료 등)
    ─────────────────
    순영업소득(NOI; Net Operating Income)
  - 부채서비스액(DS; Debt Service)(원리금상환액, 월부금, 저당지불액, 원금 + 이자)
    ─────────────────
    세전현금수지(세전현금흐름, BTCF; Before-Tax Cash Flow)
  - 영업소득세(TO; Taxes from Operation)
    ─────────────────
  = 세후현금수지(세후현금흐름, ATCF; After-Tax Cash Flow)
```

(1) 가능총소득(PGI, 가능조소득, 잠재총소득)

매년 예상단위당 임대료에 임대 가능한 단위수를 곱한 것이다. 이는 잠재적 예상임대료 수입이며 100% 임대를 가정하여 산정한다.

(2) 공실 및 불량부채액(공실 및 대손충당금)

모든 임대료가 들어오는 것은 아니라는 가정하에서 공실이나 회수가 불가능한 임대료수입 등으로 인해 발생하는 손실액으로 일반적으로 가능총소득의 5% 정도를 산정한다.

> **기출**
> 1. 유효총소득은 순영업소득에 비해서 큰 편이다.
> 2. 순영업소득은 세전현금흐름보다 큰 편이지만 동일할 수 있다.
> 3. 세전현금흐름은 세후현금흐름보다 큰 편이만 동일할 수 있다.

(3) 기타소득(영업 외 수입)

주차장 수입, 자판기 수입, 광고판 수입 등이 있다.

(4) 유효총소득(EGI, 유효조소득)

가능총소득에서 공실 및 불량부채액을 빼고 기타수입을 더한 것이다. 이는 가능총소득보다 작을 수도 있고 클 수도 있다. 하지만, 유효총소득은 순영업소득에 비해서 크다.

① 공실 및 불량부채액 > 기타소득 ⇨ 가능총소득 > 유효총소득
② 공실 및 불량부채액 < 기타소득 ⇨ 가능총소득 < 유효총소득

(5) 영업경비(OE)

대상부동산을 운영하는 데 드는 유지·관리비, 수선비, 재산세, 종합부동산세, 보험료, 광고비, 전기·수도료 등이 포함된다.

> **참고** 영업경비
>
> | 포함 항목 | 불포함 항목 |
> |---|---|
> | • 건물 유지수선비(수익적 지출)
• 재산세·종합부동산세 등 보유 관련 조세
• 화재보험료 등 손해보험료
• 각종 전기료, 전화료, 수수료, 광고비 | • 공실 및 대손충당금
• 부채서비스액
• 감가상각비
• 소득세(영업·양도소득세), 법인세
• 자본적 지출(가치 증가, 증축, 교체)
• 개인업무비 |

기출
1. 회수 불가능한 임대료수입은 영업경비에 불포함하여 순영업소득을 산정한다.
2. 순영업소득의 산정과정에서 해당 부동산의 재산세는 차감하나 영업소득세는 차감하지 않는다.

(6) 순영업소득(NOI)

유효총소득에서 영업경비를 뺀 것이다.

(7) 부채서비스액(DS, 원리금상환액, 월부금, 저당지불액, 원금 + 이자)

부동산투자시에 대출을 받은 경우에 매 기간 지불해야 하는 원리금상환액이다.

(8) 세전현금수지(세전현금흐름, BTCF)

순영업소득에서 부채서비스액을 뺀 것이다. 순영업소득은 세전현금수지보다 큰 편이지만, 전액 자기자본으로 투자하여 대출금이 없다면 부채서비스액이 없으므로 순영업소득은 세전현금수지와 동일할 것이다.

① 대출금이 있는 경우: 순영업소득 > 세전현금수지
② 대출금이 없는 경우: 순영업소득 = 세전현금수지

기출 세전현금흐름은 지분투자자에게 귀속되는 세전소득을 말하는 것으로, 순영업소득에 부채서비스액(원리금상환액)을 차감한 소득이다.

(9) 영업소득세(TFO)

부동산을 운영하면서 발생하는 영업소득에 대한 세금 항목이다. 영업소득세는 매 기간 지불하는 항목이다.

(10) 세후현금수지(세후현금흐름, ATCF)

세전현금수지에서 영업소득세를 뺀 것이다. 세전현금수지는 세후현금수지보다 큰 편이지만, 적자이거나 비과세대상이어서 영업소득세가 없게 된다면 세전현금수지와 세후현금수지가 동일할 것이다.

① 영업소득세가 있는 경우: 세전현금수지 > 세후현금수지
② 영업소득세가 없는 경우: 세전현금수지 = 세후현금수지

심화 영업소득세 계산방법

	순영업소득		세전현금수지
+	대체충당금	+	대체충당금
−	이자지급분	+	원금상환분
−	감가상각액	−	감가상각액
	과세소득		과세소득
×	세율	×	세율
=	영업소득세	=	영업소득세

1. 영업소득세 계산은 순영업소득으로부터 계산할 수 있고, 세전현금수지로부터 계산할 수 있으며 결과는 동일하다.
2. **대체충당금**은 영업경비 항목에 포함되어 계산되었다면 자본비지출로 취급되므로 세액공제는 되지 않는다(+ 처리).
3. 부채서비스액 중 **원금상환분**은 부동산의 실질가치를 상승시켜 투자자의 지분을 증가시키므로 세금에서 공제되지 않는다(+ 처리).
4. 부채서비스액 중 **이자지급분**은 세금에서 공제된다(− 처리).
5. **감가상각액**은 세금에서 공제된다. 따라서 **영업소득세 계산시에는 건물의 감가상각비를 알아야 한다.** 감가상각을 많이 처리해 주면 세금공제가 많이 되어 영업소득세가 작아진다(− 처리).

용어

대체충당금
임대아파트 투자자가 에어컨 시설이나 주방기구 등 시설을 교체하기 위해 얼마씩 영업경비로 지출하여 적립한 금액을 말하며 자본비 지출로 취급한다(세액공제 안 됨).

영업비지출
부동산의 유효수명이나 가치를 단지 유지시켜 주는 수선비이다(세액공제됨).

자본비지출
부동산의 유효수명이나 가치를 증진시켜 주는 수선비이다(세액공제 안 됨).

Tip
- +는 세금부과 대상
- −는 세금공제 대상

기출 영업소득세를 계산하기 위해서는 건물의 감가상각비를 알아야 한다.

> **핵심** 영업현금흐름(영업수지)의 계산
>
> 1. 유효총소득은 순영업소득에 비해서 큰 편이다.
> 2. 순영업소득은 세전현금수지보다 큰 편이지만, **대출금이 없다면** 원리금상환액(부채서비스액)이 없으므로 순영업소득과 세전현금수지는 동일할 것이다.
> 3. 세전현금수지는 세후현금수지보다 큰 편이지만, 과세대상 소득이 적자이거나 투자자가 비과세대상이라면 영업소득세가 없으므로 세전현금수지와 세후현금수지는 동일할 것이다.
> 4. 유효총소득에서 순영업소득을 차감하면 **영업경비**가 되며, 순영업소득에서 영업경비를 더하면 **유효총소득**이 된다.

2. 매각 현금흐름(지분복귀액)의 계산

매각 현금흐름(지분복귀액)이란 부동산을 일정 기간 보유하다가 처분하는 경우에 지분투자자에게 귀속되는 수입으로 자본이득이라 한다.

```
    매도가격(총매각대금; Selling price)
 −  매도경비(Selling expense)
    ─────────────────────────────────
    순매도액(Net sales proceed)
 −  미상환저당잔금(Unpaid mortgage balance)
    ─────────────────────────────────
    세전지분복귀액(세전 매각현금흐름; Before-tax equity reversion)
 −  자본이득세(양도소득세; Taxes due on sale)
    ─────────────────────────────────
 =  세후지분복귀액(세후 매각현금흐름; After-tax equity reversion)
```

참고
1. 매각시점에 미상환 대출잔액이 있다면 세전 매각현금흐름이 총매각대금보다 적다.
2. 대출금이 없다면 순매도액과 세전 지분복귀액은 동일할 것이다.
3. 지분복귀액의 구성요소 = (초기) 지분투자액 + (매 기간) 원금상환분 + (기말) 부동산 가치변동분

> **예제**
>
> 1. 다음은 임대주택의 1년간 운영실적에 관한 자료이다. 이와 관련하여 틀린 것은? (단, 문제에서 제시한 것 외의 기타 조건은 고려하지 않음) 제23회
>
>   - 호당 임대료: 6,000,000원
>   - 공실률: 10%
>   - 원리금상환액: 90,000,000원
>   - 감가상각액: 10,000,000원
>   - 임대가능호수: 40호
>   - 운영비용: 16,000,000원
>   - 융자이자: 20,000,000원
>   - 소득세율: 30%
>
>   ① 유효총소득은 216,000,000원이다.
>   ② 순영업소득은 200,000,000원이다.
>   ③ 세전현금수지는 110,000,000원이다.
>   ④ 영업소득세는 50,000,000원이다.
>   ⑤ 세후현금수지는 59,000,000원이다.

해설 영업소득세는 50,000,000원 ⇨ 51,000,000원이다.

세후현금수지의 산정		영업소득세의 산정	
가능총소득	240,000,000원		
− 공실 및 불량부채	24,000,000원		
유효총소득	216,000,000원	순영업소득	200,000,000원
− 영업경비	16,000,000원	+ 대체충당금	0원
순영업소득	200,000,000원	− 이자지급분	20,000,000원
− 부채서비스액	90,000,000원	− 감가상각비	10,000,000원
세전현금수지	110,000,000원	과세대상소득	170,000,000원
− 영업소득세	51,000,000원	× 소득세율	30%
= 세후현금수지	59,000,000원	= 영업소득세	51,000,000원

정답 ④

2. 어느 회사의 1년 동안의 운영수지다. 세후현금수지는? (단, 주어진 조건에 한함)

제25회

- 가능총소득: 4,800만원
- 공실: 가능총소득의 5%
- 영업소득세율: 연 20%
- 원금상환액: 200만원
- 이자비용: 800만원
- 영업경비: 240만원
- 감가상각비: 200만원

① 2,496만원
② 2,656만원
③ 2,696만원
④ 2,856만원
⑤ 2,896만원

해설 세후현금수지는 2,656만원이 된다. 지문에서는 부채서비스액이 주어져 있지 않으므로 원금상환액(200만원)과 이자비용(800만원)을 더하여 부채서비스액(1,000만원)을 산정한다.

세후현금수지의 산정		영업소득세의 산정	
가능총소득	48,000,000원		
− 공실 및 불량부채	2,400,000원		
유효총소득	45,600,000원	순영업소득	43,200,000원
− 영업경비	2,400,000원	+ 대체충당금	0원
순영업소득	43,200,000원	− 이자지급분	8,000,000원
− 부채서비스액	10,000,000원	− 감가상각비	2,000,000원
세전현금수지	33,200,000원	과세대상소득	33,200,000원
− 영업소득세	6,640,000원	× 소득세율	20%
= 세후현금수지	26,560,000원	= 영업소득세	6,640,000원

✔ 부채서비스액은 원리금상환액 즉, 원금 + 이자이다.

정답 ②

제3절 | 부동산투자분석기법 제32회, 제33회, 제34회, 제35회, 제36회

1 부동산투자분석기법의 체계

(1) 할인현금수지(흐름)분석법(DCF법)
　① 순현가법　② 내부수익률법　③ 수익성지수법
(2) 어림셈법
　① 승수법　② 수익률법　⇨ 역수관계
(3) 비율분석법
　① 대부비율　② 부채비율　③ 부채감당률　④ 채무불이행률
　⑤ 총자산회전율　⑥ 영업경비비율

> **기출**
> 1. 부동산투자분석기법 중 화폐의 시간가치를 고려한 방법에는 순현재가치법, 내부수익률법, 수익성지수법 등이 있다. 제32회
> 2. 수익률법과 승수법은 투자 현금흐름의 시간가치를 반영하지 않고 투자타당성을 분석하는 방법이다. 제33회
> 3. 순현재가치법과 내부수익률법은 화폐의 시간가치를 반영한 투자분석방법이다. 제35회
> 4. 할인현금수지분석법(DCF)에는 순현재가치법, 내부수익률법, 수익성지수법이 있다. 제36회

🎯 핵심 화폐의 시간가치를 고려하는 방법 제32회, 제33회, 제35회

1. 순현가법(연평균 순현가법)
2. 내부수익률법
3. 수익성지수법
4. 현가회수기간법(회수기간법 ×, 단순회수기간법 ×)

2 할인현금수지(흐름)분석법 제32회, 제33회, 제34회, 제35회, 제36회

1. 할인현금수지(흐름)분석법(DCF법; Discounted Cash Flow method)

(1) 장래 예상되는 현금수입과 지출을 현재가치로 할인하고 이것을 서로 비교하여 투자판단을 하는 방법으로, 미래의 현금흐름을 할인하므로 시간가치를 고려한 투자분석기법이다.

(2) 예상보유기간 매 기간(여러 해) 소득을 기준으로 분석한다.

(3) 소득이득과 자본이득을 모두 고려하며, 운영과정에서 소득이득은 매 기간의 세후현금수지를 의미하고, 처분과정에서 자본이득은 세후지분복귀액을 의미한다.

(4) 할인현금수지분석법은 다시 순현가법과 내부수익률법, 수익성지수법으로 구분된다.

2. 절차(순서)

(1) 투자로부터 예상되는 장래의 현금수입과 지출을 추계한다.

(2) 추계된 현금수지에 대한 위험을 평가한다.

(3) 전 단계에서 평가된 위험을 기초로 적절한 위험조정할인율을 결정한다. 위험조정할인율은 투자자의 요구수익률로 사용된다.

(4) 미래의 현금흐름을 할인하여 현재가치화한다.

(5) 이상에서 분석된 자료를 토대로 투자 여부를 결정한다.

3. 종류

핵심 할인현금수지분석법(DCF법)

순현재가치법 (NPV법)	• 순현재가치 = 현금유입의 현가 − 현금유출의 현가 • 순현가 > 0 ⇨ 투자 채택 • 할인율(재투자율): 요구수익률
내부수익률법 (IRR법)	• 현금유입의 현가 = 현금유출의 현가 ⇨ '순현가 = 0'으로, '수익성지수 = 1'로 만드는 할인율 • 내부수익률 > 요구수익률 ⇨ 투자 채택 • 할인율(재투자율): 내부수익률

수익성지수법
(PI법)
	• 수익성지수 = $\dfrac{\text{현금유입의 현가}}{\text{현금유출의 현가}}$
	  − 현금유입의 현가를 현금유출의 현가로 나눈 값
	  − 현금유출의 현가에 대한 현금유입의 현가
	• 수익성지수 > 1 ⇨ 투자 채택
	• 할인율(재투자율): 요구수익률

(1) 순현가법(NPV법; Net Present Value method)

$$NPV = \Sigma \frac{ATCF}{(1+r)^t} + \frac{ATER}{(1+r)^t} - EQ$$

EQ: 지분투자액, ATCF: 세후현금수지, ATER: 세후지분복귀액, r: 요구수익률, t: 기간

① 순현가법의 의의: 순현재가치(NPV)는 투자자의 요구수익률로 할인한 현금유입의 현가에서 현금유출의 현가를 뺀 값이다.
  ㉠ 독립적 투자안일 때의 투자결정: 순현가가 0보다 크면 그 투자를 채택하고, 순현가가 0보다 작으면 그 투자를 기각한다.
  ㉡ 상호 배타적 투자안일 때의 투자결정: 순현가가 0보다 큰 투자안 중에서 순현가가 가장 큰 투자안을 채택한다.

기출
1. 내부수익률(IRR)은 순현가를 0으로, 수익성지수를 1로 만드는 할인율이다.
2. 수익성지수(PI)는 투자로 인해 발생하는 현금유입의 현가를 현금유출의 현가로 나눈 비율이다.

핵심 순현가
1. 현금유입의 현가 − 현금유출의 현가
2. (매 기간 세후현금수지의 현가 합 + 기간 말 세후 지분복귀액의 현가) − 지분투자액

핵심 독립적 투자안의 투자결정
1. 순현가 > 0 ⇨ 투자 채택
2. 순현가 < 0 ⇨ 투자 기각

기출
1. 순현가(NPV)가 '0'보다 작으면 투자타당성이 없다고 할 수 있다.
2. 동일한 현금흐름의 투자안이라도 투자자의 요구수익률에 따라 순현재가치(NPV)가 달라질 수 있다.
3. 순현재가치는 투자자의 요구수익률로 할인한 현금유입의 현가에서 현금유출의 현가를 뺀 값이다.
   제33회

② 순현가법의 특징
　㉠ 순현가법에서 사용하는 할인율(재투자율)은 요구수익률을 사용한다. 요구수익률은 주관적이므로 투자주체에 따라 달라질 수 있다.
　㉡ 순현가법은 가치의 합산원칙이 적용되므로 항상 부(富)의 극대화가 가능하다. 따라서 순현가가 +라는 의미는 기대수익이 요구수익률을 충족시키고도 남음이 있다는 의미이고 부(富)의 증분을 의미한다.
　㉢ 순현가법이 내부수익률법보다 투자판단 준거로서 우월하며 선호된다.

> **참고** 연평균순현가법(ANPV)
>
> 연평균순현가는 순현가를 사업기간 동안 투자했을 때 매년 받을 수 있는 연금을 의미한다. 즉, 사업기간 동안의 연평균 순수익을 의미하며 순현가에 저당상수를 곱하여 구하거나 연금의 현가계수로 나누어 계산하므로 초기나 후기 모두 동일하다. 이는 사업기간이 서로 다른 투자사업들을 상호 비교할 때 유용하다. 동일순현가라면 사업기간이 짧을수록 저당상수가 크므로 연평균순현가가 커져서 유리하다. 연평균순현가 역시 순현가법의 일종이므로 화폐의 시간가치를 고려한다.
>
> 연평균순현가 = 전체순현가 × 저당상수 = 전체순현가 ÷ 연금의 현가계수

핵심 내부수익률
⇨ 현금유입의 현가 = 현금유출의 현가를 만드는 할인율
⇨ 순현가 = 0을 만드는 할인율
⇨ 수익성지수 = 1을 만드는 할인율

핵심 독립적 투자안의 투자결정
1. 내부수익률 > 요구수익률 ⇨ 투자 채택
2. 내부수익률 < 요구수익률 ⇨ 투자 기각

기출
1. 내부수익률이란 순현가를 '0'으로 만드는 할인율이고, 수익성지수를 '1'로 만드는 할인율이다. 제32회
2. 내부수익률법에서는 내부수익률이 요구수익률보다 작은 경우 해당 투자안을 선택하지 않는다. 제32회
3. 내부수익률이 요구수익률보다 작은 경우에는 투자가치가 없다고 할 수 있다.
4. 투자자산의 현금흐름에 따라 복수의 내부수익률이 존재할 수 있다. 제35회

(2) 내부수익률법(IRR법; Internal Rate of Return method)

$$NPV = \Sigma \frac{ATCF}{(1+K)^t} + \frac{ATER}{(1+K)^t} - EQ$$

EQ: 초기지분투자액, ATCF: 세후현금수지, ATER: 세후지분복귀액, K: 내부수익률

① 내부수익률법의 의의: 예상된 현금유입의 현가와 현금유출의 현가를 서로 같게 만드는 할인율이므로 순현가를 0으로, 수익성지수를 1로 만드는 할인율이다.
　㉠ 독립적 투자안일 때의 투자결정: 내부수익률이 요구수익률보다 크면 그 투자를 채택하고, 내부수익률이 요구수익률보다 작으면 그 투자는 기각한다.
　㉡ 상호 배타적 투자안일 때의 투자결정: 내부수익률이 요구수익률보다 큰 투자안 중에서 내부수익률이 가장 큰 투자안을 선택한다.

② 내부수익률법의 특징
　㉠ 내부수익률법에서는 할인율(재투자율)로 내부수익률을 사용한다.
　㉡ 내부수익률법은 가치의 합산원칙이 적용되지 않으며, 항상 부(富)의 극대화가 가능한 것도 아니다.
　㉢ 비전통적 사업의 경우 동일한 투자안에서 복수의 내부수익률이나 허수가 나올 수 있는 문제점이 있다. 이러한 경우에는 내부수익률이 큰 쪽을 선택하는 것이 아니라 내부수익률법의 적용이 불가능하므로 순현가법으로 다시 계산하여 투자를 결정한다.

심화 순현가법이 내부수익률법보다 우월한 이유

구분	순현가법	내부수익률법
할인율(재투자율)	요구수익률(주관적) 사전에 요구수익률을 결정해야 한다.	내부수익률 사전에 요구수익률을 결정할 필요가 없다.
부의 극대화	언제나 달성 O	언제나 달성 X
가치합산원칙	달성 O	달성 X
투자판단	언제나 가능	불가능(복수의 내부수익률)
결론	• 독립적 투자안: 순현가법과 내부수익률법이 반드시 동일한 결과치를 나타낸다. • 배타적 투자안: 동일한 결과치를 나타낼 수도 있고, 상반된 결과치를 나타낼 수도 있다. ⇨ 순현가법과 내부수익률법이 서로 상반된 결과를 나타낼 경우, 순현가법이 우월한 투자대상이 되며, 투자판단의 준거로서 선호되는 방법이다.	

(3) 수익성지수법(PI법, Profitability Index method, 편익/비용비율, B/C비율)

$$수익성지수(PI) = \frac{현금유입의\ 현가(편익\ B)}{현금유출의\ 현가(비용\ C)}$$

　✓ 1. 현금유입의 현가를 현금유출의 현가로 나눈 값
　　 2. 현금유출의 현가에 대한 현금유입의 현가

① 수익성지수의 의의: 예상된 현금유입의 현가를 예상 현금유출의 현가로 나눈 값으로 투자안의 상대적 수익성을 나타낸다. 즉, 현금유출의 현가에 대한 현금유입의 현가를 말한다.
　㉠ 독립적 투자안일 때의 투자결정: 수익성지수가 1보다 크면 그 투자를 채택하고, 수익성지수가 1보다 작으면 그 투자는 기각한다.

기출
1. 재투자율로 내부수익률법에서는 내부수익률을 사용하지만, 순현재가치법에서는 요구수익률을 사용한다.
2. 순현재가치법은 가치가산원리가 적용되나 내부수익률법은 적용되지 않는다.
3. 순현재가치가 0이 되는 단일투자안의 경우 수익성지수는 1이 된다.
4. 여러 투자안의 투자 우선순위를 결정할 때, 순현재가치법과 내부수익률법의 투자 우선순위는 달라질 수 있다.
5. 투자규모에 차이가 있는 상호 배타적인 투자안의 경우 순현재가치법과 수익성지수법을 통한 의사결정이 달라질 수 있다.
6. 재투자율의 가정에 있어 순현재가치법이 내부수익률법보다 더 합리적이다.
7. 투자자산의 현금흐름에 따라 복수의 내부수익률이 존재할 수 있다. 제33회
8. 현금유출의 현가가 현금유입의 현가의 80%인 경우 수익성지수는 1.25가 된다.

핵심 독립적 투자안의 투자결정
1. 수익성지수 > 1
　⇨ 투자 채택
2. 수익성지수 < 1
　⇨ 투자 기각

ⓒ 상호 배타적 투자안일 때의 투자결정: 수익성지수가 1보다 큰 투자안 중에서 수익성지수가 가장 큰 투자안을 선택한다.

② 다른 조건과 순현가가 동일한 2개의 투자안이 있을 때는 수익성지수가 큰 것을 선택한다. 이때는 사업규모가 작아서 초기의 투자비용이 작은 것이 수익성지수가 크다.

③ 수익성지수법은 사업규모(투자비용규모)가 다른 사업을 서로 비교할 때 유용하다. 따라서 다른 조건과 수익성지수가 동일한 2개의 투자안이 있을 때는 초기 투자비용이 많을수록 순현가가 더 크다.

참고 순현가법과 내부수익률법 및 수익성지수법의 관계 (독립적 투자안의 경우)

1. 순현가 (+)
   내부수익률 > 요구수익률
   수익성지수 > 1
   투자가치 > 시장가치

2. 순현가 (−)
   내부수익률 < 요구수익률
   수익성지수 < 1
   투자가치 < 시장가치

3. 순현가 (0)
   내부수익률 = 요구수익률
   수익성지수 = 1
   투자가치 = 시장가치

기출

1. 하나의 투자안에 있어 수익성지수가 1보다 크면 순현재가치는 0보다 크다. 제35회

2. 복수의 투자안을 비교할 때 투자금액의 차이가 큰 경우, 순현재가치법과 내부수익률법은 분석결과가 서로 다를 수 있다. 제35회

3. 내부수익률법에서는 현금흐름의 재투자율로 투자자의 내부수익률을 가정한다. 제35회

순현가법, 내부수익률법, 수익성지수법의 비교

구분	순현가법 (NPV)	내부수익률법 (IRR)	수익성지수법 (PI, B/C율)
매 기간 현금흐름	고려 ○	고려 ○	고려 ○
시간가치	고려 ○	고려 ○	고려 ○
할인율(재투자율)	요구수익률	내부수익률	요구수익률
가산법칙(부의 극대화)	가능	불가능	불가능

예제

1. 어떤 부동산을 현재 4천만원에 매입하여 투자한 후 모든 경비를 공제하고 1년 후에 6천만원의 수익이 예상된다고 하면 순현가, 내부수익률, 수익성지수를 각각 구하면 얼마인가? (단, 할인율은 20%임)

해설 현금유입의 현가: 5천만원 $\left[\dfrac{6천만원}{(1+0.2)^1}\right]$, 현금유출의 현가: 4천만원

- 순현가(1천만원) = 현금유입의 현가(5천만원) − 현금유출의 현가(4천만원)
- 내부수익률(50%) ⇨ $\dfrac{6천만원}{(1+r)^1}$ = 4천만원, r = 50%

   ✔ 내부수익률 = $\dfrac{차이값}{투자액}$ = $\dfrac{2천만원}{4천만원}$ = 50%

- 수익성지수(1.25) = 현금유입의 현가(5천만원) ÷ 현금유출의 현가(4천만원)

정답 순현가 = 1천만원, 내부수익률 = 50%, 수익성지수 = 1.25

2. 다음 표와 같은 투자사업(A~C)이 있다. 모두 사업기간이 1년이며, 사업 초기(1월 1일)에 현금지출만 발생하고 사업 말기(12월 31일)에는 현금유입만 발생한다고 한다. 할인율이 연 5%라고 할 때 순현가와 수익성지수를 구하면 얼마인가?

제32회

투자사업	초기 현금지출	말기 현금유입
A	3,800만원	6,825만원
B	1,250만원	2,940만원
C	1,800만원	4,725만원

해설

투자사업	초기 현금지출	현금유입현가	순현가	수익성지수
A	3,800만원	6,825만원 ÷ 1.05 = 6,500원	2,700만원	1.71
B	1,250만원	2,940만원 ÷ 1.05 = 2,800원	1,550만원	2.24
C	1,800만원	4,725만원 ÷ 1.05 = 4,500원	2,700만원	2.5

정답 • 순현가 – A: 2,700만원, B: 1,550만원, C: 2,700만원
• 수익성지수 – A: 1.71, B: 2.24, C: 2.5

③ 어림셈법 제32회, 제33회, 제34회, 제35회

1. 의의

(1) 어림셈법에서는 크게 두 가지의 유형이 있다. 여러 종류의 현금수지를 승수의 형태로 표시하는 것(승수법)과 수익률의 형태로 표시하는 것(수익률법)이 그것이다.

① 승수는 수익 대비 투자액의 비율이므로 승수가 작을수록 유리하다.
② 수익률은 투자액 대비 순수이익 비율이므로 수익률이 클수록 유리하다.

(2) 어림셈법은 시간가치를 고려하지 않는 비할인기법이다. 한 해의 소득을 기준으로 하며, 처분을 고려하지 않는다.

참고
1. 승수법: 몇 배인가?
2. 수익률법: 몇 %인가?

심화 할인현금수지분석법과 어림셈법의 비교

할인현금수지(DCF)분석법	어림셈법(경험셈법)
• 화폐의 시간가치 고려	• 화폐의 시간가치 불고려
• 매 기간의 소득이득, 자본이득 모두 고려	• 첫해 안정적인 '소득이득'만 고려
• 주로 대규모 부동산에 적용	• 수익이 안정적인 소규모 부동산에 적용
• 사용지표 동일 – 합리적	• 사용지표 차이 – 직접 비교 곤란

기출
1. 종합자본환원율의 역수는 순소득승수이다.
2. 순소득승수법의 경우 승수값이 작을수록 자본회수기간이 짧다.
3. 일반적으로 순소득승수가 총소득승수보다 크다.
4. 세전현금흐름승수는 지분투자액을 세전현금흐름으로 나눈 값이다.
5. 일반적으로 세후현금수지승수가 세전현금수지승수보다 크다.

어림셈법에 의한 승수와 수익률

승수법		관계	수익률법	
① 총소득승수	$\dfrac{\text{총투자액}}{\text{총소득}}$	⇔	① 총자산회전율 (비율분석법)	$\dfrac{\text{총소득}}{\text{총투자액}}$
② 순소득승수 (자본회수기간)	$\dfrac{\text{총투자액}}{\text{순영업소득}}$	⇔	② 종합자본환원율 (총투자수익률)	$\dfrac{\text{순영업소득}}{\text{총투자액}}$
③ 세전현금수지승수	$\dfrac{\text{지분투자액}}{\text{세전현금수지}}$	⇔	③ 지분배당률 (지분환원율)	$\dfrac{\text{세전현금수지}}{\text{지분투자액}}$
④ 세후현금수지승수	$\dfrac{\text{지분투자액}}{\text{세후현금수지}}$	⇔	④ 세후수익률 (지분투자수익률)	$\dfrac{\text{세후현금수지}}{\text{지분투자액}}$

> **참고** 어림셈법 응용
>
> 1. 크기비교
>   ① 총소득승수 < 순소득승수
>   ② 세전현금수지승수 < 세후현금수지승수
>   ③ 총자산회전율 > 종합자본환원율
>   ④ 지분배당률 > 세후수익률
> 2. (유효)총소득 = 총투자액 ÷ (유효)총소득승수

2. 유형

(1) 승수법

① 총소득승수: 총소득에 대한 총투자액이다.

$$\text{총소득승수} = \dfrac{\text{총투자액}}{\text{총소득}}$$

② 순소득승수: 순영업소득에 대한 총투자액이다. 순소득승수를 **자본회수기간**이라고도 하며, 순소득승수가 작을수록 자본회수기간이 짧아진다.

$$\text{순소득승수} = \dfrac{\text{총투자액}}{\text{순영업소득}}$$

③ 세전현금수지승수: 세전현금수지에 대한 지분투자액이다.

$$\text{세전현금수지승수} = \dfrac{\text{지분투자액}}{\text{세전현금수지}}$$

④ 세후현금수지승수: 세후현금수지에 대한 지분투자액이다.

$$\text{세후현금수지승수} = \dfrac{\text{지분투자액}}{\text{세후현금수지}}$$

기출
1. 투자의 타당성은 총투자액 또는 지분투자액을 기준으로 분석할 수 있으며, 총소득승수는 총투자액을 기준으로 분석하는 지표이다. 제33회
2. 순소득승수법의 경우 승수값이 작을수록 자본회수기간이 짧아진다. 제32회
3. 총투자액: 10,000만원, 유효총소득: 1,000만원, 영업비용: 500만원인 경우 순소득승수는 20이다. 제33회

참고 총소득과 순영업소득은 총투자액에 대한 대가인 반면, 세전현금수지와 세후현금수지는 지분투자액에 대한 대가이다.

(2) 수익률법

① **종합자본환원율(총투자수익률)**: 총투자액에 대한 순영업소득의 비율로서 순소득승수의 역수이다.

$$종합자본환원율 = \frac{순영업소득}{총투자액(부동산가치)}$$

② **지분배당률(지분환원율)**: 지분투자액에 대한 세전현금수지의 비율로서 세전현금수지승수의 역수이다.

$$지분배당률(지분환원율) = \frac{세전현금수지}{지분투자액}$$

③ **세후수익률(지분투자수익률)**: 지분투자액에 대한 세후현금수지의 비율로서 세후현금수지승수의 역수이다.

$$세후수익률 = \frac{세후현금수지}{지분투자액}$$

참고 저당환원율(저당상수)
$$= \frac{원리금상환액}{저당투자액(대출금)}$$

기출 세후지분투자수익률은 지분투자액에 대한 세후현금흐름의 비율이다. 제33회

3. 한계

(1) 미래의 현금수지를 할인하지 않기 때문에 화폐의 시간가치를 고려하지 않는다.

(2) 한 가지 방법에 의해 계산된 비율을 다른 방법에 의해 계산된 비율과 직접 비교하기 곤란하다.

> **심화** 자본회수기간법과 평균회계이익률법
>
> 1. 자본회수기간법(payback period method)
>   ① 회수기간법의 유형
>   ㉠ 단순회수기간법: 초기에 투자된 총 금액을 회수하는 데 걸리는 기간을 의미하며, **화폐의 시간가치를 고려하지 않는다.**
>   ㉡ 현가회수기간법: 초기 투자비를 현재가치로 회수하는 데 걸리는 기간을 의미하며, **화폐의 시간가치를 고려한다.**
>   ✔ 보통은 자본회수기간법이라고 하면 단순자본회수기간을 의미하며, 화폐의 시간가치를 고려하지 못한다. 현가회수기간법은 시간가치를 고려한 할인기법이다.
>   ② 회수기간법의 의사결정 기준
>   ㉠ 독립적인 투자안: 투자안의 자본회수기간 < 기업의 목표회수기간
>   따라서 투자안의 회수기간이 기업의 목표회수기간보다 짧을 경우 투자가 채택이 된다. 즉, **회수기간은 짧을수록 좋다.**

기출 회수기간은 투자시점에서 발생한 비용을 회수하는 데 걸리는 기간을 말하며, 회수기간방법에서는 투자안 중에서 회수기간이 가장 단기인 투자안을 선택한다.

© 상호 배타적인 투자안: 여러 투자안들 중 최적의 투자안으로는 회수기간이 가장 짧은 투자안을 선택하게 된다.

2. 회계적 이익률법(회계적수익률법, 평균수익률법; accounting rate of return)

① 회계적 이익률 = $\dfrac{\text{연평균 순수익}}{\text{연평균 투자액}}$

② 회계적 이익률법 의사결정 기준

㉠ 독립적인 투자안: 투자안의 이익률 > 기업의 목표이익률, 투자안의 이익률이 기업의 목표이익률보다 큰 경우 투자가 채택이 된다.

㉡ 상호 배타적인 투자안: 투자안의 이익률이 목표이익률보다 높은 투자안 중에서 이익률이 가장 높은 투자안이 채택된다.

③ 예산 편성시에 작성되는 회계자료를 바로 이용할 수 있어서 편리하고, 간단하며 이해하기 쉽다.

④ **화폐의 시간가치를 고려하지 못하는 방법**이며, 장부상의 이익인 회계적 이익을 이용하는 방법이으로 현금수지를 나타내는 것은 아니고, 목표평균회계 이익률 산정시에 자의성이 개입될 가능성이 높다.

기출 회계적 이익률법에서는 투자안의 이익률이 목표이익률보다 높은 투자안 중에서 이익률이 가장 높은 투자안을 선택하는 것이 합리적이다.

> **예제**
>
> 1. 다음 자료를 활용하여 산정한 대상 부동산의 순소득승수는? (단, 주어진 조건에 한함)
>
> 제33회
>
> - 총투자액: 10,000만원
> - 가능총소득(PGI): 1,100만원/년
> - 영업비용(OE): 500만원/년
> - 영업소득세: 120만원/년
> - 지분투자액: 6,000만원
> - 유효총소득(EGI): 1,000만원/년
> - 부채서비스액(DS): 260만원/년
>
> ① 6 ② 9
> ③ 10 ④ 12
> ⑤ 20
>
> **해설**
> • 순소득승수 = $\dfrac{\text{총투자액(1억원)}}{\text{순영업소득(5백만원)}}$ = 20
> • 순영업소득 = 유효총소득(1,000만원) − 영업비용(500만원) = 500만원
>
> **정답** ⑤

2. 다음 부동산 투자안에 관한 단순회수기간법의 회수기간은? (단, 주어진 조건에 한함)
제28회

기간 초기 투자액 1억원(유출)	1기	2기	3기	4기	5기
순현금흐름	3,000만원	2,000만원	2,000만원	6,000만원	1,000만원

※ 기간은 연간 기준이며, 회수기간은 월단위로 계산함
※ 초기투자액은 최초시점에 전액 투입하고, 이후 각 기간 내 현금흐름은 매월 말 균등하게 발생함

① 2년 6개월   ② 3년
③ 3년 6개월   ④ 4년
⑤ 4년 6개월

해설 1기 3,000만원, 2기 5,000만원, 3기 7,000만원, 4기에는 3,000만원이 더 필요하므로 6개월만 충족하면 된다. 따라서 단순회수기간법의 회수기간은 3년 6개월이 된다.
정답 ③

4 비율분석법 제34회

1. 유형

(1) 대부비율(융자비율, 저당비율, 담보인정비율, LTV; loan to value ratio)

$$대부비율 = \frac{부채(융자잔금)}{부동산의 가치}$$

① 대부비율은 부동산가치에 대한 부채(융자액, 융자잔금)의 비율을 말하며, 저당비율이라고도 한다.
② 대부비율이 커지면 부채비율이 급격히 커진다. 또한 대부비율이 높을수록 지렛대 효과나 지분수익률도 커지지만 채무불이행시 원금을 회수하기가 어려워 금융적 위험도 커진다.
③ 대부비율은 원칙적으로 100%를 초과할 수 없으나, 부동산가치가 하락하는 시기에는 대부비율이 100%를 초과할 수도 있다.
④ 지분비율: 지분비율은 부동산의 가치에 대한 지분의 비율을 말하여, 이는 1에서 대부비율을 뺀 값이다.

기출
1. 대부비율은 부동산가치에 대한 융자액의 비율을 가리키며, 대부비율을 저당비율이라고도 한다.
2. 대부비율(LTV)이 높아질수록 투자의 재무레버리지 효과가 커질 수 있다.
3. 부채비율은 지분에 대한 부채의 비율이며, 대부비율이 50%일 경우에는 부채비율은 100%가 된다.

참고
1. 1 − 대부비율 = 지분비율
2. 1 − 지분비율 = 대부비율
3. 대부비율 + 지분비율 = 1

⑤ 부채비율: 부채비율은 지분(자본)에 대한 부채의 비율로, 부채를 지분(자본)으로 나눈 값을 말한다.

$$지분비율 = \frac{지분}{부동산의\ 가치} \qquad 부채비율 = \frac{부채}{지분(자본)}$$

대부비율 = $\frac{부채}{부동산의\ 가치}$	20%	50%	60%	80%
부채비율 = $\frac{부채}{지분(자본)}$	25% $\left(\frac{20}{80}\right)$	100% $\left(\frac{50}{50}\right)$	150% $\left(\frac{60}{40}\right)$	400% $\left(\frac{80}{20}\right)$

(2) 부채감당률(DCR; debt service coverage ratio)

$$부채감당률(DCR) = \frac{순영업소득}{부채서비스액}$$

① 부채감당률이란 순영업소득이 부채서비스액의 몇 배가 되는가를 나타내는 비율이다.
② 부채서비스액이란 매월 또는 매년 지불하여야만 하는 원금상환분과 이자지급액을 말한다.
③ 부채감당률은 1보다 클수록 유리하며, 부채감당률이 1보다 크다는 것은 상업용 부동산의 순영업소득이 원리금을 상환하고도 남음이 있다는 의미이다.
④ 보통 부채감당률이 1.4~1.6 정도 되어야 실무에서 승인하는 경향이 있다.
⑤ 부채감당률이 1에 가까울수록 대출자나 차입자는 모두 위험한 입장에 처하게 되는데, 부채감당률이 1보다 작을 경우에는 부동산으로부터 나오는 순영업소득이 원리금을 상환하기에도 부족하다는 의미이다.

기출 부채감당률(DCR)이 1보다 작으면, 투자로부터 발생하는 순영업소득이 부채서비스액을 감당하기에 부족하다는 것이다.

(3) 채무불이행률(손익분기율, DR; default ratio)

$$채무불이행률 = \frac{영업경비 + 부채서비스액}{유효총소득}$$

① 채무불이행률이란 유효총소득이 영업경비와 부채서비스액을 감당할 수 있는 능력이 있는지를 측정하는 것이다.

기출 채무불이행률은 유효총소득이 영업경비와 부채서비스액을 감당할 수 있는 능력이 있는지를 측정하는 비율이며, 채무불이행률을 손익분기율이라고도 한다.

② 영업경비와 부채서비스액이 유효총소득에서 차지하는 비율이 클수록 채무불이행의 가능성은 커진다(손익분기점지표).

③ 채무불이행률은 작을수록 유리하다.

(4) 총자산회전율(total asset turnover ratio)

$$총자산회전율 = \frac{총소득}{총투자액(부동산의 가치)}$$

총자산회전율이란 투자된 총자산(부동산가치)에 대한 총소득의 비율을 말하며, 총소득승수의 역수가 된다(매상회전율).

(5) 영업경비비율(OER; operating expence ratio)

$$영업경비비율 = \frac{영업경비}{총소득}$$

영업경비가 총소득에서 차지하는 비율로서 투자대상부동산의 재무관리상태를 파악하는 지표의 하나로 사용된다. 영업경비비율이 높으면 대상부동산의 수익성은 낮아진다.

> **참고** 부동산의 생산성 지표
>
> 1. 공실률(vacancy ratio) = $\frac{공실 및 불량부채액}{가능총소득}$
>
> 2. 경비비율(operating expense ratio) = $\frac{운영경비}{가능총소득}$
>
> 3. 수익비율(income ratio) = $\frac{순운영수입}{가능총소득}$ ⇨ 클수록 생산성이 크다.
>
> '공실률 + 경비비율 + 수익비율 = 100%'가 되므로 이 세 비율은 가능총소득에 대한 완전한 평가를 가능하게 해 준다. 그러므로 공실률과 경비비율이 작을수록 수익비율이 커지므로 생산성이 높아진다.

기출 총자산회전율은 투자된 총자산에 대한 총소득의 비율이며, 총소득으로 가능총소득 또는 유효총소득이 사용된다.

참고 유동비율(current ratio)

유동비율 = $\frac{유동자산}{유동부채}$

1. 유동자산을 유동부채로 나눈 비율
2. 기업이 보유하는 지급능력 (신용능력)의 판단지표
3. 기업의 신용분석시 유동비율이 클수록 기업의 재무유동성 및 지불능력은 높아진다.

2. 비율분석법의 한계

(1) 비율을 구성하는 요소들에 대한 잘못된 추계로 인해 비율 자체가 왜곡될 수 있다. 대부비율을 계산할 때 부동산의 가치가 높이 평가되었다면, 대부비율은 낮게 나타난다.

(2) 투자에 관련된 사람들의 목적이 저마다 다르기 때문에 주어진 비율만 가지고는 좋다, 나쁘다를 판단하기 어렵다.

(3) 비율분석을 통해 투자를 판단할 때에는 같은 투자대안이라도 사용하는 지표에 따라 투자결정이 달리 나타날 수 있다.

> **기출**
> 1. 비율분석법의 한계로는 요소들에 대한 추계산정의 오류가 발생하는 경우에 비율 자체가 왜곡될 수 있다는 점을 들 수 있다.
> 2. 비율분석법에 의한 투자대안 판단시 사용지표에 따라 투자결정이 달라질 수 있다.

핵심 비율분석법

대부비율	부채비율	부채감당률	채무불이행률	영업경비비율
$\dfrac{\text{부채}}{\text{부동산가치}}$	$\dfrac{\text{부채}}{\text{지분(자본)}}$	$\dfrac{\text{순영업소득}}{\text{부채서비스액}}$	$\dfrac{\text{영업경비 + 부채서비스액}}{\text{유효총소득}}$	$\dfrac{\text{영업경비}}{\text{총소득}}$

심화 투자 선택(결정)의 조건

1. 순현가 > 0
2. 기대수익률(내부수익률) > 요구수익률(기회비용)
3. 수익성지수(편익, 비용률) > 1
4. 부채감당률 > 1
5. 투자가치 > 시장가치
6. 평균회계적 이익률 > 기업의 목표이익률
7. 투자안의 회수기간 < 목표 회수기간

제5편 메타인지 학습체크

01 정(+)의 레버리지 효과는 총자본수익률(종합수익률)이 저당수익률보다 [① 높을 / ② 낮을] 때 발생한다.

02 부(-)의 레버리지 효과란 부채비율이 커질수록 자기자본수익률이 [① 상승 / ② 하락]하는 것을 말한다.

03 부의 레버리지를 부채비율을 낮추어서 정의 레버리지로 전환할 수 [① 있다. / ② 없다.]

04 정의 레버리지효과를 예상하고 투자했을 때 부채비율이 커질수록 경기변동이나 금리변동에 따른 투자위험이 [① 증가 / ② 감소 / ③ 불변]한다.

05 투자자가 대상부동산을 원하는 시기에 현금화하지 못할 가능성은 [① 금융적 / ② 유동성]위험에 해당한다.

06 장래에 인플레이션이 예상되는 경우 대출자는 [① 고정 / ② 변동]로 대출하기를 선호한다.

07 개별부동산의 특성으로 인한 [① 체계적 / ② 비체계적] 위험은 포트폴리오를 통해 제거할 수 있다.

08 포트폴리오 구성자산들의 수익률 분포가 완전한 음(-1)의 상관관계인 경우, [① 모든 / ② 비체계적] 위험을 '0'까지 줄일 수 있다.

09 무위험률의 [① 상승 / ② 하락]은 투자자의 요구수익률을 상승시키는 요인이다.

10 요구수익률은 해당 부동산에 투자해서 획득할 수 있는 [① 최대한 / ② 최소한]의 수익률이다.

정답

01 ① **02** ② **03** ② **04** ① **05** ② **06** ② **07** ② **08** ② **09** ① **10** ②

제5편 메타인지 학습체크

11 동일한 위험 증가에 대해 보수적 투자자는 공격적 투자자보다 더 [① 높은 / ② 낮은] 수익률을 요구하게 된다.

12 물가상승률만큼 임대료가 인상되도록 임대계약을 체결하는 것은 위험의 [① 전가 / ② 회피]에 속한다.

13 부동산투자안이 채택되기 위해서는 요구수익률이 기대수익률보다 [① 커야 / ② 작아야] 한다.

14 인플레이션, 경기변동 등의 체계적 위험은 분산투자를 통해 제거가 [① 가능 / ② 불가능]하다.

15 투자자산 간의 상관계수가 [① 1인 경우 / ② 1보다 작을 경우], 포트폴리오 구성을 통한 위험절감 효과가 나타나지 않는다.

16 포트폴리오에 편입되는 투자자산 수를 늘림으로써 [① 비체계적 / ② 체계적] 위험을 줄여나갈 수 있으며, 그 결과로 총위험은 줄어들게 된다.

17 위험조정할인율을 적용하는 방법으로 장래 기대되는 소득을 현재가치로 환산하는 경우, 위험한 투자일수록 [① 높은 / ② 낮은] 할인율을 적용한다.

18 보수적 예측방법은 투자수익의 추계치를 [① 상향 / ② 하향]조정함으로써, 미래에 발생할 수 있는 위험을 상당 부분 제거할 수 있다는 가정에 근거를 두고 있다.

19 [① 민감도분석 / ② 흡수율분석]이란 미래현금흐름의 예측에 영향을 주는 요소를 개별적 혹은 집단적으로 변화시키는 경우 수익성이 어떻게 변동하는지 분석하는 방법을 말한다.

20 일시불의 현가계수의 역수는 일시불의 내가계수이고, 저당상수의 역수는 연금의 [① 현가계수 / ② 내가계수]이다.

 정답

11 ① **12** ① **13** ② **14** ② **15** ① **16** ① **17** ① **18** ② **19** ① **20** ①

21 현재 5억원인 주택이 매년 5%씩 가격이 상승한다고 가정할 때, [① 일시불 / ② 연금]의 미래가치계수를 사용하여 10년 후의 주택가격을 산정할 수 있다.

22 [① 원리금균등 / ② 원금균등]상환방식으로 주택저당대출을 받은 경우 저당대출의 매 기간 원리금상환액은 저당상수를 이용하여 계산한다.

23 연금의 현재가치계수에 일시불의 미래가치계수를 곱하면 [① 연금의 미래가치계수 / ② 일시불의 현재가치계수]이다.

24 연금의 현재가치계수에 감채기금계수를 곱하면 [① 연금의 미래가치계수 / ② 일시불의 현재가치계수]이다.

25 순영업소득을 추정할 때 임대료, 공실, 주차료수입, 화재보험료가 필요하며, 이자비용은 [① 필요 / ② 불필요]하다.

26 부채서비스액은 매월 또는 매년 지불하는 이자지급액을 [① 제외한 / ② 포함한] 원금상환액을 말한다.

27 순영업소득에서 세전현금흐름을 차감하면 [① 부채서비스액 / ② 영업경비]을(를) 구할 수 있다.

28 화폐의 시간가치를 고려하는 투자분석기법으로는 순현가법, 내부수익률법, 수익성지수법, [① 단순 / ② 현가]회수기간법이 있다.

29 순현재가치는 투자자의 [① 내부 / ② 요구]수익률로 할인한 현금유입의 현가에서 현금유출의 현가를 뺀 값이다.

30 내부수익률이란 예상된 현금유입의 현가와 현금유출의 현가를 서로 같게 만드는 할인율로, 수익성지수를 [① 0 / ② 1](으)로 만드는 할인율을 의미한다.

정답

21 ①   **22** ①   **23** ①   **24** ②   **25** ②   **26** ②   **27** ①   **28** ②   **29** ②   **30** ②

제5편 메타인지 학습체크

31 재투자율로 내부수익률법에서는 [① 요구수익률 / ② 내부수익률]을 사용하지만, 순현재가치법에서는 [③ 요구수익률 / ④ 내부수익률]을 사용한다.

32 수익성지수는 [① 수입의 현가를 지출의 현가로 나눈 값 / ② 지출의 현가를 수입의 현가로 나눈 값]이다.

33 수익성지수는 [① 수입의 현가에 대한 지출의 현가 / ② 지출의 현가에 대한 수입의 현가]이다.

34 회수기간은 투자시점에서 발생한 비용을 회수하는 데 걸리는 기간을 말하며, 회수기간방법에서는 투자안 중에서 회수기간이 가장 [① 장기 / ② 단기]인 투자안을 선택한다.

35 종합환원이율(총투자수익률)은 순소득승수의 역수이며, 지분배당(환원)률은 [① 세전 / ② 세후]현금수지 승수의 역수이다.

36 동일한 투자안의 경우, 일반적으로 순소득승수가 총소득승수보다 [① 크다. / ② 적다.]

37 대부비율은 [① 지분 / ② 부동산가치]에 대한 부채의 비율을 가리키며, 대부비율을 저당비율이라고도 한다.

38 부채비율은 [① 부채총계를 자본총계 / ② 자본총계를 부채총계]로 나눈 비율이다.

39 부채감당률이 1보다 크면, 순영업소득이 부채서비스액을 감당하기에 [① 충분 / ② 부족]하다.

40 채무불이행률은 [① 순영업소득 / ② 유효총소득]이 영업경비와 부채서비스액을 감당할 수 있는가를 측정한다.

정답

31 ②, ③ **32** ① **33** ② **34** ② **35** ① **36** ① **37** ② **38** ① **39** ① **40** ②

MEMO

제 6 편
부동산금융론

제 1 장 53.8%
제 2 장 46.2%

◆ **최근 5개년 출제경향 분석**

www.megaland.co.kr

◆ 제 1 장 | 부동산금융

◆ 제 2 장 | 부동산증권론

제6편 부동산금융론

❖ 부동산금융

	이자율
고정이자율제도	① 초기 대출금리 높음 ② 예상치 못한 인플레이션 발생시 대출자는 손해, 차입자는 이익 ③ 시장이자율 하락시 차입자는 조기상환이 유리
변동이자율제도	① 초기 대출금리 낮음 ② 기준금리(변동) + 가산금리(불변) ③ 이자율 조정주기가 짧을수록 대출자에게서 차입자에게로 위험을 더 많이 전가

제6편 부동산금융론

❖ 부동산증권

제1장 부동산금융

- 출제비중이 높은 단원으로 부동산금융의 종류와 제도에 대한 이해를 목표로 학습한다.
- 지분금융과 부채금융, 고정이자율제도와 변동이자율제도, 명목이자율과 실질이자율 등을 비교하며 학습해야 한다. 더불어 저당상환방법에 대하여 각 방식을 정리하며 학습해야 한다.
- 주택청약과 관련된 시사성 있는 문제가 종종 출제되고 있는 점에 유념할 필요가 있다.

제1절 | 부동산금융의 개요

1 부동산금융의 의의

(1) 개념
① 부동산금융이란 부동산 구입에 많은 자금이 필요한 소비자에게 일정한 자금을 대출해 주거나, 부동산개발시에 많은 자금이 필요한 개발업자에게 일정한 자금을 대출해 주는 등의 행위이다.
② 부동산의 고가성을 원인으로 한다.
③ 부동산금융은 주택금융과 토지금융으로 나누어지며, 이 중 주택금융이 중심적 역할을 한다.

참고 부동산금융의 궁극적인 기능은 잠재수요자를 유효수요자로 전환하는 것이다.

(2) 기능
① 주택거래의 활성화: 주택구입자에게 주택자금을 융자하여 구매력을 높이므로 주택거래의 활성화에 기여한다.
② 자가주택의 공급확대: 주택금융은 임차가구가 자가주택 소유를 확대하는 데 기여한다.
③ 주거안정: 주택자금대출을 통해 국민의 주거 불안정문제를 해소하여 주거안정을 도모한다.
④ 경기조절: 주택시장이 침체일 때 수요자금융을 확대하여 주택수요를 증가시켜 주택경기를 부양시키며, 주택시장이 너무 과열되어 주택가격이 급등할 때는 수요자금융을 축소하여 주택수요를 억제시키거나 공급자금융을 확대하여 주택경기를 조절할 수 있다.
⑤ 저축의 유도와 주택자금 조성: 일정한 저축자에게 청약조건을 줌으로써 주택마련을 위한 저축을 유도하고, 금융기관은 필요한 주택자금을 조성한다.

(3) 원칙

① 자금의 확보: 부동산의 고가성으로 인하여 부동산금융의 재원을 정부에만 의존하는 것은 부동산금융을 원활하지 않게 한다. 민간자금을 확보하는 것이 중요하다.

② 대출금리의 책정: 부동산금융은 적절한 대출금리의 책정이 필요하다.

③ 부동산채권 보전: 부동산금융은 개인을 상대로 장기대출을 하는 것이 대부분이다. 그렇기 때문에 상환이 불확실하여 금융기관이 참여하기를 꺼린다. 원활한 부동산금융을 위하여 이를 보전할 제도를 정비해야 한다.

④ 부동산대출채권의 유동화: 부동산금융은 대부분 장기대출이기 때문에 원활한 공급을 위하여 유동화시킬 필요성이 있다.

핵심 부동산금융의 기능과 부동산금융의 원칙

부동산금융의 기능	부동산금융의 원칙
• 주택거래의 활성화 • 자가주택의 공급 확대 • 주거안정 • 경기조절 • 저축의 유도와 주택자금의 조성	• 자금의 확보 • 대출금리의 책정 • 부동산채권 보전 • 부동산대출채권의 유동화

② 부동산금융의 종류

(1) 지분금융, 부채금융, 메자닌금융 제32회

지분금융 (equity financing)	지분금융은 주식회사가 주식을 발행하거나, 주식회사가 아닌 법인이 지분권을 판매하여 **자기자본**을 조달하는 것을 말한다. 지분금융은 실적배당이 이루어지며 그 예는 다음과 같다. ① 신디케이트(syndicate)의 지분출자액(다수의 소액투자자로 구성) ② 조인트벤처(joint venture)의 지분출자액(소수의 개인이나 기관투자자로 구성) ③ 부동산투자회사(REITs, 리츠)의 주식발행액 ④ 공모에 의한 증자 ⑤ 「자본시장과 금융투자업에 관한 법률」(자본시장 통합법)에 의한 부동산 간접투자**펀드** ⑥ 보통주

기출 공모에 의한 증자, 부동산 신디케이트, 부동산투자신탁(REITs), 간접투자자산운용업법에 의한 부동산간접투자펀드는 지분금융에 속한다.

Tip 상세한 내용은 동편 제2장에서 다룬다.

구분	내용
부채금융 (debt financing)	부채금융은 저당권을 설정하거나 사채를 발행하여 **타인자본을 조달**하는 것을 말한다. 부채금융은 일정한 **이자수입**이 발생하며 그 예는 다음과 같다. ① 저당금융(저당대출) ② 신탁금융(신탁증서금융, 담보신탁) ③ 회사채 발행, 주택상환사채, 프로젝트금융(PF) ④ 주택저당담보증권(MBS): MPTS, MBB, MPTB, CMO ⑤ 자산유동화증권(ABS), 자산유동화기업어음(ABCP)
메자닌금융 (mezzanine financing)	'메자닌'은 건물 1층과 2층 사이에 있는 중간층을 뜻하는 이탈리아어에서 유래한 말로, 금융에서는 채권과 주식의 성격을 모두 가지고 있는 **채권과 주식의 중간형태**의 사채를 말한다. 메자닌금융은 주식을 통한 자금조달이 어려울 때, 담보나 신용이 없어 대출을 받기 힘들 때 배당우선주, 전환사채(CB)나 신주인수권부사채(BW) 등 주식연계채권 등을 발행해 자금을 조달하는 것을 말한다. 대개 무담보이며 채권변제 순위에서 대출보다는 밀리고, 지분투자분보다는 앞서 일종의 후순위채의 성격이 강하다. 무담보대출의 일종으로 담보력이 약한 벤처기업 등이 주로 사용한다. ① 신주인수권부사채(BW) ② 전환사채(CB) ③ 후순위대출 ④ 상환우선주(PS) ⑤ 교환사채(EB) ⑥ 자산매입조건부대출

심화 저당금융(저당대출)과 신탁금융(신탁증서금융, 담보신탁)

1. 저당금융(저당대출, 담보금융)
   ① 저당금융은 차입자가 담보부동산의 소유권은 그대로 보유한 채 부동산을 담보로 자금을 융자받는 것을 말하며 **부채금융**이다.
   ② 차입자의 채무불이행시 법원의 경매과정을 거치므로 시간이 많이 소요되며 **저당권 실행절차가 복잡**하며 차입자의 구제절차가 많아 대출자에게 불편할 수 있고 **처분가격이 낮은 편이다.**
   ③ 저당금융에서는 경락대금으로 차입자가 채무를 완전히 변제하지 못하면 대출자는 법원의 부족금 판결을 받아 차입자에 대해 개인적인 무담보채권을 확보할 수 있다. 즉, 일종의 소구대부이다.

2. 신탁금융(신탁증서금융, 담보신탁)
   ① 신탁금융은 차입자가 담보신탁 목적으로 차입자가 부동산소유권을 신탁회사(수탁자)에 형식적으로 이전하는 신탁계약을 맺고 이 담보신탁의 수익증권을 교부받는다. 그리고 차입자가 이 수익증권을 금융기관에 제출하여 융자를 받는 것으로 **부채금융**이다.

기출 부동산 소유자가 소유권을 신탁회사에 이전하고 신탁회사로부터 수익증권을 교부받아 그 수익증권을 담보로 금융기관에서 대출을 받는 상품을 신탁금융이라 한다.

② 신탁금융은 차입자가 기한 내에 채무를 이행하지 않으면 신탁기관에게 즉각 매각권(공매)이 주어짐으로써 **저당권 실행절차가 단순하므로** 대출자가 선호하며, **처분가격도** 저당금융(저당대출, 담보금융)보다 **높은 편**이다.

③ 신탁금융에서는 저당권 실행을 통해 대출금을 완전히 변제받지 못해도 저당금융(담보금융)처럼 개인적 무담보채권을 확보할 수 없다. 즉, 일종의 비소구대부이다.

3. 저당금융과 신탁금융의 비교

구분	저당금융	신탁금융
자금조달방식	부채금융	부채금융
담보자산의 소유권자	차입자(소유권 보유)	신탁회사(소유권 이전)
담보자산의 관리자	대출기관	신탁회사
채무불이행시 (강제집행방법)	경매처분	공매처분
절차	복잡	단순, 신속(대출자선호)
처분가격	낮은 편	높은 편
소구 여부(부족분)	부족분은 무담보채권 확보 ○ (소구금융)	부족분은 무담보채권 확보 × (비소구금융)

(2) 직접금융과 간접금융

직접금융	① 직접금융은 금융기관을 통하지 않고 자금의 최종수요자와 공급자가 직접 자금을 거래하는 방식이다. ② 자금수요자가 주식이나 채권발행에 의해 자금을 직접 조달하는 경우 등이 대표적이다. ③ 이는 주로 증권시장에서 거래가 이루어진다. ④ 리츠회사가 주식을 발행하거나 주택금융공사가 MBS를 발행하여 자금을 조달하는 경우 등이다.
간접금융 (일반적)	① 간접금융이란 자금수요자가 **금융기관을 통해** 자금을 조달하는 방식이다. ② **자금의 중개기관인 금융기관을 사이에 두고** 자금의 수요와 공급이 이루어지는 방식을 말한다. ③ 간접금융은 금융기관이 자금공급자로부터 예금, 적금 등을 통해 자금을 축적한 후에 자금수요자에게 필요자금을 대출해 주는 방식이다.

(3) 제도권금융과 비제도권금융

금융을 위한 자금공급원을 공식적 금융기관과 비공식적인 융자자로 나눌 수 있다.

제도권금융	금융회사가 중개기능을 수행하여 자금의 공급이 이루어지는 금융을 말한다. 여기에는 **저당대부, 건축대부, 프로젝트금융, 리츠** 등이 있다.
비제도권금융	금융회사를 매개로 하지 않고 자금의 공급이 이루어지는, 즉 개인이나 비금융기관처럼 공식적인 금융기관 이외의 금융을 말한다. 여기에는 주택선분양제도와 전세제도가 있다. ① **주택선분양제도**는 건설업자의 자금조달방안이므로 공급자금융에 해당한다. ② **전세제도**는 전세금을 끼고 부동산을 구입하므로 소비자금융에 해당한다.

제2절 | 주택금융

1 주택금융의 의의

일반적으로 주택금융은 무주택 서민과 주택건설사업자에게 장기저리로 대출해 줌으로써 주택구입을 용이하게 하고, 주택공급을 확대하는 제도라 할 수 있다.

(1) 주택소비금융(수요자 금융, 저당대부, 영구적 저당) 제33회

① 주택소비금융은 주택거래를 원활히 하고 국민의 지불능력을 높이기 위해 주택을 구입하거나 개량하고자 하는 사람에게 주택을 담보로 하여 자금을 융자해 주는 제도이므로 가계에 대한 금융이다.

② 주택소비금융은 장기(10~30년), 저리, 일시불 대출, 분할 상환이 일반적이다.

(2) 주택개발금융(공급자 금융, 건축대부, 일시적 저당)

① 주택개발금융은 주택건설을 촉진하려는 목적에서 주택건설업자의 건설활동에 수반되는 자금융통의 필요성에 대응하여 이를 지원해 주는 건설업자에 대한 금융이다.

기출

1. 정부는 주택소비금융의 확대와 금리인하, 대출규제의 완화로 주택가격의 급격한 하락에 대처한다. 제33회
2. 주택소비금융은 주택구입능력을 제고시켜 자가주택 소유를 촉진시킬 수 있다. 제33회
3. 주택자금대출의 확대는 주택거래를 활성화시킬 수 있다. 제33회
4. 주택금융은 주택과 같은 거주용 부동산을 매입 또는 임대하는 데 필요한 자금조달을 위한 금융상품을 포괄한다. 제33회
5. 주택도시기금은 국민주택의 건설이나 국민주택규모 이하의 주택 구입에 출자 또는 융자할 수 있다. 제33회

② 주택개발금융은 단기(3~4년), 고리, 단계적 대출, 일시불 상환이 일반적이다(건축 단계별로 분할해서 대출받고, 건물 완성과 함께 일시불로 상환한다).

③ 부동산 개발을 위해 자금을 조달할 수 있는 금융수단에는 프로젝트 파이낸싱(PF), 신디케이트, 리츠 등이 있다.

저당대부와 건축대부

구분	저당대부(주택소비금융)	건축대부(주택개발금융)
목적	주택구입자금을 위한 대부(가계)	주택건축자금을 위한 대부(건설업자)
성격	주택소비금융, 수요자 금융	주택개발금융, 공급자 금융
대출	융자금을 일시불 대출	공사 진행도에 따라 단계적 대출
상환	장기저리, 분할 상환	단기고리, (완공시) 일시불 상환
예	가계금융	프로젝트 파이낸싱(PF), 신디케이트, 리츠 등

❷ 금융 관련 용어

(1) 대부비율(융자비율, 저당비율, 담보인정비율; LTV)

담보부동산의 가치에 대한 대출금의 비율을 말한다.

$$\text{대부비율(LTV)} = \frac{\text{대출금}}{\text{부동산가치}}$$

(2) 총부채상환비율(소득 대비 원리금상환비율; DTI)

연소득에 대한 연간 원리금상환액의 비율을 말한다.

$$\text{총부채상환비율(DTI)} = \frac{\text{연간 원리금상환액}^{+1}}{\text{차입자의 연소득}}$$

+1 연원리금상환액 + 기타 부채의 연이자액

기출 총부채상환비율(DTI)이 높을수록 채무불이행 위험이 높아진다. 제33회

(3) 월부금(debt service, 원리금상환액, 부채서비스액, 저당지불액)

융자기간 중 원금상환분과 이자의 합계로서 매달 대출자에게 납입하는 금액을 말한다.

$$\text{월부금}^{+2} = \text{대출금} \times \text{저당상수}$$

+2 원리금균등상환방법

(4) 융자원금(저당원금, 융자액, 대출원금)

최초 대출시의 대출원금을 말한다.

(5) 융자잔고(미상환원금, 융자잔금, 저당잔금, 부채잔금)

융자기간 중 상환되지 않은 원금을 말한다. 즉, 저당잔금은 저당원금에서 매 기간 상환하는 원금을 공제한 후의 잔금을 말한다. 이자 산정시 이자율은 항상 융자잔고에 대해 적용된다.

> 융자잔금 = 원리금상환액 × 연금의 현가계수(잔여기간)
> 이자 = 융자잔고 × 이자율

(6) 잔금비율

대출원금 중 미상환된 원금(잔금)의 비율을 말한다.

$$대부비율(LTV) = \frac{연금의\ 현가계수(잔여기간)}{연금의\ 현가계수(전기간)}$$

(7) 상환비율

대출원금 중 상환된 원금의 비율을 말한다.

> 상환비율 + 잔금비율 = 1✚

✚ 잔금비율 = 1 − 상환비율, 상환비율 = 1 − 잔금비율

제3절 | 부동산의 저당대출제도

❶ 저당의 개념

(1) 저당(mortgage)의 개념

① 저당의 유동화: 저당의 유동화란 저당권을 다른 사람에게 양도할 수 있도록 허용하는 것이다. 저당의 유동화제도는 부동산금융의 활성화에 큰 기여를 한다. 대출자를 저당권자(mortgagee)라 하고, 차입자를 피저당권자(mortgagor) 또는 저당권설정자라 한다.

② 저당대출: 오늘날 저당대출이란 용어는 특수한 법률적인 의미를 벗어나 저당금융을 통칭하는 광범위한 용어로 쓰인다. 즉, 부동산을 담보로 제공하고 신용을 공여받는 금융의 형태를 지칭한다.

(2) 저당의 종류

① **전통적 저당(재래적 저당): 대출기관의 위험 大**

각종 금융기관에서 일반차입자를 대상으로 대출을 실시해 주는 제도로서, 전통적 저당(convention mortgage)은 정부지원저당보다 대출기간은 더 짧으며, 부동산가치에 대한 대부비율도 일반적으로 더 낮다.

② **정부지원저당: 대출기관의 위험 小**

정부가 저소득층을 보호하기 위하여 실시하는 저당으로, 채무자가 채무를 이행하지 않는 경우에는 정부에서 대출자의 손실을 대신 보상해 준다는 것을 보증하는 것이 정부보증 프로그램이다. 정부보증 프로그램은 대출기관이 안게 되는 위험을 실제적으로 제거해 주고 있다. 정부지원저당은 전통적 저당보다 대출기간이 길고, 부동산가치에 대한 대부비율이 높다.

③ **건축대부(construction loan): 단기고리, 단계적 대출, 일시불 상환**

부동산을 건설하는 공급자에게 제공되는 대부의 일종으로, 대출기간이 단기이며, 이자율도 고리이다. 또한 건축대부는 위험률이 높기 때문에 자금도 일시불로 제공되지 않고 단계적으로 제공된다. 그러나 대출된 자금에 대한 상환은 건축물이 완공되면 일시불로 상환되어야 한다.

> **참고** 대출기관이 부동산 관련 위험을 감소시키는 방법
>
> 1. 대부비율(LTV)과 총부채상환비율(DTI)을 인하하고, 대출기간을 짧게 한다.
> 2. 변동이자율제도를 채택한다. 고정이자율제도를 택하는 경우에는 원금균등상환지당을 택한다.
> 3. 부채감당률이 1보다 큰 투자안을 선택한다.
> 4. 이자율스왑(swap)제도를 채택한다. 이자율스왑이란 이자율 상승, 하락시에 고정금리, 변동금리를 서로 교환(변경)하는 제도로서 금리변동의 위험을 차입자에게 전가시킬 수 있다.

❷ 이자율

(1) 이자율의 의의

① 융자시의 이자율은 대출기간 중 이자율이 일정한 고정이자율제도와, 대출기간 중 이자율이 변동하는 변동이자율제도가 있다. 여기서 이자율은 항상 융자잔고에 대해 적용된다.

② 대출자입장에서의 이자율 결정요소

   ㉠ 대출자의 자금동원비용: CD금리(양도성예금증서 수익률), 콜금리, 코픽스금리(COFIX, 자금조달비용지수)가 인상되면 대출금리가 인상된다.

   ㉡ 예상인플레이션율: 인플레이션이 예상되면 대출금리가 인상된다.

   ㉢ 다른 경쟁대출기관의 이자율: 경쟁금융기관의 금리가 인상될 때는 대출금리가 인상된다.

   ㉣ 담보가치나 담보인정비율에 따른 위험도: 담보주택가치가 하락하는 경우, 후순위저당인 경우, 담보인정비율(대부비율)이 상승하는 경우에 채무불이행 위험이 커지므로 대출금리가 인상된다.

   ㉤ 차입자의 신용에 따른 위험도: 차입자의 소득 감소, 취업상태 불안정, 연체실적 증가, 신용도 감소 등으로 채무불이행 위험이 커질 때 대출금리가 인상된다.

   ㉥ 대출기관의 현금부족, 장단기 수급불일치: 금융기관의 유동성 위험이 커질 때 대출금리가 인상된다.

   ㉦ 다른 대안적 투자에서 얻을 수 있는 수익률: 다른 투자안에서 수익률이 높게 나타난다면 대출금리가 인상되는 경향이 있다.

(2) 이자율 결정원리

① 실질이자율: 실질이자율은 명목이자율에서 인플레이션율을 공제한 것이므로 인플레이션이 없는 상태의 이자율을 의미한다.

> 실질이자율 = 명목이자율 − 인플레이션율

② 명목이자율(계약이자율, 표시이자율): 시장의 실질이자율, 위험의 대가, 예상인플레이션율 등을 더하여 대출자가 정하는 이자율이다. 따라서 명목이자율은 인플레이션율이 가산된 이자율을 의미한다.

> 명목이자율(대출금리) = 실질이자율 + 예상인플레이션율

③ 저당의 상환방법(금리방식에 의한 저당대부) 제36회

1. 고정이자율제도(고정이자율 저당대부)

(1) 의의

고정이자율제도는 전체 대출기간 동안 처음 대출자와 차입자가 약정한 고정된 이자율을 적용하는 저당대출로 원금균등상환, 원리금균등상환, 점증상환 등이 있다.

(2) 구성

① 초기 대출금리: 고정이자율이 변동이자율보다 일반적으로 높다.
② 예상치 못한 인플레 발생시: 명목이자율 불변, 실질이자율 하락, 따라서 대출자는 손해가 되고, 차입자는 이익이 된다.
③ 고정이자율제도에 따른 시장이자율의 변화

시장이자율	차입자	대출자
시장이자율 상승 (저당이자율 < 시장이자율)	현 상태를 유지하는 것이 유리	수익성 악화, 조기상환 유도(잔고할인)
시장이자율 하락 (저당이자율 > 시장이자율)	조기상환(만기 전 변제), 재융자받는 것이 유리	조기상환 위험 ↑, 조기상환 수수료 부과

④ 대출시점에 설정되는 금리: 명목금리

> 대출시점의 명목이자율(대출금리) = 실질이자율 + 예상인플레이션율
> + 대출위험요소(위험할증률)

2. 변동이자율제도(변동이자율 저당대부)

(1) 의의

변동이자율제도는 대출기간 동안 이자율이 변동하는 방식을 말하며, 가변이자율저당, 조정이자율저당, 재협정이자율저당 등이 있다.

(2) 구성

① 초기 대출금리: 변동이자율이 고정이자율보다 일반적으로 낮다.
② 예상치 못한 인플레이션 발생시: 명목이자율 상승, 실질이자율 불변, 따라서 대출자는 보호가 되고, 차입자는 손해가 된다.
③ 변동이자율제도에서 이자율의 결정

> 기준금리(지표, index) + 가산금리(마진, spread)

기출
1. 대출시점에 고정금리 주택담보대출의 금리가 변동금리 주택담보대출의 금리보다 높다.
2. 시장이자율이 대출약정이자율보다 낮아지면 차입자는 기존대출금을 조기상환하는 것이 유리하다.
3. 고정금리대출을 실행한 대출기관은 금리 하락시 차입자의 조기상환으로 인한 위험이 커진다.
4. 고정금리대출은 이자율 변동으로 인한 위험을 차입자에게 전가하지 않는 방식이므로 차입자는 금리가 변동해도 위험이 없다. 제36회
5. 부동산담보대출의 금리가 인상되어 차입자가 원리금에 대한 채부상환을 정해진 시기에 이행하지 못하는 것을 채무불이행위험이라고 한다. 제36회

기출 변동금리부 주택담보대출의 이자율은 기준금리에 가산금리를 합하여 결정된다.

> **참고** 기준금리, 가산금리

1. 기준금리(index)
   ① 기준금리는 시장이자율을 대표하는 수익률이며 보통 CD금리(양도성예금증서 수익률)를 사용하나 최근에는 코픽스금리(COFIX; 은행들의 자본조달비용지수)를 사용하기도 한다.
   ② 기준금리는 **시장상황**에 따라 **변동**하며, 조정주기가 짧을수록 대출자가 유리하고, 차입자는 불리하다. CD금리의 경우 보통 **3개월**을 조정주기로, 코픽스금리의 경우 보통 **6~12개월**을 조정주기로 적용한다.
   ③ 기준금리 인상요인에는 인플레율 상승, 콜금리 인상, 이자비용에 대한 소득공제한도 증가 등이 있다.
2. 가산금리(spread)
   ① 가산금리는 마진, 위험가산금리로서 대출자와 차입자의 **계약으로 고정**된다.
   ② 위험가산금리는 개인의 연체실적 등 신용도에 따라 다르다.

(3) 특징

① 변동이자율제도는 대출자가 선호한다. 이는 인플레이션 위험이나 이자율변화 위험을 차입자에게 전가시키기 때문이다.

② 이자율 조정주기가 짧을수록 대출자가 차입자에게 이자율변화 위험을 신속하게 전가시키므로 대출자에게 유리하고, 차입자에게 불리하다. 즉, 대출자는 이자율 조정주기가 짧은 것을 원하고 차입자는 이자율 조정주기가 긴 것을 원한다. 따라서 대출자는 연말에 1번 이자를 받는 것보다 3개월 단위로 4번 나누어 받는 것이 유리하다.

③ 따라서 변동금리부 주택담보대출의 이자율의 조정주기가 짧을수록 이자율변동의 위험은 대출자에서 차입자에게로 더 전가된다.

④ 변동이자율저당은 상환기간 중 추가적인 상환부담으로 인해, 채무불이행 가능성은 고정이자율 저당에 비해 커진다.

⑤ 금리상한(interest cap) 변동금리의 경우 융자약정서에 이자율의 변동범위를 사전에 약정하는 것으로서, 약정된 상한 이상으로 금리가 상승하지 않으므로 차입자의 위험부담을 줄여준다.

기출
1. 변동금리부 주택담보대출 이자율의 조정주기가 짧을수록 이자율변동의 위험은 대출자에서 차입자에게로 더 전가된다.
2. 변동금리 주택담보대출은 이자율 변동으로 인한 위험을 차주에게 전가하는 방식으로 금융기관의 이자율변동 위험을 줄일 수 있다. 제32회
3. 차입자에게 변동금리대출을 실행하면 대출자의 인플레이션 위험은 낮아진다.

> **핵심** 고정이자율제도와 변동이자율제도

1. 통상 대출시점에서 **변동금리방식**이 고정금리방식보다 이자율이 낮다.
2. 고정이자율제도에서 시장이자율이 하락하는 경우, 차입자는 조기상환하고 재융자받는 것이 유리하다.
3. 변동이자율제도에서 **기준금리**는 시장상황에 따라 계약기간 중에 **변동**하고, 가산금리는 계약기간 중에 **불변**한다.
4. 변동금리부 주택담보대출의 이자율 조정주기가 **짧을수록** 이자율변동의 위험은 대출자에게서 차입자에게로 더 전가된다.

> **심화** 기준금리

CD금리	CD(양도성예금증서)는 은행이 30~270일 정도의 단기자금을 조달하기 위해 발행하는 어음증서를 말한다. 만기가 되면 은행은 예금증서 소비자에게 액면금액을 지급하게 되는데, 이때 적용되는 금리가 CD금리이다. 이 증서는 양도가 가능하다.
코픽스 (COFIX)금리	코픽스는 예금은행의 자금조달비용을 가중평균해서 반영하는 주택담보대출의 기준금리를 말한다. 은행연합회가 월말 잔액기준 코픽스와 신규취급금액기준 코픽스를 산출하여 매달 15일 공시한다.
콜(call)금리	콜(call)이란 은행이 30일 이내의 단기자금(보통 1일 동안의 단기자금)을 조달하기 위해 금융기관 간에 신용을 믿고 전화로 신청하는 것을 말한다. 이처럼 콜거래에 적용되는 금리가 콜금리이며, 가장 단기이고 안전성이 높아서 가장 낮은 지표금리이다.

4 금융기관의 대출가능액 산정방법 제32회, 제33회, 제35회, 제36회

(1) 주택의 대출가능액 산정

① 담보인정비율(대부비율, 저당비율, LTV)
   ㉠ 주택의 담보가치를 중심으로 대출규모를 결정하는 기준이다.
   ㉡ 투자자가 재무레버리지를 얼마나 활용하고 있는지 평가할 수 있다.

$$담보인정비율(LTV) = \frac{부채}{부동산가치}$$

② 총부채상환비율(소득 대비 부채비율, DTI)
   ㉠ 차입자의 소득을 중심으로 대출규모를 결정하는 기준이다.
   ㉡ 차입자의 상환능력을 평가할 때 사용할 수 있다.

기출
1. 담보인정비율(LTV)은 주택담보대출 취급시 담보가치에 대한 대출취급가능금액의 비율을 말한다. 제32회
2. 총부채상환비율(DTI)은 차주의 소득을 중심으로 대출규모를 결정하는 기준이다. 제32회
3. 총부채원리금상환비율(DSR)은 차주의 총 금융부채 상환부담을 판단하기 위하여 산정하는 차주의 연간 소득 대비 연간 금융부채 원리금상환액 비율을 말한다. 제32회
4. 담보인정비율이나 총부채상환비율에 대한 구체적인 기준은 금융위원회가 정하는 기준에 의한다. 제32회

기출

1. 담보인정비율(LTV)은 담보물의 자산가치에 대한 융자 비율로 LTV가 올라갈수록 차입자의 자기자본 비율은 감소한다. 제36회
2. 총부채상환비율(DTI)은 차입자의 연간소득에 대한 연간채무부담액의 의미하므로 DTI가 올라가면 부채서비스액도 증가한다. 제36회
3. 총부채원리금상환비율(DSR)은 차입자의 총 금융부채 상환부담을 판단하기 위하여 산정하는 차입자의 연간소득 대비 연간 금융부채 원리금상환액 비율을 말한다. 제36회

$$총부채상환비율(DTI) = \frac{연간\ 부채서비스액}{연간소득}$$

✓ 1. 대출가능액 = 연간 소득 × DTI비율 ÷ 저당상수
　 2. 대출가능액 = {(연간 소득 × DTI비율) − 기타대출 이자상환액} ÷ 저당상수

심화 　DTI와 DSR

1. DTI(총부채상환비율, Debt To Income)

$$= \frac{신규주택담보대출\ 원리금 + 기타\ 대출이자}{연간소득}$$

⇨ 적용대상: 주택담보대출

2. DSR(총부채원리금상환비율, Debt Service Ratio)

$$= \frac{모든\ 대출원리금}{연간소득}$$

⇨ 적용대상: 모든 가계대출(주택담보대출, 신용대출 등)

담보인정비율(LTV), 총부채상환비율(DTI), 총부채원리금상환비율(DSR)에 대한 구체적인 기준은 **금융위원회**가 정하는 기준에 의한다.

(2) 상가의 대출가능액 산정

① 담보인정비율(대부비율, 저당비율, LTV)

$$담보인정비율(LTV) = \frac{부채}{부동산가치}$$

② 부채감당률(DCR)

$$부채감당률(DCR) = \frac{순영업소득}{부채서비스액}$$

✓ 대출가능액 = 순영업소득 ÷ 부채감당률 ÷ 저당상수

예제

1. A는 연소득이 5,000만원이고 시장가치가 3억원인 주택을 소유하고 있다. 현재 A가 이 주택을 담보로 5,000만원을 대출받고 있을 때, 추가로 대출가능한 최대금액은? (단, 주어진 조건에 한함) *제31회*

   - 연간 저당상수: 0.1
   - 대출승인기준
     - 담보인정비율(LTV): 시장가치기준 50% 이하
     - 총부채상환비율(DTI): 40% 이하
   ※ 두 가지 대출승인기준을 모두 충족하여야 함

   ① 5,000만원 ② 7,500만원
   ③ 1억원 ④ 1억 5,000만원
   ⑤ 2억원

   해설

담보인정비율(LTV)	총부채상환비율(DTI)
$\dfrac{\text{부채}(\square)}{\text{부동산가치}(3억원)} = 50\%$ 대출가능금액(부채) = 1억 5천만원	$\dfrac{\text{연간 원리금상환액}(\square)}{\text{연간소득}(5,000만원)} = 40\%$ 부채서비스액 = 2,000만원 $\dfrac{\text{부채서비스액}(2,000만원)}{\text{저당상수}(0.1)} = 2억원$ 대출가능금액(부채) = 2억원

   두 가지 대출승인기준을 모두 충족하여야 하므로 대출가능금액은 1억 5천만원이 된다.

   ✔ 기존 담보대출 5천만원이 있으므로, 추가로 1억원의 대출이 가능하다. **정답 ③**

2. 시장가격이 5억원이고 순영업소득이 연 1억원인 상가를 보유하고 있는 A가 추가적으로 받을 수 있는 최대 대출가능금액은? (단, 주어진 조건에 한함) *제27회*

   - 연간 저당상수: 0.2
   - 대출승인조건(모두 충족하여야 함)
     - 담보인정비율(LTV): 시장가격 기준 60% 이하
     - 부채감당률(DCR): 2 이상
   - 상가의 기존 저당대출금: 1억원

   ① 1억원 ② 1억 5천만원
   ③ 2억원 ④ 2억 5천만원
   ⑤ 3억원

해설
- 담보인정비율(LTV) = $\dfrac{\text{부채}(x)}{\text{부동산의 가치(5억원)}}$ = 60%, 부채 = 3억원
- 부채감당률 = $\dfrac{\text{순영업소득(1억원)}}{\text{부채서비스액}(y)}$ = 2, 부채서비스액 = 5천만원
- 부채 = $\dfrac{\text{부채서비스액(5천만원)}}{\text{저당상수(0.2)}}$ = 2억 5천만원

⇨ 담보인정비율(LTV)과 부채감당률 중 적은 금액은 2억 5천만원이 된다. 기존 대출이 1억원이 있으므로 추가대출이 가능한 금액은 1억 5천만원이다. **정답** ②

❺ 주택저당대출 상환방법(고정금리 대출방식) 제32회, 제33회, 제35회, 제36회

(1) 원금균등(체감식)상환방식(CAM; Constant Amortization Mortgage)

① 원금균등상환방식은 원금을 매 기간 동일한 금액으로 상환하고 이자는 남은 대출잔금에 따라 달라지는 방식을 말한다. 초기의 상환액이 가장 많고 후반기의 상환액이 가장 적은 방식이다. 이를 체감식 방식이라고도 한다.

② 시간이 경과함에 따라 원금은 불변, 이자는 감소, 원리금은 감소하는 방식이다. 즉, 매 기간 상환하는 원리금상환액·이자상환액, 대출잔액이 점차적으로 감소한다.

③ 초기 총부채상환비율(DTI)은 높지만, 대출자 입장에서 초기의 자금회수가 빠르므로 원금회수위험이 가장 작으며, 차입자가 중도상환시 잔액(잔금비율)이 가장 적다. 대출금의 가중평균상환기간(duration) 역시 짧은 편이다.

④ 현재 소득이 많으나, 미래에 소득 감소가 예상되는 중·장년층에 유리한 방식이다.

⑤ 대출금의 50%를 상환하기 위해서는 상환기간의 2분의 1 정도 경과하여야 가능하다. 거치기간이 있을 경우, 이자지급 총액이 증가하므로 원리금지급총액도 증가하게 된다.

> ㉠ 원금 = 융자원금 ÷ 상환기간
> ㉡ 이자 = 융자잔고 × 이자율
> ✔ 이자 = [융자원금 - {상환원금 × (n - 1)회차}] × 이자율(n은 상환회차)

기출
1. 원금균등상환방식의 경우, 매 기간에 상환하는 원리금상환액과 대출잔액이 점차적으로 감소한다.
2. 원금균등상환방식은 원리금균등상환방식에 비해 전체 대출기간 만료시 누적 원리금상환액이 더 작다.
3. 대출금을 조기상환하는 경우 원리금균등상환방식에 비해 원금균등상환방식의 상환액이 더 작다.
4. 원금균등상환방식의 경우, 원리금균등상환방식보다 대출금의 가중평균상환기간(duration)이 더 짧다. 제32회
5. 원금균등분할상환, 원리금균등분할상환, 만기일시상환이 대출채권의 가중평균상환기간(duration)이 짧은 기간에서 긴 기간의 순서이다. 제33회
6. 원금균등분할상환방식은 원리금균등분할상환방식에 비해 1회차 원리금상환액이 더 많다. 제36회

(2) 원리금균등상환방식(CPM; Constant Payment Mortgage)

① 원리금균등상환방식은 원금과 이자를 합하여 매 기간 균등하게 상환하는 방식을 말한다. 즉, 시간이 경과함에 따라 원금은 증가, 이자는 감소, 원리금은 불변하는 방식이다.

② 원리금균등상환방식은 원금균등상환방식에 비해 초기상환액이 적으며, 점증상환방식에 비해서는 많다.

③ 이자상환곡선은 우하향하고 원금상환곡선을 우상향한다.

④ 대출금의 50%를 상환하기 위해서는 상환기간의 3분의 2 정도 경과하여야 가능하다. 거치기간이 있을 경우, 이자지급 총액이 증가하므로 원리금지급총액도 증가하게 된다.

⑤ 원리금균등상환방식은 부동산금융, 특히 주택금융에서 가장 보편화된 상환방식이다. 매 기간 상환액이 확정되어 차입자가 이해하기 쉽고 장기적 상환계획을 세우기가 쉬운 장점이 있다.

> ㉠ 원리금 = 융자원금 × 저당상수
> ㉡ 이자 = 융자잔고 × 이자율
> ✔ 1회차 원금 = 융자원금 × (저당상수 − 이자율)
>   2회차 원금 = 1회차 원금 × (1 + 이자율)
>   3회차 원금 = 2회차 원금 × (1 + 이자율)

기출

1. 원리금균등상환방식은 매 기간에 상환하는 이자상환액이 점차적으로 감소한다.
2. 대출채권의 가중평균상환기간(duration)은 원금균등분할상환대출에 비해 원리금균등분할상환대출이 더 길다. 제35회, 제36회
3. 원리금균등분할상환대출이나 원금균등분할상환대출에서 거치기간이 있을 경우, 이자지급 총액이 증가하므로 원리금지급총액도 증가하게 된다. 제35회
4. 원리금균등분할상환방식은 상환기간 중 납입하는 대출원리금이 일정하다. 제36회

(3) 점증식(체증식) 상환방법(GPM; Graduated Payment Mortgage)

① 점증식(체증식) 상환방법은 초기에 원리금상환지불액이 낮으나 차입자의 소득 증가에 따라 지불액이 점차 증가하는 방법이다. 즉, 인플레이션이나 시간가치를 고려하여 점차 지불액이 증가하는 방식으로 고안되었다.

② 미래 소득 증가가 예상되는 젊은 저소득층에게 유리한 방법으로, 주택보유예정기간이 짧은 차입자에게 유리하다.

③ 상환 초기에는 지불액이 이자액에도 미치지 못하므로 부(−)의 상환이 된다. 즉, 초기에는 융자잔금액이 융자원금보다 커진다.

④ 차입자의 소득 증가폭이 지불 증가액보다 낮으면 채무불이행 가능성이 커서 대출자의 위험이 크고, 세 가지 상환방법 중 가장 높은 금리가 책정되는 것이 일반적이다.

기출

1. 점증(체증)상환방식의 경우, 장래 소득이 늘어날 것으로 예상되는 차입자에게 적합하다. 제32회
2. 점증(체증)상환방식은 다른 상환방식에 비해 이자부담이 크다.
3. 대출기간 만기까지 대출기관의 총 이자수입 크기는 '점증(체증)상환방식 > 원리금균등상환방식 > 원금균등상환방식' 순이다.
4. 대출 실행 시점에서 총부채상환비율(DTI)은 점증(체증)상환방식이 원금균등상환방식보다 더 작다.
5. 만기일시상환대출은 대출기간 동안 차입자가 이자만 상환하기 때문에 원리금상환구조가 간단하다. 제35회

기출

1. 체증식 분할상환방식은 상환기간 초기에는 원리금상환액을 적게 하고 시간의 경과에 따라 늘려가는 방식이다. 제35회, 제36회
2. 만기일시상환방식은 대출 만기까지 이자만 지급하다가 대출 만기에 대출원금을 일시에 상환하는 방식이다. 제36회

⑤ 초기 총부채상환비율(DTI)은 낮지만, 대출자 입장에서 초기의 자금회수가 느리므로 원금회수위험이 가장 크며, 차입자가 중도상환시 잔액(잔금비율)이 가장 많다. 대출금의 가중평균상환기간(duration) 역시 긴 편이다.

> **참고** 대출상환방식의 상호 비교
>
> 1. 대출 초기 상환액(DTI비율) 많은 순서, 가중평균상환기간(duration) 짧은 순서
>   ① 원금균등상환방식 > ② 원리금균등상환방식 > ③ 점증식(체증식) 상환방식
> 2. 중도상환시 융자잔금(잔금비율, 총이자납부액, 누적원리금상환액)이 많은 순서
>   ① 원금균등상환방식 < ② 원리금균등상환방식 < ③ 점증식(체증식) 상환방식
> ✓ 만기일시상환방식: 상환기간 이자 상환, 만기 원금 일시 상환, 금융기관 이자수입 많음, 가중평균상환기간(duration) 장기

> **심화** 고정이자율제도 각 방식의 구조
>
> 1. 시간의 경과에 따른 원리금상환액(납부액)의 크기 비교
> 2. 원금균등상환방식의 상환구조

3. 원리금균등상환방식의 상환구조

4. 점증식 상환방식의 상환구조

> **예제**

1. A씨는 주택을 구입하기 위해 은행으로부터 5억원을 대출받았다. 은행의 대출조건이 다음과 같을 때, 9회차에 상환할 원리금상환액과 13회차에 납부하는 이자 납부액을 순서대로 나열한 것은? (단, 주어진 조건에 한함) 제28회

   - 대출금리: 고정금리, 연 5%
   - 대출기간: 20년
   - 원리금상환조건: 원금균등상환이고, 연단위 매 기말 상환

   ① 4,000만원, 1,000만원 ② 4,000만원, 1,100만원
   ③ 4,500만원, 1,000만원 ④ 4,500만원, 1,100만원
   ⑤ 5,000만원, 1,100만원

   해설 1. 9회차에 상환할 원리금 = 원금(2,500만원[*1]) + 이자(1,500만원[*2]) = 4,000만원
   [*1] 매년 상환할 원금 = 5억원 ÷ 20년 = 2,500만원
   [*2] 9회차에 상환할 이자 = {5억원 − (2,500만원 × 8)} × 5% = 1,500만원
   2. 13회차에 납부하는 이자 = {5억원 − (2,500만원 × 12)} × 5% = 1,000만원

   정답 ①

2. A는 주택 구입을 위해 연초에 6억원을 대출받았다. A가 받은 대출조건이 다음과 같을 때, 대출금리(㉠)와 3회차에 상환할 원리금(㉡)은? (단, 주어진 조건에 한함) 제32회

- 대출금리: 고정금리
- 대출기간: 30년
- 원리금상환조건: 원금균등상환방식, 매년 말 연단위로 상환
- 1회차 원리금상환액: 4,400만원

해설 ㉠ 대출금리의 산정: 4%
  1회차 융자잔고(6억원) × 이자율(□) = 1회차 이자(2,400만원) ⇨ □ = 4%
㉡ 3회차 상환할 원리금의 산정: 원금(2,000만원) + 이자(2,240만원) = 4,240만원
  • 원금 = 융자원금(6억원) ÷ 상환기간(30년) = 2,000만원
  • 이자 = 융자잔고{6억원 − (2,000만원 × 2)} × 이자율(4%) = 2,240만원

구분	1회차	2회차	3회차
원금	20,000,000원	20,000,000원	20,000,000원
이자	24,000,000원	23,200,000원	22,400,000원
원리금	44,000,000원	43,200,000원	42,400,000원

정답 ㉠ 연 4%, ㉡ 4,240만원

3. A씨는 8억원의 아파트를 구입하기 위해 은행으로부터 4억원을 대출받았다. 은행의 대출조건이 다음과 같을 때, A씨가 2회차에 상환할 원금과 3회차에 납부할 이자액을 순서대로 나열한 것은? (단, 주어진 조건에 한함) 제29회

- 대출금리: 고정금리, 연 6%
- 대출기간: 20년
- 저당상수: 0.087
- 원리금상환조건: 원리금균등상환방식, 연단위 매 기간 말 상환

① 10,800,000원, 23,352,000원   ② 11,448,000원, 22,665,120원
③ 11,448,000원, 23,352,000원   ④ 12,134,880원, 22,665,120원
⑤ 12,134,880원, 23,352,000원

해설

구분	1회차	2회차	3회차
원금	10,800,000원 (4억원 × 0.027)	11,448,000원 (10,800,000원 × 1.06)	12,134,880원 (11,448,000원 × 1.06)
이자	24,000,000원 (4억원 × 6%)	23,352,000원	<u>22,665,120원</u> (34,800,000원 − 12,134,880)
원리금	34,800,000원 (4억원 × 0.087)	34,800,000원 (4억원 × 0.087)	34,800,000원 (4억원 × 0.087)

정답 ②

6 변동이자율제도(변동이자율 저당대부)

(1) 가변이자율저당
차입자와 대출자 간에 사전에 특약에 의해 인플레 감응 지수에 따라 이자율이 변동하는 저당이다.

(2) 조정이자율저당
이자율이 사전에 합의된 지수에 따라 변화한다는 점에서는 가변이자율저당과 같지만, 지수가 전통적인 가변이자율저당보다는 다양하여 대출자에게 더 많은 재량을 부과한다는 점에서 차이가 난다.

(3) 재협정(재협상)이자율저당
이자율이 미리 정해진 지수에 의해 결정되는 것이 아니라 일정 기간(3년에서 5년)마다 차입자와 대출자 간의 재협상에 의해 결정된다. 앞의 두 상환방식보다는 조정주기가 긴 편이다.

7 기타 상환방법

(1) 부분원리금상환방법
변제 만기일이 되어도 차입자와 대출자 간의 원리금이 완전히 상환되지 않음을 합의한 특별금융방법이다.

(2) (원금)만기일시상환 제32회, 제33회, 제35회
상환기간 동안 이자만 매월 지불하고, 원금은 만기일에 일시불로 변제하는 금융이다. 총이자상환액은 다른 상환방식보다 높은 편이고 대출금의 가중평균상환기간(duration) 역시 긴 편이다.

> **기출** 만기일시상환방식의 경우, 원금균등상환방식에 비해 대출 금융기관의 이자수입이 늘어난다. 제32회

(3) 가격수준조정저당
① 인플레 위험에 대처하기 위해 이자율을 변화시키는 것이 아니라, 전기의 저당잔금액에다 전년도 실제 인플레이션율을 곱한 금액을 추가하여 남아 있는 대출상환액(대출잔액)을 조정하는 방법이다.
② 매년 적용되는 이자율은 실질이자율을 적용시킨다.
③ 초·중기까지 인플레가 발생하면 부(−)의 상환이 발생할 수도 있다.

(4) 계단식 상환
① 원리금균등상환방식과 점증식 상환방식의 혼합방식이다.

② 초기의 상환액은 원리금균등상환방식의 상환액보다 작다.
③ 일정 기간 후의 상환액은 원리금균등상환방식의 상환액보다 크다.

(5) 지분참여저당(EPM; Equity Participation Mortgage)
① 채권형과 지분형의 조합형이다.
② 담보부동산의 이자율을 낮추고 차입자의 지분가치상승분을 추가이자로 취하는 방식이다.
   ㉠ 분할지분저당: 수익성 부동산에 적합한 방식으로 담보부동산의 총소득이 일정액을 초과할 경우에 초과액의 일정비율을 추가이자로 수취하는 방식이다.
   ㉡ 분할증분저당: 주거용 부동산에 적합한 방식으로 담보부동산을 처분하거나 대출액을 상환할 때 부동산 가치증가분의 일부를 추가이자로 수취하는 방식이다.

제4절 | 한국주택금융공사

1 한국주택금융공사(HF; Korea Housing Finance Corporation)

(1) 한국주택금융공사(HF)는 주택금융 등의 장기적·안정적 공급을 촉진하여 국민의 복지증진과 국민경제의 발전에 이바지함을 목적으로 한국주택저당채권주식회사(KOMOCO)와 주택신용보증기금을 합병하여 2004년 3월 1일 출범한 공기업이다.

(2) 보금자리론과 적격대출 공급, 주택보증, 유동화증권 발행 등의 업무를 수행한다. 공사의 자본금은 5조원으로 하고, 정부 및 한국은행이 출자하는 것으로 한다.

2 한국주택금융공사의 주요 업무 제33회, 제35회

(1) 보금자리론과 적격대출의 공급
무주택자가 금리변동의 위험 없이 안정적인 대출금상환이 가능한 10년 이상 장기고정금리 원리금분할상환방식의 모기지론인 보금자리론과 적격대출을 공급한다.

(2) 주택보증 공급

국민들의 주거안정을 위해 금융기관으로부터 전세자금 대출 및 아파트중도금 대출에 대한 보증서를 발급하는 업무를 하며, 주택건설사업자를 대상으로 하는 아파트 건설자금 대출에 대한 주택보증을 지원한다.

(3) 주택연금 보증

만 55세 이상의 고령층을 대상으로 보유하고 있는 주택을 담보로 금융기관으로부터의 종신연금 수령을 보장하는 주택연금 업무를 수행함으로써 노후복지향상에 기여한다.

(4) 유동화증권(MBS, MBB) 발행

금융기관으로부터 주택저당채권을 양도받아 이를 기초로 유동화증권(MBS, MBB) 발행, 투자자들에게 판매함으로써 채권시장으로부터 장기저리의 자금을 안정적으로 조달하여 대출재원을 획기적으로 확충한다.

> **참고** 주택저당증권(MBS)과 주택저당채권담보부채권(MBB)
>
> 1. 주택저당증권(MBS): 한국주택금융공사가 주택저당채권을 기초로 하여 발행하는 수익증권을 말한다.
> 2. 주택저당채권담보부채권(MBB): 한국주택금융공사가 주택저당채권을 담보로 하여 발행하는 채권을 말한다.

기출 주택연금(주택담보노후연금)은 한국주택금융공사(HF)에서 보증한다. 제33회

참고 국민주택기금 운용의 주체는 국토교통부장관이며, 국토교통부장관이 이를 일부 시중은행에 위탁하여 관리·운용하고 있다.

③ 주택연금(주택담보노후연금, 역저당, 역모기지론) 제33회, 제35회

(1) 주택연금의 개념

① 주택을 소유하고 있지만 소득이 부족한 고령자가 평생 또는 일정 기간 동안 안정적인 수입을 얻을 수 있도록, 주택을 담보로 맡기고 본인 주택에 거주하면서 매달 국가가 보증하는 연금을 받는 제도이다.

② 만 55세 이상(주택소유자 또는 배우자)의 고령자가 소유주택을 담보로 맡기고 평생 혹은 일정한 기간 동안 매월 연금방식으로 노후생활자금을 지급받는 국가 보증의 금융상품(역모기지론)이다.

③ 대출절차: 한국주택금융공사는 연금 가입자를 위해 대출기관에 보증서를 발급하고 대출기관은 공사의 보증서에 의해 가입자에게 주택연금을 지급한다.

  ㉠ 보증신청: 신청인이 공사를 방문하여 신청을 한다.

기출

1. 주택연금은 주택소유자가 담보를 제공하는 방식에는 저당권 설정등기 방식과 신탁등기 방식이 있다.
   제35회
2. 주택연금은 수령기간이 경과할수록 대출잔액이 누적된다.
3. 주택소유자(또는 배우자)가 생존하는 동안 노후생활자금을 매월 지급받는 방식으로 연금을 받을 수 있다.
4. 한국주택금융공사는 연금 가입자를 위해 은행에 보증서를 발급하고, 은행은 한국주택금융공사의 보증서에 근거하여 연금가입자에게 주택연금을 지급한다.
5. 한국주택금융공사는 주택연금 담보주택의 가격 하락에 대한 위험을 부담할 수 있다.
6. 연금가입자는 「주택법」에 따른 준주택 중 주거목적으로 사용되는 오피스텔의 소유자는 가입할 수 있다.
   제35회
7. 담보주택의 대상으로 주거용 오피스텔도 포함된다.
8. 주택소유자와 그 배우자의 연령이 보증을 위한 등기시점 현재 55세 이상인 자로서 소유하는 주택의 공시가격이 12억원 이하인 경우 가입할 수 있다.
   제35회

ⓒ 보증심사: 공사는 신청인의 자격요건과 담보주택의 가격평가 등에 대하여 심사를 진행한다.

ⓒ 보증서 발급: 공사는 보증약정 체결과 저당권설정의 과정을 거쳐 금융기관에 보증서를 발급한다.

ⓔ 대출 실행(주택연금대출): 신청인이 금융기관을 방문하여 대출거래약정을 체결하면 금융기관에서 주택연금대출을 실행한다.

④ 담보제공방식

㉠ 저당권 설정등기 방식

㉡ 신탁등기 방식: 주택소유자 또는 주택소유자의 배우자를 수익자로 하되, 공사를 공동수익자로 하는 계약

구분	저당권방식	신탁방식
담보제공 (소유권)	근저당권 설정 (이전 × - 가입자 명의)	신탁등기 (이전 ○ - 공사 명의)
배우자 승계	배우자가 자녀 등 공동상속인의 동의를 얻어 주택연금 승계 가능	공동상속인의 동의·등기절차 없이 주택연금 승계 가능
임대차	보증금 있는 임대차 불가 (보증금 없는 월세만 가능)	보증금 있는 임대차 가능 (보증금은 공사 지정 은행에 예치)
담보주택 유형	주택, 노인복지주택, 주거목적 오피스텔, 주거면적이 50% 이상인 복합용도주택	주택, 노인복지주택, 주거목적 오피스텔

(2) 가입요건

① 가입가능연령

㉠ 주택소유자 또는 배우자(부부 중 1명)가 만 55세 이상(근저당권 설정일 기준, 확정기간방식은 연소자가 만 55세~만 74세, 우대방식은 주택소유자 또는 배우자가 만 65세 이상 기초연금 수급자)

㉡ 주택소유자 또는 배우자가 대한민국 국민(외국인 단독 및 부부 모두 외국인인 경우에는 가입 불가)

② 주택 보유 수(부부기준)

㉠ 부부기준 공시가격 12억원 이하 주택소유자(다주택자라도 공시가격 등의 합산가격이 12억원 이하면 가능, 공시가격 등이 12억원 초과 2주택자는 3년 이내 1주택을 팔면 가능, 단, 주거목적 오피스텔의 경우, 주택연금에 가입하려고 하는 주거목적 오피스텔만 주택보유수에 포함)

ⓒ 우대방식의 경우 2억원 미만 1주택자만 가입 가능
③ 대상주택
　　㉠ 공시가격 12억원 이하 주택(「주택법」상 단독주택 또는 공동주택)
　　㉡ 지방자치단체에 신고된 노인복지주택(단, 확정기간방식은 노인복지주택 제외)
　　㉢ 주거용 오피스텔(등기사항증명서상 용도가 업무시설 또는 오피스텔이면서 주거목적으로 사용되는 경우)
　　㉣ 상가 등 복합용도주택은 전체 면적 중 주택이 차지하는 면적이 1/2 이상인 경우(단, 신탁방식으로 가입시에는 불가, 확정기간방식은 노인복지주택 제외, 「농지법」상 농업인 주택 및 어업인 주택 등 주택 소유자의 자격이 제한되는 주택은 신탁방식 주택연금으로 가입 불가)
④ 거주요건
　　㉠ 주택연금 가입주택을 가입자 또는 배우자가 실제 거주지로 이용하고 있어야 한다(해당 주택을 전세 또는 월세로 주고 있는 경우 가입 불가).
　　㉡ 단, 부부 중 한 명이 거주하며 주택의 일부를 보증금 없이 월세로 주고 있는 경우 가입 가능하며, 신탁방식 주택연금의 경우 보증금이 있더라도 보증금에 해당하는 금액을 공사가 지정하는 계좌로 입금하는 경우 가입이 가능하다.

(3) 지급방식(종신방식: 월지급금을 종신토록 지급받는 방식)
① 종신지급방식: 인출한도 설정 없이 월지급금을 종신토록 지급받는 방식
② 종신혼합방식: 인출한도 설정 후 나머지 부분을 월지급금으로 종신토록 지급받는 방식 – 인출한도는 대출한도의 50% 이내

> **참고 기타 지급방식**
>
> 1. 확정기간방식: 고객이 선택한 일정 기간 동안만 월지급금을 지급받는 방식
> 2. 대출상환방식: 주택담보대출상환용으로 인출한도(대출한도의 50% 초과 90% 이내) 범위 안에서 일시에 찾아쓰고 나머지 부분을 월지급금으로 종신토록 지급받는 방식
> 3. 우대방식: 주택소유자 또는 배우자가 기초연금 수급자이고 부부기준 2억원 미만 1주택 보유시 종신방식(정액형)보다 월지급금을 최대 약 21% 우대하여 지급받는 방식

(4) 보증기간과 종료사유 - 종신기간방식

① 부부 모두 사망: 가입자만 사망하는 경우에는 배우자가 채무인수 후 계속 수령 가능하다.
② 주택소유권을 상실: 매각·양도로 인한 소유권이전, 화재 등으로 주택 소실 등
③ 장기 미거주: 부부 모두 1년 이상 미거주하는 경우. 단, 병원 입원 및 장기요양 등 예외가 인정된다.
④ 처분조건약정 미이행 및 주택의 용도 외 사용: 일시적 2주택자로 가입 후 최초 주택연금지급일로부터 3년 내 주택 미처분 등

(5) 대출금의 상환 등

① 적용금리: 변동금리(기준금리 + 가산금리), 이자는 매월 연금지급총액(대출잔액)에 가산되고 있어 가입자가 직접 현금으로 납부할 필요가 없다.
② 가입비(초기보증료) 및 연보증료: 가입비(초기보증료)는 주택가격의 1.5%를 최초 연금지급일에 납부하고, 연보증료는 보증잔액의 연 0.75%를 매월 납부한다. 이때, 보증료는 취급 금융기관이 가입자 부담으로 공사에 납부하고 연금지급총액(대출잔액)에 가산된다.
③ 상환: 이용자 사망 후 주택처분가격으로 일시상환(담보주택 처분가격 범위 내로 한정)한다.
  ㉠ 주택처분금액 > 연금지급총액: 남는 부분은 상속인에게 배당 교부한다.
  ㉡ 주택처분금액 < 연금지급총액: 부족분에 대해 다른 재산 및 상속인에게 청구 없다.
④ 담보의 제공: 1순위 근저당권 제공, 제3자(자녀, 형제 등) 소유 주택을 담보로 하는 주택연금은 이용이 불가능하고, 보증금액의 120%로 저당권 설정이 된다.
⑤ 특징
  ㉠ 수령기간이 경과할수록 대출잔액이 증가(누적)된다.
  ㉡ 담보주택의 가격 하락에 대한 위험을 한국주택금융공사(HF)가 부담한다.
  ㉢ 이용 도중에 재개발·재건축이 되더라도 주택연금 계약이 유지된다.

기출
1. 종신지급방식에서 가입자가 사망할 때까지 지급된 주택연금 대출원리금이 담보주택가격을 초과하는 경우에는 초과지급된 금액을 법정상속인이 상환할 필요가 없다.
2. 연금가입자 사망시 배우자가 자녀 등 공동상속인의 동의를 얻거나 신탁방식의 경우 공동상속인의 동의나 별도의 등기절차 없이 주택연금 승계가 가능하다.
   제35회

ⓔ 주택연금을 받을 권리는 양도·압류하거나 담보로 제공할 수 없고, 주택연금을 받은 사람과 그 배우자의 신탁 수익권은 양도·압류·가압류·가처분하거나 담보로 제공할 수 없다. 또한, 지정된 주택연금전용계좌의 예금에 관한 채권은 압류할 수 없다.

ⓜ 주택연금은 언제든지 별도의 중도상환수수료 없이 전액 또는 일부 정산이 가능하다(다만, 초기보증료는 환급되지 않는다).

기출 주택담보노후연금(주택연금)을 받을 권리는 양도·압류할 수 없다. 제35회

핵심 주택연금 – 확정기간방식

1. 의의
   ① 고객이 **선택한 일정 기간**(10년, 15년, 20년, 25년, 30년) 동안만 월지급금을 지급받는 방식이다.
   ② 반드시 대출한도의 5%에 해당하는 금액은 인출한도로 설정한다.
2. 신청자격: 주택 소유자 또는 배우자가 만 55세 이상인 자 중 연소자가 **만 55세에서 만 74세 사이**
3. 대상주택: 공시가격 12억원 이하의 주택(확정기간방식은 **노인복지주택 제외**)

제2장 부동산증권론

- 저당의 유동화제도, 1차 저당시장과 2차 저당시장의 비교, MBS의 유형을 정리하며 학습해야 한다. 특히, 프로젝트금융과 부동산투자회사의 유형과 「부동산투자회사법」의 규정은 매년 출제가 되므로 상세히 숙지하여야 한다.
- 출제비중이 높은 단원으로 매년 3~4문제가 출제된다.

제1절 | 저당의 유동화제도 제30회

저당권 자체를 하나의 상품(MBS)으로 유통되도록 하여 신용창조의 수단으로 활용하는 것을 저당의 유동화라 한다. 저당이 유동화되면 대출자인 금융기관은 한정된 부동산금융 재원을 이론적으로 무한대로 대출해 줄 수 있게 된다.

❶ 저당시장의 구조

(1) **1차 저당시장(주택자금대출시장): 수요자 - 금융기관, 저당이 설정(형성)**

① 저당대부를 원하는 수요자(차입자)와 저당대부를 제공하는 금융기관(제1차 대출기관)으로 이루어져 있는 시장으로 저당채권이 설정되고 주택자금이 대출되는 시장이다.

② 1차 저당대출자들은 저당을 자신들의 자산 포트폴리오의 일부로 보유하기도 하고, 자금의 여유가 없으면 2차 시장에 팔기도 한다.

> **기출** 제1차 저당대출시장은 저당대출을 원하는 수요자와 저당대출을 제공하는 금융기관으로 형성되는 시장을 말하며, 주택담보대출시장이 여기에 해당한다.

(2) 2차 저당시장(주택자금공급시장): 대출기관 – 투자자, 저당이 유동화(매매)

① 저당대출기관(유동화 중개기관, 제2차 대출기관)과 다른 기관투자자들 사이에 구성되는 시장으로, 1차 저당시장으로 주택자금이 공급되는 시장이다.

② 1차 대출기관은 저당권을 지역별·가격별·만기별로 유사한 것들을 모아 저당패키지를 만들어 2차 대출기관에 매각한다. 그러면 2차 대출기관 역시 저당패키지를 자신의 포트폴리오 일부로 보유하기도 하고, 주택저당증권(MBS)을 만들어 기관투자자 등에게 매각하기도 한다.

③ 2차 저당시장은 원래의 저당차입자와는 직접적인 관계가 없고, 저당을 유동화하는 데 결정적인 역할을 한다. 2차 저당시장이 없다면, 1차 대출기관은 금방 자금이 고갈되어 더 이상 저당대부를 할 수 없게 될 것이다.

1차 저당시장과 2차 저당시장의 비교

구분	1차 저당시장 (자금대출시장)	2차 저당시장 (자금공급시장)
구성	수요자와 금융기관	대출기관과 저당투자자
의의	저당채권의 형성(설정)	• 저당채권의 유동화(매매) • 유동화에 결정적인 역할
저당의 유동화의무	저당채권을 보유해도 되고, 유동화해도 됨	
대출기관	–	• 한국주택금융공사(HF) • 특별목적회사(SPC)

(3) 저당유동화의 전제조건

① 1차 저당시장의 금리(주택시장금리 = 주택대출금리)가 2차 저당시장의 금리(자본시장금리 = MBS발행금리)보다 높아야 한다.

② 저당수익률이 투자자들의 요구수익률보다 높아야 한다.

③ 저당담보증권의 수익률은 개별저당을 직접 구입하는 것보다 낮아진다.

(4) 저당유동화의 기능 및 효과

① 부동산금융의 활성화에 간접적이고 장기적으로 기여한다.

② 대출자는 한정된 재원으로 보다 많은 수요자, 공급자에게 자금을 공급할 수 있다.

③ 자본시장 침체시 자금흐름이 왜곡되는 것을 방지할 수 있는 제도적 장치로서의 기능을 한다.

참고 저당유동화의 전제조건
1. 1차 저당시장의 금리 > 2차 저당시장의 금리
2. 저당수익률 > 요구수익률
✔ 원대출채권의 수익률(1차 저당시장) > 저당담보증권의 수익률(2차 저당시장) > 요구수익률

④ 단기자금을 장기자금으로 대체하는 효과를 가져올 수 있다.
⑤ 투자자 입장에서 자산포트폴리오 선택의 대안을 제공하는 역할을 한다.

주체	기대효과
수요자	차입의 기회 확대, 소자본으로도 주택구입 가능, 자가소유가구 비중 증가
금융기관	대출여력 확대, 자기자본비율(BIS) 상승, 유동성 증가, 금리·유동성 위험 감소
투자자	안정적인 수입(지급보증), 포트폴리오 선택의 폭 확대
국가정책	주택보급률 확대, 주택에 대한 사고의 전환(소유 ⇨ 이용)

기출
1. 저당채권유동화는 주택금융의 확대로 자가소유가구 비중이 증가한다.
2. 저당채권유동화는 금융기관의 유동성을 증가시키고, 유동성 위험을 감소시킨다.

❷ 저당대출채권의 유동화제도

1. MBS(Mortgage Backed Securities, 주택저당담보증권, 주택저당증권)

(1) 의의
① 「한국주택금융공사법」에 근거한다.
② 저당권 자체를 하나의 상품으로 유통되게 하는 것, 즉 저당권을 유통시켜 다시 신용창조의 수단으로 활용하는 것을 말한다.
③ 저당권을 시장에서 쉽게 사고 팔 수 있도록, 즉 쉽게 유동화될 수 있도록 주택저당권을 모아(저당, pool) 그것을 근거로 해서 발행된 새로운 형태의 증권을 말한다.

(2) 과정

> 장기저리대출 ⇨ 단기조달 자금을 장기로 운용 ⇨ 유동성 위험을 초래(더 많은 융자를 제한) ⇨ 금융기관이 주택자금을 대출 ⇨ 취득한 주택저당채권을 유동화전문회사 등에 양도 ⇨ 유동화전문회사 등이 이들 자산을 기초로 증권(MBS)을 발행 ⇨ 투자자에게 매각 ⇨ 주택자금을 조성

① 제1차 대출기관은 저당권을 근거로 발행한 주택저당채권을 유동화 중개기관에 매각해 대출자금을 회수하고 일정한 수수료를 받게 된다.
② 공신력이 높은 유동화 중개기관(HF, SPC)은 인수한 주택저당채권을 담보로 20~30년 만기의 주택저당증권(MBS)을 발행해 유동성에 여유가 있는 장기투자자인 연금기금, 투자신탁회사, 생명보험회사, 외국인 투자자 등에게 매각해 저리의 자금을 조달한다.

③ 공신력이 높은 유동화 중개기관(HF, SPC)을 집중 육성함으로써 주택저당채권을 기초로 한 다양한 상품을 개발한다면 유동화제도의 활성화에 기여할 수 있다.

2. ABS(Asset Backed Securities, 자산담보부증권, 자산유동화증권)

(1) 자산담보부증권이란 금융기관이나 일반기업이 보유한 각종 채권(주택저당채권, 신용카드채권, 기계리스채권 등)이나 업무상 보유자산, 즉 현금화할 수 있는 모든 자산을 기초로 발행하는 증권이다.

(2) 현금화할 수 있는 모든 자산 중 주택저당채권이 유동화의 대상이 되는 경우는 주택저당증권(MBS)이다. 따라서 ABS가 MBS보다 광의의 개념으로 해석할 수 있다.

(3) 자산보유자는 금융기관을 통해 차입하는 것보다 유리한 금리로 자금을 조달할 수 있다(재무구조 개선).

(4) ABS는 기초자산이 담보가 되므로 투자자는 안전한 투자대상이 될 수 있다.

> **핵심** 자산유동화증권(ABS)과 주택저당증권(MBS)
>
> 1. 자산유동화증권(ABS, 자산담보부증권)
>   ① 개념: 금융기관이나 기업이 보유하고 있는 **현금화할 수 있는 모든 자산**을 집합화하여 유동화전문회사(SPC, 특수목적회사)에 양도하고 그 자산을 담보로 증권을 발행·매각하여 자금을 조달하는 방법이다.
>   ② 기업의 형태: **특수목적회사(SPC), 명목상 회사**
>   ③ 근거법률: 「자산유동화에 관한 법률」
> 2. 주택저당증권(MBS, 주택저당담보부증권)
>   ① 개념: 저당대출기관, 저당회사, 기타 기관투자자들이 자신들이 설정하거나 사들인 **주택저당권**을 담보로 해서 발행하는 새로운 형태의 증권이다.
>   ② 기업의 형태: **한국주택금융공사(HF), 실체회사**
>   ③ 근거법률: 「한국주택금융공사법」

제2절 | 주택저당증권
제32회, 제35회

> **핵심** 부동산증권
>
> | 지분증권 | 지분금융을 얻기 위해 발행하는 증권
예 신디케이트, 조인트벤처, 부동산투자회사(리츠, REITs) |
> |---|---|
> | 부채증권 | 부채금융을 얻기 위해 발행하는 증권
예 주택저당증권(MBS), 자산유동화증권(ABS) |

MBS는 그 특성에 따라 이체증권(MPTS), 주택저당채권담보부채권(MBB), 저당직불채권(MPTB), 다계층채권(CMO)으로 분류된다.

1. MPTS ⇨ 지분형 MBS: 주택저당채권을 증권의 형태로 발행하여 이를 저당투자자에게 매각하는 방식의 증권이다.
2. MBB ⇨ 채권형 MBS: 주택저당채권을 담보로 하되 발행자의 신용으로 발행되는 채권형 MBS이다.
3. MPTB, CMO ⇨ 혼합형 MBS: 저당권은 발행자가 보유하고, 원리금수취권은 투자자에게 이전되는 형태의 혼합형 MBS이다.

❶ 이체증권(MPTS; Mortgage Pass-Through Securities) ⇨ 지분형 MBS

(1) 의의
주택저당채권집합에 대한 소유지분증서로서 차입자가 지불하는 부채서비스액이 저당관리비용을 제하고 바로 투자자에게 지불되는 지분형 MBS이다. 즉, 주택저당채권을 증권의 형태로 발행하여 이를 저당투자자에게 매각하는 방식이다.

(2) 특징
① 저당권(최초의 주택저당채권집합물에 대한 소유권, 채무불이행 위험), 원리금수취권 모두가 투자자에게 이전된다.
② 발행자는 원리금의 지급을 보증하고 투자자는 이자율 위험과 조기상환 위험을 부담한다. 따라서 투자자는 발행자의 조기상환에 대해 방어할 수 있는 콜방어(call protection)가 불가능하며, 통상 MBB에 비해서 수명이 짧다.

기출
1. MPTS는 지분형 증권이다. 제32회
2. MPTS의 조기상환 위험은 투자자가 부담한다.

용어 콜방어
주택저당증권 발행자의 조기상환에 대하여 투자자들이 방어하는 것을 말한다.

③ 초과담보가 없으므로 발행자가 자신의 자산을 매도하는 것으로, 발행액만큼 자산은 감소하지만 현금이 증가하므로 주택저당채권의 총액과 MPTS증권의 발행액이 같아진다.
④ 투자자의 수익이 높은 만큼 위험이 크다. 투자자는 매월 단위로 원금과 이자를 지불받는다.

❷ 주택저당채권담보부채권(MBB; Mortgage-Backed Bond) ⇨ 채권형 MBS

(1) 의의
주택저당채권을 담보로 하되 발행자의 신용으로 발행되는 채권형 MBS이다.

(2) 특징
① 저당권(최초의 주택저당채권집합물에 대한 소유권, 채무불이행 위험), 원리금수취권 모두를 발행자가 보유한다(발행자의 신용이 중요). 발행자가 채무불이행의 위험을 부담하므로 주택저당대출차입자의 채무불이행이 발생하더라도 MBB에 대한 원리금을 발행자가 투자자에게 지급하여야 한다.
② 발행자가 채무불이행 위험뿐만 아니라 조기상환 위험을 부담을 하므로 MBB의 투자자가 발행자의 조기상환에 대해 방어할 수 있는 콜방어(call protection)가 인정되어, 통상 MPTS에 비해서 수명이 길다.
③ 발행자는 저당대출자로부터 받는 원리금을 투자자에게 바로 이제하지 않고, 자신들이 발행한 저당채권에 대해 새로운 원리금을 지불하므로 저당대출자와 투자자 간에 현금흐름이 바로 연결되지 않는다.
④ 발행자의 신용으로 채권을 발행하기 때문에 발행자는 투자의 안전성을 높이기 위해 초과담보를 확보하며 주택저당채권의 총액이 MBB의 발행액보다 커진다.
⑤ 투자자의 수익이 낮고, 위험 또한 낮다. 투자자는 6개월을 단위로 원금과 이자를 지불받는다.

기출
1. MBB는 주택저당대출차입자의 채무불이행이 발생하더라도 MBB에 대한 원리금을 발행자가 투자자에게 지급하여야 한다.
2. MBB 투자자는 주택저당대출의 채무불이행위험과 조기상환위험을 부담하지 않는다. 제35회
3. MBB 발행자는 초과담보를 제공하는 것이 일반적이다. 제35회
4. MBB는 발행자가 대출금의 조기상환에 따른 위험을 부담한다.
5. MBB는 채권형 증권으로 발행자는 초과담보를 제공하는 것이 일반적이다.
6. MBB의 경우, 신용보강을 위한 초과담보가 필요하다. 제32회

③ 저당대출자동이체채권(MPTB; Mortgage Pay-Through Bond)
⇨ 혼합형 MBS

(1) 의의
① 저당권(최초의 주택저당채권집합물에 대한 소유권, 채무불이행위험)은 발행자가 보유하고, 원리금수취권은 투자자에게 이전되는 형태의 증권으로, 주택저당채권담보부채권(MBB)과 이체증권(MPTS)의 혼합형 MBS이다.
② 발행자의 부채로 발행되는 점에서 MBB와 유사하고 현금의 흐름이 투자자에게 이전되는 점에서 MPTS와 유사하다.

(2) 특징
① 조기상환에 따른 위험은 투자자가 부담한다.
② MPTS보다 수익률은 작으나, MBB보다 수익률은 높다. 즉, 중간 수익, 중간 위험 정도가 된다.
③ MPTB는 MBB보다 발행액이 많으므로 초과담보물이 작다.

기출 | MPTB의 경우, 조기상환위험은 투자자가 부담하고, 채무불이행 위험은 증권발행자가 부담한다. 제32회

④ 다계층저당증권(CMO; Collateralized Mortgage Obligations)
⇨ 혼합형 MBS

(1) 의의
① 저당권(최초의 주택저당채권집합물에 대한 소유권, 채무불이행 위험)은 발행자가 보유하고, 원리금수취권은 투자자에게 이전되는 형태의 증권으로, CMO도 주택저당채권담보부채권(MBB)과 이체증권(MPTS)의 혼합형 MBS이다.
② 우리나라에서 대부분을 차지하는 주택저당증권으로, 발행자의 부채로 발행된다는 점에서 MBB와 유사하고, 현금의 흐름이 투자자에게 이전된다는 점에서 MPTS와 유사하다.

(2) 특징
① 트랜치(tranche)의 수명은 저당차입자의 만기 전 변제율에 따라 결정되며 만기 전 변제율은 저당이자율과 시장이자율의 관계에서 결정된다. CMO의 경우도 각 트랜치의 조기상환 위험은 투자자가 부담한다.
② MPTS보다 수익률은 낮으나, MBB보다 수익률은 높다. 즉, 중간 수익, 중간 위험 정도가 된다.

③ CMO는 MBB보다 발행액이 많으므로 초과담보물이 작다.
④ 주택저당채권의 총발행액을 몇 개의 그룹으로 배분한 것을 트랜치라 한다. 트랜치별로 만기가 다르므로 서로 상이한 이자율이 적용되고, 원금의 지급순서도 달라진다.
⑤ 고정이자율이 적용되는 트랜치도 있고, 유동이자율이 적용되는 트랜치도 있다.
⑥ 마지막 트랜치인 'Z'트랜치는 상위계층의 각 트랜치별 원리금상환이 진행되는 과정에서 전혀 원리금상환이 이루어지지 않고, 모든 트랜치에 대한 원리금상환이 이루어진 후에 원금과 누적된 이자를 한꺼번에 지급받는다. 즉, CMO의 경우에는 장기투자자들이 원하는 콜방어를 실현시킬 수 있다.

기출
1. CMO는 트랜치별로 적용되는 이자율과 만기가 다른 것이 일반적이다.
2. CMO의 발행자는 동일한 저당풀에서 상환우선순위와 만기가 다른 다양한 저당담보부증권(MBS)을 발행할 수 있다.
3. CMO는 상환우선순위와 만기가 다른 다수의 층(tranche)으로 구성된 증권이다. 제32회

핵심 | 주택저당증권(MBS)의 비교

구분		저당권 채무불이행 위험	원리금	조기상환 위험부담	콜방어	초과 담보	위험, 수익
지분형	MPTS	투자자	투자자	투자자	불가능	×	↑, ↑
채권형	MBB	발행자	발행자	발행자	가능	○	↓, ↓
혼합형	MPTB	발행자	투자자	투자자	불가능	○	중간
	CMO	발행자	투자자	투자자	불가능 (장기 가능)	○	중간

제3절 | 부동산금융의 동원방법 제33회, 제34회, 제35회

① 신디케이트(Syndicate, 투자자모집형, 투자자의 합동조합)

(1) 다수의 투자자가 부동산 전문가의 경험을 토대로 공동의 부동산프로젝트를 수행하는 것을 말한다.
(2) 파트너십, 합자회사 형태, 다수의 소액투자자로 구성된다.
(3) 지분투자, 직접투자방식이다.

심화 지분증권
1. 신디케이트: 지분증권, 직접투자, 부동산 개발업자 + 다수의 소액투자자(일반투자자)
2. 조인트벤처: 지분증권, 직접투자, 부동산 개발업자 + 소수의 고액투자자(금융기관이나 기관투자자)
3. 부동산투자회사(REITs): 지분증권, 간접투자, 다수의 소액투자자(일반투자자)

(4) 개발업자는 무한책임사원으로 관리·운영 등의 책임을 지며 능동적 주체이다. 부동산 신디케이터(개발업자)는 부동산 취득·개발·운영·관리·마케팅 등의 역할을 수행하기 위해 투자자를 모집한다.

(5) 투자자는 유한책임사원으로 출자비율에 따라 배당수익이나 손해가 있는 수동적 주체이다.

(6) 지분권양도가 제한된다.

(7) 개별투자자 모집방식
① 사모방식: 개발사업규모가 작을 때 투자자를 모집하는 방식이다(파트너십, 사적 신디케이트).
② 공모방식: 개발사업규모가 클 때 투자자를 모집하는 방식이다(엄격한 규제, 공적 신디케이트).

❷ 조인트벤처(Joint Venture)

(1) 조인트벤처는 특정 목적을 위해 공동으로 사업을 전개하는 조직체로서 공동벤처회사를 말한다.

(2) 지분투자, 직접투자방식이다. 배당수익을 목적으로 하는 소수의 개인이나 기관투자자로 구성된다.

(3) 대출기관이 특정 목적의 부동산 벤처사업에 장기금융을 제공하고 지분권의 일부를 획득하게 된다.

❸ 프로젝트 금융(프로젝트 파이낸싱, PF; Project Financing) 제36회

(1) 의의

개발사업시 프로젝트 사업주(project sponsor)의 신용이나 물적 담보로 대출을 받는 것이 아니라 특정 프로젝트의 사업성을 담보로 자금을 조달하는 금융기법으로, 개발사업에 대한 공급자금융이다. 즉, 사전계약에 따라 미래에 발생할 현금흐름과 사업자체의 자산을 담보로 하여 프로젝트를 수행하는 데 필요한 자금을 조달하는 금융기법이다(부동산 담보 ×, 사업자의 모든 자산 담보 ×, 신용 ×).

(2) 특징

① 부외금융(off-balance sheet) 효과
   ㉠ 차입의 주체는 프로젝트 사업주(project sponsor)가 아니고, 프로젝트 회사(project company)이다. 따라서, 프로젝트 사업주의 재무상태표상 부채로 계상되지 않는다. 따라서, 프로젝트 사업주의 채무수용능력이 증대된다. 이는 대출자(금융기관)의 장점이 아니라 프로젝트 사업주 입장의 장점이다.
   ㉡ 프로젝트 회사는 프로젝트 사업주가 출자하여 설립하지만 법적으로는 신용이 절연된다(독립성). 따라서, 프로젝트 파이낸싱의 자금은 건설회사 또는 시공회사와는 별도의 독립된 계좌(위탁·에스크로우 계정, escrow account)를 통해 관리한다.
   ㉢ 일정한 요건을 갖춘 프로젝트 회사는 법인세 감면을 받을 수 있다.

② 비소구금융(non-recourse) 또는 제한소구금융(limited-recourse)
   ㉠ 프로젝트가 실패해도 프로젝트 사업주에게 상환청구할 수 없는 비소구금융(프로젝트 회사에 상환청구 가능) 또는 프로젝트 사업성이나 자산등 상환청구의 범위가 일정범위에 한정되는 제한소구금융이다.
   ㉡ 프로젝트 금융이 부실화될 경우 금융기관은 채권회수가 곤란하여 해당 금융기관의 부실로 이어질 수 있다.
   ㉢ 프로젝트 사업주의 물적 담보나 프로젝트 사업주의 신용도가 기준이 아니며, 프로젝트 사업주의 파산이 프로젝트 파이낸싱에 영향을 미치지 않는다.

③ 대규모자금이 소요되고, 장기사업에 적용 가능하며, 성공하면 수익성이 높다.

기출

1. 프로젝트금융의 상환재원은 장래 발생할 미래의 현금흐름을 기반으로 한다.
2. 프로젝트 자체의 사업성을 기초로 자금을 조달하는 금융기법이다. 제36회
3. 비소구 또는 제한적 소구 금융의 특징을 가지고 있다. 제36회
4. 프로젝트의 사업자금은 일반적으로 에스크로우 계정(escrow account)을 통해 관리한다. 제36회
5. 다양한 사업주체가 참여하고 이해당사자 간에 위험배분이 가능하다. 제36회
6. 프로젝트 사업의 자금은 독립된 계좌로 관리된다.
7. 일정한 요건을 갖춘 프로젝트 회사는 법인세 감면을 받을 수 있다.
8. 해당 프로젝트가 부실화되면 대출기관의 채권회수가 어려워져 해당 금융기관의 부실로 이어질 수 있다. 제36회
9. 부외금융이므로 사업주의 재무상태표에는 해당 부채가 표시되지 않는다.
10. 일반적으로 기업대출보다 금리 등이 높아 사업이 성공할 경우 해당 금융기관은 높은 수익을 올릴 수 있다.

④ 위험분산(위험배분) 효과: 프로젝트 사업주, 시공사, 대출기관 등 이해관계자의 보증·보험제공, 다양한 사업주체를 참여시켜 위험을 분산시킬 수 있다.

⑤ 정보의 비대칭성 문제 감소: 모든 당사자가 사업성을 검토하므로 정보공유가 이루어진다. 따라서 사업주와 대출자 간에 정보가 대칭적이다.

(3) 프로젝트 금융의 단점

① 높은 금융비용: 일반 기업금융에 비해 업무절차가 복잡하고 높은 금리와 수수료를 부담한다.

② 복잡한 계약에 따른 사업의 지연과 이해당사자 간의 이해관계의 조정이 곤란다는 단점이 있다.

(4) 금융(대출)기관 위험감소 방안

① 위탁관리계좌(Escrow Account)의 운영
② 시공사에 책임준공 의무부담
③ 대출금 보증에 대한 시공사의 신용보장 요구
④ 시행사·시공사에 추가출자 요구
⑤ 시행사 개발이익의 후지급

♧ 프로젝트 파이낸싱과 기업금융의 비교

구분	프로젝트 파이낸싱	기업금융
차주	프로젝트 회사	사업주
담보	프로젝트 현금흐름 및 자산	사업주의 전체 자산 및 신용
상환재원	프로젝트 현금흐름	사업주의 전체 재원
자금관리	위탁계좌에 의한 관리	차주의 임의관리
소구권 행사	사업주에 대한 소구권 행사 불가	사업주에 대한 소구권 행사 가능
채무수용능력	부외금융으로 채무수용 능력제고	기존 차입에 의한 제약
정보	정보의 비대칭성 문제 감소	정보의 비대칭성 문제 발생
사업분야	SOC사업, 부동산개발사업 등	일반 사업부문

❹ 부동산투자회사(REITs) 제33회, 제34회, 제35회, 제36회

(1) 부동산투자회사(REITs)의 의의

① 부동산투자회사(REITs; Real Estate Investment Trusts)는 일반 소액투자자들에게 주식을 발행하여 자금을 모아 투자자들을 대신해 회사의 경영능력으로 수익을 내서 이를 투자자의 출자비율에 따라 배당하는 일종의 뮤추얼펀드 성격을 지니는 투자기구이다. 우리나라의 경우 리츠는 「상법」상 주식회사로만 설립되어야 한다.

② 부동산을 증권화한 형태로서 지분투자, 간접투자방식이다.

③ 부동산투자회사의 주식에 투자한 투자자는 배당에 따른 이익과 주식매매차익을 향유할 수도 있고, 투자원금의 손실이 발생할 수도 있다.

④ 리츠는 소액투자자가 주주로 참여하고 주식을 주식시장에서 자유롭게 거래한다는 점에서 부동산신탁과 다르다.

⑤ 부동산에 투자하는 뮤추얼펀드로 직접 투자시 발생하는 환금성의 결여를 보완한다.

(2) 부동산투자회사(REITs)의 종류

① 자기관리 부동산투자회사: 자산운용전문인력을 포함한 임·직원을 상근으로 두고 자산의 투자·운용을 직접 수행하는 회사(실체회사)로, 자기관리 부동산투자회사는 자산운용 전문인력을 영업인가 또는 설립신고 수리 통지시 3명 이상, 영업인가 또는 설립신고 수리 통지받은 후 6개월 경과시 5명 이상을 확보하여야 한다.

② 위탁관리 부동산투자회사: 자산의 투자·운용을 자산관리회사에 위탁하는 회사이며, 위탁관리 부동산투자회사는 본점 이외의 지점을 설치할 수 없으며, 직원을 고용하거나 상근인 임원을 둘 수 없다(명목상 회사).

기출

1. 자기관리 부동산투자회사는 자산운용 전문인력을 포함한 임직원을 상근으로 두고 자산의 투자·운용을 직접 수행하는 회사이다. 제33회
2. 위탁관리 부동산투자회사는 자산의 투자·운용을 자산관리회사에 위탁하는 회사이다. 제33회, 제36회
3. 자기관리 부동산투자회사는 실체가 있는 회사이고, 기업구조조정 부동산투자회사는 명목회사(paper company)이다.
4. 감정평가사 또는 공인중개사로서 해당 분야에 5년 이상 종사한 사람은 자기관리 부동산투자회사의 상근 자산운용 전문인력이 될 수 있다.
5. 위탁관리 부동산투자회사는 본점 외의 지점을 설치할 수 없으며 직원을 고용하거나 상근 임원을 둘 수 없다. 제36회

③ 기업구조조정 부동산투자회사: 채무상환을 위하여 매각하는 부동산 등 기업구조조정을 지원하기 위한 부동산(「부동산투자회사법」 제49조의2 제1항 제1호)을 투자대상으로 하며, 자산의 투자·운용을 **자산관리회사에 위탁하는 회사**로 본점 이외의 지점을 설치할 수 **없으며**, 직원을 고용하거나 상근인 임원을 둘 수 **없다**(명목상 회사).

> **참고** 자산관리회사와 부동산투자자문회사
>
> 1. 자산관리회사(AMC; Asset Management Company): 위탁관리 부동산투자회사 또는 기업구조조정 부동산투자회사의 위탁을 받아 자산의 투자·운용업무를 수행하는 것을 목적으로 설립하는 회사이다. 그 설립요건으로 ① 국토교통부장관의 인가를 받아야 하고, ② 자기자본이 70억원 이상이어야 하며, ③ 자산운용 전문인력을 5인 이상 확보하여야 한다.
> 2. 부동산투자자문회사: 부동산투자회사의 위탁으로 그 자산의 투자·운용에 관한 자문 및 평가 등의 업무를 행하고자 하는 자는 부동산투자자문회사를 설립하여 국토교통부장관에게 등록하여야 한다. 자본금이 5억원 이상이고 상근 자산운용 전문인력을 3명 이상 확보하여야 한다.

「부동산투자회사법」

구분	자기관리 리츠 (실체상 회사)	위탁관리 리츠 (명목상 회사)	기업구조조정 리츠 (명목상 회사)
운용기관	내부조직(상근 임직원)	자산관리회사에 업무 위탁(비상근)	
자산운용 전문인력	영업인가시 3명, 영업인가 후 6개월 이내 5명	명목회사로 해당 사항 없음	
투자대상 부동산	모든 부동산	모든 부동산	기업구조조정 관련 부동산
법인설립	발기설립 후 국토교통부장관의 영업인가	발기설립 후 국토교통부장관에게 등록	
설립자본금, 최저자본금	발기설립시 5억원, 영업인가·등록 후 6개월 이내 70억원 이상	발기설립시 3억원, 영업인가·등록 6개월 이내 50억원 이상	
현물출자	설립시 불가능, 영업인가·등록 최저자본금을 갖추기 전 현물출자 불가능 영업인가·등록 최저자본금을 갖춘 후 현물출자 가능		
차입과 사채	자기자본의 2배 이하 (주주총회의 특별결의시 10배까지 가능)		

기출

1. 위탁관리 부동산투자회사(REITs)는 설립 자본금은 3억원 이상이고, 최저자본금준비기간이 지난 회사의 최저자본금은 50억원 이상이 되어야 한다. 제36회
2. 자기관리 부동산투자회사는 최저자본금준비기간이 지난 회사의 최저자본금은 70억원 이상이 되어야 한다. 제34회
3. 위탁관리 부동산투자회사(REITs)는 영업인가를 받거나 등록을 한 후에 자산을 투자·운용하기 위하여 자금을 차입하거나 사채를 발행할 수 있다. 제36회

합병제한	투자회사가 아닌 회사와 합병 불가		
배당	50% 이상 배당 (이익준비금은 적립 可)	90% 이상 배당 (초과배당 가능)	
주식공모	영업인가 후 3년 이내 30%를 일반인에게 청약	등록 후 3년 이내 30%를 일반인에게 청약	제한 없음
	단, 국민연금공단 등이 주식 50% 인수시 또는 연면적 70% 이상 임대주택 제공시 제한 없음		
1인소유 한도	50%를 초과하지 못함	50%를 초과하지 못함	제한 없음
자산구성	80% 이상 부동산, 부동산증권, 현금 70% 이상 부동산		기업구조조정 관련 부동산 70% 이상
법인세	공제혜택 없음 (실체회사)	공제혜택 있음(명목회사)	
증권투자	의결권 있는 주식 10% 초과 금지		

기출

1. 위탁관리 부동산투자회사 및 기업구조조정 부동산투자회사는 그 자산을 투자·운용할 때에는 전문성을 높이고 주주를 보호하기 위하여 자산관리회사에 위탁하여야 한다. 제34회

2. 공인중개사로서 해당 분야에 5년을 종사한 사람과 부동산학 석사학위 소지자로서 부동산의 투자·운용과 관련된 업무에 3년을 종사한 사람은 자기관리 부동산투자회사의 상근 자산운용 전문인력이 될 수 있다. 제35회

「부동산투자회사법」 중요조문

제2조【정의】 1. '부동산투자회사'란 자산을 부동산에 투자하여 운용하는 것을 주된 목적으로 이 법에 적합하게 설립된 회사로서 다음 각 목의 회사를 말한다.
  가. 자기관리 부동산투자회사: 자산운용 전문인력을 포함한 임직원을 상근으로 두고 자산의 투자·운용을 직접 수행하는 회사
  나. 위탁관리 부동산투자회사: 자산의 투자·운용을 자산관리회사에 위탁하는 회사
  다. 기업구조조정 부동산투자회사: 기업구조조정 관련 부동산을 투자 대상으로 하며 자산의 투자·운용을 자산관리회사에 위탁하는 회사
 5. '자산관리회사'란 위탁관리 부동산투자회사 또는 기업구조조정 부동산투자회사의 위탁을 받아 자산의 투자·운용업무를 수행하는 것을 목적으로 「부동산투자회사법」에 따라 설립된 회사를 말한다.

제3조【법인격】 ① 부동산투자회사는 주식회사로 한다.
  ② 부동산투자회사는 이 법에서 특별히 정한 경우를 제외하고는 「상법」의 적용을 받는다.
  ③ 부동산투자회사는 그 상호에 **부동산투자회사**라는 명칭을 사용하여야 한다.
  ④ **부동산투자회사가 아닌 자는 부동산투자회사 또는 이와 유사한 명칭**(대통령령으로 정하는 외국어문자를 포함한다)을 사용하여서는 아니 된다.

제5조【부동산투자회사의 설립】① 부동산투자회사는 발기설립의 방법으로 하여야 한다.

② 부동산투자회사는「상법」제290조 제2호에도 불구하고 현물출자에 의한 설립을 할 수 없다.

제5조의2【자기관리 부동산투자회사의 위탁관리 부동산투자회사로의 전환에 관한 특례】 자기관리 부동산투자회사는「상법」제434조에 따른 주주총회의 결의와 제9조에 따른 국토교통부장관의 영업인가를 받아 위탁관리 부동산투자회사로 전환할 수 있다.

제6조【설립 자본금】① 자기관리 부동산투자회사의 설립 자본금은 5억원 이상으로 한다.

② 위탁관리 부동산투자회사 및 기업구조조정 부동산투자회사의 설립 자본금은 3억원 이상으로 한다.

제8조의2【자기관리 부동산투자회사의 설립보고 등】① 자기관리 부동산투자회사는 그 설립등기일부터 10일 이내에 대통령령으로 정하는 바에 따라 설립보고서를 작성하여 국토교통부장관에게 제출하여야 한다.

② 자기관리 부동산투자회사는 설립보고서를 제출한 날부터 3개월 후 대통령령으로 정하는 바에 따라 설립 이후의 회사 현황에 관한 보고서를 작성하여 국토교통부장관에게 제출하여야 한다.

④ 자기관리 부동산투자회사는 설립등기일부터 6개월 이내에 국토교통부장관에게 인가를 신청하여야 한다.

제9조【영업인가】① 부동산투자회사가 업무를 하려면 부동산투자회사의 종류별로 대통령령으로 정하는 바에 따라 국토교통부장관의 인가를 받아야 한다.

제9조의2【등록】① 제9조에도 불구하고 다음 각 호의 요건을 갖춘 위탁관리 부동산투자회사 및 기업구조조정 부동산투자회사가 업무를 하려면 대통령령으로 정하는 바에 따라 국토교통부장관에게 등록하여야 한다.

제10조【최저 자본금】영업인가를 받거나 등록을 한 날부터 6개월이 지난 부동산투자회사의 자본금은 다음 각 호에서 정한 금액 이상이 되어야 한다.
1. 자기관리 부동산투자회사: 70억원
2. 위탁관리 부동산투자회사 및 기업구조조정 부동산투자회사: 50억원

제11조의2【위탁관리 부동산투자회사의 지점설치 금지 등】위탁관리 부동산투자회사는 본점 외의 지점을 설치할 수 없으며, 직원을 고용하거나 상근 임원을 둘 수 없다.

제14조의8【주식의 공모】① 부동산투자회사는 영업인가를 받거나 등록을 하기 전까지는 발행하는 주식을 일반의 청약에 제공할 수 없다.

② 부동산투자회사는 영업인가를 받거나 등록을 한 날부터 3년(법 제26조의4에 따른 프로젝트 부동산투자회사의 경우에는 5년) 이내에 발행하는 주식 총수의 100분의 30 이상을 일반의 청약에 제공하여야 한다.

제15조【주식의 분산】 ① 주주 1인과 그 특별관계자는 제14조의8 제2항에 따른 주식의 공모를 완료한 이후에는 부동산투자회사가 발행한 주식 총수의 100분의 50을 초과하여 주식을 소유하지 못한다.

제19조【현물출자】 ① 부동산투자회사는 영업인가를 받거나 등록을 하고 최저 자본금 이상을 갖추기 전에는 현물출자를 받는 방식으로 신주를 발행할 수 없다.
② 부동산투자회사의 영업인가 또는 등록 후에 부동산투자회사에 현물출자를 하는 재산은 다음 각 호의 어느 하나에 해당하여야 한다.
1. 부동산
2. 지상권·임차권 등 부동산 사용에 관한 권리
3. 신탁이 종료된 때에 신탁재산 전부가 수익자에게 귀속하는 부동산 신탁의 수익권
4. 부동산소유권의 이전등기청구권
5. 대토보상권

제21조【자산의 투자·운용 방법】 ① 부동산투자회사는 그 자산을 다음 각 호의 어느 하나에 투자하여야 한다.
1. 부동산
2. 부동산개발사업
3. 지상권, 임차권 등 부동산 사용에 관한 권리
4. 신탁이 종료된 때에 신탁재산 전부가 수익자에게 귀속하는 부동산 신탁 수익권
5. 증권, 채권
6. 현금(금융기관의 예금을 포함한다)
② 부동산투자회사는 제1항 각 호에 대하여 다음 각 호의 어느 하나에 해당하는 방법으로 투자·운용하여야 한다.
1. 취득, 개발, 개량 및 처분
2. 관리(시설운영을 포함한다), 임대차 및 전대차
3. 부동산개발사업을 목적으로 하는 법인 등 대통령령으로 정하는 자에 대하여 부동산에 대한 담보권 설정 등 대통령령으로 정한 방법에 따른 대출, 예치

제22조【자기관리 부동산투자회사의 자산운용 전문인력】 ① 자기관리 부동산투자회사는 그 자산을 투자·운용할 때에는 전문성을 높이고 주주를 보호하기 위하여 대통령령으로 정하는 바에 따라 다음 각 호에 따른 자산운용 전문인력을 상근으로 두어야 한다.
1. 감정평가사 또는 공인중개사로서 해당 분야에 5년 이상 종사한 사람
2. 부동산 관련 분야의 석사학위 이상의 소지자로서 부동산의 투자·운용과 관련된 업무에 3년 이상 종사한 사람

동법 시행령 제18조【자기관리 부동산투자회사의 자산운용 전문인력】 ② 1. 부동산투자회사, 자산관리회사, 부동산투자자문회사, 그 밖에 이에 준하는 부동산관계 회사나 기관 등에서 5년 이상 근무한 사람으로서 부동산의 취득·처분·관리·개발 또는 자문 등의 업무에 3년 이상 종사한 경력이 있는 사람

제22조의3【자산관리회사의 인가 등】 ① 자산관리회사를 설립하려는 자는 다음 각 호의 요건을 갖추어 국토교통부장관의 인가를 받아야 한다.
  1. 자기자본(자산총액에서 부채총액을 뺀 가액)이 70억원 이상일 것
  2. 제22조에 따른 자산운용 전문인력을 대통령령으로 정하는 수(5인) 이상 상근으로 둘 것

제23조【부동산투자자문회사의 등록】 ① 부동산투자회사의 위탁으로 그 자산의 투자·운용에 관한 자문 및 평가 등의 업무를 하려는 자는 국토교통부장관에게 등록하여야 한다.
  ② 제1항에 따라 등록을 하려는 자는 다음 각 호의 요건을 갖추어야 한다.
  1. 자본금이 5억원 이상으로서 대통령령으로 정하는 금액 이상일 것(10억원 이상)
  2. 제22조에 따른 자산운용 전문인력을 3인 이상 상근으로 둘 것

제25조【자산의 구성】 ① 부동산투자회사는 최저자본금준비기간이 끝난 후에는 매 분기 말 현재 총자산의 100분의 80 이상을 부동산, 부동산 관련 증권 및 현금으로 구성하여야 한다. 이 경우 총자산의 100분의 70 이상은 부동산(건축 중인 건축물을 포함한다)이어야 한다.

제25조의2【회계처리】 ① 부동산투자회사는 부동산 등 자산의 운용에 관하여 회계처리를 할 때에는 금융위원회가 정하는 회계처리기준에 따라야 한다.

제27조【증권에 대한 투자】 ① 부동산투자회사는 다른 회사의 의결권 있는 발행주식의 100분의 10을 초과하여 취득하여서는 아니 된다.

제28조【배당】 ① 부동산투자회사는 해당 연도 이익배당한도의 100분의 90 이상을 주주에게 배당하여야 한다. 이 경우 이익준비금은 적립하지 아니한다.
  ② 제1항에도 불구하고 자기관리 부동산투자회사의 경우 해당 연도 이익배당한도의 100분의 50 이상을 주주에게 배당하여야 하며 이익준비금을 적립할 수 있다.
  ③ 위탁관리 부동산투자회사가 제1항에 따라 이익을 배당할 때에는 이익을 초과하여 배당할 수 있다.

제29조【차입 및 사채 발행】 ① 부동산투자회사는 영업인가를 받거나 등록을 한 후에 자산을 투자·운용하기 위하여 또는 기존 차입금 및 발행사채를 상환하기 위하여 대통령령으로 정하는 바에 따라 자금을 차입하거나 사채를 발행할 수 있다.
  ② 제1항에 따른 자금차입 및 사채발행은 자기자본의 2배를 초과할 수 없다. 다만, 주주총회의 특별결의를 한 경우에는 그 합계가 자기자본의 10배를 넘지 아니하는 범위에서 자금차입 및 사채발행을 할 수 있다.

제43조 【합병】 ① 부동산투자회사는 다음 각 호의 요건을 모두 갖춘 경우가 아니면 다른 회사와 합병할 수 없다.
1. 다른 부동산투자회사를 흡수합병의 방법으로 합병할 것
2. 합병으로 인하여 존속하는 부동산투자회사와 합병으로 인하여 소멸되는 부동산투자회사가 제2조 제1호 각 목에서 정하는 같은 종류의 부동산투자회사일 것
3. 합병으로 인하여 존속하는 부동산투자회사와 합병으로 인하여 소멸되는 부동산투자회사 중 어느 하나의 부동산투자회사가 제14조의8에 따라 주식의 공모를 완료한 부동산투자회사인 경우에는 나머지 부동산투자회사도 제14조의8에 따라 주식의 공모를 완료하였을 것

② 제1항에서 규정한 사항 외에 부동산투자회사의 합병에 필요한 사항은 대통령령으로 정한다.

제47조 【내부통제기준의 제정 등】 ① 자기관리 부동산투자회사 및 자산관리회사는 법령을 준수하고 자산운용을 건전하게 하며 주주를 보호하기 위하여 임직원이 따라야 할 기본적인 절차와 기준인 **내부통제기준**을 제정하여 시행하여야 한다.

제49조의2 【기업구조조정 부동산투자회사에 관한 특례】 ① 기업구조조정 부동산투자회사는 이 법에서 정한 부동산투자회사의 요건을 갖추고 총자산의 100분의 70 이상을 다음 각 호의 부동산으로 구성하여야 한다.
1. 기업이 채권금융기관에 대한 부채 등 채무를 상환하기 위하여 매각하는 부동산
2. 채권금융기관과 재무구조 개선을 위한 약정을 체결하고 해당 약정 이행 등을 하기 위하여 매각하는 부동산
3. 「채무자 회생 및 파산에 관한 법률」에 따른 회생 절차에 따라 매각하는 부동산
4. 그 밖에 기업의 구조조정을 지원하기 위하여 금융위원회가 필요하다고 인정하는 부동산

③ 기업구조조정 부동산투자회사에 대하여는 제14조의8(주식의 공모), 제15조(주식의 분산), 제24조 제1항·제2항(부동산의 처분에 대한 제한 등) 및 제25조 제1항(자산의 구성)을 적용하지 아니한다.

④ 기업구조조정 부동산투자회사에 관하여는 제11조의2(위탁관리 부동산투자회사의 지점설치 금지 등), 제14조 제2항, 제14조의3부터 제14조의7까지, 제22조의2(위탁관리 부동산투자회사의 업무 위탁 등), 제28조 제3항(초과배당), 제44조의3 및 제49조 제4항을 준용한다. 이 경우 "위탁관리 부동산투자회사"는 "기업구조조정 부동산투자회사"로 본다.

제6편 메타인지 학습체크

01 부동산투자회사(REITs), 신디케이트, 조인트벤처, 증자, 펀드 등은 [① 지분금융 / ② 부채금융 / ③ 메자닌금융]에 속한다.

02 신주인수권부사채, 전환사채, 후순위 대출 등은 [① 지분금융 / ② 부채금융 / ③ 메자닌금융]에 속한다.

03 대출 시점에 고정금리 주택담보대출의 금리가 변동금리 주택담보대출의 금리보다 [① 높다. / ② 낮다.]

04 대출금리가 [① 고정금리 / ② 변동금리]일 때, 대출 시점의 예상 인플레이션보다 실제 인플레이션이 높으면 금융기관에게는 손해이고 차입자에게는 이익이다.

05 고정금리대출을 실행한 대출기관은 금리 [① 상승 / ② 하락]시 차입자의 조기상환으로 인한 위험이 커진다.

06 원리금균등상환방식의 1회차 월 불입액은 원금균등상환방식의 1회 차 월 불입액보다 [① 많다. / ② 적다.]

07 차입자가 대출액을 중도상환할 경우 원금균등상환방식은 원리금균등상환방식보다 대출잔액이 [① 많다. / ② 적다.]

08 원금균등상환방식의 경우, 매 기간에 상환하는 원리금상환액 및 이자상환액과 대출잔액이 점차적으로 [① 증가 / ② 감소 / ③ 불변]한다.

09 원금균등상환방식의 경우, 원리금균등상환방식보다 대출금의 가중평균상환기간(duration)이 더 [① 길다. / ② 짧다.]

10 원리금균등상환방식의 경우, 매 기에 상환하는 원금액이 점차 [① 증가 / ② 감소]하고, 이자상환액은 점차 [③ 증가 / ④ 감소]한다.

📍 정답

01 ① **02** ③ **03** ① **04** ① **05** ② **06** ② **07** ② **08** ② **09** ② **10** ①, ④

11 점증(체증)상환방식의 경우, 장래 소득이 [① 늘어날 / ② 줄어들] 것으로 예상되는 차입자에게 적합하다.

12 만기일시상환방식의 경우, 원금균등상환방식에 비해 대출금융기관의 이자수입이 [① 늘어난다. / ② 줄어든다.]

13 주택담보노후연금은 연금개시시점에 주택소유권이 연금지급기관으로 이전[① 된다. / ② 되지 않는다.]

14 주택연금은 수령기간이 경과할수록 대출잔액이 [① 증가 / ② 감소]하고, 종신지급방식에서 가입자가 사망할 때까지 지급된 주택연금 대출 원리금이 담보주택가격을 초과하는 경우에는 초과 지급된 금액은 법정상속인이 상환[③ 해야 한다. / ④ 할 필요가 없다.]

15 주택연금에서 담보주택의 대상으로 [① 업무용 / ② 주거용] 오피스텔도 포함된다.

16 주택연금에서 [① 연금가입자 / ② 대출기관 / ③ 한국주택금융공사]는(은) 주택연금 담보주택의 가격 하락에 대한 위험을 부담할 수 있다.

17 [① 제1차 / ② 제2차] 저당대출시장은 저당대출을 원하는 수요자와 저당대출을 제공하는 금융기관으로 형성되는 시장을 말하며, 주택담보대출시장이 여기에 해당한다.

18 [① MPTS / ② MBB]란 지분형 주택저당증권으로 채무불이행 위험 및 조기상환 위험은 [③ 발행자 / ④ 투자자]가 부담한다.

19 [① MPTS / ② MBB]는 채권형 증권으로 채무불이행 위험 및 조기상환 위험은 [③ 발행자 / ④ 투자자]가 부담하며, 발행자는 초과담보를 제공하는 것이 일반적이다.

20 MPTB의 경우, 조기상환 위험은 [① 증권발행자 / ② 투자자]가 부담하고, 채무불이행 위험은 [③ 증권발행자 / ④ 투자자]가 부담한다.

정답

11 ①　**12** ①　**13** ②　**14** ①, ④　**15** ②　**16** ③　**17** ①　**18** ①, ④　**19** ②, ③　**20** ②, ③

제6편 메타인지 학습체크

21 [① MPTB / ② CMO]는 하나의 저당집합에서 만기와 이자율을 다양화하여 발행한 여러 종류의 채권을 말하며, 트랜치별로 적용되는 이자율과 만기가 [③ 동일한 / ④ 다른] 것이 일반적이다.

22 프로젝트금융은 부동산을 담보로 제공[① 받으며 / ② 받지 않으며], [③ 소구 / ④ 비소구]금융이다.

23 프로젝트금융의 상환재원은 [① 사업주의 모든 자산 / ② 장래 발생할 현금흐름]을 기반으로 하며, 사업주의 재무상태표에 해당 부채가 표시[③ 된다. / ④ 되지 않는다.]

24 프로젝트 사업의 자금은 차주가 [① 임의 / ② 독립된 계좌]로 관리한다.

25 [① 자기관리 / ② 위탁관리] 부동산투자회사는 본점 외의 지점을 설치할 수 있으며, 직원을 고용하거나 상근 임원을 둘 수 있다.

26 위탁관리 부동산투자회사 및 기업구조조정 부동산투자회사의 설립 자본금은 [① 3억원 / ② 5억원] 이상으로 한다.

27 영업인가를 받거나 등록을 한 날로부터 6개월이 지난 자기관리 부동산투자회사의 자본금은 [① 50억원 / ② 70억원] 이상이 되어야 한다.

28 자기관리 부동산투자회사의 경우 주주 1인과 그 특별관계자는 발행주식 총수의 [① 20% / ② 50%]를 초과하여 소유하지 못한다.

29 부동산투자회사는 현물출자에 의한 설립이 [① 가능 / ② 불가능]하다.

30 감정평가사 또는 공인[① 중개 / ② 회계]사로서 해당 분야에 [③ 3년 / ④ 5년] 이상 종사한 사람은 자기관리 부동산투자회사의 상근 자산운용 전문인력이 될 수 있다.

 정답

21 ②, ④ **22** ②, ④ **23** ②, ④ **24** ② **25** ① **26** ① **27** ② **28** ② **29** ② **30** ①, ④

31 부동산투자회사는 최저자본준비기간이 끝난 후에는 매 분기 말 현재 총 자산의 [① 80% / ② 70%] 이상을 부동산, 부동산 관련 증권 및 현금으로 구성하여야 한다.

32 부동산투자회사는 부동산 등 자산의 운용에 관하여 회계처리를 할 때에는 [① 금융감독원 / ② 금융위원회]이(가) 정하는 회계기준에 따라야 한다.

33 부동산투자회사(REITs)는 영업인가를 받거나 등록을 한 후에 자산을 투자·운용하기 위하여 자금을 차입하거나 사채를 발행할 수 [① 있다. / ② 없다.]

정답

31 ① **32** ② **33** ①

제 7 편
부동산개발 및 관리론, 마케팅

◆ **최근 5개년 출제경향 분석**

◆ 제 1 장 | 부동산이용 및 개발론

◆ 제 2 장 | 부동산관리론과 부동산마케팅

제7편 부동산개발 및 관리론, 마케팅

❖ 부동산개발론

제7편 5개년 평균 출제문항 수 총 40문제 | 4문제

제7편 부동산개발 및 관리론, 마케팅

❖ 부동산관리

❖ 부동산마케팅

제1장 부동산이용 및 개발론

- 부동산이용 분야에서는 최유효이용의 개념, 토지이용의 집약도, 도시스프롤 현상을 이해하는 것이 목적이며 직주분리와 직주접근, 한계지의 지가법칙에 관한 개념을 파악해야 한다.
- 부동산개발 분야에서는 부동산개발 위험과 타당성분석, 택지개발 중 민간개발을 이해하는 것이 목적이다. 더불어 토지신탁과 공영개발방식, BTO방식과 BTL방식의 비교는 시사성 있게 학습해야 한다.

제1절 | 부동산이용

1 토지이용활동과 토지이용계획

(1) 일반적으로 토지이용활동이라 함은 현실적으로 한정된 토지를 그 용도와 이용목적에 따라 활용함으로써 토지의 유용성을 추구하는 행위라 할 수 있다.

(2) 토지이용계획은 공적·사적 토지이용을 장기적인 관점에서 최유효이용으로 유도하려는 인간의 노력의 과정이다. 토지이용 활동주체에 따라 공적 계획과 사적 계획으로 구분된다.

2 토지의 최유효이용

(1) 최유효이용의 개념
  ① 최유효이용이란 객관적으로 보아 양식과 통상의 사용능력을 가진 사람에 의한 합리적·합법적인 최고최선의 이용을 말한다.
  ② 최유효이용이 강조되는 근거는 다음과 같다.
    ㉠ 용도의 다양성, 부증성을 갖는 토지와 인간과의 관계악화 방지
    ㉡ 능률적 토지정책 강구, 경제주체의 이윤극대화, 토지의 공공성·사회성의 발휘

참고 합리적 이용·합법적 이용·물리적 채택가능성은 최유효이용 판단의 필요조건이고, 최대수익의 실현가능성은 최유효이용 판단의 충분조건이다.

(2) 최유효이용의 판단기준
  ① 합리적 이용일 것: 합리적으로 실현가능한 이용이어야 한다. 따라서 투기목적의 비합리적 이용이나 먼 미래의 불확실한 이용은 합리적 이용이라 할 수 없다.

② 합법적 이용일 것: 공·사법상의 규제요건을 충족시키는 범위 내에서의 이용이어야 한다. 단, 변경가능성 검토 및 비적법적 이용과 같은 예외가 인정된다.

③ 물리적 채택가능성: 대상토지의 물리적 요소가 의도하고 있는 토지이용에 적합해야 한다.

④ 최대수익의 실현가능성(경험적 증거): 최대수익을 실현할 수 있다는 경험적 증거가 있어야 한다.

3 집약적 토지이용

1. 토지이용의 집약도

토지이용의 집약도란 토지이용에 있어 단위면적당 투입되는 노동과 자본의 양을 말한다.

$$토지이용의\ 집약도 = \frac{투입되는\ 노동과\ 자본의\ 양}{단위면적의\ 토지}$$

2. 집약적 이용과 조방적 이용

(1) 의의

토지이용의 집약도가 높은 경우를 집약적 토지이용이라 하고, 토지이용의 집약도가 낮은 경우를 조방적 토지이용이라 한다.

(2) 수확체감의 법칙

① 하나의 생산요소만을 어느 수준 이상으로 투입하면, 총생산량은 증가하지만 추가적인 생산량은 점점 감소하게 되는 법칙을 말한다.

② 집약도를 높여감에 따라 단위면적당 투입되는 노동과 자본의 양에 대한 수익의 비율은 점점 감소한다.

③ 수확체감의 법칙은 토지의 입체적 이용과 관련된 건물의 고층화에도 그대로 적용된다.

(3) 집약한계

① 집약한계란 한계수입과 한계비용이 일치하는 이윤극대화지점의 집약도를 의미한다.

② 집약한계점의 층수를 한계효용층수라 한다.

⊙ 한계수입이 한계비용보다 크면 이윤극대점(집약한계점)에 도달하기 전이므로 생산요소를 더 투입하여 생산량을 증대시켜야 한다.

⊙ 한계비용이 한계수입보다 크면 이윤극대점(집약한계점)을 초과했으므로 생산요소 투입을 감소시켜 생산량을 감소시켜야 이윤이 극대화된다.

③ 집약한계점은 집약도의 상한선이며 이 지점을 벗어나면 바로 손실이 일어나는 것은 아니고 이윤이 감소한다.

(4) 조방한계

① 조방한계란 총수입과 총비용이 일치하여 최적의 조건하에서 겨우 생산비를 감당할 수 있을 정도의 집약도로 이윤이 '0'이 되는 손익분기점에서의 토지이용의 집약도이다.

② 조방한계점은 토지집약도의 하한선이며, 이 하한선을 벗어나면 바로 손실이 된다.

> 참고 📖 토지이용은 집약한계를 상한선, 조방한계를 하한선으로 하여 최유효이용방안을 모색한다.

구분	집약한계	조방한계
성립조건	한계비용 = 한계수입	총수익 = 총비용
이윤	이윤극대화지점 (넘어서면 이윤 감소)	손익분기점 (넘어서면 손실)
토지이용	상한선	하한선

3. 집약도 증가요인

(1) 규모의 경제

설비의 확장을 통해 규모의 경제가 발생하여 생산비가 절감된다면 규모의 경제는 토지이용을 집약화시킨다.

(2) 이용가능 토지의 한정(부증성)

토지는 한정되어 있는데 인구의 증가 내지 산업의 발달은 토지수요를 증가시켜 토지이용을 집약화시킨다.

(3) 인구밀도의 증가

인구밀도의 증가는 한정된 공간 내에서 토지이용을 집약화시킨다.

(4) 지가의 상승(고지가)

땅값이 상승할수록 입지주체는 토지이용을 집약적으로 이용하려 한다.

(5) 경영효율의 증가, 건축비(생산비)의 하락

> **참고** 최유효이용과 입지잉여
>
> 1. 입지잉여와 입지조건: 입지잉여는 입지조건이 양호하여 생기는 특별이익을 말한다. 이는 경영능력 때문이 아니다. 입지잉여는 입지조건이 나쁠수록 감소하고 좋을수록 증가하는데, 입지조건이 최악에 이르면 입지잉여는 마이너스(−)나 '영(0)'이 되고 입지조건이 최상이면 플러스(+)나 '100'이 된다.
> 2. 발생요건: 어떤 위치의 가치가 한계입지 이상이고 또한 그 위치를 최유효이용할 수 있는 입지주체가 이용하는 경우에 발생한다. 즉, 입지조건과 토지이용의 집약도가 같은 경우라도 입지잉여가 모든 입지주체에 똑같이 생기는 것은 아니며, 모든 산업에 공통적으로 생기는 것도 아니다.
> 3. 한계입지: 입지조건이 상대적으로 나쁜 곳으로, 초과수익을 전혀 기대할 수 없는 곳에 입지하는 것을 말한다. 즉, 입지잉여가 '0'이 되는 위치이다.

❹ 지가구배 현상

(1) 도시의 지가패턴은 도심이 가장 높고 도심에서 멀어질수록 점점 낮아지는데, 이와 같이 지가가 도심에서 외곽으로 나갈수록 점점 낮아지는 현상을 지가구배 현상이라 한다. 이 경우 도심의 지가수준이 가장 높은 곳을 '100% 입지'라 한다.

(2) 일반적으로 도심 내부지역의 지가구배가 급격하고, 외곽지역은 지가구배가 완만하다. 즉, 도심에 가까울수록 지가하락률이 크고, 외곽으로 갈수록 지가하락률이 작은 지가구배 현상이 나타난다.

(3) 지가구배 현상은 미국의 노스(S. Knos)교수에 의해 토페카(Topeka)라는 소도시의 지가조사를 통해 발견되었는데, 도시의 규모 등에 따른 차이가 있어서 일률적으로 말할 수는 없다.
  ① 소도시: 도심의 지가구조가 비교적 단순하고, 단핵구조이며, 도심의 토지이용이 보다 집약적이지만, 외곽으로 나갈수록 급격하게 조방화되어 지가가 급하게 하락한다.
  ② 대도시: 도심에서 도시의 경계까지 직선적으로 가격수준이 저하되는 것이 아니라, 중간에 여러 도시핵이 있어 복잡한 다핵구조이므로 거기에는 변화가도 있어서 지가수준이 다시 높아졌다가 하락하는 현상을 보인다.

❺ 도시스프롤(sprawl) 현상

(1) 도시스프롤 현상의 개념

① 도시의 성장이 무질서·무계획적·불규칙적으로 외곽으로 확산되는 현상을 도시스프롤 현상이라 한다.

② 스프롤 현상은 주거지역뿐만 아니라 상업지역·공업지역 모두에서 발생하며, 대도시의 중심지보다는 외곽부에서 더욱 발달하고 경우에 따라서는 입체슬럼 형태를 보이기도 한다.

③ 토지이용이 최유효이용에서 괴리되어 생기는 현상이며, 스프롤지대의 지가수준은 예외적인 경우를 제외하면 일반적으로 표준지가수준 이하이다.

> **기출** 도시스프롤(sprawl) 현상은 주로 도시 외곽부의 주거지역·상업지역·공업지역 모두에서 발생한다.

(2) 원인

개발도상국가 등에서 인구 증가로 지가가 급등하고, 도시계획·토지이용계획이 소홀하기 때문에 도시스프롤 현상이 나타난다.

(3) 스프롤의 유형

① 저밀도 연쇄 현상: 합리적 밀도수준 이하의 수준을 유지하면서 인접지를 잠식해가는 현상을 말한다.

② 고밀도 연쇄 현상: 합리적 밀도수준 이상의 수준을 유지하면서 인접지를 잠식해가는 현상을 말한다. 우리나라의 경우 고밀도 스프롤이 일반적이다.

③ 비지적(飛地的) 현상: 개구리가 뛰는 것처럼 도시에서 중간중간에 상당한 공지를 남기면서 확산된 현상을 말한다.

④ 간선도로를 따라 스프롤 현상이 나타나기도 한다.

(4) 대책

도시스프롤 현상을 막기 위해서는 그린벨트 설정 등 체계적인 도시계획이 필요하다.

❻ 침입적 토지이용

(1) 의의

침입적 토지이용은 일정 지역에서 이용주체가 새로운 이질적 인자의 침입으로 인하여 새로운 이용주체로 변화하는 것을 말하며, 여기에는 침입과 계승 두 가지가 있다.

① 침입(invasion): 어떤 지역에 새로운 이질적인 것이 개입되고 있는 현상을 말한다. 침입에는 확대적 침입과 축소적 침입이 있는데, 확대적 침입이 통상적이다.
    ㉠ 확대적 침입: 새로운 주택가를 조성하는 침입에 있어서 규모가 확대되는 경우처럼 집약적 이용이 조방적 이용을 침입하는 경우로 지가 상승의 효과가 나타난다.
    ㉡ 축소적 침입: 기존 주택가의 축소처럼 조방적 이용이 집약적 이용을 침입하는 경우로 지가 하락의 효과가 나타난다.
② 계승(succession): 침입의 결과로 새로운 차원의 인구집단 또는 토지 이용이 종래의 것을 교체하는 결과를 말하며 계승을 천이라고도 한다. 계승이 이루어지면 또 다른 형태의 침입을 거부하는 배타적인 토지이용형태가 이루어진다.

(2) 특징
① 낮은 지가수준과 강한 흡인력 등은 침입활동을 유발하는 인자가 된다.
② 침입은 새로운 지역이 아니라 기존의 지역에서 이루어지는 것이 일반적이다.
③ 침입이 있을 경우 원주민의 강한 저항을 초래할 수 있으며, 행정적 규제 등으로 인해 침입이 용이하지 않은 경우도 있다.

7 직주분리와 직주접근

(1) 직주분리 현상
직주분리(職住分離)란 도시인들이 직장은 도심에 두고 주거지는 외곽에 두는 현상, 즉 직장과 주거지가 분리되어 멀어지는 현상을 말한다(수평공간의 확대).
① 직주분리의 원인
    ㉠ 도심의 지가 상승(고지가), 외곽의 저지가
    ㉡ 도심의 환경 악화
    ㉢ 도심의 재개발(주택철거)
    ㉣ 공적 규제의 강화
    ㉤ 교통의 발달
② 직주분리의 결과
    ㉠ 도심공동화(도넛) 현상이 나타난다. 이는 도심의 상주인구가 감소함으로써 도심의 주·야간의 인구차가 커지는 현상을 말한다.

ⓒ 외곽은 침상도시(bed town)화 된다.
　　ⓒ 도심으로의 고동(鼓動)비율 증가로 교통혼란 초래, 외곽지역의 지가 상승을 초래한다.

(2) 직주접근 현상

직주접근이란 직장과 주거지가 가까워지는 현상을 말한다. 이를 회귀(return) 현상이라고도 한다(입체공간의 확대).

① 직주접근의 원인
　ⓐ 도심의 지가 하락
　ⓑ 도심의 환경개선
　ⓒ 도심 재개발의 완료
　ⓓ 공적 규제의 완화, 정책적 유도
　ⓔ 교통의 체증

② 직주접근의 결과
　ⓐ 도심의 주거용 건물이 고층화된다(주상복합건물화).
　ⓑ 도시회춘화 현상(상향여과)을 야기한다.

핵심 직주분리와 직주접근 현상

구분	직주분리(수평공간의 확대)	직주접근(입체공간의 확대)
원인	지가 ⇧, 환경 ⇩, 규제 ⇧, 재개발 철거, 교통 발달	지가 ⇩, 환경 ⇧, 규제 ⇩, 재개발 완료, 교통 체증
결과	도심공동화 현상, 외곽은 침상도시(bed town)화	도심 주거용 건물의 고층화, 도시회춘화 현상

심화 도시회춘화 현상, 도심고동 현상, 집중반전 현상

1. 도시회춘화(都市回春化) 현상: 도심지의 오래된 건물이 재개발·재건축되어 도심에 거주하는 소득계층이 저소득층에서 중·고소득층으로 유입·대체되는 현상을 의미한다.
2. 도심고동(都心鼓動) 현상: 도심의 중심업무지구와 교외 주거지 간을 출퇴근하는 사람의 유동성을 의미한다.
3. 집중반전 현상: 대도시에 집중된 인구와 산업을 지방으로 분산하는 것을 의미한다. 대도시 초기에는 도심으로의 집중 현상이 나타나지만 나중에는 규모가 커짐에 따른 불이익이 커져서 집중반전 현상이 나타난다.

제2절 | 부동산개발

❶ 부동산개발의 개념

(1) 부동산개발의 의의

> 「부동산개발업의 관리 및 육성에 관한 법률」 제2조 【정의】
> 1. '부동산개발'이란 다음 각 목의 어느 하나에 해당하는 행위를 말한다. 다만, 시공을 담당하는 행위를 제외한다.
>   가. 토지를 건설공사의 수행 또는 형질변경의 방법으로 조성하는 행위
>   나. 건축물을 건축·대수선·리모델링 또는 용도변경하거나 공작물을 설치하는 행위
> 2. '부동산개발업'이란 타인에게 공급할 목적으로 부동산개발을 수행하는 업을 말한다.

① 인간에게 생활·작업·쇼핑·레저 등의 공간을 제공함을 목적으로 토지를 개량하는 활동이라 할 수 있다. 또한 토지개량을 통해서 토지의 유용성을 증가시킨다.
② 부동산개발이란 토지에 노동, 자본을 결합하여 토지의 상·하에 개량물을 생산하는 활동이나 토지 자체를 개량하는 활동이다.
③ 부동산개발에는 건축개량과 조성개량 모두 포함된다. 부동산개발은 신개발뿐 아니라 재개발도 포함된다.

조성에 의한 개량	택지조성, 도로공사, 배수공사 등으로 건축활동의 사전준비 활동으로 토지 자체를 개량하는 것을 조성개량이라 한다.
건축에 의한 개량	토지 위에 건물이나 다리 등 건축물을 설치하여 토지의 유용성을 증진시키는 것이다. 이는 공간창조와 관계된다.

기출
1. 부동산개발이란 타인에게 공급할 목적으로 토지를 조성하거나 건축물을 건축, 공작물을 설치하는 행위로 조성·건축·대수선·리모델링·용도변경 또는 설치되거나 될 예정인 부동산을 공급하는 것을 말한다. 다만, 시공을 담당하는 행위는 제외된다.
2. 부동산개발업의 관리 및 육성에 관한 법령상 건축물을 리모델링 또는 용도변경하는 행위(다만, 시공을 담당하는 행위는 제외한다)는 부동산개발에 포함된다. 제35회

(2) 물리적 변형 유무에 따른 부동산개발의 분류(외관에 따른 분류)

유형적 개발	직접적으로 토지의 물리적 변형을 초래하는 행위 예 건축·토목사업·공공사업 등
무형적 개발	토지의 물리적 변형을 초래하지 않으나, 이용상태의 변경을 초래하는 행위 예 용도지역·지구의 지정 또는 변경, 용도변경, 농지전용
복합적 개발	토지의 유형·무형의 개발행위가 동시에 이루어지는 경우 예 토지형질변경사업, 도시재개발사업, 공업단지조성사업, 도시개발사업 등

(3) 개발의 주체에 따른 분류

공적 주체 (제1섹터)	공공부문을 공적 주체라 할 수 있으며 국가, 지방자치단체, 공사(한국토지주택공사, 수자원공사 등) 등이 있다. 공적 주체는 공익에 중점을 두는 주체이다.
사적 주체 (제2섹터)	민간부문을 사적 주체라 할 수 있으며 토지소유자와 개인, 주택건설업자, 토지소유자조합 등이 있다. 사적 주체는 사적 이익 추구에 중점을 두는 주체이다.
제3부문 (제3섹터)	공적 주체와 사적 주체가 공동으로 개발사업을 하는 형태로, 공익성과 사익성의 조화에 중점을 둔다. 예 민관합동개발사업

> **기출** 제3섹터 개발은 민간이 자본과 기술을 제공하고 공공기관이 인·허가 등 행정적인 부분을 담당하는 상호보완적인 개발을 말한다.

❷ 부동산개발과정

1. 부동산개발의 과정(5단계)

부동산의 개발진행과정은 일반적으로 직렬형, 기본형, 시행·처분병행형의 세 가지 형태로 구분된다. 개발과정은 일반적으로 ① 계획단계, ② 협의단계, ③ 계획인가단계, ④ 시행단계, ⑤ 처분단계 순으로 나눌 수 있다.

> **기출** 부동산개발과정은 일반적으로 계획단계 ⇨ 협의단계 ⇨ 계획인가단계 ⇨ 시행단계 ⇨ 처분단계 순으로 구분할 수 있다.

2. 부동산개발의 과정(7단계)

(1) 아이디어(구상)단계

모든 부동산개발은 구상단계로부터 시작된다. 구상의 내용은 '어떠한 형태의 공간이 필요한가?', '어디에 입지해야 하는가?', '현재 가지고 있는 부지를 어떤 용도로 이용해야 하는가?', '구상에 맞는 부지를 어떻게 매입해야 하는가?' 등이 있다.

(2) 예비적 타당성분석(전실행가능성 분석)단계

부지확보 이전에 기본적 시장분석을 통해 예비적 타당성을 분석한다. 부동산개발에서 얻은 수익이 비용을 상회할 가치가 있느냐를 조사하는 것이다. 개발업자는 사전에 개발비용, 개발에 따른 시장가치, 산출임대료수익 등을 개략적으로 조사해 볼 필요가 있다. 즉, 예상수입과 비용을 개략적으로 추계하여 경제성을 검토하는 단계이다.

> **기출** 개발의 단계 중 예비적 타당성분석은 개발사업으로 예상되는 수입과 비용을 개략적으로 계산하여 수익성을 검토하는 것이다.

(3) 부지구입(부지의 모색과 확보)단계

예비적 타당성분석에서 수익성이 있다고 판단되면, 개발업자는 최적의 부지를 모색하여 확보하는 단계이며 용도지역의 변경가능성까지도 고려한다. 부지를 직접 매입하는 것보다 부지를 매입할 수 있는 옵션을 확보하면 위험부담을 줄일 수 있다. 부지확보는 권리변환을 이용해 사업시행의 용이성, 개발이익 등을 고려할 때 유리한 방식을 택해야 한다.

(4) 타당성분석(실행가능성 및 디자인)단계

① 부지가 선택되면 개발업자는 더 구체적이고 세부적으로 실행가능성 분석을 하여야 한다.

② 타당성분석은 법률적·경제적·기술적에 관한 타당성분석을 모두 하여야 한다. 그중에서 가장 중요한 것은 경제적 타당성분석이다. 그런데 타당성분석 결과가 동일할지라도 개발업자에 따라 그 채택 여부가 다르게 나타나는데 이는 개발업자에 따라 요구수익률이 다르기 때문이다. 즉, 개발업자의 위험에 따른 투자유형이 다르기 때문에 그 채택 여부가 다르게 나타나는 것이다.

③ 실행가능성 분석의 내용은 공법상 규제분석, 부지분석, 시장분석, 재정분석 등을 포함한다.

> **기출** 개발사업에 대한 타당성분석 결과가 동일한 경우에도 분석된 사업안은 개발업자에 따라 채택될 수도 있고 그렇지 않을 수도 있다.

(5) 금융단계

개발의 타당성이 있으면 택지조성 및 건설자금을 융자받아야 한다. 이를 건축대부라 한다. 건축대부는 보통 단기, 고리, 순차적(건축단계별) 대출의 특징을 갖는다. 부동산개발과정의 건축대부는 개발이 완성되면 완성된 건물을 담보로 저당대부로 전환될 수 있다. 완공 후 분양수입금으로 건축대부에서 빌린 돈을 갚으면 된다. 만일 분양이 잘 안 되면 완성된 부동산을 담보로 저당대부를 설정한 후 자금을 융통하여 이전에 건축대부로 빌린 돈을 갚으면 된다.

(6) 건설(택지조성)단계

물리적인 공간을 창조하는 단계이다. 택지조성의 경우는 토지의 형질을 변경하고 개량하여 택지화한다. 이는 전체 개발사업의 성공 여부를 좌우하는 중요한 단계이므로 개발사업이 예상대로 진행되도록 능력·신용이 있는 건설업자를 선정하는 것이 중요하다.

(7) 마케팅(분양, 임대)단계

개발사업의 마케팅이란 고객을 발견하고 개발공간을 분양하거나 임대하는 것을 말한다. 개발사업의 성공 여부는 시장성에 의존하지만 마케팅도 매우 중요하다. 마케팅은 개발의 초기단계부터 하는 것이 바람직하다. 특히 쇼핑센터 등 대규모 임대개발사업인 경우에는 초기에 중요임차인을 사전확보하는 것이 매우 중요하다. 만일 초기에 중요임차인을 확보하지 못하면 사업이 완성된 후에 공실이 많아져 수익이 감소할 수 있기 때문이다. 중요임차인이란 다른 임차인에게 편익을 제공할 수 있는 정박임차인(고정임차인)을 의미한다.

> **핵심 | 부동산개발의 단계**
>
> 1. 아이디어(구상)단계
> 2. 예비적 타당성 분석(전실행가능성 분석)단계 – 수익의 **개략적 분석**
> 3. 부지매입단계
> 4. 타당성 분석(실행가능성 분석)단계 – 수익의 **구체적 분석**
> 5. 금융단계
> 6. 건설단계
> 7. 마케팅단계 – 개발 초기에 실시, 중요(정박)임차인을 사전에 확보

3 부동산개발의 위험 제32회

부동산개발은 부동산개발사업이 내포하고 있는 불확실성 때문에 위험요소가 많다. 카드먼(D. Cadman)은 개발사업의 진행과정에서 발생할 수 있는 위험부담으로 인플레이션, 자금부족, 인간관계의 파탄 등을 들고 있다. 워포드(Wofford)는 법률 위험부담, 시장 위험부담, 비용 위험부담을 들고 있다.

(1) 법률적 위험

법률적 위험은 토지이용규제와 같은 공법적 관계와 소유권문제나 주민의 민원 등 사법적 관계에서 발생하는 위험을 말한다.
① 개발의 인·허가 문제 등 법적 제한 문제, 용도변경 문제가 생길 수 있다.
② 환경평가, 교통부담, 전기, 상하수도 등 시설공급 제한에 따른 위험, 즉 환경권, 일조권 침해 등에 의한 민원이나 공중여론 문제가 생길 수 있다.

③ 개발에 따른 공법·사법적 위험을 최소화하기 위해서는 개발사업의 법률적 타당성을 분석해야 한다. 특히, 이미 이용계획이 확정된 토지를 구입하는 것이 법률적 위험부담을 최소화하는 방법에 해당한다.

(2) 시장 위험

시장 위험은 항상 변화하는 부동산시장의 불확실성이 개발업자에게 주는 위험을 말한다.

① 개발된 부동산이 매도나 임대가 되지 않거나 낮은 가격으로 매도·임대되는 경우나 경기침체로 인한 미분양, 분양가 하락 위험 등이 시장 위험의 예이다.

② 부동산 개발업자는 시장 위험을 줄이기 위해 시장연구(market study)와 특정 부동산이 시장에서 변화하는 가격으로 임대되거나 매매능력이 있는가를 위치, 형태, 질, 양에 따라 연구하는 시장성연구(marketability study)가 필요하다.

③ 개발기간 중 개발사업의 가치와 시장 위험

참고 개발사업의 매도시점에서 이자율이 상승한다면 매수자는 대출금의 이자부담이 커지므로 매수자가 지불하고자 하는 가격을 하락시킨다.

㉠ 일반적으로 개발업자측에서 보면, 개발사업 초기에는 시장 위험은 크고 개발사업의 가치는 낮으나, 후기로 갈수록 개발사업의 가치는 커지고 시장 위험은 감소한다.

㉡ 사업 초기에 미리 매수자를 확보하면(선분양) 개발업자(매도자)의 시장 위험은 작아지나 매수자의 시장 위험은 커진다. 이 경우 선분양시에 분양가가 낮고, 후분양시에는 분양가가 높다.

기출
1. 시장성분석은 개발된 부동산이 현재나 미래의 시장상황에서 매매·임대될 수 있는 가능성 정도를 조사하는 것을 말한다.
2. 흡수율분석은 부동산시장의 추세를 파악하는 데 도움을 주는 것으로, 미래 흡수율을 예측하는 것이 주된 목적이다.

심화 최대가격 보증계약
1. 개발사업에 실제로 든 비용이 계약금을 초과하더라도 개발업자는 추가적인 비용을 부담하지 않는다는 계약을 말한다.
2. 최대가격 보증계약 체결시 일반계약자는 계약금을 높일 것이기 때문에 개발업자의 비용 위험은 줄어든다는 장점이 있지만, 개발사업비가 상승한다는 단점이 있다.

> **핵심** 시장 위험을 줄이기 위한 시장조사
> 1. 시장연구: 특정 부동산에 대한 시장의 **수요와 공급** 상황을 분석하는 것 ⇨ **선행분석**
> 2. 시장성연구: 특정 부동산이 시장에서 **거래(매매·임대)**될 수 있는가를 분석하는 것 ⇨ **후행분석**
> 3. 흡수율분석: 지난 1년 동안 일정 지역에서 공급된 부동산이 얼마만큼의 비율로 소비되었는가를 구체적·미시적으로 분석하는 방법으로, 과거추세를 파악하여 **미래의 흡수율**을 예측하는 데 그 목적이 있다.

(3) 비용 위험

비용 위험이란 개발사업기간에 추가로 부담해야 할 비용이 발생할 수 있는 위험을 말한다.

① 개발기간이 길수록, 인플레이션이 심할수록 비용위험이 커진다.
② 개발업자가 비용 위험을 줄이기 위해 최대가격 보증계약을 체결한다면 개발업자는 초과되는 비용을 부담하지 않으므로 비용 위험부담을 줄일 수 있다.

④ 부동산개발의 타당성분석

1. 부동산분석의 체계

(1) 학자에 따라서 지역경제분석, 시장분석, 시장성분석의 3가지를 '시장분석'으로, 타당성분석, 투자분석의 2가지를 '경제성분석'(타당성분석)으로 나누기도 한다.

(2) 시장분석(지역경제분석, 시장분석, 시장성분석)은 특정 개발사업의 시장에 초점을 두는 연구이며, 경제성분석(타당성분석, 투자분석)은 개발업자의 결정에 초점을 두는 연구이다.

기출 부동산개발분석은 지역경제분석 ⇨ 시장분석 ⇨ 시장성분석 ⇨ 타당성분석 ⇨ 투자분석 순으로 이루어진다.

2. 부동산분석의 유형(5단계)

(1) 지역경제분석

대상지역의 인구, 고용, 소득 등 모든 부동산의 수요와 시장에 영향을 미치는 모든 요인을 분석·확인·예측하는 작업을 말하며, 거시적 시장분석의 한 부분이라 할 수 있다.

(2) 시장분석

① 시장분석이란 특정 부동산에 대한 시장지역의 수요와 공급 상황을 분석하는 것이다.
② 일정 지역 시장단위에서 특정 유형의 부동산에 대한 수요와 공급을 연구·분석하여 전반적인 가격수준과 이의 동태적 경로를 분석하는 작업을 말한다.
③ 특정 부동산에 대한 부분시장의 상황 분석시 시장세분화는 수요자의 특성에 따라 시장을 구분하는 것이며, 시장차별화는 공급제품의 특성에 따라 시장을 구분하는 것이다.

(3) 시장성분석

① 시장성분석이란 개발되는 부동산이 현재나 미래의 시장상황에서 매매되거나 임대될 수 있는 능력을 분석하는 것을 말한다.
② 시장성분석은 개발하고자 하는 부동산의 분양가격, 적정개발규모를 측정하는 것을 말한다. 즉, 시장성분석은 개발하고자 하는 특정 상품이 시장에서 얼마나 경쟁력이 있는가를 분석한다.
③ 시상성분석의 유형으로 흡수율분석이 있다. 흡수율분석에는 흡수시간이 강조되는데 흡수시간이란 건물 준공 후 전량 또는 일정량이 분양·임대되는 데 걸리는 시간을 말하며, 흡수시간은 짧을수록 시장 위험은 감소한다.

> **기출** 시장성분석은 특정 부동산이 가진 경쟁력을 중심으로 해당 부동산이 분양될 수 있는 가능성을 분석하는 것이다.

> **심화** 시장분석과 시장성분석의 구분
>
> 1. 시장분석은 시장의 수요와 공급 등의 시장상황을 분석하는 것이다(선행분석).
> 2. 시장성분석은 개발된 부동산이 시장에서 매매되거나 임대될 수 있는가를 분석하는 것이다(후행분석). 이를 위해 시장분석이 필요하다.
> 3. 시장성분석은 부동산이라는 제품의 상품성을 분석하는 것이므로, 시장상황이 좋아도 특정 상품의 시장성이 모두 좋은 것도 아니고 시장상황이 좋지 않아도 좋은 기획으로 특정 상품을 잘 개발하면 그 상품의 시장성은 좋을 수도 있다.

(4) 타당성분석

① 대상개발사업이 충분한 수익성을 제공할 수 있도록 수행할 수 있는지 여부를 분석하는 것을 말한다. 즉, 개발사업이 투자자로부터 자금을 끌어들일 수 있는 충분한 수익이 있는지를 분석하는 것이다.

② 대상개발사업이 시장에서 흡수됨에 있어 만족스러운 이윤을 제공할 수 있는지를 분석하는 것이므로 수익성은 세후현금수지를 기준으로 판단한다. 사업의 공실률, 영업경비, 저당조건, 세금 등도 고려하여 수익성을 판단한다.

(5) 투자분석

① 대상개발사업을 위험과 수익관계에서 다른 투자대안과 비교·분석하여 최종적으로 투자 여부를 결정한다. 대상개발사업의 타당성이 있다고 해서 이 사업이 언제나 투자자에게 채택되는 것은 아니다. 투자자 입장에서 대상개발사업은 투자 가능한 대안 중의 하나일 뿐이므로 그 중에서 수익의 극대화를 가져다주는 투자안을 채택한다.

② 개발사업의 채택 여부는 타당성분석 결과가 개발사업의 목적을 얼마나 충족시켜 주느냐에 있다. 투자분석에서는 전형적 보유기간을 기준으로 매 기간의 세후현금수지와 기간 말의 세후지분복귀액을 추계하고, 받아들일 수 있는 위험수준에서 최고의 수익을 창출할 수 있는 대안을 선택한다.

③ 정리하자면, 투자분석이란 대상토지나 개량물의 여러 가지 이용대안 중에서 최고·최선의 이용을 확인하는 과정이라 할 수 있다.

> **심화** 흡수율 · 흡수시간 · 시장침투율 · 시장포획률 · 공실률
>
> 1. 흡수율: 단위시간당 분양된 면적 또는 호수를 의미한다.
> 2. 흡수시간: 건물 준공 후 전량 또는 일정량이 분양·임대되는 데 걸리는 시간을 의미한다.
> 3. 시장침투율: 상가의 경우 신규상가(신규점포)가 기존의 지역상권에서 시장점유율을 얼마나 차지할 것인가를 나타내는 척도를 의미한다.
> 4. 시장포획률: 특정 수요계층에 대한 전체 매상고 중 해당 부동산이 차지하는 비율을 의미한다. 시장점유율과 유사한 개념이다.
> 5. 공실률: 공실률이란 임대 대상 부동산이 임대기간 중 임대되지 않고 비어 있는 기간의 비율을 의미한다. 공실률분석은 투자부동산의 안정적 점유율 결정에 영향을 주며 임대차기간이 긴 경우가 임대차기간이 짧은 경우에 비해 상대적으로 공실위험을 줄일 수 있다.

3. 시장분석과 경제성분석(2단계)

| (1) 시장분석 | ⇨ | (2) 경제성분석 |

① 지역경제분석　　　　　　　　　　　④ 타당성분석
② 시장분석　　　　　⇨　　　　　　　⑤ 투자분석
③ 시장성분석

㉠ 정보제공　　　　　　　　　　　　　㉣ 수익성분석
㉡ 제약조건 분석　　　⇨　　　　　　㉤ 최종투자결정
㉢ 시장에서의 채택가능성 분석

5 부동산개발의 유형과 개발방식의 유형

1. 부동산개발의 유형

신개발		환지사업(도시개발사업), 주택지 조성사업, 아파트지구 개발사업, 토지형질변경사업
재개발	시행방법	• 보전재개발: 사전에 노후화·불량화 방지(가장 소극적) • 수복재개발: 노후화·불량화의 요인만 제거(소극적) • 개량재개발: 기존시설의 확장·개선, 새로운 시설의 첨가 • 철거재개발: 기존환경 완전히 제거, 새로운 시설물 대체
	법	주거환경개선사업, 재개발사업, 재건축사업

(1) 신개발

① 의의: 신개발은 일반적으로 개발되지 않는 농경지나 산지 등의 토지를 선축이 가능한 토지로 전환 개발하는 것을 말한다.

② 신개발의 종류
　㉠ 환지사업(도시개발사업)
　㉡ 일단의 주택지 조성사업
　㉢ 아파트지구 개발사업
　㉣ 토지형질변경사업
　㉤ 신도시개발사업

(2) 재개발 - 시행방법에 따른 분류

① 보전재개발: 도시지역이 아직 노후·불량상태가 발생되지 않았으나, 앞으로 노후·불량화가 야기될 우려가 있을 때 사전에 노후·불량화의 진행을 방지하기 위하여 채택하는 가장 소극적인 도시재개발이다.

기출 토지소유자가 조합을 설립하여 농지를 택지로 개발한 후 보류지(체비지·공공시설 용지)를 제외한 개발토지 전체를 토지소유자에게 배분하는 방식은 신개발방식이며 환지방식에 해당한다.

> **기출** 수복재개발은 현재의 시설을 대부분 그대로 유지하면서 노후·불량화의 요인만을 제거하는 재개발을 말한다.

② **수복재개발**: 도시시설 및 건물의 불량·노후상태가 관리나 이용의 부실로 발생된 경우, 본래의 기능을 회복하기 위하여 현재의 대부분 시설을 그대로 보전하면서, 노후·불량화의 요인만을 제거시키는 것으로서 소극적인 도시재개발의 대표적인 예이다.

③ **개량재개발**: 기존 도시환경의 시설기준 및 구조 등이 현재의 수준에 크게 미달되는 경우, 기존 시설의 확장·개선 또는 새로운 시설의 첨가를 통하여 기존 물리적 환경의 질적 수준을 높여 도시기능을 제고시키고자 하는 도시재개발의 한 형태이다. 이는 수복재개발의 일종이다.

④ **철거재개발**: 부적당한 기존 환경을 완전히 제거하고 새로운 환경, 즉 시설물로 대체시키는 가장 전형적인 도시재개발의 유형이다(개발도상국에서 많이 사용).

(3) 정비사업 -「도시 및 주거환경정비법」제2조 ^{제35회}

정비사업이란 이 법에서 정한 절차에 따라 도시기능을 회복하기 위하여 정비구역에서 정비기반시설을 정비하거나 주택 등 건축물을 개량 또는 건설하는 다음의 사업을 말한다.

① **주거환경개선사업**: 도시저소득 주민이 집단거주하는 지역으로서 정비기반시설이 극히 열악하고 노후·불량건축물이 과도하게 밀집한 지역의 주거환경을 개선하거나 단독주택 및 다세대주택이 밀집한 지역에서 정비기반시설과 공동이용시설 확충을 통하여 주거환경을 보전·정비·개량하기 위한 사업이다.

> **기출** 주거환경개선사업: 도시저소득 주민이 집단거주하는 지역으로서 정비기반시설이 극히 열악하고 노후·불량건축물이 과도하게 밀집한 지역의 주거환경을 개선하거나 단독주택 및 다세대주택이 밀집한 지역에서 정비기반시설과 공동이용시설 확충을 통하여 주거환경을 보전·정비·개량하기 위한 사업
> 제35회

② **재개발사업**: 정비기반시설이 열악하고 노후·불량건축물이 밀집한 지역에서 주거환경을 개선하거나 상업지역·공업지역 등에서 도시기능의 회복 및 상권활성화 등을 위하여 도시환경을 개선하기 위한 사업이다.

③ **재건축사업**: 정비기반시설은 양호하나 노후·불량건축물에 해당하는 공동주택이 밀집한 지역에서 주거환경을 개선하기 위한 사업이다.

> ✔ 재건축부담금은 정비사업 중 재건축사업에서 발생되는 초과이익을 환수하기 위한 제도로 재건축초과이익 환수에 관한 법령에 의해 시행되고 있다.

> **참고** 아파트 재건축사업 조합의 사업성 및 아파트 개발사업 시행자의 사업성

1. 아파트 재건축사업 조합의 사업성

긍정적 영향	부정적 영향
• 건설자재 가격의 하락	• 건설자재 가격의 상승
• 일반분양분의 분양가 상승	• 일반분양분의 분양가 하락
• 조합원 부담금 인하	• 조합원 부담금 인상
• 용적률의 할증	• 용적률의 축소
• 이주비 대출금리의 하락	• 이주비 대출금리의 상승
• 공사기간의 단축	• 공사기간의 연장
• 기부채납의 감소	• 기부채납의 증가

2. 아파트 개발사업 시행자의 사업성

긍정적 영향	부정적 영향
• 초기 분양률 높음	• 초기 분양률 저조
• 매수예정 사업부지가격의 하락	• 매수예정 사업부지가격의 상승
• 인·허가시 용적률의 증가	• 인·허가시 용적률의 감소
• 대출이자율의 하락	• 대출이자율의 상승
• 공사기간의 단축	• 공사기간의 연장

2. 부동산개발방식의 유형

용지취득방식에 따라 개발방식을 분류하면 단순개발방식, 환지개발방식, 매수방식, 혼합방식 등으로 나눌 수 있다.

(1) 단순개발방식(권리 불변)

토지형질변경사업 등 토지소유자에 의한 자력개발방식이며 전통적 개발방식이다.

(2) 환지개발방식(도시개발사업, 신개발방식, 권리 축소)

① 도시개발사업에서 많이 활용되는 방식으로 택지가 개발되기 전 토지의 위치·지목·면적·등급·이용도 및 기타 사항을 고려하여, 택지가 개발된 후 개발된 토지를 토지소유자에게 재분배하는 방식이다.
② 사업 후 개발토지 중 사업에 소요된 비용과 공공용지를 제외한 토지를 당초의 토지소유자에게 재분배하는 것이다.
③ 미개발토지를 토지이용규제에 따라 구획정리하고 기반시설을 갖춘 도시형 토지로 전환시키는 방식을 말한다.

기출

1. 환지방식은 택지가 개발되기 전 토지의 위치·지목·면적 등을 고려하여 택지개발 후 개발된 토지를 토지소유자에게 재분배하는 방식을 말한다. 제32회
2. 도시개발사업에 소요된 비용과 공공용지를 제외한 후 도시개발사업 전 토지의 위치·지목·면적 등을 고려하여 토지소유자에게 재분배하는 토지를 환지라 한다. 제33회
3. 도시개발사업에 필요한 경비에 충당하기 위해 환지로 정하지 아니한 토지를 체비지라 한다. 제33회
4. 환지개발방식은 사업 후 개발토지 중 사업에 소요된 비용과 공공용지를 제외한 토지를 당초의 토지소유자에게 재분배하는 것이다.
5. 수용방식은 환지방식에 비해 세금감면을 받기 위한 대토(代土)로 인해 도시개발구역 밖의 지가를 상승시킬 가능성이 크다. 제35회
6. 수용방식은 환지방식에 비해 사업시행자의 개발토지(조성토지) 매각부담이 크다. 제35회
7. 사업시행자의 사업비부담에 있어 환지방식은 수용방식에 비해 작다. 제35회
8. 사업으로 인해 개발이익이 발생하는 경우, 환지방식은 수용방식에 비해 종전 토지소유자에게 귀속될 가능성이 크다. 제35회
9. 개발절차상 환지방식은 토지소유자의 동의를 받아야 하는 단계(횟수)가 수용방식에 비해 많아 절차가 복잡하다. 제35회

(3) 매수방식(택지공영개발방식, 권리 소멸)

공공(公共)이 토지의 전면매수를 원칙으로 하므로 사업시행자의 토지수용 절차가 필요하다. 이는 대규모 개발사업 형태를 띠며 토지소유자의 소유권이 완전히 소멸하는 방식이다.

(4) 혼합방식

이는 매수방식과 환지방식을 혼합하는 방식으로 대지조성사업, 도시개발사업이 여기에 해당된다.

(5) 합동·신탁개발방식

① 합동개발방식은 토지개발사업에 참여하는 토지소유자와 함께 사업시행자, 재원조달자, 건설업자가 택지개발에 착수하기 전에 대상지역의 토지를 일정 가격에 전량 매수해서 택지로 개발하는 방식을 말한다.

② 신탁개발방식은 토지신탁을 이용하여 택지를 개발하는 방식이다. 이는 소유권이전의 형식을 취한다.

핵심 용지취득방식에 따른 개발방식의 권리 변환

구분	단순개발방식	환지방식	매수방식	혼합방식
주체	토지소유자	토지소유자, 조합	공공부문	환지방식 + 매수방식
권리변환 유무	권리 불변	권리 축소	권리 소멸	
예시	토지형질변경 등	도시개발사업	공영개발	

♣ 환지방식과 수용방식

구분	환지방식	수용방식
사업주체	토지소유자 및 조합	국가, 지자체, 공사
사업비부담	적음	큼
개발이익환수	곤란	용이
기반시설 확보	곤란	용이
민원발생	적음	많음
사업기간	장기	단기
원주민 재정착	용이	곤란
개발토지 매각부담	적음	큼

6 택지개발

> **참고** 성숙지와 미성숙지
>
> 1. 성숙도: 택지가 건축할 수 있는 조건을 얼마나 갖추고 있는가에 관한 복합개념이며, 성숙도는 개개의 택지에 대한 개념으로서 통상적으로 동일 택지라도 용도가 다르면 그 성숙도에 차이가 있다.
> 2. 성숙지: 시간의 낭비 없이 즉시 건축활동 등 소기의 토지이용을 할 수 있는 토지를 말한다.
> 3. 미성숙지: 택지가 성숙하기까지 상당한 기간·비용이 소요되는 경우를 말한다. 최종소유자의 관점에서 볼 때, 미성숙지는 대체로 불리하다. 그러나 대규모의 개발계획 또는 투기 등의 경우에는 미성숙지를 그 대상으로 하기도 한다.

1. 공영개발 제32회

(1) 공영개발의 의의

공영개발은 국가, 지방자치단체, 공사 등 공적 주체가 공익을 목표로 매수방식으로 부동산을 개발하는 방식을 말한다.

(2) 공영개발의 필요성

① 시장실패의 수정: 일반적으로 재화에 있어서 그 배분과 이용은 시장기구를 통해 이루어질 때 가장 합리적이고 효율적이라 인정되고 있다. 그러나 토지의 자연적 특성과 토지시장의 구조적 결함 및 외부효과의 존재 등은 시장기구를 통한 토지자원의 최적배분을 어렵게 하고 있으며, 이 같은 시장의 실패는 토지시장에 대한 공공 개입의 필요성을 제공하고 있다.

② 효율성과 형평성 조화 추구: 공공 개입은 정부가 비효율성을 감소시키고 편익의 최종적인 분배를 더욱 공평하게 하려는 의도에서 출발한다. 정부의 토지시장 개입에 나타나는 두 가지 목표(즉, 재화와 서비스 생산에서의 보다 큰 효율성의 추구와 분배에서의 보다 큰 형평성의 추구)는 서로 조화를 이루어야 한다.

(3) 부동산공영개발의 장·단점

① 장점
  ㉠ 토지의 계획적 이용을 통해 토지이용의 효율성을 제고할 수 있다.
  ㉡ 개발이익의 사회적 환수가 가능하다.

> **기출** 공영(공공)개발은 공공성과 공익성을 위해 택지를 조성한 후 분양 또는 임대하는 토지개발방식을 말한다. 제32회

ⓒ 지가안정을 기하면서 **비교적 저렴한 가격의** 택지를 대량공급할 수 있다.
　　　ⓓ 공공사업으로 재투자가 가능하다.
　② 단점
　　　㉠ 사업비의 전액을 사업시행자가 먼저 투자함으로써 시행자의 토지 **매입비 부담**이 가중된다.
　　　㉡ 토지수용에 따른 재산권의 상대적 손실감으로 토지소유자의 **민원이 발생**할 우려가 있다.
　　　㉢ 대규모사업 시행시 방대한 용지보상지출로 인해서 통화량 팽창과 **주변지역의 지가 상승**이 우려된다. 즉, 주변 지역의 **투기 발생**의 가능성이 있다.

2. 민간개발

(1) 자체개발사업

(2) 지주공동사업

공사비 대물변제형, 분양금 공사비 지급형, 투자자 모집형, 사업위탁형

(3) 토지신탁사업

(4) 컨소시엄구성방식

7 민간에 의한 부동산개발방식 제35회

1. 자체개발사업

(1) 의의

① 자체개발사업의 방식은 토지소유자가 사업기획을 하고 직접 자금조달을 하여 건설을 시행하는 방식으로, 통상적으로 가장 많은 형태에 속한다.
② 사업시행, 자금조달, 이익의 귀속주체가 모두 **토지소유자**가 된다.
③ 자금조달은 토지소유자의 보유자금 혹은 토지소유자가 차입하여 활용하고, 건설은 토지소유자가 직접 건축 또는 도급 발주하여 공사의 진척에 따라 대금을 지급하며, 마케팅은 상권이 양호하고 경험이 많을 경우 토지소유자가 직접 하거나 분양대행을 시킬 수 있다.

심화 ❖ 신차지방식

개발업자가 법적으로는 토지를 임차하여 개발하고, 경제적으로는 개발된 부동산을 공동으로 임대차하는 방식
1. 계약체결: 권리금을 주고 받지 않는다.
2. 계약 중: 토지소유자에게 고액의 지대를 지불한다(실질적으로는 이익배당).
3. 계약종료: 토지는 무상으로, 건물은 시가로 양도한다(청산절차).

(2) 장점

개발사업의 이익이 모두 토지소유자에게 귀속되고, 사업시행자의 의도대로 사업추진이 가능하며, 사업시행의 **속도가 빠르다**.

(3) 단점

사업의 위험성이 매우 높고, 자금조달의 부담이 크며, 위기관리능력이 요구된다.

2. 지주공동사업

(1) 의의

① 지주공동사업은 토지소유자와 개발업자(건설사, 사업시행자, 자금조달자) 간에 부동산개발을 공동으로 시행하는 것으로서, 토지소유자는 토지를 제공하고 개발업자는 개발의 노하우를 제공하여 서로의 이익을 추구하는 형태이다.

② 지주공동사업의 가장 큰 장점은 불확실하고 위험도가 큰 부동산개발사업에 대한 위험을 지주와 개발업자 간에 분산하는 데 있다.

(2) 종류

① 공사비 대물변제형(등가교환방식)
  ㉠ 토지소유자가 개발사업을 발주하고 개발업자는 공사비를 **준공된 건축물의 일부로 변제받는 방식(공유)이다**(수수료 문제가 발생하지 않음).
  ㉡ 공사비는 개발업자가 소날하고 그 이외의 사입비 조달은 토지소유자 또는 개발업자가 대여하는 방식이다.
  ㉢ 일반적으로 토지소유자가 사업시행자가 되고 건설업체는 시공회사로 참여한다.
  ㉣ 공사비에 해당하는 대물부분은 사전에 그 위치를 정하며 대물부분은 원가 위주로 산정함으로써 다른 부분의 분양가보다 낮게 책정하는 것이 일반적이다.
  ㉤ 토지소유자는 개발콘셉트가 분명하고, 건설업자는 시공능력과 자금력이 양호해야 한다.

핵심 지주공동사업
1. 공사비 대물변제형
2. 분양금 공사비 지급형
3. 투자자 모집형
4. 사업수탁방식

기출 등가교환방식의 경우, 토지소유자가 토지를 제공하고 개발업자가 건물을 건축하여, 그 기여도에 따라 각각 토지·건물의 지분을 갖는 방식으로 수수료 문제가 발생하지 않는다.

② 분양금 공사비 지급형
  ㉠ 토지소유자가 사업을 시행하면서 건설업체에 공사를 발주하고 공사비의 지급은 분양수입금으로 지급하는 방식(공유)이다(수수료 문제가 발생하지 않음).
  ㉡ 시공회사는 분양수입금에서 공사비의 일정 비율을 가지고 가며, 대여금에 대해서는 분양수입금 중에서 최우선적 변제가 이루어진다.
③ 투자자 모집형(신디케이트방식): 개발업자가 조합아파트처럼 투자자로부터 사업자금을 마련하여 사업을 시행하고 투자자에게는 일정의 투자수익 또는 지분을 보장하는 방식으로 주로 신도시 상업지역의 개발이나 조합주택의 개발에 이용되고 있다.
④ 사업수탁방식(사업위탁방식, 사업제안형) 제35회
  ㉠ 토지소유자가 개발업자에게 사업시행을 의뢰하는 형태이며, 개발업자(수탁자)는 시행을 대행하는 것에 대한 수수료를 취하는 형태이다.
  ㉡ 자금의 조달은 토지소유자 또는 개발업자의 주선에 의하여 토지소유자가 자금을 조달하며, 개발 후 분양이나 임대를 개발업자가 대행하는 것이 보통이다.
  ㉢ 사업 종료 후 개발사업에서 발생하는 지분, 수익, 소유권은 모두 토지소유자가 가져가고, 개발업자는 수수료를 취하는 방식이다(지분공유방식이 아님).

기출
1. 사업위탁(수탁)방식은 토지소유자가 토지소유권을 유지한 채 개발업자에게 사업시행을 맡기고 개발업자는 사업시행에 따른 수수료를 받는 방식이다.
2. 사업위탁방식과 신탁개발방식의 차이점은 신탁개발방식의 경우 토지소유자가 개발사업의 전문성이 있는 제3자에게 토지소유권을 이전하고 사업을 위탁하는 점이다. 제35회

기출 신탁개발방식은 토지소유자로부터 형식적인 토지소유권을 이전받은 신탁회사가 사업주체가 되어 개발·공급하는 방식이다.

3. 토지신탁사업(토지신탁, 개발신탁, 토지개발신탁) 제35회

(1) 자신의 토지를 신탁회사에 위탁하여 개발·관리·처분하는 방식이며, 사업위탁방식과 유사하나 신탁회사에 형식상의 소유권이 이전된다는 점에서 차이가 있다. ⇨ 신탁회사 명의, 신탁회사가 자금 조달

(2) 토지소유자는 신탁회사에 토지소유권을 신탁을 원인으로 이전하고, 신탁회사는 지주와의 약정에 의해 신탁수익증권을 발행하며, 이후 신탁회사는 금융기관으로부터 자금을 차입하여 건설회사에 공사를 발주한다.

(3) 건물이 준공되면 신탁회사가 입주자를 모집하고, 임대수익금에서 제세공과금을 공제한 후에 수익증권의 소유자(수익자)에게 수익을 배당한다.

(4) 신탁기간이 종료되면 신탁회사는 사업 종료 후 개발사업에서 발생하는 지분, 수익, 소유권 등을 모두 토지소유자에게 반환하고, 신탁회사는 신탁수수료를 취하는 방식이다(지분공유방식이 아님).

4. 컨소시엄방식

(1) 대규모 개발사업에 있어서 사업자금의 조달 혹은 기술보완 등의 필요에 의해 법인 간에 컨소시엄을 구성하여 사업을 수행하는 방식이다.

(2) 참여회사 중의 하나가 대표회사가 되거나 별도의 연합법인을 설립하여 시행할 수 있다.

(3) 이 방식은 사업의 안정성 확보라는 장점이 있지만, 사업시행에 시간이 오래 걸리고 출자회사 간 상호 이해조정이 필요하며, 책임의 회피 현상이 있을 수 있다는 단점이 있다.

8 민간자본유치 사업방식 제32회, 제34회, 제35회

정부가 사회간접자본(SOC)시설을 확충하기 위해 민간투자사업을 유치하는 방식에는 다음과 같은 방식이 있다.

> **핵심** 민간자본유치방식
>
> 1. BTO: 민간이 짓고 ⇨ 정부에 소유권 이전 ⇨ 민간에 일정 기간 운영권 부여
> 2. BOT: 민간이 짓고 ⇨ 민간에 소유권·운영권 부여 ⇨ 정부에 소유권 이전
> 3. BTL: 민간이 짓고 ⇨ 정부에 소유권 이전 ⇨ 운영권을 정부에 임대
> 4. BLT: 민간이 짓고 ⇨ 정부에 운영권 임대 ⇨ 정부에 소유권 이전
> 5. BOO: 민간이 짓고 ⇨ 민간에 소유권·운영권 부여

(1) **BTO(Build-Transfer-Operate)방식**

사회간접자본시설의 준공과 동시에 해당 시설의 소유권이 정부 또는 지방자치단체에 귀속되며, 사업시행자에게 일정 기간의 시설관리운영권을 부여하는 방식이다. 예 도로, 터널, 철도, 항만 등의 교통시설

(2) **BOT(Build-Own-Transfer)방식**

사회간접자본시설의 준공 후 일정 기간 동안 사업시행자에게 해당 시설의 소유권(운영권)이 인정되며, 그 기간의 만료시 시설의 소유권(운영권)이 정부 또는 지방자치단체에 귀속되는 방식이다.

기출

1. 민간투자사업에 있어 민간사업자가 자금을 조달하여 시설을 건설하고 일정기간 소유 및 운영을 한 후 국가 또는 지방자치단체에게 시설의 소유권을 이전하는 방식은 BOT방식이다. 제35회

2. BOT방식은 민간사업자가 자금을 조달하여 시설을 건설하고, 일정 기간 소유 및 운영을 한 후, 사업종료 후 국가 또는 지방자치단체 등에게 시설의 소유권을 이전하는 방식이다. 제32회

기출

1. BTL방식은 사회기반시설의 준공과 동시에 해당 시설의 소유권이 국가 또는 지방자치단체에 귀속되며, 사업시행자에게 일정 기간의 시설관리운영권을 인정하되, 그 시설을 국가 또는 지방자치단체 등의 협약에서 정한 기간 동안 임차하여 사용·수익하는 방식이다.
2. BTL방식은 학교시설, 문화시설 등 시설이용자로부터 사용료를 징수하기 어려운 사회기반시설 건설의 사업방식으로 활용된다.
3. BLT방식은 민간사업자가 자금을 조달하여 시설을 건설하고 일정 기간 동안 타인에게 임대하고, 임대기간 종료 후 국가 또는 지방자치단체 등에게 시설의 소유권을 이전하는 방식이다. 제32회
4. BOO방식은 민간사업자가 자금을 조달하여 시설을 건설하고, 준공과 함께 민간사업자가 당해 시설의 소유권과 운영권을 갖는 방식이다. 제32회

(3) BTL(Build-Transfer-Lease)방식

사회기반시설의 준공과 동시에 해당 시설의 소유권이 국가 또는 지방자치단체에 귀속되며, 사업시행자에게 일정 기간의 시설관리운영권을 인정하되, 그 시설을 국가 또는 지방자치단체 등이 협약에서 정한 기간 동안 임차하여 사용·수익하는 방식이다. 예 학교 건물, 기숙사, 도서관, 군인 아파트 등의 교육·문화·복지시설

(4) BLT(Build-Lease-Transfer)방식

사업시행자가 사회간접자본시설을 준공한 후 일정 기간 동안 운영권을 정부에 임대하여 투자비를 회수하며, 약정 임대기간 종료 후 시설물을 정부 또는 지방자치단체에 이전하는 방식이다.

(5) BOO(Build-Own-Operate)방식

사회간접자본시설의 준공과 동시에 사업시행자에게 해당 시설의 소유권 및 운영권을 인정하는 방식이다.

※ BTO와 BTL방식 비교(완공된 시설물을 정부에 기부채납)

구분	BTO(수익형)	BTL(임대형)
대상시설 성격	최종수요자에게 사용료 부과로 민간으로터 직접 투자비 회수가 가능한 시설 예 도로, 터널, 철도, 항만(교통시설)	최종수요자에게 사용료 부과로 투자비 회수가 어려운 시설 예 학교건물, 기숙사, 도서관, 군인아파트(교육, 문화, 복지시설)
투자비 회수	최종사용자로부터 사용료 직접 징수	정부의 시설임대료 지급받음
사업 리스크	민간이 수요 위험 부담(위험이 크다) (수요추정절차 필요)	민간의 수요 위험 배제(위험이 작다) (수요추정절차 불필요)
수익률 보장방안	사후적 목표수익률 보장(높은 수익)	사전적 목표수익률 보장(낮은 수익)
제안자	민간이 제안, 정부가 채택	정부가 제안, 민간이 채택

제2장 부동산관리론과 부동산마케팅

회독 Check 1회 2회 3회

- 부동산관리 3방식과 내용을 숙지해야 하며 임대차방식 및 선정기준을 공식처럼 암기해야 한다. 특히 건물의 생애주기와 내용연수는 빈출 부분이므로 반드시 이해해야 한다.
- 마케팅 분야는 제15회 시험 이후로 매년 한 문제씩 출제되고 있다. 특히 시장점유·고객점유·관계 마케팅을 반드시 숙지해야 하며, STP 전략과 4P Mix 전략의 내용을 정리해 두어야 한다.

제1절 | 부동산관리

❶ 부동산관리의 의의와 필요성

(1) 부동산관리의 의의

부동산관리란 부동산을 **유지·보존**하고, 그 **성질을 변화시키지 않는 범위 내에서** 경제상의 유용성을 증대시키기 위하여 **이용**하고 **개량**하는 활동을 말한다. 이는 부동산의 **처분에 대응**하는 개념이다. 따라서 취득, 유지, 보존, 이용, 개량에 관한 일체의 행위라 할 수 있다. 부동산관리는 물리·기능·경제 및 법률 등을 포괄하는 **복합개념**이다.

① 보존활동: 대상부동산이 갖는 본래의 상태를 보존하여 그 부동산이 갖는 **기능을 계속 유지**시키는 활동을 말한다.

② 이용활동: 부동산이 갖는 기능에 따라 **이익을 증대**시키는 활동을 말한다.

③ 개량활동: 외부적 관리행위로 부동산의 **외형·형태를 변화시키면서** 양호한 상태를 지속시키는 행위이다. 부동산의 법률적·기능적·경제적 **하자를 제거**하여 부동산의 유용성을 극대화시키는 활동을 말한다.

> **참고** 부동산의 유지 및 개량
>
> 1. 유지: 부동산의 외형·형태를 변화시키지 않으면서 부동산의 양호한 상태를 유지시키는 행위로 일상적 유지활동, 예방적 유지활동, 대응적 유지활동으로 구분하며, 사전적 유지활동인 예방적 유지활동이 가장 중요한 위치를 차지한다.
> 2. 개량: 외부적 관리행위로 부동산의 외형·형태를 변화시키면서 양호한 상태를 지속시키는 행위이다.

(2) 부동산관리의 필요성

도시화 현상	경제의 발전과 더불어 인구의 도시집중은 **단독주택에서 공동주택으로 주택구조를 변화시켰고**, 그로 인하여 공동주택의 전문적인 관리의 필요성이 대두되었다.
건축기술 발달	도시의 성장과 인구의 도시집중은 건물의 고층화·대형화를 가져오고 이로 인한 건축기술의 발전은 전문적인 관리가 아니고는 그 유지가 불가능하게 되었다.
부재소유자의 요구와 증가	도시화는 부동산개발이나 투자를 촉진하게 되어 도시지역의 부동산은 대량으로 임대화됨으로써 부재자의 소유 현상은 소유자로 하여금 부동산관리를 전문관리인에게 위탁하게 되었고 이는 부동산에 대한 부재자소유의 증대를 가져왔다.
소유와 관리의 분리	부동산관리제도의 공용부문뿐만 아니라 전유부문에서도 구분소유물의 공공성에 입각하여 단독소유에서와 달리 계속적이고 제도적인 관리가 요청된다.

❷ 부동산관리의 세 가지 영역

부동산관리는 시설관리, 건물 및 임대차관리, 자산관리의 세 가지 영역으로 나눌 수 있는데, 가장 중요한 것은 자산관리이다.

(1) 시설관리(유지관리, FM)

각종 부동산시설을 운영하고 유지하는 것으로서, 시설사용자의 요구에 부응하는 정도의 소극적 관리를 의미한다. ⓔ 설비의 운전·보수, 에너지관리, 청소관리, 방범·방재, 외주관리

기출 시설관리는 부동산시설을 운영하고 유지하는 것으로 시설사용자나 기업의 요구에 따르는 소극적 관리에 해당한다.

(2) 건물 및 임대차관리(부동산관리, 재산관리, PM)

부동산의 임대 및 수지관리의 측면에서의 관리를 의미한다. ⓔ 수입목표 수립, 지출계획 수립, 비용통제, 임대차 유치 및 유지

(3) 자산관리(투자관리, AM)

소유주나 기업의 부를 극대화하기 위하여 부동산의 가치증진을 목적으로 하는 적극적인 관리를 의미한다. ⓔ 부동산의 매입과 매각, 재투자·재개발 결정, 투자 리스크 관리, 포트폴리오 관리, 프로젝트 파이낸싱

기출 자산관리에는 부동산의 매입·매각, 재투자·재개발, 포트폴리오, 투자 리스크, 프로젝트 파이낸싱 등이 있다.

핵심 부동산관리의 영역

시설관리 (유지관리, FM)	건물 및 임대차관리 (재산관리, PM)	자산관리 (투자관리, AM)
시설을 운영·유지 (소극적 관리)	재산관리(부동산관리) 임대 및 수지관리	부동산가치 증가 (적극적 관리)
• 설비의 운전·보수 • 에너지관리 • 청소관리 • 방범·방재 • 외주관리	• 수입목표 수립 • 지출계획 수립 • 비용통제 • 임대차 유치 및 유지	• 부동산의 매입과 매각 • 재투자·재개발 결정 • 투자 리스크 관리 • 포트폴리오 관리 • 프로젝트 파이낸싱

❸ 부동산관리의 분류

(1) 부동산관리의 내용별 분류

① 기술적 관리(유지관리, 협의의 관리): 기술적 관리란 협의의 관리이며 물리적·기능적 결함을 시정하기 위한 기술적 조치 및 사전 예방행위를 말한다.

  ㉠ 토지의 기술적 관리: 경계 확정, 사도(私道) 방지, 경사지 또는 쓰레기장화 방지대책 등

  ㉡ 건물의 기술적 관리: 위생관리, 설비관리, 보안관리(화재·재해보험 가입), 보전관리 등

  ㉢ 건물과 부지의 부적응을 개선, 물리적·기능적 하자의 유무를 판단하여 필요한 조치를 하는 것

② 경제적 관리(경영관리): 경제적 관리란 수익의 극대화를 위한 순수익의 합리적 산출을 위한 관리를 말한다. 예컨대 유능한 관리자 선발, 주기적 생산성 분석, 지렛대 효과 유지, 매각·매입 의사결정, 리모델링투자 의사결정, 투자회수 등을 통해 순수익을 높이려는 행위이다.

  ㉠ 토지의 경제적 관리: 공사장 가건물, 모델하우스, 주차장, 자재하치장, 테니스 코트 등으로 이용하는 것

  ㉡ 건물의 경제적 관리: 손익분기점 파악, 회계관리, 수지관리, 예산관리, 인력관리 등

③ 법률적 관리(보존관리): 법률적 관리란 소유권의 적정성 여부 판단 등 합법적인 보장을 최대로 확보하는 관리를 말한다.

기출
1. 건물과 부지의 부적응을 개선시키는 활동은 기술적 관리에 해당한다.
2. 기술적 측면의 부동산관리는 대상부동산의 물리적·기능적 하자의 유무를 판단하여 필요한 조치를 취하는 것이다.

㉠ 토지의 법률적 관리: 권리관계의 조정, 법적 하자 제거 조치, **토지도 난방지대책**, 법률적 이용가치 개선과 변경
㉡ 건물의 법률적 관리: 임대차**계약**(예약), 시설이용계약(광고시설이용계약 등), 권리의 보존, 공법상의 규제사항에 관한 관리

핵심 | 부동산관리의 내용적 분류

구분	기술적 관리 (유지관리, 협의)	경제적 관리 (경영관리)	법률적 관리 (보존관리)
토지	• 경계 확정 • 사도, 경사지 대책	부동산에 대한 수익의 극대화 추구	• 권리관계 조정 • 토지도난방지대책
건물	• 위생·설비·보안(보험)·보전관리 • 건물·부지의 부적응 개선 • 물리적·기능적 하자 제거	• 손익분기점 평가 • 회계관리 • 인력관리	• 계약관리 • 권리의 보존관리 • 공법상 규제 사항에 관한 관리

(2) 부동산관리의 주체별 분류(관리 3방식) 제33회, 제34회, 제35회

부동산의 관리주체를 중심으로 보면, 거주자들 자신의 관리에 의한 직접관리체제와 위탁관리 등을 통한 간접관리체제 및 혼합관리체제로 나누어 볼 수 있다. 부동산관리는 '**자가관리 ⇨ 혼합관리 ⇨ 위탁관리**'로 발달하여 왔다. 세 가지 방식 중 가장 역사가 오래된 전통적 관리방식은 자가관리방식이며, 현대적 의미에서 전문적인 관리방식은 위탁관리방식을 말한다.

① 자가관리(자영관리, 직접관리, 자치관리): 자가관리란 개인의 **소규모** 주택이나 적은 면적의 토지 등을 대체적으로 **소유자가 직접 관리**하는 방식을 취하는 것을 말한다. 작게는 자용의 건물, 크게는 자가의 빌딩을 직접 관리하는 것을 의미하며, 타인에게 임대한 토지나 건물 및 기타 시설물 등을 자기가 직접 관리하는 행위 등을 포함한다.

② 혼합관리: **자가관리와 위탁관리를 병용**하여 관리하는 방식이다. 즉, 중형의 빌딩이나 상당히 복잡한 기능을 가진 부동산을 일부는 소유주가 직접 관리하고 일부는 제3자에게 관리를 위탁하는 경우를 말한다.

③ 위탁관리(외주관리, 간접관리): 재산의 관리를 전반적으로 전문가 또는 대행업자에게 위탁하는 방식이다. 위탁관리는 일반적으로 부동산관리를 전문으로 하는 대행업자에게 위탁하는 것이 보통이다.

기출
1. 위탁관리방식은 ① 관리의 전문성과 효율성을 제고할 수 있다. ② 건물설비의 고도화에 대응할 수 있다. ③ 전문업자의 관리서비스를 받을 수 있다. ④ 대형건물의 관리에 더 유용하다. ⑤ 기밀유지에 어려움이 있다. 제33회
2. 위탁관리방식: 소유와 경영의 분리가 가능, 대형건물의 관리에 더 유용, 관리에 따른 용역비의 부담, 전문적이고 체계적인 관리가 가능 제35회

이때 주의할 것은 사회적으로 신뢰도가 높고 성실한 대행업자를 선정하도록 하여, 불의의 사고 또는 부실한 관리로 인한 피해를 사전에 방지하는 것이다.

＋ 보충 부동산관리 3방식의 장·단점

구분	장점	단점
자가관리 (직접 관리, 전통방식)	• 기밀 유지, 보안 유리 • 서비스, 애호정신 높음 • 각 부분의 종합적 관리 용이 • 소유자의 지시, 통제권 강함 • 신속한 업무처리 • 관리비 절약(수수료 측면)	• 소유자 본업에 전념하기 곤란 • 업무의 타성화(매너리즘) • 전문성 결여 • 관리비가 필요 이상 상승, 불합리하게 지출(전문성 ⇩) • 인력관리가 비효율적, 인사정체 심함
위탁관리 (외주관리, 현대방식)	• 소유자 본업에 전념 • 업무의 타성화(매너리즘) 방지 • 전문성 높음, 효율적 관리 • 관리비용 저렴·안정(전문성 ⇧) • 소유와 경영 분리	• 기밀유지 곤란, 보안 불리 • 서비스, 애호정신 낮음 • 각 부분의 종합적 관리 곤란 • 업자의 신뢰도 문제 • 신속한 업무처리 곤란 • 위탁수수료 ⇨ 관리비지출
혼합관리 (과도기)	• 일부 자기가 관리하고 필요부분만 위탁관리 • 자가관리와 위탁관리의 장점 채택	• **책임 소재가 불명확** • 관리자들 간 긴밀한 협조 ×

기출
1. 자기(직접)관리방식은 전문(위탁)관리방식에 비해 기밀유지에 유리하고 의사결정이 신속한 경향이 있다.
2. 위탁관리방식은 관리업무의 타성(惰性)을 방지할 수 있다.
3. 건물의 관리에 있어서 재무·회계관리, 시설이용·임대차계약, 인력관리는 위탁하고, 청소를 포함한 그 외 나머지는 소유자가 직접 관리할 경우, 이는 혼합관리방식에 해당한다.
4. 혼합관리방식은 관리의 책임소재가 불분명해지는 단점이 있다.

❹ 부동산관리자들의 업무영역(부동산관리활동) 제34회, 제35회

(1) 임대차활동

① 임차인의 선정기준
  ㉠ 주거용 부동산: 유대성(연대성)
  ㉡ 매장용 부동산: 가능매상고(수익성)
  ㉢ 공업용 부동산(사무실용 부동산): 적합성

② 임대차의 유형
  ㉠ 조(총)임대차(gross lease): 주거용 부동산
    조임대차의 경우 임차인은 모든 임대료를 임대인에게 지불하고 이를 받은 임대인이 부동산운영에 수반되는 다른 비용(부동산세금, 보험료 등)을 지불하는 임대차 유형을 말한다.

기출 부동산관리자가 상업용 부동산의 임차자를 선정할 때는 가능매상고가 중요한 기준이 된다.

기출 임차부동산에서 발생하는 총수입(매상고)의 일정비율을 임대료로 지불한다면, 이는 임대차의 유형 중 비율임대차에 해당한다.

참고 공업용 부동산에서는 3차 순임대차가 보편적이다.

핵심 임차인 선정기준과 임대차계약

구분	임차인 선정기준	임대차 계약
주거용	유대성(연대성)	조임대차(총임대차)
매장용	가능 매상고(수익성)	비율임대차
공업용	적합성	(3차)순임대차

ⓒ 비율임대차(percentage lease): **매장용 부동산**
   비율임대차는 임차인의 총수입(총소득, 매출액)의 일정비율을 임대료로 지불하는 임대차 유형을 말한다.

ⓒ 순임대차(net lease): **공업용 부동산**
   순임대차란 임차인은 순수한 임대료만을 임대인에게 지불하고 그 외의 영업경비는 임대인과 임차인이 사전협상에 따라 지불하는 임대차 유형을 말한다.
   ⓐ 1차 순임대차: 순임대료 + 편익시설비용, 특별부과금, 부동산세금
   ⓑ 2차 순임대차: 1차 순임대차 + 보험료
   ⓒ 3차 순임대차: 2차 순임대차 + 유지수선비

> **예제**
>
> 분양면적 500m²의 매장인 경우 비율임대차(percentage lease)방식을 적용한 연 임대료는? (단, 주어진 조건에 한하며, 연간 기준임) 제30회
>
> - 예상매출액: 분양면적 m²당 20만원
> - 기본임대료: 분양면적 m²당 6만원
> - 손익분기점 매출액: 5,000만원
> - 손익분기점 매출액 초과 매출액에 대한 임대료율: 10%
>
> **해설** 임대료 = 기본임대료(3,000만원) + 추가임대료(500만원) = 3,500만원
>
> | 예상매출액 = 1억원 (20만원 × 500m²) | 초과금액: 5,000만원 | 추가임대료 = 500만원 (5,000만원 × 10%) |
> |---|---|---|
> | | 손익분기점: 5,000만원 | 기본임대료 = 3,000만원 (6만원 × 500m²) |
>
> **정답 3,500만원**

(2) 주택임대관리업(「민간임대주택에 관한 특별법」)

① 주택임대관리업: 주택의 소유자로부터 임대관리를 위탁받아 관리하는 업을 말한다.
   ㉠ 자기관리형 주택임대관리업: 주택의 소유자로부터 주택을 임차하여 자기책임으로 전대하는 형태의 업
   ㉡ 위탁관리형 주택임대관리업: 주택의 소유자로부터 수수료를 받고 임대료 부과·징수 및 시설물 유지·관리 등을 대행하는 형태의 업
② 주택임대관리업자의 업무범위: 임대를 목적으로 하는 주택에 대하여 다음 업무를 수행한다.

㉠ 임대차계약의 체결·해제·해지·갱신 및 갱신거절 등
㉡ 임대료의 부과·징수 등
㉢ 임차인의 입주 및 명도·퇴거 등(중개업은 제외)
㉣ 기타 부수적으로 수행할 수 있는 업무
   ⓐ 시설물 유지·보수·개량 및 그 밖의 주택관리 업무
   ⓑ 임차인이 거주하는 주거공간의 관리
   ⓒ 임차인의 안전 확보에 필요한 업무
   ⓓ 임차인의 입주에 필요한 지원 업무

(3) 부동산의 유지

① 의의: 유지란 외부적 관리행위로서 부동산의 외형이나 형체를 변화시키지 않고 양호한 상태를 지속시키는 행위를 말한다. 외형이나 형체를 변화시키면서 양호한 행위를 지속시키는 개량과는 구별되는 개념이다.

② 부동산유지의 종류: 부동산의 유지활동에는 일상적 유지활동, 예방적 유지활동, 대응적 유지활동으로 나누어지는데, 여기에서 가장 중요한 위치를 차지하는 것은 예방적 유지활동(사전적 유지활동)이다.
㉠ 일상적(정기적) 유지활동: 청소, 소독 등 통상적으로 행하는 정기적인 유지활동
㉡ 예방적(사전적) 유지활동: 시설, 장비 등이 제기능을 효율적으로 발휘하기 위해서 수립된 유지계획에 따라 문제가 발생하기 전에 수리·교환하는 사전적 유지활동
㉢ 대응적(사후적) 유지활동: 어떤 문제가 생긴 후에 이를 수정하기 위한 사후적 유지활동

> **용어** 🔊 개량
> 외부적 관리행위로 부동산의 외형·형태를 변화시키면서 양호한 상태를 지속시키는 행위이다.

5 건물의 생애주기와 내용연수

(1) 건물의 생애주기

① 전개발단계(건축 전단계): 건축하기 전의 용지상태에서 건축계획을 세우는 단계
㉠ 건축계획 및 건축 후의 관리계획을 하는 단계이다.
㉡ 장차 건물에 대한 일반 소비자들의 수요행태에 대한 예측 등이 이루어져야 한다(건물의 수급동향 분석, 유사빌딩 신축동향).
㉢ 건물에 대한 규제(임대료규제), 도시계획상 규제, 시장조사, 타당성 분석 등이 이루어진다.

> **기출**
> 1. 건물의 생애주기 단계 중 물리적 유용성이 가장 높은 단계는 신축단계이다.
> 2. 안정단계에서 건물의 양호한 관리가 이루어진다면 안정단계의 국면이 연장될 수 있다
> 3. 노후단계는 일반적으로 건물의 구조, 설비, 외관 등이 악화되는 단계이다.

② 신축단계: 건물의 완성된 단계
　㉠ 건물의 **물리적·기능적 유용성은 이 단계에서 가장 높이** 나타난다.
　㉡ 건물의 사회·경제적 기능을 널리 알린다.
　㉢ 입실자의 질 등을 통제한다.
　㉣ 기능상의 결함 중 치유 가능한 경우 신속히 치유한다.
③ 안정단계: 건물이 제기능을 발휘하면서 본격적·장기적으로 안정되는 단계
　㉠ 이 단계의 관리상태에 따라 **빌딩 수명의 장단이 결정된다**. 즉, 관리상태가 좋으면 안정단계가 상당히 연장된다.
　㉡ 만일 빌딩의 시설이나 구조를 **일부 개조나 수선 등의 자본적 또는 수익적 지출**을 하여야 하는 경우 이 단계에서 하는 것이 효과적이다(리모델링 단계).
　㉢ 임대료의 정기적인 재평가 및 재조정, 임차인의 이용상태 등 필요한 제반사항에 대한 배려가 있어야 한다.
　㉣ 특정인에게 같은 용도로 장기간 임대하는 경우에는 경제적 임대료의 수준을 유지하도록 노력한다.
　㉤ 층단위의 임대와 실단위의 임대에 대한 장·단점을 검토한다.
　㉥ 기술적 상태에 대한 세밀한 검사와 관리가 실시되면 빌딩의 기능적 하자를 최소로 줄여준다.
④ 노후단계: 건물의 물리적·기능적 상태가 급격히 **악화**되기 시작하는 단계
　㉠ 설비의 낙후, 외관의 악화, 보다 낮은 수준의 임차인이 들어서는 것 등으로 측정 가능하다. 약 15년 정도 지속된다.
　㉡ 빌딩의 기능 개선 등을 목적으로 새로운 투자를 한다면, 문제를 더욱 어렵게 만들 수도 있다.
　㉢ 대부분의 소유자는 새로운 개량비의 **지출을 억제**하는 대신 **빌딩 자체를 교체할 계획**을 세우는 것이 통상적이다.
　㉣ 새로운 임대차계약을 체결함에 있어 기간 등 계약조건이 후일의 교체에 지장이 없도록 배려하여야 한다.
⑤ 완전폐물단계: 건물의 설비 등이 **쓸모가 거의 없어져** 경제적 가치가 없어지는 단계
　㉠ 건물 **교체를 전제**로 전개발단계를 향하여 모든 일이 전개된다.
　㉡ 건물의 교체결정은 물리적·기능적인 마멸의 정도에 따르는 것이 당연하지만 경제적인 측면에서도 타당성이 있어야 한다.

ⓒ 교체된 새 빌딩의 가격이 현존 빌딩의 가격과 교체하는 데 소요되는 비용을 합산한 것보다 많아야 함은 당연한 논리이다.

🎯 **핵심** 건물의 생애주기

전개발단계	• 장차 빌딩이 건축될 용지의 상태 • 공법상 규제 고려, 시장분석
신축단계	• 빌딩이 완성된 단계 • 물리적·기능적 유용성 최고
안정단계	• 존속기간이 가장 장기 • 빌딩의 수명 결정(경제적 관리가 특히 중요) • 자본적 지출(개조나 수선)이 적절한 시기
노후단계	• 빌딩이 물리적·기능적 상태가 급격히 악화 • 지출을 억제하고 빌딩 교체를 계획하는 단계
완전폐물단계	• 빌딩이 물리적·경제적으로 쓸모가 없어지는 단계 • 건물 교체를 전제하는 단계

(2) 건물의 내용연수

건물의 유용성을 지속할 수 있는 버팀시간, 보통 건물의 수명을 말한다. 관리자의 태도, 시공상태, 입지조건 및 관리방법에 따라 내용연수는 달라진다. 물리적 내용연수가 가장 길다. 경제적 내용연수는 물리적 내용연수 범위 내에서 파악된다.

① 물리적 내용연수: 건물 이용에 의한 마멸, 파손, 노후화, 우발적 사고 등으로 사용이 불가능할 때까지의 버팀시간을 말한다.

② 기능적 내용연수: 건물이 기능적으로 유효한 기간으로 설계의 불량, 설비의 부족·불량, 건물과 부지의 부적응, 형식과 디자인의 구식화 등과 관계가 있다.

③ 경제적 내용연수: 경제수명이 다하기까지의 버팀시간이다. 인근 지역의 변화, 인근 환경과 건물의 부적합, 인근의 다른 건물과 비교하여 시장성이 감소하는 것과 관계가 있다.

④ 행정적 내용연수: 법 제도나 행정적 조건에 의해 건물의 수명이 다하기까지의 기간을 말한다. 이는 철거 및 세법의 규정에 따라 결정된다. 특히 세법의 규정에 의한 내용연수를 법정내용연수라고 한다.

제2절 | 부동산마케팅

제32회, 제33회, 제34회, 제35회

❶ 부동산마케팅의 의의 및 특징

(1) 의의

부동산마케팅이란 부동산과 부동산업에 대한 소비자들의 행동이나 태도를 형성·유지·변경하고 부동산의 필요와 욕망을 만족시켜주기 위해 물적 부동산, 부동산서비스, 부동산증권 세 가지 유형의 부동산제품을 사고, 팔고, 임대차하는 것이다. 마케팅은 매매 자체를 의미하는 세일즈 개념보다 넓은 의미로 사용된다.

(2) 특징

① 부동산마케팅은 그 대상이 되는 부동산의 공간·부동산소유권 및 임차권·부동산증권·부동산서비스에 대한 가격의 결정, 판매촉진, 유통의 원활화를 위해 계획하고 수행하며 평가하는 과정이라고 할 수 있다.
② 부동산시장은 지역별·용도별로 세분화되어 있으므로 부분별 마케팅 전략이 중요해지고 있다.
③ 현대사회는 공급자(판매자) 중심에서 **소비자(구매자) 중심으로 전환됨**에 따라 소비자들의 욕구를 충족시키는 마케팅 전략이 중요해지고 있다.

> 기출 부동산시장이 공급자 우위에서 수요자 우위의 시장으로 전환되면 마케팅의 중요성이 더욱 증대된다. 제32회

❷ 부동산마케팅의 분류

> 핵심 부동산마케팅의 분류
> 1. 부동산공급마케팅
> 2. 부동산서비스마케팅
> 3. 부동산정책마케팅

(1) 부동산공급마케팅

① 주거용 부동산마케팅: 단독주택, 아파트 및 기타 주거시설의 판매나 분양을 위해 노력하는 활동을 말한다.
② 업무용 부동산마케팅: 공장, 점포, 사무실, 창고와 같은 비주거용 부동산을 개발·판매·임대하기 위해 노력하는 활동을 말한다.
③ 토지투자마케팅: 투자 목적을 위하여 토지를 개발하고 판매하기 위해 노력하는 활동을 말한다.

(2) 부동산서비스마케팅

중개, 평가, 권리분석, 금융 등의 분야에서 각각 그들의 서비스를 개발·판매하기 위해 노력하는 활동을 말한다.

(3) 부동산정책마케팅

부동산정책의 홍보를 위한 활동을 말한다.

③ 부동산마케팅 환경과 전략수립

(1) 거시적 환경

① 자연적 환경: 지형, 지질, 기후, 공기오염, 공동주택단지의 오물처리 및 종말처리, 유해물질의 처리 등

② 인문적 환경

  ㉠ 정치·행정적 환경: 토지이용과 거래에 관한 법 규제, 투기대책, 도시개발 및 재개발 등
  ㉡ 경제·기술적 환경: 저축률, 투자율, 경제성장, 경기변동, 건축기술의 발달, 국내저축·투자수준, 국제수지, 재정 및 금융, 물가, 임금 등
  ㉢ 사회·문화적 환경: 소비자단체, 소비자의 의식수준, 인구, 가족구성, 공공시설, 사회복지, 부동산 거래 및 이용관행, 건축양식, 지식, 가치관, 관습 및 윤리 등

(2) 미시적 환경

부동산활동의 개별주체들로 구성되는데 경쟁업자, 공중(일반대중), 정부로 구성되어 있다.

(3) 마케팅 전략 수립방법 및 순서

① 부동산마케팅 전략의 수립에는 거시환경과 미시환경에 대한 분석이 선행되어야 하고 전략수립(과제의 목표, 표적시장, 경쟁 전략, 마케팅 믹스)이 끝나면 조직과 시스템을 구축하여야 한다.

② 마케팅 전략은 거시환경과 미시환경을 서로 접합시키는 과정이라 할 수 있다.

③ 이때 설문조사를 할 경우 일반적 절차는 다음과 같다.

> ㉠ 조사목표의 설정 ⇨ ㉡ 모집단의 설정 ⇨ ㉢ 조사설계 및 예비조사 ⇨ ㉣ 설문조사 ⇨ ㉤ 코딩 및 전산처리 ⇨ ㉥ 결과종합 및 마케팅 전략수립

참고 마케팅활동을 효율적으로 수행하려면 환경구조를 정확히 파악하여 합리적인 마케팅 환경관리를 해야 한다.

핵심 부동산마케팅 환경

거시적 환경	자연환경, 인문환경 (정치, 경제, 사회, 문화적 환경)
미시적 환경	경쟁업자, 공중(일반대중), 정부

기출

1. 바이럴 마케팅 전략은 SNS, 블로그 등 다양한 매체를 통해 해당 브랜드나 제품에 대해 입소문을 내게 하여 마케팅효과를 극대화시키는 것이다. 제32회
2. 부동산마케팅에서 4P 마케팅믹스(Marketing Mix) 전략의 구성요소에는 Price(가격), Product(제품), Place(유통경로), Promotion(판매촉진)이 있다. 제35회

④ 부동산마케팅의 세 가지 차원 제32회, 제33회, 제34회, 제35회, 제36회

부동산마케팅은 공급자 전략차원으로서 표적시장을 선점하거나 틈새시장을 점유하는 시장점유 마케팅이 있고, 소비자 행동차원으로서 소비자의 행태, 심리적 측면에서 고객점유 마케팅이 있으며, 최근 새롭게 대두되고 있는 공급자와 소비자의 상호작용을 중요시하는 관계 마케팅이 있다.

시장점유 마케팅 전략 (공급자 중심)	공급자 중심의 마케팅 전략으로서 표적시장을 선점하거나 틈새시장을 점유하는 전략이다. • STP 전략: 시장세분화(Segmentation), 표적시장(Target), 차별화(Positioning) • 4P Mix 전략: 유통경로(Place), 제품(Product), 가격(Price), 판매촉진(Promotion)
고객점유 마케팅 전략 (수요자 중심)	• 소비자의 구매의사결정과정의 각 단계에서 심리적 접점을 마련하는 전략이다. • AIDA 전략: 주의(Attention), 관심(Interesting), 욕망(Desire), 행동(Action)의 전략
관계 마케팅 전략 (수요·공급자 상호작용)	생산자와 소비자 간의 장기적·지속적인 관계유지를 주축으로 하는 마케팅으로, 이는 '브랜드(Brand)' 문제와 주로 연결된다.

1. 시장점유 마케팅 전략(공급자 전략차원)

시장점유 마케팅은 공급자 중심의 마케팅 전략으로서 표적시장을 선점하거나 틈새시장을 점유하는 전략이다. 여기에는 STP 전략과 4P Mix 전략이 있다.

(1) STP 전략 제32회, 제33회, 제34회

전통적 마케팅 전략의 하나로 시장세분화(Segmentation), 표적시장(Target), 차별화(Positioning)를 의미한다.

① 시장세분화(Segmentation): 수요자 집단을 인구·경제학적 특성상 세분하여 상품의 판매지향점을 분명히 하는 전략을 말한다. 수요자 계층별로 시장을 분할하는 것이 우선되어야 한다(성인층, 노년층, 여성층 등으로 세분).

② 표적시장 선점(Target): 세분화된 시장에서 자신의 상품과 일치되는 수요집단을 확인하거나 선정된 표적집단에서 신상품을 기획하는 것을 말한다.

기출

1. 시장점유 마케팅 전략이란 공급자 중심의 마케팅 전략으로 표적시장을 선정하거나 틈새시장을 점유하는 전략을 말한다. 제33회
2. STP 전략에서 STP는 시장세분화(Segmentation), 표적시장 선정(Targeting), 시장차별화(Positioning)로 구성된다. 제36회
3. 시장세분화 전략이란 수요자 집단을 인구·경제적 특성에 따라 세분하고, 세분된 시장에서 상품의 판매지향점을 분명히 하는 것을 말한다.
4. 분양성공을 위해 아파트 브랜드를 고급스러운 이미지로 고객의 인식에 각인시키도록 하는 노력은 STP 전략 중 시장차별화(Positioning) 전략이다.

③ 차별화 전략(Positioning): 동일한 표적시장을 갖는 다양한 공급경쟁자 사이에서 자신의 상품을 어디에 위치시킬 것인가 하는 전략(시장차별화)이다. 분양성공을 위해 아파트 브랜드를 고급스러운 이미지로 고객의 인식에 각인시키도록 하는 노력

(2) 4P Mix 전략 제35회

유통경로(Place), 제품(Product), 가격(Price), 판매촉진(Promotion) 전략을 적절히 조합하는 것으로 주로 상업용 부동산에서 사용되고 있다.

① 유통경로 전략(Place): 현입주자, 직접 분양, 분양대행사, 금융기관, 중개업자(중개업소)를 효과적으로 이용하는 전략이다.
② 제품 전략(Product): 구조물과 부대시설 및 배치에 있어서 경쟁력을 가질 수 있는 전략이다(지상 주차장의 지하화, 자연친화적 설비의 설치, 라이프스타일을 반영한 평면설계, 보안설비 디지털화, 방음벽설치, 자동화기기의 설치, 아파트의 차별화를 위해 커뮤니티 시설에 헬스장, 골프연습장 설치).
③ 가격 전략(Price): 품질에 비해 저렴하고, 표적수요자의 자금능력과 금융을 고려하여 전략을 세운다. ⇨ 시가·저가·고가·신축가격 전략
④ 판매촉진(Promotion), 광고, 홍보 전략, 의사소통 전략: 표적시장의 반응을 빠르고 강하게 자극·유인하기 위한 전략으로, 대중매체나 사외보 발행, 주민참여행사 개최, 광고 또는 홍보활동, 경품 제공 등의 전략이다.

기출
1. 분양대행사, 중개업소를 이용하는 것은 마케팅믹스의 전략 중 유통경로(Place) 전략과 밀접한 연관이 있다.
2. 주택청약자를 대상으로 추첨을 통해 벽걸이TV, 양문형 냉장고 등을 제공하는 것은 마케팅 믹스 전략 중 판매촉진(Promotion)이다.
3. 마케팅 믹스란 기업의 부동산 상품이 표적시장에 도달하기 위해 이용하는 마케팅에 여러 요소들의 조합을 말한다. 제33회
4. 4P 마케팅 믹스(Marketing Mix) 전략의 구성요소에는 Product(제품), Place(유통경로), Price(가격), Promotion(판매촉진)이 있다. 제36회
5. 다른 아파트와 차별화되도록 '혁신적인 내부구조로 설계된 아파트'는 제품(Product) 전략의 예가 될 수 있다.

2. 고객점유 마케팅 전략(소비자행동차원이론)

(1) 고객점유 마케팅은 전통적인 시장점유 마케팅이 공급자의 일방적 접근방식이었다는 반성에서 소비자 중심으로 접근하는 전략을 말한다.
(2) 현대는 오피스텔, 콘도와 같은 유행성 상품의 비중이 크므로 AIDA의 각 단계에서 고객인 소비자의 심리를 이해하고 다양한 소비자와의 접점을 찾으려는 고객지향적 전략(행태과학적 접근법)을 고객점유 마케팅이라 한다.
(3) AIDA 전략으로 표현되는 주의(Attention), 관심(Interest), 욕망(Desire), 행동(Action)으로 이어지는 소비자의 구매의사결정과정의 각 단계에서 소비자와의 심리적 접점을 마련하고, 전달되는 메시지의 톤과 강도를 조절하여 마케팅 효과를 극대화하려는 전략이다.

기출
1. 고객점유 마케팅 전략에서 AIDA는 주의(Attention), 관심(Interest), 욕구(Desire), 행동(Action)의 과정을 의미한다. 제36회
2. 고객점유 전략은 소비자의 구매의사결정 과정의 각 단계에서 소비자와의 심리적인 접점을 마련하고 전달하려는 정보의 취지와 강약을 조절하는 것을 말한다. 제33회

3. 관계마케팅 전략(공급자와 수요자의 관계)

관계마케팅 전략은 공급자와 소비자 간의 일회성 거래가 아니고 양자 간의 장기적·지속적 관계를 유지하려는 전략으로서 특히 브랜드(brand) 문제와 연관된다.

기출
1. 관계마케팅 전략에서는 공급자와 소비자의 관계를 일회적이 아닌 지속적인 관계로 유지하려 한다.
2. 관계마케팅 전략은 고객과 공급자의 관계를 일회적이 아닌 지속적인 관계로 유지함으로써 마케팅효과를 도모하는 전략이다. 제36회

5 가격(Price) 전략 제32회, 제33회

(1) 시가 전략

다른 경쟁업자의 가격과 동일한 시장가격으로 책정하는 것을 말한다.

(2) 신축(적응)가격 전략

동일한 자재와 시공으로 만든 동일 부동산 상품일지라도 위치, 방위, 층, 지역 등에 따라 다른 가격으로 판매하는 정책을 말한다.

(3) 저가 전략

지역구매자의 구매력이 낮은 소비자로 하여금 구매력을 발생하게 하여 다수의 고객을 확보한 다음, 장기적으로 이윤을 확보하려는 방법이다. 이 방법은 단위면적당 가격을 낮게 책정하는 것으로서 기존 제품으로 기존 시장에 들어갈 때 침투가격 전략으로서 많이 활용되기도 하고, 시장점유율을 확대시키고자 할 때 활용되기도 한다.

(4) 고가 전략

제품의 차별성이 높은 경우 단위면적당 가격을 높게 책정하는 방법으로, 우수한 고객층을 조기에 파악하여 단기적으로 위험을 최소화하려는 경우에 활용된다. 이 방법은 신제품 개발시 많이 활용되기도 한다.

기출
1. 적응가격 전략이란 동일하거나 유사한 제품으로 다양한 수요자들의 구매를 유입하고, 구매량을 늘리도록 유도하기 위하여 가격을 다르게 하여 판매하는 것을 말한다. 제33회
2. 부동산마케팅의 가격 전략 중 빠른 자금회수를 원하고 지역구매자의 구매력이 낮은 경우, 저가 전략을 이용한다.

> **심화** 고가 전략이 적합한 경우
>
> 일반적으로 다음과 같은 경우 고가 전략이 적합하다.
> 1. 수요탄력성이 높지 않은 경우(수요의 가격탄력성이 비탄력적인 경우)
> 2. 진입장벽이 높아 경쟁기업의 진입이 어려운 경우
> 3. 높은 품질로 새로운 소비자층을 유인하고자 할 경우
> 4. 독점기업인 경우, 신제품인 경우
> 5. 브랜드 가치가 높은 경우

제7편 메타인지 학습체크

01 부동산개발에는 시공을 담당하는 행위가 [① 포함 / ② 제외]된다.

02 [① 예비적 타당성분석 / ② 타당성분석]은 개발사업으로 예상되는 수입과 비용을 개략적으로 계산하여 수익성을 검토하는 것이다.

03 [① 시장분석 / ② 시장성분석]은 개발된 부동산이 매매·임대될 수 있는 가능성 정도를 조사하는 것을 말한다.

04 흡수율분석의 궁극적인 목적은 [① 과거 및 현재의 추세를 정확하게 파악 / ② 미래 시장성을 예측]하는 데 있다.

05 부동산개발의 타당성분석 진행과정은 지역경제분석 ⇨ [① 시장분석 / ② 시장성분석] ⇨ [③ 시장분석 / ④ 시장성분석] ⇨ 타당성분석 ⇨ 투자분석 순이다.

06 환지개발방식은 사업 후에 사업에 소요된 비용과 공공용지를 제외한 토지를 당초의 토지소유자에게 [① 재분배 / ② 매각]하는 것으로 [③ 신개발 / ④ 재개발]방식에 속한다.

07 [① 보전 / ② 수복]재개발은 현재의 시설을 대부분 그대로 유지하면서 노후, 불량화의 요인만을 제거하는 재개발을 말한다.

08 사업수탁방식의 경우, 사업 전반이 토지소유자의 명의로 행해지며, 개발지분을 [① 토지소유자와 개발업자가 공유 / ② 토지소유자에게 귀속]한다.

09 토지신탁방식에서는 [① 신탁회사 / ② 토지소유자]가 건설단계의 부족자금을 조달한다.

10 등가교환방식에서는 토지소유자와 부동산신탁사 간에 수수료문제가 발생할 수 [① 있다. / ② 없다.]

정답

01 ①　**02** ①　**03** ②　**04** ②　**05** ①, ④　**06** ①, ②　**07** ②　**08** ②　**09** ①　**10** ②

제7편 메타인지 학습체크

11 정비사업 중 정비기반시설이 극히 열악하고 노후·불량건축물이 과도하게 밀집한 지역의 주거환경을 개선하거나 단독주택 및 다세대주택이 밀집한 지역에서 정비기반시설과 공동이용시설 확충을 통하여 주거환경을 보전·정비·개량하기 위한 사업은 [① 주거환경개선 / ② 재개발 / ③ 재건축]사업에 해당한다.

12 [① BOT / ② BLT]방식은 민간사업자가 스스로 자금을 조달하여 시설을 건설하고, 일정 기간 소유·운영한 후, 사업이 종료한 때 국가 또는 지방자치단체 등에게 시설의 소유권을 이전하는 것을 말한다.

13 [① BTO / ② BTL]방식은 민간이 개발한 시설의 소유권을 준공과 동시에 공공에 귀속시키고 민간은 시설관리운영권을 가지며, 공공은 그 시설을 임차하여 사용하는 민간투자 사업방식이다.

14 [① BOO / ② BOT]방식은 시설의 준공과 함께 사업시행자가 소유권과 운영권을 갖는 방식이다.

15 포트폴리오 관리, 투자리스크 관리, 매입·매각 관리, 재투자결정 등의 관리는 [① 시설 / ② 자산 / ③ 재산] 관리에 속한다.

16 [① 자가 / ② 위탁]관리방식는 전문업자를 이용함으로써 합리적이고 편리하며, 전문화된 관리와 서비스를 받을 수 있다는 것이다.

17 직접(자치)관리방식은 각 부분을 종합적으로 운영할 수 있으며, 관리업무의 타성화를 방지할 수 [① 있다. / ② 없다.]

18 간접관리방식은 기밀 및 보안 유지가 [① 유리 / ② 불리]하다.

19 혼합관리방식은 책임소재가 [① 명확 / ② 불명확]하며, 관리자들 간의 긴밀한 협조가 이루어 [③ 진다. / ④ 지지 못한다.]

20 [① 시장점유 / ② 관계] 마케팅은 공급자와 소비자 간에 지속적인 관계를 유지하여 다른 소비자에게도 파급되도록 하려는 전략이다.

정답

11 ① 12 ① 13 ② 14 ① 15 ② 16 ② 17 ① 18 ② 19 ②, ④ 20 ②

21 [① 시장점유 / ② 고객점유] 마케팅 전략은 AIDA(Attention, Interest, Desire, Action) 원리에 기반을 두면서 소비자의 욕구를 파악하여 마케팅 효과를 극대화하는 전략이다.

22 [① 시장점유 / ② 고객점유] 마케팅 전략은 소비자의 구매의사결정과정의 각 단계에서 소비자와의 심리적인 접점을 마련하고 전달하려는 메시지의 취지와 강약을 조절하는 전략이다.

23 4P Mix 중 [① 제품 / ② 유통경로] 전략이란 중개업자, 분양대행사, 직접분양, 금융기관 등을 통해서 소비자에게로 연결되는 경로를 확보하려는 전략이다.

24 마케팅 믹스는 부동산 공급자가 표적시장에서 원하는 목적을 달성하기 위해 제품(Product), 가격(Price), 유통경로(Place), [① 판매촉진(Promotion) / ② 차별화(Positioning)]을(를) 조합하는 것을 말한다.

25 [① 시장세분화 / ② 표적시장 설정](이)란 마케팅활동을 수행할 만한 가치가 있는 명확하고 유의미한 구매자집단으로 시장을 분할하는 활동을 말한다.

26 분양성공을 위해 아파트 브랜드를 고급스러운 이미지로 고객의 인식에 각인시키도록 하는 노력은 STP 전략 중 [① 시장세분화(Segmentation) / ② 시장차별화(Positioning)] 전략에 해당한다.

27 아파트의 차별화를 위해 커뮤니티 시설에 헬스장, 골프연습장을 설치하는 방안은 4P Mix 전략 중 [① 가격(Price) / ② 제품(Product)] 전략에 해당한다.

28 주택청약자를 대상으로 추첨을 통해 벽걸이TV, 양문형 냉장고 등을 제공하는 것은 마케팅 믹스 전략 중 [① 가격(Price) / ② 판매촉진(Promotion)]이다.

29 마케팅 믹스의 가격관리에서 [① 시가 / ② 신축가격]정책은 위치, 방위, 층, 지역 등에 따라 다른 가격으로 판매하는 정책이다.

정답
21 ② 22 ② 23 ② 24 ① 25 ① 26 ② 27 ② 28 ② 29 ②

제 8 편
부동산 감정평가론

◆ **최근 5개년 출제경향 분석**

- 제1장 | 감정평가의 기초이론
- 제2장 | 감정평가의 3방식
- 제3장 | 부동산 가격공시제도

제8편 부동산 감정평가론

❖ 감정평가의 기초이론

기준시점	① 기준시점이란 대상물건의 감정평가액을 결정하는 기준이 되는 날짜를 말한다. ② 기준시점은 대상물건의 가격조사를 완료한 날짜로 한다. ③ 다만, 기준시점을 미리 정하였을 때에는 그 날짜에 가격조사가 가능한 경우에만 기준시점으로 할 수 있다.

❖ 부동산의 가치와 가격

가치(value)	현재 값, 평가사, 주관적 · 추상적, 여러 가지
가격(price)	과거 값, 중개사, 객관적 · 구체적, 하나

제8편 부동산 감정평가론

❖ 시장가치

시장가치	시장가치란 감정평가의 대상이 되는 대상물건이 통상적인 시장에서 충분한 기간 거래를 위하여 공개된 후 그 대상물건의 내용에 정통한 당사자 사이에 신중하고 자발적인 거래가 있을 경우 성립될 가능성이 가장 높다고 인정되는 대상물건의 가액(價額)을 말한다.
시장가치 외의 가치	① 법령에 다른 규정이 있는 경우 ② 의뢰인이 요청하는 경우 ③ 감정평가의 목적이나 대상물건의 특성에 비추어 사회통념상 필요하다고 인정되는 경우
적정가격	토지, 주택 및 비주거용 부동산에 대하여 통상적인 시장에서 정상적인 거래가 이루어지는 경우 성립될 가능성이 가장 높다고 인정되는 가격을 말한다.

❖ 지역분석과 개별분석

❖ 감정평가의 방식

평가3방식과 7방법

3방식	조건	7방법	시산가액(임대료)	산식
원가방식 (비용성)	가액	원가법	적산가액	재조달원가 − 감가누계액
	임대료	적산법	적산임료	기초가액 × 기대이율 + 필요제경비
비교방식 (시장성)	가액	거래사례비교법	비준가액	거래사례 × 사정보정 × 시점수정 × 가치형성요인비교
	임대료	임대사례비교법	비준임료	임대사례 × 사정보정 × 시점수정 × 가치형성요인비교
	가액	공시지가기준법	토지가액	비교표준지공시지가 × 시점수정 × 지역·개별요인비교 × 그밖
수익방식 (수익성)	가액	수익환원법	수익가액	$\dfrac{순수익(순영업소득)}{환원이율}$
	임대료	수익분석법	수익임료	순수익 + 필요제경비

물건별 감정평가

- 원가법 —— 건물, 건설기계, 항공기, 선박, 소경목림
- 거래사례비교법 —— 일괄평가(토지와 건물, 집합건물, 산림), 산림, 과수원, 자동차, 동산
- 임대사례비교법 —— 임대료
- 공시지가기준법 —— 토지
- 수익환원법 —— 영업권·특허권 등 무형고정자산, 공장재단(일괄), 광업재단, 기업가치, 비상장채권

제8편 부동산 감정평가론

- 원가방식
  - 원가법 — 적산가액 = 재조달원가 − 감가누계(수정)액
    - 재조달원가
      - 기준시점에서 신축비용
      - 복제원가(물리적 측면)
      - 대체원가(효용측면)
      - 도급건설기준
      - 표준적 건설비용(직접공사비, 간접공사비, 수급인의 적정이윤)
    - 감가수정
      - 의의 — 대상물건에 대한 재조달원가를 감액하여야 할 요인이 있는 경우에 고려하여 그에 해당하는 금액을 재조달원가에서 공제하는 작업
      - 요인
        - 물리적 감가
        - 기능적 감가
        - 경제적 감가
      - 방법
        - 내용연수법(정률법, 정액법, 상환기금법)
        - 관찰감가법
        - 분해법
    - 감가수정과 감가상각

감가수정	감가상각
감정평가	기업회계
재조달원가	취득원가
경제적 내용연수	법정내용연수
물리적 · 기능적 · 경제적 감가	물리적 · 기능적 감가
관찰감가 인정	관찰감가 불인정

  - 적산법 — 적산임료 = 기초가액 × 기대이율 + 필요제경비

제8편 부동산 감정평가론

❖ **부동산 가격공시제도**

- 토지가격 공시제도
  - 표준지공시지가
    - 공시주체 — 국토교통부장관(감정평가법인 조사·산정)
    - 공시기준일 — 1월 1일
    - 공시일 — 2월 말일까지
    - 이의신청 — 이의가 있는 자, 국토교통부장관, 공시일부터 30일 이내, 서면
    - 심의 — 중앙부동산가격공시위원회
    - 효력 — 토지시장에 지가정보를 제공, 일반적인 토지거래의 지표, 국가·지방자치단체 등이 그 업무와 관련하여 지가를 산정하거나 감정평가법인 등이 개별적으로 토지를 감정평가하는 경우에 기준으로 활용
    - 공시사항 — 표준지의 지번, 표준지의 단위면적당 가격, 표준지의 면적 및 형상, 표준지 및 주변토지의 이용 상황, 그 밖에 대통령령으로 정하는 사항(지목, 용도지역, 도로 상황)
  - 개별공시지가
    - 공시주체 — 시장·군수·구청장
    - 공시기준일 — 1월 1일 또는 7월 1일
    - 공시일 — 5월 31일까지
    - 이의신청 — 이의가 있는 자, 시장·군수·구청장, 결정·공시일부터 30일 이내, 서면
    - 심의 — 시·군·구 부동산가격공시위원회
    - 효력 — 과세 부과기준, 각종 부담금 부과기준, 사용료 및 대부료 산정기준

제1장 감정평가의 기초이론

회독 Check 1회 2회 3회

- 감정평가의 기초적인 이론을 학습한다.「감정평가에 관한 규칙」과 규정을 이해하고 부동산 가격과 가치, 가치발생요인과 가치형성요인의 구별을 숙지해야 한다.
- 부동산 가격의 특징과 제원칙, 지역분석과 개별분석 부분도 반드시 이해해야 한다.

제1절 | 감정평가의 의의와 필요성 및 기능

1 감정평가의 의의

(1) 감정평가라 함은 **토지 등의 경제적 가치를 판정**하여 **그 결과를 가액으로 표시**하는 것을 말한다(「감정평가 및 감정평가사에 관한 법률」제2조).

(2) 경제적 가치란 **교환의 대가인 가격과 용익의 대가인 임대료**를 말한다. 또한 현실의 시장에서 실제로 거래된 시장가격이 아니라 통상적인 시장에서 정상적인 거래가 이루어지는 경우 성립될 가능성이 가장 높다고 인정되는 가격을 말한다.

(3) 감정평가 대상물은 부동산, 동산, 기업, 기타 재산(자동차, 중기, 선박, 항공기, 저작권, 어업권, 광업권, 입목, 공장재단, 광업재단, 관계 법령에 의하여 등기 또는 등록하는 재산 등), 유가증권 등이 있다.

> **참고 적정가격**
> 토지, 주택 및 비주거용 부동산에 대하여 통상적인 시장에서 정상적인 거래가 이루어지는 경우 성립될 가능성이 가장 높다고 인정되는 가격을 말한다(「부동산 가격공시에 관한 법률」제2조).

> **심화 감정평가의 특별원칙**
> 1. 능률성의 원칙: 부동산감정평가이론의 개발 및 그 전달과정이 고도로 능률적이어야 한다는 것이다.
> 2. 안전성의 원칙: 부동산의 거래사고와 관련하여 주의를 요구하는 원칙을 말하며, 이는 부동산의 사회성, 공공성에 기인한다. 능률성과 안전성은 상호 견제의 관계(상충관계)에 있으며 법적·경제적·기술적 안전성을 모두 고려한다.
> 3. 전달성의 원칙: 부동산감정평가의 절차에 따라 구해진 가격을 대외적으로 정확하고 신속하게 전달하려는 원칙으로, 전달성의 원칙은 감정평가서의 작성에서 중요시된다.
> 4. 합리성의 원칙: 감정평가가 합리적인 가치로 평가되어야 한다는 원칙이다.

❷ 감정평가의 필요성

(1) 부동산시장이 합리적 시장이 되지 못함 – 합리적 가격의 형성 곤란

부동산의 자연적 특성과 인문적 특성으로 인하여 부동산시장은 불완전경쟁시장이다.

① 부동성, 국지성 때문에 지역마다 부동산 가격의 차이가 존재한다.
② 개별성(비표준화) 때문에 일물일가의 법칙이 성립되지 않는다.
③ 부증성 때문에 수요·공급의 조절이 곤란하여 균형가격이 성립되지 않는다.

이러한 비합리성으로 인해 감정평가사에 의한 감정평가가 필요하다.

(2) 가치형성요인의 복잡성 및 다양성

부동산가치의 형성요인(일반적 요인, 지역요인, 개별요인)은 복잡하고 다양할 뿐만 아니라 항상 변화하고 있으므로 부동산의 가치판단에 있어서 전문적인 지식과 정확한 판단력이 필요하다.

(3) 부동산거래의 특수성

부동산거래는 부동산의 개별성, 비표준화 등으로 인하여 완전 동일한 물건이 없으며 견본거래가 불가능한 특수성을 지니고 있다. 따라서 감정평가에서는 부동산거래의 특수성에 따른 사정보정이 필요하게 되고, 전문적인 지식과 풍부한 경험, 정확한 판단력이 요구된다.

(4) 부동산의 사회성 및 공공성

부동산은 그 자체가 국토성, 환경성, 경제적 비중 등으로 인해 사회성·공공성을 띠므로 높은 윤리성이 요구되며 용도가 다양하므로 전문가에 의해 최유효이용을 상정하여 가치를 추계할 필요가 있다.

③ 감정평가의 기능

감정평가의 기능은 부동산의 객관적인 가치를 평가하여 부동산정책의 수립 및 집행을 지원하는 정책적 기능과, 부동산의 불완전한 시장을 보완함으로써 부동산자원의 효율적인 분배와 유통질서의 확립에 기여하는 경제적 기능으로 구분할 수 있다.

정책적 기능	경제적 기능
• 부동산의 효율적 이용·관리 • 적정한 가격형성 유도 • 합리적인 손실보상 • 과세의 합리화	• 의사결정의 판단기준 제시(합리적 투자 판단 기준) • 자원의 효율적 배분 • 거래질서의 확립과 유지

제2절 | 감정평가의 분류   제33회, 제34회, 제35회, 제36회

1. 시장가치기준 원칙(「감정평가에 관한 규칙」 제5조)

제5조【시장가치기준 원칙】① 대상물건에 대한 감정평가액은 시장가치를 기준으로 결정한다. 감정평가의 대상이 되는 토지 등(대상물건)이 통상적인 시장에서 충분한 기간 동안 거래를 위하여 공개된 후 그 대상물건의 내용에 정통한 당사자 사이에 신중하고 자발적인 거래가 있을 경우 성립될 가능성이 가장 높다고 인정되는 대상물건의 가액을 말한다.
② 감정평가법인 등은 다음 각 호의 어느 하나에 해당하는 경우에는 대상물건의 감정평가액을 시장가치 외의 가치를 기준으로 결정할 수 있다.
1. 법령에 다른 규정이 있는 경우
2. 감정평가 의뢰인이 요청하는 경우
3. 감정평가의 목적이나 대상물건의 특성에 비추어 사회통념상 필요하다고 인정되는 경우

③ 감정평가법인 등은 제2항에 따라 시장가치 외의 가치를 기준으로 감정평가할 때에는 다음 각 호의 사항을 검토해야 한다. 다만, 제2항 제1호의 경우에는 그렇지 않다.
1. 해당 시장가치 외의 가치의 성격과 특징
2. 시장가치 외의 가치를 기준으로 하는 감정평가의 합리성 및 적법성
④ 감정평가법인 등은 시장가치 외의 가치를 기준으로 하는 감정평가의 합리성 및 적법성이 결여(缺如)되었다고 판단할 때에는 의뢰를 거부하거나 수임(受任)을 철회할 수 있다.

기출

1. 대상물건에 대한 감정평가액은 원칙적으로 시장가치를 기준으로 결정한다. 제33회
2. 감정평가법인 등은 법령에 다른 규정이 있는 경우에는 대상물건의 감정평가액을 시장가치 외의 가치를 기준으로 결정할 수 있다. 제33회, 제36회
3. 감정평가법인 등은 대상물건의 특성에 비추어 사회통념상 필요하다고 인정되는 경우에는 대상물건의 감정평가액을 시장가치 외의 가치를 기준으로 결정할 수 있다. 제33회
4. 감정평가법인 등은 법령에 다른 규정이 있는 경우 시장가치 외의 가치를 기준으로 감정평가할 때에는 해당 시장가치 외의 가치의 성격과 특징을 검토하지 않는다. 제33회
5. 감정평가법인 등은 시장가치 외의 가치를 기준으로 하는 감정평가의 합리성 및 적법성이 결여(缺如)되었다고 판단할 때에는 의뢰를 거부하거나 수임을 철회할 수 있다. 제33회

> **참고** 시장가치와 시장가치 외의 가치
> 1. 의뢰인이 요청하는 경우, 감정평가의 목적이나 대상물건의 특성에 비추어 사회통념상 필요하다고 인정되는 경우 시장가치 외의 가치를 기준으로 감정평가할 때에는 해당 시장가치 외의 가치의 성격과 특징, 시장가치 외의 가치를 기준으로 하는 감정평가의 합리성 및 적법성을 검토해야 한다.
> 2. 법령에 다른 규정이 있는 경우 시장가치 외의 가치를 기준으로 감정평가할 때에는 해당 시장가치 외의 가치의 성격과 특징, 시장가치 외의 가치를 기준으로 하는 감정평가의 합리성 및 적법성 검토를 생략할 수 있다.

(1) 시장가치(원칙)

대상물건에 대한 감정평가액은 시장가치를 기준으로 결정한다. 이 경우 시장가치는 다음 다섯 가지 요건을 충족시킬 경우의 가치를 말한다.
① 통상적인 시장
② 충분한 기간 거래를 위하여 공개
③ 대상물건의 내용에 정통한 당사자
④ 신중하고 자발적인 거래
⑤ 성립될 가능성이 가장 높다고 인정되는 가액

(2) 시장가치 외의 가치(예외)

① 법령에 다른 규정이 있는 경우
② 감정평가 의뢰인이 요청하는 경우
③ 감정평가의 목적이나 대상물건의 특성에 비추어 사회통념상 필요하다고 인정되는 경우

2. 현황기준의 원칙(「감정평가에 관한 규칙」 제6조) 제34회, 제35회, 제36회

> **제6조 【현황기준의 원칙】** ① 감정평가는 기준시점에서의 대상물건의 이용상황(불법적이거나 일시적인 이용은 제외한다) 및 공법상 제한을 받는 상태를 기준으로 한다.
> ② 감정평가법인 등은 제1항에도 불구하고 다음 각 호의 어느 하나에 해당하는 경우에는 기준시점의 가치형성요인 등을 실제와 다르게 가정하거나 특수한 경우로 한정하는 조건(감정평가조건)을 붙여 감정평가할 수 있다.
> 1. 법령에 다른 규정이 있는 경우
> 2. 의뢰인이 요청하는 경우

기출
1. 시장가치는 감정평가의 대상이 되는 토지 등이 통상적인 시장에서 충분한 기간 동안 거래를 위하여 공개된 후 그 대상물건의 내용에 정통한 당사자 사이에 신중하고 자발적인 거래가 있을 경우 성립될 가능성이 가장 높다고 인정되는 대상물건의 가액을 말한다.
2. 감정평가법인 등은 감정평가 의뢰인이 요청하는 경우나 법령에 다른 규정이 있는 경우에는 대상물건의 감정평가액을 시장가치 외의 가치를 기준으로 결정할 수 있다.

참고
1. 의뢰인이 요청하는 경우, 감정평가의 목적이나 대상물건의 특성에 비추어 사회통념상 필요하다고 인정되는 경우 감정평가조건을 붙일 때에는 감정평가조건의 합리성, 적법성 및 실현가능성을 검토해야 한다.
2. 법령에 다른 규정이 있는 경우 감정평가조건을 붙일 때에는 감정평가조건의 합리성, 적법성 및 실현가능성 검토를 생략할 수 있다.

> 3. 감정평가의 목적이나 대상물건의 특성에 비추어 사회통념상 필요하다고 인정되는 경우
> ③ 감정평가법인 등은 제2항에 따라 감정평가조건을 붙일 때에는 감정평가조건의 합리성, 적법성 및 실현가능성을 검토해야 한다. 다만, 법령에 다른 규정이 있는 경우에는 그렇지 않다.
> ④ 감정평가법인 등은 감정평가조건의 합리성, 적법성이 결여되거나 사실상 실현 불가능하다고 판단할 때에는 의뢰를 거부하거나 수임을 철회할 수 있다.

(1) 현황평가(원칙)

감정평가는 기준시점에서의 대상물건의 이용상황(불법적이거나 일시적인 이용은 제외한다) 및 공법상 제한을 받는 상태를 기준으로 한다. 즉, 대상물건의 상태, 구조, 이용방법, 제한물권의 존재, 환경, 점유상태 등 현재의 상황이 그대로 유지된다는 것을 전제로 하는 평가를 말한다. 예로 들어, 현재 불법점유되고 있는 건물부지를 불법점유 상태대로 평가하는 것이므로 건부감가 등을 고려하는 방법이다.

(2) 조건부평가(예외)

감정평가는 현황평가하는 것이 원칙이지만 ① 법령에 다른 규정이 있는 경우, ② 의뢰인이 요청하는 경우, ③ 감정평가의 목적이나 대상물건의 특성에 비추어 사회통념상 필요하다고 인정되는 경우에는 조건부평가가 가능하다. 또한 조건부평가란 부동산의 증·감가요인이 되는 장래 불확실한 사태가 발생할 것을 전제로 하는 감정평가를 말한다. 예로 들어 복합부동산에서 건물이 철거되는 것을 전제로 건부지를 나지로 평가하는 경우(독립평가) 등이 있다.

> **참고** 현황평가와 조건부평가
>
> 1. 의뢰인이 요청하는 경우 또는 감정평가의 목적이나 대상물건의 특성에 비추어 사회통념상 필요하다고 인정되는 경우 감정평가조건을 붙일 때에는 감정평가조건의 합리성·적법성 및 실현가능성을 검토해야 한다.
> 2. 법령에 다른 규정이 있는 경우 감정평가조건을 붙일 때에는 감정평가조건의 합리성·적법성 및 실현가능성 검토를 생략할 수 있다.

기출 감정평가는 기준시점에서의 대상물건의 이용상황(불법적이거나 일시적인 이용은 제외한다) 및 공법상 제한을 받는 상태를 기준으로 한다.

기출 감정평가법인 등은 법령에 다른 규정이 있는 경우에는 기준시점의 가치형성요인 등을 실제와 다르게 가정하거나 특수한 경우로 한정하는 조건(감정평가조건)을 붙여 감정평가할 수 있다.
제35회, 제36회

참고
1. 기한부평가: 장래 도래할 것이 확실한 일정 시점을 기준으로 한 평가이다.
2. 소급평가: 과거의 일정 시점을 기준시점으로 하여 대상부동산을 평가, 법적 소송 등을 위한 평가이다.

3. 개별물건기준 원칙 등(「감정평가에 관한 규칙」 제7조) 제33회, 제34회, 제35회, 제36회

> **제7조 【개별물건기준 원칙 등】** ① 감정평가는 대상물건마다 개별로 하여야 한다.
> ② 둘 이상의 대상물건이 일체로 거래되거나 대상물건 상호간에 용도상 불가분의 관계가 있는 경우에는 일괄하여 감정평가할 수 있다.
> ③ 하나의 대상물건이라도 가치를 달리하는 부분은 이를 구분하여 감정평가할 수 있다.
> ④ 일체로 이용되고 있는 대상물건의 일부분에 대하여 감정평가하여야 할 특수한 목적이나 합리적인 이유가 있는 경우에는 그 부분에 대하여 감정평가할 수 있다.

기출
1. 둘 이상의 대상물건이 일체로 거래되거나 대상물건 상호 간에 용도상 불가분의 관계가 있는 경우에는 일괄하여 감정평가할 수 있다. 제35회
2. 일체로 이용되고 있는 대상물건의 일부분에 대하여 감정평가하여야 할 특수한 목적이나 합리적인 이유가 있는 경우에는 그 부분에 대하여 감정평가할 수 있다. 제35회, 제36회

핵심
1. 일괄평가
   - 多필지 = 1획지
   - 필지 < 획지
2. 구분평가
   - 1필지 = 多획지
   - 필지 > 획지

(1) 개별평가

감정평가 규칙에서는 2개 이상의 물건이 있는 경우 감정평가는 개별평가를 원칙으로 한다.

(2) 일괄평가

① '2개 이상의 대상물건이 일체로 거래되거나 대상물건 상호간에 용도상 불가분의 관계가 있는 경우에는 일괄하여 평가할 수 있다' 하여 일괄평가를 규정하고 있다.

② 예로 들어 여러 필지의 토지가 하나의 획지로 이용되는 경우처럼 획지면적이 필지면적보다 클 때 일괄평가한다.

③ 아파트와 같은 복합부동산을 대지와 건물로 구분하지 않고 일체로 평가하는 경우 등도 포함할 수 있다.

④ 감정평가법인 등은 「집합건물의 소유 및 관리에 관한 법률」에 따른 구분소유권의 대상이 되는 건물부분과 그 대지사용권을 일괄하여 감정평가하는 경우 등 토지와 건물을 일괄하여 감정평가할 때에는 거래사례비교법을 적용해야 한다.

(3) 구분평가

① 1개의 대상물건이라도 가치를 달리하는 부분은 이를 구분하여 평가할 수 있다.

② 하나의 필지가 여러 획지로 구분되는 경우, 즉 필지면적이 획지면적보다 큰 경우에는 구분평가할 수 있다.

③ 주상복합건물로서 용도에 따라 가치를 달리할 때도 구분평가를 할 수 있다.

④ 산림의 평가에서 산지와 입목을 구분하여 평가할 수 있으며, 선박에서 선체와 기관, 의장별로 구분하는 경우에 구분평가를 적용할 수 있다.

기출 하나의 대상물건이라도 가치를 달리하는 부분은 이를 구분하여 감정평가할 수 있다. 제33회, 제35회

> 핵심
> 1. 부분평가: 토지 위에 건물이 있는 상태대로 평가(건부지평가), 일종의 현황평가이다.
> 2. 독립평가: 토지 위에 건물이 없는 상태를 상정하여 평가(나지상정평가), 일종의 조건부평가이다.

(4) 부분평가

① 일체로 이용되고 있는 대상물건의 일부는 평가하지 아니함을 원칙으로 한다. 다만, 일체로 이용되고 있는 대상물건의 일부분에 대하여 감정평가하여야 할 특수한 목적이나 합리적인 이유가 있는 경우에는 그 부분에 대하여 감정평가할 수 있다.

② 부분평가의 경우에는 일체로 이용되고 있는 부동산 전체를 기준으로 한다.

③ 하나의 필지의 일부분만이 도시계획시설 등에 저촉되어 수용될 경우에 저촉부분에 대해 보상평가를 하는 것은 부분평가이다. 예컨대, 1필지의 토지면적이 300m²이고 가격이 1,000만원인데 수용되는 부분의 면적이 150m²이고 그 부분의 보상가격이 500만원이 된다면 이는 부분평가 개념이다.

> **핵심** 개별물건기준 감정평가

개별평가 2 ⇨ 2	2개 이상의 물건이 있는 경우 물건마다 개별로 평가함이 원칙
일괄평가 2 ⇨ 1	• 2개 이상 물건이 **일체로 거래, 용도상 불가분의 관계, 동일한 단가** 적용이 가능한 경우 • 복합부동산, 多필지 = 1획지, 주물과 종물 또는 부합물
구분평가 1 ⇨ 2	• 1개의 대상물건이라도 가치를 달리하는 부분은 이를 구분하여 평가 • 복합건물, 1필지 = 多획지, 빌딩의 각 층 구분 임대료 산출
부분평가 1 ⇨ $\frac{1}{2}$	• 일체로 이용되고 있는 물건의 일부분에 특수한 목적, 합리적인 조건이 수반되는 경우 • 토지의 일부가 도시계획 구역으로 지정된 경우

4. 감정평가의 절차 및 기본사항 확정(「감정평가에 관한 규칙」 제8조, 제9조)

> **제8조【감정평가의 절차】** 감정평가법인 등은 다음 각 호의 순서에 따라 감정평가를 해야 한다. 다만, 합리적이고 능률적인 감정평가를 위하여 필요할 때에는 순서를 조정할 수 있다.
> 1. 기본적 사항의 확정
> 2. 처리계획 수립
> 3. 대상물건 확인
> 4. 자료수집 및 정리
> 5. 자료검토 및 가치형성요인의 분석
> 6. 감정평가방법의 선정 및 적용

> **기출** 감정평가의 절차는 '1. 기본적 사항의 확정 ⇨ 2. 처리계획 수립 ⇨ 3. 대상물건 확인 ⇨ 4. 자료수집 및 정리 ⇨ 5. 자료검토 및 가치형성요인의 분석 ⇨ 6. 감정평가방법의 선정 및 적용 ⇨ 7. 감정평가액의 결정 및 표시' 순이다.

> 7. 감정평가액의 결정 및 표시
>
> **제9조【기본적 사항의 확정】** ① 감정평가법인 등은 감정평가를 의뢰받았을 때에는 의뢰인과 협의하여 다음 각 호의 사항을 확정해야 한다.
> 1. 의뢰인
> 2. 대상물건
> 3. 감정평가 목적
> 4. 기준시점
> 5. 감정평가조건
> 6. 기준가치
> 7. 관련 전문가에 대한 자문 또는 용역에 관한 사항
> 8. 수수료 및 실비에 관한 사항
>
> ② 기준시점은 대상물건의 가격조사를 완료한 날짜로 한다. 다만, 기준시점을 미리 정하였을 때에는 그 날짜에 가격조사가 가능한 경우에만 기준시점으로 할 수 있다.
>
> ③ 감정평가법인 등은 필요한 경우 관련 전문가에 대한 자문 등을 거쳐 감정평가할 수 있다.

5. 감정평가의 기타 분류

(1) 평가주체에 따른 분류

① 공적 평가(公的 評價): 국가, 공공기관 등 공적 기관에 의한 평가를 공적 평가라 하며, 공적 평가에서는 업무수행으로서 필요하면 법원과 행정부의 협조를 요구할 수 있는 권리가 부여된다. 공적 평가는 공적 수행력은 강하나 효율성은 떨어진다. 독일이 여기에 해당한다.

② 공인평가(公認評價): 공인평가란 국가로부터 일정한 자격을 부여받은 개인의 평가를 말하며, 공인평가에서는 평가주체가 공익상의 규제하에 영리추구의 형태를 취하면서 기업화·전문화에 따른 능률성과 효율성을 도모한다. 우리나라와 대부분의 나라가 여기에 해당한다.

(2) 강제성 여부에 따른 분류

① 필수적 평가: 일정한 사유가 발생하면 의무적으로 평가기관의 평가를 받아야 하는 것을 말한다(예 경매를 위한 평가, 토지의 협의매수 또는 토지수용에 따른 보상평가, 공시지가의 평가, 국유재산 처분시의 평가, 조세부과를 위한 평가 등).

② 임의적 평가: 이해관계인이 강제적인 구속 없이 자유의사에 따라 임의로 의뢰하여 행하여지는 평가를 말한다(예 부동산 매매시의 평가, 상속재산의 평가 등).

기출 법원의 경매개시결정에 따라 최저경매가액을 산정하는 경우의 평가는 필수적 평가이다.

(3) 평가목적에 따른 분류
   ① 공익평가: 평가의 목적이 공익에 있는 경우를 말하며 대부분의 필수적 평가가 여기에 해당된다(예 표준지공시지가의 평가, 보상평가).
   ② 사익평가: 평가의 목적이 사익을 위한 경우를 말한다(예 매매평가, 담보평가).
   ③ 법정평가: 법규에서 정한 대로 행하는 평가로서, 일종의 필수적 평가이다. 평가목적이 일반적인 거래활동과 다른 경우 및 평가결과로서 나타나는 가격수준이 시장가격과 괴리될 개연성이 내포된 경우에 그 평가방법을 법령에 규정하고 그 규정에 의하여 평가하는 것을 말한다(예 공시지가의 평가, 수용시의 평가, 과세를 위한 평가, 개발부담금의 부과를 위한 평가).

(4) 평가사의 소속 여부에 따른 분류
   ① 참모평가: 금융기관이 감정부서를 두고 자체 감정평가를 하는 경우와 같이 감정평가주체가 독립된 평가활동을 하여 대중에게 평가서비스를 제공하는 것이 아니라, 주로 기관이나 기업에 소속되어 그들의 고용주 또는 고용기관의 업무를 위하여 행하는 평가를 말한다(예 한국부동산원에 근무하는 감정평가사가 행하는 평가).
   ② 수시적 평가: 기관이나 기업에 소속되어 있는 것이 아니라, 어떤 특정 사업에서 특별히 고도의 전문지식이 필요한 경우에 각 분야의 전문가로 구성되는 일시적인 감정평가를 말한다(예 대규모 개발사업의 입지선정을 위한 평가시에 감정평가사, 건축사, 대학교수 등 각 분야의 전문가 등이 참여해서 행하는 평가 등).

(5) 감정평가 수준에 따른 분류
   ① 1차 수준의 평가: 부동산의 소유자, 투자자, 사용자, 거래자 등이 매매·임대사업 등 자기 자신을 위해 행하는 평가활동을 말한다.
   ② 2차 수준의 평가: 감정평가의 전문가는 아니지만 공인중개사, 건축업자, 금융기관 등 부동산업과 관련된 업무에 종사하는 자들에 의한 감정평가를 말한다.
   ③ 3차 수준의 평가: 전문가인 감정평가사에 의하여 이루어지는 감정평가를 말한다.

(6) 평가주체의 수에 따른 분류
   ① 단독평가: 평가주체가 1인인 경우의 감정평가를 말한다.
   ② 합의제평가(공동평가): 평가주체가 다수이므로 여러 명이 공동으로 행하는 감정평가를 말한다.

제3절 | 부동산 가격의 일반이론

(1) 가치(value)와 가격(price)

① 가치와 가격의 개념

  ㉠ 가치(value): 대상부동산에 대한 장래 이익의 현재가치이며, 현재의 값이다.

  ㉡ 가격(price): 대상부동산의 교환의 대가로 실제 지불된 금액으로서 과거의 값이다.

가치(value)	가격(price)
• 장래 기대되는 편익을 현재가치로 환원한 값 • 대상부동산의 현재값 • 평가사가 전문가 • 가치는 무수히 많음(주관적·추상적 개념) • 가치=가격 ± 오차(단기)	• 교환의 대가로서 실제 지불된 금액 • 시장에서 실제 지불된 금액으로 과거값 • 중개사가 전문가 • 주어진 시점에서 하나(객관적·구체적 개념) • 수요·공급은 가격결정, 가격은 수요·공급에 영향(부동산 가격의 이중성)

② 가치와 가격의 관계

  ㉠ 가격의 기초에는 가치가 있고 가격은 가치에 의해 결정된다. 가치는 화폐를 매개로 하여 가격이 되므로 가격은 가치의 화폐적 표현이다.

  ㉡ 재화의 가치와 가격은 비례한다. 즉, 가치가 상승하면 가격도 상승하며, 가치가 하락하면 가격도 하락한다. 단, 가격이 상승하여 가치가 상승하는 것은 아니다.

  ㉢ 화폐가치와 재화의 가격은 반비례한다. 화폐가치가 상승하면 재화의 가격은 하락하며, 화폐가치가 하락하면 재화의 가격은 상승한다.

  ㉣ 수요·공급의 변동에 따라 결정되는 가격은 단기적으로는 가치로부터 괴리되는 현상을 나타낸다. 그러나 장기적으로는 가치와 가격은 일치하게 된다.

기출

1. 가격은 특정 부동산에 대한 교환의 대가로서 매수인이 지불한 금액이다.
2. 가격은 대상부동산에 대한 과거의 값이지만, 가치는 장래 기대되는 편익을 현재가치로 환원한 현재의 값이다.
3. 가치는 효용에 중점을 두며, 장래 기대되는 편익은 금전적인 것뿐만 아니라 비금전적인 것을 포함할 수 있다.
4. 가치란 주관적 판단이 반영된 것으로 각 개인에 따라 차이가 발생할 수 있으므로, 주어진 시점에서 가치는 다양하다.
5. 가치가 상승하면 가격도 상승하고, 가치가 하락하면 가격도 하락한다.
6. 수요와 공급의 변동에 따라 단기적으로 가치와 가격은 괴리되는 현상이 있지만, 장기적으로 가격은 가치와 일치되는 현상을 나타낸다.

(2) 기준시점 제33회, 제35회

> 「감정평가에 관한 규칙」 제2조 【정의】
> 2. '기준시점'이란 대상물건의 감정평가액을 결정하는 기준이 되는 날짜를 말한다.
>
> 제9조 【기본적 사항의 확정】 ② 기준시점은 대상물건의 가격조사를 완료한 날짜로 한다. 다만, 기준시점을 미리 정하였을 때에는 그 날짜에 가격조사가 가능한 경우에만 기준시점으로 할 수 있다.

① 기준시점은 감정평가액을 결정하는 기준이 되는 날짜로, 감정평가서에 필수적으로 기재하여야 하는 사항이고 부동산의 가치 제원칙 중 변동의 원칙과 관련이 있다.
② 기준시점은 대상물건의 가격조사를 완료한 날짜로 한다.
③ 다만, 기준시점을 미리 정하였을 때에는 그 날짜에 가격조사가 가능한 경우에만 기준시점으로 할 수 있다.
④ 기준시점은 감정평가사의 평가시점과 일치하는 경우도 있으나 그렇지 않을 수도 있다.
⑤ 임대료의 기준시점은 임대료산정의 개시점(임대차 개시점)으로 한다.

(3) 부동산 가격의 특징

① 부동산 가격은 교환의 대가인 가격과 용익의 대가인 임대료로 표시되며, 가격과 임대료 사이에는 원본과 과실의 관계이다. 보통 협의의 가격이라 하면 가격만을 의미하고, 광의의 가격이라 하면 임대료까지를 통칭하는 의미가 된다.
② 부동산 가격은 소유권 기타 권리·이익의 가격이지 물건 자체에 대한 물리적 가격이 아니다. 하나의 부동산에 둘 이상의 권리·이익이 병존할 수 있으며, 각 권리·이익마다 각각 개별적인 가격이 형성될 수 있다. 부동산소유권을 개별적 권리로 분할하는 것을 파인애플기법(제켄도르프기법, 하와이기법)이라 한다.
③ 부동산의 가격은 장기적 배려하에 형성되며 항상 변동한다. 이는 토지의 영속성(내구성)과 용도의 다양성에 기인한다. 따라서 감정평가시 기준시점의 확정과 시점수정이 필요하게 되고, 가치 제원칙 중 변동의 원칙, 예측의 원칙을 적용해야 한다.

기출
1. 기준시점은 대상물건의 감정평가액을 결정하는 기준이 되는 날짜를 말한다. 제33회
2. 기준시점은 대상물건의 가격조사를 완료한 날짜로 한다. 기준시점이 미리 정하여진 때에는 그 날짜에 가격조사가 가능한 경우에만 기준시점으로 할 수 있다. 제35회

심화
1. 부동산 가격은 부동성·지역성으로 인하여 부동산시장이 국지화되고, 부동산 가격은 지역적으로 형성된다. 또한 부증성으로 인하여 부동산 가격은 수요 요인에 의해 결정되는 수요자 가격의 성격을 갖는다.
2. 부동산 가격은 수요가 없어도 일정 가격 이하로 내려가지 않는다(하방경직성). 반면에 수요가 증가하면 일정 가격 이상으로 신축적으로 상승한다(상방신축성).

④ 부동산 가격은 불완전경쟁시장에서 개별적으로 형성되고, 거래당사자의 개별적 동기나 특수한 사정이 개입되기 쉽다. 따라서 감정평가에 있어서 사례자료를 정상화시키는 사정보정의 작업이 필요하다.

(4) 부동산 가격의 이중성

부동산의 가격은 수요와 공급에 의하여 결정되고(가격신축성), 일단 결정된 가격은 수요와 공급에 영향을 미쳐 수급을 조정(가격탄력성)하게 되는 현상이 나타나는바, 이와 같이 과정이 피드백(feedback)되어 반복되는 현상을 가격의 이중성이라 한다.

> **참고** 이는 부동산 가격의 제원칙 중 수요·공급의 원칙과 관련이 된다.

(5) 부동산 가격의 기능

① 가격의 파라미터적 기능(Parametric Function, 가격의 매개적 기능): 파라미터적 기능이란 자유경쟁에 의하여 결정된 재화의 가격은 소비자와 생산자의 행동을 결정하는 중요한 매개체가 된다는 것이다. 그러나 부동산 가격은 균형가격을 형성하기 곤란하므로 감정평가사의 평가가격이 매개체 기능을 한다.

② 가격의 자원배분기능: 가격을 매개체로 거래가 이루어지므로 부동산과 자본 간 또는 부동산 간에 자원배분이 일어난다.

③ 감정평가가격의 잠재가격으로서의 기능: 잠재가격(shadow price)이란 그 재화의 기회비용을 올바르게 반영하는 가격을 말하는데, 부동산의 현실적인 가격은 기회비용을 반영하지 못하지만 평가가격은 기회비용을 올바르게 반영하는 잠재가격의 기능을 하게 된다.

> **심화** 가치의 다원적 개념
>
> 1. 시장가치(market value, 객관적, 교환가치): 시장가치란 감정평가의 대상이 되는 대상물건이 통상적인 시장에서 충분한 기간 거래를 위하여 공개된 후 그 대상물건의 내용에 정통한 당사자 사이에 신중하고 자발적인 거래가 있을 경우 성립될 가능성이 가장 높다고 인정되는 대상물건의 가액을 말한다.
> 2. 교환가치(exchange value): 대상부동산이 시장에서 매매되었을 때 형성될 수 있는 가치이다. 이는 시장정보에 의해 결정되며 이는 시장가치와 관련된다.
> 3. 투자가치(investment value): 대상부동산은 특정한 투자자에게 부여하는 주관적인 가치이다. 시장가치가 객관적인 가치인 데 반해서 투자가치는 투자자가 대상부동산에 갖는 주관적인 가치이다. 투자가치는 투자에 소요되는 비용과 창출되는 편익을 분석함으로써 추계된다.

> **기출**
> 1. 시장가치는 대상부동산이 시장에서 매도되었을 때 형성될 수 있는 교환가치와 유사한 개념이다.
> 2. 투자가치는 투자자가 대상부동산에 대해 갖는 주관적인 가치의 개념이다.

> 4. **사용가치(use value)**: 경제재의 **생산성**에 근거하고 있는 개념으로서, 대상부동산이 **특정한 용도로 사용될 때**에 가질 수 있는 가치를 지칭하고 있다. 이것은 대상부동산이 해당 기업이나 소유자에 대해 기여하는 가치이다. 이는 사용자의 주관에 의해 결정되므로 시장정보에 의해 결정되는 것이 아니다. **사용가치는 투자가치와 관련되며 교환가치와는 관련이 없다.**
> 5. **장부가치(book value)**: 대상부동산의 취득가격에서 법적으로 허용되는 방법에 의한 감가상각분을 제외한 나머지로서, 장부상의 잔존가치를 의미한다.
> 6. **보험가치(insurable value)**: 보험금 산정과 보상에 대한 기준으로 사용되는 가치의 개념이다. 이것은 보험약관의 규정에 따라 결정되는 것으로서, 부동산 전체의 가치가 아니라 그것의 일부분인 감가상각된 가치를 의미한다.
> 7. **과세가치(assessed value)**: 국가나 지방자치단체에서 소득세나 재산세를 부과하는 데 사용되는 기준으로서, 관련 법규에 의해 조정된 부동산의 가치를 말한다.
> 8. **공익가치(public interest value)**: 어떤 부동산의 최고최선의 이용이 사적 목적의 경제적 이용에 있는 것이 아니라, 보존이나 보전과 같은 공공목적의 비경제적 이용에 있을 때 대상부동산이 지니는 가치로, 공공가치라고도 한다.

제4절 | 부동산가치형성요인과 가치발생요인

제34회

1 개요

부동산가치는 유용성·유효수요·상대적 희소성·이전성 등 부동산가치의 발생요인의 상관결합에 의하여 발생하고, 이들에 영향을 미치는 가치형성요인의 상호작용을 통하여 형성·유지·수정·파괴되는 과정을 거쳐 화폐라는 매개체를 통해 가격으로 나타난다.

② 부동산의 가치형성요인 제34회

「감정평가에 관한 규칙」 제2조에서 '가치형성요인'이란 대상물건의 경제적 가치에 영향을 미치는 일반요인, 지역요인 및 개별요인 등을 말한다. 일반요인은 또다시 사회적 요인, 경제적 요인, 행정적 요인으로 나뉜다. 즉, 부동산의 가치형성요인은 부동산의 가치발생요인인 유용성·유효수요·상대적 희소성에 영향을 미치는 제요인으로서 부동산 제현상의 변동에 따라 끊임없이 변동하는 유동성(가변성)의 특성이 있으며, 각기 독립되어 개별적으로 작용하는 것이 아니라 서로 영향을 주고받는 유기적인 관련성의 특성을 지니고 있다.

> 기출 가치형성요인이란 대상물건의 경제적 가치에 영향을 미치는 일반요인, 지역요인 및 개별요인 등을 말한다.
>
> 핵심 부동산가치의 형성요인
> 1. 일반요인
>   - 사회적 요인
>   - 경제적 요인
>   - 행정적 요인
> 2. 지역요인
> 3. 개별요인

(1) 일반적 요인

일반적 요인이란 전 국토 공간인 부동산 전반에 영향을 미치는 요인으로서, 전국적·광역적 요인이다. 여기에는 사회적 요인, 경제적 요인, 행정적 요인이 있다. 이들 요인들은 상호 유기적으로 작용하며 항상 변화한다.

(2) 지역적 요인

지역요인이란 특정 지역 내의 부동산가치에 영향을 미치는 요인으로서, 특정 지역의 일반적 요인과 자연조건이 결합되어 지역특성을 형성시킨다. 즉, 각 지역의 부동산은 일반적 제요인의 상호작용과 지역특성의 자연적 조건하에서 지역부동산의 특성을 지니게 되고, 그 지역의 부동산 가격수준을 형성하는 것이다. 지역요인은 감정평가시 지역분석의 이론적 근거가 된다.

(3) 개별요인

개별요인이란 대상부동산의 가격에만 영향을 미치는 요인으로서, 그 부동산의 특수한 상태·조건 등 개별성이 가격형성에 영향을 미치는 요인이라 할 수 있다. 개별요인은 감정평가시 개별분석의 이론적 근거가 된다.

③ 부동산의 가치발생요인

부동산은 경제재의 하나로서, 부동산가치 역시 일반재화의 가격처럼 수요와 공급의 상호작용으로 발생한다. 즉, 부동산가치는 수요 측면에서는 유용성과 유효수요가, 공급 측면에서는 상대적 희소성이라는 3가지 가치발생요인의 상호작용으로 발생한다. 위의 3요소 외에도 이전성(양도성)을 가치발생요인으로 보는 견해도 있다. 따라서 부동산가치는 유용성, 유효수요, 상대적 희소성, 이전성이 상호 결합(동시 충족)되는 경우에 발생하는 것이며 하나만 있다고 발생하는 것은 아니다.

> 기출 가치발생요인인 효용, 유효수요, 상대적 희소성이 동시에 충족되는 경우 부동산의 가치가 발생한다.

> **핵심 🎯 부동산가치의 발생요인**
> 1. 유용성(효용)
> 2. 유효수요
> 3. 상대적 희소성
> 4. 이전성

(1) 유용성(효용, 만족감)

① 유용성이란 인간의 욕구·욕망을 만족시킬 수 있는 정도를 말하며, 부동산의 경우 부동산을 소유 또는 이용함으로써 얻어지는 주관적인 만족을 말한다.

② 이는 부동산의 용도에 따라 쾌적성·편리성·수익성·생산성 등으로 표현된다. 대체로 주거지는 쾌적성·편리성, 상업지는 수익성, 공업지는 생산성에 의해 그 부동산의 유용성이 결정된다.

(2) 유효수요

① 유효수요란 어떤 물건을 구입할 의사(willingness to buy)와 대가를 지불할 수 있는 능력(ability to pay)을 갖춘 수요, 즉 실질적 **구매력**을 가진 수요를 말한다.

② 구매력은 지역과 시기, 임금수준, 관습, 부동산가치의 수준에 따라 가변적이므로 부동산의 가격수준을 파악함에 있어서는 구매력의 분석 또는 구매력의 변동에 대한 관찰이 중요시된다.

(3) 상대적 희소성

① 희소성이란 인간의 욕망에 비해 충족수단이 양적으로 유한·부족한 상태를 말한다. 부동산의 경우 부증성으로 인하여 일반재화보다 희소성이 높으나, 경제적·용도적 관점에서 대체성이 인정되므로 부동산의 희소성 개념은 상대적이다. 즉, 상대적 희소성이란 부동산의 **수요에 비해서 공급이 상대적으로 부족**하다는 의미이다.

② 상대적 희소성의 원인으로는 ㉠ 부증성으로 인한 물리적 측면에서 총량이 한정되어 있고, ㉡ 부동성(지리적 위치의 고정성)으로 인해 대체권역 내에 있는 토지의 양에 제한이 있으며, ㉢ 개발제한구역의 지정, 용도지역·지구·구역제, 건폐율 인하 등과 같은 행정적 요인의 작용, ㉣ 인구 증가, 소득 증대 등으로 인한 토지에 대한 수요 증가 등이 있다.

(4) 이전성(transferability)

이전성(양도성)은 법적으로 매수인에게 **권리의 양도가 가능**해야 한다는 것을 말한다. 즉, 어떤 재화가 가치를 갖기 위해서는 그 재화의 전체 또는 일부가 법적으로 이전될 수 있어야 한다는 것으로, 앞의 3가지 요소가 있다고 하더라도 이전성이 없으면 시장에서 가격이 형성될 수 없다. 여기서 이전성은 단순한 물리적인 이동을 의미하는 것이 아니고, 부동산의 소유권을 구성하고 있는 모든 권리 또는 일부 권리가 이전되는 것을 의미한다.

제5절 | 부동산가치의 제원칙

❶ 가치 제원칙의 체계(분류)

🔑 가치 제원칙의 핵심

최유효이용 원칙의 외부 관련	• 외부성의 원칙 • 적합의 원칙 • 경쟁의 원칙
최유효이용 원칙의 내부 관련	• 수익체증·체감의 원칙 • 수익배분의 원칙 • 기여의 원칙 • 균형의 원칙
최유효이용 원칙의 전제 (기초, 토대, 시간)원칙	• 변동의 원칙 • 예측의 원칙
부동산 고유의 원칙	• 최유효이용 원칙 • 적합의 원칙 • 외부성의 원칙
최유효이용 원칙과 간접 관련 원칙	• 대체의 원칙 • 수요·공급의 원칙

참고
1. 3방식 모두의 이론적 근거: 대체원칙
2. 추가투자 판정기준: 기여 원칙, 수익체증·체감 원칙
3. 기준시점 확정, 시점 수정의 근거: 변동 원칙
4. 잔여법 근거: 수익배분 원칙

기출

1. 복도의 천정 높이를 과대 개량한 전원주택이 냉·난방비 문제로 시장에서 선호도가 떨어지는 것은 균형의 원칙과 관련이 있다.
2. 균형의 원칙은 구성요소의 결합에 대한 내용으로, 균형을 이루지 못하는 과잉부분은 원가법을 적용할 때 기능적 감가로 처리한다.
3. 판매시설 입점부지 선택을 위해 후보지역분석을 통해 표준적 사용을 확인하는 것은 적합의 원칙과 관련이 있다.
4. 기능적 감가는 균형의 원칙, 경제적 감가는 적합의 원칙, 기준시점의 필요는 변동의 원칙과 관련이 있다.

심화 가치 제원칙의 적용

가격원칙	감정평가활동에의 적용
균형의 원칙(비례의 원칙)	내부, 구성요소, 기능적 감가, 개별분석의 기준
적합의 원칙(조화의 원칙) - 고유	외부, 환경, 경제적 감가, 지역분석의 기준
변동의 원칙	기준시점, 시점수정 관련, 물리적 감가
예측의 원칙(예상의 원칙)	장래이익의 현재가치, 부동산가치, 수익방식에서 순수익 산정 판단기준
기여의 원칙(공헌의 원칙)	기여도의 합(생산비의 합 ×), 추가투자의 적부 판정
수익체증·체감의 원칙	입체적 토지이용, 건물의 고층화, 추가투자와 관련
수익배분의 원칙 (잉여생산성의 원칙)	토지잔여법, 수익분석법 관련, 부동성(수동적 생산요소)
대체의 원칙	• 비슷한 두 재화 비교, 동일효용 - 낮은 가격, 동일가격 - 높은 효용 • 감정평가 3방식 모두와 관련, 용도·기능·가격면에서 대체
최유효이용의 원칙 - 고유	감정평가의 전제, 「감정평가에 관한 규칙」에 규정 없음
기회비용의 원칙	포기된 최선의 가치, 요구수익률, 계산된(인식된) 비용
수요·공급의 원칙	부동산 가격의 이중성 관련
경쟁의 원칙	초과이윤은 경쟁을 야기시키고, 경쟁은 초과이윤을 소멸
외부성의 원칙 - 고유	외부효과, 경제적 감가 관련

❷ 최유효이용의 원칙

1. 의의

부동산 가격은 최유효이용을 전제로 파악되는 가격을 표준으로 형성된다는 원칙으로, 가치 제원칙 중 가장 중추적인 기능을 담당한다. 여기서 최유효이용(최유효사용, 최고최선의 이용, highest and best use)이란 객관적으로 보아 양식과 통상의 이용능력을 보유하는 사람의 합리적·합법적인 최고·최선의 이용방법을 말한다. 하지만 최유효이용의 원칙은 「감정평가에 관한 규칙」에서 직접 규정하고 있는 사항은 아니다.

2. 이론적 근거

(1) 부증성, 용도의 다양성

(2) 토지의 사회성·공공성에 따른 최유효이용의 강제

(3) 토지할당(시장성의 원리)

(4) 인간의 합리성 추구

> **참고** 최유효이용의 판단기준(유의점)
>
> 1. 부동산의 이용규모
> 2. 토지의 이용주체
> 3. 이용관행의 변화
> 4. 용도상의 변화
> 5. 통상의 이용능력의 판단
> 6. 제합이용(Consistent Use)
> 7. 현재의 이용상태의 적합
> 8. 부동산의 복합적인 측면에서의 합리성
> 9. 부동산 가격원칙과의 부합

3. 최유효이용의 기초(토대)가 되는 원칙

(1) 변동의 원칙(변화의 원칙)

① 모든 현상은 자연법칙에 의해 항상 변화한다. 부동산의 유용성도 그 내외적 요인의 변화에 따라 항상 변동한다. 부동산 가격은 가치형성요인들이 변화함에 따라 가치발생요인이 변화과정에 있으며 부동산 가격도 과거·현재·미래로 변화한다는 원칙이다.

② 시간 관련 원칙으로 예측의 원칙과 관련이 있으며 최유효이용의 원칙의 토대가 된다. 이는 기준시점이 분명히 되어야 하는 근거가 된다.

③ 가치형성요인은 시간에 따라 변화하므로 언제 시점으로 감정평가하는가에 따라 가격이 다르다. ⇨ 기준시점의 확정과 시점수정의 근거가 된다.

④ 부동산의 가치는 시간이 지남에 따라 마모, 훼손되므로 물리적 감가의 근거가 된다.

(2) 예측의 원칙(예상의 원칙)

① 일반적으로 부동산의 가치는 그 재화의 장래의 수익성·생산성 등을 예측하여 반영함으로써 결정되므로 부동산의 가격은 장래의 가치형성요인에 대한 예측을 하여야 한다는 원칙이다. 이는 부동산의 영속성(내구성)에 기인한다.

② 예측의 원칙은 비정상적인 사용 상태를 전제로 해서는 아니 되므로, 최유효이용의 원칙에 선행하는 원칙이다.

③ 가치개념의 근거가 된다. 가치(value)는 장래의 편익을 현재화한 값이다.

④ 수익방식의 근거가 된다. 수익방식에서 순수익은 장래의 순수익을 예상하여 구한다.

> **기출** 예측 및 변동의 원칙은 부동산의 현재보다 장래의 활용 및 변화 가능성을 고려한다는 점에서, 수익환원법의 토대가 될 수 있다.

4. 최유효이용의 내부 관련 원칙

(1) 수익체증·체감의 원칙

① 부동산의 어느 단위투자액을 계속적으로 증가시키면 그에 대응하는 한계수익이 체증하지만 일정한 한계점을 넘으면 이후에는 수익증가율이 체감하는 원칙을 말한다. 이는 입체적 이용률과 관련되어 있다.

② 건물의 고층화에 따른 건물의 한계효용계층(이윤극대점)은 토지공간의 입체이용률 결정 및 부동산의 현실적인 이용가치의 적정성과 추가투자의 적정성 판단에 유용하게 활용된다.

(2) 수익배분의 원칙(잉여생산성의 원리)

① 생산요소의 결합에 의해 발생한 총수익 중 노동·자본·경영의 몫이 먼저 배분되고 남은 부분(잉여생산성), 즉 잔여순수익은 나중에 토지의 지대 형태로 나타나며 이것이 지가를 형성하게 된다는 원칙이다.

② 이는 토지의 부동성(위치의 고정성) 때문에 토지의 몫이 제일 나중에 배분된다는 의미이다.

③ 부동산에 귀속하는 순수익을 기초로 가격 또는 임대료를 구하는 수익방식 중 수익분석법과 토지잔여법의 이론적 근거가 된다.

(3) 기여의 원칙(공헌의 원칙)

① 부동산은 여러 가지 구성요소가 결합되어 있는바, 부동산 가격은 각 구성요소의 기여도에 따라 영향을 받는다는 원칙이다. 부동산 가격은 각 구성요소의 생산비의 합이 아니라 기여도(공헌도, 생산성)의 합이다.

> **기출** 기여의 원칙은 부동산의 각 구성요소가 각각 기여하여 부동산 전체의 가격이 형성된다는 원칙이다.

② 부분과 전체에 관계되는 원칙으로 추가투자의 적정성 판단에 유용하게 활용된다. 이때 기여의 원칙은 균형의 원칙에 선행한다.

(4) 균형의 원칙(비례의 원칙)

① 부동산의 유용성(효용성)이 최고도로 발휘되기 위해서는 내부적인 구성요소 간에 균형이 이루어져야 한다는 원칙이다. 즉, 기업에서 생산요소인 토지, 노동, 자본, 경영의 적절한 조화를 통해 최대의 유용성(수익)을 올리는 것이다.

② 대상부동산이 가지고 있는 여러 가지 내부적인 구성요소들의 불균형으로 인해 발생하는 기능적 감가판단의 근거가 되며 개별분석과 관련된다 (예 설계의 불량, 초과설비, 과소설비, 형식의 구식화, 부지에 대한 건물의 부적응 등은 균형의 원칙에 위배되므로 기능적 감가에 해당).

기출 균형의 원칙은 외부적 관계의 원칙인 적합의 원칙과는 대조적인 의미로, 부동산 구성요소의 결합에 따른 최유효이용을 강조하는 것이다.

5. 최유효이용의 외부 관련 원칙

(1) 적합의 원칙

① 부동산이 그 유용성을 최고도로 발휘하기 위해서는 주변 환경 및 시장에 적합하여야 한다는 원칙이다. 주택은 주거지역에, 공장은 공업지역에, 상점은 상업지역에 위치해야 유용성이 최고도로 발휘된다.

② 적합의 원칙은 경제적 감가판단의 근거가 되고, 지역분석과 관련된다.

기출 적합의 원칙은 부동산의 입지와 인근 환경의 영향을 고려한다.

(2) 외부성의 원리

① 대상부동산의 가치는 외부적인 요인에 의하여 긍정적인 영향을 미칠 때 외부경제(정의 외부효과)라고 하고, 부정적인 영향을 미칠 때 이를 외부불경제(부의 외부효과)라고 한다.

② 적합의 원칙은 대상부동산이 최유효이용되려면 외부환경에 적합하여야 한다는 원칙이고, 외부성의 원칙은 외부환경요인이 대상부동산에 어떠한 영향을 미치느냐를 고려하는 원칙이다.

(3) 경쟁의 원칙

① 어떤 수익성 부동산의 초과이윤은 경쟁을 야기하고 경쟁은 초과이윤을 소멸시킨다는 원칙이다.

② 부동산은 지리적 위치의 고정성과 부증성이 있으므로 공급자 경쟁보다는 수요자의 경쟁이 강하게 나타난다. 경쟁은 대체성이 약할수록 가격이 인상되는 것이 일반적이다.

6. 기타 가격원칙

(1) 수요·공급의 원칙

부동산 가격은 수요와 공급의 상호작용에 의해 결정되고 그 가격은 다시 수요와 공급에 영향을 미친다는 원칙이다(부동산 가격의 이중성). 수요·공급의 원칙은 부동산에도 적용되는데 일반재화와 약간 달리 적용된다. 즉, 공급의 제한 때문에 적용상 제한을 받는다.

(2) 대체의 원칙

① 부동산 가격은 대체 가능한 2개 이상의 재화(아파트와 단독주택) 간에는 상호작용 과정에 영향을 미쳐서 가격이 형성된다. 부동산의 유용성(수익성, 쾌적성)이 동일하면 가격이 싼 것을 선택하고, 가격이 동일하면 부동산의 유용성이 큰 것을 선택한다. 즉, 부동산 간에 또는 지역 간에 상호 관련성·상호 대체성을 갖는다는 원칙을 말한다.

② 원가방식의 재조달원가, 비교방식의 거래사례 또는 임대사례, 수익방식의 순수익을 구할 때 쓰는 간접법은 대체를 전제로 하므로 부동산 감정평가 3방식 모두의 이론적 근거가 된다(비교방식에 더 잘 적용됨).

(3) 기회비용의 원칙

① 기회비용이란 어떤 대안을 선택함으로써 포기한 다른 대안들 중 최대의 가치이며, 합리적인 사람이라면 최선의 대안을 선택하고 차선의 대안을 기회비용으로 놓는다.

② 기회비용이란 실제 지불된 비용이 아니고 계산된 비용·인식된 비용으로서 투자의 요구수익률(자본의 기회비용)을 측정하는 중요한 기준이 되며, 부동산투자에 있어서 요구수익률을 측정하는 기준이 되기도 한다.

③ 주변지역이 상업지역인데 주거용으로 이용하는 경우에 이를 상업용으로 평가하는 경우 또는 도심지역의 공업용지가 동일한 효용을 가지고 있는 외곽지역의 공업용지보다 시장가격이 더 높은 현상은 기회비용의 원칙에 의해서 설명이 가능하다. 단, 전환비용도 고려해야 한다.

> **기출** 도심지역의 공업용지가 동일한 효용을 가지고 있는 외곽지역의 공업용지보다 시장가격이 더 높은 현상은 기회비용의 원칙에 의해서 설명 가능하다.

제6절 | 지역분석과 개별분석   제32회, 제34회, 제36회

1 지역분석의 의의

(1) 지역분석은 가치형성요인 중 지역요인을 분석하는 작업으로, 해당 지역 특성의 현재상태 및 장래동향을 파악하여 그 지역 내의 표준적 이용과 가격수준을 판정한다.

(2) 지역분석으로 그 지역의 표준적 이용이 결정되며, 지역분석 결과를 토대로 개별분석이 행해지므로 지역분석이 개별분석에 선행한다. 또한 지역분석을 통해 최유효이용을 판정하는 방향을 제시하며, 최유효이용의 기준설정에 도움을 준다.

(3) 지역분석은 대상지역에 대한 거시적인 분석인 반면, 개별분석은 대상부동산에 대한 미시적인 분석이다.

참고 지역분석과 개별분석

구분	지역분석	개별분석
분석순서	선행분석 (부동성, 인접성)	후행분석 (개별성, 용도의 다양성)
분석내용	대상지역의 전체적·광역적·거시적 분석	대상부동산의 부분적·국지적·미시적 분석
분석기준	대상지역의 표준적 이용 판정 가격수준 파악 (최유효이용 판정 방향 제시)	대상부동산의 최유효이용 판정 구체적 가격 파악
가격원칙	경제적 감가, 외부요인 (적합의 원칙)	기능적 감가, 내부요인 (균형의 원칙)
대상	인근지역, 유사지역, 동일수급권(주변 용도지역)	대상부동산 또는 개별부동산

기출
1. 지역분석을 통해 해당 지역 내 부동산의 표준적 이용과 가격수준을 파악할 수 있다.
2. 개별분석보다 지역분석을 먼저 실시하는 것이 일반적이다. 제36회
3. 개별분석은 대상부동산에 대한 미시적·국지적 분석인데 비하여, 지역분석은 대상지역에 대한 거시적·광역적 분석이다.

참고
지역분석 ⇨ 개별분석

- 선행
- 후행
- 표준적 이용
- 최유효이용
- 가격수준
- 구체적 가격

기출 지역분석에서는 표준적 이용을, 개별분석에서는 최유효이용을 판정한다. 제32회

용어
표준적 이용
대상지역의 일반적·평균적 이용을 말한다.

최유효이용
대상부동산의 최고·최선의 이용을 말한다.

❷ 지역분석의 대상지역

> 「감정평가에 관한 규칙」 제2조 【정의】
> 13. '인근지역'이란 대상부동산이 속한 지역으로서 부동산의 이용이 동질적이고 가치형성요인 중 지역요인을 공유하는 지역을 말한다.
> 14. '유사지역'이란 대상부동산이 속하지 아니하는 지역으로서 인근지역과 유사한 특성을 갖는 지역을 말한다.
> 15. '동일수급권(同一需給圈)'이란 대상부동산과 대체·경쟁관계가 성립하고 가치형성에 서로 영향을 미치는 관계에 있는 다른 부동산이 존재하는 권역(圈域)을 말하며, 인근지역과 유사지역을 포함한다.

1. 인근지역

(1) 인근지역의 의의 및 조건(요건)

① 대상부동산이 속한 지역으로서 부동산의 이용이 동질적이고 가치형성요인 중 지역요인을 공유하는 지역을 말한다.
② 도시 또는 농촌과 같은 지역사회와 비교하여 보다 작은 지역이다.
③ 인근지역 내의 부동산은 대상부동산과 상호 대체·경쟁의 관계에 있고 동일한 지가수준을 가지며, 대상부동산과 용도적·기능적 동질성을 갖는다.
④ 인근지역의 범위가 너무 넓으면 사례자료를 구하기는 쉽지만, 신뢰성 있는 가격수준의 판정이 어렵다. 반면에 인근지역의 범위가 너무 좁으면 사례자료를 구하기는 어렵지만 사례자료에 대한 가격수준의 신뢰성은 높다.
⑤ 주거활동, 상업활동, 공업활동 등의 특정한 토지 용도를 중심으로 집합된 용도지역이다.
⑥ 인근지역의 지역요인은 발전, 쇠퇴 등 부단한 변화의 과정에 있다.

(2) 인근지역의 경계 및 범위

① 경계는 산맥, 하천, 호수, 사막과 같은 자연적 경계와 인종, 문명, 종교, 언어에 의한 인문적 경계로 나눌 수 있다.
② 인근지역은 하천 등 자연적 경계와 공법상 규제에 의해 경계가 확정될 수도 있으나, 인근지역이 도시계획상의 용도지역과 반드시 일치하는 것은 아니다.

③ 인근지역의 경계는 그 이용상태에 따라 명백히 구분되는 경우와 그렇지 않은 경우가 있다. 인근지역의 경계가 명확하지 않은 때에는 지역의 표준적 사용을 중심으로 감정평가사가 판단하는 경우가 많다.

(3) 인근지역의 변화

인근지역의 사회적·경제적·행정적 위치는 고정적·경직적인 것이 아니고 유동적·가변적이기 때문에, 부동산이 속한 인근지역은 그 가격형성의 일반적인 요인변화에 따라 끊임없이 발전·쇠퇴한다. 즉, 인근지역은 '성장기 ⇨ 성숙기 ⇨ 쇠퇴기 ⇨ 천이기 ⇨ 악화기'라는 생애주기 현상을 가지면서 변화한다.

기출 인근지역의 사회적·경제적·행정적 위치는 고정적인 것이 아니라 유동적이고 가변적이다.

① 인근지역의 성쇠 현상을 생태학적 관점에서 파악하여 각 국면에서 나타나는 여러 가지 현상을 설명하려는 것을 말한다.
② 논의의 실익은 각종 부동산활동에 있어 예측의 한 근거로 사용되는 등 거의 모든 중요한 부동산활동에 있어 활용되는 이론분야이다.
③ 인근지역의 생애주기 현상을 설명하기 위한 전제조건으로는 첫째, 지역의 동질성이 있어야 하며 둘째, 지역을 동시에 개발하여야 한다.
④ 서구에서는 인근지역의 생애주기를 대략 100년으로 보는 것이 일반적이나, 도시성장이 빠르게 진행될수록 주변환경 변화에 의해 인근지역의 생애주기가 짧아질 수도 있다.

> **심화** 인근지역의 생애주기 현상(neighbourhood cycle pattern)

단계	특징	
성장기	• 지가상승률 최고 • 신규부동산(상향여과)	• 입지경쟁, 유동이 많음 • 투자·투기 현상
성숙기	• 지가수준·지역기능 최고 • 유동이 적음	• 지가 안정·가벼운 상승 • 여과 현상 ×
쇠퇴기	• 경제적 내용연수 만료 • 재개발 시작	• 가장 장기 • 하향여과 시작
천이기	• 재개발·하향여과 활발 • 지가의 일시적 상승, 이전단계 수준 ×	
악화기	• 슬럼화 단계 혹은 그 이전 단계 • 지가 최저, 재개발 마지막	

기출 인근지역의 생애주기를 성장기, 성숙기, 쇠퇴기, 천이기, 악화기 등으로 구분할 때 가격수준은 성숙기에 최고에 이른다.

2. 유사지역

(1) 유사지역의 의의 및 특성

> 기출 유사지역이란 대상부동산이 속하지 아니하는 지역으로서 인근지역과 유사한 특성을 갖는 지역을 말한다.

① 대상부동산이 속하지 아니하는 지역으로서 인근지역과 유사한 특성을 갖는 지역을 말한다.

② 유사지역은 인근지역과 인접할 수 있고, 멀리 떨어져 있을 수도 있다. 이때 지역은 거리의 원근개념이 아닌 용도적 관점으로 가격형성 제요인이 유사성을 갖는 범위를 의미한다.

③ 대상부동산이 속한 인근지역과 용도적·기능적으로 동질적이며, 대체·경쟁의 관계가 성립한다.

(2) 유사지역 분석의 중요성(필요성)

유사지역의 분석은 감정평가에 있어서, ① 인근지역 내 사례자료가 없는 경우에는 동일수급권 내 유사지역의 사례자료를 활용할 수 있으며, ② 인근지역 내 사례자료가 있는 경우에는 유사지역을 분석하여 인근지역의 상대적 위치와 지역특성을 명확히 하고 적정한 가격수준을 파악할 수 있다.

3. 동일수급권

(1) 동일수급권의 의의

> 기출 동일수급권은 대상부동산과 대체·경쟁관계가 성립하고 가치 형성에 서로 영향을 미치는 관계에 있는 다른 부동산이 존재하는 권역을 말하며, 인근지역과 유사지역을 포함한다.

① 대상부동산과 대체·경쟁관계가 성립하고 가치 형성에 서로 영향을 미치는 관계에 있는 다른 부동산이 존재하는 권역(圈域)을 말하며, 인근지역과 유사지역을 포함한다.

② 동일수급권은 인근지역과 유사지역 외에도 동일수급권은 주변 용도지역(후보지, 이행지)을 포함하기도 하며, 거래사례비교법에서 사례수집의 최원방권이다.

(2) 동일수급권 파악의 필요성

① 인근지역에 사례자료가 없거나, 사례자료가 있다고 하더라도 감정평가의 정확도를 높이기 위해서는 동일수급권 내의 유사지역의 자료를 수집하여 이를 비교·검토할 필요가 있다.

② 이 경우 사례부동산과 대상부동산 사이의 가치형성요인과 지역요인을 비교하여 지역격차를 수정할 필요가 있다.

③ 만일, 사례자료가 동일수급권 내 유사지역에 소재할 경우에는 지역요인 및 개별요인을 비교하여야 하지만 인근지역에 속할 경우에는 지역요인을 비교할 필요가 없으며 개별요인만 비교하면 된다. 이 경우에도 지역분석은 실시하여야 한다.

(3) 동일수급권의 파악

동일수급권의 파악은 가격형성에 영향을 미치는 동일수급권의 범위를 판단하는 것으로 동일수급권은 부동산의 종별·성격 및 규모에 따라 그 지역적 범위가 달라지므로 부동산의 종별·성격 및 규모를 적절하게 판정하여 동일수급권의 범위를 정하여야 할 것이다. 부동산의 용도에 따른 동일수급권의 범위는 다음과 같다.

① 주거지: 주거지의 동일수급권은 일반적으로 도심에서 통근이 가능한 지역의 범위와 일치하는 경향이 있다. 그러나 출생·생육(生育) 등 연고나 지역적 선호 및 지역의 사회적 지위·명성 등에 따라서 대체관계가 성립하여 그 범위가 좁아지기도 한다. 그리고 고급주택일수록 동일수급권의 범위는 좁으며, 일반주택일수록 동일수급권의 범위는 넓어진다.

② 상업지: 상업지의 동일수급권은 배후지를 배경으로 상업수익을 올릴 수 있는 지역범위와 일치하는 경향이 있다. 고도상업지역은 일반적으로 광역적인 상업배후지를 배경으로 성립되어 동일수급권이 비교적 넓으며, 보통상업지역은 보다 좁은 배후지를 배경으로 성립되므로 동일수급권이 비교적 좁아진다.

③ 공업지: 공업지의 동일수급권은 수송비 등 비용성, 생산성의 대체성이 있는 지역범위와 일치하는 경향이 있다. 따라서 제품 및 공장의 형태에 따라 그리고 소비지입지형이냐 원료산지입지형이냐에 따라 그 대체성이 달라진다. 또한 철도, 도로, 항만 등의 수송수단도 함께 고려되어야 하며 대규모공장의 경우는 전국을 동일수급권으로 하는 경향이 있다.

④ 농지: 농지에 있어서의 동일수급권은 해당 농지에 대하여 통상적인 형태로 농업경영이 가능한 거리와 일치하게 되어 그 범위는 통근경작이 가능한 거리의 약 2배를 반경으로 하는 지역이 된다.

⑤ 후보지·이행지: 원칙적으로 용도전환 후(後)의 종별에 따라 그 범위를 정하여야 한다. 다만, 성숙도가 낮거나 전환·이행의 속도가 완만한 경우에는 전환 전(前)의 토지의 동일수급권을 기준으로 한다. 따라서 성숙도가 높은 경우에는 용도전환 후(後)의 종별에 따라 그 범위를 정한다.

기출 성숙도가 낮은 후보지의 동일수급권은 전환 전 용도지역의 동일수급권과 일치하는 경향이 있다.

✚ 동일수급권 = 인근지역 + 유사지역 + 주변용도지역(후보지, 이행지)

❸ 개별분석

(1) 개별분석의 의의

개별분석이란 지역분석에 의해 판정된 해당 지역의 표준적 사용 및 가격수준을 전제로, 부동산의 개별성에 근거하여 부동산의 가치형성요인 중 개별요인을 분석하여 대상부동산의 최유효이용을 판정하고, 대상부동산의 구체적인 가격을 산정하는 과정상의 작업을 말한다. 즉, 대상부동산의 구체적 가격을 구체화·개별화시키는 작업을 말한다.

(2) 개별분석의 필요성

대상부동산의 최유효이용은 지역의 표준적 이용과 항상 일치되는 것은 아니므로 대상부동산의 구체적 가격은 개별분석을 통해 파악해야 한다.

기출 대상부동산의 최유효이용을 판정하기 위해 개별분석이 필요하다.

제2장 감정평가의 3방식

- 감정평가의 3방식과 7방법으로 구분하고 물건별 감정평가방법, 감정평가규칙의 조문을 숙지하여야 한다.
- 원가방식에서는 재조달원가 개념, 감가수정과 감가상각의 차이, 감가수정방법과 적산가액 계산문제를 학습하여야 한다.
- 비교방식에서는 거래사례비교법과 공시지가기준법의 계산문제를 학습하여야 한다.
- 수익방식에서는 환원이율(자본환원율)의 구성과 수익가액과 환원이율의 계산문제를 학습하여야 한다.

제1절 | 감정평가 3방식의 기본원리 제32회, 제33회, 제36회

1 가격의 3면성

일반적으로 재화의 경제적 가치를 판정함에 있어서는 비용성·시장성·수익성의 3가지 측면에서 고찰하게 되는데, 이러한 3가지 측면을 가격의 3면성이라 한다. 이는 감정평가 3방식의 기본적·이론적 근거가 된다.

비용성	해당 물건이 어느 정도의 생산비가 투입되어 만들어졌는가? ⇨ 원가방식
시장성	시장에서 어느 정도의 가격으로 거래되는가? ⇨ 비교방식
수익성	해당 물건을 이용함으로써 어느 정도의 수익 또는 편익을 얻을 수 있는가? ⇨ 수익방식

2 감정평가의 3방식과 7방법(감정평가에 관한 규칙 제11조) 제32회

> 제11조【감정평가방식】감정평가법인 등은 다음 각 호의 감정평가방식에 따라 감정평가를 한다.
> 1. 원가방식: 원가법 및 적산법 등 비용성의 원리에 기초한 감정평가방식
> 2. 비교방식: 거래사례비교법, 임대사례비교법 등 시장성의 원리에 기초한 감정평가방식 및 공시지가기준법
> 3. 수익방식: 수익환원법 및 수익분석법 등 수익성의 원리에 기초한 감정평가방식

3방식 (가격 3면성)	조건	7방법	시산가액 (임대료)	산식
원가방식 (비용성)	가액	원가법	적산가액	재조달원가 − 감가누계액
	임대료	적산법	적산임료	기초가액 × 기대이율 + 필요제경비
비교방식 (시장성)	가액	거래사례비교법	비준가액	거래사례 × 사정보정 × 시점수정 × 가치형성요인비교
	임대료	임대사례비교법	비준임료	임대사례 × 사정보정 × 시점수정 × 가치형성요인비교
	가액	공시지가기준법	토지가액	비교표준지공시지가 × 시점수정 × 지역·개별요인비교 × 그 밖
수익방식 (수익성)	가액	수익환원법	수익가액	$\dfrac{\text{순수익(순영업소득)}}{\text{환원이율}}$
	임대료	수익분석법	수익임료	순수익 + 필요제경비

기출

1. 임대료평가방법으로는 적산법, 임대사례비교법, 수익분석법이 있다.
2. 거래사례비교법과 공시지가기준법은 감정평가방식 중 비교방식에 해당된다.
   제33회

감정평가 3방식이란 원가방식, 비교방식, 수익방식을 가리키며, 대상물건의 평가목적이 가액을 구하는지 또는 임대료를 구하는지에 따라 7방법으로 구분된다.

(1) 원가방식에 의하여 가액을 구하는 방법
① 원가법: 재조달원가에 감가수정을 하여 가액을 산정
② 적산법: 기초가액에 기대이율을 곱하여, 필요한 경비를 더하여 임대료를 산정

(2) 비교방식에 의하여 가액을 구하는 방법
① 거래사례비교법: 거래사례와 비교, 사정보정, 시점수정, 가치형성요인 비교, 가액을 산정
② 임대사례비교법: 임대사례와 비교, 사정보정, 시점수정, 가치형성요인 비교, 임대료를 산정
③ 공시지가기준법: 비교표준지의 공시지가를 기준, 시점수정, 지역요인 및 개별요인 비교, 그 밖의 요인의 보정, 가액을 산정

(3) 수익방식에 의하여 가액을 구하는 방법
① 수익환원법: 장래 순수익이나 미래의 현금흐름, 환원하거나 할인, 가액을 산정
② 수익분석법: 순수익에 필요한 경비를 더하여 임대료를 산정

구분	원가법	거래사례비교법	수익환원법
적용 대상	㉠ 건물 ㉡ 건설기계(기계·기구류) ㉢ 항공기 ㉣ 선박 ㉤ 소경목림	㉠ 일괄평가 ㉡ 산림(입목) ㉢ 과수원 ㉣ 자동차, 동산 ㉤ 토지(적정한 실거래가)	㉠ 영업권 ㉡ 광업재단 ㉢ 공장재단(일괄) ㉣ 기업가치 ㉤ 비상장채권

심화 감정평가 3방식의 비교

구분	원가방식(비용성)	비교방식(시장성)	수익방식(수익성)
시산 가액	원가법: 적산가액	• 거래사례비교법: 비준가액 • 공시지가기준법: 토지가액	수익환원법: 수익가액
시산 임대료	적산법: 적산임료	임대사례비교법: 비준임료	수익분석법: 수익임료
적용 대상	건물, 건설기계(기계·기구류), 항공기, 선박, 소경목림	일괄, 산림(입목), 과수원, 자동차, 동산, 토지(적정한 실거래가)	영업권, 광업재단, 공장재단(일괄), 기업가치, 비상장채권
장점	• 건물 등 상각자산에 유용 • 비시장성, 비수익성 물건에 적용 • 조성지, 매립지 평가	• 가장 널리 이용 • 이해가 쉽고 설득력 있음 • 3방식 중 중추적 역할을 함	• 가장 이론적·논리적·과학적 • 부동산시장이 안정되고 투기 현상이 적은 곳에서 참된 가치를 반영함
단점	• 시장성이나 수익성 반영이 잘 안됨 • 비상각자산에 적용 곤란	• 평가사에 따라 주관적(편차가 큼) • 호·불황기 적용 곤란 • 과거의 사례가격	• 신·구로 인한 가격차이 없음 • 순수익과 환원이율 파악이 용이하지 않음

기출
1. 건물의 주된 평가방법은 원가법이다. 제33회
2. 토지와 건물을 일괄하여 감정평가할 때에는 거래사례비교법을 적용해야 한다.
3. 감정평가법인 등은 대상물건별로 정한 감정평가방법(이하 '주된 방법'이라 함)을 적용하여 감정평가하되, 주된 방법을 적용하는 것이 곤란하거나 부적절한 경우에는 다른 감정평가방법을 적용할 수 있다. 제33회

③ 시산가액의 조정(감정평가에 관한 규칙 제12조) 제33회

> **제12조【감정평가방법의 적용 및 시산가액 조정】** ① 감정평가법인 등은 대상물건별로 정한 감정평가의 **주된 방법**을 적용하여 감정평가해야 한다. 다만, 주된 방법을 적용하는 것이 곤란하거나 부적절한 경우에는 다른 감정평가방법을 적용할 수 있다.
> ② 감정평가법인 등은 대상물건의 감정평가액을 결정하기 위하여 제1항에 따라 어느 하나의 감정평가방법을 적용하여 산정한 시산가액을 제11조 각 호의 감정평가방식 중 **다른 감정평가방식에 속하는 하나 이상의 감정평가방법**(이 경우 공시지가기준법과 그 밖의 비교방식에 속한 감정평가방법은 서로 다른 감정평가방식에 속한 것으로 본다)으로 산출한 시산가액과 비교하여 합리성을 검토해야 한다. 다만, 대상물건의 특성 등으로 인하여 다른 감정평가방법을 적용하는 것이 곤란하거나 불필요한 경우에는 그렇지 않다.
> ③ 감정평가법인 등은 제2항에 따른 검토 결과 제1항에 따라 산출한 시산가액의 합리성이 없다고 판단되는 경우에는 주된 방법 및 다른 감정평가방법으로 산출한 **시산가액을 조정하여 감정평가액을 결정**할 수 있다.

(1) 의의

원가방식, 비교방식, 수익방식에 의해 산출된 적산(복성)가액, 비준(유추)가액, 수익가액을 각각 의미하며, 이러한 시산가액은 대상부동산의 최종 평가가격이 아니라, 최종 평가가격으로 확정되기 전(前) 중간과정으로서의 가격이다.

(2) 내용

완전경쟁시장에서는 평가 3방식에 의한 산정가격은 동일하게 되나(마셜의 3면 등가설), 부동산시장은 불완전경쟁시장이므로 평가 3방식에 의한 부동산의 산정가격은 각각 다르게 나타난다. 따라서 대상부동산의 최종 평가가격을 결정하기 위해서는 시산가액의 조정이 필요하다.

> **참고 📖 시산가액의 조정**
> 조성비용은 원가방식, 거래사례가격은 비교방식, 임대료는 수익방식의 가중치를 적용한다.

(3) 시산가액의 조정

① 평가 3방식에 의한 가격을 단순히 산술평균하는 것이 아니라, 물건의 성격, 조건을 고려하여 가장 적절한 방식에 의하되 그 방식(주된 방식)으로 구한 가격과 다른 방식(부수 방식)으로 구한 가격을 비교하여 그 합리성을 검토한다. 즉, 주된 방식과 부수 방식의 조정 또는 가중평균으로 최종평가액을 산정하게 된다.

② 시산가액 조정시 공시지가기준법과 거래사례비교법(그 밖의 비교방식에 속한 감정평가방법)은 서로 다른 감정평가방식에 속한 것으로 본다.

③ 평가시 사용되었던 자료의 양이나 정확성 및 적절성 등을 고려하여 각각의 방법에 가중치를 두어 가격을 결정하며, 시산가액의 조정에 사용되는 자료에는 확인자료, 요인자료, 사례자료 등이 있다.
  ㉠ 확인자료: 물적 확인, 권리태양 확인자료(등기부등본, 토지대장, 임대차계약서 등)
  ㉡ 요인자료: 가치형성요인자료, 지역요인자료, 개별요인자료
  ㉢ 사례자료: 거래사례자료, 임대사례자료, 수익사례자료

기출 시산가격조정은 평가시 사용된 자료의 양, 정확성 및 적절성 등을 고려하여 각각의 방법에 가중치를 두어 가격을 결정하는 것이다.

제2절 | 감정평가에 관한 규칙 제32회, 제33회, 제34회, 제35회, 제36회

보충 「감정평가에 관한 규칙」의 주요 내용

1. **원가법**이란 대상물건의 **재조달원가**에 감가수정을 하여 대상물건의 **가액**을 산정하는 감정평가방법을 말한다.
2. **적산법**이란 대상물건의 **기초가액**에 기대이율을 곱하여 산정된 기대수익에 대상물건을 계속하여 임대하는 데에 **필요한 경비**를 더하여 대상물건의 **임대료**를 산정하는 감정평가방법을 말한다.
3. **거래사례비교법**이란 대상물건과 가치형성요인이 같거나 비슷한 물건의 **거래사례**와 비교하여 대상물건의 현황에 맞게 **사정보정, 시점수정, 가치형성요인 비교** 등의 과정을 거쳐 대상물건의 **가액**을 산정하는 감정평가방법을 말한다.
4. **임대사례비교법**이란 대상물건과 가치형성요인이 같거나 비슷한 물건의 **임대사례**와 비교하여 대상물건의 현황에 맞게 **사정보정, 시점수정, 가치형성요인 비교** 등의 과정을 거쳐 대상물건의 **임대료**를 산정하는 감정평가방법을 말한다.
5. **공시지가기준법**이란 대상토지와 가치형성요인이 같거나 비슷하여 유사한 이용가치를 지닌다고 인정되는 **비교표준지의 공시지가**를 기준으로 대상토지의 현황에 맞게 **시점수정, 지역요인 및 개별요인 비교**, 그 밖의 요인의 보정을 거쳐 대상토지의 가액을 산정하는 감정평가방법을 말한다.
6. **수익환원법**이란 대상물건이 **장래 산출할 것으로** 기대되는 순수익이나 미래의 **현금흐름을 환원하거나 할인**하여 대상물건의 가액을 산정하는 감정평가방법을 말한다.
7. **수익분석법**이란 일반기업 경영에 의하여 산출된 총수익을 분석하여 대상물건이 일정한 기간에 산출할 것으로 **기대되는 순수익**에 대상물건을 계속하여 임대하는 데에 **필요한 경비**를 더하여 대상물건의 **임대료**를 산정하는 감정평가방법을 말한다.

기출
1. 원가법이란 대상물건의 재조달원가에 감가수정(減價修正)을 하여 대상물건의 가액을 산정하는 감정평가방법을 말한다.
2. 임대사례비교법이란 대상물건과 가치형성요인이 같거나 비슷한 물건의 임대사례와 비교하여 대상물건의 현황에 맞게 사정보정, 시점수정, 가치형성요인 비교 등의 과정을 거쳐 대상물건의 임대료를 산정하는 감정평가방법을 말한다. 제36회
3. 공시지가기준법을 적용할 때 비교표준지공시지가를 기준으로 시점수정, 지역요인 및 개별요인 비교, 그 밖의 요인의 보정과정을 거친다.
4. 수익환원법에서는 대상물건이 장래 산출할 것으로 기대되는 순수익이나 미래의 현금흐름을 환원하거나 할인하여 가액을 산정한다.
5. 수익분석법이란 일반기업 경영에 의하여 산출된 총수익을 분석하여 대상물건이 일정한 기간에 산출할 것으로 기대되는 순수익에 대상물건을 계속하여 임대하는 데에 필요한 경비를 더하여 대상물건의 임대료를 산정하는 감정평가방법을 말한다. 제36회

기출 기준가치란 감정평가의 기준이 되는 가치를 말한다.
제32회

8. 기준가치란 감정평가의 기준이 되는 가치를 말한다.
9. 기준시점이란 대상물건의 감정평가액을 결정하는 기준이 되는 날짜를 말한다. **기준시점**은 대상물건의 **가격조사를 완료한** 날짜로 한다. 다만, 기준시점을 미리 정하였을 때에는 그 날짜에 **가격조사가 가능한 경우**에만 기준시점으로 할 수 있다.
10. 감정평가법인 등은 필요한 경우 관련 전문가에 대한 자문 등을 거쳐 감정평가 할 수 있다.
11. 감정평가법인 등이 감정평가를 할 때에는 실지조사를 하여 대상물건을 확인해야 한다. 다만, 실지조사를 하지 아니하고도 객관적이고 신뢰할 수 있는 자료를 충분히 확보할 수 있는 경우에는 실지조사를 하지 않을 수 있다.
12. 감정평가법인 등은 **토지**를 감정평가할 때에는 공시지가기준법을 적용해야 한다. **적정한 실거래가**를 기준으로 토지를 감정평가할 때에는 **거래사례비교법**을 적용해야 한다. 해당 토지의 **임대료, 조성비용** 등을 고려하여 감정평가할 수 있다.
13. **적정한 실거래가**란 「부동산 거래신고 등에 관한 법률」에 따라 신고된 실제 거래가격으로서 거래 시점이 도시지역은 3년 이내, 그 밖의 지역은 5년 이내인 거래가격 중에서 감정평가법인 등이 인근지역의 지가수준 등을 고려하여 감정평가의 기준으로 적용하기에 적정하다고 판단하는 거래가격을 말한다.
14. 감정평가법인 등은 **건물**을 감정평가할 때에 **원가법**을 적용해야 한다.
15. 감정평가법인 등은 「집합건물의 소유 및 관리에 관한 법률」에 따른 구분소유권의 대상이 되는 건물부분과 그 대지사용권을 일괄하여 감정평가하는 경우 등 제7조 제2항에 따라 토지와 건물을 일괄하여 감정평가할 때에는 **거래사례비교법**을 적용해야 한다. 이 경우 감정평가액은 합리적인 기준에 따라 토지가액과 건물가액으로 구분하여 표시할 수 있다.
16. 감정평가법인 등은 산림을 감정평가할 때에 산지와 입목(立木)을 구분하여 감정평가해야 한다. 이 경우 입목은 **거래사례비교법**을 적용하되, 소경목림(소경목림: 지름이 작은 나무·숲)인 경우에는 **원가법**을 적용할 수 있다. 산지와 입목을 일괄하여 감정평가할 때에 **거래사례비교법**을 적용해야 한다.
17. 감정평가법인 등은 **과수원**을 감정평가할 때에 **거래사례비교법**을 적용해야 한다.
18. 감정평가법인 등은 **자동차와 동산**을 감정평가할 때에 **거래사례비교법**을 적용해야 한다. 다만, 본래 용도의 효용가치가 없는 물건은 **해체처분가액**으로 감정평가할 수 있다. 기계·기구류를 감정평가할 때에는 원가법을 적용해야 한다.
19. 감정평가법인 등은 **건설기계, 항공기, 선박**을 감정평가할 때에 **원가법**을 적용해야 한다. 감정평가법인 등은 선박을 감정평가할 때에 선체·기관·의장(艤裝)별로 구분하여 감정평가하되, 각각 원가법을 적용해야 한다. 다만, 본래 용도의 효용가치가 없는 물건은 **해체처분가액**으로 감정평가할 수 있다.
20. 감정평가법인 등은 **임대료**를 감정평가할 때에 **임대사례비교법**을 적용해야 한다.

기출
1. 산림은 산지와 입목을 구분하여 평가하여야 하며, 입목의 평가는 거래사례비교법에 의하되 소경목림은 원가법에 의할 수 있다. 산지와 입목을 일괄하여 감정평가할 때에 거래사례비교법을 적용해야 한다.
2. 과수원을 감정평가할 때에 거래사례비교법을 적용해야 한다.
3. 자동차의 주된 평가방법과 선박 및 항공기의 주된 평가방법은 다르다.
4. 임대료를 평가할 때는 임대사례비교법을 주된 평가방법으로 적용한다.

21. 감정평가법인 등은 **공장재단**을 감정평가할 때에 공장재단을 구성하는 개별물건의 감정평가액을 **합산**하여 감정평가해야 한다. 다만, **계속적인 수익이 예상**되는 경우 등 일괄하여 감정평가하는 경우에는 **수익환원법**을 적용할 수 있다. 감정평가법인 등은 **광업재단**을 감정평가할 때에 수익환원법을 적용해야 한다.
22. 감정평가법인 등은 **영업권, 특허권, 실용신안권, 디자인권, 상표권, 저작권, 전용측선이용권**, 그 밖의 무형자산을 감정평가할 때에 **수익환원법**을 적용해야 한다.
23. 감정평가법인 등은 주식을 감정평가할 때에 **상장주식**은 거래사례비교법을 적용하고, **비상장주식**은 해당 회사의 자산·부채 및 자본 항목을 평가하여 수정재무상태표를 작성한 후 기업가치에서 부채의 가치를 빼고 산정한 자기자본의 가치를 발행주식 수로 나누어 평가한다. 감정평가법인 등은 채권을 감정평가할 때에 **상장채권**은 거래사례비교법을 적용하고, **비상장채권**은 수익환원법을 적용해야 한다. 감정평가법인 등은 기업가치를 감정평가할 때에 수익환원법을 적용해야 한다.
24. 감정평가법인 등은 소음·진동·일조침해 또는 환경오염 등으로 대상물건에 직접적 또는 간접적인 피해가 발생하여 대상물건의 가치가 하락한 경우 그 가치하락분을 감정평가할 때에 소음 등이 발생하기 전의 대상물건의 가액 및 원상회복비용 등을 고려하여야 한다.

기출 영업권, 특허권, 실용신안권, 디자인권, 상표권, 저작권, 전용측선이용권, 그 밖의 무형자산을 감정평가할 때에 수익환원법을 적용해야 한다.

1 물건별 감정평가 제34회, 제35회

(1) 토지의 평가(「감정평가에 관한 규칙」 제14조)

> **제14조【토지의 감정평가】** ① 감정평가법인 등은 토지를 감정평가할 때에는 공시지가기준법을 적용해야 한다.
> ② 감정평가법인 등은 공시지가기준법에 따라 토지를 감정평가할 때에 다음 각 호의 순서에 따라야 한다.
> 1. 비교표준지 선정: 인근지역에 있는 표준지 중에서 대상토지와 용도지역·이용상황·주변환경 등이 같거나 비슷한 표준지를 선정할 것. 다만, 인근지역에 적절한 표준지가 없는 경우에는 인근지역과 유사한 지역적 특성을 갖는 동일수급권 안의 유사지역에 있는 표준지를 선정할 수 있다.
> 2. 시점수정:「부동산 거래신고 등에 관한 법률」제19조에 따라 국토교통부장관이 조사·발표하는 비교표준지가 있는 시·군·구의 같은 용도지역 지가변동률을 적용할 것. 다만, 다음 각 목의 경우에는 그렇지 않다.
>   가. 같은 용도지역의 지가변동률을 적용하는 것이 불가능하거나 적절하지 아니하다고 판단되는 경우에는 공법상 제한이 같거나 비슷한 용도지역의 지가변동률, 이용상황별 지가변동률 또는 해당 시·군·구의 평균지가변동률을 적용할 것

기출
1. 토지의 평가는 대상토지와 동일 또는 유사한 표준지의 공시지가를 선택하고, 시점수정 등 필요한 조정을 하여야 한다. 즉, 감정평가법인 등은 토지를 감정평가할 때에는 공시지가기준법을 적용해야 한다.
2. 토지를 평가하는 공시지가기준법은 표준지공시지가를 기준으로 한다.

> 나. 지가변동률을 적용하는 것이 불가능하거나 적절하지 아니한 경우에는 「한국은행법」 제86조에 따라 한국은행이 조사·발표하는 생산자물가지수에 따라 산정된 생산자물가상승률을 적용할 것
> 3. 지역요인 비교
> 4. 개별요인 비교
> 5. 그 밖의 요인 보정: 대상토지의 인근지역 또는 동일수급권 내 유사지역의 가치형성요인이 유사한 정상적인 거래사례 또는 평가사례 등을 고려할 것
> ③ 감정평가법인 등은 적정한 실거래가를 기준으로 토지를 감정평가할 때에는 거래사례비교법을 적용해야 한다.
> ④ 감정평가법인 등은 토지를 감정평가할 때에는 제1항부터 제3항까지의 규정을 적용하되, 해당 토지의 임대료, 조성비용 등을 고려하여 감정평가할 수 있다.

심화 공시지가 표준지를 기준으로 토지가액을 산정할 때는 사정보정을 할 필요가 없다(다만, 시점수정 등 다른 비교작업은 하여야 한다).

① 토지를 감정평가할 때에 공시지가기준법을 적용해야 한다.
② 토지평가의 절차

> ㉠ 비교표준지 선정 ⇨ ㉡ 시점수정 ⇨ ㉢ 지역요인 비교 ⇨ ㉣ 개별요인 비교 ⇨ ㉤ 그 밖의 요인 보정

③ 감정평가법인 등은 적정한 실거래가를 기준으로 토지를 감정평가할 때에는 거래사례비교법을 적용해야 한다.
④ 감정평가법인 등은 토지를 감정평가할 때에는 위 ①부터 ③까지의 규정을 적용하되, 해당 토지의 임대료, 조성비용 등을 고려하여 감정평가할 수 있다.

기출
1. 건물의 주된 감정평가방법은 원가법이다. 제35회
2. 「집합건물의 소유 및 관리에 관한 법률」에 따른 구분소유권의 대상이 되는 건물부분과 그 대지사용권을 일괄하여 감정평가하는 경우의 주된 감정평가방법은 거래사례비교법이다. 제35회

(2) 건물의 평가(「감정평가에 관한 규칙」 제15조)

감정평가법인 등은 건물을 감정평가할 때에 원가법을 적용해야 한다.

(3) 건물과 토지의 일괄평가 등(「감정평가에 관한 규칙」 제16조)

감정평가법인 등은 「집합건물의 소유 및 관리에 관한 법률」에 따른 구분소유권의 대상이 되는 건물부분과 그 대지사용권을 일괄하여 감정평가하는 경우 등 토지와 건물을 일괄하여 감정평가할 때에는 거래사례비교법을 적용해야 한다. 이 경우 감정평가액은 합리적인 기준에 따라 토지가액과 건물가액으로 구분하여 표시할 수 있다.

(4) 산림의 평가(「감정평가에 관한 규칙」제17조)

① 산림을 감정평가할 때에 산지와 입목(立木)을 구분하여 감정평가해야 한다. 이 경우 입목은 거래사례비교법을 적용하되, 소경목림(지름이 작은 나무·숲)인 경우에는 원가법을 적용할 수 있다.

② 산지와 입목을 일괄하여 감정평가할 때에 거래사례비교법을 적용해야 한다.

(5) 과수원의 평가(「감정평가에 관한 규칙」제18조)

과수원을 감정평가할 때에 거래사례비교법을 적용해야 한다.

(6) 공장재단 및 광업재단의 평가(「감정평가에 관한 규칙」제19조)

① 공장재단을 감정평가할 때에 공장재단을 구성하는 개별물건의 감정평가액을 합산하여 감정평가해야 한다. 다만, 계속적인 수익이 예상되는 경우 등 일괄하여 감정평가하는 경우에는 수익환원법을 적용할 수 있다.

② 광업재단을 감정평가할 때에 수익환원법을 적용해야 한다.

(7) 자동차 등의 감정평가(「감정평가에 관한 규칙」제20조, 제21조)

① 자동차를 감정평가할 때에 거래사례비교법을 적용해야 한다.

② 건설기계를 감정평가할 때에 원가법을 적용해야 한다.

③ 선박을 감정평가할 때에 선체·기관·의장(艤裝)별로 구분하여 감정평가하되, 각각 원가법을 적용해야 한다.

④ 항공기를 감정평가할 때에 원가법을 적용해야 한다.

⑤ 동산을 감정평가할 때에는 거래사례비교법을 적용해야 한다. 다만, 기계·기구류를 감정평가할 때에는 원가법을 적용해야 한다.

⑥ 다만, 본래 용도의 효용가치가 없는 물건은 해체처분가액으로 감정평가할 수 있다.

(8) 임대료의 감정평가(「감정평가에 관한 규칙」제22조)

임대료를 감정평가할 때에 임대사례비교법을 적용해야 한다.

(9) 무형자산의 감정평가(「감정평가에 관한 규칙」제23조)

① 광업권을 감정평가할 때에 광업재단의 감정평가액에서 해당 광산의 현존시설 가액을 빼고 감정평가해야 한다. 이 경우 광산의 현존시설 가액은 적정 생산규모와 가행조건(稼行條件) 등을 고려하여 산정하되, 과잉유휴시설을 포함하여 산정하지 않는다.

기출 기업가치 - 수익환원법, 건물 - 원가법, 광업재단 - 수익환원법, 항공기 - 원가법, 임대료 - 임대사례비교법, 과수원 - 거래사례비교법, 자동차 - 거래사례비교법을 적용해야 한다. 제36회

기출 자동차의 주된 감정평가방법은 거래사례비교법이고, 선박의 주된 감정평가방법은 원가법이다. 다만, 본래 용도의 효용가치가 없는 물건은 해체처분가액으로 감정평가할 수 있다. 제35회

② 어업권을 감정평가할 때에 어장 전체를 수익환원법에 따라 감정평가한 가액에서 해당 어장의 현존시설 가액을 빼고 감정평가해야 한다. 이 경우 어장의 현존시설 가액은 적정 생산규모와 어업권 존속기간 등을 고려하여 산정하되, 과잉유휴시설을 포함하여 산정하지 않는다.

③ 영업권, 특허권, 실용신안권, 디자인권, 상표권, 저작권, 전용측선이용권, 그 밖의 무형자산을 감정평가할 때에 수익환원법을 적용해야 한다.

> **기출**
> 1. 상표권, 저작권, 특허권, 기업가치, 광업재단, 실용신안권은 수익환원법을 적용해야 한다. 제34회
> 2. 영업권과 특허권의 주된 감정평가방법은 수익환원법이다. 제35회

(10) **유가증권 등의 감정평가**(「감정평가에 관한 규칙」 제24조)

① 주식의 감정평가
  ㉠ 상장주식(증권거래소 등의 시세 있는 주식에 한정): 거래사례비교법을 적용할 것
  ㉡ 비상장주식(상장주식으로서 증권거래소 등의 시세 없는 주식을 포함): 해당 회사의 자산·부채 및 자본항목을 평가하여 수정재무상태표를 작성한 후 기업가치에서 부채의 가치를 빼고 산정한 자기자본의 가치를 발행주식수로 나눌 것

② 채권의 감정평가
  ㉠ 상장채권(증권거래소의 시세가 있는 채권): 거래사례비교법을 적용한다.
  ㉡ 비상장채권(증권거래소의 시세가 없는 채권): 수익환원법을 적용한다.

③ 기업가치의 감정평가: 수익환원법을 적용한다.

(11) **소음 등으로 인한 대상물건의 가치하락분에 대한 감정평가**(「감정평가에 관한 규칙」 제25조)

감정평가법인 등은 소음·진동·일조침해 또는 환경오염 등으로 대상물건에 직접적 또는 간접적인 피해가 발생하여 대상물건의 가치가 하락한 경우 그 가치하락분을 감정평가할 때에 소음 등이 발생하기 전의 대상물건의 가액 및 원상회복비용 등을 고려하여야 한다.

(12) **그 밖의 물건의 감정평가**(「감정평가에 관한 규칙」 제26조)

「감정평가에 관한 규칙」에서 규정되지 아니한 대상물건을 감정평가할 때에 이와 비슷한 물건이나 권리 등의 경우에 준하여 감정평가해야 한다.

(13) 감정평가법인 등은 필요한 경우 관련 전문가에 대한 자문 등을 거쳐 감정평가할 수 있다.

(14) 감정평가를 할 때에는 실지조사를 하여 대상물건을 확인하여야 한다. 다만, 실지조사가 불가능하거나 불필요한 경우 실지조사를 하지 아니하고도 객관적이고 신뢰할 수 있는 자료를 충분히 확보할 수 있는 경우에는 실지조사를 하지 아니할 수 있다.

> **핵심** 물건별 감정평가
>
> 1. 평가방식
>   ① 원가법: 건물, 건설기계(기계·기구류), 항공기, 선박, 소경목림
>   ② 공시지가기준법: 토지
>   ③ 거래사례비교법: 일괄평가(토지·건물, 집합건물, 산림), 산림(입목), 과수원, 자동차, 동산, 토지(적정한 실거래가 기준)
>   ④ 임대사례비교법: 임대료
>   ⑤ 수익환원법: 영업권·특허권 등 무형자산, 광업재단, 공장재단(일괄), 비상장채권, 기업가치
> 2. 평가조건
>   ① 구분평가: 산림(산지와 입목), 선박(선체, 기관, 의장)
>   ② 일괄평가: 토지와 건물, 집합건물 구분소유권 대상 건물부분과 대지사용권, 산림 ⇨ **거래사례비교법**

> **예제**
>
> 「감정평가에 관한 규칙」상 용어의 정의로 **틀린** 것은? 제32회
> ① 기준가치란 감정평가의 기준이 되는 가치를 말한다.
> ② 가치형성요인이란 대상물건의 경제적 가치에 영향을 미치는 일반요인, 지역요인 및 개별요인 등을 말한다.
> ③ 원가법이란 대상물건의 재조달원가에 감가수정을 하여 대상물건의 가액을 산정하는 감정평가방법을 말한다.
> ④ 거래사례비교법이란 대상물건과 가치형성요인이 같거나 비슷한 물건의 거래사례와 비교하여 대상물건의 현황에 맞게 사정보정, 시점수정, 가치형성요인 비교 등의 과정을 거쳐 대상물건의 가액을 산정하는 감정평가방법을 말한다.
> ⑤ 수익분석법이란 대상물건이 장래 산출할 것으로 기대되는 순수익이나 미래의 현금흐름을 환원하거나 할인하여 대상물건의 가액을 산정하는 감정평가방법을 말한다.
>
> **해설** 수익분석법 ⇨ 수익환원법
> 수익분석법이란 일반기업 경영에 의하여 산출된 총수익을 분석하여 대상물건이 일정한 기간에 산출할 것으로 기대되는 순수익에 대상물건을 계속하여 임대하는 데에 필요한 경비를 더하여 대상물건의 임대료를 산정하는 감정평가방법을 말한다. **정답** ⑤

제3절 | 원가방식(비용접근법, Cost Approach)

「감정평가에 관한 규칙」 제2조 【정의】
5. 원가법이란 대상물건의 재조달원가에 감가수정을 하여 대상물건의 가액을 산정하는 평가방법을 말한다.
6. 적산법이란 대상물건의 기초가액에 기대이율을 곱하여 산정된 기대수익에 대상물건을 계속하여 임대하는 데에 필요한 경비를 더하여 대상물건의 임대료를 산정하는 감정평가방법을 말한다.

기출 원가법이란 대상물건의 재조달원가에 감가수정을 하여 대상물건의 가액을 산정하는 감정평가방법을 말한다.

1 원가법 제32회, 제33회, 제34회, 제35회, 제36회

1. 원가법의 의의

(1) 공식

원가법이란 대상물건의 재조달원가에 감가수정(減價修正)을 하여 대상물건의 가액을 산정하는 감정평가방법을 말한다. 적산가액이란 원가법에 따라 산정된 가액을 말한다.

> 적산가액 = 재조달원가 − 감가누계액
> ⇩
> 감가수정

(2) 적용대상

① 상각자산: 건물, 건설기계(기계·기구류), 항공기, 선박, 소경목림
② 비시장성·비수익성 물건: 거래사례비교법이나 수익환원법을 적용하기 곤란한 물건
③ 조성지(매립지): 토지의 경우 원칙적으로 재생산이 곤란하므로 원가법을 적용할 수 없으나, 예외적으로 조성지·매립지의 경우 적용이 가능하다.

(3) 장점

① 건물, 구축물, 기계장치 등과 같이 재생산이 가능한 모든 상각자산에 적용이 가능하다. 그러나 신축건물에 더욱 유용하다.
② 학교, 정부청사 등 공공용·공익용 부동산과 같이 시장성 및 수익성이 없는 부동산의 평가에 유용하게 적용된다.

(4) 단점

① 토지와 같이 재생산이 불가능한 자산에 대해서는 원칙적으로 적용이 곤란하다. 다만, 조성지·매립지 등은 가능하다.
② 재조달원가에만 치중하므로 대상부동산의 시장성과 수익성이 반영되지 않을 우려가 있다.
③ 재조달원가와 감가수정액의 파악에 기술적인 문제가 많다. 특히 감가수정에 있어서 기능적 하자 및 경제적 하자의 파악에 어려움이 따른다.

2. 재조달원가

(1) 재조달원가의 의의 및 산정기준

① 재조달원가란 대상물건을 기준시점에 재생산하거나 재취득하는 데 필요한 적정원가의 총액을 말한다(감정평가 실무기준). 재조달원가는 기준시점에서 새롭게 신축하는 데 소요되는 신축비를 말하는 것으로, 중고상태를 그대로 재현하는 가격을 의미하는 것은 아니다. 따라서 재조달원가는 대상부동산 가격(적산가액)의 상한선이 된다.
② 재조달원가는 실제로 자가건설이든 도급건설이든 이를 구별하지 않고 도급건설에 준하여 재조달원가를 산정한다. 자가건설의 경우에도 기회비용을 고려해야 하므로 도급건설로 의제하여 수급인의 적정이윤을 포함하여 계산한다.
③ 건물의 재조달원가는 '표준적 건설비용'에 '통상의 부대비용'을 더하여 산정한다. 이 경우 표준적 건설비용에는 직접공사비·간접공사비·수급인의 적정이윤이 포함되며, 통상의 부대비용에는 이자·감독비·제세공과금·등기비용 등이 포함된다. 재조달원가는 대상물건을 일반적인 방법으로 생산하거나 취득하는 데 드는 비용으로 하되, 제세공과금 등과 같은 일반적인 부대비용을 포함한다(감정평가 실무기준).

(2) 재조달원가의 종류

복제원가(복조원가, 재생산비용)	대체원가(대체비용)
• 물리적 측면의 동일성 • 신축 부동산에 적합 • 대체원가에 비해 가격이 높음 • 물리적·기능적·경제적 감가 모두 고려	• 효용(기능) 측면의 동일성 • 구축 부동산에 적합 • 복제원가에 비해 가격이 낮음 • 물리적·경제적 감가만 고려(기능적 감가 불고려)

기출
1. 재조달원가란 대상물건을 기준시점에 재생산하거나 재취득하는 데 필요한 적정원가의 총액을 말한다. 제35회
2. 재조달원가는 대상물건을 일반적인 방법으로 생산하거나 취득하는 데 드는 비용으로 하되, 제세공과금 등과 같은 일반적인 부대비용을 포함한다. 제35회

핵심 건물의 재조달원가
= 표준적 건설비용 + 통상의 부대비용
1. 표준적 건설비용: 직접공사비, 간접공사비, 수급인의 적정이윤
2. 통상의 부대비용: 이자, 감독비, 조세공과금, 등기비용

참고 재조달원가를 대체원가로 했을 경우 기능적 감가를 행하지 않는다(물리적·경제적 감가는 행한다).

기출
1. 대체원가는 동일한 효용을 가진 건축물을 신축하는 데 소요되는 비용이다.
2. 대체원가를 이용하여 재조달원가를 산정할 경우 기능적 감가수정은 필요하지 않다.

① 복제원가는 기준시점에 있어서 대상물건과 규모, 구조, 모양이 물리적으로 동일한 복제품을 만드는 데 드는 비용을 말하며, 대체원가는 대상물건과 동일한 효용을 갖는 물건을 생산하는 데 드는 비용을 말한다.
② 복제원가는 신축 건물에 잘 적용되며, 대체원가는 건축자재, 공법, 기술의 변천으로 동일한 물건의 재조달원가를 구하기 곤란한 오래된 건물에 잘 적용된다(최신의 자재·공법 사용).
③ 대체원가로 적산가액을 구하는 경우 유의할 점은 감가수정액의 산정시 기능적 감가를 해서는 안 된다.

핵심 재조달원가 산정방법
1. 직접법
   - 총가격적산(총량조사)법
   - 부분별 단가적용(구성단위비교)법
   - 단위비교법
   - 변동률적용(비용지수)법
2. 간접법

(3) 재조달원가의 산정방법

재조달원가를 구하는 방법으로는 대상물건의 전체 또는 구성부분별 원가관련 자료를 직접 활용하는 직접법과, 대상물건과 동일성 또는 유사성이 있는 다른 물건의 원가자료를 활용하여 재조달원가를 산정하는 간접법이 있다. 이 두 가지 방법은 보다 적정한 재조달원가의 산정을 위하여 서로 병용함이 바람직하다 할 것이다.

① 직접법
   ㉠ 총가격적산법(총량조사법): 대상부동산의 건축에 관계되는 모든 항목에 대하여 투입되는 원자재와 노동량을 세세히 조사하여 기준시점 현재의 단가를 곱하고 이에 부대비용을 더하여 재조달원가를 추계하는 방법이다. 이 방법은 재조달원가를 가장 정확하게 구할 수 있고 신품일 때 유용하다는 장점이 있는 반면에, 시간과 비용의 부담이 매우 크다는 단점이 있다.

   재조달원가 = (자재량 × 단가) + (노동량 × 단가) + 부대비용

   ㉡ 부분별 단가적용법(구성단위비교법): 이 방법은 대상부동산의 지붕·기둥·벽·바닥 등 주요 구성부분별로 표준단가를 먼저 구한 후 이를 해당 면적이나 수량별로 곱하여 총공사원가를 구하고, 이에 부대비용을 가산하여 재조달원가를 구하는 방법이다(높은 전문성 필요).

   재조달원가 = 구성부분별 표준단가 × 수량(면적) + 부대비용

ⓒ 단위비교법: 단위비교법(단가적용법)이라 함은 m², m³, 평(坪)과 같은 **단위면적당 표준건축비**에 대상부동산의 **연면적을 곱하여** 재조달원가를 구하는 방법으로, **실제로 가장 많이 사용**되며 가장 간편한 방법이고 비용이 적게 소요되나 반면에 정확도가 가장 떨어지는 단점이 있다.

> 재조달원가 = 단위면적당 표준건축비 × 연면적

ⓓ 변동률적용법(비용지수법): 대상부동산에 대한 실제의 건설비를 명세별로 명백히 파악할 수 있는 경우 그 명세를 분석하여 중용적인 적정액으로 보정하고 이에 **시점수정**을 가하여 재조달원가를 구하는 방법을 말한다.

> 재조달원가 = 대상부동산의 실제 건설비 × 가격변동률(비용지수)

② 간접법: 간접법이란 대상부동산과 인근지역 또는 동일수급권 내 유사지역에 있는 유사한 부동산의 재조달원가를 비교하여 대상부동산의 재조달원가를 간접적으로 구하는 방법을 말한다. 이는 대체의 원칙에서 기인한다.

핵심 재조달원가 산정방법

1. 지수법: 신축공사비 × $\dfrac{\text{기준시점 지수}}{\text{건축시점 지수}}$

   - 사용승인일의 신축공사비: 6천만원(신축공사비는 적용함)
   - 사용승인일: 2020.9.1.
   - 기준시점: 2023.9.1.
   - 건축비지수
     − 2020.9.1. = 100
     − 2023.9.1. = 125

   ⇨ 재조달원가 = 6천만원 × $\dfrac{\text{기준시점 지수(125)}}{\text{건축시점 지수(100)}}$ (1.25) = 75,000,000원

2. 변동률적용법: 신축공사비 × $(1 + r)^n$ ⇨ (r: 변동률, n: 기간)

   - 신축에 의한 사용승인시점: 2020.9.20.
   - 기준시점: 2023.9.20.
   - 사용승인시점의 신축공사비: 3억원(신축공사비는 적정함)
   - 공사비 상승률: 매년 전년 대비 5%씩 상승

   ⇨ 재조달원가 = 3억원 × $(1.05)^3$ = 347,287,500원

기출

1. 총량조사법, 구성단위법, 비용지수법은 재조달원가의 산정방법에 해당한다. 제35회
2. 재조달원가를 구성하는 표준적 건설비에는 수급인의 적정이윤이 포함된다. 제35회
3. 재조달원가를 구할 때 직접법과 간접법을 병용할 수 있다. 제35회

3. m²당 재조달원가 산정
① 신축공사비 산정: 직접공사비 + 간접공사비 + 수급인의 적정이윤 + 통상의 부대비용
② 재조달원가의 산정: 신축공사비의 시점수정
③ m²당 재조달원가 산정: 재조달원가 ÷ 연면적

- A건물은 10년 전에 준공된 4층 건물이다.
  (대지면적 400m², 연면적 1,250m²)
- A건물의 준공 당시 공사비 내역(단위: 천원)
  직접공사비   : 270,000
  간접공사비   : 30,000
  공사비 계   : 300,000
  개발업자의 이윤: 60,000
  총계   : 360,000
- 10년 전 건축비 지수 100, 기준시점 현재 135

⇨ m²당 재조달원가 = $360,000,000원 \times \frac{135}{100} \div 1,250m^2 = 388,800원/m^2$

3. 감가수정 제32회, 제33회, 제34회

「감정평가에 관한 규칙」 제2조 【정의】
12. '감가수정'이란 대상물건에 대한 재조달원가를 감액하여야 할 요인이 있는 경우에 물리적 감가, 기능적 감가 또는 경제적 감가 등을 고려하여 그에 해당하는 금액을 재조달원가에서 공제하여 기준시점에 있어서의 대상물건의 가액을 적정화하는 작업을 말한다.

기출▤ 대상물건에 대한 재조달원가를 감액할 요인이 있는 경우에는 물리적 감가, 기능적 감가, 경제적 감가 등을 고려한다. 제33회

(1) 의의

감가수정이란 대상물건에 대한 재조달원가를 감액하여야 할 요인이 있는 경우에 물리적 감가, 기능적 감가 또는 경제적 감가 등을 고려하여 그에 해당하는 금액을 재조달원가에서 공제하여 기준시점에 있어서의 대상물건의 가액을 적정화하는 작업을 말한다.

(2) 감가요인

기출▤ 기능적 감가요인에는 설계의 불량, 설비의 부족, 형식의 불량 등이 있다.

물리적 감가	시간의 경과에 따른 마멸, 손상, 파손, 노후화(변동의 원칙)
기능적 감가	설계, 설비, 형식, 디자인의 불량, 구식화, 건물 부지의 부적응 (균형의 원칙)
경제적 감가	인근지역의 쇠퇴, 부동산과 주변 환경과의 부적응, 시장성 감퇴 (적합의 원칙)

(3) 감가수정과 감가상각

감가수정	감가상각
감정평가상의 용어	회계학상의 용어(기업회계, 세무)
기준시점에서 부동산 가격 산정	비용배분, 기간 내의 손익계산 등
재조달원가를 기초 **경제적** 내용연수, 잔존연수 중점 **물리적·기능적·경제적** 감가요인 관찰감가법을 **인정**, 실제와 일치 시장성 고려, 물건마다 잔가율 차이 현존물건만을 대상 비상각자산(조성지·매립지)에도 인정	**취득원가**(장부가격)를 기초 **법정**내용연수, 경과연수 중점 **물리적·기능적** 감가요인(경제적 ×) 관찰감가법을 **불인정**, 실제와 불일치 시장성 불고려, 잔가율 일정 멸실된 자산에도 상각 계속 상각자산에만 인정

> 기출
> 1. 감가상각은 취득원가에 대한 비용배분의 개념이고, 감가수정은 재조달원가를 기초로 적정한 가치를 산정하는 개념이다.
> 2. 감가수정은 관찰감가를 인정하나, 감가상각은 관찰감가를 인정하지 않는다.
> 3. 감가수정과 관련된 내용연수는 물리적 내용연수가 아닌 경제적 내용연수를 의미한다. 제33회

(4) 감가수정방법 – 직접법 제32회, 제33회, 제34회

감가수정을 할 때에는 경제적 내용연수를 기준으로 한 정액법, 정률법 또는 상환기금법 중에서 대상물건에 가장 적합한 방법을 적용하여야 한다. 다만, 내용연수를 기준으로 하는 감가수정이 적절하지 아니한 경우에는 물리적·기능적·경제적 감가요인을 고려하여 관찰감가 등으로 조정하거나 다른 방법에 따라 감가수정할 수 있다.

> **참고** 내용연수: 경과연수 + 잔존연수
>
> 1. 내용연수: 물리적 내용연수는 상각자산의 구조상으로 본 내용연수로서 자연적으로 신축에서 노폐할 때까지의 기간을 말하고, 경제적 내용연수는 경제적 효용(유용성) 측면으로 본 내용연수로서 임대·수익할 수 있는 상태의 기간을 말한다. 따라서 **물리적 내용연수가 경제적 내용연수에 비해서 길다.** 하지만 감정평가에서는 **경제적 내용연수가 중시된다.**
>   [물리적 내용연수(장기) > 경제적 내용연수(중시)]
> 2. 내용연수의 조정: 경과연수는 실제로 경과한 연수로 하되, 실제 경과연수(actual age)로 함이 불리한 경우에는 성능, 상태, 사용정도, 장래 사용기간 등을 참작하여 경과연수를 조정하여야 한다. 이때 조정된 경과연수를 유효경과연수(effective age)라 한다. 잔존연수에서도 이와 마찬가지로 실제잔존연수(actual life)와 유효잔존연수(effective life)로 나누어 조정한다. 건물이 증축·리모델링 등으로 잘 유지되었다면 **유효경과연수가 실제경과연수보다 짧아진다.**

> 기출
> 1. 감가수정방법에는 내용연수법, 관찰감가법, 분해법 등이 있다. 제33회
> 2. 내용연수법으로는 정액법, 정률법, 상환기금법이 있다. 제33회
> 3. 동일한 내용연수의 부동산이라도 건축방법, 관리 및 유지상태 등에 따라 감가의 정도가 달라진다.

기출	감가수정방법
직접법	1. 내용연수법 • 정액법 • 정률법 • 상환기금법 2. 관찰감가법 3. 분해법
간접법	1. 시장추출법 2. 임대료손실환원법

1. 정액법을 직선법 또는 균등상각법이라고도 하며 감가누계액이 경과연수에 정비례하여 증가한다. 제32회
2. 정률법은 매년 일정한 감가율을 곱하여 감가액을 구하는 방법으로 매년 감가액이 체감한다. 제33회
3. 정률법에서는 매년 감가율이 불변하지만, 상각잔고가 감소함에 따라 감가액이 감소한다. 제32회
4. 정액법에 의한 연간 감가액은 일정하지만, 정률법에 의한 연간 감가액은 체감한다.
5. 상환기금법은 건물 등의 내용연수가 만료될 때 감가누계상당액과 그에 대한 복리계산의 이자상당액분을 포함하여 당해 내용연수로 상환하는 방법이다. 제32회

① 내용연수를 표준으로 하는 방법(내용연수법) 제32회, 제33회, 제34회, 제36회

㉠ 정액법(직선법, 균등상각법): 건물, 구축물에 적용

ⓐ 매년 감가액 = $\dfrac{감가총액}{경제적\ 내용연수}$ = $\dfrac{재조달원가 - 잔존가치}{경제적\ 내용연수}$
ⓑ 감가 누계액(감가수정액) = 매년 감가액 × 경과연수
ⓒ 적산가액 = 재조달원가 - 감가 누계액

정액법은 대상부동산의 감가총액을 경제적 내용연수로 평분하여 매년의 감가액으로 하는 방법이다. 이 방법은 계산이 간편하다는 장점이 있으나, 매년 일정하게 감가하기 때문에 실제의 감가와 일치하지 않는다는 단점이 있다. ⇨ 매년 감가액은 일정하나 감가누계액은 경과연수에 정비례하여 증가한다.

㉡ 정률법(체감상각법): 기계, 기구에 적용

ⓐ 매년 감가액 = 전년 말 미상각잔액 × 감가율(정률)
ⓑ 적산가액 = 재조달원가 × (1 - 전년 대비 감가율)^n
ⓒ 적산가액 = 재조달원가 × (전년 대비 잔가율)^n (n: 경과연수)

대상부동산의 전년 말 가격(잔고)에 일정한 감가율을 곱하여 매년의 감가액을 구하는 방법이다(매년 감가율 일정, 매년 감가액 감소). 초기에 많이 감가하여 안전하게 자본을 회수할 수 있다.

㉢ 상환기금법(감채기금법, 호스콜드방식): 광산에 적용

매년 감가액 = 감가총액 × 상환기금률(축적이율)

매년의 감가액을 축적이율(안전율)로 재투자하는 것을 전제로 복리로 이자를 발생시킨다. 이 경우 이자는 복리이율에 의한 축적이기 때문에 매년 감가액이 정액법의 경우보다 적고, 적산가액은 정액법의 경우보다 많다.

> **심화** 정액법 · 정률법 · 상환기금법의 비교

> **핵심** 정액법 · 정률법 · 상환기금법의 비교
>
> 1. 초기
>   ① 감가액이 큰 순서: 정률법 > 정액법 > 상환기금법
>   ② 평가액이 큰 순서: 정률법 < 정액법 < 상환기금법
> 2. 말기
>   ① 감가액이 큰 순서: 정률법 = 정액법 > 상환기금법
>   ② 평가액이 큰 순서: 정률법 = 정액법 < 상환기금법

② 관찰감가법

  ㉠ 의의: 감가의 기준을 내용연수나 감가율 등에 두지 않고 대상부동산의 전체 또는 각 구성부분에 대하여 물리적 · 기능적 · 경제적 감가요인을 직접 관찰 · 조사하여 감가액을 직접 구하는 방법이다. 내용연수를 표준으로 하는 방법과 관찰감가법은 각기 장단점을 지니고 있으므로, 실무에 있어서는 이를 병용함으로써 감가의 적정화를 기해야 할 것이다. 즉, 시간의 경과 등과 같은 물리적 감가는 내용연수법을, 기능적 · 경제적 감가는 관찰감가법을 상호 보완하는 것이 바람직하다.

ⓒ 장점: 평가자가 대상물건의 개별적인 상태·상황을 직접 세밀하게 관찰하여 감가수정에 반영시킬 수 있다.

ⓒ 단점: 평가자의 개별적인 능력이나 **주관의 개입**의 여지가 크고, 외부에서 관찰할 수 없는 기술적인 하자를 놓치기 쉽다.

③ 분해법(내구성분해방식, breakdown method)
  ㉠ 의의: 대상부동산에 대한 감가요인을 **물리적·기능적·경제적 요인으로 세분한 후, 각각의 감가액을 측정하여 각 산정치를 모두 합한 금액**을 발생감가총액으로 하는 방법을 말한다.
  ㉡ 발생감가산정은 물리적 감가와 기능적 감가는 **회복가능한 감가와 회복불가능한 감가로 구분되지만**, 경제적 감가의 경우에는 회복불가능한 감가만 산정하여야 한다. 경제적 감가의 경우에는 회복가능한 감가가 존재하지 않기 때문이다. 이 경우, 동일 구성부분에 대하여 이중감가가 행해지지 않도록 주의하여야 한다.
  ㉢ 대체원가로 재조달원가를 산정하는 경우에는 기능적 감가를 고려하지 않는다. 그 이유는 대체원가라는 것이 효용적인 측면에서 기능적 결함을 고려한 후의 원가이기 때문에 또다시 기능적 감가를 행하는 것은 이중감가가 되기 때문이다.

> **기출** 관찰감가법은 감정평가사가 직접 관찰하여 감가액을 판정하므로 주관적이다.

> **참고** 감가수정방법 - 간접법
> 1. 시장추출법: 대상부동산과 유사한 사례부동산을 비교·조정하여 감가수정하는 방법을 말하며 이는 거래사례가 풍부한 부동산일 경우에만 적용되는 방법이다.
> 2. 임대료손실환원법: 감가상각이 있는 부동산이 그렇지 않는 부동산에 비해 상대적으로 임대료가 저렴할 것이라는 가정하에 감가상각요인에서 발생하는 임대료손실을 환원이율로 나누어 계산하는 직접(환원)법이나 총소득승수법으로 환원하여 감가상각하는 방법을 말한다.

> 예제

1. 원가법에 의한 대상물건의 적산가액은? (단, 주어진 조건에 한함)

   - 신축에 의한 사용승인시점: 2020.9.20.
   - 기준시점: 2022.9.20.
   - 사용승인시점의 신축공사비: 3억원(신축공사비는 적정함)
   - 공사비 상승률: 매년 전년 대비 5%씩 상승
   - 경제적 내용연수: 50년
   - 감가수정방법: 정액법
   - 내용연수 만료시 잔존가치: 10%

   ① 288,200,000원 ② 302,400,000원
   ③ 315,000,000원 ④ 318,843,000원
   ⑤ 330,750,000원

   해설 적산가액 = 재조달원가(330,750,000원) − 감가누계액(11,907,000원)
   = 318,843,000원
   - 재조달원가(330,750,000원) = 3억원 × $(1.05)^2$
   - 매년 감가액(5,953,500원) = $\dfrac{\text{감가총액}(330{,}750{,}000원 - 33{,}075{,}000원)}{\text{내용연수}(50년)}$
   - 감가누계액(11,907,000원) = 매년 감가액(5,953,500원) × 경과연수(2년)

   정답 ④

2. 원가법에 의한 공장건물의 적산가액은? (단, 주어진 조건에 한함) 제28회

   - 신축공사비: 8,000만원
   - 준공시점: 2015년 9월 30일
   - 기준시점: 2017년 9월 30일
   - 건축비지수
     − 2015년 9월: 100
     − 2017년 9월: 125
   - 전년대비 잔가율: 70%
   - 신축공사비는 준공 당시 재조달원가로 적정하며, 감가수정방법은 공장건물이 설비에 가까운 점을 고려하여 정률법을 적용함

   ① 3,920만원 ② 4,900만원
   ③ 5,600만원 ④ 7,000만원
   ⑤ 1억원

   해설 재조달원가(1억원) = 신축공사비(8,000만원) × $\dfrac{\text{기준시점지수 } 125}{\text{준공시점지수 } 100}$
   - 적산가액 = 재조달원가 × (전년 대비 잔가율)^n
   - 적산가액(4,900만원) = 재조달원가(1억원) × $(0.7)^2$

   정답 ②

② 적산법 제34회

1. 적산법의 의의

> 기출 ▤ 적산법은 대상물건의 기초가액에 기대이율을 곱하여 산정된 기대수익에 대상물건을 계속하여 임대하는 데에 필요한 경비를 더하여 대상물건의 임대료를 산정하는 감정평가방법을 말한다.

적산법(積算法)이란 대상물건의 **기초가액에 기대이율을 곱하여 산정된 기대수익에 대상물건을 계속하여 임대하는 데에 필요한 경비를 더하여 대상물건의 임대료를 산정**하는 감정평가방법을 말한다. 이 방법에 의하여 구하는 임대료를 적산임료라 하며, 여기서 적산임료는 실질임료를 말하는 것이고, '기초가액 × 기대이율'은 순임료가 된다. 이를 구하는 공식은 다음과 같다.

> 적산임료 = 기초가액 × 기대이율 + 필요제경비
> (총임료)   (순임료)   (경비)

2. 적용방법

(1) 기초가액

① 기초가액이란 적산법으로 감정평가하는 데 기초가 되는 대상물건의 가치를 말한다.

② 기초가액은 비교방식이나 원가방식으로 감정평가한다. 이 경우 사용조건·방법·범위 등을 고려할 수 있다.

기초가액	시장가치
적산임료 산정의 기초가 되는 가격	'감칙'에 따른 부동산 가치의 기준
적산가액, 비준가액으로 산정	적산가액, 비준가액, 수익가액으로 산정
임대차계약조건을 고려	최유효이용을 전제로 파악
해당 임대 부분	부동산 전체

(2) 기대이율

① 기대이율이란 기초가액에 대하여 기대되는 임대수익의 비율을 말한다.

② 기대이율은 시장추출법, 요소구성법, 투자결합법, CAPM을 활용한 방법, 그 밖의 대체·경쟁 자산의 수익률 등을 고려한 방법 등으로 산정한다.

기대이율	환원이율
적산법: 적산임료의 산정	수익환원법: 수익가액의 산정
임대료 산정기간에 적용, 단기적 이율	부동산 전 기간, 장기적 이율
물건의 종별에 따른 차이가 거의 없음	물건의 종별에 따른 차이가 있음
대상물건의 임대차계약을 전제	최유효이용을 전제

(3) 필요제경비

① 필요제경비란 임차인이 사용·수익할 수 있도록 임대인이 대상물건을 적절하게 유지·관리하는 데에 필요한 비용을 말한다.
② 필요제경비에는 감가상각비, 유지관리비, 조세공과금, 손해보험료, 대손준비금, 공실손실상당액, 정상운영자금이자 등이 포함된다.

> **예제**
>
> 적산법에 의한 대상물건의 적산임료는? (단, 주어진 조건에 한함)
>
> - 재조달원가: 10억원
> - 기대이율: 10%
> - 영업경비: 500만원
> - 기초가액: 5억원
> - 환원이율: 12년
> - 필요제경비: 700만원
>
> ① 55,000,000원　　② 57,000,000원
> ③ 65,000,000원　　④ 67,843,000원
> ⑤ 127,000,000원
>
> **해설** 적산임료(5,700만원) = 기초가액(5억원) × 기대이율(10%) + 필요제경비(700만원)
>
> 정답 ②

제4절 | 비교방식(시장접근법, Market Approach)

> 「감정평가에 관한 규칙」 제2조 【정의】
> 7. '거래사례비교법'이란 대상물건과 가치형성요인이 같거나 비슷한 물건의 거래사례와 비교하여 대상물건의 현황에 맞게 **사정보정, 시점수정, 가치형성요인 비교** 등의 과정을 거쳐 대상물건의 **가액**을 산정하는 감정평가방법을 말한다.
> 8. '임대사례비교법'이란 대상물건과 가치형성요인이 같거나 비슷한 물건의 임대사례와 비교하여 대상물건의 현황에 맞게 **사정보정, 시점수정, 가치형성요인 비교** 등의 과정을 거쳐 대상물건의 **임대료**를 산정하는 감정평가방법을 말한다.
> 9. '공시지가기준법'이란 대상토지와 가치형성요인이 같거나 비슷하여 유사한 이용가치를 지닌다고 인정되는 비교표준지의 공시지가를 기준으로 대상토지의 현황에 맞게 시점수정, 지역요인 및 개별요인 비교, 그 밖의 요인의 보정을 거쳐 대상토지의 가액을 산정하는 감정평가방법을 말한다.

1 거래사례비교법 제32회, 제33회, 제34회, 제35회, 제36회

1. 의의

(1) 공식

거래사례비교법이란 대상물건과 가치형성요인이 같거나 비슷한 물건의 거래사례와 비교하여 대상물건의 현황에 맞게 사정보정, 시점수정, 가치형성요인비교 등의 과정을 거쳐 대상물건의 가액을 산정하는 감정평가방법을 말한다. 비준가액이란 거래사례비교법에 따라 산정된 가액을 말한다.

> ① 비준가액 = 거래사례 × (사정보정 × 시점수정 × 가치형성요인비교)
> ② 토지가액 = 비교표준지공시지가 × (시점수정 × 지역요인·개별요인비교 × 그 밖의 요인 보정)
> ③ 비준임료 = 임대사례 × (사정보정 × 시점수정 × 가치형성요인비교)

(2) 적용대상

① 산림(입목), 과수원, 자동차, 동산, 토지(적정한 실거래가 기준)
② 일괄평가: 토지와 건물, 집합건물에서 대지사용권과 건물 부분, 산림

(3) 장점

① 계산식이 이해하기 쉽고 간편하다.
② 현실적·실증적이며 설득력이 있고, 우리나라에서 가장 널리 이용되며 중추적인 역할을 한다.

(4) 단점

① 평가주체의 주관이 개입되기 쉬우므로 평가사에 따른 가격편차가 크다(비과학적).
② 부동산경기가 호황 또는 불황이 극심한 경우에는 신뢰도가 떨어져 적용하기가 곤란하다.
③ 부동산가치의 정의는 장래이익의 현재가치이나, 거래사례비교법은 어디까지나 과거의 가격을 기준으로 부동산가치를 산정하는 문제가 있다.

2. 거래사례의 수집 및 선택

(1) 거래사정이 정상이라고 인정되는 사례나 정상적인 것으로 보정이 가능한 사례

(2) 기준시점으로 시점수정이 가능한 사례

기출 거래사례비교법이란 대상물건과 가치형성요인이 같거나 비슷한 물건의 거래사례와 비교하여 대상물건의 현황에 맞게 사정보정, 시점수정, 가치형성요인비교 등의 과정을 거쳐 대상물건의 가액을 산정하는 감정평가방법을 말한다.

참고 거래사례비교법의 이론적 근거
1. 시장성
2. 대체의 원칙
3. 수요·공급의 원칙
4. 경쟁의 원칙

기출
1. 거래사례비교법은 시장성의 원리에 의한 것으로 실증적이며 설득력이 풍부하다.
2. 거래사례비교법은 부동산시장이 불완전하거나 투기적 요인이 있는 경우에는 거래사례의 신뢰성이 문제가 된다.

핵심 사례자료의 수집기준
1. 사정보정의 가능성
2. 시점수정의 가능성 (시간적 유사성)
3. 지역요인의 비교가능성 (위치의 유사성)
4. 개별요인의 비교가능성 (물적 유사성)

(3) 대상물건과 위치적 유사성이나 물적 유사성이 있어 지역요인·개별요인 등 가치형성요인의 비교가 가능한 사례

3. 거래사례자료의 정상화

(1) 사정보정(매매상황 및 매매조건에 대한 수정)

거래사례에 특수한 사정이나 개별적 동기가 반영되어 있거나 거래 당사자가 시장에 정통하지 않은 등 수집된 거래사례의 가격이 적절하지 못한 경우에는 사정보정을 통해 그러한 사정이 없었을 경우의 적절한 가격수준으로 정상화하여야 한다.

> **참고** 대리인을 통한 사례, 저당권이 설정된 사례는 정상적 사례이므로 사정보정이 필요 없다.

$$\text{사정보정률} = \frac{\text{대상부동산}}{\text{사례부동산}} = \frac{\text{대상물건}}{\text{거래사례의 거래사정}(\pm)} = \frac{100}{100 \pm \alpha}$$

(2) 시점수정(시장상황에 대한 수정)

① 거래사례의 거래시점과 대상물건의 기준시점이 불일치하여 가격수준의 변동이 있을 경우에는 거래사례의 가격을 기준시점의 가격수준으로 시점수정하여야 한다.

② 시점수정은 사례물건의 가격 변동률로 한다. 다만, 사례물건의 가격 변동률을 구할 수 없거나 사례물건의 가격 변동률로 시점수정하는 것이 적절하지 않은 경우에는 지가변동률·건축비지수·임대료지수·생산자물가지수·주택가격동향지수 등을 고려하여 가격 변동률을 구할 수 있다.

③ 시점수정방법

> **기출** 시점수정은 거래사례자료의 거래시점 가격을 기준시점의 가격으로 정상화하는 작업을 말한다.

> ㉠ **지수법**: 시점수정 = $\dfrac{\text{기준시점의 가격지수}}{\text{거래시점의 가격지수}}$
>
> ㉡ **변동률 적용법**: 시점수정치 = $(1 \pm r)^n$ (r: 변동률, n: 기간)

(3) 가치형성요인의 비교

① 거래사례와 대상물건 간에 종별·유형별 특성에 따라 지역요인이나 개별요인 등 가치형성요인에 차이가 있는 경우에는 이를 각각 비교하여 대상물건의 가치를 개별화·구체화하여야 한다.

② 사례부동산이 유사지역에 소재하는 경우: 지역요인 비교 후, 개별요인을 비교한다.

③ 사례부동산이 인근지역에 소재하는 경우: 지역요인이 동일하므로 지역요인은 비교할 필요가 없고 개별요인만 비교한다.

> **참고** 어디에서 사례를 선택했던 지역분석, 개별분석, 개별요인 비교는 필요하다.

(4) 면적비교

사례부동산과 대상부동산의 면적비교는 이론적으로는 개별요인의 비교에 해당하나 실무적으로 구분하여 행하고 있다.

❷ 임대사례비교법

(1) 의의

임대사례비교법이란 대상물건과 가치형성요인이 같거나 비슷한 물건의 임대사례와 비교하여 대상물건의 현황에 맞게 사정보정, 시점수정, 가치형성요인비교 등의 과정을 거쳐 대상물건의 임대료를 산정하는 감정평가방법을 말한다. 비준임료란 임대사례비교법에 따라 산정된 임대료를 말한다.

> 비준임료 = 임대사례 × 사정보정 × 시점수정 × 가치형성요인비교 × 계약내용비교

(2) 적용방법

감정평가법인 등은 임대료를 감정평가할 때에 임대사례비교법을 적용해야 한다. 신규계약에 의한 초회에 지불하는 실질임료를 기준으로 한다.

🔍 사례

1. 사례부동산은 친구 간의 거래로 인해 시장가치보다 20% 저가로 거래되었다. 사정보정치는 얼마이겠는가?

$$\text{사정보정치} = \frac{\text{대상}}{\text{사례}} = \frac{100}{100-20} = \frac{100}{80} = 1.25$$

2. 거래시점은 2019년 10월이고 기준시점은 2021년 10월이다. 거래시점 지수가 100, 기준시점 지수가 120이라면 시점수정치는 얼마이겠는가?

$$\text{사정수정치(지수법)} = \frac{\text{기준시점의 지수}}{\text{거래시점의 지수}} = \frac{120}{100} = 1.2$$

3. 위 2.에서 만일 매년 지가가 10%씩 상승했다면 시점수정치는 얼마이겠는가?

$$\text{시점수정치(변동률 적용법)} = (1+r)^n = (1+0.1)^2 = 1.21$$

4. 대상부동산이 소재하는 지역은 사례부동산이 소재하는 지역보다 지역적으로 5% 열세이다. 지역요인의 비교치는?

$$\text{지역요인의 비교치} = \frac{\text{대상지역}}{\text{사례지역}} = \frac{100-5}{100} = \frac{95}{100} = 0.95$$

5. 사례부동산이 대상부동산보다 10% 우세인 경우에 개별요인 비교치는?

$$\text{개별요인 비교치} = \frac{\text{대상}}{\text{사례}} = \frac{100}{110} = 0.90$$

6. 대상부동산이 속한 A지역은 C지역보다 5% 열세하고, 사례부동산이 속한 B지역이 C지역보다 10% 우세이다. 지역요인의 비교치는?

$$\text{지역요인의 비교치} = \frac{\text{A지역}}{\text{B지역}} = \frac{\text{A지역}}{\text{C지역}} = \frac{\text{C지역}}{\text{B지역}} = \frac{95}{100} \times \frac{100}{110} = \frac{95}{110} = 0.86$$

7. 평가사가 인근지역에서 사례부동산을 조사한 경우 비준가액은 얼마인가?

- 사례부동산은 1년 전에 5억원에 거래되었다.
- 당사자 간의 개별적인 사정으로 사례부동산은 시세보다 15% 정도 높게 거래된 것으로 판단된다.
- 거래시점의 가격지수: 100, 기준시점의 가격지수: 120
- 인근지역의 상권이 유사지역보다 10% 열세하다.
- 대상부동산이 사례부동산보다 개별적으로 15% 우세하다.

사례를 인근지역에서 수집했으므로 지역요인은 비교하지 않는다.

$$\text{비준가액} = 5\text{억원} \times \frac{100}{115} \times \frac{120}{100} \times \frac{115}{100} = 6\text{억원}$$

예제

1. 다음 자료를 활용하여 공시지가기준법으로 산정한 대상토지의 가액(원/m²)은? (단, 주어진 조건에 한함)   제32회

- 대상토지: A시 B구 C동 320번지, 일반상업지역
- 기준시점: 2021.10.30.
- 비교표준지: A시 B구 C동 300번지, 일반상업지역, 2021.01.01. 기준 공시지가 10,000,000원/m²
- 지가변동률(A시 B구, 2021.01.01.~2021.10.30.): 상업지역 5% 상승
- 지역요인: 대상토지와 비교표준지의 지역요인은 동일함
- 개별요인: 대상토지는 비교표준지에 비해 가로조건은 10% 우세, 환경조건은 20% 열세하고, 다른 조건은 동일함(상승식으로 계산할 것)
- 그 밖의 요인 보정치: 1.50

해설 10,000,000원 × 지가변동률(1.05) × 가로조건$\left(\frac{110}{100}\right)$ × 환경조건$\left(\frac{80}{100}\right)$ × 그 밖의 보정(1.50) = 13,860,000원   **정답 13,860,000원**

2. 다음 자료를 활용하여 거래사례비교법으로 산정한 대상토지의 감정평가액은?

제29회

- 대상토지: A시 B동 150번지, 토지 120m^2, 제3종 일반주거지역
- 기준시점: 2018.9.1.
- 거래사례의 내역
  - 소재지 및 면적: A시 B동 123번지, 토지 100m^2
  - 용도지역: 제3종 일반주거지역
  - 거래사례가격: 3억원
  - 거래시점: 2018.3.1.
  - 거래사례의 사정보정 요인은 없음
- 지가변동률(2018.3.1.~9.1.): A시 주거지역 4% 상승함
- 지역요인: 대상토지는 거래사례의 인근지역에 위치함
- 개별요인: 대상토지는 거래사례에 비해 5% 열세함
- 상승식으로 계산할 것

해설 비준가액(355,680,000원) = 3억원 × 1.2*¹ × 1.04*² × 0.95*³

*¹ 면적비교치 $\left(\frac{120}{100}\right)$ = 1.2

*² 시점수정치(1 + 0.04) = 1.04

*³ 개별요인비교치 $\left(\frac{95}{100}\right)$ = 0.95

정답 355,680,000원

3. 제시된 자료를 활용해「감정평가에 관한 규칙」에서 정한 공시지가기준법으로 평가한 토지평가액(원/m^2)은?

제26회

- 기준시점: 2016.10.24.
- 소재지 등: A시 B구 C동 177, 제2종 일반주거지역, 면적 200m^2
- 비교표준지: A시 B구 C동 123, 제2종 일반주거지역,
  2016.1.1. 공시지가 2,000,000원/m^2
- 지가변동률(2016.1.1.~2016.10.24.): A시 B구 주거지역 5% 상승
- 지역요인: 대상토지가 비교표준지의 인근지역에 위치하여 동일
- 개별요인: 대상토지가 비교표준지에 비해 가로조건은 5% 열세, 환경조건은 20% 우세하고 다른 조건은 동일(상승식으로 계산할 것)
- 그 밖의 요인으로 보정할 사항 없음

해설 2,000,000원 × 지가변동률(1.05) × 가로조건 $\left(\frac{95}{100}\right)$ × 환경조건 $\left(\frac{120}{100}\right)$

= 2,394,000원/m^2

정답 2,394,000원/m^2

4. 다음 자료를 활용하여 거래사례비교법으로 산정한 토지의 비준가액은? (단, 주어진 조건에 한함) 제33회

- 대상토지: A시 B구 C동 350번지, 150m²(면적), 대(지목), 주상용(이용상황), 제2종 일반주거지역(용도지역)
- 기준시점: 2022.10.29.
- 거래사례
  - 소재지: A시 B구 C동 340번지
  - 200m²(면적), 대(지목), 주상용(이용상황)
  - 제2종 일반주거지역(용도지역)
  - 거래가격: 800,000,000원
  - 거래시점: 2022.06.01.
- 사정보정치: 0.9
- 지가변동률(A시 B구, 2022.06.01.~2022.10.29.): 주거지역 5% 상승, 상업지역 4% 상승
- 지역요인: 거래사례와 동일
- 개별요인: 거래사례에 비해 5% 열세
- 상승식으로 계산

해설 비준가액 = $800,000,000원 \times \frac{150}{200} \times 0.9 \times 1.05 \times 0.95 = 538,650,000원$

1. 면적비교치$\left(\frac{150}{200}\right)$ 2. 사정보정치(0.9)
3. 시점수정치(1.05) 4. 개별요인비교치(0.95)   **정답 538,650,000원**

제5절 | 수익방식(소득접근법, Income Approach)

「감정평가에 관한 규칙」 제2조 【정의】
10. **수익환원법**이란 대상물건이 장래 산출할 것으로 기대되는 **순수익**이나 미래의 **현금흐름**을 환원하거나 할인하여 대상물건의 **가액**을 산정하는 감정평가방법을 말한다.
11. **수익분석법**이란 일반기업 경영에 의하여 산출된 총수익을 분석하여 대상물건이 일정한 기간에 산출할 것으로 기대되는 **순수익**에 대상물건을 계속하여 임대하는 데에 필요한 **경비**를 더하여 대상물건의 **임대료**를 산정하는 감정평가방법을 말한다.

기출 수익환원법이란 대상물건이 장래 산출할 것으로 기대되는 순수익이나 미래의 현금흐름을 환원하거나 할인하여 대상물건의 가액을 산정하는 감정평가방법을 말한다.

기출
1. 수익가액은 순수익을 환원이율로 나눈 값이다.
2. 자본환원율이 상승하면 자산가격이 하락한다.

참고 수익환원법의 이론적 근거
1. 수익성
2. 최유효이용의 원칙
3. 예측의 원칙
4. 수익배분의 원칙
5. 대체의 원칙

1 수익환원법 제32회, 제33회, 제35회

1. 의의

(1) 수익환원법이란 대상물건이 장래 산출할 것으로 기대되는 순수익이나 미래의 현금흐름을 환원하거나 할인하여 대상물건의 가액을 산정하는 감정평가방법을 말한다. 수익가액이란 수익환원법에 따라 산정된 가액을 말한다.

$$수익가액 = \frac{순수익(순영업소득)}{환원이율}$$

(2) 장점
① 수익환원법은 장래 기대되는 편익의 현재가치라는 부동산가치의 본질에 가장 부합되므로, 가장 이론적·논리적·합리적인 방법이므로 평가사의 주관이 개입될 여지가 적다.
② 임대용 부동산이나 기업용 부동산 등 수익성 부동산의 평가에 유용하다.
③ 투자분석, 개발사업의 타당성분석, 비용편익분석 등과 관련하여 오늘날 다른 어떤 방법보다도 강한 현실적인 필요성이 대두되고 있다.

(3) 단점
① 수익성에 근거하므로 주거용·공익용·공공용 부동산과 같이 수익이 없거나 파악이 어려운 부동산(비수익성 부동산)에 적용하기 곤란하다.
② 수익이 유사한 경우 부동산의 신구(新舊)에 따른 가격차이가 없어진다는 비판이 있다.

2. 순수익(순수익 = 유효총수익 − 운영경비)

① 순수익이란 대상물건에 귀속하는 적절한 수익으로서 유효총수익에서 운영경비를 공제하여 산정한다.
② 운영경비 항목: 용역인건비·직영인건비, 수도광열비, 수선유지비, 세금·공과금, 보험료, 대체충당금, 광고선전비 등 그 밖의 경비
③ 할인현금흐름분석법의 적용에 따른 복귀가액은 보유기간 경과 후 초년도의 순수익을 추정하여 최종환원율로 환원한 후 매도비용을 공제하여 산정한다.

3. 환원방법

① 직접환원법은 단일기간의 순수익을 적절한 환원율로 환원하여 대상물건의 가액을 산정하는 방법을 말한다.

② 할인현금흐름분석법은 대상물건의 보유기간에 발생하는 복수기간의 순수익(현금흐름)과 보유기간 말의 복귀가액에 적절한 할인율을 적용하여 현재가치로 할인한 후 더하여 대상물건의 가액을 산정하는 방법을 말한다.

③ 수익환원법으로 감정평가할 때에는 직접환원법이나 할인현금흐름분석법 중에서 감정평가 목적이나 대상물건에 적절한 방법을 선택하여 적용한다. 다만, 부동산의 증권화와 관련한 감정평가 등 매기의 순수익을 예상해야 하는 경우에는 할인현금흐름분석법을 원칙으로 하고 직접환원법으로 합리성을 검토한다.

> **심화** 수익환원법의 갈래
>
> | 직접환원법 | 1. 전통적 소득접근법
2. 잔여법 | • 부동산 가치: 토지 + 건물
• 전기간 보유(경제적 내용연수), 처분 ×
• 한 해(첫 해), 소득이득만 고려
• 감가상각액으로 자본회수(매 기간 자본회수, 1/n) |
> |---|---|---|
> | 수익환원법 | 1. 저당지분환원법 (엘우드법)
2. 할인현금수지분석법✚ | • 부동산 가치: 지분 + 저당
• 매 기간(여러 해), 소득이득 + 자본이득 고려
• 단기간 보유, 처분 ○
• 재매도가격으로 자본회수(처분시에 자본회수) |

✚ 할인현금수지분석법은 저당지분환원법과 원리가 같으나 세후현금수지를 사용하는 점이 다르다.

4. 환원이율(환원율, 자본환원율, 종합자본환원율; capitalization rate)

제33회, 제35회

(1) 환원이율의 의의

① 환원이율 = 자본수익률(할인율) + 자본회수율(상각률)
② 환원이율 = 순수이율(무위험률) + 위험률(위험할증률) ⇨ 조성(요소구성)법
③ 환원이율 = $\dfrac{\text{순수익(순영업소득)}}{\text{부동산의 가격}}$
④ 환원이율 = 저당상수 × 부채감당률 × 대부비율 ⇨ 부채감당법
⑤ 환원이율 = (토지 환원이율 × 토지비율) + (건물 환원이율 × 건물비율)
⑥ 환원이율 = (지분배당률 × 지분비율) + (저당상수 × 저당비율)

기출

1. 환원이율 = 자본수익률 + 자본회수율
2. 환원이율 = $\frac{순영업소득}{가격}$
3. 환원이율 = 저당상수 × 부채감당률 × 대부비율.
4. 부채감당률이 2, 대부비율이 50%, 연간 저당상수가 0.1이라면 (종합)자본환원율은 10%이다.
5. 자본환원율은 순영업소득을 부동산의 가격으로 나누어 구할 수 있다. 제35회
6. 금리의 상승은 자본환원율을 높이는 요인이 된다. 제35회
7. 순영업소득(NOI)이 일정할 때 투자수요의 증가로 인한 자산가격 상승은 자본환원율을 낮추는 요인이 된다. 제33회
8. 투자위험의 증가는 자본환원율을 높이는 요인이 된다. 제35회

기출

1. 자본환원율은 시장추출법, 조성법, 투자결합법 등을 통해 구할 수 있다. 제33회
2. 시장추출법은 대상부동산과 유사한 최근의 매매사례로부터 자본환원율을 찾아낸다.

① 환원이율(자본환원율)은 순영업소득을 자산의 가격으로 나눈 값이다.
② 환원이율(자본환원율)상승 요인: 금리의 상승, 투자위험 증가, 자산가격 하락

(2) 환원이율의 종류

① **개별환원이율**: 토지와 건물(지분과 저당)의 환원이율이 각각 다를 경우에 그 각각의 환원이율을 말한다.
② **종합환원이율**: 복합부동산에 적용되는 환원이율로, 토지와 건물의 개별환원이율을 토지가액과 건물가격의 구성비율에 따라 가중평균하여 구한 환원이율을 말한다.

사례

토지의 환원이율 5%, 건물의 환원이율 10%이고 토지와 건물의 가격구성비율이 각각 60% : 40%일 때 종합환원이율은?

해설 (5% × 60%) + (10% × 40%) = 3% + 4% = 7%   정답 7%

(3) 환원이율의 산정방법(환원율과 할인율의 산정) 제33회

시장추출법	거래(매매)사례로부터 환원이율을 산정
조성법 (요소구성법)	• 순수이율 + 위험률 • 주관 개입, 저당·세금 불고려
투자결합법	'토지·건물', '지분·저당' 순수익의 발생능력은 서로 다르며, 분리될 수 있다는 가정
엘우드법 (저당지분환원법)	• 지분투자자(차입자) 입장, 매 기간의 현금수지, 지분형성분, 가치변화분 • 세전현금수지 기준(저당 고려, 세금 불고려)
부채감당법	• 저당투자자(대출자) 입장 • 환원이율 = 저당상수 × 부채감당률 × 대부비율

① 직접환원법에서 사용할 환원율은 시장추출법으로 구하는 것을 원칙으로 한다. 다만, 시장추출법의 적용이 적절하지 않은 때에는 요소구성법(조성법), 투자결합법, 유효총수익승수에 의한 결정방법, 시장에서 발표된 환원율 등을 고려하여 적절한 방법으로 구할 수 있다.
② 할인현금흐름분석법에서 사용할 할인율은 투자자조사법(지분할인율), 투자결합법(종합할인율), 시장에서 발표된 할인율 등을 고려하여 대상물건의 위험이 적절히 반영되도록 결정하되 추정된 현금흐름에 맞는 할인율을 적용한다.

③ 복귀가액 산정을 위한 최종환원율은 환원율에 장기위험프리미엄·성장률·소비자물가상승률 등을 고려하여 결정한다.

❷ 수익분석법

(1) 의의

수익분석법이란 일반기업 경영에 의하여 산출된 총수익을 분석하여 대상물건이 일정한 기간에 산출할 것으로 기대되는 순수익에 대상물건을 계속하여 임대하는 데에 필요한 경비를 더하여 대상물건의 임대료를 산정하는 감정평가방법을 말한다. 수익임료란 수익분석법에 따라 산정된 임대료를 말한다.

$$수익임료 = 순수익 + 필요제경비$$

(2) 적용방법

① 순수익은 대상물건의 총수익에서 그 수익을 발생시키는 데 드는 경비(매출원가, 판매비 및 일반관리비, 정상운전자금이자, 그 밖에 생산요소귀속 수익 등을 포함한다)를 공제하여 산정한 금액을 말한다.
② 필요제경비에는 대상물건에 귀속될 감가상각비, 유지관리비, 조세공과금, 손해보험료, 대손준비금 등이 포함된다.

> **예제**
>
> 1. 다음 자료를 활용하여 직접환원법으로 산정한 대상부동산의 수익가액은? (단, 연간 기준이며, 주어진 조건에 한함)   제32회
>
>   - 가능총소득(PGI): 70,000,000원
>   - 공실상당액 및 대손충당금: 가능총소득의 5%
>   - 영업경비(OE): 유효총소득(EGI)의 40%
>   - 환원율: 10%
>
>   **해설** $\dfrac{순수익(순영업소득)}{환원이율} = \dfrac{39,900,000원}{10\%} = 399,000,000원$
>   70,000,000원 − 5% − 40% ÷ 10% = 399,000,000원   **정답 399,000,000원**

2. 다음 자료를 활용하여 산정한 대상부동산의 수익가액은? (단, 연간 기준이며, 주어진 조건에 한함)   제33회

> • 가능총소득(PGI): 44,000,000원
> • 공실손실상당액 및 대손충당금: 가능총소득의 10%
> • 운영경비(OE): 가능총소득의 2.5%
> • 대상부동산의 가치 구성비율: 토지(60%), 건물(40%)
> • 토지환원율: 5%, 건물환원율: 10%
> • 환원방법: 직접환원법
> • 환원율 산정방법: 물리적 투자결합법

① 396,000,000원   ② 440,000,000원
③ 550,000,000원   ④ 770,000,000원
⑤ 792,000,000원

해설 $\dfrac{\text{순수익(순영업소득)}}{\text{환원이율}} = \dfrac{38,500,000원}{7\%} = 550,000,000원$

1. 순영업소득 = 가능(44,000,000원) − 공실(10%) − 영업경비(1,100,000원)
   = 38,500,000원
2. 종합환원이율 = (5% × 60%) + (10% × 40%) = 3% + 4% = 7%

	가능총소득	(44,000,000원)
−	공실 및 불량부채(10%)	(4,400,000원)
	유효총소득	(39,600,000원)
−	영업경비(가능총소득 2.5%)	(1,100,000원)
=	순영업소득	(38,500,000원)

정답 ③

3. 다음 자료를 활용하여 직접환원법으로 평가한 대상부동산의 수익가액은? (단, 주어진 조건에 한하며, 연간 기준임)   제30회

> ㉠ 가능총소득: 8,000만원
> ㉡ 공실손실상당액 및 대손충당금: 가능총소득의 10%
> ㉢ 수선유지비: 400만원
> ㉣ 화재보험료: 100만원
> ㉤ 재산세: 200만원
> ㉥ 영업소득세: 300만원
> ㉦ 부채서비스액: 500만원
> ㉧ 환원율: 10%

① 5억 7천만원   ② 6억원
③ 6억 5천만원   ④ 6억 7천만원
⑤ 6억 8천만원

해설 $\dfrac{\text{순수익(순영업소득)}}{\text{환원이율}} = \dfrac{65,000,000원}{10\%} = 6억\ 5천만원$

ⓒ 수선유지비, ⓔ 화재보험료, ⓜ 재산세는 영업경비에 포함되지만,
ⓗ 영업소득세, ⓢ 부채서비스액은 영업경비에 포함되지 않는다.

	가능총소득	8,000만원	
−	공실 및 불량부채	800만원	
	유효총소득	7,200만원	
−	영업경비	700만원	⇨ ⓒ + ⓔ + ⓜ
=	순영업소득	6,500만원	

정답 ③

4. 다음 자료를 활용하여 수익환원법을 적용한 평가대상 근린생활시설의 수익가액은?
   (단, 주어진 조건에 한하며, 연간 기준임)　　　　　　　　　　　　제28회

   ㉠ 가능총소득: 5,000만원
   ㉡ 공실손실상당액: 가능총소득의 5%
   ㉢ 유지관리비: 가능총소득의 3%
   ㉣ 부채서비스액: 1,000만원
   ㉤ 화재보험료: 100만원
   ㉥ 개인업무비: 가능총소득의 10%
   ㉦ 기대이율 4%, 환원율 5%

   ① 6억원   ② 7억 2,000만원
   ③ 8억 2,000만원   ④ 9억원
   ⑤ 11억 2,500만원

해설 $\dfrac{\text{순수익(순영업소득)}}{\text{환원이율}} = \dfrac{45,000,000원}{5\%} = 9억원$

• 유효총소득(4,750만원) = 가능총소득(5,000만원) − 공실손실상당액(250만원)
• 순영업소득(4,500만원) = 유효총소득(4,750만원) 영업경비(250만원, ㉢ + ㉤)

정답 ④

제3장 부동산 가격공시제도

회독 Check 1회 2회 3회

- 공시지가와 주택가격공시제도는 매년 1~2문제 정도 출제되므로 법조문을 철저히 학습해야 한다.
- 표준지공시지가와 개별공시지가의 차이를 알고 공시주체, 공시절차, 공시내용, 활용 등을 숙지한다.
- 주택가격공시제도에서 공동주택가격과 단독주택가격의 공시방법 차이를 이해하고, 공시주체, 공시절차, 공시내용, 활용 등을 숙지한다.

기출

1. 표준지공시지가의 공시기준일은 원칙적으로 매년 1월 1일이다.
2. 개별주택가격은 매년 4월 30일까지 결정·공시된다.
3. 표준지공시지가의 공시기준일은 1월 1일로 한다. 다만, 국토교통부장관은 표준지공시지가 조사·평가 인력 등을 고려하여 부득이하다고 인정하는 경우에는 일부 지역을 지정하여 해당 지역에 대한 공시기준일을 따로 정할 수 있다. 제36회

참고
토지와 주택의 가격공시(①~⑤)는 필수적 평가로 반드시 공시하여야 하지만, 비주거용 부동산의 가격공시(⑥~⑧)는 임의적 평가로 반드시 공시하여야 하는 것은 아니고 공시할 수 있다.

핵심 부동산 가격공시제도

구분			공시주체 (조사·산정)	공시일 (공시기준일)
토지		① 표준지공시지가	국토교통부장관 (감정평가법인)	2월 말일까지 (1월 1일)
		② 개별공시지가	시·군·구청장 (시·군·구)	5월 31일까지 (1월 1일 또는 7월 1일)
주택	단독	③ 표준주택가격	국토교통부장관 (한국부동산원)	1월 31일까지 (1월 1일)
		④ 개별주택가격	시·군·구청장 (시·군·구)	4월 30일까지 (1월 1일 또는 6월 1일)
	공동	⑤ 공동주택가격	국토교통부장관 (한국부동산원)	4월 30일까지 (1월 1일 또는 6월 1일)
비주거용	일반	⑥ 표준부동산 가격	국토교통부장관	1월 31일까지
		⑦ 개별부동산 가격	시·군·구청장	4월 30일까지
	집합	⑧ 집합부동산 가격	국토교통부장관	4월 30일까지

제1절 | 공시지가제도

제33회, 제34회, 제36회

❶ 공시지가제도의 의의

(1) 공시지가제도의 개념

토지는 그 자연적·인문적 특성으로 인하여 시장경제원리에 따른 균형가격의 성립이 용이하지 않다. 공시지가제도는 이와 같은 토지가액의 특수성으로 인한 문제점을 해소 또는 보완하기 위하여 정부가 객관적인 기준을

정하고 이에 따라 조사·평가된 적정가격을 공시하여, 일반 토지거래의 지표와 보상·조세부과 등 행정 목적으로 지가를 산정할 필요가 있는 경우 그 기준이 되도록 하는 것을 목적으로 한다.

(2) 부동산 가격공시제도의 목적

부동산의 적정가격 공시에 관한 기본적인 사항과 부동산 시장·동향의 조사·관리에 필요한 사항을 규정함으로써 부동산의 적정한 가격 형성과 각종 조세·부담금 등의 형평성을 도모하고 국민경제의 발전에 이바지함을 목적으로 한다.

② 표준지공시지가

(1) 표준지공시지가의 의의

표준지공시지가라 함은 「부동산 가격공시에 관한 법률」의 규정에 의한 절차에 따라 국토교통부장관이 조사·평가하여 공시한 표준지의 단위면적당 가격을 말한다. 국토교통부장관은 토지 이용상황이나 주변 환경, 그 밖의 자연적·사회적 조건이 일반적으로 유사하다고 인정되는 일단의 토지 중에서 ① 대표성, ② 중용성, ③ 확정성, ④ 안정성이 있는 토지를 표준지로 선정하여야 한다.

> **참고** 일반적으로 '공시지가'라고 하면 표준지공시지가를 말한다.

지가의 대표성	표준지선정 단위구역의 지가수준을 대표할 수 있는 평균적인 가격수준을 지닌 토지여야 한다.
토지특성의 중용성	토지의 이용상황, 형상, 면적 등이 표준적인 토지가 되어야 한다.
토지구별의 확정성	다른 토지와 구분이 명확하고 쉽게 확인할 수 있는 토지여야 한다.
토지이용의 안정성	일반적인 용도에 적합한 토지로서 그 이용상태가 일시적이 아닌 토지여야 한다.

> **기출** 표준지는 지가의 공시를 위해 가치형성요인이 같거나 유사하다고 인정되는 일단의 토지 중에서 선정한 토지를 말한다.

(2) 표준지공시지가의 조사·선정 및 공시(「부동산 가격공시에 관한 법률」 제3조)

> **제3조【표준지공시지가의 조사·평가 및 공시 등】** ① 국토교통부장관은 토지 이용상황이나 주변 환경, 그 밖의 자연적·사회적 조건이 일반적으로 유사하다고 인정되는 일단의 토지 중에서 선정한 표준지에 대하여 매년 공시기준일 현재의 단위면적당 적정가격을 조사·평가하고, 중앙부동산가격공시위원회의 심의를 거쳐 이를 공시하여야 한다.

> **기출** 국토교통부장관이 표준지공시지가를 조사·평가할 때에는 업무실적, 신인도 등을 고려하여 둘 이상의 감정평가법인 등에게 이를 의뢰하여야 한다. 다만, 지가 변동이 작은 경우 등 대통령령으로 정하는 기준에 해당하는 표준지에 대해서는 하나의 감정평가법인 등에 의뢰할 수 있다. 제33회

② 국토교통부장관은 표준지공시지가를 공시하기 위하여 표준지의 가격을 조사·평가할 때에는 대통령령으로 정하는 바에 따라 해당 토지 소유자의 의견을 들어야 한다.
④ 국토교통부장관이 표준지공시지가를 조사·평가하는 경우에는 인근 유사토지의 거래가격·임대료 및 해당 토지와 유사한 이용가치를 지닌다고 인정되는 토지의 조성에 필요한 비용추정액 등을 종합적으로 참작하여야 한다.
⑤ 국토교통부장관이 표준지공시지가를 조사·평가할 때에는 업무실적, 신인도 등을 고려하여 둘 이상의 감정평가법인 등에게 이를 의뢰하여야 한다. 다만, 지가변동이 작은 경우 등 대통령령으로 정하는 기준에 해당하는 표준지에 대해서는 하나의 감정평가법인 등에게 의뢰할 수 있다.
⑧ 국토교통부장관은 개별공시지가의 산정을 위하여 필요하다고 인정하는 경우에는 표준지와 산정대상 개별토지의 가격형성요인에 관한 표준적인 비교표인 **토지가격비준표**를 작성하여 시장·군수 또는 구청장에게 제공하여야 한다.

용어 🔊 토지가격비준표
비교표준지의 특성과 개별토지의 특성을 비교하여 개별공시지가의 산정시 활용할 수 있도록 국토교통부장관이 작성하여 시장·군수 또는 구청장에게 제공하는 표준지와 개별토지 간의 지가형성요인에 관한 표준적인 비준표를 말한다.

① 국토교통부장관은 일련의 절차를 거쳐 조사·평가된 표준지의 가격에 대하여 중앙부동산가격공시위원회의 심의를 거쳐야 한다. 국토교통부장관이 표준지공시지가를 조사·평가할 때에는 둘 이상의 감정평가법인 등에게 의뢰하여야 한다. 다만, 지가변동이 작은 경우 등 대통령령으로 정하는 기준에 해당하는 표준지에 대해서는 하나의 감정평가법인 등에게 의뢰할 수 있다. 이와 같이 평가전문기관인 감정평가법인 등에게 의뢰하여 평가한 표준지가격을 다시 중앙부동산가격공시위원회의 심의를 거치도록 함은 공시지가의 적정성을 확보하고 공시지가의 지역간, 지목간 균형 확보를 위한 것이다.
② 표준지에 건물 또는 그 밖의 정착물이 있거나 지상권 또는 그 밖의 토지의 사용·수익을 제한하는 권리가 설정되어 있을 때에는 그 정착물 또는 권리가 존재하지 아니하는 것으로 보고 표준지공시지가를 평가하여야 한다.

(3) 표준지공시지가의 공시사항(「부동산 가격공시에 관한 법률」 제5조) 제33회

기출 표준지공시지가의 공시에는 표준지의 지번, 표준지의 단위면적당 가격, 표준지의 면적 및 형상, 표준지 및 주변토지의 이용상황, 그 밖에 대통령령으로 정하는 사항이 포함되어야 한다.
제33회

> **제5조【표준지공시지가의 공시사항】** 제3조에 따른 공시에는 다음 각 호의 사항이 포함되어야 한다.
> 1. 표준지의 지번
> 2. 표준지의 단위면적당 가격
> 3. 표준지의 면적 및 형상
> 4. 표준지 및 주변토지의 이용상황
> 5. 대통령령으로 정하는 사항(지목, 용도지역, 도로상황 등)

(4) 표준지공시지가에 대한 이의신청(「부동산 가격공시에 관한 법률」 제7조)

> **제7조【표준지공시지가에 대한 이의신청】** ① 표준지공시지가에 이의가 있는 자는 그 공시일부터 30일 이내에 서면(전자문서를 포함)으로 국토교통부장관에게 이의를 신청할 수 있다.
> ② 국토교통부장관은 제1항에 따른 이의신청 기간이 만료된 날부터 30일 이내에 이의신청을 심사하여 그 결과를 신청인에게 서면으로 통지하여야 한다. 이 경우 국토교통부장관은 이의신청의 내용이 타당하다고 인정될 때에는 제3조에 따라 해당 표준지공시지가를 조정하여 다시 공시하여야 한다.

① 이의신청자 및 기간: 표준지공시지가에 이의가 있는 자는 공시일로부터 30일 이내에 국토교통부장관에게 서면으로 이의신청할 수 있다.

② 이의신청 심사 및 통지: 국토교통부장관은 이의신청 기간이 만료된 때부터 30일 이내에 이의신청을 심사하고 그 결과를 신청인에게 서면으로 통지한다.

> **기출** 표준지공시지가에 이의가 있는 자는 그 공시일부터 30일 이내에 서면(전자문서를 포함한다)으로 국토교통부장관에게 이의를 신청할 수 있다. 제36회

(5) 표준지공시지가의 적용 및 효력(「부동산 가격공시에 관한 법률」 제8조, 제9조)

> **제8조【표준지공시지가의 적용】** 제1호 각 목의 자가 제2호 각 목의 목적을 위하여 지가를 산정할 때에는 그 토지와 이용가치가 비슷하다고 인정되는 하나 또는 둘 이상의 표준지의 공시지가를 기준으로 토지가격비준표를 사용하여 지가를 직접 산정하거나 감정평가법인 등에게 감정평가를 의뢰하여 산정할 수 있다. 다만, 필요하다고 인정할 때에는 산정된 지가를 제2호 각 목의 목적에 따라 가감(加減) 조정하여 적용할 수 있다.
> 1. 지가 산정의 주체
>   가. 국가 또는 지방자치단체
>   나. 「공공기관의 운영에 관한 법률」에 따른 공공기관
>   다. 그 밖에 대통령령으로 정하는 공공단체
> 2. 지가 산정의 목적
>   가. 공공용지의 매수 및 토지의 수용·사용에 대한 보상
>   나. 국유지·공유지의 취득 또는 처분
>   다. 그 밖에 대통령령으로 정하는 지가의 산정
>
> **제9조【표준지공시지가의 효력】** 표준지공시지가는 토지시장에 지가정보를 제공하고 일반적인 토지거래의 지표가 되며, 국가·지방자치단체 등이 그 업무와 관련하여 지가를 산정하거나 감정평가법인 등이 개별적으로 토지를 감정평가하는 경우에 기준이 된다.

> **기출** 표준지공시지가는 토지시장에 지가정보를 제공하고 일반적인 토지거래의 지표가 되며, 국가·지방자치단체 등이 그 업무와 관련하여 지가를 산정하거나 감정평가법인 등이 개별적으로 토지를 감정평가하는 경우에 기준이 된다. 제36회

① 토지시장의 지가정보 제공: 부동산(토지) 가격은 부동산의 특성으로 인하여 수요·공급에 의한 시장원리를 통해서는 적정가격이 형성되지 않으므로, 국가가 적정가격인 공시지가를 공시하여 토지시장의 지가정보를 제공하게 되는 것이다.

② 일반적인 토지거래의 지표: 공시지가는 토지의 적정가격을 공시함으로써 일반국민이 토지거래를 함에 그 지표로 삼게 하는 등의 역할을 통해 토지거래가격의 적정화를 유도하는 기능을 한다. 하지만 법적인 구속력은 없다.

③ 국가·지방자치단체 등이 그 업무와 관련하여 지가를 산정하는 경우의 기준: 국가·지방자치단체·공공기관 등이 국유지·공유지·공공용지 등의 매수, 수용·사용에 대한 보상, 취득 및 처분에 있어서 표준지공시지가를 기준으로 지가를 산정한다.

④ 감정평가법인 등이 개별적으로 토지를 감정평가하는 경우의 기준: 감정평가법인 등이 타인의 의뢰에 의해 개별적으로 토지를 평가하는 경우에 그 기준이 된다. 토지를 평가할 때에는 공시지가기준법을 적용하는데, 공시지가기준법이란 대상토지와 가치형성요인이 같거나 비슷하여 유사한 이용가치를 지닌다고 인정되는 비교표준지의 공시지가를 기준으로 대상토지의 현황에 맞게 시점수정, 지역요인 및 개별요인비교, 그 밖의 요인의 보정을 거쳐 대상토지의 가액을 산정하는 감정평가방법을 말한다.

⑤ 개별공시지가의 산정기준, 토지가격비준표 작성의 기준이 된다.

(6) 표준지공시지가의 평가기준

① 적정가격 기준평가: 표준지의 평가가격은 일반적으로 해당 토지에 대하여 통상적인 시장에서 정상적인 거래가 이루어지는 경우 성립될 가능성이 높다고 인정되는 가격(적정가격)으로 결정하되, 시장에서 형성되는 가격자료를 충분히 조사하여 표준지의 객관적인 시장가치를 평가한다.

② 실제용도 기준평가: 표준지의 공부상의 지목에도 불구하고 공시기준일 현재의 실제지목 및 이용상황을 기준으로 평가하되, 일시적인 이용상황은 이를 고려하지 않는다.

③ 나지상정평가: 해당 토지에 건물 기타의 정착물이 있거나 지상권 등 토지의 사용·수익을 제한하는 사법상의 권리가 설정되어 있는 경우에는, 그 정착물 등이 없는 토지의 나지상태를 상정하여 평가한다. ⇨ 일종의 독립평가이며 조건부평가이다.

기출

1. 표준지의 평가는 공부상의 지목에 불구하고 공시기준일 현재의 실제 이용상황을 기준으로 평가하되, 일시적인 이용상황은 이를 고려하지 않는다.
2. 표준지의 평가에 있어서 공익사업의 계획 또는 시행이 공고 또는 고시됨으로 인해 공시기준일 현재 현실화·구체화된 지가의 증가분은 이를 반영하여 평가한다.

④ 공법상 제한받는 상태 기준평가: 공법상 용도지역·지구·구역 등 일반적인 계획의 제한사항뿐만 아니라, 도시계획시설결정 등 공공사업의 시행을 직접 목적으로 하는 개별적인 계획의 제한사항이 있는 경우에는 그 공법상 제한을 받는 상태대로 평가한다.

⑤ 개발이익의 반영평가: 공공사업의 계획·시행에 따른 개발이익은 이를 반영하여 평가한다. 다만, 그 개발이익이 주위 환경 등의 사정으로 보아 공시기준일 현재 현실화 또는 구체화되지 아니하였다고 인정되는 경우에는 개발이익을 반영하지 않는다.

③ 개별공시지가

(1) 개별공시지가의 의의

① 개별공시지가는 시장·군수 또는 구청장이 개발부담금의 부과, 기타 다른 법령이 정하는 목적을 위한 지가산정에 사용하도록 하기 위하여 표준지공시지가를 기준으로 토지가격비준표를 사용하여 결정·공시하는 매년 공시기준일 현재 개별토지의 단위면적당 가격을 말한다.

② 시장·군수 또는 구청장은 시·군·구 부동산가격공시위원회 심의를 거쳐 매년 5월 31일까지 개별공시지가를 결정·공시하여야 하며, 개별공시지가의 결정 및 이의신청에 관한 사항을 시·군·구 게시판에 게시하여야 한다. 이 경우 필요하다고 인정하는 때에는 토지소유자 등에게 개별통지할 수 있다.

(2) 개별공시지가의 결정·공시(「부동산 가격공시에 관한 법률」 제10조)

> 제10조【개별공시지가의 결정·공시 등】① 시장·군수 또는 구청장은 국세·지방세 등 각종 세금의 부과, 그 밖의 다른 법령에서 정하는 목적을 위한 지가산정에 사용되도록 하기 위하여 시·군·구 부동산가격공시위원회의 심의를 거쳐 매년 공시지가의 공시기준일 현재 관할구역 안의 개별토지의 단위면적당 가격(개별공시지가)을 결정·공시하고, 이를 관계 행정기관 등에 제공하여야 한다.
> ② 제1항에도 불구하고 표준지로 선정된 토지, 조세 또는 부담금 등의 부과대상이 아닌 토지, 그 밖에 대통령령으로 정하는 토지에 대하여는 개별공시지가를 결정·공시하지 아니할 수 있다. 이 경우 표준지로 선정된 토지에 대하여는 해당 토지의 표준지공시지가를 개별공시지가로 본다.
> ③ 시장·군수 또는 구청장은 공시기준일 이후에 분할·합병 등이 발생한 토지에 대하여는 대통령령으로 정하는 날(1월 1일 또는 7월 1일)을 기준으로 하여 개별공시지가를 결정·공시하여야 한다.

심화 개별공시지가는 전국의 약 4,000만 필지 중 조세부과 등에 필요한 약 3,500만 필지(약 80%, 국·공유지 제외)만 공시한 것이므로, 개별공시지가의 총액이 전국의 모든 땅값을 나타내는 것은 아니니다.

참고 개별공시지가는 하나 또는 둘 이상의 표준지공시지가를 기준으로 토지가격비준표를 사용하여 산정한다.

> 개별공시지가 = 표준지공시지가 × 토지가격비준표 배율

기출
1. 시장·군수 또는 구청장은 표준지로 선정된 토지에 대해서는 개별공시지가를 결정·공시하지 아니할 수 있다. 제36회
2. 표준지로 산정된 토지에 대해서는 당해 토지의 공시지가를 개별공시지가로 본다.
3. 표준지로 선정된 토지, 농지보전부담금 또는 개발부담금 등의 부과대상이 아닌 토지, 국세 또는 지방세 부과대상이 아닌 토지(국·공유지의 경우에는 공공용 토지만 해당한다)에 대해서는 개별공시지가를 결정·공시하지 아니할 수 있다.

참고 개별공시지가 공시기준일을 다르게 할 수 있는 토지 (「부동산 가격공시에 관한 법률 시행령」 제16조)
1. 1월 1일부터 6월 30일까지의 사이에 사유가 발생: 그 해 7월 1일
2. 7월 1일부터 12월 31일까지의 사이에 사유가 발생: 다음 해 1월 1일

기출 시장·군수 또는 구청장은 공시기준일 이후에 분할·합병 등이 발생한 토지에 대하여는 그 사유가 발생한 시기에 따라 그 해 7월 1일 또는 다음 해 1월 1일을 기준으로 하여 개별공시지가를 결정·공시하여야 한다. 제36회

> ④ 시장·군수 또는 구청장이 개별공시지가를 결정·공시하는 경우에는 해당 토지와 유사한 이용가치를 지닌다고 인정되는 하나 또는 둘 이상의 표준지의 공시지가를 기준으로 토지가격비준표를 사용하여 지가를 산정하되, 해당 토지의 가격과 표준지공시지가가 균형을 유지하도록 하여야 한다.
> ⑤ 시장·군수 또는 구청장은 개별공시지가를 결정·공시하기 위하여 개별토지의 가격을 산정할 때에는 그 타당성에 대하여 감정평가법인 등의 검증을 받고 토지소유자, 그 밖의 이해관계인의 의견을 들어야 한다. 다만, 시장·군수 또는 구청장은 감정평가법인 등의 검증이 필요 없다고 인정되는 때에는 지가의 변동상황 등 대통령령으로 정하는 사항을 고려하여 감정평가법인 등의 검증을 생략할 수 있다.
> ⑥ 시장·군수 또는 구청장이 검증을 받으려는 때에는 해당 지역의 표준지의 공시지가를 조사·평가한 감정평가법인 등 또는 대통령령으로 정하는 감정평가실적 등이 우수한 감정평가법인 등에게 의뢰하여야 한다.

① 시장·군수 또는 구청장은 국세·지방세 등 각종 세금의 부과, 그 밖의 다른 법령에서 정하는 목적을 위한 지가산정에 사용되도록 하기 위하여 시·군·구 부동산가격공시위원회의 심의를 거쳐 매년 공시지가의 공시기준일 현재 관할구역 안의 개별공시지가를 결정·공시하고, 이를 관계 행정기관 등에 제공하여야 한다.
② 표준지로 선정된 토지, 조세 또는 부담금 등의 부과대상이 아닌 토지, 그 밖에 대통령령으로 정하는 토지에 대하여는 개별공시지가를 결정·공시하지 아니할 수 있다. 이 경우 표준지로 선정된 토지에 대하여는 해당 토지의 표준지공시지가를 개별공시지가로 본다.

(3) 개별공시지가의 적용

① 국세 및 지방세의 산정기준: 개별공시지가는 재산세, 종합부동산세 등 과세의 기준이 된다.
② 부담금의 부과기준: 개별공시지가는 「개발이익 환수에 관한 법률」에 의한 개발부담금 등의 부과기준이 된다.
③ 기타: 국·공유재산의 사용료 및 대부료의 산정기준이 되며, 각종 행정 목적을 위한 지가산정에 활용된다.

기출 개별공시지가는 토지관련 국세의 부과기준과 지방세인 재산세의 시가표준액의 조정자료, 개발부담금 등 각종 부담금의 부과기준, 사용료 또는 대부료 산정기준으로 활용된다.

(4) 개별공시지가에 대한 이의신청(「부동산 가격공시에 관한 법률」 제11조)

> 제11조 【개별공시지가에 대한 이의신청】 ① 개별공시지가에 이의가 있는 자는 그 결정·공시일부터 30일 이내에 서면으로 시장·군수 또는 구청장에게 이의를 신청할 수 있다.
> ② 시장·군수 또는 구청장은 이의신청 기간이 만료된 날부터 30일 이내에 이의신청을 심사하여 그 결과를 신청인에게 서면으로 통지하여야 한다. 이 경우 시장·군수 또는 구청장은 이의신청의 내용이 타당하다고 인정될 때에는 해당 개별공시지가를 조정하여 다시 결정·공시하여야 한다.

개별공시지가에 이의가 있는 자는 그 결정·공시일부터 30일 이내에 서면으로 시장·군수 또는 구청장에게 이의를 신청할 수 있다.

기출 개별공시지가에 대하여 이의가 있는 자는 개별공시지가의 결정·공시일로부터 30일 이내 시장·군수 또는 구청장에게 이의를 신청할 수 있다.

제2절 | 주택가격공시제도

제32회, 제33회, 제35회

① 단독주택가격공시제도

1. 표준주택가격공시제도(「부동산 가격공시에 관한 법률」 제16조)

> 제16조 【표준주택가격의 조사·산정 및 공시 등】 ① 국토교통부장관은 용도지역, 건물구조 등이 일반적으로 유사하다고 인정되는 일단의 **단독주택 중에서 선정한 표준주택**에 대하여 매년 공시기준일 현재의 적정가격(표준주택가격)을 조사·산정하고, 중앙부동산가격공시위원회의 심의를 거쳐 이를 공시하여야 한다.
> ④ 국토교통부장관은 표준주택가격을 조사·산정하고자 할 때에는 「한국부동산원법」에 따른 **한국부동산원에 의뢰**한다.
> ⑤ 국토교통부장관이 표준주택가격을 조사·산정하는 경우에는 인근 유사 단독주택의 거래가격·임대료 및 해당 단독주택과 유사한 이용가치를 지닌다고 인정되는 단독주택의 건설에 필요한 비용추정액 등을 **종합적으로 참작**하여야 한다.
> ⑥ 국토교통부장관은 개별주택가격의 산정을 위하여 필요하다고 인정하는 경우에는 표준주택과 산정대상 개별주택의 가격형성요인에 관한 표준적인 비교표인 **주택가격비준표**를 작성하여 시장·군수 또는 구청장에게 제공하여야 한다.

핵심 주택에 대한 가격공시는 단독주택과 공동주택(아파트·연립·다세대)으로 구분된다. 단독주택은 표준주택과 개별주택으로 구분하여 공시하지만, 공동주택(아파트·연립·다세대)은 표준주택과 개별주택으로 구분하지 않고 공시한다.

기출
1. 표준주택을 선정할 때에는 일반적으로 유사하다고 인정되는 일단의 단독주택에서 해당 일단의 주택을 대표할 수 있는 주택을 선정하여야 한다.
2. 국토교통부장관은 표준주택에 대하여 매년 공시기준일 현재의 적정가격을 조사·산정하고, 중앙부동산가격공시위원회의 심의를 거쳐 이를 공시하여야 한다. 제33회
3. 국토교통부장관은 표준주택가격을 조사·산정하고자 할 때에는 한국부동산원에 의뢰한다. 제33회

(1) 표준주택의 선정 및 표준주택가격의 공시

① 국토교통부장관은 용도지역·건물구조 등이 일반적으로 유사하다고 인정되는 일단의 단독주택 중에서 선정한 표준주택(22만 호)에 대하여 매년 공시기준일 1월 1일 현재의 적정가격을 조사·평가하고, 중앙부동산가격공시위원회의 심의를 거쳐 통상적으로 1월 31일까지 공시한다. 이 경우, 주택은 토지의 경우처럼 단위면적당(m^2) 가격으로 공시하지 않고, 전체면적으로 가격을 공시한다.

② 주택가격은 토지와 건물을 구분하지 않고 복합부동산으로 보고 일괄평가한다.

③ 표준주택에 전세권 또는 그 밖에 단독주택의 사용·수익을 제한하는 권리가 설정되어 있을 때에는 그 권리가 존재하지 아니하는 것으로 보고 적정가격을 산정하여야 한다.

④ 국토교통부장관은 표준주택가격을 조사·산정하고자 할 때에는 한국부동산원(구 한국감정원)에 의뢰한다.

⑤ 국토교통부장관이 표준주택가격을 조사·산정하는 경우에는 인근 유사 단독주택의 거래가격·임대료 및 해당 단독주택과 유사한 이용가치를 지닌다고 인정되는 단독주택의 건설에 필요한 비용추정액 등을 종합적으로 참작하여야 한다.

(2) 표준주택가격의 공시사항(「부동산 가격공시에 관한 법률」 제16조)

> 제16조【표준주택가격의 조사·산정 및 공시 등】② 제1항에 따른 공시에는 다음 각 호의 사항이 포함되어야 한다.
> 1. 표준주택의 지번
> 2. 표준주택가격
> 3. 표준주택의 대지면적 및 형상
> 4. 표준주택의 용도, 연면적, 구조 및 사용승인일(임시사용승인일을 포함한다)
> 5. 대통령령으로 정하는 사항(지목, 용도지역, 도로상황 등)

기출 표준주택가격의 공시사항은 지번, 가격, 용도, 연면적, 구조, 도로상황, 사용승인일(임시사용승인일 포함) 등이다.

(3) 표준주택가격의 활용(「부동산 가격공시에 관한 법률」 제19조) 제32회

> 제19조【주택가격 공시의 효력】① 표준주택가격은 국가·지방자치단체 등이 그 업무와 관련하여 개별주택가격을 산정하는 경우에 그 기준이 된다.

국가, 지방자치단체 등의 기관이 그 업무와 관련하여 개별주택가격을 산정하는 경우에 그 기준이 된다.

기출 표준주택가격은 국가·지방자치단체 등의 기관이 그 업무와 관련하여 개별주택가격을 산정하는 경우에 그 기준이 된다. 제33회, 제35회

2. 개별주택가격공시제도(「부동산 가격공시에 관한 법률」 제17조)

> **제17조【개별주택가격의 결정·공시 등】** ① 시장·군수 또는 구청장은 시·군·구 부동산가격공시위원회의 심의를 거쳐 매년 표준주택가격의 공시기준일 현재 관할구역 안의 개별주택의 가격(개별주택가격)을 결정·공시하고, 이를 관계 행정기관 등에 제공하여야 한다.
> ② 제1항에도 불구하고 표준주택으로 선정된 단독주택, 그 밖에 대통령령으로 정하는 단독주택(국세 또는 지방세 부과대상이 아닌 단독주택)에 대하여는 개별주택가격을 결정·공시하지 아니할 수 있다. 이 경우 표준주택으로 선정된 주택에 대하여는 해당 주택의 표준주택가격을 개별주택가격으로 본다.
> ③ 개별주택가격의 공시에는 다음 각 호의 사항이 포함되어야 한다.
> 1. 개별주택의 지번
> 2. 개별주택가격
> 3. 대통령령으로 정하는 사항(개별주택의 용도 및 면적)
>
> ④ 시장·군수 또는 구청장은 공시기준일 이후에 토지의 분할·합병이나 건축물의 신축 등이 발생한 경우에는 대통령령으로 정하는 날(1월 1일 또는 6월 1일)을 기준으로 하여 개별주택가격을 결정·공시하여야 한다.
> ⑤ 시장·군수 또는 구청장이 개별주택가격을 결정·공시하는 경우에는 해당 주택과 유사한 이용가치를 지닌다고 인정되는 **표준주택가격을 기준으로 주택가격비준표**를 사용하여 가격을 산정하되, 해당 주택의 가격과 표준주택가격이 균형을 유지하도록 하여야 한다.
> ⑥ 시장·군수 또는 구청장은 개별주택가격을 결정·공시하기 위하여 개별주택의 가격을 산정할 때에는 표준주택가격과의 균형 등 그 타당성에 대하여 대통령령으로 정하는 바에 따라 부동산원의 검증을 받고 토지소유자, 그 밖의 이해관계인의 의견을 들어야 한다. 다만, 시장·군수 또는 구청장은 부동산원의 검증이 필요 없다고 인정되는 때에는 주택가격의 변동상황 등 대통령령으로 정하는 사항을 고려하여 부동산원의 검증을 생략할 수 있다.

기출 표준주택으로 선정된 단독주택, 그 밖에 대통령령으로 정하는 단독주택에 대하여는 개별주택가격을 결정·공시하지 아니할 수 있다.
제32회, 제35회

참고 개별주택가격 공시기준일을 다르게 할 수 있는 단독주택(「부동산 가격공시에 관한 법률 시행령」 제34조)
1. 1월 1일부터 5월 31일까지의 사이에 사유가 발생: 그 해 6월 1일
2. 6월 1일부터 12월 31일까지의 사이에 사유가 발생: 다음 해 1월 1일

(1) 개별주택가격의 결정·공시

① 시장·군수 또는 구청장은 표준주택가격을 기준으로 주택가격비준표의 배율을 적용하여 시·군·구 부동산가격공시위원회 심의를 거쳐 시장·군수·구청장이 4월 30일까지 결정·공시하는 가격을 말한다.

② 표준주택으로 선정된 단독주택 등은 개별주택가격을 결정·공시하지 않을 수 있다. 이 경우, 표준주택으로 선정된 주택에 대해서는 해당 표준주택가격을 개별주택가격으로 본다.

기출 표준주택으로 선정된 주택에 대하여는 당해 표준주택가격을 개별주택가격으로 본다.

(2) 개별주택가격의 활용(「부동산 가격공시에 관한 법률」 제19조)

> 제19조【주택가격 공시의 효력】② 개별주택가격 및 공동주택가격은 주택시장의 가격정보를 제공하고, 국가·지방자치단체 등이 과세 등의 업무와 관련하여 주택의 가격을 산정하는 경우에 그 기준으로 활용될 수 있다.

① 주택시장의 가격정보를 제공한다.
② 국가·지방자치단체 등의 기관이 과세 등의 업무와 관련하여 주택의 가격을 산정하는 경우에 그 기준으로 활용될 수 있다.

기출 개별주택 및 공동주택의 가격은 주택시장의 가격정보를 제공하고, 국가·지방자치단체 등의 기관이 과세 등의 업무와 관련하여 주택의 가격을 산정하는 경우에 그 기준으로 활용될 수 있다. 제35회

(3) 개별주택가격 공시사항
① 개별주택의 지번
② 개별주택가격
③ 그 밖에 대통령령이 정하는 사항(개별주택의 용도 및 면적, 그 밖에 개별주택가격 공시에 필요한 사항)

(4) 주택가격비준표의 활용

시장·군수 또는 구청장이 개별주택가격을 결정·공시하는 경우에는 당해 주택과 유사한 이용가치를 지닌다고 인정되는 표준주택가격을 기준으로 주택가격비준표를 사용하여 가격을 산정하되, 당해 주택의 가격과 표준주택가격이 균형을 유지하도록 하여야 한다.

❷ 공동주택가격공시제도(부동산 가격공시에 관한 법률 제18조)

> 제18조【공동주택가격의 조사·산정 및 공시 등】① 국토교통부장관은 공동주택에 대하여 매년 공시기준일 현재의 적정가격(공동주택가격)을 조사·산정하여 중앙부동산가격공시위원회의 심의를 거쳐 공시하고, 이를 관계 행정기관 등에 제공하여야 한다. 다만, 대통령령으로 정하는 바에 따라 국세청장이 국토교통부장관과 협의하여 공동주택가격을 별도로 결정·고시하는 경우를 제외한다.
> ② 국토교통부장관은 공동주택가격을 공시하기 위하여 그 가격을 산정할 때에는 대통령령으로 정하는 바에 따라 공동주택소유자와 그 밖의 이해관계인의 의견을 들어야 한다.
> ④ 국토교통부장관은 공시기준일 이후에 토지의 분할·합병이나 건축물의 신축 등이 발생한 경우에는 대통령령으로 정하는 날(1월 1일 또는 6월 1일)을 기준으로 하여 공동주택가격을 결정·공시하여야 한다.

기출 국토교통부장관은 공시기준일 이후에 토지의 분할·합병이나 건축물의 신축 등이 발생한 경우에는 대통령령으로 정하는 날을 기준으로 하여 공동주택가격을 결정·공시하여야 한다. 제35회

참고 공동주택가격 공시기준일을 다르게 할 수 있는 공동주택(「부동산 가격공시에 관한 법률 시행령」 제44조)
1. 1월 1일부터 5월 31일까지의 사이에 사유가 발생: 그 해 6월 1일
2. 6월 1일부터 12월 31일까지의 사이에 사유가 발생: 다음 해 1월 1일

⑤ 국토교통부장관이 공동주택가격을 조사·산정하는 경우에는 인근 유사 공동주택의 거래가격·임대료 및 해당 공동주택과 유사한 이용가치를 지닌다고 인정되는 공동주택의 건설에 필요한 비용추정액 등을 종합적으로 참작하여야 한다.
⑥ 국토교통부장관이 공동주택가격을 조사·산정하고자 할 때에는 한국부동산원에 의뢰한다.

(1) 공동주택가격의 결정·공시

① 국토교통부장관은 공동주택에 대하여 매년 공시기준일 1월 1일 현재의 적정가격을 조사·산정하여 중앙부동산가격공시위원회 심의를 거쳐 4월 30일까지 결정·공시하고 이를 관계 행정기관 등에 제공하여야 한다.
② 인근 유사 공동주택의 거래가격 또는 임대료 및 당해 공동주택과 유사한 이용가치를 지닌다고 인정되는 공동주택의 건설에 필요한 비용추정액 등을 종합적으로 참작하여야 한다.
③ 공동주택에 전세권 등 사용·수익을 제한하는 권리가 설정되어 있는 경우에는 그러한 권리가 존재하지 않는다고 보고 적정가격으로 산정하여야 한다.

(2) 공동주택가격의 활용(「부동산 가격공시에 관한 법률」 제19조)

제19조 【주택가격 공시의 효력】 ② 개별주택가격 및 공동주택가격은 주택시장의 가격정보를 제공하고, 국가·지방자치단체 등이 과세 등의 업무와 관련하여 주택의 가격을 산정하는 경우에 그 기준으로 활용될 수 있다.

① 주택시장의 가격정보를 제공한다.
② 국가·지방자치단체 등의 기관이 과세 등의 업무와 관련하여 주택의 가격을 산정하는 경우에 그 기준으로 활용될 수 있다.

기출
1. 개별주택가격은 시장·군수 또는 구청장에게 이의를 신청할 수 있지만, 공동주택가격은 국토교통부장관에게 이의를 신청할 수 있다. 제32회
2. 개별주택가격 및 공동주택가격은 주택시장의 가격정보를 제공하고, 국가·지방자치단체 등이 과세 등의 업무와 관련하여 주택의 가격을 산정하는 경우에 그 기준으로 활용될 수 있다. 제32회

제3절 | 비주거용 부동산 가격공시제도

비주거용 부동산에 대한 가격공시는 일반부동산과 집합부동산으로 구분된다. 비주거용 일반부동산은 비주거용 표준부동산과 비주거용 개별부동산으로 구분하여 공시할 수 있지만, 집합부동산은 표준부동산과 개별부동산으로 구분하지 않고 공시할 수 있다.

❶ 비주거용 표준부동산 가격

(1) 비주거용 표준부동산 가격 결정·공시

국토교통부장관은 용도지역, 이용상황, 건물구조 등이 일반적으로 유사하다고 인정되는 일단의 비주거용 일반부동산 중에서 선정한 비주거용 표준부동산에 대하여 매년 공시기준일 현재의 적정가격을 조사·산정하고, 중앙부동산가격공시위원회의 심의를 거쳐 이를 공시할 수 있다.

(2) 비주거용 표준부동산 가격의 효력

비주거용 표준부동산 가격은 국가·지방자치단체 등이 그 업무와 관련하여 비주거용 개별부동산 가격을 산정하는 경우에 그 기준이 된다.

❷ 비주거용 개별부동산 가격

(1) 비주거용 개별부동산 가격 결정·공시

① 시장·군수 또는 구청장은 시·군·구 부동산가격공시위원회의 심의를 거쳐 공시기준일 현재 관할구역 안의 비주거용 개별부동산의 가격을 결정·공시할 수 있다. 다만, 대통령령으로 정하는 바에 따라 행정안전부장관 또는 국세청장이 국토교통부장관과 협의하여 비주거용 개별부동산의 가격을 별도로 결정·고시하는 경우는 제외한다.

② 비주거용 표준부동산으로 선정된 비주거용 일반부동산 등 대통령령으로 정하는 비주거용 일반부동산에 대하여는 비주거용 개별부동산 가격을 결정·공시하지 아니할 수 있다. 이 경우 비주거용 표준부동산으로 선정된 비주거용 일반부동산에 대하여는 해당 비주거용 표준부동산 가격을 비주거용 개별부동산 가격으로 본다.

(2) 비주거용 개별부동산 가격의 효력

비주거용 부동산시장에 가격정보를 제공하고, 국가·지방자치단체 등이 과세 등의 업무와 관련하여 비주거용 부동산의 가격을 산정하는 경우에 그 기준으로 활용될 수 있다.

❸ 비주거용 집합부동산 가격

(1) 비주거용 집합부동산 가격 결정·공시

① 국토교통부장관은 비주거용 집합부동산에 대하여 매년 공시기준일 현재의 적정가격을 조사·산정하여 중앙부동산가격공시위원회의 심의를 거쳐 공시할 수 있다.

② 대통령령으로 정하는 바에 따라 행정안전부장관 또는 국세청장이 국토교통부장관과 협의하여 비주거용 집합부동산의 가격을 별도로 결정·고시하는 경우에는 해당 비주거용 집합부동산의 비주거용 개별부동산 가격을 결정·공시하지 않는다.

(2) 비주거용 집합부동산 가격의 효력

비주거용 부동산시장에 가격정보를 제공하고, 국가·지방자치단체 등이 과세 등의 업무와 관련하여 비주거용 부동산의 가격을 산정하는 경우에 그 기준으로 활용될 수 있다.

제8편 메타인지 학습체크

01 둘 이상의 대상물건이 일체로 거래되거나 대상물건 상호간에 용도상 불가분의 관계가 있는 경우에는 [① 개별평가 / ② 일괄평가]할 수 있다.

02 하나의 대상물건이라도 가치를 달리하는 부분은 [① 구분평가 / ② 부분평가]한다.

03 감정평가는 기준시점에서의 대상물건의 이용상황(불법적이거나 일시적인 이용은 제외한다) 및 공법상 제한을 [① 받는 / ② 받지 않는] 상태를 기준으로 한다.

04 감정평가법인 등은 감정평가 의뢰인이 요청하여 시장가치 외의 가치를 기준으로 감정평가할 때에는 해당 시장가치 외의 가치의 성격과 특징을 검토[① 한다. / ② 하지 않는다.]

05 [① 기준시점 / ② 기준가치]은(는) 대상물건의 감정평가액을 결정하는 기준이 되는 날짜를 말한다.

06 기준시점은 [① 가격조사 / ② 감정평가서 작성]을(를) [③ 개시 / ④ 완료]한 날짜로 한다.

07 [① 가치 / ② 가격]은(는) 장래이익의 현재가치인 현재값으로 주관적·추상적 개념이어서 특정 시점에 여러 가지가 존재할 수 있다.

08 기능적 감가는 [① 균형 / ② 적합]의 원칙, 경제적 감가는 [③ 균형 / ④ 적합]의 원칙과 관련이 있다.

09 도심지역의 공업용지가 동일한 효용을 가지고 있는 외곽지역의 공업용지보다 시장가격이 더 높은 현상은 [① 대체 / ② 기회비용]의 원칙에 의해서 설명이 가능하다.

10 판매시설 입점부지 선택을 위해 후보지역분석을 통해 표준적 사용을 확인하는 것은 [① 균형 / ② 적합]의 원칙과 관련이 있다.

정답

01 ② 　 02 ① 　 03 ① 　 04 ① 　 05 ① 　 06 ①, ④ 　 07 ① 　 08 ①, ④ 　 09 ② 　 10 ②

11 지역분석이 개별분석에 [① 선행 / ② 후행]한다.

12 지역분석은 [① 표준적 / ② 최유효]이용과 그 지역 부동산의 가격수준을 판정하는 것이고, 개별분석은 대상부동산의 개별요인을 분석하여 [③ 표준적 / ④ 최유효]이용과 구체적 가격을 판정하는 것이다.

13 인근지역이란 감정평가의 대상이 된 부동산이 속한 지역으로서 부동산의 이용이 동질적이고 가치형성요인 중 [① 지역요인 / ② 개별요인]을 공유하는 지역을 말한다.

14 [① 원가법 / ② 적산법]이란 대상물건의 재조달원가에 감가수정을 하여 대상물건의 가액을 산정하는 감정평가방법을 말한다.

15 [① 수익환원법 / ② 수익분석법]이란 대상물건이 장래 산출할 것으로 기대되는 순수익이나 미래의 현금흐름을 환원하거나 할인하여 대상물건의 가액을 산정하는 감정평가방법을 말한다.

16 건물은 [① 원가법 / ② 거래사례비교법], 과수원은 [③ 원가법 / ④ 거래사례비교법], 영업권은 수익환원법으로 평가한다.

17 산림은 산지와 입목을 구분하여 평가하여야 하며, 입목의 평가는 거래사례비교법에 의하되 소경목림은 [① 원가법 / ② 거래사례비교법]에 의할 수 있다.

18 [① 원가법 / ② 적산법]이란 대상물건의 기초가액에 기대이율을 곱하여 산정된 기대수익에 대상물건을 계속하여 임대하는 데에 필요한 경비를 더하여 대상물건의 임대료를 산정하는 감정평가방법을 말한다.

19 감정평가의 감가수정은 [① 재조달원가 / ② 취득원가]를 기준으로 하며, 관찰감가를 인정[③ 한다. / ④ 하지 않는다.]

20 정률법에서 매년의 [① 감가율 / ② 감가액]은 첫해가 가장 크고, 해가 갈수록 점차 줄어든다.

📍 **정답**

11 ① **12** ①, ④ **13** ① **14** ① **15** ① **16** ①, ④ **17** ① **18** ② **19** ①, ③ **20** ②

제8편 메타인지 학습체크

21 금리의 상승이나 투자위험의 증가는 자본환원율을 [① 높이는 / ② 낮추는] 요인이 된다.

22 순영업소득(NOI)이 일정할 때 투자수요의 증가로 인한 자산가격 상승은 자본환원율을 [① 높이는 / ② 낮추는] 요인이 된다.

23 자본환원율은 부동산의 순영업소득에 해당 자산의 가격을 [① 곱한 / ② 나눈] 값이다.

24 [① 표준지공시지가 / ② 개별공시지가]는 토지시장에 지가정보를 제공하고 일반적인 토지거래의 지표가 되며, 국가·지방자치단체 등이 그 업무와 관련하여 지가를 산정하거나 감정평가법인 등이 개별적으로 토지를 감정평가하는 경우에 기준이 된다.

25 각종 세금 부과기준, 개발부담금 부과기준, 사용료 또는 대부료의 산정기준은 [① 표준지공시지가 / ② 개별공시지가]이다.

26 개별공시지가 및 개별주택가격에 대하여 이의가 있는 자는 그 결정·[① 공시일 / ② 공시기준일]로부터 30일 이내에 서면으로 시장·군수 또는 구청장에게 이의를 신청할 수 있다.

27 국토교통부장관은 일단의 [① 단독주택 / ② 공동주택] 중에서 선정한 표준주택에 대하여 매년 공시기준일 현재의 적정가격을 조사·산정하고, [③ 시·군·구 / ④ 중앙]부동산가격공시위원회의 심의를 거쳐 이를 공시하여야 한다.

28 [① 표준주택가격 / ② 개별주택가격] 및 공동주택가격은 주택시장의 가격정보를 제공하고, 국가·지방자치단체 등이 과세 등의 업무와 관련하여 주택의 가격을 산정하는 경우에 그 기준으로 활용될 수 있다.

29 표준주택에 전세권 또는 그 밖에 단독주택의 사용·수익을 제한하는 권리가 설정되어 있을 때에는 그 권리가 [① 존재하는 / ② 존재하지 아니하는] 것으로 보고 적정가격을 산정하여야 한다.

정답
21 ① 22 ② 23 ② 24 ① 25 ② 26 ① 27 ①, ④ 28 ② 29 ②

30 표준지로 선정된 토지, 조세 또는 부담금 등의 부과대상이 아닌 토지에 대하여는 개별공시지가를 결정·공시 [① 하여야 한다. / ② 하지 아니할 수 있다.]

31 국토교통부장관은 표준주택가격 및 공동주택가격을 조사·산정하고자 할 때에는 [① 감정평가법인 / ② 한국부동산원]에 의뢰한다.

정답

30 ② **31** ②

2026 메가랜드 공인중개사 표준 이론서
1차 부동산학개론

발행일 2025년 12월 1일 초판 1쇄
편　저　메가랜드 부동산교육연구소
발행인　윤용국
발행처　메가엠디㈜
등　록　제322-2007-000308호(2007.12.12.)
주　소　(06657) 서울특별시 서초구 반포대로 81, 2층
전　화　1833 - 3329
팩　스　02 - 6918 - 3792

정　가　43,000원
ISBN　978-89-6634-962-3(14320)
　　　　978-89-6634-960-9(14320)(1차 세트)

잘못 만들어진 책은 구입하신 서점에서 교환해 드립니다.
본 책의 내용은 사전고지 없이 변경될 수 있습니다.

Copyright ⓒ 메가엠디㈜
* 이 책에 대한 저작권은 메가엠디㈜에 있습니다.
* 이 책은 저작권법에 따라 보호받는 저작물이므로 무단전재와 무단복제 및 배포를 금지하며
　책 내용의 전부 또는 일부를 이용하려면 반드시 저작권자와 출판권자의 서면동의를 받아야 합니다.
* 메가랜드는 메가엠디㈜의 부동산 교육 전문 브랜드입니다.